中国社会科学院学部委员专题文集
ZHONGGUOSHEHUIKEXUEYUAN XUEBUWEIYUAN ZHUANTI WENJI

古代印度哲学与东方文化研究

黄心川 ◎ 著

中国社会科学出版社

图书在版编目(CIP)数据

古代印度哲学与东方文化研究/黄心川著.—北京：中国社会科学出版社，2018.9

（中国社会科学院学部委员专题文集）

ISBN 978-7-5203-2781-7

Ⅰ.①古… Ⅱ.①黄… Ⅲ.①古代哲学—研究—印度②东方文化—研究 Ⅳ.①B351.2②K103

中国版本图书馆 CIP 数据核字（2018）第 154372 号

出 版 人	赵剑英
责任编辑	王 琪　黄燕生
责任校对	朱妍洁
责任印制	戴 宽

出　　版	中国社会科学出版社
社　　址	北京鼓楼西大街甲 158 号
邮　　编	100720
网　　址	http://www.csspw.cn
发 行 部	010-84083685
门 市 部	010-84029450
经　　销	新华书店及其他书店
印刷装订	北京君升印刷有限公司
版　　次	2018 年 9 月第 1 版
印　　次	2018 年 9 月第 1 次印刷
开　　本	710×1000　1/16
印　　张	36.75
插　　页	2
字　　数	565 千字
定　　价	168.00 元

凡购买中国社会科学出版社图书，如有质量问题请与本社营销中心联系调换
电话：010-84083683
版权所有　侵权必究

《中国社会科学院学部委员专题文集》
编辑委员会

主任　王伟光

委员　（按姓氏笔画排序）

　　　王伟光　刘庆柱　江蓝生　李　扬
　　　李培林　张蕴岭　陈佳贵　卓新平
　　　郝时远　赵剑英　晋保平　程恩富
　　　蔡　昉

统筹　郝时远
助理　曹宏举　薛增朝
编务　王　琪　刘　杨

前　言

哲学社会科学是人们认识世界、改造世界的重要工具,是推动历史发展和社会进步的重要力量。哲学社会科学的研究能力和成果是综合国力的重要组成部分。在全面建设小康社会、开创中国特色社会主义事业新局面、实现中华民族伟大复兴的历史进程中,哲学社会科学具有不可替代的作用。繁荣发展哲学社会科学事关党和国家事业发展的全局,对建设和形成有中国特色、中国风格、中国气派的哲学社会科学事业,具有重大的现实意义和深远的历史意义。

中国社会科学院在贯彻落实党中央《关于进一步繁荣发展哲学社会科学的意见》的进程中,根据党中央关于把中国社会科学院建设成为马克思主义的坚强阵地、中国哲学社会科学最高殿堂、党中央和国务院重要的思想库和智囊团的职能定位,努力推进学术研究制度、科研管理体制的改革和创新,2006 年建立的中国社会科学院学部即是践行"三个定位"、改革创新的产物。

中国社会科学院学部是一项学术制度,是在中国社会科学院党组领导下依据《中国社会科学院学部章程》运行的高端学术组织,常设领导机构为学部主席团,设立文哲、历史、经济、国际研究、社会政法、马克思主义研究学部。学部委员是中国社会科学院的最高学术称号,为终生荣誉。2010 年中国社会科学院学部主席团主持进行了学部委员增选、荣誉学部委员增补,现有学部委员 57 名（含已故）、荣誉学部委员 133 名（含已故）,均为中国社会科学院学养深厚、贡献突出、成就卓著的学者。编辑出版《中国社会科学院学部委员专题文集》,即是从一个侧面展示这些学者治学之道的重要举措。

《中国社会科学院学部委员专题文集》（下称《专题文集》）,是中国社会科学院学部主席团主持编辑的学术论著汇集，作者均为中国社会科学院学部委员、荣誉学部委员，内容集中反映学部委员、荣誉学部委员在相关学科、专业方向中的专题性研究成果。《专题文集》体现了著作者在科学研究实践中长期关注的某一专业方向或研究主题，历时动态地展现了著作者在这一专题中不断深化的研究路径和学术心得，从中不难体味治学道路之铢积寸累、循序渐进、与时俱进、未有穷期的孜孜以求，感知学问有道之修养理论、注重实证、坚持真理、服务社会的学者责任。

2011年，中国社会科学院启动了哲学社会科学创新工程，中国社会科学院学部作为实施创新工程的重要学术平台，需要在聚集高端人才、发挥精英才智、推出优质成果、引领学术风尚等方面起到强化创新意识、激发创新动力、推进创新实践的作用。因此，中国社会科学院学部主席团编辑出版这套《专题文集》，不仅在于展示"过去"，更重要的是面对现实和展望未来。

这套《专题文集》列为中国社会科学院创新工程学术出版资助项目，体现了中国社会科学院对学部工作的高度重视和对这套《专题文集》给予的学术评价。在这套《专题文集》付梓之际，我们感谢各位学部委员、荣誉学部委员对《专题文集》征集给予的支持，感谢学部工作局及相关同志为此所做的组织协调工作，特别要感谢中国社会科学出版社为这套《专题文集》的面世做出的努力。

《中国社会科学院学部委员专题文集》编辑委员会
2012年8月

我与东方哲学、宗教研究(代序)

1928年我出生在江南历史文化名城——常熟的一个商人家庭。少年时曾随乡间的母亲参加过一些田间劳动,因之对农民的艰辛有些切身体会。抗日战争爆发后,我随父亲去常熟城内县立中学读书,寄宿在学校内,渐渐懂得社会上发生的各种事情。当时正是日寇铁蹄统治下的年代,常熟地区既是新四军在江南的一个据点,也是国民党忠义救国军争夺的要地,因此在学生中也受到影响,明显地分成两个对立的阵营。我在中学时曾经协助一些地下党员创办过一个反日、反蒋的名叫《啸》的刊物,使我受到了革命的启蒙教育。抗日战争胜利后的1946年,我在家乡读完中学后,考入了美国在华创办的一所教会大学——杭州之江大学文学院,在那里比较系统地接受了西方的文学、哲学的知识,受到了西方文化的熏陶。这个学校在中国创办已有100余年的历史,学校的教育措施等完全是按照美国大学的模式设置的,甚至连中国的历史文化课也是用英语来讲授的。在这样的环境下,一方面使我感到了中国传统文化的抱残守缺,要借鉴西方现代化的道路;另一方面也激起了我对殖民主义文化的反感。当时国民党正在美国的支持下发动内战,因此蒋管区社会动荡,民不聊生,而官僚地主资产阶级却过着骄奢淫逸的生活,即便是居住在杭州"天堂"里的老百姓也感到活不下去,发生了抢米风潮。在学生中也掀起了声势浩大的反内战、反饥饿和反迫害等学潮。我亲眼目睹了这些,并且参加了一些反对国民党的学生活动和群众运动。通过这些活动,我逐渐认识到国民党统治的残酷和反动本质,为国家的前途担心,也为我自己的学业和前途忧虑。当时有两条道路可以选择:一条路是逃避中国的现实,出国深造。那时适逢牛津大学在杭州招生,我曾经报名并被录取。另一条路是投入革命的洪流,把自己的前途和祖国的命运紧密地结合在一起。在大学地下党的教育帮助下，经过反复的思想斗争，我终于走上了革命的道路。1948年我越过国民党的军事封锁线，历尽千难万险，到达苏北游击区革命根据地，成为一名游击队员。以后又参加了淮海战役和渡江战役。1950年美国发动朝鲜战争，我又参加了志愿军的队伍，担任某兵团司令部的英文参谋。后在第五次战役中负伤，左足残废，因此不得不离开我热爱的战斗队伍。之后转业到地方，在江苏高级法院、鞍山钢铁公司等单位任职。直至1957年我到北京大学学习。虽然这些经历都为时不是很长，但却给我留下了深刻的印象。这对我后来从事哲学、社会科学的研究有着一定的帮助，其中最主要的是使我懂得了社会现象是极复杂的，研究问题必须脚踏实地、实事求是。当然这种种经历也给我带来了某些先天的、书本知识的不足，激发我更加努力学习，奋勇前进。

我的家乡是历史文化名城，历代文人墨客辈出，中国很多著名的文学家、诗人、画家、音乐家都诞生和活动在这里，他们的思想和业绩使我羡慕和向往不已。在我上中学时，就萌发了要做一个人文学者的愿望，这也是我进入大学文学院攻读的动机。我参加革命后，虽然无法选择自己的职业，但想当一名学者的愿望一直未能忘怀。在工作之余，我一直在研读外国的哲学和文学著作，并且作了大量的笔记。我常常把革命看成是一首"社会的诗"，革命的理想是诗的理想，革命的生活是一种饶有诗意的、浪漫主义的生涯，因此无论受到什么痛苦和困难，都怡然自得。1956年党中央提出向科学进军，我怦然心动，报考了北京大学外国哲学史专业的副博士研究生，从此走上了学术道路。在北大哲学系，我师从任华、汤用彤、朱谦之、洪谦等老一辈的哲学家，学习古希腊哲学和印度哲学，并且从头学习了希腊文、梵文，等等。这些老一辈哲学家现在大部分都已过世了，但他们却给我留下了深刻的印象，我感谢这些老师传授给我知识，并且教导我做人的道理。例如汤用彤老师身患重病，在他逝世前一段时间，还给我和几个研究生讲解佛教的经典——《入阿毗达磨论通解》和《俱舍论》的要义。我入北大当研究生时已届"而立"之年，离开学习生活已很久，开始学习时感到有些吃力，与同学相比，深感自己的基础知识不足，有些自卑。但经过加倍的努力，最终克服了学习道路上的种种障碍，完成了学业。1958年，我留在北大哲学系任教，从此实现了我梦想的学者生涯。此后 30 年我一直在北京大学、四川大学、中国佛学院和中国社会科学院从事东方哲学、宗教的教学与研究工作。60 年代参与了中国科学院哲学社会科学部世界宗教研究所的组建工作，70 年代负责筹建了中国社会科学院与北京大学合办的南亚研究所，80 年代领导组建了中国社会科学院亚洲太平洋研究所，90 年代筹备成立了中国社会科学院的东方文化研究中心、韩国研究中心，另外，也参与了陕西社会科学院的长安佛教研究中心、中国玄奘研究中心等宗教研究机构的建立。

  我之所以选择外国哲学史专业，是经过长期摸索和实践做出的。在中学时虽然接受的是现代化的教育，但由于江南深厚的历史、文化影响，教学内容更多的是中国传统的经术和文化。在中学里担任语文和历史老师的，有的是清朝的遗老宿耆，例如有一位名叫蒋韶九的老师是前清的举人、民初国会的议员，他要我们学习四书五经，不许我们读、写语体文，遭到一些同学的反对，引起了骚动。有的老师是江南文坛的骚人墨客，如批写"才子书"金圣叹的后裔金老佛等。金先生在讲授语文时从不用教本，只是教授他当场所作的诗词歌赋。在这些老师的熏陶下，我也跟着学习写骈体文，吟诗，唱道情，在生活上也受他们落拓不羁、玩世不恭的影响。这些思想和生活态度在我进入大学和研究生阶段，结识一批名流教授后，还时时有所表现。之江大学办学的宗旨虽然标榜要"阐扬东西文化"，但教授的都是全盘西化的内容，其中还夹杂着一些殖民主义的洋奴思想，因此在我头脑中又添加了不少从柏拉图到尼采的超人思想。由于当时没有马克思主义的正确指导，缺乏认识和批判能力，在我头脑中装满了大堆东西方杂乱无章的思想，这些思想直至我参加革命，接受马克思主义，逐渐建立辩证唯物主义的世界观、认识论和方法论以后，才逐渐加以澄清。后来我认识到对待学术中的古今、中外、东西方等问题要有一个正确的批判继承的态度，这是学术研究的出发点，也是一个指导思想。

  我留北大后最早讲授的是西方哲学通史，以后又扩展到印度哲学史、日本哲学史专题，乃至整个东方哲学史。1964 年调入中国科学院后基本从事东方宗教哲学史特别是印度哲学史、印度佛教史的教学和研究工作，由于教学工作的需要，我撰写了不少东西方哲学史、印度哲学史、日本近代哲学史等教科书和专题研究的著作。这些成果由于在我国还是最初的尝试，因此质量并不是很理想。但是这些著作与国外通用的教科书相比也有着一些特点：首先是运用辩证唯物主义和历史唯物主义的原理、哲学和历史的比较方法对东方哲学史上的三大体系即印度哲学、阿拉伯哲学及中国哲学的历史演变过程、特点、规律、社会作用以及当前发展的趋势等都作了比较系统的阐述，对历史上和现实生活中的那些合乎唯物主义辩证法的传统、世俗主义、民族主义、民主主义、民主和科学的思想竭力加以发掘、阐扬；同时对那些已经死亡或者陈腐的极端唯心主义、神秘主义、宿命论等作了恰当的、合乎历史主义的评价，特别是对那些目前在很多东方国家仍奉行的思想体系如实地作了分析和批评。这些著作在挖掘东方哲学文化遗产的同时，也对长期在国内外思想界、学术界存在的欧洲中心主义和教条主义进行了认真的批判。另外，也注意到了在近代历史条件下，东方哲学受到西方哲学的冲击或者与西方哲学思想融合以后出现的种种新形式。其次对东方哲学与我国的关系作了比较系统的梳理。东方不少国家是我国的近邻，在长期历史发展过程中都与我国有过全面的或者某些方面的交流，在不同程度上受过我国的影响，因此在撰写时首先整理了我国保存的东方国家的哲学资料，由粗及细，推陈出新，弘扬其精华，批判其糟粕。另外，力图在平等的、双向交流的基础上，揭示东方邻近国家对我国的影响，在叙述中国哲学对邻近东方国家的影响时也注意其变化和发展，特别是与当地哲学文化融合的民族化的过程。

在东方哲学的教学与研究中，我先后写作了19部著作、140余篇论文，其中影响较大的有《印度哲学史》《印度近、现代哲学》《印度佛教哲学》《现代东方哲学》（主编及作者）、《东方哲学家评传》（五卷本，主编及作者），后两部著作是在1999年以后出版的。这些著作对东方各国哲学的历史和现状作了比较系统的阐述，搜集了极其丰富的史料，特别是我主编的《现代东方哲学》及《东方哲学家评传》是集中了我国研究东方哲学的主要力量而编纂出来的，这些书的出版也可以说为我国现代东方哲学的教学与研究打下了初步的基础，填补了空白。另外，日本农山渔村文化协会为了纪念《中日和平条约》签订25周年与中华人民共和国建国50周年于1999年翻译、出版了我的论文集《东洋思想的现代意义》一书。该书涉及的范围极其广泛，主要内容包括：东方哲学的模式、范围和现代转型，中国与周边国家哲学的双向交流及其影响，中国传统文化与东亚文化模式，东西方哲学的交流与融合，亚洲价值观及其现代意义。此书的出版在日本和中国都受到了欢迎。

在中外哲学与文化交流方面，我发表过不少的著作和论文。其中值得一提的是1979年发表的《印度近代哲学家辨喜研究》一书。该书出版后，其中主要的章节和全书摘要被译成英文和孟加拉文。印度、孟加拉的很多报刊进行了转载或加以评论，其中"辨喜论中国"一章曾被编入印度罗摩克里希那文化学院出版的《世界思想家论罗摩克里希那和辨喜》一书（1983），印度驻华大使馆、印度亚洲协会（前亚洲皇家学会）、罗摩克里希那文化学院在中国和印度分别为该书召开了专题报告会。在1962年《北京大学学报》上发表的《安藤昌益与"自然真营道"》是我国最早对日本这位"被遗忘了的哲学家"的研究论文，引起了国际学术界的重视。另外，在日本东京大学讲演的《朱舜水的学术思想及其在日本的交流》，在印度德里大学所作的《中国密教的印度渊源》的报告，在韩国"中韩论坛"第三次会议上讲演的《中韩文化的共同性及其相异性》的讲演，在中越"传统文化与现代化"会议上所作的《"三教合一"在中越发展的过程及其特点》的报告等都在国内外学术界和舆论界引起了反响。

在东方宗教研究中，我涉猎的面较广，对佛教、印度教、耆那教、摩尼教、伊斯兰教、东正教等都有一些著作或论文发表，但重点还是在印度佛教和印度教方面，这类研究的成果集中概括在我主编和撰写的《世界十大宗教》《中国大百科全书·宗教卷》《亚太地区的宗教》等书中。我和戴康生等同志撰写的《世界三大宗教》是在改革开放伊始由中国学者首先介绍世界宗教的一本小书。这本书现在看来，无论其内容还是学术性方面都有所欠缺，但在当时确实起过号角的作用，标志着中国宗教的研究已经恢复。《世界十大宗教》曾获1988年全国十大优秀图书奖和中国社会科学院优秀成果奖。

综观东方宗教的研究，有着如下一些特点，首先是在我国开拓了不少外国地区的宗教、新兴宗教的研究。1949年以后在很长一个时期内，我国对宗教的研究局限于传统的世界三大宗教历史、理论的研究。我力图改变这种情况，在《世界十大宗教》中组织了当时国内很少重视的神道教、锡克教、耆那教、印度教、婆罗门教、琐罗亚斯德教等宗教情况的编写工作。在《亚太地区的宗教》中又填补了1949年以后宗教研究一直空白的尼泊尔、朝鲜、蒙古、中亚及大洋洲等国家和地区的宗教。当然，这些研究还处于摸索阶段，存在着不少的问题和遗漏，但毕竟填补了空白。

其次，在研究中坚持历史唯物主义和理论联系实际的原则，不但以历史唯物主义的方法去揭示各种宗教的形成和发展，同时也注意运用现代人文科学所取得的成就和新方法。例如根据比较神话学与比较语言学的研究，探索了琐罗亚斯德教的起源以及澳大利亚原始宗教的现状，运用比较民俗学、比较历史学等方法研究古代埃及宗教的演变及其与其他宗教的关系。从文化史的角度，不仅探讨了古代西亚与地中海东部各民族间的文化交流，深化了对犹太经典的研究，而且也审视了亚太地区东西方宗教和文化的融合与冲突情况，这样的研究可以使我们从更广阔的视野和多元文化的角度去观察和研究宗教问题。宗教研究的目的归根结底是要为现实的政治和社会文化服务，因此要密切地联系实际。《世界十大宗教》《世界三大宗教》《亚太地区的宗教》之所以被人重视，就是因为这些书中涉及的各种宗教问题都是针对当前世界各个地区的社会经济发展、国际关系、民族问题，东西方文明融合与冲突等提出的，具有时代性和前瞻性。

再次，在上述各种研究中，特别注意世界各大宗教和地区宗教与中国的关系，探索外国宗教在中国的传播过程，与中国民族文化的结合及其变化，对中国社会、文化所产生的深刻影响等。例如我早年发表的《沙俄利用宗教侵华简史》一书，着重阐述了1860年以前俄国东正教与早期中俄的外交关系，揭露了沙俄利用东正教、喇嘛教和伊斯兰教侵略中国的种种事实。在《印度佛教哲学》《中国密教的印度渊源》和《印度教与中国》中阐述了佛教、印度教在中国的传播过程，印度佛教派别与中国佛教发展史的关系，印度宗教对中国文化、艺术、科学和瑜伽术等所起的影响。

在宗教专题特别是宗教理论、中国与东方各国的宗教关系等方面，我也发表过一些论著。在宗教理论方面，主要的有我与罗竹风同志合作撰写的作为《中国大百科全书·宗教卷》导论的"宗教"词条、《中国宗教与中国传统文化》《中国历史上的宗教与国家的关系》等。在"宗教"词条中关于中国宗教的特点作过如下的概括。

中国是一个多民族和多宗教的国家……在中国，历史上没有一个宗教象西方那样占有"国教"的地位；历代统治阶级对于各种宗教大多数采取支持、保护的宽容政策。就宗教徒的人数而言，在全国范围的总人口数中，历来居少数。……宗教在民族地区人口中，至今仍占绝大多数。

占中国人中大多数的汉族，以天命崇拜和祖先崇拜为民族宗教观念的主要传统，因而佛、道的信仰从来未占过统治的地位。……华夏民族由于主要从事农业生产，因此，中国宗教观念从一开始就把上天的风调雨顺和下民勤苦耕耘置于同等重要的位置……把天或神的意志和人的意志放在同一地位上。周代以后，儒家主张以德政治天下，敬天而不信天。"敬鬼神而远之"（《论语·雍也》）的"神道设教"思想，在中国一直作为正统的统治思想……王权高于神权。……华夏民族由于农业耕作和水利事业促进了血缘关系的联系和发展，在周代就形成一套以血缘为基础的宗法社会制度和"孝为德本"的道德规范。体现宗法制度的祖先崇拜，数千年来渗透汉族的每个家庭之中……另外，儒家的重视人的现实关系和利益的伦理观念使汉族形成了务实的特点，而且影响着中国宗教徒的面貌：有时信，有时不信；有事就信，无事就不信。为了求得庇佑，不论是儒释道……都可以信仰。由于宗法社会制度和儒家重视道德伦理的思想同崇拜超人力量的宗教观念存在一定的对立，因此，正统的儒家文化必然对于宗教的社会作用起抑制作用。

《中国大百科全书·宗教卷》自1988年出版以后，其中不少章节受到了读者的批评、指正，引起了不少争论，但这个"导言"迄今为止还未听到异议，我想我们这个概括还是有很多局限性的，我诚恳地希望读者加以批评、补充和修正。

《隋唐时期中国与朝鲜佛教的交流——新罗来华佛教僧侣考》是在1978年中韩建交前中国宗教学会在西安召开的一次佛教会议上发表的，中韩建交后引起韩、印学者的注意。该文被译成韩文和英文，经大韩传统佛教研究院推荐，并经日本、韩国著名学者中村元、镰田茂雄、闵泳圭等人投票，获得了1993年国际佛教学术奖和中国社会科学院科研成果奖。该文根据中韩史籍，详细考证出在隋唐时期新罗来华的僧侣共117人，这个数字比韩国学者李能和统计发表的65人，日本学者中吉功在1974年统计发表的66人多了近一倍。国际佛教学术奖自1978年设立以后，共颁发过四次，计日本两人，韩国一人，中国一人。我的获奖标志着中国佛学的研究已经与世界学术接轨，中韩传统文化的交流再一次获得重视。

以上是对我的东方哲学、宗教研究概略的介绍，从这些介绍中可以看出，如果我有一些可喜的成就的话，那是与周围的同事、学生的努力分不开的，我是依靠集体智慧和努力才能完成上述种种任务的。

另外，我对我国东方宗教、哲学的研究还想说一些多余的话。

世界文明是从东方开始的。远在公元前4000年至公元前2000年，中国的黄河、南亚的印度河和恒河、美索不达米亚的底格里斯河和幼发拉底河、埃及的尼罗河流域这四大流域就孕育了世界最早的文明，也产生了人类最早的宗教哲学思想。目前世界上公认的自成系统的四大哲学体系中的有三个在东方。东方宗教哲学不仅在东方内部，而且也在东西方之间进行长期的交流，对世界宗教哲学的产生和发展起过重要的推动作用。印度、波斯、阿拉伯等宗教哲学传入中国后，与中国传统思想相结合，开出了绚丽多姿的花朵，在我国社会和文化生活中起过重要的作用。当前东方宗教和哲学正以崭新的面貌，迎接着21世纪的黎明。随着东方各国，特别是亚太地区经济和社会的高速发展，东西方文化频繁的接触和交流，东方的宗教哲学思想在世界上将起着愈来愈重要的作用，受到世界舆论界、学术界的瞩目。因之，有人认为21世纪是"亚太的世纪"或"东亚文明的世纪"。美国著名的政论家塞缪尔·亨廷顿认为，未来的世纪不是按意识形态或国家来划分，而是按文明来划分，文明主要指的是宗教，文明的差异是将来世界发生冲突的根源，西方文明与非西方文明之间的冲突是国际政治的主线，儒教—伊斯兰教将成为非西方文明的主要威胁。虽然我们不能同意亨廷顿的这个观点，但它确实提出了一个新的观察世界政治、经济的视角，承认文化因素，特别是人文的精神因素、宗教信仰、哲学伦理价值观等将对经济社会所起的推动作用，因此我们对东方宗教、哲学的研究不仅有着重要的历史文化意义,而且也有着迫切的现实意义。

东方宗教与哲学研究在我国是一门既古老而又簇新的学科。我国古代对东方各国宗教哲学思想的研究,有着悠久的传统,积累了大量丰富的资料,写出过蔚为大观的著作。例如从公元2世纪至12世纪的1000年间,我国翻译的属于印度次大陆的佛教经律论三藏共计1482部,5000余卷,这些佛典不仅记载着佛教,而且记录着次大陆的历史文化和其他宗教哲学派别的内容。法显撰的《佛国记》、玄奘的《大唐西域记》和义净的《南海寄归内法传》等是迄今为止研究印度次大陆和中亚地区宗教哲学的第一手资料。我国历朝编写的"二十四史"中都有关于东方各国历史、文化的记录,因此,中国的资料是十分丰富、翔实和弥足珍贵的,这对于整理发掘东方精神文化的遗产有着不可估量的意义。

1949年以后,我国对东方邻近国家宗教哲学的教学研究一直是宗教、哲学学科中最薄弱的环节,目前仍处于开创和摸索的阶段,与国外近年来东方学蓬勃发展的情况相比还有一段距离。我们的研究人员、队伍数量少,质量差,远远不能适应形势发展和工作的需要,为此,我们一定要利用我国的优势,发扬学习和研究外国历史文化的传统,积极培养和充实年轻学者的队伍,开展多方位和多学科的研究,为我国当前的精神文化建设、国际文化战略和友好睦邻政策服务。

(原载《常熟文史》第二十九辑,2001年)

目 录

东方哲学

《东方著名哲学家评传》总序 ·· (3)
经济全球化过程中的宗教趋向 ·· (48)
世界宗教圣地的形成、发展及其历史意义 ·································· (51)
文明对话与文化比较 ·· (65)
佛教是维持亚洲和平与繁荣的一种重要力量 ······························ (67)

印度哲学与宗教

当前南亚宗教发展的趋势与特点 ··· (71)
汤用彤对印度哲学研究的贡献 ·· (80)
古代印度、希腊原子论的比较观 ··· (92)
邪命外道考 ·· (106)
印度的吠陀经
　　——读恩格斯关于宗教定义的一些体会 ······························ (125)
印度吠檀多哲学述评（上） ·· (142)
印度吠檀多哲学述评（下） ·· (161)
印度弥曼差哲学述评 ··· (177)
印度正理论的哲学和逻辑思想 ·· (203)

从纳奥罗吉、罗纳德的哲学和社会政治理论看印度
　　资产阶级改良主义的特征 …………………………………（223）
达耶难陀·娑罗室伐底的宗教和社会思想述评
　　——纪念达耶难陀·娑罗室伐底逝世一百周年 ……………（242）
甘地哲学和社会思想述评 ……………………………………（253）
赛义德·阿赫默德·汗的宗教和哲学思想述评 ………………（274）
印度奥罗宾多·高士的哲学和社会思想 ………………………（282）
试论龙树的中观哲学 …………………………………………（303）
试论印度大乘佛教瑜伽行派的哲学思想 ……………………（313）
印度的胜论哲学及其在中国的影响 …………………………（330）
印度古代唯物主义
　　——顺世论及其在中国的影响 ……………………………（355）
印度教与中国文化 ……………………………………………（372）

中韩文化

中韩文化的共同特征及其相异性 ……………………………（385）
当代中韩佛教天台宗研究的前顾与后瞻 ……………………（392）
韩国禅教史前言 ………………………………………………（396）
民国佛教刊物所见当代韩国佛教史料摭议 …………………（410）

中国宗教

中国宗教与中国传统文化 ……………………………………（425）
现代中国佛教 …………………………………………………（433）
百科全书式的学者朱谦之先生 ………………………………（447）
论玄奘精神 ……………………………………………………（458）
玄奘及唯识学研究的回顾与展望 ……………………………（463）
关于玄奘与紫阁寺的几个问题 ………………………………（472）

法显《佛国记》所载印度超日王时期佛教盛衰情况考析 …………（477）
佛教节日与中国文化 ……………………………………………（488）
严佛调与中国佛教文化 …………………………………………（491）
长安佛教与长安文化 ……………………………………………（493）
临济宗的复兴与前瞻 ……………………………………………（499）
略述南山律宗唯识观 ……………………………………………（501）
密教的中国化 ……………………………………………………（506）
浅论近现代密宗在汉地的流行 …………………………………（513）
九华山与地藏精神 ………………………………………………（519）
辽兴宗耶律宗真与重熙佛教 ……………………………………（526）
船山为什么要注《老子》去"禅"化小议 ………………………（545）
道源长老与云泉寺 ………………………………………………（549）
巨赞法师文集序 …………………………………………………（554）
法舫法师的藏经观 ………………………………………………（558）

后记 …………………………………………………………………（566）

东方哲学

《东方著名哲学家评传》总序

  东方哲学史在我国是一门既古老而又簇新的学科。我国在古代对东方各国宗教哲学思想的学习和研究有着悠久的历史传统，积累了大量的、丰富的资料，写出了蔚为大观的著作。印度、波斯、阿拉伯的古代宗教哲学思想在我国传播后，适应我国社会和思想斗争的需要，与我国传统思想相结合，形成了很多学派和宗派，从而促进了我国宗教哲学思想的发展。日本和印度近代哲学思想对我国的启蒙运动和民族主义运动也有一些影响。中华人民共和国成立后，我们开始整理出版东方哲学的遗产，翻译和出版了一些具有学术价值的著作，这对于科学地阐明东方哲学史发展的规律，知悉中国哲学与周边其他国家宗教哲学的历史关系，了解西方对东方哲学研究的情况等方面有着重要的意义。但是东方哲学的研究与西方哲学或者哲学学科中的其他分支相比，仍然是一个比较薄弱的方面。这套《东方著名哲学家评传》的出版，是全国研究东方哲学专家共同努力的结果，我们希望能够引起国内外学术界对东方哲学研究的重视，并给予积极的支持。

  东方是一个地理、文化乃至政治的概念，它是相对于西方而言的。从世界地理的分布上看，东方应包括整个亚洲和非洲中部、北部地区，然而这一地理概念由于复杂的历史等原因和以往人们对交通地理知识的缺乏常常是混淆的，有着多种的解释和含义。我国元明以后的一些地理著作中，例如《岛夷志略》《东西详考》中常常把南海东部地区（约自东经110°以东，即今之东南亚各国）及其附近诸岛称为"东洋"，清代以后又把地处我国东邻的日本称为"东洋"或"东瀛"。可是在古代汉译佛教著作中往往又把位于中亚和南亚次大陆的很多地区称为"西域"或"西方"，中国的佛教徒常常称印度为"西方极乐世界"。16—17世纪欧洲殖民主义者向外扩张，常常把中国、日本、朝鲜半岛、印度次大陆乃至包括非洲在内的整个阿拉伯地区都称为东方，以此区别于他们宗主国的西方世界。由于东方地区的国家和人民长期受到西方帝国主义、殖民主义的压迫、奴役和掠夺，他们的文化遭到西方"欧洲中心论"的摧残和歪曲，在这种情况下，东方人民奋起进行了包括武力、政治、经济和文化等在内的各种形式的抵制和反抗。在东方民族主义运动中形成的东方民族主义思潮，是19世纪下半期，特别是20世纪以来这100多年东方国家和地区思想文化领域内的主要倾向，它集中反映了这一时期东方社会、经济、政治和文化的相互关系，因此东方这个地理概念又被赋予了政治和文化的含义，这些含义在东方民族主义运动和社会主义运动中常常在一些革命家、历史学家的言论、著作和他们发表的宣言中可以见到。例如孙中山先生在1924年所作的《大亚洲主义》的演讲中，曾把东方文化说成是主张仁义道德的王道文化，把西方的功利和强权文化说成是霸道文化。列宁在他的《民族和殖民地问题提纲初稿》中也提到了"东方各民族"的解放问题。印度的甘地主义和土耳其的凯末尔主义是典型的东方形式。泰戈尔把文化划分为东方和西方，他认为"东方主静""西方主动"，东方的人生目的是"亲证"（神），西方是"活动"。当然，我们今天所理解的东方概念，首先应是地理的，但在某些场合，也具有政治和文化的意义。

目前学术界一般认为世界上有四种具有地理特征并自成系统的哲学体系，即中国哲学、印度哲学、阿拉伯哲学和希腊哲学，其中中国、印度、阿拉伯都位于东方，因之，很多学者，特别是西方的学者常常把上述三者称为东方哲学。但这种划分是不够全面的。东方哲学无疑应该包括东方地区所有国家和民族的哲学，即东亚、南亚、东南亚、中亚和西亚北非等地区、国家和民族的哲学。东方各个国家和民族，无论其地区和种族、历史的久暂，都有其自己民族的文化和哲学，都对世界哲学做出过或多或少的贡献。例如日本近代的哲学和中世纪的犹太教哲学在世界哲学发展史中都有着显著的地位。

众所周知，东方是世界文明的摇篮，诞生了世界最早的文化，也孕育了人类最早的宗教哲学思想。东方哲学是东方文化的基础，是东方人民的世界观、价值观、社会伦理观和思维方法，它是东方各族人民在与自然和社会的长期斗争中形成的，并且是历史经验的总结，对东方社会和文化生活有着不可估量的影响。东方哲学不仅在东方内部，而且也在东西方之间进行着长期的交流，对世界哲学的产生和发展起过重要的推动作用。印度的佛教哲学和婆罗门教"正统派哲学"，波斯的琐罗亚斯德教（袄教）哲学和摩尼教哲学，阿拉伯的伊斯兰教哲学，叙利亚的景教教义，以色列的犹太教哲学等都在古代传入我国，与我国传统思想相结合后，形成了种种的学派或宗派，开出了绚丽多彩的宗教哲学花朵。日本近代哲学对我国的启蒙运动和社会主义运动也有过某些影响。东方哲学无疑地应包括中国哲学在内，中国哲学是东方哲学最重要的一个组成部分。但是中国哲学包含的内容多，覆盖面广，历史悠久。另外，中国读者对自己的哲学一般都比较熟悉，有大量的专门著作和专门的评传系列可供阅读，因此，本丛书中未包括中国哲学在内，但是由于中国哲学特别是儒、释、道与我国周边国家的哲学有着长期的双向交流，彼此互相影响，因此凡涉及这方面的问题，我们都作了概略的陈述。

本书采用评传体裁，按国别或地区分卷，每卷人物按出生年月次序排列，对东方哲学史上出现的著名哲学家、思想家的生平和思想作了评述，但由于篇幅有限，不可能将全部东方哲学家都收罗在内，只能选取那些我们认为最重要的哲学家加以评述。另外，我们对东方某些国家或某些地区的哲学缺乏研究或者知之甚少，因此不敢贸然动笔，挂一漏万，在所难免，希望读者谅宥。此外，由于是传记体裁，考虑到在国家或哲学家之间，有的有相对继承关系，有的则毫无关系，因之，很难看出某一国家或某一哲学思想体系发展过程的全貌，为弥补这些不足，我们在下一节中，对东方哲学的起源、发展及现代的转型，东方哲学与我国的双向交流关系作了粗略的介绍，俾使读者对东方哲学有一概括的了解。

一　东方哲学的起源、发展及现状

东方哲学思想自公元前 4000—前 3000 年在古代埃及出现以后，迄今已有 5000 余年的历史。它经历了发生、成长、荣枯、新生等过程，大致可以分为古代哲学、中世纪哲学、近代哲学和现代哲学四个时期。

(一) 古代哲学

世界文明是从东方开始的。在公元前4000年至公元前2000年初，中国的黄河，南亚的印度河、恒河，美索不达米亚的底格里斯河和幼发拉底河，埃及的尼罗河流域开始跨入阶级社会，随后在小亚细亚、巴勒斯坦和伊朗高原相继产生了一批奴隶制国家，这些地区和国家孕育了世界最早的文明，同时也产生了最早的哲学思想。在埃及，从流传下来的宗教经文——《金字塔文》《死人之书》和《生命之书》中可以看出，原始居民已在探讨世界本原的问题。有的祭司神学家宣称，宇宙是一些自然力（神）产生了另一些自然力的一系列产物，太阳神——瑞是这个宇宙的主宰；有的怀疑论者则认为自然界的水、火、空气是世界的根源。此外，从大量的"箴言"中可以看出，它们树立了很多道德、伦理准则，如不害人、正道、宽恕、乐观等，有的箴言还否定死后的生活、来世的灵魂等。古代两河流域也是哲学思想的故乡，在著名的《创造之歌》中，巴比伦的最初哲学家用神话的方式探讨了宇宙形成的原因、人与自然的关系等。他们描绘说，泰初从水渊中出现了男女之神并出现了"众神之主"马尔都克，他创造日月星辰以及血肉的人类，从而完成了宇宙的创造过程。印度哲学思想的萌芽在公元前2000年前后就已发生，最早见于印度宗教、神话、历史汇集的《吠陀》，以及随后出现的哲学诗篇《奥义书》中。《吠陀》最初宣传对自然力量崇拜的多神论，尔后，哲学思想便从吠陀宗教思想中分离出来。吠陀诗人提出了关于宇宙形成、人和自然的关系、人的本质、灵魂和肉体的关系、死后有无存在等种种问题，并给予回答。有些赞歌宣称：思维（巫师的直观能力）、识、虚空、无、我（灵魂）、梵等是世界的根本原因；有的则认为世界是由水、火、风、地、金卵等所派生或结合而成的。《奥义书》提出一种叫"梵我一如"的原理。它们宣称：作为外在的、宇宙终极原因的梵和作为内在的、人的本质的我（灵魂）在本性上是同一的，但是由于人的无知（无明），受到业报规律的束缚，把梵和我看作两种不同的东西，如果人能摒弃社会生活，抑制情欲，那么，他就可以直观灵魂的睿智本质，亲证梵我的同一，从而获得最后的解脱。

在古代的西亚也闪烁着智慧的光芒。波斯流传下来的宗教历史文献

《阿维斯陀》(《波斯古经》)，相传为琐罗亚斯德教的创始人琐罗亚斯德（公元前700—前600年）的说教。《阿维斯陀》宣称，在原初的时候，存在着对立的善恶两元，善元之神阿胡拉·玛兹达是光明、生命、创造、善行，也是天则、秩序和真理的化身。恶元之神安格拉·曼纽是人格化了的黑暗、死亡、破坏和恶行等一切罪恶的渊薮。善元和恶元进行了长期、反复的较量和斗争。前者最后终于战胜后者。于是玛兹达被尊为"宇宙的主宰者"，"光明王国和黑暗王国的统治者"，成了唯一的、最高的存在。在琐罗亚斯德教的形成过程中，有些异端的神学家为了解决善、恶两元的矛盾，在理论和逻辑上常常假定在两者之上有一个最高的实体——"佐而文"（旧译"察宛"，意为"无限时间"），因之，琐罗亚斯德教被称为哲学上的二元论和神学上的一元论。

公元前6—前5世纪是世界宗教、哲学运动蓬勃兴起时期，在波斯，琐罗亚斯德建立了琐罗亚斯德教；在中国，出现了春秋百家争鸣的局面；在希腊，诡辩派开展了大规模的活动。与此同时，在印度出现了与婆罗门教相对立的沙门思潮，即自由思想家的统称。沙门思潮有"六师"，其中主要的有顺世论、佛教、耆那教和生活派（"邪命外道"）。顺世论是印度甚至东方最大的唯物主义派别，这派认为世界的基础是物质，物质由"四大"（地、水、风、火）所构成，一切有生命的物类均由"四大"和合而生，人死后还归"四大"，因之，它否定灵魂的存在，认为灵魂和肉体不可分，感觉经验是认识的唯一源泉。在社会观方面，顺世论主张种姓平等，反对祭祀和业报等。佛教是沙门思潮最大的派别。原始佛教在说教中提出了一套哲学主张——四谛十二因缘说。他们认为世界上各种现象的存在都依赖于一定的条件（因缘），离开了这些条件，就无所谓存在。十二因缘就是从无明到生死彼此成为条件或因果联系的十二个环节。耆那教宣称：世界由多种元素构成，这些元素大致可以分为灵魂与非灵魂两种，非灵魂的元素又可分为物质和不定形物质两种，前者由原子复合所构成，后者则由运动的条件（法）、静止的条件（非法）和时间、空间四者所组成，这种学说是一种多元论的实在论。耆那教在社会伦理思想方面主张苦行（包括非暴力）、业报轮回和解脱。生活派认为，宇宙和世界上一切有生命的物类是由灵魂、地、水、风、虚空、得失、苦乐、生死等十二种元素构成的，各种元素的结合"定合有其自性"，在"命定"的锁链中，人的意志是无能为力的。

在公元前后几个世纪，印度婆罗门教系统内出现了很多哲学派别。印度常常把承认《吠陀》权威的婆罗门教六派哲学称为正统派，而把上面所述不承认《吠陀》权威的顺世论、佛教、耆那教、生活派等称为非正统派。在这个时期内，正统派的一些创始人或理论奠基人创作了各派经书：《梵经》《前弥曼差经》《数论颂》《瑜伽经》《胜论经》《正理经》等，从而形成了吠檀多派、弥曼差派、数论派、瑜伽派、胜论派和正理论派。

（二）中世纪哲学

中世纪是一个含混不清的概念，东方各国都有自己的界定。但很显然，在东方各国社会发展过程中，有一个连接古代和近代的历史时期，这个时期有它自己的特点，特别是在哲学思想资料的继承方面有它的连续性。不少学者认为，印度的中世纪开始于公元3—4世纪，即统一的印度笈多王朝时期，迄18世纪资本主义萌芽发生。在印度中世纪初期，印度正统派哲学六个派别日益系统化，非正统派的几个派别也在进行活动。正统派中起源最早的是数论。数论作为二元论是在自在黑的《数论颂》等中表现出来的。

瑜伽的实践是在毗耶沙（约500年）等对《瑜伽经》作注以后才完整起来。《瑜伽经》认为，达到真理的方法有8种，这些修持方法类似我国的气功。

弥曼差是婆罗门教中研究祭祀仪式等问题的一个学派。在4—5世纪山隐尊作注以后才完备起来。

胜论是在钵罗奢思波陀（400—450年）对《胜论经》作注以后才形成系统的哲学体系。

正理论着重探讨了认识的方法、逻辑推理等问题，把认识的对象、辩论的方法等概括为16个范畴，把推论的形式分为五支。

吠檀多不二论的主要代表是乔荼波陀（640—690年）和商羯罗（700—750年）。他们认为真实不二的"梵"是世界万物的始基，梵是统一的、纯粹的，不具有任何属性、运动和因果。但是某些没有宗教修持的人由于无明（无知），从下智去看它，给它附上种种的属性如全智、全能等，神也是其中的一种，这样梵就有了上梵和下梵之分。世界是梵的一种幻现或假象，如同绳被幻现为蛇一样。11世纪以后，印度出现了以改革印度教为宗旨的虔诚派运动。在吠檀多中也出现了罗摩奴阇（？—1137年）的制限不二论，摩陀婆（1199—1278年）的二元论，尼跛伽（14世纪）的二元不二论和筏罗婆（1473—1531年）的纯粹或清净不二论。以上这些派别围绕着梵、灵魂和世界的关系进行了喋喋不休的争论。

在中世纪，佛教由小乘转入大乘，分为中观派和瑜伽行派两个主要教派。中观派的理论奠基人是龙树（150—250年）。龙树把他的最高真理称为"空"。他认为世界上一切事物以及人们的认识，甚至包括佛陀本人都是一种相对的、依存的关系（因缘），一种假借的概念或名相（假名），它们本身并没有实体性或自性，只有排除了执着这种"名相"的偏见，才能达到真理或空。瑜伽行派理论奠基人是无著（395—470年）和世亲（400—480年）。他们认为，应把"空"和"有"（对现象世界的认识）结合起来。世界上的一切现象都是由人们的精神总体或作用——"识"所变现出来的，所谓"万法唯识""三界唯心"。

在7世纪伊斯兰教建立以前，阿拉伯哲学在继承古代埃及哲学思想的基础上还受到了古代希腊哲学的影响。公元前3世纪亚历山大城一度是亚里士多德主义的中心，在那里曾建立过世界上最早的图书馆，出现过像欧几里得和托勒密这样的伟大科学家，对后世有重要影响。7世纪穆罕默德在阿拉伯半岛建立伊斯兰教。该教的根本经典《古兰经》是伊斯兰教教义、哲学、法学和伦理学赖以建立和发展的基础。伊斯兰教宣传一神论，认为真主是唯一的、绝对的和永恒的存在，具有一切完美的德性。7世纪中叶倭马亚王朝在大马士革定都后，在伊斯兰教内部出现了苏菲派，该派除以《古兰经》和"圣训"为基本教义外，还受到波斯、印度瑜伽派等的思想影响。苏菲派以神秘主义著称，宣传泛神论和神智论的思想，要求通过内心修炼，达到与真主的合一。8世纪初在伊斯兰教中出现了最早的神学—哲学派别——穆尔太齐赖派，该派提倡运用理智，自由讨论伊斯兰教信条，反对宿命论的"前定论"，主张人有意志自由。10世纪从穆尔太齐赖派中分化出来的艾什尔里（873—935年）及其追随者们建立了新凯拉姆（经院哲学），这派学说调和理性与信仰，以理性论证正统派的信条，强调真主的全能和世界的变幻莫测。以后的安萨里（1058—1111年）还引进了苏菲派的神秘思想，从而完成了伊斯兰教经院哲学的最终形式。

9—12世纪，在阿拔斯王朝的一些帝王的奖掖下，阿拉伯的学者对希腊科学、哲学著作进行了有组织的、大规模的翻译和注释，另外，还翻译了波斯和印度的一些古典著作。在传播希腊哲学特别是亚里士多德学说、新柏拉图主义和东方传统思想过程中，在阿拉伯穆斯林的统治地区——东部的巴格达和西部的科尔多瓦出现了一批哲学家。他们的代表是铿迭、法拉比、伊本·西拿、伊本·图斐利、伊本·鲁西德和伊本·赫勒敦等，这批哲学家一般接受了受新柏拉图派影响的亚里士多德学说，并力图和伊斯兰教信仰相调和。他们都承认真主作为最初实体和始因而存在，认为世界万物是由真主通过理性、灵魂等一系列精神的实体流溢而出，但又承认世界是客观存在的，其间有着因果关系。真主对世间的关系是通过媒介物间接地起作用。这种"流溢说"或"双重真理论"等是当时和伊斯兰教正统派经院哲学进行斗争的最好思想武器。

13世纪中叶蒙古入侵伊斯兰世界后，随着阿拔斯王朝的覆灭和伊斯兰教徒在西方的失势，由多民族组成的、统一的阿拉伯哲学从此不复存在。中世纪的阿拉伯科学、哲学和伊斯兰教文化在各方面都达到了最高的水平，远远超过了同时代的欧洲。由于阿拉伯世界保存了大量的希腊的哲学和科学著作，使古代欧洲哲学遗产未遭湮灭，从而推动了欧洲的文艺复兴和西欧哲学的继承和发展。公元前4世纪末，希腊亚历山大大帝征服地中海东部各国，随着希腊文化传入地中海东、西地区，犹太教受柏拉图主义与斯多噶派影响渐深，其中具有代表性的是拉比斐洛·犹太的哲学。他以柏拉图的理念说、斯多噶派的逻各斯学说解释犹太教的律法书，使犹太教具有了比较完整的哲学体系。拉比斐洛认为，世界是由神的动力因与未具形体的原始质料因两者所构成的。神通过逻各斯（道）使神与物质相通，在逻各斯的中介下，神在经历的各种不同阶段与感官世界相连接，从而创造了世界。逻各斯既是神或"观念"的统一，又是宇宙一切力量的根源和犹太教神坛中有最重要地位的天使。拉比斐洛也以这种观点解释了人生的历史，他认为人应从感官世界中求得解脱。

自公元前 2 世纪至公元 5 世纪，在犹太教内地位仅次于《圣经》的经书《塔木德》逐步形成。《塔木德》在处理神与世界的关系上，它既信仰神的彼岸世界，也肯定神所创造的现岸世界的一切，甚至主张：今世一个时辰的悔罪善行胜过来世永恒的生命。在生命观方面，《塔木德》主张灵魂肉体二元论，认为人的灵魂像天使，理性与道德（善）都来自灵魂。人的肉体与情欲相连，如同禽兽，但善与肉欲并非绝对对立，善恶争斗是在灵魂中进行的，因此《塔木德》认为，伦理道德的终极目标不是脱离世界，而是在世界之中，使肉体服从灵魂导引，遵行犹太教律法，侍奉神。另外，《塔木德》还强调人的自由意志。

9—12 世纪，阿拉伯学者把希腊哲学、科学著作译成阿拉伯文，对犹太教内部也产生了影响。犹太教哲学家萨迪阿（892—942 年）首先把《圣经》译成阿拉伯文。他力图用新柏拉图主义的观点调和理性与启示，论证世界是神所创造的。所罗门·伊本·加布里奥（1020—1070 年）是犹太哲学在西班牙的最重要的代表。他以新柏拉图派的观点解释犹太教的神学，认为神的意志既来自神的本质，又与神的本质有区别，神的本质是无限的，而神的意志的具体表现则是有限的，因此，神的意志成为神的本质与神所造质料、形式的中介。12 世纪中叶亚里士多德哲学已在犹太哲学中占主导地位，在这方面最有代表性的哲学家是摩西·本·迈蒙尼德（1135—1204 年）。他力图用亚里士多德的学说论证犹太教的教义，强调人们必须要用和理性一致的东西独创性地去解释犹太教教法。他宣称：宇宙永恒这个命题虽然不能得到有力的证明，然而以逻辑和经验推理，世界从虚无中被创造出来和灵魂永生也是有可能的。这些说法实际上是违反亚里士多德主义的。迈蒙尼德的唯理主义学说曾受到犹太教正统派的激烈反对，对中世纪晚期西欧的经院哲学有一定影响。

日本哲学思想最早见于 8 世纪编成的《古事记》和《日本书记》，它们是受中国哲学思想，特别是儒学思想影响而形成的最古老的典籍。这两部典籍记录了日本古代的神话、英雄传说、歌谣和帝王的家谱，但从这些内容中可以看到日本哲学思想的萌芽。《古事记》论证皇统即神统，宣传神道教的神灵创造了天地、日月，并对宇宙的形成、人的起源作了种种哲学思辨。《日本书记》也记录了世界创成、国土繁殖的神话。

继 5 世纪前后儒家思想传入日本后，6 世纪中叶佛教也经过朝鲜传入日本。佛教在奈良时期（710—784 年）扎下根来并日益得到发展，出现了"南都六家"（三论、法相、俱舍、成实、华严及律宗）和"奈良七寺"，这时佛教教义传入日本，但没有创新。在平安时期（994—1184 年），最澄和空海从中国留学回国，分别创立了具有特色的天台宗和真言宗，确立了日本的大乘佛教思想。他们在哲学上都宣传"世界无别法，唯是一心作"和"一念三千"的唯心主义思想。平安时代后期，在日本佛教中出现了两种倾向：一种是要使本国固有的神祇崇拜与外来佛陀、菩萨崇拜融合起来，即所谓"神佛习合"思想；另一种是对流传于贵族中间、教理深奥的天台宗、真言宗不满，在民间产生了净土思想，这为后来净土真宗、日莲宗等建派创造了条件。禅宗传入日本，最早可追溯到奈良时期，但真正建立日本临济禅的是由中国回去的荣西（1141—1215 年），临济禅因袭中国的禅学思想。另一个传中国曹洞禅的道元（1200—1253 年），又把禅宗的主观唯心主义推到极端，宣传"心者一切法，法者一切心"的思想。

朱子学从 13 世纪传入日本后一直依附于佛教。到江户初期，在德川幕府的支持下，才开始从佛教分离出来。当时日本的儒学体系主要分为朱子学派、阳明学派和古学派。朱子学被奉为官学，长期处于主流地位。此外，在江户时代还出现了复兴神道的一些派别和某些不属于任何传统或反传统的启蒙思想家。朱子学在日本不同地区有着不同的流派，对于朱子学的解释也有不尽相同的说法。日本朱子学的创始人是京师学派的藤原惺窝（1561—1619 年）及其学生林罗山（1583—1657 年）。他们以朱熹的性理说反对佛教的出世主义和基督教的创世说，使儒学摆脱神学的束缚而得到独立发展。这个学派中的人对于哲学基本问题和社会伦理道德思想有着不尽相同的主张。例如贝原益轩（1630—1714 年）和安东省庵（1622—1701 年）把自己的世界观归结为"理气合一"论，而山崎闇斋（1618—1682 年）、佐藤直方（1650—1719 年）等则归结为"理一元"论，这是唯心主义和唯物主义的分水岭。山崎闇斋甚至还把儒学和神道结合起来，使朱子学神道化。会泽正志斋（1782—1863 年）、藤田东湖（1806—1885 年）等还提倡封建名分论和尊皇攘夷思想，这都是要为德川幕府的统治做理论论证。

古学派排斥汉唐以后的儒学，认为只有古代的儒学才有意义。这派名为复古，实际上是要摆脱朱子学的控制，其代表人物是山鹿素行（1622—1685年）、伊藤仁斋（1627—1705年）和荻生徂徕（1666—1728年）等。这派人在哲学上一般都主张"气一元论"，并以此反对朱子的"性理论"。

阳明学提倡王阳明的"心学"或良知说，其代表有中江藤树（1608—1648年）、大盐平八郎（1794—1837年）等，这派中的人虽然在哲学上是主观唯心主义者，但其中某些人还具有辩证法的思想。他们重德教，重实践，是以改造世界为己任的事功派，在幕府末期和明治维新中起过一定的作用。

日本的神道教是固有的民族宗教，是在日本民族固有信仰的基础上发展起来的，已有2000年的历史，其间受到了儒、佛等外来思想的影响，大体上经历了原始神道、神社神道、学派神道、国家神道、神社神道和教派神道并行等不同的历史阶段。在德川幕府时期，出现了复古神道，这种神道排斥儒、佛等思想影响，提倡"日本精神"哲学，鼓吹敬神爱国、崇祖尊皇、神皇一体、祭政一致、八侁一宇等思想。这些思想在德川幕府末期的尊皇攘夷中起过重要的作用，后来又成为军国主义的精神武器。

在江户末期，日本封建社会开始瓦解，作为封建意识形态的儒学日益停滞、没落。在西方自然科学（兰学）的影响下，在日本出现了不少与传统格格不入或反传统的思想。他们中有代表农民思想的安藤昌益（1703—1762年），反映新兴市民利益的三浦梅园（1723—1789年）、山片幡桃（1746—1821年）、有力图探索一种新的思维方法、哲学的皆川湛园（1734—1807年）和为心理学开拓道路的镰田柳泓（1754—1821年）等。他们一般对中世纪的封建制度及其意识形态进行了批判，在不同程度上接受了西方自然科学和古代唯物论的影响，反映了封建统治下的农民和新兴的市民的要求和利益。

我国周边的国家朝鲜和韩国也有着悠久而又丰富的哲学历史。1世纪前后，朝鲜半岛先后建立了高句丽、百济和新罗三个封建国家，中国的儒学开始传入。尔后，我国佛教的各个宗派和学派也相继传播，在朝鲜形成了"五教九山"。6—7世纪新罗佛教进入鼎盛时期，出现了不少著名的佛教哲学家如圆光、慈藏、慧超、圆测、元晓、义湘等。新罗的佛教受到中国的影响，但也有着独自的发展道路和特质。例如圆光把佛教"三归五戒"解释为"事君以忠""事亲以孝""交友有信""临战无退""杀生有择"，这明显和印、中佛教传统的解释不同。被称为"八宗之祖"的元晓（617—686年）提倡"归一心源说"，力图调和"百家之异争"。他从"和诤论"的立场出发，不仅对朝鲜而且对中国的各种佛教派别进行了评判。9世纪初禅宗在朝鲜崛起以后，禅宗和教宗（禅以外的其他混合教派）分庭抗礼，持续了几个世纪。禅宗的代表是曹溪宗创始人智讷（1158—1210年），他调和禅教二门教义，创立了"真心说"。

6—7世纪新罗出现了影响很大的社会思潮——花郎道思想，它把儒家的忠孝、道教的无为和佛教的积善思想融合成为一种道德伦理思想体系，这种思潮在新罗统一三国中起过作用。

7世纪朝鲜半岛建立了统一国家，鼓励贵族子弟学习儒家经典，儒学得以发展，逐渐成为统治思想体系。14世纪李朝建立之后，独尊儒术，在以后的500年间朱子学一直处于绝对的统治地位。在14世纪，它的代表人物是李穑、郑梦周和郑道传；15世纪是权近、金时习；16世纪是徐敬德、李滉和李珥。以上这些哲学家围绕理、气问题进行了长期的、喋喋不休的争辩，从而形成了唯心主义与唯物主义的阵营。例如徐敬德提出了"气不灭论"，他以"元气"的聚散、离合解释物质运动的变化，并以"机自尔"（自己内部的推动）解释事物发展变化的原因。李滉主张"理一元论"，他提出"四端理之发""七情气之发"的观点，开启了朝鲜半岛数百年"四端七情理气之争"。而李珥则以"理气二元论"反驳"四端七情论"，他认为理气"浑然无间，无先后，无离合"。可见朝鲜中世纪对哲学问题的争论是十分激烈、复杂的。

17世纪初至19世纪上半叶的200年间，在朝鲜半岛兴起了实学思潮。这种思潮讲求实效、实理，反对朱子学的空谈性理，主张经世致用，改革时弊。这个派别的思想家们在哲学上大都坚持"气一元论"，并借助当时自然科学、技术的成就，对很多自然和社会现象作了比较正确的解释。

在东南亚的邻国中，越南是和我国文化交流最早的一个国家，早在公元前后儒释道思想就伴随着中国文化相继传入越南。10世纪越南建立独立的封建国家后，佛教一直占有主导地位。越南早期建立的几个禅宗派别

（毗尼多流至禅派、无言通禅派和草堂禅派）都是由中国传入的。到 13 世纪初，越南开始建立了自己的宗派——竹林禅派，该派代表是慧忠上士和陈仁宗（1258—1308 年），他们宣传"心即佛，佛即心"的禅宗哲学思想。慧忠曾说："迷去色空色，悟来色无空，色空迷悟者，一理古今同。"这个派别 13—16 世纪一直是越南的重要派别。16 世纪黎朝时，曹洞宗传入越南北方，禅师麟角据以创立了莲宗，他将竹林禅派的教义与净土宗融合为一体，主张禅教双运，以教为眼，禅是佛心等。这个派别在 17—18 世纪影响很大。越南佛教除禅宗外，还有小乘佛教的宗派和密宗。他们往往把佛教和儒道的思想结合起来，并注意吸收民间的信仰。越南封建国家建立初期，一方面推崇释教，另一方面也尊崇儒学。14 世纪末 15 世纪初即陈朝末年和黎朝初年，越南封建中央集权制度进入高度发展时期，儒学取代了佛教，处于统治地位。陈朝最著名的儒学学者是朱文安（1292—1370 年），越南史家称他为"儒宗"，把他的学术思想概括为"穷理、正心、除邪、拒嬖"。后黎朝时（1428—1784 年）程朱理学成为统治的思想，黎圣宗颁布的"二十四训条"和黎玄宗颁行的"申明教民四十七条"，都是儒教治国的纲领和规范。黎朝著名的理学家有阮秉谦（1491—1585 年）、黎贵惇（1726—1784 年）。前者的哲学思想糅合宋儒、老庄及佛学，追随我国北宋邵雍的象数之学。后者主张"气一元论"，认为"宇宙源于'混元气'，理在气之中，理团气而有"。越南最后一个封建王朝——阮朝建立后，独尊儒学，儒家文化空前繁荣，人才辈出，其中有代表性的是郑怀德、吴仁静、潘清简等。他们不仅宣传宋明理学，也注重乾嘉朴学，其中有些人还致力于实学的研习。

陈黎王朝时，道教也得到了广泛的传播和发展，但在后黎朝建立后，其社会地位一落千丈，阮朝采取抑道政策，道教日益衰落。越南道教以符箓派为主，道教的卜筮醮仪、方术、阴阳、风水、堪舆等常常与越南固有的信仰相结合，深为越南人信奉。道教虚无主义思想特别是无为、超脱、安逸等在知识阶层中有着不可忽视的影响。

（三）近现代哲学

印度封建生产关系在 18 世纪中叶迅速瓦解，在莫卧儿帝国衰落过程中，英帝国主义征服了这个国家，随着资本主义生产关系的畸形发展，揭开了印度近代史的序幕。19世纪初，在印度沿海地区出现了一些宣传宗教和社会改革的团体，这些团体领导了印度的启蒙运动和社会改革运动，其中最有影响的是罗姆·摩罕·罗易（1772—1833年）所建立的梵社、达耶难陀·娑罗室伐底（1824—1883年）创立的圣社、辨喜（1863—1902年）主办的罗摩克里希纳教会、赛义德·阿赫默德汗（1817—1893年）所领导的阿里迦运动，等等。他们在西方哲学文化的影响下，对中世纪的经院哲学进行了批判，并提出了自己的主张。他们的哲学理论一般追随先前的、传统的形式（在印度教中主要是吠檀多，在伊斯兰教中主要是苏菲派）。启蒙运动的先驱者是罗易。他主张崇拜唯一、永恒、不可名状的理性实体——"梵"。另外，他还认为自然界是真实实在的并有它自己的规律，自然界统一于物质，物质是由原子所组成，自然界和人类社会的无穷多样性证明梵的创造意志和无穷力量。近代最大的哲学家是辨喜，他对吠檀多一元论进行了改革，认为世界最高的本质是梵，现象世界是达到梵的一个阶梯。现象世界包括精神和物质两个方面。物质世界是基础，它是和运动分不开的。另外，他认为认识真理可以通过经验和直觉两条道路。

　　1947年印度取得独立后进入了现代时期。现代哲学大致可分为四种不同性质的思潮：因袭传统印度宗教的宗教哲学，学院派的西方哲学，具有民族特征的资产阶级哲学和马克思主义哲学。最有影响的是 M. K. 甘地、R. 泰戈尔、奥罗宾多·高斯、K. 薄泰恰里雅、S. 拉达克里希南以及 M. A. 伊克巴尔等。奥罗宾多是享有世界声誉的哲学家。他综合印度吠檀多派和西方的一些哲学和科学思想，建立了一个庞大的"整体吠檀"思想体系。宣称宇宙是由现象世界和超越世界所组成的。现象世界包括物质、生命、心等；超越世界包括作为宇宙最高存在的"超心"等，超越世界是由现象世界进化而成的。在伊斯兰哲学思想体系中最有影响的是伊克巴尔的"自我哲学"。他认为，个体生命的最高形式是"自我"，"自我"是一切存在的基础、本质、生命的泉源和社会历史发展的动力，世界的一切事物都在运动，运动是由内部两种对立力量相互斗争和平衡的结果。此外，他在"自我"学说的基础上还提出了"完人"学说，认为"完人"是人类最高类型的人，是历史命运的决定者。马克思主义哲学于19世纪末传入印度，得到了广泛的传播。印度马克思主义哲学家一方面根据马克思主义原理分析现代社会发展和科学进展的状况，总结工人运动和共产主义运动经验；另一方面对印度几千年来丰富的哲学遗产进行大量发掘、整理，并作出科学解释。在这方面值得推崇的是高善必（1907—1966 年）和 D. 恰托帕底耶的研究著作。

1868 年的日本明治维新推翻了德川幕府的封建统治，进入了近代时期，日本近代哲学是随着资本主义的发展而产生的。在 19 世纪中叶出现了一批著名的启蒙思想家。这批思想家以"明六社"为中心展开活动。他们把 19 世纪欧洲的重要流派介绍到日本，并用这些新思想来启发日本人民的觉醒，对传统哲学进行批判和改造。在这些思想家、哲学家中有西周（1829—1897 年）、福泽谕吉（1834—1901 年）、加藤弘之（1836—1916 年）、中江兆民（1847—1901 年）、西田几多郎（1870—1945 年）等。西周是日本近代"哲学之父"。他把西方的 philosophy 一词译成哲学，系统地介绍了孔德的实证主义。然而他的思想中明显地保留着传统的儒学立场。福泽谕吉传播英国的经验主义和功利思想。他宣传实学，倡导民权，鼓励人民学习科学，在促进文明开化、推动日本的现代化中起了重要作用。中江兆民输入法国机械唯物论，认为世界是"唯一的物"，物质是由元素构成的。他主张无佛、无神、无灵魂，是一个比较彻底的唯物主义者。井上哲次郎（1855—1944 年）在他的"现象即实在论"里力图把德国思辨哲学与佛教哲学相融合，他提出"国民道德论"，要求把西方伦理思想与神道、儒学等传统思想缀合在一起。另外，还有鼓吹"日本精神"或"皇道哲学"的世界史哲学，等等。在第二次世界大战前日本最有影响的哲学家是西田几多郎，他建立了独创的西田哲学，提出以"绝对无之辩证法"为中心的"场所逻辑"和"绝对矛盾自己同一的逻辑"，这实质上是东方佛教思想和西方逻辑、哲学思想的混合物。另外，战前还出现了幸德秋水、河上肇、户坂润、永田广志等不少马克思主义哲学家。他们中间的一些人组织了"唯物论研究会"，介绍现代科学和唯物论的思想，对传统的封建思想和军国主义思想进行了批判，为马克思主义哲学在战前日本的传播和发展做出了贡献。

第二次世界大战结束后，日本的马克思主义哲学进入了复兴时期，他们一方面努力介绍国外马克思主义哲学的研究成果和科学成就；另一方面继续批判传统的封建军国主义思想和资产阶级哲学流派，如西田哲学、存在主义、结构主义等。与此同时，西方各种各样的哲学思潮和流派，特别是存在主义、实用主义和逻辑实证论等更系统地被介绍到日本，在资产阶级哲学界尤其在一些大学讲坛发生着重要的影响。此外，不少哲学史家也注意对日本乃至东方传统哲学思想的研究，以追寻日本传统文化思想的现代意义。

19世纪初，朝鲜半岛李朝的封建生产关系开始衰替，在日本、欧美列强的相继入侵下，沦为半殖民地和全殖民地。在这个历史转变时期，作为当时统治意识形态的朱子学宣告破产，出现了以改革为己任的开化派，开化派以金玉均（1851—1894年）为代表。他在哲学上继承了先前的实学思想，在社会政治方面提出了一套资产阶级民主主义的纲领，要求建立君主立宪制政体、发展科技、普及教育，等等。19世纪中叶，在社会上影响较大的是"东学"思想，"东学"思想是崔济愚（1824—1864年）针对当时在朝鲜半岛开始传布的天主教而提出的宗教哲学思想。崔济愚宣传"天道说"，认为"人乃天"，"天心即人心"，假如人人"守心正气"，则亿兆人的心可与天心一致，社会就会变成天国。他的哲学观是以唯气论为基础的泛神论，如说："至气则天地之根，万物之母，亦是生命，万物由此而生，亦还原于它。""东学"思想在甲午农民战争中起过动员和组织的作用。另外，在朝鲜半岛资本主义急剧发展过程中也出现过文化启蒙的爱国主义思想和对儒教进行改革的"儒教求新论"，等等。

19世纪末越南彻底沦为法国的殖民地，由封建社会转化为殖民地、半封建社会。在这巨大的历史演变过程中，儒学受到西方资产阶级思潮和中国旧民主主义革命思潮的冲击而日益衰替。越南思想界出现了两个对立的派别：维新派和保守派，这两个派别在对待传统哲学和社会伦理方面均持不同的态度。保守派坚持排外、保守与自大的封建观念，维护封建伦理道德的儒学；维新派接受西方和中国改革思潮的影响，对儒学和佛教进行了有分别的批判，主张变法改革，开发民智，富国强兵。他们发动了向日本学习的"东游运动"和"维新运动"。随着运动的深入，维新派中也表现了两种不同的倾向：以潘佩珠（1868—1940年）为首的一批人，继承勤王抗法的传统,主张用暴力推翻法国殖民统治,他们从君主立宪的拥护者转变为共和主义者。潘佩珠深受儒家和老庄思想的影响,他在哲学上主张"气一元论",认为天地由阴阳两气凝聚而成,"气乃宇宙之源,宇宙而生万物";在社会伦理思想方面强调儒家思想中的一些积极方面。而以潘周桢(1872—1926年)为首的另一部分人则主张依法改良,实行和平变革。他们宣传儒家的"民为邦本"的思想和西方资产阶级自由、平等、博爱的学说,力图把儒学和西方的社会伦理思想糅合在一起。潘周桢表示:"孔孟的道德观与西方的道德观在真理和道义方面有一致之处,因而吸收西方文明不仅无害而且可以更好地阐明孔孟之道。"

1798年法国拿破仑远征埃及,揭开了阿拉伯近代史的序幕。18世纪中叶,在阿拉伯半岛腹地首先出现了伊斯兰教的复兴和改革运动。其创始人是穆罕默德·伊本·阿卜杜勒·瓦哈卜(1703—1792年)。他遵循罕百里教义,主张奉行一神论,反对违背《古兰经》和圣训的一切行动。瓦哈卜在哲学上坚决反对"存在统一论"(存在是统一的,宇宙万物的存在就是造物主),在他看来,"宇宙万物是物质,最终要毁灭的,而造物主则是永恒,超脱一切存在之上的"。与此同时,他反对人的一切行为都是真主安排的"前定论",强调个人要对自己的行为负责。他根据这些教义组织了一场规模浩大的"清净教"运动,其影响遍及整个阿拉伯半岛、南亚及东南亚很多地区。19世纪末20世纪初在阿拉伯半岛、波斯、阿富汗、中亚等地区出现了对伊斯兰教进行改革的泛伊斯兰教运动,领导这场运动的主要代表是哲马鲁丁·阿富汗尼(1839—1897年)和他的学生、埃及的穆罕默德·阿布笃(1848—1905年)。他们主张东方穆斯林各国在统一的哈里法旗帜下,即在奥斯曼苏丹的指导下,团结一致,共同反对西方殖民主义并进行社会政治改革和宗教改革,开展现代复兴运动。阿富汗尼认为,伊斯兰教的改革必须依据《古兰经》和圣训而不是它们的注释。他坚决反对唯物主义和无神论,在他所著的《反驳自然主义者》一书中,对现代唯物主义和达尔文主义进行了系统的反驳,号召人们回复到一神论的信仰基础之上。阿布笃在他所著的《一神论》中,要求恢复伊斯兰教创建初期的精神和原则,复兴和发展伊斯兰教文化,学习阿拉伯语言,在坚持伊斯兰教基本教义的同时,接受西方现代化和科学成就。

第二次世界大战后，东方的伊斯兰教一直在急剧发展，出现了许多改革的思潮和运动，其影响较大的有：（1）复古主义运动。复古主义运动在瓦哈卜以后一直未断，在逊尼派和什叶派中都有，不同国家、派别提倡这个运动的目的、政治倾向和表现形式虽不一，但都强调伊斯兰的原教旨主义，重视伊斯兰的传统在国家、社会生活中的作用，主张政教合一，反对世俗主义。（2）泛伊斯兰主义运动，上一世纪阿富汗尼、阿布笃的泛伊斯兰主义理想虽然未能彻底实现，但对后世有一定影响。现代的泛伊斯兰运动（伊斯兰教大会、世界伊斯兰教大会和伊斯兰教世界联盟）不主张有统一的中心，但他们都宣传全世界穆斯林具有共同的信仰、世界观和文化传统，各国之间要加强团结，共同反对帝国主义、霸权主义和犹太复国主义。（3）现代改良主义运动。它主张在坚持伊斯兰教的信仰和传统价值的前提下，大力吸收西方的科学文化，使之适应现代生活。（4）伊斯兰教社会主义运动。它把伊斯兰教理想、原则等同于社会主义，尊重伊斯兰教的宗教信仰和文化价值，提倡社会经济平等、阶级合作，维护私有制度。

二 东方哲学的特点与转型

东西方哲学有着很多共同和相异的方面，由于作者对东西方哲学没有全面的研究，在本文中要作深入的概括是力不胜任的。东西方哲学在其发展过程中，不少哲学家提出和探讨了很多共同的问题：世界的起源和发展，物质和精神的本原，肉体与灵魂的关系，物质运动的形式和规律，时空的实在和限制，人类认识的能力和途径，思维辩证的发展，逻辑的推理形式，语言、逻辑与实在的关系，神、自然与人的关系。但是东西方哲学家对这些问题的回答所持的立场、思维方式和运用的语言、范畴却又不同。西方哲学家首先认为，哲学的对象是自然，哲学应研究自然与人的关系，因此，他们的哲学与自然科学的结合比较紧密。东方哲学虽然也研究自然，但他们的立场是从人本主义出发的，探索的重点在于人与神或社会的关系，进而探讨人的生命本源和终极的归宿，人的道德完善和行为的规范，社会最终的至善理想，等等；西方哲学特别是近代哲学常常是在科学实验的基础上从微观上去把握物质、自然和世界的，其目的是要征服自然，而东方哲学则常常是从整体上，从人与自然和人与社会的和谐关系中去寻求世界的统一。不少东方哲学家认为，人是自然界的一个组成部分，或者是自然界某种基本要素或属性的结合体，人与自然在终极或在不同层次上是合一的，为此，人对自然应采取顺从、适应和友善的态度，达到与自然和谐、统一的最高目标。当然，在东方大同思想中也有着小异，甚至还有着对立，这些思想表现为儒家的"天人合一"，道家的"道法自然""人道合一"，庄子的"道通为一"，释家的"心（名）物（色）缘起观"，婆罗门教的"梵我合一"，顺世论派的"四大和合说"，日本神道教的"人与自然亲和说"，伊斯兰教苏菲派的"神人合一"，等等。当然，其中也有人持相反的意见，如荀子提出"天人之分"的思想。这种从整体上把握世界统一性是和当前科学发展的方向，特别是与量子论的整体观相符合的，因之，不少现代科学家时常从东方哲学中寻求其理论的渊源和根据；西方哲学从亚里士多德起一直认为哲学是一门求智的学科，因此强调知识，重视理性，而东方则强调直观、内省、入神、顿悟，通过悟性的逻辑推演证悟事物的内在本质。例如印度的吠檀多虽然认为知觉是认识来源之一，但又认为真正的认识是一种超越主客观认识的"直接经验"（"随受"）。我国佛教禅宗强调顿悟，老庄主张"静观玄览"，玄览即心居玄冥之处，览知万物意。伊斯兰教苏菲派主张与神"冥合"的入神状态。甚至东方的理性主义者和唯物主义者也都主张"超然心悟"或"双重真理观"，他们肯定直觉经验的天启作用。现代科学证明：直觉在人类认识史中是一再被人使用的一种认识手段或方法，它是以实际经验以及科学知识为基础的，直觉在认识中可以起到一定的契机作用，是科学思维的补充形式。20世纪下半叶以来，非理性主义思潮，如结构主义、语义哲学等席卷西方社会科学和人文科学的很多领域，很多哲学家为了克服近代理性主义面临的危机，企图以非理性主义的思维方式来代替理性主义，借以重构现代知识体系，但是他们所做的却是反理性主义和反科学，最终遭到了失败，因此不得不返回东方，诉之于东方的直觉认识。西方哲学常常强调他们的唯物主义和辩证法传统，这是正确的，但东方哲学也有着丰富的唯物主义、自然主义和辩证法的思想，例如印度古代唯物主义——顺世论主张"四大（地、水、风、火）为世界因"，感觉是认识唯一的来源，死后灵魂断灭,等等。这种彻底的唯物主义和无神论在世界哲学史中也是罕见的。又如古代波斯和阿拉伯流行的光阴派认为,除了物质(光明)以外,没有其他实在的东西,从而否认造物主、火狱、灵魂不灭和末日审判等。东方的唯物主义思想常常是在自然科学特别是医学、天文学、数学中酝酿而成的,这是东方人民在与自然和社会斗争中所取得的丰富经验;东方哲学常常被人称为"宗教的哲学"或"哲学的宗教",哲学与宗教有着不解之缘,但东方宗教哲学中也有很多合乎科学的、符合现代社会需要的丰富内容,是东方各国人民珍贵的精神遗产,它们至今还在影响着亿万人民的生活。例如道教的"道法自然"、婆罗门教的"梵我合一"等都反映了对世界统一的认识,迄今还有着科学意义。道教和密教在探索方术中客观上对医学、化学和天文学等的发展做出了贡献。《参同契》是公认的炼丹史上最古老的著作,《真元妙道要略》记录了世界上最早的火药实验。佛教五蕴四大、时空无限的世界观,缘起性空、如实现照的认识论,诸行无常、一切皆幻的辩证观,无我利他、自度度人的人生观,诸恶莫作、众善奉行的道德观,这些高贵的箴言和智慧的结晶无论对东方或西方都是人类精神的财富。这正如亚当斯·贝克在其所著《东方哲学的故事》中所评价的:"东方人对生命的本源、本质的探索和智慧结晶,为人类提供了大量的心灵滋养品;亚洲各民族亦因此而屹立于世界民族之林,葆有其永不磨灭的神性魅力。"[①]

第二次世界大战后,由于社会经济的急剧变化,科学技术日益昌隆,特别是东西方交通、文化在更大范围内的接触,因此,东西方哲学的交流融合正在更大的范围内加速进行,但是东方哲学的转型也受到各国历史传统、社会发展、文化结构和思维形式等方面的制约。目前一般所见的形式有以下四种。

(1)在亚洲一些历史悠久、民族文化传统深远、社会经济发展滞后的国家和民族中,固有哲学虽然在外来思想文化冲击下有所震荡和变化,但传统的形式仍然占有主导或重要的地位,对这些国家的社会结构与功能、价值系统、伦理道德规范、行为模式等仍然有着重要的影响。在这方面,

---

① [英]亚当斯·贝克:《东方哲学的故事》,傅永吉译,江苏人民出版社1998年版,扉页。

印度传统的吠檀多主义哲学和南亚、西亚北非伊斯兰教的原教旨主义表现得最为典型。印度教的吠檀多主义在古代迄现代一直是占有统治地位的哲学，它不单是一种宗教哲学的信仰、道德伦理的原则，也是一种社会生活方式。印度近、现代著名的哲学家们几乎毫无例外地都继承了《奥义书》、吠檀多哲学的思想内容并使之适应时代的需要，构建了自己的思想体系。例如罗姆·摩罕·罗易在继承《奥义书》一神论的基础上摄取了某些基督教的形式，提倡崇拜唯一、永恒、不可名状的精神实体——"梵"，并建立了宗教社会改革团体——梵社。达耶难陀提出"回到吠陀去"的口号。辨喜继承、发展了吠檀多哲学不二论，并把吠檀多看作"行动的哲学"。由于他的努力，把吠檀多主义推向欧美各地。奥罗宾多也在吠檀多不二论的基础上，吸收某些西方哲学和科学思想，建立了一个庞大的"整体吠檀多"思想体系。至于后来的 S. 达斯古普塔和拉达克里希南在他们撰写的多卷本《印度哲学史》中也都宣传吠檀多不二论。20 世纪 70 年代，伊斯兰世界出现了一场以中东地区为中心，并波及南亚、西亚北非的声势浩大的伊斯兰复兴思潮和复兴运动，通称为伊斯兰原教旨主义。原教旨主义要求回到《古兰经》中去，以经、圣训、教法为基础建立以穆罕默德时代为楷模的伊斯兰国家和社会制度。国家应在伊斯兰教义指导下发展经济文化，组织生活，致力于非西方化、非世俗化的现代化建设，恢复伊斯兰的基本信仰。

（2）在西方影响下，东方各国也出现过不少综合东西方哲学的著名思想家和派别，这些派别运用西方的价值观念、自然科学和哲学社会科学研究的新成果以及研究方法对古老的东方哲学进行了整理和解释，这些哲学一般是在继承传统东方哲学的基础上，追随先前的形式，对东方哲学的很多内容进行了批判和扬弃，力图把现代的东方哲学安置在科学和理性的基础之上，在这方面比较突出的是在南亚地区兴起并波及中东的阿里迦伊斯兰改革运动和新加坡提倡的新儒学运动。阿里迦运动高举现代主义旗帜，其代表人物是赛义德·阿赫默德汗、穆罕默德·阿布笃和穆罕默德·伊克巴尔。他们主张根据时代的变化，用现代眼光审视、解释伊斯兰教教义和哲学社会学说，改革某些传统、旧制度。这派人大都提倡西方的科学、民主思想，使之纳入伊斯兰教的传统。例如阿赫默德汗以唯理主义的精神对

《古兰经》和伊斯兰教教义进行了解释，认为真主是宇宙万物的"设计者"，但真主所创造的自然界是受机械的客观规律所控制的，人的理性是检验一切宗教权威的标准。又如伊克巴尔以人道主义、唯理主义的精神对伊斯兰教教义作了新的解释，宣称"自我"是一切存在的本质，并在"自我"学说的基础上提出了人类最高类型、理想的"完人"理论，这明显地受到西方柏拉图和尼采等人的影响。再如新加坡、韩国对儒学的改革和创新。新加坡在地理上位于东西方的要冲，在文化方面政府虽然采取"兼容并包，东西结合"的模式，但以儒家价值观为核心的传统文化对新加坡的精神文明和物质建设一直起着核心的指导作用，这表现在建立国家的崇高权威，推行法治仁政，实施全民福利计划和富民政策，重视精英治国的人才效应。另外，树立"家庭核心"的社会结构，提倡尊老爱幼等。儒学在古代传入韩国后虽然发生了重要变化，逐渐成为韩国的传统文化，这种文化在近现代受到了西方的影响，但在韩国传统文化中儒学仍然处于主导地位，它的意识形态不仅主导着政府的行为，确立社会组织、秩序的原则，而且也在广大人民特别是知识分子中间有着持久的力量。

（3）在形式上既超越于东方又超越于西方，自成一体的哲学思想体系，在这方面最典型的是日本的西田哲学。西田在19世纪末20世纪初企图建立一个既超越东、西方又超越唯心主义和唯物主义的哲学体系。他在前期提出了"纯粹经验"即主观与客观合一的经验，认为东方的"善"是实现主客观合一的意识或经验；中期提出了"场所逻辑"（"自我"与"非我"或者意识与对象联系起来的场所），认为东方哲学中的"无"就是这个场所；后期又提出了"绝对矛盾的自己同一"（"步"和"一"的绝对矛盾自己的同一），他不但以这种哲学逻辑去解释形而上学的问题，而且也运用于民族、国家、政治、道德、艺术等领域，为日本军国主义作哲学的论证。西田哲学虽然在形式上是独立于东方哲学的，但实质上是一种以西方哲学思想为材料并运用这种哲学的逻辑装饰起来的东方宗教哲学。

目前在东方各国东西方哲学结合得很完满的例子还不多，但在东方各国未来发展的方向无疑地将是东西方哲学的相互融合，相互促进，取长补短，形成一种簇新的关系，当然，在这种簇新关系之中，外在形式就将变得毫无意义。我和亚当斯·见克教授一样，"企盼着地平线下的那轮朝阳早早升起，是一切了解并热爱着东方和西方的人们的共同梦想和志向"①。

（4）在现代，由于西方哲学、文化在东方各国广泛的传播，西方哲学已经成为现代东方哲学的一个组成部分，这在过去曾经是西方殖民地或半殖民的国家和地区或者东西方文化结合得较为成功的国家显得更为突出。在东方，西方哲学的讲授、研究和传播大多集中在大学和学术研究机构之中，在民间影响不大。因此，这种哲学常常被人们称为"讲坛哲学"或"学院哲学"。印度和日本是最早移植西方哲学并取得成功的国家。第二次世界大战前，西方的孔德主义、康德主义、逻辑实证论等哲学在日本、印度就很流行。战后，日本的实证主义哲学家紧跟西方实证主义的步伐，做了大量的研究与宣传工作。他们在日本建立了"实存主义协会"，发行了专门性的杂志，翻译了大量西方实证主义哲学家的著作，例如克尔凯郭尔、雅斯贝尔斯、海德格勒、萨特等人的全集和专著几乎全部都被翻译成日文，很多日本研究家在翻译、注释和研究存在主义哲学的基础上构筑了具有日本民族特点的存在主义哲学体系，如渡边二郎的"基于实存主义哲学"，铃木亨的"响存哲学"，等等。竹内芳郎还力图综合存在主义与马克思主义，重新构造马克思主义的体系。存在主义在印度、阿拉伯世界和1949 年前的中国也有着一定的影响。当前阿拉伯存在主义集大成者是扎基·纳吉布·麦哈穆德，他著有《实证主义的逻辑》和《形而上学的荒谬》等书，力图用实证主义的方法改造阿拉伯传统哲学，调和宗教与科学、启示与理性的冲突，使阿拉伯哲学与西方哲学再度接轨（古代希腊哲学的某些经典和思想是在中世纪通过阿拉伯哲学家的努力才能够保存下来并传入西方），西方的存在主义思想传入东方后，对东方的文学、艺术等也有着重要的影响。

三 东方价值观及其现代意义

20 世纪即将过去，回顾这一个世纪东方哲学的足迹，使我们可以对东

---

① ［英］亚当斯·贝克：《东方哲学的故事》，傅永吉译，江苏人民出版社 1998 年版，第 498 页。

方哲学的转型及其社会意义有比较深切的认识。19世纪至20世纪是东方历史转折的关键时期，在这个时期中，占世界人口大多数的东方殖民地和半殖民地国家的被压迫的群众开始觉醒，参加了反对帝国主义、殖民主义的斗争，从土耳其、波斯、中国革命扩展到了整个东方地区。随着东方民族主义运动和思潮的蓬勃兴起和发展，作为这种思潮基础的哲学也开始活跃起来，向着新时代变革。东方哲学不仅是一种世界观、价值观、道德伦理原则和宗教情感，而且也是一种文化结构模式。很多东方的政治家、思想家都是根据自己的民族哲学、文化传统去塑造自己国家发展的蓝图并据此进行行动的。

纵观这一个时期东方的哲学、文化，大致可以分为四个地区或部分：东亚和东南亚是以中国的儒释为辐射点和伊斯兰教、印度教文化及当地文化、信仰相互融汇的地区；南亚是以印度教文化、伊斯兰教文化和佛教文化并存的地区；西亚北非则是以伊斯兰教哲学文化为中心的地区。由于在这些国家中宗教在社会政治生活中长期占有统治地位，政治哲学、艺术等一切意识形态都囊括在宗教思想体系之内，无不打上神学的烙印，特别是宗教和哲学是难解难分的。一位阿拉伯著名的专家曾说："宗教与哲学并无明确界限，宗教中有哲学成分，相反如果哲学仅仅被作为王权的工具，那么哲学也就不成其为明智的科学，而变成一种新的宗教了。"例如印度的民族主义运动常常是以宗教哲学为号召的，甘地、提拉克等民族领袖都把他们的斗争安置在印度教的基础之上，他们的种种斗争方式，如非暴力、绝食等也都是宗教的。印度尼西亚的苏加诺在创立新国家时提出的"五基"（民族主义、国际主义、民主、社会繁荣和信仰神）也把宗教列在其中，他认为，伊斯兰教是"纳沙贡"的基石。阿拉伯地区近现代掀起的各种政治、社会文化改革运动常常是以复兴伊斯兰教、泛伊斯兰主义和伊斯兰社会主义来号召的。在缅甸、越南、柬埔寨等东南亚地区发动的民族解放运动中，佛教一直被作为民族独立的旗帜和复兴传统语言文化的象征。综上所述，我们可以断言：东方哲学的复兴、转型首先是在近代民族主义运动和社会运动中逐渐发展起来的。

从20世纪80年代以来，由于东亚地区在经济上有着持续的飞跃的发展，出现了"经济的奇迹"，与此同时，在文化上也呈现出某些繁荣的景象。因此，有人预言21世纪将是"亚洲的世纪"或者"东方的世纪"。在这种情况下，很多人都在寻求发展的原因。有人认为，亚洲经济的日益发展是与它的历史背景、文化传统有着密切的关系，亚洲的民族宗教、哲学意识或者文化正在作为国家或民族之间的关系准则，日益起着重要的作用，亚洲的价值观、伦理思想形成了使东亚社会实现经济繁荣、进步，公民关系和谐以及法律秩序的基础。不少人欢呼东方的传统文化已经觉醒并在新的建设生活中释放着巨大的能量。有些人还把文化在经济社会发展中的作用推向极端。例如塞缪尔·亨廷顿在其《文明的冲突》一书中写道：未来的世界不是按意识形态或国家划分，而是按文明来划分，文明主要指的是宗教、哲学，文明的差异是未来世界发生冲突的根源，西方文明与非西方文明之间的冲突是国际政治的主线，儒教——伊斯兰教将成为非西方文明的主要威胁。虽然我们不赞同亨廷顿的这个观点，但它确实提出了一个新的观察世界政治、经济的视角，即承认文化因素，特别是人的精神上的追求、宗教信仰、世界观、价值观等对经济所起的推动作用。

东方文化或亚洲文化是在长期历史过程中形成的一种多元的文化。我们通常所说的亚洲文化应该包括东亚文化、南亚文化、东南亚文化、西亚文化等。而其中最重要的是东亚文化，而东亚文化中最重要的传统是起源于印度，繁荣于中国、日本、韩国、朝鲜、越南的佛教和起源于中国、发展于东亚和东南亚一些国家的儒、道，儒释道在长期的历史过程中形成了混合的基础。当然，还有一些其他民族宗教、哲学的因素。这些就构成了东亚经济模式的历史文化背景。另外，东亚文化本身也不是一成不变的，在近代，它曾经吸收不少西方的思想和文化。如日本，在明治维新前后，朝野一致强调"脱亚入欧"，到了现在，又有一些人强调"脱欧（美）入亚"，其重要原因是日本的经济开发、投资重点已转向亚洲。当然，日本的文化和哲学在融合东西方文化方面是做得比较成功的。所以我们谈论东亚文化和东亚价值观，既要看到它的历史文化传统的一面，也要看到它吸收了西方思想文化的一面。

什么是东亚的文化模式或理性构架？我认为最重要的是：尊重权力，个人服从社会，步调一致，牢固的家庭价值观念，勤劳节俭，重视教育，等等。新加坡的外交家科埃在《国际先驱论坛报》上列举了在东亚操作的十项策略：人民和国家之间订立社会契约，保证基本需要，维护法治，自力更生，不提倡福利主义，良好的道德环境，反对西方个人主义的极端形式等，这十项操作策略确实是建立在东亚文化价值观特别是儒学的基础上的，因之得到了东亚和东南亚很多国家和人民的呼应。很多学者、政治家都强调儒学对亚洲"四小龙"和中国、新加坡所起的现代影响，与此同时，也得到了欧洲舆论界和学术界的重视。例如德国前总理施密特在访问中国之后曾在德国《时代周刊》（1992年5月）上撰文说："垂直的实力主义倾向、由年龄构成的阶层秩序、学习欲望、节俭主义、家族及集团的团结性等，这些形成了儒教的文化遗产。它完全不同于欧洲及北美的宗教伦理的精神概念，但是它可以产生同等的经济效果。西方世界恐怕不能不承认，深深扎根于与西方世界大不相同的文化中的人们，即便没有欧美人所认为的不可缺少的民主制度，仍然可以幸福地生活。"美国著名作家劳伦斯·哈里森在《纽约时报》（1996年6月2日）著文称："东亚的成功——包括日本——很重要的原因是'儒教'（社会精神的特质还包括道教和崇拜祖先的因素）。这些价值观强调了工作、教育、美德、未来和节俭。它使人回想起社会学家马克斯·韦伯引为工业革命动力的新教道德观。"

目前，儒学的价值观念不仅作为一种东亚传统的哲学、宗教的思想而存在，而且也融合于现代的经济和生活之中。例如儒教的道德规范在日本现代企业的生产管理（质量管理、终身雇佣制、意见建议制度、官员和企业家的密切合作、国家的推动等）和人际关系中迄今有着极为重要的影响。韩国把儒家的权威主义运用到经济中去，形成了"政府主导型经济"，这对政府在制定经济战略、保护国内外市场，特别是统摄全民族一致追赶和实现现代化的目标起着十分重要的动员和组织作用。1997年韩国遇到严重的金融危机和货币贬值，从韩国人民为了协助国家克服种种困难所表现出的献身精神中也可以看出儒学的影响。我国的传统文化对我国现代化企业的组织领导和管理也都起过重要的借鉴作用。例如青岛海尔公司在党的政策指导下，坚持"以人为本"的思想，善于发挥我国优秀文化的积极作用，使这个厂迅速崛起，成为先进企业，他们对儒家的"五德"（仁、义、礼、智、信）作了新的、合乎时代需要的解释："'仁'就是施仁政，得民心,在企业中就是要关心爱护职工,全心全意为人民服务;'义'就是通晓大义,同党中央保持一致,在维护大局的原则下行动;'礼'就是要讲文明礼貌,培养'四有'职工,在市场经济中讲道德、讲文明;'智'就是群策群力,讲究经营策略,善于把握机遇,开拓市场;'信'就是言而有信,维护企业信誉,真抓实干,赢得群众的信任和支持。"由此可见,儒学起着十分重要的凝聚作用。

当然,也有不少人对东亚的价值观一直抱着怀疑甚至否定的态度。例如在20世纪90年代亚洲金融和币值危机的困扰中,一些政治家、出版家和权威评论家都对"亚洲价值观"进行了种种评论和嘲笑,有的暗示这种价值观实际上是造成亚洲目前金融危机出现的根源,而不是亚洲很多国家以往取得成功的原因。一位获得诺贝尔经济学奖的教授公开撰文说,亚洲金融风暴标志着儒学价值观的破落。国际货币基金组织总裁康德苏认为,亚洲经济模式已经过时,他说:"东南亚的错误在于将其模式过于理论化,并把它同亚洲的价值观混为一谈。当这种模式失败时,可以看出在储蓄、劳动和社会同情观念上存在的问题。"但也有不少人反对这种看法,指出:有的舆论对东亚国家的指责超出了合理的逻辑,东亚的奇迹是实实在在的,它们遇到的问题是由包括西方的市场模式在内的种种复杂的因素强加给亚洲政治经济文化体系所引起的,而且目前危机已接近谷底,促使亚洲经济增长的成功因素或条件仍存在,因之东亚经济前景仍是美好的,它将继续成为全世界成功发展的样板。例如世界银行副行长约瑟夫·斯蒂格利茨说:"东亚奇迹对亚洲经济的改造是历史上最突出的成就之一。东亚奇迹使得国内生产总值大幅度增长,这体现在千百万亚洲人生活水平的提高上,其中包括寿命延长,健康状况和教育水平提高,千百万人民摆脱贫困,过着充满希望的生活。这些成功是实实在在的。"美国麻省理工学院金融研究中心主任斯科特·帕迪指出:"亚洲将恢复经济增长。亚洲国家是有活力的社会,它们的人民受过良好的教育,勤劳苦干,富有创业精神,并且总是把很大一部分收入积存起来,它们的政府汲取了非常重要的教训,懂得了开放它们的市场和增加金融交易的透明度以吸引和留住外资的必要性。今后,亚洲仍然是世界上经济增长潜力最大的地区。"加拿大秦家骢教授认为,亚洲的价值观是客观存在着的,但要作辩证的考察。他写道:"一个国家价值观的形成同它的历史有着密不可分的关系。最近罗珀—斯塔奇公司进行了一次调查,该机构在 35 个国家向 3.5 万人征询了意见。调查结果表明,亚洲国家有着共同的价值观。比如在菲律宾,该公司发现,尊敬老人被认为是价值观中最重要的一条,当然孝道是孔子传授的最佳美德。很难想象西方国家会把这一条放在第一位。"又说:"现在或许是把亚洲价值观所包括的各种品质认真归类的最好时机……亚洲价值观也像其他价值观一样有着它的优点和弱点。在经济发展的不同阶段,一些价值观可能比另一些更有用,所需要的是要用那些能够提供帮助的价值观,而摆脱那些阻碍发展的价值观,倒洗澡水时把孩子也倒掉是没有道理的。"我觉得秦家骢对亚洲价值观的评价是符合历史的、中肯的。我们对待任何文化遗产必须采取科学的、历史的和批判的评价,既不能全盘地加以肯定,也不能全盘地加以否定,亚洲价值观无疑地存在着消极腐朽的方面,这些消极的方面,直接影响着亚洲经济和文化的发展。

四 东西方哲学正在世界范围内汇合

随着当代东西方交通、经济频繁地接触,信息的高速传递,东西方科技、思想、文化的交流、融合已蔚为当今时代的总趋势。东西方文明正在世界各个地区特别是亚太地区汇合,并形成一种新的世界文明。当今时代是以网络、电脑、数码、光纤、多媒体为主要标志的"信息时代","信息时代"也可能为西方文明继续领先世界提供一个强有力的支点,并为其有效迎接"东方的世纪"的挑战创造了有利条件。东方现在正在追求"工业社会"的大机器、大生产、大体制等目标,而西方正向智能机器、质量生产、精干体制等"后工业社会"或"前信息社会"目标进发。为了迎接一场人类重大的变化,东方必须迎头跟上西方,向西方学习,否则东方永远摆脱不了"亦步亦趋,被动跟随"的局面。

东西方精神观念的交流是东西方文明交流的主体组成部分,有着超乎寻常的意义。东方的宗教哲学思想远在古代就已传入西方,在近代大规模传入西方后,对西方的宗教、哲学、科学、文艺、医学、体育等方面都产生过重要影响。印度教、佛教和伊斯兰教等的信仰、人生哲学、价值观、伦理道德观、思想方式、语言范畴、气功和瑜伽术等几乎都被逐渐融入西方社会生活之中。印度乃至东方最古老的宗教哲学文献《奥义书》在1801—1802年被译成拉丁文，其中一些哲学思想远在古代就通过新柏拉图派创始人普罗提诺（204—274年）、奥古斯丁（354—430年）传入西方，影响了当时的基督教。印度佛教大概在基督教诞生以前就传入巴勒斯坦和希腊本土，基督教中的轮回、隐遁、灵智等思想无疑受到过佛教的影响。基督教的不少仪式直接来自东方宗教。因此，黑格尔说："欧洲人的宗教——属于超越的高远的部分，来自一个很远的渊源，从东方特别是叙利亚；但是属于此地的目前的科学与艺术——凡一切生活满足，使生活高尚，使生活优美的——我们皆直接、间接得自希腊。"① 叔本华也说："所说基督教中真实的东西，均可断定为和婆罗门教、佛教一样，这好似从遥远的热带原野所吹来的花香，在新约全书中，竟可以看出印度圣贤的痕迹。"② 1896年印度著名的宗教改革家辨喜在美国芝加哥召开的世界宗教大会上发表了关于东方宗教、哲学的演讲，从此引起整个西方宗教界和学术界对东方宗教、哲学的重视。印度教和佛教的哲理对近现代西方的基督教、新兴宗教和某些哲学、科学派别和人物都有过直接的影响。例如，早期生物进化论者拉马克、达尔文，唯意志论者叔本华，实用主义者杜威，现象学派的雅斯贝尔斯，人格主义者布莱特曼等，都乞灵和求助于东方的宗教和哲学。雅斯贝尔斯在论证他的哲学本体"无所不包者"时曾借鉴印度教"梵我同一"的理论。他写道："对我成为对象的万物，我觉得是从'无所不包者'而来的，而我作为主体也是从那个'无所不包者'而来的。对象对我来说是一个确定的存在……因此'无所不包者'是仅仅——在客观现实与视野中——宣示自己的那个东西，但它从来不能成为对象的视野。"③ 他对"无所不包者"的描述和印度吠檀多哲学中对最高实体"梵我"的描述是同样的。布莱特曼认为，印度毗湿奴派的理论家罗摩奴是人格主义历史经验的"显著"例子。叔本华在论述其哲学思想和印度宗

---

① ［英］开尔德：《黑格尔》，贺麟译，商务印书馆1936年版，第1章，第7页。
② ［德］叔本华：《作为意志和表象的世界》，石冲白译，杨一之校，商务印书馆1982年版。
③ ［德］雅斯贝尔斯：《哲学导论》德文本，柏林，丢克·宾栋出版社1953年版，第30页。

教哲学的关系时曾说："我可以肯定……组成《邬波尼煞昙》的每一个别的、摘出的词句，都可以作为从我所要传达的思想中所引申出来的结论看；可是绝不能反过来说，在那儿已经可以找到我这里的思想。"① 现代量子波理论物理学奠基人薛定谔在解释量子理论时也求助于中国的道教宇宙论、印度教吠檀多不二论。他在阐述作为物质基本结构的量子与无垠宇宙的关系时说："我们所感知的多样性仅仅是一种表面现象，它们并非实在。""吠檀多哲学用水晶石来比喻这一原理：看上去似乎有千百个小图像，实际上只是反映出同一物。"②

目前值得注意的是，基督教的某些派别已直接把中国的气功、印度瑜伽融合到他们的修持体系中。佛教的禅宗、唯识论正在和西方心理学说相汇合。1980年美国兴起的印度教改良派拉杰希尼教团的思想家们以吠檀多"梵我同一"的理论为基础，力图融汇强调个性解放的弗洛伊德主义和存在主义等西方现代思想。另外，印度甘地的"非暴力主义"和"坚持真理"也常常被美国黑人民权运动用作反对种族主义的政治武器。

东方宗教在西方的兴起和盛行，东西方宗教、哲学思想的相互融汇，有着双方哲学自身的原因，也有着深刻的社会和历史原因。目前东西方正像一对热恋中的情人渴望着对方，同时自己身上的优点和弱点已昭然若揭。自20世纪下半叶以来，西方科学技术突飞猛进，物质生产力的提高带来了社会的空前繁荣，但是物质生活的提高，却使人们精神上滋生了困惑。在资本主义市场经济激烈竞争下，有人为了追求无限的利润，竟然丧失了理智和道德，社会在一定程度上陷入了病态；另外有一些人在东西方冷战结束后，感到社会矛盾重重，危机四伏，因而对固有的信仰——民族主义、社会改良主义和社会主义等——都失去了信心；也有人认为，科学虽然日益昌明，但未能解决一切问题，特别是社会贫困和苦难的问题。随着科学的昌盛，人的理性逐渐占了上风，但理性以外的非理性世界仍然是一个谜，有待探索。由于宗教长期以来一直在人民思想和社会中根深蒂

---

① ［德］叔本华：《作为意志和表象的世界》，石冲白译，杨一之校，商务印书馆1982年版，第6页。

② ［奥地利］薛定谔：《吠檀多哲学与现代科学思想》，载《1933年在都柏林大学的讲演录》，牛津。

固,而科学只是"变化的催化剂",所以只有当变化真正发生时,宗教习俗或信仰才能有所变化。与此同时,人们对基督教和西方文化的种种没落现象也感到失望,因之憧憬东方古老的文明,力图从东方宗教哲学思想中寻求精神上的支撑和慰藉。他们认为东方宗教强调人的内在精神的自我解脱,可以启迪直觉智慧,抑制人的各种世俗欲望,亲证人与神、人与自然和人与社会的和谐统一,从而达到"普遍之爱"的理想社会的实现。当然,这是对东方宗教哲学的一种奢望。

五　中国与东方周边国家哲学的双向交流及其影响

中国文化博大精深,灿烂缤纷,在世界文化圈中自成一个系统,对周围的国家乃至全世界都发生过影响,这是我国各族人民的伟大创造,也是在不同时期与其他国家进行交流、学习和吸收其他国家、民族的优秀文化所造成的。我国与周边国家的交流一般是双向进行的,不少周边国家在学习我国的思想文化后,适应自己的历史条件,作出了伟大的创造和发展,反过来又影响了我国。现将中国与周边国家哲学、文化的交流作一概略的阐述。

(一) 中国与印度、斯里兰卡的哲学交流

中印两国是近邻,两国哲学思想的交流有着悠久的历史。印度的宗教哲学思想对我国有过重要的影响。中国对印度佛教、古典哲学著作的翻译和研究有着1800多年的历史,积累了大量的、丰富的资料,并且写出了为数众多的注释和研究著作。据统计,现有汉译佛经,属于印度次大陆的共计1482部5000余卷。自东汉末年至北宋末年,即从公元2—12世纪的1000年间直接参加翻译的人员中著名的有150余人,其中有史可证,属于印度次大陆来华的僧侣、学者计71人。我国翻译的佛教经、律、论极大部分是从印度梵文、巴利文原典中翻译出来的。目前中国还保存着不少印度的梵文写本。另外,中国还有从梵文直接翻译或由汉藏文转译出的《藏文大藏经》《蒙文大藏经》《满文大藏经》《西夏文大藏经》等。随着佛典

的翻译，印度佛教的哲学思想在中国得到广泛的传播。佛教以外的其他哲学派别也有重要的影响。例如印度最古老的唯物主义顺世论的经典在印度已被婆罗门教僧侣销毁殆尽，但这个派别的思想材料在中国翻译和撰述的62部汉译佛经以及其他史籍中都有记述。中国翻译的《金七十论》（《数论颂》），据不少学者的考证，是属于印度数论最古老的经典之一，现已倒译成梵文。胜论派的重要经典《胜宗十句义论》的梵本在印度亦已失传。

中印思想什么时候开始交流是一个值得研究的问题，但一般认为，公元1世纪中叶佛教从西域传入中国汉地以前，在中国新疆和川滇边境就有了接触。佛教传入中国后，在中国形成了很多宗派与学派，例如龙树的《中论》《十二门论》和提婆的《百论》在我国流传后，形成了三论宗，这个学派从南北朝到唐时一直很盛行，并由我国传播到了朝鲜和日本，三论宗所宣传的"诸法性空"的"中道实相论"是我国后来很多宗派的立宗依据。至于对中国佛教宗派形成的影响则更为广泛。当然，中国宗派、学派的产生和发展主要是适应了我国社会斗争和思想斗争的需要，但它们的很多思想材料、论证方法无疑是继承和借鉴于印度的。

印度佛教思想对中国后期魏晋玄学和宋明理学思想的影响是很明显的。中国道教思想和印度密教（包括印度教的密教和印度佛教中的密宗或金刚乘）思想亦有交流的历史。道教虽然是中国固有的宗教，但在其发展过程中也吸收过一些佛教思想的内容和戒律。道教和印度密教在修行的理论和实践方面有着很多共同之处。例如密教认为，世界是由男女和合而产生的，道教亦有"阴阳抱合"之说，两者都重视身体的修炼；密教的修行法中有"双身"（交合），道教中则有男女合气之房中术，两者都从事外丹和内丹的修炼，道教认为是"长命术"，密教则认为是促成肉体的不朽之术。印度湿婆派中还有专门从事这方面修炼的水银派，等等。印度教经典《度母秘义经》《摩诃支那功修法》《风神咒坦多罗》等都说密教修行方法之一的"支那功"是来自中国的。《度母经》中还记述了印度密教著名的大师殊胜为了学习"支那功"曾来中国学习的事迹。又据泰米尔文经典，南印度密教的十八位"成就者"（"修行完成的人"）中就有两位来自中国，他们的泰米尔名字叫博迦尔和普里巴尼，这两位大师写过许多关于梵咒、医术和炼丹术的著作，在印度密教史和化学史上占有重要的地位。

中印佛教唯心主义思想的交流是尽人皆知的事实，可是唯物主义思想的交往则很少有人注意。中国佛教唯心主义者一直把印度古代唯物主义——顺世论看作"恶论""巧妙辩才"。吉藏（549—623年）在陈隋之际建立三论宗的过程中曾把儒道的"形神相接"（身体和精神的统一）、"道法自然"和"无因"等唯物主义思想和顺世论相提并论，竭力加以攻击；华严宗的中兴代表澄观（760—820年）在批判道教"道法自然"和"无因"时也对顺世论进行了驳斥。中国佛教唯心主义者不仅和顺世论有过思想的交锋，而且还和顺世论者有过直接接触。《续高僧传》载，玄奘在印度时曾与顺世论者进行过公开辩论，顺世论者主张："四大为人物因"，玄奘则"申大乘义破之"。其他如唐初著名的无神论者吕才（600—655年）在阐述他的无神论思想时，摄取过印度胜论原子论的思想。他认为，原子是物质的基础，世界上的事物都是由原子结合而产生（"多生一"），吕才还以这个思想为武器和佛教唯心主义者明濬进行过一场震动朝廷的斗争。中国近代的章太炎也曾援引胜论的自然观和原子论，对基督教的创世说进行无情的批判。印度的瑜伽哲学及其实践大概在公元5世纪传入（最早见于后魏延兴二年即472年译出的《方便心论》）。佛教的瑜伽传入我国后对我国汉地禅宗、天台宗、法相宗、净土宗等和藏地密宗都有重要的影响，并与我国的道教、儒家、医学、武术和民间气功等相交流。瑜伽术有史可证的有南北朝时撰述的《易筋经》，唐时《备急千金要方》记录的"天竺按摩法"和宋时《云笈七签》所述"婆罗门导引法"。

近百年来，由于帝国主义的侵略，中印思想的交流人为地割断了一个时期，但在五四运动以后，泰戈尔和甘地的哲学和社会思想在中国知识界中有过相当的影响。M. N. 罗易对中国革命所持的机会主义理论和他的"激进人道主义"在中国少数人中也有共鸣。

中国与斯里兰卡佛教的交流大概开始于5世纪，或者更早一些时候。公元460年我国著名僧人法显从印度去斯里兰卡游学，他在撰写的《佛国记》中比较全面地向我国介绍了南传上座部的佛教情状和佛学思想。公元506年扶南僧人僧伽婆罗（459—523年）在我国梁都译出小乘佛教典籍《解脱道论》，该书是阐述南传佛教"戒、定、慧"三学的，其中阐述上座部心理学说——"九心轮"，为唐代僧人窥基撰述《唯识枢要》所援引，在中国产生过一定的影响。8世纪初，唐代"开元三大士"之一的金刚智来华时曾在师子国（斯里兰卡）滞留，师子国人不空拜他为师并随之入唐求经，以后不空又率弟子多人去师子国学习密宗理论和实践，并在我国广为传播。

（二）中国与韩国、朝鲜、日本、越南的哲学交流

韩国、朝鲜、日本、越南都是与我国一衣带水的近邻，远在2000年前或更早的一些时候就与我国发生政治、经济、思想和文化的联系。随着儒释道三教传入这些国家，与当地的民间信仰相结合以后，孕育了很多新思潮，并形成了很多新宗派。

公元前1世纪前后，朝鲜半岛出现了百济、新罗、高句丽三国，百济于4世纪70年代、新罗于7世纪中叶分别设立国学，传授儒家经典。新罗统一三国后，历代帝王都醉心于中国文化，宣传儒学，儒学逐渐成为社会政治思想理论的基础并渗透于人民日常生活之中。高丽王朝开国之初，广为传授儒学，开科取士，于是儒家思想逐渐在民间普及。佛教传入朝鲜半岛大概在公元4世纪到5世纪前半期。中国佛教最早传入高句丽在小兽林王二年，即公元372年，当时前秦苻坚曾派使者及僧顺道送去佛经和佛像，小兽林王也遣使者答谢。宋末齐初，高句丽僧道郎由辽东至江南，在摄山嗣法于黄龙（今吉林）法度。天监十一年（512年）梁武帝遣僧正智寂、僧怀等10人从僧郎学"三论"、《华严》，武帝还根据僧郎的义解作章疏。佛教传入朝鲜半岛的百济和新罗稍晚于高句丽，新罗的佛教一般认为是在纳祇王时（417—418年）由高句丽传入的。在南北朝时，新罗有不少僧人来我国求学巡礼。据不完全统计，自6世纪中叶到7世纪末的150年间，到中国求法的新罗僧共21人，其中在中国巡礼后去印度的有9人；到中国的著名高僧有玄光、无相、圆光、慈藏等。7世纪中叶新罗统一百济和高句丽后，新罗诸王一方面大力扶植儒教的势力，另一方面又支持佛教、道教的发展，新罗佛教在这个时期进入了鼎盛时期，甚至成为国教，因此，新罗与中国佛教关系更为密切，先后派出了大批僧侣来中国求法和巡礼。据不完全统计，整个新罗时期来华僧人达117人。他们在华广参名山诸耆，参加道场活动，向中国僧人学习佛教经籍，有的还著书立说，回

国时携去大量的佛教经籍和文物，在国内开山授徒，建立了具有新罗民族特点的佛教宗派或学派。中国佛教的学派和宗派大多数都传入了韩国，形成了"五教九山"之说。"五教"是五种佛教宗派，即涅槃宗、律宗、华严宗、法相宗、法性宗；"九山"是指佛教禅宗九个派别。在新罗时期，中韩佛教交流是十分频繁的，有时还进行争论甚至到了白热化的程度。例如韩国当时被称为"八宗之祖"的元晓，不仅对韩国而且对中国的各种佛教派别进行了批判。他讥笑中国天台宗大师智𫖮的"五时八教"是"以螺酌海，用管窥天"，而元晓的佛学思想也受到中国华严宗正统派的批判。静法苑公把他的疏解视作"毒树生庭，不可不伐"。元晓所著的《华严经疏》与《大乘起信论疏》（海东疏）在传入中国后，对中国华严宗实际创始人法藏有着强烈的影响。法藏在其所著的《起信论义记》中一再援引元晓的疏解作为自己立论的依据。另外，元晓所著的《二障义》与法藏在《结严五教章》中所述的"断惑义"，元晓倡导的"空有会通"与法藏宣传的"空有交彻"思想都是前后一贯，如出一辙。圆测是中国唯识学"西明派"的理论奠基人，他会通新、旧唯识的思想虽然在中国汉地影响不大，但在韩国落根后迅速传播至日本并远及我国藏地，对昙旷和宗喀巴都有影响。中国与新罗虽远隔万里，但思想交流则是十分紧密的。顺璟来唐，直接从玄奘学习因明，习得玄奘"真唯识量"，复立"决定相违不定量"。窥基闻而感叹说："新罗顺璟法师者声震唐蕃，学包大小……海外时称独步，于此量作决定相违。"9世纪初由中国传去的禅宗在韩国崛起，以后禅宗和教宗（禅以外的其他混合教派）分庭抗礼，持续了多个世纪。继新罗王朝的高丽王朝，也大兴佛法。两国僧侣继续互访、交流，其中最突出的表现是义天到中国游学后，回国创立了天台宗。另外，他从辽、宋、日本等地收集了4000余卷佛经，编出《新编诸宗教藏总录》，并按这个总录刊行了《高丽大藏经续藏》。目前，《高丽大藏经》已被联合国宣布为世界级的文化遗产。另外，值得一提的是，在辽宋时由于战乱，中国失掉了很多佛教典籍，吴越王钱俶向高丽派使者要用50种宝物换得佛典。因此高丽派谛观携带许多典籍来到中国，这对天台宗的复苏、中国佛教的再度复兴，做出了重要的贡献。

儒、释传入朝鲜半岛较早，道教次之，高句丽宝藏王在位时（643年前后），宰相盖苏文曾报告说："三教譬如鼎足，阙一不可，今儒释并兴，而道教未盛，非所谓备天下之道术者也，伏请遣使于唐，以训国人，大王深然之。"（《三国史记·新罗本纪》）后来唐朝道士叔达等8人应邀去高句丽传授道教知识，使道教在朝鲜半岛得以广泛传播。

14世纪李朝建立后，独尊儒术，在以后的500年间，朱子学或性理学一直在朝鲜半岛处于绝对统治地位。朝鲜半岛的朱子学追踪中国的宋明理学，中韩的理学家时有交往，留下了很多足迹和轶事。李朝的朱子学开展了数百年"四端七情"之争，但其实质也是三教的混融。17世纪初至19世纪下半叶的200多年间，在朝鲜半岛兴起了实学思潮，这种思潮与我国相呼应，其核心的思想是"经世致用，改革时弊"。实学在韩国有种种解释，有些人认为实学之"实"应推崇孟子所提倡的尊重"仁义理智之实"的儒家思想；但也有不少人认为实学的思想，明显地受明末清初中国颜元、顾炎武、黄宗羲等的"经世致用"影响，特别是韩国实学派中的"北学"还引进了经由中国传入的西方科学技术。

李朝末年，韩国在西学的冲击下，出现了东学运动，东学是针对天主教的西学而言的，它是一种具有民族特色的宗教社会思潮。东学天道教的首创者崔济愚在他所著《东经大全》中说："我道兼儒、佛、道三教，圆融为一，主五伦五常，居仁行义，正心诚意，修已及人。"但他也批评三教的不足："儒教拘限于名份，未能进入玄妙的境化，佛教进入寂灭后断了伦常，道教悠于自然，缺乏治平（治国平天下——引者注）之术。"自东学创始以后的130年间，它推动了朝鲜半岛近、现代多次爱国的民族、民主运动，迄今还有着影响。

日本自5世纪初传入儒学后，6世纪中叶佛教也经过韩国传入日本。道教何时传入，众说纷纭，但有一点是可以肯定的，在中国六朝时期，东渡日本的汉人已经把道教的思想和行事传入日本。在大化革新时期，圣德太子颁布的《十七条宪法》及《冠位十二阶》里明确有着儒、释、道融合的倾向。《十七条宪法》的主要根据是儒家的思想，如"和为贵""以礼为本""信是义本"等，也杂有佛教"笃信三宝"等。

6世纪中叶，佛教经过朝鲜传入日本，佛教在奈良时期（710—784年）扎下根来并日益发展，出现了"南都六家"（三论、法相、俱舍、成实、华严及律宗）和"奈良七寺"。直到平安时期（994—1184年），最澄和空海从中国留学回国分别创立了具有日本民族特性的天台宗和真言宗，才确立了日本的佛教。建立日本临济禅的是由中国回去的荣西（1147—1215年），建立曹洞禅的是道元（1200—1253年）。

儒、释、道三教对日本民族固有的宗教——神道教的影响是巨大的。在古代，外来的儒、释、道传入日本后，便与神道结合起来。到13世纪，神、佛融合的教义形成了体系，迄南北朝时代（1335—1392年日本分成了南北两个政权），出现了以神道为核心，援入儒、佛、阴阳道的理论为信仰基础的伊势神道。在中世纪末产生了吉田神道，这个神道宣称：道教所谓老子大元说的大元尊神——国常立尊是宇宙的本原。神乃万物之灵，形成人心而普遍存在，心有喜、怒、哀、乐、爱、恶、欲七情，并从佛教《法华经》那里吸收了"正法"的说法。总之，儒、释、道三教的思想显然被吉田神道吸收进去了，但只是作为润饰，增添光彩而已。到了近世，神、儒融合的民间神道和教派神道相继产生，这些神道随着朱子学成为德川官方的统治思想体系，融入了儒家的学说。例如，垂加神道是以理学为主，倡导"天人合一"和"大义名分"的封建伦理道德，另外还糅合了道教的阴阳五行学说。

宋明理学从13世纪传入日本后一直依附于佛教，到江户时期，在德川幕府的支持下，开始从佛教中分离出来，但分离出来的儒学仍然杂有释、道的成分。日本近世儒学体系主要有朱子学派、阳明学派和古学派。这三个学派都以儒教伦理道德学说为核心，提倡封建名分和尊皇攘夷的思想，但不同于我国的是，有些人常常把理学与神道思想结合起来，因此使理学不但佛道化，而且神道化。朱子学是德川时代的官学，一直处于主导地位。这个学派的代表是藤原惺窝（1561—1619年）及其学生林罗山（1583—1657年）。他们提倡儒教封建名分论和尊皇攘夷思想是要为德川幕府的统治作理论论证。古学派排斥汉唐以后的儒学，认为只有古代的儒学才有意义。其代表人物是山鹿素行（1622—1685年）、伊藤仁斋（1627—1705年）和荻生徂徕（1666—1728年）等。荻生徂徕所著《论语征》《大学解》《中庸解》分别于1809年和1837年传入中国，在清代的经学家中有着重要影响。俞樾在《春在堂随笔》中评说："议论通达，多可采者。"并摘录其中"通达可喜者"17条入《春在堂随笔》。李慈铭读了荻生徂徕的《护园随笔》后写道:"其言颇平实近理","皆有特识","议论颇为正大"。吴英在《竹石斋经句》中引用了《论语征》8条,驳之者5条;狄子奇在《论语质疑》中引用徂徕同书13处;刘宝楠在《论语正义》中引用2处。这可见徂徕学在中国的影响。

阳明学的代表是中江藤树(1608—1648年)、大盐平八郎(1793—1837年)等,他们在幕末和明治维新中起过一定的作用。日本阳明学的思想曾影响中国戊戌维新志士。如谭嗣同以身践吉田松阴的行为。黄遵宪在《人境庐诗草》中,有赞誉吉田松阴的诗:"丈夫四方志,胡乃死槛车,倘遂七生愿,祝君生支那。"

日本近代哲学是随着资本主义的发展而产生的,在19世纪中叶出现了一批著名的启蒙思想家。这些思想家、哲学家中有西周(1829—1897年)、福泽谕吉(1835—1901年)、加藤弘之(1836—1916年)、西田几多郎(1870—1945年)等。西周是日本近代"哲学之父"。他根据中国古代的说法,把西方的 philosophy 一词译成哲学,目前我国哲学中的术语,如主观、理性、悟性、演绎、归纳等都袭用他的译名。西周系统地介绍了孔德的实证主义等等,但在他的思想中明显地可以看出还保留着传统的儒学立场。福泽谕吉宣传实学,倡导民权,鼓励人民学习科学,促进文明开化,在推动日本的现代化中起了重要的作用。福泽的思想对我国近代改良主义者张之洞有着一定影响,张之洞也仿照福泽著作的名称,作中国的《劝学篇》。战前还出现了幸德秋水、河上肇、户坂润、永田广志等不少马克思主义哲学家。他们的著作和思想对中国的马克思主义者有过重要的启蒙作用。幸德秋水的《社会主义神髓》中译本是中国最早介绍马克思主义的著作之一。《共产党宣言》的早期中译本,是根据幸德秋水和堺利彦的日译本转译的。永田广志的《唯物史观讲话》曾被译成中文,被我国作为革命干部学习马列主义的教材,这个教材目前还陈列于八路军西安办事处的展览馆中,日本马克思主义哲学著作对培养中国马克思主义者起过一定的影响和作用。

越南是和我国文化交流最早的一个国家。关于儒学的经义何时传入越南,众说纷纭。一般认为,汉字传入越南大概在秦始皇并吞六国统一中国文字的时候,当时中国有个叫赵陀的人统一了交趾、九真等三郡,建立了南越王国。越南史学家评论赵陀说:"文教振乎象郡,以诗书而化训国俗,以仁义而固结人心。"稍后,在 1 世纪时,儒家的经义和汉朝的学校制度传入交州。奠定越南儒学基础的是统治交州 40 年的张士燮,他在那里传播《左氏春秋》等经学,《大越史记外记全书》(卷三)称赞他说:"我国通诗书,习礼乐,为文献之邦,自士王始,其功岂特施于当时,而有以远及于后代,岂不盛矣哉!"当时中国中原动乱,士人避难交趾者很多,其中最为著名的是牟子,他著有《理惑论》,并首先传播儒、释、道"三教一致"的思想。

越南在中国五代时开始建立拥有主权的独立国家,中经丁朝(968—980 年)、前黎朝(980—1009 年)、李朝(1010—1225 年)、陈朝(1225—1440 年),这个时期正值越南封建主义发生和发展的阶段。丁朝、前黎朝和李朝都奉佛教为国教。在这个时期建立起来的几个禅宗派别(毗尼多流支禅派、无言通禅派和草堂禅派)都是由中国传入的。到 13 世纪初,越南开始建立自己的宗派——竹林禅派,该派的代表是慧忠上士和陈仁宗(1258—1308 年),这个派别自 13—16 世纪一直是越南的重要派别。16 世纪黎朝时,曹洞宗由中国传入越南北方,禅师麟角据以创立了莲宗,他将竹林禅派的教义与净土宗融合为一体,主张禅教双运,以教为眼,禅是佛心等。这个派别在 17—18 世纪影响很大。

我国宋代以后程朱理学在思想领域占有主导地位,这种情况对越南也产生了深远的影响。15 世纪黎朝建立后,一反前几个朝代崇佛和三教并行的方针、政策,独尊儒教,提倡尊孔读经,推行程朱理学并对佛教进行排斥或者加以严密监管。阮朝统一越南后,仍蹈黎朝崇儒抑佛的政策,挑拨佛教禅宗内部之间的关系,因之佛道一蹶不振。

在 19 世纪越南全面沦为法国的殖民地后,儒学受到西方资产阶级思潮和中国旧民主主义革命思潮的冲击后日益衰落,在越南出现了和中国一样的维新改革派,这个派别在理论上曾受到中国改良主义者康有为、梁启超的重要影响。

(三)中国与波斯、阿拉伯的哲学交流

在东方古老文化中,西亚的波斯也闪耀着智慧的光芒。波斯的宗教哲

学思想通过琐罗亚斯德教和摩尼教在中国古代得到广泛的传播。琐罗亚斯德教在中国称为祆教。祆教在 6 世纪前就传入中亚和我国新疆地区，在公元 516—519 年之间传入汉地。它传入汉地以后就受到北魏、北齐、北周、南梁等统治阶级的支持，在这些小朝廷的管辖地区都设有祭拜"胡天"（外国的天神）的祠庙。另外，在丝绸之路上的碛西诸州也随地都有祆祠。公元 845 年唐武宗罢黜佛教和其他外来宗教的同时，祆教也受到排斥，从此一蹶不振。以后经五代、两宋犹有残存。北宋末南宋初，汴梁和镇江等地仍有祆祠，民间也仍流行奉祀火神的习惯，13 世纪（南宋）以后，祆教在中国内地的活动基本上就停止了。

摩尼教在 6—7 世纪由波斯传入我国新疆地区，武则天延载元年（694 年）有波斯摩尼教师来长安，开始在汉族地区传播。广德元年（763 年）由洛阳传入当时居住在漠北的回鹘（回纥），被定为国教。唐代宗于大历三年（768 年）应回鹘之请，令在长安建摩尼教大云光明寺，又在长江下游荆、洪、扬、越各州及河南府、太原府等地立寺。唐武宗会昌灭佛时，摩尼教也遭到严重打击，转而成为秘密宗教和农民起义的组织工具，在五代时称为明教，两宋时活动尤盛，元明时仍在民间活动，但已与其他教派相结合，至清初已不复见于史乘。

琐罗亚斯德教和摩尼教在哲学上都主张二元论。祆教认为，在太初之际，存在着两端，即光明与黑暗或善与恶，这两端进行了长期的斗争，善端最后取得了胜利。祆教的二元论后来为摩尼教所继承，成为摩尼教的根本教义——"二宗三际论"。所谓二宗是指世界的两个本原——明与暗，三际是指世界在发展过程中的三个阶段——过去、现在和将来。后际中光明战胜了黑暗，人们也就获得了解脱。

摩尼教的宗教哲学思想传入中国，开始于唐延载元年（694 年）。据《佛祖统记》（卷 39）载："波斯国人佛多诞持二宗经伪教来朝"，当时武则天召见了他，并令其与佛教僧徒辩论，留驻长安课经。731 年唐玄宗又命佛多诞于集贤院翻译了《摩尼光佛教法仪略》，广为传播。从敦煌石窟发现的《摩尼教残经》《摩尼教下部赞》等经籍和当时僧人的记录，可证当时还流传着多种摩尼教经典，但这些经典大都是依托于佛教名下的。摩尼教在唐代正式传入回纥后，摩尼教的宗论在漠北传播。当时回纥的牟羽可汗赞扬摩尼教师的讲经宣传活动是："妙达明门，精研七部（摩尼教经），才高海岳，辩若悬河。"在唐代统治者的支持下，摩尼教的思想在士庶阶级中广为传播，备受赞赏。唐代著名诗人白居易在一首诗中写道："静览苏邻传，摩尼道可惊，二宗陈寂默，五佛采光明。日月为资敬，乾坤认所生。若论斋洁志，释子好齐名。"① 五代时期，摩尼教教义吸取佛教和道教的内容愈来愈多，并常被利用作为组织农民反抗封建统治的旗帜，他们制作了很多经文，广泛宣传两宗论思想。在北宋时，摩尼教攀附于道教。大中祥符年间（1008—1016 年），宋真宗命张君房等纂集道藏，张曾将朝廷从福州调来的明使摩尼经纂入《大宋天宫宝藏》。此外，北宋王朝还多次从福、温等州选取摩尼教经入藏。富豪林世民献明教经，朝廷授其守福建文学之职，风骚一时。与此同时，在民间还出现了大量明教徒所念的经文和崇拜的画像。如《证明经》《太子下生经》《父母经》《图经》《日光偈》《月光偈》等。南宋时，摩尼教一度被压制，朝廷曾下达禁令，规定凡传习二宗经及非藏经所载惑众者以左道论处。但是摩尼教的思想在士庶、军兵，乃至各族之间仍相传习，甚至有的会社还假借宋徽宗政和年间道官程若清等名义为校勘，福州知州黄裳为监雕，刊刻摩尼教经像，广为散发。元明以后，摩尼教一般转入秘密活动，在组织上逐渐与其他教派相结合，其教义也与佛、道及民间信仰相结合，失去了其独特的意义。

至晚在汉代，中国和阿拉伯便有了交往。《史记·大宛列传》有明确记载，从唐朝时期中国和阿拉伯便开始了广泛的交往。公元651年大食国王曾遣使来华，到长安朝见唐高宗，介绍了哈里发国家和伊斯兰教的情况。以后，阿拉伯国家不断有使者、传教士、商人等来华，两国之间的文化交流有了快速的发展。阿拉伯—伊斯兰哲学随着伊斯兰教传入中国而得到了发展。宋元之际，在中国汉族地区特别是沿海的广州、泉州等地，当时在伊斯兰哲学中占统治地位的经院哲学和苏菲派哲学无疑地在一部分侨居中国的穆斯林和中国回族穆斯林中有着影响，这可从当时一些清真寺的碑刻中看出。在新疆地区特别是在10世纪由回鹘人在喀什等地建立起来的哈拉汗王朝，我们从玉素甫·哈斯·哈吉所撰的《福乐智慧》一书中，

---

① 这首诗也有人认为是后人假托的。

可以看到伊斯兰教的人生哲学和伦理思想。另外，在哈萨克族中可以见到阿拉伯中世纪大哲学家伊本·西拿所编著的《医典》的哈萨克文本，这本熔医理和哲理于一炉的医学教科书曾采纳了中国 4 世纪王叔和所著《脉经》一书中的医学思想和脉术，可见当时中国与阿拉伯哲学和科学思想已经有了接触并开始了交流。明清之际，随着中国门宦的建立、伊斯兰经堂教学的兴起和来华宣教士的增多，伊斯兰的经院哲学得到了进一步的传播。当时在经堂教学中讲授的经院哲学有很多是阿拉伯和印度的教本，经堂还有一批外国教师。与此同时，在我国思想界中也出现了一批力图将伊斯兰神学与儒、释、道相融合的学者。清初，《古兰经》的汉译工作受到重视，刘智有零星译文，摘译了《古兰经》中的某些章节，后来马复初全译，定名为《宝命真经直解》，但仅有前五卷传世。由于《古兰经》和阿拉伯—伊斯兰哲学的影响，在中国哲学史和文化史上逐渐形成了一个崭新的哲学派别——"会通四教"派，他们撰写了大量的学术著作，主要有王岱舆的《清真大学》《正教真诠》，张中的《归真总义》《四篇要道》，伍遵契的《归真要道》，马注的《清真指南》，刘智的《天方性理》《天方典礼》和马德新的《四典会要》等。这些思想家从伊斯兰哲学的根本立场出发，糅合中国儒、释、道的某一派别或融合所有派别，创造了独特的概念范畴和思想体系。例如有的用中国《庄子·齐物论》中的"真宰"来意译"安拉"，有的用"无极""太极"来论证安拉的独一体，有的还将伊斯兰教的"天道五功"（念功、礼拜、斋戒、天课、朝觐）和中国儒家的"人伦五典"（君臣、父子、夫妇、昆弟、朋友），创造出一套独立的概念、范畴。明清之际这些伊斯兰学者的活动，促进了思想界的活跃，丰富了中国哲学的内容。阿拉伯—伊斯兰哲学进入近代后，阿拉伯和印度的伊斯兰教改革和社会改革思想也推动着我国穆斯林的觉醒。

（四）余论

以上是中国与东方其他各国哲学交流的历史回顾，从这些长期、双向并富有成效性的交流中，我们可以看出如下几个问题。

（1）中国文化博大精深，灿烂缤纷，在东方文化中独树一帜，对世界文化做出了重大的贡献。就文化的思想基础哲学而言，战国是儒、墨、道、名、法、阴阳、纵横等百家争鸣时代；秦代崇尚法家，同时也盛行阴阳神仙之术；汉初则兴黄老为显学；西汉时儒学开始盛行起来，逐渐定于一尊，但阴阳、五行、谶纬之学还在流行；六朝隋唐时儒、释、道并举，有时释、道居先，有时儒学独尊；宋以后理学长期起着统治意识形态的作用，但儒学以儒为表，以释、道为里，熔三者于一炉；明清以后，基督教神学东来传播，伊斯兰哲学与儒、释、道结合起来，自成体系；进入近代，首先向日本学习启蒙思想，复向西方求教，在中国传统文化受到西方文化冲击后，出现了具有新内容和形式的新儒学；五四运动后，马克思主义哲学在中国传播、成长并逐渐取得指导地位。我国哲学之所以具有生命力、多样性，这无疑是我国各族人民的伟大创造，但也与在不同历史时期善于学习和吸收其他国家、民族优秀文化、哲学是分不开的。在古代，我们曾向印度、波斯学习过宗教哲学、科学和艺术；在中世纪，向阿拉伯学习过伊斯兰教、天文学等，向邻邦日本、朝鲜、韩国、越南学习和交流儒、释、道的思想；在近代，向日本、西方学习各种哲学、社会思想和科学技术等。因之，我国的宗教哲学思想是和世界相联结的，在我国的哲学思想中有着众多的外来成分，我国哲学中的有些思想、概念、范畴甚至理论模式都是在外国哲学影响下形成和发展的。

（2）关于东方哲学相互交流或者相互继承的规律性问题，这是一个值得研究的课题。哲学作为一种社会意识形态是在一定的经济基础上产生的，受经济基础的制约，并受上层建筑其他部分的影响，但它一旦产生后就有其相对的独立性，有其自身发展的内在规律，因为任何一种哲学学说的产生必须根据民族的历史传统和先前的思想材料，东方各国的哲学也是在自己独特的经济、历史条件下产生的，彼此之间思想材料的继承也遵循着这个同一的规律。印度的很多佛教哲学派别在传入中国后由于适应了中国的经济基础和政治需要，因此，由小到大，得到了空前繁荣。但有一些派别，由于不适应这个规律，也就昙花一现，在历史上瞬即消失。例如法相宗，因其烦琐的经院哲学，不能适应中国人的思维方法，在唐初建立后至五代时即开始衰亡，但在日本、韩国却得到了广泛的传播，迄今不绝。佛教密宗由于其男女轮座等行事不符合中国汉族的伦理思想和生活方式，因此在汉族地区始终扎不下根来。中国的儒学、道教在汉字文化圈的诸国中得到广泛的传播，除了有着共同的文化、生活方式、民族关系等原因外，还取决于这些国家经济和政治的需要。因之，东方哲学相互之间的继承，绝不是单纯的"思想"或哲学材料的继承，在它背后有着深刻的社会关系的影响。

（3）东方是世界上各种大宗教——佛教、伊斯兰教、犹太教、基督教、印度教、道教等的发源地和流行地区，宗教哲学在社会和广大人民中有极为重要的影响。因此，有些学者把东方哲学贬低为一连串充满唯心主义和神秘主义的神话，就连黑格尔这样的大哲学家也不例外。他说："我们叫做东方哲学的，更适当地说，是一种一般东方人的宗教思想方式——一种宗教的世界观，这种世界观我们是很可以把它认作哲学的。"① 这种看法当然不够全面。东方的宗教唯心主义虽然在历史长河中经常处于主导的方面，但是与此相对立的唯物主义也是十分强大的，正是这些思想代表着东方精神的更积极、健康的方面。例如印度的顺世论是印度古代乃至整个东方最彻底的唯物主义哲学，它还与我国有过交流的历史，在我国唐代儒、释、道的斗争中起过协力军的作用。日本、韩国、朝鲜在历史上主张以物质原素或气为世界本原的唯物主义派别和哲学家一直未断，这些哲学派别或多或少地受到过中国唯物主义哲学家的观点、材料的影响，有的还与我国有过很深的交往，因此，我们不能说，东方哲学家之间的交流只是一种宗教唯心主义的交流，这是不符合历史事实的。

（4）历史实践证明，东方各国之间的哲学交流是双向性的、多元的和富有成果的。东方是世界文明的摇篮，哲学的故乡。古代印度、中国、埃及和波斯在哲学上曾经做出过突出的贡献，但是东方其他国家、民族也在不同时间和不同场合丰富了世界哲学的宝库。我国不仅向印度、波斯、阿拉伯学到了不少哲学思想，也从周边的日本、朝鲜、韩国、越南获得了很多有益的知识，而且这些学习的内容是极为广泛的。例如我们不仅向印度学习了被称为非正统派的佛教哲学，而且也学习了印度教正统派的"六派哲学"，翻译了它们的经典著作《金七十论》和《胜宗十句义论》等。我国儒、释、道的哲学思想曾经对日本、朝鲜、韩国、越南发生过重要的影

---

① ［德］黑格尔：《哲学史讲演录》第1卷，生活·读书·新知三联书店1956年版，第115页。

响，但是这些国家在形成具有民族特色的儒、释、道的思想和派别后，反过来也对我国有过影响，因之哲学思想的交流常常是双向的。

中国和东方各国在长期交流中积累了大量东方哲学的资料，写出了为数众多、蔚为大观的研究著作和实地调查报告。这些史料都有重要的价值，对我们了解、研究古代东方哲学有着重要的意义。日本、朝鲜、越南、韩国、尼泊尔等国也保存有一些我国散佚的史料，近年来我们已整理了其中的一些部分，得到国内外学术界的重视。我深切期望，东方有关国家也能重视这一方面的发掘、整理工作，加强协作，以发扬东方人民共同的宝贵哲学遗产。

(原载于《现代东方哲学》之"序"，浙江人民出版社1998年版)

经济全球化过程中的宗教趋向

20世纪80年代末冷战结束以后,国际关系的面貌发生了根本的变化。在世界范围内,通过经济与信息交流,全球化的影响日益加强。在经济全球化迅速发展的情况下,传统宗教,包括世界宗教和民族宗教都发生着剧烈的变化,表现为教徒的绝对数和相对数增加,教派组织层出不穷,宗教思想、信仰日益向多元化和现代化发展。渊源于东方的世界性宗教都在向西方乃至全世界发展,各种形式的原教旨主义应时而起,呈现出如下趋向。

一 民族宗教冲突日益激烈,甚至诉诸武装斗争

据有关材料,1999年世界上与宗教、民族有关的暴力冲突共发生95起,其中重大的有20多起。这些冲突遍布世界各地,主要集中在中亚、南亚和撒哈拉沙漠以南地区。大致可划分为几类:(1)世界宗教或民族宗教之间的斗争。从埃及到印度尼西亚,从尼日利亚到黎巴嫩,基督教和伊斯兰教一直进行着激烈的斗争。在科索沃,由于信仰伊斯兰教的阿族好斗分子杀害了大批信仰东正教的塞族人,当地的局势一直很紧张。在波黑地区,穆斯林曾经和信奉东正教的塞族人以及信奉天主教的克罗地亚人进行了为期三年的战争。在南亚地区,信仰印度教的印度人和信仰伊斯兰教的巴基斯坦人一直进行着旷日持久的斗争。在斯里兰卡,信仰佛教的僧伽罗人与信仰印度教的泰米尔人进行了历时二十年的战争。(2)教派内部之间的斗争,特别是信仰原教旨主义者和改良主义者之间的斗争。例如英国爱尔兰地区基督教和天主教之间的连绵不断的斗争。(3)外来的宗教与本地固有宗教之间的斗争。这些斗争在亚非拉前殖民地区发生尤多。(4)东方古老宗教哲学与西方理性主义、科学思想的斗争。

二 宗教日益世俗化，与政治结下了不解之缘

在经济全球化发展过程中，宗教作为一种有组织的活动，呈现出十分矛盾的现象。一方面，宗教的神秘主义、唯心主义仍然弥漫在社会生活的各个方面；另一方面，在现代科技推动下，宗教正在适应现代政治和社会生活的需要，逐步朝着多元化、世俗化、大众化、现代化的方向发展。当前世界很多地区涌现出的政党和社会团体，有的直接以宗教为号召，是真正的宗教的政治和社会组织。有的虽则以世俗主义相标榜，但却与宗教势力有着千丝万缕的联系。前者如，1998年巴基斯坦参加全国和省议会选举的14个主要的政党，都是以伊斯兰教为号召的。后者如，印度当前的执政党——印度人民党公开宣称："在印度文化和传统的基础之上，建成一个政治、社会和经济民主国家。"

三 宗教的普世化与本色化

普世化也是全球化。由于东西方之间经济、社会交往的增加，各宗教之间信仰的融合正在加强，出现了普世化或全球化的宗教，并且出现了大量普世性的国际联合组织。目前世界上三个大宗教和不少民族宗教，都有它们的国际组织。其中值得注意的是世界基督教联合会。它推行普世运动的目的是要使基督教内的各派"合而为一"，进而实现各种宗派、各种意识形态乃至全人类的"合而为一"。显然，基督教这种宣传和活动是为了适应经济全球化的需要而提出的。与普世化相对应的是本色化，也称民族化。它是在第二次世界大战后，亚非拉地区很多殖民地、半殖民地国家获得独立后出现的。目前，亚非拉地区民族化或本色化的教会和教义都在增加。

四 新兴宗教异军突起

在经济全球化过程中，由于世界各个地区民族矛盾和社会矛盾日益加

剧、尖锐，反映各阶级、各社会集团不同利益的新宗教也不断涌现。据不完全统计，美国已注册的新兴宗教团体约有7000多个，欧洲18个国家有1300个，其中英国占600个，在日本，1994年登记的有2000多个。这些新宗教千姿百态，规模不一。有的从传统宗教中杀出，强调个性化，力图与当前资本主义社会的政治、法律、道德或新的科技相适应，致力于和平、环保、社会、公益、保护妇幼和修身养性等事业。也有一类极端派，有着强烈的反传统、反社会、反道德、反时代的倾向。另外，还有一些被当地政府列为邪教的害人派别。他们是社会的公敌，欺骗性和破坏性极大，与新兴宗教不可同日而语。

五 东西方宗教思想文化的交流与融合加强

在历史上，早期的进化论者达尔文、拉马克，唯意志论的叔本华，实用主义者杜威，现象学派的雅斯贝尔斯，人格主义者布莱特曼等，都从佛教、印度教和其他东方宗教中摄取其需要的内容。现代量子波理论的奠基人薛定谔在解释量子论基本理论时，也求助于中国道教的宇宙观、印度教吠檀多的不二论。东西方宗教思想的相互融汇有着自身的宗教根源，也有着深刻的社会和历史原因。目前东西方宗教正像热恋中的一对情人，渴望着对方，同时自己身上的优点和弱点也都已昭然若揭。随着经济全球化的进一步发展，东西方宗教思想文化的融合还将进一步增大。

（原载《中国民族报》2001年8月21日）

世界宗教圣地的形成、发展及其历史意义

宗教圣地的产生与宗教崇拜有密切的关系。它是在人们有了宗教行为后不久就开始出现的,是人类最早出现的精神活动场所,经历了从小到大、从简到繁、从俭到奢的不同发展形态。各种宗教对自己的圣地有不同的称谓,但概括起来不外乎两个方面:一方面是通过非物质性的东西,如神话传说、伦理道德说教、僧侣修养、行迹等表现;另一方面则通过具体的物质性的东西,如神像、经典、建筑、雕刻、绘画、装饰、仪式等表现。宗教圣地除了具有本教派所具有的共同性外,还具有当地文化和民族性的特点,是传统文化和民族文化的具体反映,是我们认识古代文化的源泉之一。

宗教是一种溯源于传统,具有社会和文化功能的、普遍存在的社会历史现象。据考古发掘所知,人类宗教大约产生于公元前三万年到公元前一万年的中石器时代后期,或者更晚一些时候。世界历史上曾经出现过很多的宗教。一般地说,它们经历了原始宗教、氏族宗教、国家宗教、地区宗教和世界宗教等不同的发展阶段。这些宗教是在一定的社会条件或环境中产生的,它与生产力的发展和人们认识的水平相适应,并且还带有当地文化的特点。人们对宗教虽然有不同的解释,但一般认为应该具备四个要素:第一个要素是有共同的信仰,即教徒的主要信仰基本上一致;第二个要素是有一定的道德规范,主要表现在独特的意识形态和伦理准则方面;第三个要素是有自己的仪礼,这些仪礼按照固定的程序而运作,并且形成了独特的模式;第四个要素是有自己的教团组织,拥有一定数量的基本信众。这四种要素都在宗教活动的场合中表现出来。宗教的活动场合在不同的宗

教中有着不同的称谓，例如佛教、印度教、锡克教等通常称作寺院、庙宇，道教称为道观，伊斯兰教称为清真寺，基督教称为教堂、修道院，神道教称为神社，古埃及宗教和印加宗教有时称为金字塔，等等。总之，各种称谓繁多，表现不一，这里，我们将它们统称为宗教圣地或宗教名胜。

一

　　宗教圣地的产生与宗教崇拜有着密切的关系，并且经历了由分散到集中、从简到繁、从俭到奢的多方面历史发展过程。原始宗教时期，人们由于对雷电、风雨、疾病和死亡等自然现象没有正确的认识，于是认为在现实周围存在着某些超自然的力量，崇拜山川河流、日月、水火、动植物等众多神祇；此外还崇拜鬼魂、祖灵（一般是氏族领袖或有特殊贡献的人物）、图腾及偶像等。这类崇拜活动一般是通过一定的仪式和禁忌，在固定的地点和固定的时间举行，从而形成了最早的宗教圣地。据西方学者研究，在古代西方雅利安人中曾盛行过对树神崇拜，日耳曼语中"神殿"一词"表明日耳曼人最古老的圣所可能都是自然的森林"①。克尔特人所用的古语"圣所"一词，同拉丁语"Nemus"一词的语源相近，"'Nemus'的词义是小树林，或森林中的一小块空地，至今仍以 Nemi 这个词的形式保留下来"②。树神崇拜在世界许多地区民族的原始宗教中都不同程度地存在过，虽然这种崇拜的形式和意义不尽相同，但是它们都把树林作为神所，这种树林无疑的是属于最古老的宗教圣地之一。类似于树神圣地的还有谷物崇拜圣地、动物崇拜圣地、火崇拜圣地，等等。总的说来，此类圣地的形成，具有自然崇拜的色彩，以大自然现象作为依托，经过刻意雕饰，人为加工的情况较少。原始宗教圣地崇拜的现象至今还可以在世界一些地区的土著民族宗教中见到，在我国云南边陲的一些少数民族宗教中也可以寻觅。

　　原始宗教演进到部落宗教、氏族宗教和国家宗教时期，崇拜的内容相

---

① ［英］詹·乔·弗雷泽：《金枝》，徐育新等译，中国民间文艺出版社1987年版，第168页。
② 同上。

应地发生了变化，由泛神论向多神论乃至一神论的方向发展，于是宗教圣地也伴随着不同的崇拜现象而出现各种新的情况。部落宗教和氏族宗教盛行图腾崇拜和祖先崇拜，例如中国黄河流域的殷商部族曾经相信"天命玄鸟，降而生商"[①]；希腊人崇拜蛇，埃及人崇拜神鹰，等等。人们把这些飞禽走兽安排在想象的地点，或者给它们建造了住地，作为崇拜对象，加以祭祀。中国传说玄鸟生长在东方君子国，游弋在四海之外。古希腊人为了崇拜蛇，特地建造了蛇殿；埃及建造了神鹰殿；等等。随着氏族或部落中人在自然界里和社会上的地位提高，出现了统治者和被统治者、穷人和富人等，反映在宗教中也由自然的宗教向人为的宗教发展。那些身居统治地位、负有管理责任的人，极力把崇拜的事物与本人联系起来，借以提高自己的地位。例如北美德林克特人建立的图腾柱高达 50 英尺，多竖在酋长住所的门旁。阿拉斯加的乌鸦部族也把本族的图腾柱立于酋长家前，这表明"君权神授"的思想已经开始萌芽。有些部族领袖生前地位显赫，对部族做出了重要贡献，得到了本族人的尊敬，因此死后仍然受到人们的怀念，他们的业绩常常被编为神话广泛传颂，其住地和生前用物也被奉为圣地、圣物而加以膜拜。先民们企望能从图腾和祖先那里获得庇护和力量，保佑人丁兴旺，生活丰富，部族安全。

到了国家宗教时期，君权与神权相结合，国家的统治者成为神在人间的代表。宗教崇拜也由多神论向一神论发展。在这个时期宗教圣地便更多地体现了统治阶级的意图。例如，古埃及王国的金字塔是埃及国王的陵墓，在塔上的石板上常常一面镌刻着在世的君主人像，另一面则镌刻着国家保护神的神鹰像。金字塔的庄严肃穆，宏伟壮观，使人具有高高在上的感觉，起到了威慑作用。中国汉文的"庙"字，最早的甲骨文写作"廇廖"，大概意为在房宇中间地上长出的苗子。以后在楷书里演为"廟"，《说文解字》注"尊先祖皃也"。"皃"字是颂仪的意思，"从人，白象人面形"，意思是说，庙是崇拜人格化实体的祖先的地方。在漫长的宗法社会中，庙一直是作为中国宗法宗教的圣地和宗族祖先崇拜的祭祀中心。这

[①] 关于玄鸟的讨论，有多种说法。有人认为玄鸟就是凤凰。参见袁珂《中国古代神话》，中华书局 1985 年版，第 143—144 页。

一时期社会物质文明有了重要的发展，人们精神文明的程度也有了提高，宗教热情更加迸发出来，对宗教事业从物质到精神的投入都不逊以往，其虔诚的程度也不亚于过去。在诸雄并立的古希腊城邦，每个城邦国家都有自己的保护神，人们为之建造了各种精美的寺庙。在古埃及，统治阶级除了建立各种神殿之外，还不惜耗费人力物力建造了高耸雄伟的金字塔。古印度的婆罗门教寺庙十分众多，而且很华丽，仅伽尸一地（即今之贝那勒斯）就有成千座。与此同时，古老神话流传下来的各种神圣场所，如希腊奥林匹克圣山，印度圣水恒河、圣山喜马拉雅山，西亚苏美尔城邦中的"白庙"和"红庙"以及中国的三山五岳都受到普遍的崇拜。发达的宗教活动还造就出一批专门从事宗教事业的神职人员。他们都是一些具有较高的文化素养，拥有一定的特长和活动能力的人，通常被看作沟通神与人之间的中介，享有较高的社会地位，厕身于统治阶级之列。例如古印度婆罗门祭司阶层和中国古代官职系统的巫祝等。神职人员的出现，使宗教圣地活动和管理变得更为有秩序和固定化，最终形成了人为宗教活动中心，使宗教圣地的历史向前迈进了一大步。

　　人为宗教圣地的建立有了更重要的意义。第一，它将原始宗教的自然崇拜或神灵崇拜的对象从山川河流、动植物的泛化状态集中到固定的祭祀点上，为多神崇拜和一神崇拜提供了崇拜的物质场所和条件，最后促使崇拜一神成为圣地崇拜的主神和信仰主体。第二，人为宗教圣地的建立，固然将泛化的神灵崇拜对象集中起来，更主要的是把那些散居在天国地府的神灵"请"到了地面，为它们安置了固定场所，建立了神殿，人间宗教的意蕴更加强烈，神与人的距离缩短，使神成为可见或可亲证的实体，有了人格化的特点。信徒与神面对面的交流，可以产生一种亲切感和补偿心理，对于那些"凶煞之神"也会有一种厌恶感和恐惧心理，伦理化的宗教性质因此得到加强。第三，宗教圣地既是神的住所，又成为社会和国家的信仰中心，加强了民族或国家之间内部的联系和团结，适应了统治的需要。一批神职人员聚集于此，从事宣教、祭祀等宗教职业活动，促进了宗教向高层次的运动，保证了宗教事业的顺利发展和解决了后继有人的问题。第四，宗教圣地的程序化和固定化以及纳入了国家管理的范围，也就获得了物力、人力和财力的支持，使宗教的活动和发展有了物质的保证。

以上大部分宗教圣地出现得都比较早，距今已有数千年的历史，只有在美洲地区原始宗教圣地属于中世纪的产物。然而由于历史久远，或者遭到外族入侵的人为破坏，这类圣地有的已荡然无存，有的只有残址，但从这些残址中也可见到昔日的雄风。

二

公元前8世纪以后，世界宗教进入了一个新时期。在亚洲几个文明地区出现了一批比较定型的宗教。印度次大陆出现了婆罗门教——印度教、耆那教、佛教、邪命外道，中国出现了道教，日本出现了神道教，波斯出现了琐罗亚斯德教、摩尼教，巴勒斯坦等地出现了犹太教，继而出现了基督教，并在欧洲得到广泛的传播，嗣后，阿拉伯出现了伊斯兰教，等等。这些宗教既有过去各种宗教的因素，同时又有人为创教的特点，因此在宗教圣地的设置和建设方面既保持了过去的传统，又有了新的发展。新出现的宗教圣地比过去变得更复杂、更雄伟、更奢侈，呈现了多样性的特点。

一些宗教的主要崇拜对象仍然是一些具有自然神的现象又含有拟人化特点的神祇。如琐罗亚斯德教的神殿里祭祀火神阿胡拉·玛兹达，摩尼教崇拜光明之父大明尊，故在它们的圣所里都置有祭火的神坛。阿兹特克教崇拜日月神，圣地多在指定的庭院或金字塔，印加帝国的宗教崇拜太阳神，修建了太阳神庙。婆罗门教——印度教崇拜创造神梵天、护持神毗湿努和破坏神湿婆三神一体，又以万神殿为诸神之所。因之这些宗教仍然较多地承继了过去宗教的因素，在神殿的偶像和祭坛的设置上，传统的东西显得很突出。另一些宗教因人为创教，它们所崇拜的神祇人格化特征较为浓厚，有的甚至直接崇拜创教者及其祖师。例如，释迦牟尼创立了佛教，信徒的崇拜经历了从象征物到偶像崇拜的过程；基督教对耶稣、圣母玛利亚的偶像崇拜，更是直接在教堂中以现实的人物造形而出现，因此佛教和基督教的崇拜以现实的内容表现得较多一些。伊斯兰教不崇拜偶像或有形的东西，清真寺内不置任何偶像，但在麦加大清真寺的天房里奉有克尔白陨石。此外，在中国传统宗法宗教的祭祀里和神道教的神社里，以供奉牌位作为祭祀对象的象征，它们又和上述宗教圣地的崇拜模式不大一样。

定型宗教的形成和发展，也使各种宗教圣地从外部建筑式样到内部装饰风格发生了变化，这些圣地一般突出了本宗的特色并融汇了当地文化的色彩。随着商业活动的扩展和科学技术的发展，世界各地的交通联系增多，不同的宗教文化交流也日益频繁起来，许多宗教逐渐成为地区性或世界性的宗教，其宗教圣地也随着宗教的传播而分布在世界各地。欧洲地区一直是基督教的势力范围，主要以教堂为其活动的中心。8世纪以后伊斯兰教开始崛起，西亚、北非等地清真寺林立。印度教则在南亚和东南亚地区长期拥有很多寺院。佛教寺庙分布在亚洲大部分地区，特别是在东北亚和东南亚各国。而在中国，多种宗教的圣地并立，有传统的祭拜祖先的祠堂、道教的道观、佛教的寺庙、祆教（摩尼教）的寺院、景教（唐代基督教的一支）的大秦寺、伊斯兰教的清真寺、犹太教的会堂和基督教的教堂等。各种定型宗教盛衰消长，有的宗教逐渐消亡，如琐罗亚斯德教、摩尼教、印度佛教等消亡后，其宗教圣地大都被破坏殆尽，或被其他宗教所改造，或移作他用。原纪念释迦牟尼成道而建立的菩提伽耶大塔，在印度佛教衰亡后，长期被印度教徒接管，印度现代新佛教兴起后，一直在为恢复这个圣地而斗争。印度佛教史上一批最著名的寺院，如那烂陀寺、戒岩寺等都毁于穆斯林大军的战火，现在只保留一些遗址。大马士革清真寺是建立在一座古希腊的朱庇特神庙的旧址上的。法国的沙特尔大教堂也是建立在古罗马宗教神庙基础上的。还有的宗教圣地被几种宗教徒共同拥有，如斯里兰卡的圣足山被佛教徒、印度教徒、伊斯兰教徒和基督教徒作为本宗的圣地而加以膜拜；著名的印度阿旃陀石窟也为印度教徒、佛教徒和耆那教徒共同开凿；耶路撒冷一直是犹太教、基督教和伊斯兰教的圣地；中国的天台山、峨眉山、九华山等，既是佛教名山，也是道教的洞天福地。总之，宗教圣地的发展与衰亡是随着社会的变化以及宗教自身的变化而变化的。

很多定型宗教的圣地的选择出于多种原因和不同途径。早期各种人为宗教圣地的设置大都和宗教创始人或著名宗教徒有关。印度佛教初期形成的圣地，主要是释迦牟尼出生、修行、成道、说法、涅槃的地方。基督教的早期圣地与殉难的圣徒有密切的关系。伊斯兰教初创，先知穆罕默德战斗过的地方都视为圣地。以著名宗教徒的陵墓为基础而发展起来的圣地在各个宗教中是普遍存在的现象，特别是在中亚地区比比皆是。故许多宗教都规定教徒终身必须到圣地朝觐或巡礼。但是印度教、道教等主要从它们所崇拜神祇的性质和活动的场合来建立圣地。这种不同的做法，有些仍然是沿袭了史前宗教的传统和内容。有的随着宗教的传播，影响增大，特别是在统治阶级的扶持下，教徒的数量激增，教团势力增长，宗教圣地也随之增多，并发展到很多地区。如5世纪时，中国北魏一些皇帝奉佛教后，都城洛阳一地佛寺就激增到1367所。而宗教一旦被统治者奉为国教，圣地的扩增乃是势在必然，这在欧洲和阿拉伯及亚洲地区是普遍的现象。另外，在民间有一些圣地最早是自发性建立起来的，它们依靠一些神话传说或灵迹而被信徒膜拜，以后在统治阶级的利用和支持下，得到特殊地位。中国佛教的四大名山就是这样发展起来的。中国一直流传着"自古名山僧占多"的说法，这反映了佛道教僧人追求大自然的旨趣、栖息山林的心境和返璞归真的理想，以及求得清净无为的解脱道路。在国外也可以见到这类典型例子，如法国圣米歇尔修道院立在海中孤岛上，伊斯兰教的圣山阿拉法特山位于麦加城25公里处。然而，在喧闹的城市同样也有着一批重要的宗教圣地。例如著名的巴黎圣母院、莫斯科升天大教堂、麦加大清真寺、天主教教廷梵蒂冈、缅甸大金字塔、泰国玉佛寺、拉萨布达拉宫、北京白云观等都处于闹市之中。所有这些表明了一个事实：不管在人口拥挤、热闹繁华的都市，抑或在人烟稀少的深山野林，都可以开创宗教圣地，这完全取决于宗教的需要。一般地说，前者通常和民间联系较多，后者一般与官方支持有关。

宗教圣地的创立与发展还可以通过软件和硬件两个方面表现出来。软件是指那些没有相状，但能发挥影响的一些非物质性的东西，如某些神话传说、宗教的伦理道德说教、僧侣的高深修养和奇迹等；硬件是指有具体相状，能够从外观形象上来表达宗教含义的一些物质性东西，如宗教建筑、造像绘画、雕刻装饰、仪式、景观等。软件和硬件一般同时兼备，互相配合。宗教崇拜是宗教圣地的灵魂和核心，宗教建筑则是宗教圣地必不可少的物质条件。人为宗教的圣地初建时一般显得比较简陋，以后随着知名度的增加、教徒的骤增及刻意经营，逐渐发展壮大起来。例如，最早的佛教寺院只是一些僧侣在山岩上开凿的石窟——阿兰若或用野草搭成的茅棚而已。初期的伊斯兰教清真寺原型也只是用树枝编排后涂上泥巴再围起来的场地。早期基督教的一些教堂多用木板和圆木搭建而成。各种宗教建筑物都有着自己独特的建筑风格和象征意义。这些风格一般是在吸收和融汇了古今建筑的基础上，而展现出自己独特的风采。古希腊宗教神庙建筑用石块砌筑，以圆石柱表现出其特色。古罗马宗教的神庙在外观和圆柱式方面，仍然保留了古希腊的风格，但在内部空间的拓展和材料的选择上则有了新的突破。基督教建立后，教堂建筑吸收了古希腊和古罗马的柱式和拱顶结构，同时又增加了细长的尖顶，内部以十字形式排列，安装了圆形彩色玻璃窗，形成了哥特式建筑风格。按照基督教教义，十字代表耶稣受难；高耸的尖顶表示基督的高大形象，要使整个世界"为之震惊，为之倾倒"；圆顶彩色玻璃窗"暗示太阳，象征着基督，而嵌入的圆花则代表圣母玛利亚"。① 在文艺复兴时期，人们重新发现了古典建筑的价值，力图找到新的灵感，同时又充分利用新出现的科学技术，于是在教堂建筑式样的构思上，以不诋毁基督教教义的原则，对内部结构做了一些调整，将外观的高耸尖顶改为圆穹顶形式，突出了教堂建筑的整体性和浑厚感。印度教和印度佛教的圣地有很多是用石块和砖混砌而成，或者是开山凿窟，其外观形式呈现了塔寺结合的风格。很明显，印度的宗教圣地发展经历了由塔到塔寺结合的阶段。这些塔寺高大雄伟，敦厚圆朴，与数座小塔一起，组成了一个庞大的、连绵的宗教建筑群。印度人盛行火葬，塔原是用来瘗埋骨灰用的，再后发展成为独特的宗教活动场所。塔寺的门一般开得不大，里面的采光也不够，大概和印度的炎热天气，以及教徒愿意在混沌中与神交接的气氛有关系。有的佛寺按照佛教的欲界、色界和无色界三界的原理或者"四大"（地、水、火、风四种原素）的世界观来构造佛寺形状。在北传佛教国家，佛寺的主体是按中轴线对称顺序的房屋排列，主殿位于中轴线上，两边为偏殿和僧房，佛塔则被安排在庭院内作为陪衬性的建筑，塔的形式也一改南亚、东南亚地区的传统倒钵形风格，以正多边形建筑的楼阁式替代。这种带有民居风格的寺院，在道教和神道教中也普遍出现。

---

① 参见［意］玛利亚·克里斯蒂娜·高佐莉《哥特艺术赏鉴》，彭小撰译，劳陇校，北京大学出版社1989年版，第7、22页。

伊斯兰教建筑是在吸收了波斯、拜占庭等多种建筑风格的基础上而创新的。"清真寺"阿拉伯语音读"麦斯古德",意为"一个供自己叩拜的地方"。但是伊斯兰教徒实行集体礼拜,决定了礼拜场所必须宽大一些,于是很多清真寺内都有一个占地面积较大的祈祷厅或礼拜殿。按照伊斯兰教礼仪,教徒在礼拜过程中必须面向麦加方向,故每个清真寺内部都有麦加所在方位的壁龛,穆斯林称之为"米海拉布",它的旁边通常为敏拜尔(讲经台)。穆斯林在礼拜时要听从阿訇的召唤,故在清真寺里专门建有供召唤施令的宣礼塔,并且把它置于全寺的最高处,有的大清真寺甚至同时设置几个塔,一方面便于从事宗教活动,另一方面表现了美观和谐。穆斯林寺院的外形一般采用上圆下方的形状,象征着他们对世界"天圆地方"的看法。此外,利用天然洞窟或人工开凿石窟又是另一形式的宗教建筑。总之,各种宗教建筑的建造都按照一定的标准或准则,同时还充分利用了天然地貌和当地的建筑材料,它们既是历史传统风格的继承与改造,也是外来宗教文化与当地文化融汇的结果。

宗教造像是很多宗教圣地的一大特色和主要内容。人们往往通过一些雕像或塑像就可以判别出它们属于何种宗教,甚至属于哪种宗教派别。例如佛寺里供有释迦牟尼佛等像;道观里奉有玉皇大帝等像;基督教堂立有圣母玛利亚像和耶稣受难像等;印度教寺院里安放了梵天、毗湿奴、湿婆等神像。在人为宗教的万神殿里,通常有一位主神和拱围着的众多不同的次神,各种神祇的排列俨然是人间的朝廷,井然有序,阶位分明。随着宗教的不断变化,宗教万神殿中的诸神也在不时变化,有的神祇消失了,有的神祇新补进去。新立的神祇往往是从地方神祇中吸收进去,呈现了地方色彩。很多神祇都是与历史上的教主、高僧、高道和热衷于宗教的统治者有关。例如,唐代高僧玄奘、宋代济公等都被佛教纳入了罗汉之列。宋代的一些道观中常常以皇帝的面相塑像。有的历史人物甚至在神的排列中居于很高的地位。在民间的祭坛上还列有一些行业神、保护神等,他们都是祖先崇拜和英雄崇拜的反映,也说明了凡是在历史上做过贡献的人物,人们都不会忘记,并把他们作为偶像崇拜。各种宗教造像无不蕴含了特定的宗教内容,体现了各自的职能,并遵循了一定的标准。佛教造像的依据是《造像度量经》,释迦牟尼佛像充满了深邃智慧和庄严的表情,使教徒感到由衷的信服。观音菩萨具有女性的温存，富有同情心，给人一种亲切感和依赖感。基督耶稣双手被缚在十字架上，满脸痛苦，骨架正在扭曲，使信徒都为之怜悯并肃然起敬。圣母玛利亚端庄娴淑，集贤惠和宽容的美德于一身，赢得了教徒的敬爱。湿婆神的一方脸显得安详宁静，超然入圣，表现了创物主的权威；另一方脸则面目狰狞，神情冷酷，呈现了愤怒、破坏的性格。正是这些形象不同、神态各异、栩栩如生的各种神祇，把宗教圣地的宗教主题凸显出来，吸引了无数信众前来朝拜，给予了精神寄托和心灵的慰藉。

除了偶像和建筑外，各种装饰也是必不可少的内容。无论何种宗教，在这方面都曾经下过巨大的功夫，耗费了大量物力和人力。例如，缅甸佛教大金塔，其外壁用金箔覆贴，显得金碧辉煌，光彩夺目。天主教的巴黎圣母院、印度教的摩诃提婆寺等建筑物外面从上到下布满了各种神像和艺术雕刻品，令人目不暇接。伊斯兰教虽不崇拜偶像，但清真寺的装饰也有着自己的特色。许多清真寺用大理石、马赛克、瓷砖等贴面，使之显得雍容华贵。里面的建筑空间和柱廊、敏拜尔等皆精心描绘了各种图案和优美的饰纹，笔触细腻，不乏活力，配上悬挂的各种金线绣品和阿拉伯特色书法，将整个大殿装饰得高雅脱俗。东亚地区的佛、道教寺院很多建筑在名山大川之间，注重整体的布置，绿瓦黄（红）墙，装饰优雅，使人有清新、离俗之感。以宗教内容为题材的绘画也是宗教殿堂的主要装饰和重要的宣教形式。西方基督教教堂里，画家们用现实主义的手法，表现了各种人物和风情，追求心灵真实完美的艺术理想。东方的寺窟里，画匠们用夸张的手段，突出了各种背景，刻意渲染神的威力，发挥了超常的想象。丰富的装饰和绘画将宗教圣地变得更加充实，烘托出更浓的宗教气氛，为教徒的宗教生活提供了一个相应的环境，激发了宗教徒的热情。

这一时期大部分宗教圣地仍然是社会文化、艺术、教育、学术中心。围绕这些中心逐渐形成了以信仰为特色的信徒群体，又以辐射状向四周渗透，构成了有特色的宗教文化圈，表露出地方宗教文化的特点，并影响到当地的民俗和民风，成为传统文化的一个组成部分和民族信仰的特色。在东方国家，宗教寺院实行封建家长制管理，寺院有自己的房产、田地，经营商业、信贷等活动，经济极为发达。而西方的修道院，则具有自给自足的封建庄园的特点。在一些政教合一制度的国家，宗教圣地还是世俗政权的政治和行政管理中心。许多清真寺、教堂、佛寺、神社往往和皇宫毗连，成为皇家建筑的附属物或组成部分，如布达拉宫、克里姆林宫内教堂、泰国玉佛寺等。它们也是世界各国建筑艺术的瑰宝。在中国文字中，"寺"的最初意思是"奄人"和官署、官舍。《左传疏》说："自汉以来，三公所居谓之府，九卿所居谓之寺。"《汉书·元帝纪》注："凡府廷所在皆谓之寺。"以后，寺的含义有了重要变化，人们把"寺"作为宗教活动地的特称，并给予很高的地位。在各种宗教圣地生活的一批神职人员，在社会上充当了精神指导教师的作用，他们撰写和编纂宗教典籍，特别是一些宗教文学的作品，使之广为流传，这对宗教起了渲染和宣传的作用，推动了宗教文化的发展。在不少国家，寺庙教育往往代替世俗教育，儿童最初必须到寺庙或经学院接受教育，学习宗教和一般文化知识，因之寺院成为传播和保存文化的重要场所。此外，古代许多学术活动和科技活动也常在寺庙进行。早期的天文学、医学是和宗教巫术分不开的，这是众所周知的历史事实。

总之，中世纪的宗教圣地无论在社会生活层面还是文化、经济、政治等方面，其影响都是巨大和深刻的。现在我们在世界各地所见到的各种宗教圣地，其中绝大部分就是这一时期的杰作。

三

历史进入近现代以后，世界宗教的情况有了一些新的特点：第一，各种重要宗教的传播活动仍在进行，有的宗教以武力为手段进行传教，有的宗教仍以和平方式向他国传教；第二，新的思潮不断产生，一些新的宗教组织或派别不断涌出，有的发展迅速，并且有了较大的影响；第三，各种宗教之间的对话、交流正在增加，同一宗教内部之间的派别也在增强团结，走向统一，从而出现了一些普世的宗教组织；第四，传统宗教文化仍然受到人们的重视，主张回归或净化的大有人在，原教旨主义还很流行；第五，很多国家实行政教分离的政策，宗教成为个人的私事，保证宗教信仰自由成为许多国家宪法的重要内容之一。总之，宗教活动变得更为复杂，形式也变得多样。伴随着世界宗教出现的新特点，宗教圣地也发生了一些显著变化，被赋予了新的内容。

自 1492 年哥伦布发现新大陆以后的几百年间，西方帝国主义国家在世界范围内掀起了争夺殖民地的斗争，西方教会为了配合这一侵略，也在全世界各地加强了传播活动。其结果，使世界大部地区都建造了基督教堂，特别是美洲地区教堂已成为当地人民宗教生活的主要场合。基督教也因此成为世界第一大宗教。在欧洲，基督教圣地的建筑艺术风格由文艺复兴时期的平衡、适中、庄重、和谐及注重理性与逻辑的特点，又发展到表现运动、追求新奇，热衷于无穷、不定和对比，以及各种艺术形式大胆融和的巴洛克特点，表现了戏剧性和豪华与夸张的特征。在这种新思维指导下所产生的宗教建筑艺术，在欧洲和拉丁美洲地区随处可见。①

16 世纪南亚地区出现了锡克教。该教融和印度教和伊斯兰教的思想，反对偶像崇拜，但把历代祖师所去过的地方都奉为圣地，规定教徒要前往朝觐，其最著名的寺院金庙里则供奉了锡克教的根本经典——《阿底格兰特》。寺院的建筑风格，既有传统印度教和伊斯兰教建筑的因素，又受到西方建筑的影响。还有一些应时创立起来的新宗教组织，标榜接受多种信仰。例如在越南创立的高台教，融汇了佛教、基督教、道教和儒教的各种教义，崇拜孔子、姜太公、老子、玉皇大帝、释迦牟尼、耶稣等，宣传孔子是仁教，姜太公是神教，耶稣是圣教，老子是仙教，释迦牟尼是佛教，合称"五教一仁教"或"大教"。根据这种融合思想，在高台教寺院里安排了释迦牟尼、老子和孔子等高低不同的座次。这种融合和我国历史上的儒、释、道三者的融合还不一样。中国儒、释、道的合流、融汇、摄取，无不带有外来宗教向本土宗教靠拢的趋势和外来宗教本国化以及民族化的运动过程。而现代新宗教的建立，其在理论上和崇拜对象上则更多地表现了各种宗教的相互汇合和交叉集中，等等。

19 世纪东方学和比较宗教学的兴起，使东方的宗教逐渐为西方人士所熟悉。随着东方向西方大批的移民，佛教、印度教、伊斯兰教、锡克教等

---

① 参见［意］弗拉维奥·孔蒂《巴罗克艺术鉴赏》，李宗慧译，北京大学出版社 1992 年版，第 4 页。

相继传入西方,在西方也逐渐出现了东方宗教的寺院建筑。早期这些寺院一般都比较简陋,室内布置和陈设也比较简单,通常置一神像和一些简单的法器,其功能主要是为本国移民提供一个维护传统信仰的奉神场所。20世纪50年代以后,到西方定居的东方国家移民陆续增多,加之一些国家和地区经济实力增强,以及各国教会或教团注重海外传教的工作,遂使一些带有东方传统建筑式样的寺院在西方脱颖而出,而且达到了一定规模。例如美国的大乘佛寺——西来寺、大乘寺、万佛城等。这些寺院的建立,成为西方宗教建筑的一颗颗明珠,丰富了宗教圣地的内容,扩大了东方宗教的影响,同时也吸引了大批西方信徒,沟通了东西方宗教文化的交流。

宗教圣地在现代社会最显著的特点和变化还反映在文化继承和经济活动等方面。圣地成为文化建设、发展旅游、搞活经济的重要支柱和第三产业的主要内容之一。古代的宗教圣地主要是教徒修行活动,并为教徒服务的地方,其与社会的联系比较狭窄,通常只是一些教徒来此朝拜进香或修行参学。在寺院经济方面则表现为自给自足的庄园经济,有时也得到一些国家的资助或达官贵人和信徒的施舍。因之在社会上的影响,主要是通过宗教的活动而表现出来的。在不同时代、不同地区和不同宗教中所起的作用也不尽相同,古代、中世纪的文学艺术和建筑美术等大都是宗教的附庸,属于宗教文化的内容。但也有很多宗教文化现象,逐渐与宗教脱节,演变成广大群众日常生活的行事和文化活动,从而成为重要的民间传统文化或俗文化。到了现代社会,宗教圣地一方面仍然保持着既往的宗教活动点的功能,另一方面又表现出强烈的继承古文化的性格,更重要的是集中表现了从古到今的各种文化的内容,构成了传统文化的一个重要组成部分,成为各个国家和民族的宝贵历史文化遗产。如果我们把书籍看作古文化的文字材料,那么宗教圣地丰富多彩的建筑、雕刻、绘画、造像等则是古文化的实物,印证了文字记载。所以,宗教圣地也是我们认识古代文化的源泉之一。在联合国教科文组织公布的数百处世界建筑与文化遗产的名录中,90%与宗教有关,纯宗教圣地列入名录的也占了相当一部分内容。

今天,人们在解决了衣食住行以后,已不再满足于营造自己的小窝,更渴望到外面走走,闯闯世界,饱览各地的名胜,欣赏世界迷人的风光。于是本已形成的各地传统宗教名胜自然也成为旅游的热点。当人们面对融自然景观和人文景观为一体的宏伟壮观的金字塔，巧夺天工的乐山大佛、敦煌石窟，金碧辉煌的大金塔，雕刻精美的教堂，气势磅礴的清真寺等，无不肃然起敬，赞叹祖先的丰功伟绩和深邃的智慧，以及完美的艺术想象力，驻足沉思，流连忘返。世界各国政府都充分认识到这种无烟产业所能带来的巨大经济效益，因此为之又投入了人力和物力，精心修缮和恢复了各种古代圣地及寺院建筑，甚至开辟出新的圣地。宗教旅游点已成为国家财政收入和发展地方经济的手段之一，与此同时，也带动了一大批相关产业，如旅馆业、饮食业等。然而这一切又是过去宗教圣地开创者们始料未及的情况。

宗教是一种长期存在的社会历史文化现象，也是社会现象的折射反映。各种宗教的圣地已经遍布世界各个角落。阐述它们的发展历史，旨在说明这样一些事实：宗教圣地是人类最早出现的精神活动点，它与宗教崇拜有着密不可分的关系，经历了从俭到奢、从小到大的发展过程，是古代文化艺术的结晶，为古代珍贵的文化遗产之一。每个宗教都有自己的圣地，显示了自己存在的价值，遵循了一定的标准，同时又体现了当地文化的特征。宗教圣地至今仍在社会政治、经济文化生活中发挥着重要的作用。

（原载《世界宗教研究》1994年第2期）

文明对话与文化比较

中国是一个有悠久历史文化传统的国家，结绳记事早在 5000 年前就开始了，到了 3000 年前，中国文化已经非常繁荣，甲骨文和金文形成了中国汉字的架构，以汉字为特征的汉文化最终成为华夏文化注定的最突出的代表。

中国也是一个开放的并能吸收和融汇百家的国家，从炎黄二帝到尧舜时代，中国文化始终在不断地发生融合运动，春秋战国百家争鸣，相互交汇，为繁荣中国文化功不可没。秦皇汉武，各领风骚，前者统一轨制，后者隆礼经学，终于定儒为尊，开一代新风。但是，这个结构在不久之后就被打破了。公元前后，外来佛教的传入，为中国文化增添了新的元素，紧接着其他的宗教文化如祆教、景教、伊斯兰教等诸宗教相继入华，在中国大地掀起了一个中外文化交融的高潮。这个运动进程在中国战乱与闭关锁国政策的影响下，渐渐衰落，一直到了明清，特别是清代以后才重新开始。这种中外文化交流的方式虽然没有改变，但是性质却变了，正像有人所说的那样，"基督教入中国是骑着炮弹传进来的，佛教是乘着和平鸽传入中国的"。此说不免有些夸张，却也事出有据，因为毕竟近代基督教入华与西方列强和丧权辱国的条约是分不开的。

我们容许对外来宗教传入中国有不同的看法，然而不能否认的是，中国文化的发展离不开外来文化的推进作用。在古代，主要是佛教起到过重要的作用；在近现代，基督教曾经发挥了重要的作用。外来文化传入中国，离不开中国人的消化理解，文字翻译是重要的步骤。佛教就是在中国文化中取得最大成功的一个宗教。其中，对佛经的翻译是取得成功的最重要的一步。中国人通过佛教译经工作，了解了印度佛教的基本教理，接受了印度的思想文化，特别是在音韵学与文学等方面取得了巨大进展，丰富了中国传统文化的内容。如果说印度佛教是东方宗教思想文化传入中国的代表，那么基督教则是西方宗教思想传入中国的代表。与佛教一样，西方文化传入中国，中国人对它的认识，也是通过翻译《圣经》与科技书籍以后得到的。西方文化在近现代对中国文化产生了巨大的影响，翻译的作用是显而易见的。此外，伊斯兰教传入中国，也同样经历了翻译运动，特别是在明代以后，伊斯兰经典《可兰经》被译成中文，最终确立了伊斯兰教在中国的地位。

总之，中国文化以其特有的开放性，吸纳了外来的各种文化，翻译经典是不可忽视的重要一环。鉴古知今，研究古代与近代的翻译活动，重新审视外来文化的影响，对建构社会主义社会新文化有重要的帮助。此期刊出的三篇文章，一篇论述梁武帝与《涅槃经》的翻译问题，一篇论述佛经汉译中的格义问题，一篇介绍儒家经典的英译以及在西方的传播，虽然侧重点各有不同，但是都能说明一个问题，那就是：无论中国文化或异邦文化的发展，都离不开对外来文化的吸收。翻译是最基础的工作，吸收外来文化离不开翻译的作用。

［本文系深圳大学学报邀请笔者作主持人时写的"主持人语"，原文载《深圳大学学报》（人文社会科学版）2011年第6期］

佛教是维持亚洲和平与繁荣的一种重要力量

在 20 世纪 80 年代至 90 年代初冷战结束以后，东亚某些地区虽然还呈现出动荡不安的局面，但总的政治经济形势一直在向好的方向发展，特别在经济方面出现了"东亚的奇迹"。人们不禁要问：东亚经济的发展究竟与它的历史文化背景有着什么关系？有人认为在冷战以后，亚洲的民族宗教意识形态或者宗教的文明正在作为国家或民族之间关系的准则，日益起着重要的作用。亚洲的价值观形成了使东亚社会实现经济繁荣、进步、公民关系和谐以及法律秩序的基础。亚洲最重要的文化传统是起源于印度的佛教和发生在中国的儒教，在东北亚地区进入近代以后佛教文化与儒教文化虽然不能说完全融合了起来，但已形成混合的基础。从印度南传的小乘佛教对东南亚地区有着特别重要的影响。总之，佛教对亚洲地区的社会结构与功能、价值系统、伦理道德思想都起着十分重要的作用。

佛教理论中最重要和核心的思想是非暴力或不杀，和平构成了佛教实践自体的本质。梵文中 Sánti（和平）是爱好和平的印度人民和各宗教的共识。《奥义书》宣传"梵我一如"的思想，认为人所追求的最高境界是实现"大我"与"小我"的融合一体，"大我"和"小我"的辩证关系用在国家之间和国家与人民之间就是平等相处，圆融无碍。只有抑制了"小我"，文明才能得以顺利发展。印度婆罗门教和耆那教都宣传非暴力或不杀思想。佛教使之成为基本戒律之一。佛教认为人的行为是由欲望所引起的，而人的欲望又是无止境的，于是才有了贪的行为，掠夺和战争是"贪"的具体表现。佛教教导人们不要去伤害生灵，要消灭自己的贪欲，这样才能保证社会、国家和人民之间的和平共处。佛教还提倡一切众生平等，反对种姓压迫，这些平等慈悲的思想构成了和平思想的基石。佛教的非暴力、和平有着自己的特点，它重视人的生命，正视人的存在，重视人的价值，这就激发了个人的潜在能力，正确处理人与人之间、人和家庭之间、人和国家之间的关系，从而发挥了参与国家经济建设的能动作用。但必须指出：佛教的非暴力并不是毫无原则的滥用，在佛教的和平思想内涵中包括了慈悲不杀和惩罚恶人两个方面，这也是佛教"不二法门"的具体运用。

佛教的慈悲不杀、抑制个人贪欲、小我服从大我、和平共处等保证了社会安定，促进了经济发展，因而成为维持亚洲和平与繁荣的重要力量。

（原载《浙江学刊》1997 年第 3 期）

印度哲学与宗教

当前南亚宗教发展的趋势与特点

一　基本情况

南亚是一个次大陆,位于亚洲南部喜马拉雅山脉和印度洋之间,东濒孟加拉湾,西临阿拉伯海,北与我国相邻,是亚非澳三洲海上交通要冲,次大陆有印度、巴基斯坦、孟加拉国、斯里兰卡等国家,民族众多,语言文字复杂,素有人种博览会之称。在历史上,东西方民族都曾逐鹿于此,繁衍生息。印度河流域和恒河流域是古代文化的摇篮,是宗教、哲学的故乡,几个大的世界宗教和地区宗教都在这里诞生,多元文化得到了广泛的发展。马克思在描绘印度教时曾说:"这个宗教既是纵欲享乐的宗教,又是自我折磨的禁欲主义的宗教;既是林加崇拜的宗教,又是札格纳特的宗教;既是和尚的宗教,又是舞女的宗教。"[①] 南亚次大陆的宗教不仅有着悠久的历史传统,在世界各地也得到了广泛的传播。

南亚的主要宗教有印度教、佛教、耆那教、锡克教、巴哈依教、琐罗亚斯德教、基督教、天主教、正教和原始的精灵崇拜等。据1990年的统计,目前世界上印度教徒约有7.5亿人,约占世界总人口的13.3%,分布在94个国家和地区,占印度人口的82.6%,占斯里兰卡人口的16%,占尼泊尔人口的89.5%;佛教徒在世界上约有3.3亿人,约占世界总人口的6%,散布在92个国家和地区,占印度人口的0.7%,占斯里兰卡人口的66.9%,占尼泊尔人口的5.7%;目前全世界有穆斯林9.5亿人,约占世界总人口的17%,分布在104个国家和地区,约占巴基斯坦人口的96%,

---

[①] 《马克思恩格斯全集》第9卷,人民出版社1961年版,第144页。

印度人口的 11.4%，孟加拉国人口的 86.7%，斯里兰卡人口的 7.6%；耆那教徒在全世界有 370 万人，约占世界总人口的 0.1%，分布在 11 个国家和地区，占印度人口的 0.5%；锡克教徒在全世界有 2000 万人，约占世界总人口的 0.4%，散布在 21 个国家和地区，占印度人口的 2%；基督教徒在全世界有 17.5 亿人，占世界总人口的 33.7%，分布在 223 个国家和地区，占印度人口的 3.9%，占斯里兰卡人口的 8.3%，占巴基斯坦人口的 0.3%。从以上宗教分布的情况可以看出：南亚的传统宗教如印度教、佛教和伊斯兰教仍然占有主导地位。地区宗教如锡克教、耆那教等虽然在南亚不占主要地位，但在世界上却有着广泛的影响，西方的宗教如天主教、新教、正教等虽然在次大陆有着长期传播的历史，但是一直处于微弱地位，只在城市少数知识分子中间和原始部族之间有着影响。此外，在次大陆的边远地区还保存着大量的、繁杂的原始宗教或精灵崇拜，这些信徒的数量没有完整的统计，估计约占印度总人口的 0.4%。

二　南亚宗教的发展趋势与特点

（一）传统宗教的复兴

自第二次世界大战后特别是 20 世纪 80 年代以来，南亚次大陆的传统宗教和地区宗教如印度教、佛教、伊斯兰教、锡克教、耆那教等都掀起了复兴的热潮，这些复兴不仅表现在教徒绝对数和相对数的增加，教派组织层出不穷，而且也表现在宗教的思想和信仰日益深入人心、社会，各种形式的原教旨主义应时而起，蔚为主流。

印度教不仅是一种宗教信仰、道德伦理原则，而且也是一种生活方式，在次大陆特别是在印度人民中有着至关重要的影响，并且形成一种传统的惰性。"复兴印度教"在 19 世纪印度民族主义运动和社会改革运动中就被提出，印度启蒙运动的先驱者辨喜鼓吹"行动的吠檀多"，圣社的创始人达耶难陀·萨拉斯瓦蒂提出"回到吠陀去"，印度民族主义运动不少领袖力图把民族主义安置在印度教的基础之上，激进派领袖提拉克鼓吹恢复印度教的"法治"（Dharmarājya），温和派的领袖甘地宣传"斯瓦拉吉"（自治，Swaraj）和"罗摩之治"，这种号召在当时发动印度人民反对帝国主义的斗争中确实起过重要的组织作用，但现在看来，它的副作用也是不少的。

在1947年印巴分治后的最初15年中，印度实行了宪法所规定的"世俗主义"政策，因此印度教徒和穆斯林没有发生较大的冲突。但20世纪70—80年代，这种平衡被打破了，从80年代后期到90年代，宗教冲突和民族纠纷此起彼伏，愈演愈烈。印度原教旨主义势力蓬勃发展，鼓吹大印度主义和恢复罗摩盛世，甚至把社会主义也与之扯在一起。国民志愿服务团的理论家高瓦克宣称："印度的非印度教徒必须接受印度教文化，使用印地语，必须学会尊重印度教徒的宗教，必须以印度教的民族和民族文化为荣耀。"他们还企图把印度和巴基斯坦重新合为一个国家。

20世纪70年代，伊斯兰世界出现了一场以中东地区为中心波及亚非两大洲的、声势浩大的伊斯兰复兴运动。这场运动也推动了南亚次大陆伊斯兰国家巴基斯坦、孟加拉国和马尔代夫与非伊斯兰国家印度、斯里兰卡国内的伊斯兰复兴的发展。在复兴过程中，巴基斯坦、孟加拉国、马尔代夫积极推行伊斯兰教法，颁布了按照伊斯兰教原则进行改革的一系列立法、行政方案。例如，1977年巴基斯坦改组了充当国家总统最高顾问的、权威的"伊斯兰意识形态咨询委员会"，以教法为立法、司法的根据，置宗教法庭于议会之上，按照伊斯兰习惯法严惩偷盗、通奸、诬陷和饮酒四种犯罪行为，并从中央到地方成立了各级专门机构，负责征收、分配天课，建立伊斯兰无息银行，实行无息存贷制度，等等。孟加拉国从1977年到1987年大力扩建清真寺和培养宗教专业人才。宗教学校由1976所发展到3427所，学生从375250名发展到638926名，到1988年清真寺已达到131600所，另外，还正在扩建4000座附属于寺院的宗教图书馆。

印度是佛教的发源地，但佛教在13世纪初就已衰退。印度现有的新佛教是在1891年由斯里兰卡僧人达摩波罗推动下逐渐复苏的。1956年在纪念佛陀涅槃2500周年之际，印度宪法起草人、贱民运动领袖安培克等人发起了贱民集体改信佛教运动，参加这次改宗的贱民据说有50万人。1951年印度只有佛教徒18万人，1958年增至325万人，至20世纪90年代约有4719900人，其发展速度是惊人的。

尼泊尔在近代也掀起了佛教的复兴和改革运动。目前全国有寺庙2700余所。1986年世界佛教联谊会在加德满都召开了第15次大会。联合国教科文组织正在致力于佛陀诞生地兰毗尼的重建工作。

锡克教的近代复兴运动始于1873年建立起来的辛克大会运动，其目的是要抑制印度教与基督教在锡克教徒中的改宗活动，嗣后，锡克教徒建立了自己的政党——阿伽利党，这个党一直在为争取建立独立的自治邦而斗争。

（二）教派冲突日益激烈，诉诸武装斗争

第二次世界大战后在世界范围内所爆发的以民族和宗教为诱因的20多次地区冲突中，南亚一直是热点，其中规模最大、持续最长的是印巴在克什米尔地区的武装冲突，这个冲突后来发展到两次规模巨大的正规战争；其次是斯里兰卡信仰佛教的僧伽罗人与信仰印度教的泰米尔人的武装冲突，这个战斗愈演愈烈，一发不可收拾；再次是阿富汗内部之间各派的武装斗争，这场斗争旷日持久，把印度和巴基斯坦都卷了进去。

南亚教派纠纷大致可以分为三类：第一类是不同宗教之间的冲突，如印度教与伊斯兰教的冲突，印度教与锡克教、佛教的冲突等；第二类是某个宗教内部不同派别之间的冲突，如伊斯兰教逊尼派和什叶派之间的冲突，逊尼派和阿赫美地亚派之间的冲突，印度教中正统派与改良派之间的冲突，佛教大小乘之间的矛盾与冲突，佛教的显教与密教之间的冲突，等等；第三类是原教旨主义与改良主义、世俗主义之间的冲突，外来的宗教与本地宗教之间的冲突，东方宗教与西方科学、理性主义思想的冲突，等等。

从穆斯林以剑与火征服南亚次大陆之时起，印度教徒与穆斯林就开始了斗争，这种斗争一直没有中断，在英国统治印度的长期过程中，殖民当局采取"分而治之"的政策，因而加深了这两个派别之间的隔阂，最终导致1947年的印巴分治。分治前夕，南亚次大陆发生了大规模的互相残杀，造成了50余万人的死亡和数百万人的流离失所；连竭力主张印回联合的甘地也惨遭印度教内部右派分子杀害。印巴分别建国后，大约有15年的时间没有发生大规模的冲突，从1964年尼赫鲁逝世到1976年，印度教徒

和穆斯林的冲突开始呈上升趋势。1969年在努尔克拉持续15天的冲突中有2000人被杀。1965年印巴战争使两者处于剑拔弩张的状态。据印度内政部统计，印巴冲突从1968年至1969年共发生865次，从1970年至1971年共发生842次。从80年代到90年代，教派斗争愈演愈烈，武装冲突成了主要斗争形式。从1988年起，印度教的极端分子在世界印度教大会、国民志愿服务团和印度人民党的鼓动下，一再发起有数十万印度教徒参加的"寺庙之争"，狂热的印度教徒拆毁了北方邦阿约提亚（阿逾陀）的巴布里清真寺，并在原地上重建4世纪时被毁的印度教大神罗摩庙。这场冲突致使数千人丧生，并在国际上引起了巨大的反响。此后，印度教徒和穆斯林又在孟买等地挑起血腥的仇杀，余波迄今尚未彻底平息。笔者在孟买时亲历其境，至今心有余悸。

印度教徒和锡克教徒、佛教徒的冲突由来已久，近年来日益激化。80年代以来，锡克教的激进派一直在为建立独立的"伽利斯坦"而斗争。1984年他们发动了"不合作运动"，遭到印度军队执行所谓"蓝色计划"的镇压，印军攻入锡克教的圣地和行政中心金庙，打死锡克教徒300余人，金庙遭到破坏。这次行动伤害了锡克教徒的宗教感情，加深了隔阂。同年10月30日印度总理英·甘地被他的锡克教徒卫兵杀害，此后在锡克教徒集中居住的地区又爆发了多次流血事件，在德里一地就有数千名锡克教徒被杀害，大量的商店、房屋被焚毁。

佛教是在反对婆罗门教的三大纲领（种姓分立、祭祀万能、婆罗门至上）中创立的。在印度历史进程中一直与印度教处于若即若离的状态。佛教13世纪衰亡后，很多寺庙为印度教所占据，有的还被改成了印度教寺庙。佛教徒在近代觉醒后一直在为归还自己的寺产而斗争。这些斗争在近年来有了重要的发展。例如，1992年5月佛陀成道日，全印少数民族协会和马哈拉施特拉邦佛教协会曾联合发起"夺回圣寺运动"，数千名佛教徒冲入菩提伽耶被印度教徒占领的大圣寺内，砸坏印度教神像，殴打印度教僧侣，并与警方发生严重的冲突。嗣后，佛教徒又在菩提伽耶、德里等地发动了多次静坐示威活动。

近年来，在印度边远的少数民族地区，基督教徒和印度教徒为了争夺信徒也时有冲突。

南亚宗教冲突频繁出现，除了各种宗教自身的原因外，还有着深刻的社会经济原因和历史根源。宗教的原因一般是：在不同宗教、不同地区中有着不同崇拜的对象，各种教义分歧，仪式迥异，而且教徒本身还有着种姓、职业、家庭、生活方式等不同的背景。例如印度教徒和穆斯林对待牛的态度不同，因此常常发生龃龉。南亚的宗教纠纷都是由特定的社会力量所支持和驱动的，这些特定的社会力量出于自己的目的，一方面对广大教徒进行欺骗和压迫；另一方面又策动与其他宗教的纠纷，因此只有消除宗教纠纷的社会经济原因，才能彻底解决这些纠纷。

（三）宗教日益世俗化与政治结下了不解之缘

在当前南亚社会中，宗教作为一种意识形态和有组织的活动，呈现出十分矛盾的现象：一方面，宗教的神秘主义、唯心主义仍然弥漫在社会生活的各个角落，宗教神权继续以神奇的力量向人们展示着自己的威力；另一方面，在现代科学技术推动下，南亚社会正以快速的步伐，适应现代政治和经济发展的需要，日益朝着世俗化的方向发展，从而极大地影响着信仰群众。

南亚宗教的世俗化首先表现在与政治结下了不解之缘。第二次世界大战后，南亚国家相继从殖民主义桎梏中挣脱出来，取得了独立，当时在穆斯林的意识形态中处于主导地位的是民族主义、世俗主义和社会主义。巴基斯坦的创立者真纳最早的构想是要把巴基斯坦建成为一个在伊斯兰指导下的世俗共和国，但1956年巴基斯坦制宪会议正式改巴基斯坦为伊斯兰共和国，从此确立了伊斯兰作为国家政策的指导原则，要求国家法律与伊斯兰教的原则精神相适应，1977年齐亚·哈克执政后更进一步推行伊斯兰化。孟加拉国独立后，由人民联盟执政，它主张民族主义、社会主义、民主、世俗主义四项原则，实行政教分离、排斥宗教势力的世俗主义政策，但1975年发生政变由齐亚·拉赫曼执政后，改国体为伊斯兰共和国，摒弃了世俗主义和社会主义的政策，1988年正式确认伊斯兰为国教。马尔代夫1966年赢得独立后，宪法明文规定伊斯兰为国教，实行伊斯兰教法，公开宣称："法律不允许一个非穆斯林成为一名马尔代夫公民"。

在巴基斯坦、孟加拉国，所有的政党几乎都与伊斯兰有关。有些政党、教派不是以宣教而是以参政、议政为主。例如，巴基斯坦参加 1997 年 2 月全国和省议会选举的 14 个主要政党——巴基斯坦穆斯林联盟、巴基斯坦人民党、移民民族运动（1947 年印巴分治时迁入巴基斯坦的穆斯林为主的政党）、伊斯兰党、伊斯兰贤哲会、巴基斯坦贤哲会、巴基斯坦加德里运动（什叶派激进派的政治组织）、巴基斯坦圣贤军等几乎都以伊斯兰为自己的旗帜。

在印度教复兴中，印度在中央和地方涌现出了一批直接以宗教为旗帜的政党和社会政治团体。有的政党虽然标榜世俗主义，如国大党等，但与印度教势力仍然有着千丝万缕的联系，有的地方性的政党和团体基本上是一个同种姓的集团。1980 年建立起来的人民党公开号召恢复"罗摩盛世"，宣称："在印度文化和传统的基础之上把印度建成一个政治、社会和经济民主的国家"，它的基本原则是"一个国家、一个民族、一种文化和法治"，该党利用阿约提亚"寺庙之争"，印度教徒与穆斯林对立的情绪，散布教派主义舆论，扩大自己的力量，在议会中占有众多议席，成为仅次于国大党的第二势力。

印度教的教团近年来一般都从事广泛的社会活动和文化教育活动。例如梵社一直在为提高妇女地位、摆脱种姓藩篱而进行斗争。罗摩克利希那教会长期在群众中从事扶贫救济和文化教育活动，这个教会在国内外有很多分支，办有 90 余所大专院校、研究所、出版机构和医院等，在国内外有良好的声誉和广泛的影响。

佛教素以出世的宗教闻名。印度的佛教在第二次世界大战后在政治上表现十分活跃，积极参与地方选举和公众事务，随着教徒的日益增多和政治觉悟的提高，他们在 1957 年建立了自己的政党——共和党，建党宗旨是改善佛教徒的贱民地位，争取平等的权利，他们在马哈拉施特拉邦议会中拥有多名议员，是该邦最主要的反对党之一。以后，在共和党中又分裂出了另一个组织——围豹党，该党主张"全面革命"，要以暴力推翻现政权，1974 年遭镇压，影响逐渐减小。此外，佛教徒在印度创办了很多福利事业，建立了自己的国际佛教组织，与国际佛教界有广泛的联系。他们关注国际和平、社会改革、妇女平等和公共环境等问题，努力"迈向人间净土"。

(四) 普世化与本色化

简单地说，宗教普世化即国际化，本色化即民族化。这两个范畴在世界上很多地区是对立的，但在南亚地区则是相辅相成的。

印度教徒在19世纪随着英国殖民主义在亚非地区的扩张、远洋经商等原因移居世界各地，至20世纪60—70年代达到高潮。根据1996年测算，全世界有印度教徒793075000人，约占世界总人口的13%，分布在世界上94个国家和地区。佛教徒有326056000人，占世界总人口的6%，分布在92个国家和地区，耆那教徒和锡克教徒也分散到世界很多地区，后者在印度以外的人数约占其教徒总数的8%。随着以上这些教徒的迁移，东方宗教的信仰、哲学、道德伦理、瑜伽修持等都传播到了世界各地，在当地产生了重要影响。印度教、佛教不但为迁居国外的南亚侨民所信仰，而且越来越多地为侨居国当地的居民所信仰，这几年白种人和黑种人教徒的数字一直在直线上升，印度教徒在数量上已升至世界第3位，佛教徒为第4位。印度教和佛教已成为普世的宗教。

目前南亚几个传统宗教都有国际组织或分支。印度教有世界印度教大会、国际黑天意识协会、超觉禅定派、国际雅利安联盟、罗摩克里希那协会、吠檀多中心等；佛教有世界佛教徒联谊会、摩诃菩提会、世界僧伽大会、世界佛教华僧大会、欧洲佛教联盟等；在伊斯兰教中，南亚国家参加的泛伊斯兰组织有世界穆斯林大会（第3、4、10届大会在巴基斯坦召开）、世界伊斯兰联盟、伊斯兰会议组织（第二届大会在巴基斯坦召开）；耆那教有耆那教协会、英国耆那教兄弟会等；锡克教有锡克教协会等。以上这些组织在传播南亚宗教，使之日益全球化的过程中起过重要的组织和宣传作用。

在英国统治印度的两百多年中，印度教中的一批先进分子在基督教和西方科学文化的熏陶和影响下于19世纪掀起了一场声势浩大的宗教改革和社会革新运动，建立了梵社、圣社和罗摩克里希那教会等，这些组织迄今还存在并发生作用。印度教的改革者们大力批判了印度教中的偶像崇拜、动物崇拜和种种社会陋习，如种姓分离、宗教对立、寡妇殉葬、童婚等，并且以西方理性主义、人道主义和平等、自由的精神对印度教进行了改造。在宗教上，他们用一神论代替传统的多神论，以崇拜理性的实体代替人格性的实体（神），用内心的崇拜省却烦琐的祭祀仪式，有的还仿效基督教实行集体礼拜制度，等等。印度梵社的创始人、著名的宗教改革家凯沙布·钱陀罗·孙宣称："广大的宇宙是神的庙宇，智慧是巡礼的净土，真理是永久的圣典，信仰是一切宗教的根底，仁爱是真正的精神文明，破私是真正的苦行。"为此，他们还主张宗教要为穷苦的人民服务，宗教之间要和睦亲善，等等。

对于西方宗教基督教传入南亚地区的年代诸说纷纭。一般认为，约在公元 4 世纪，印度次大陆已出现了基督教堂，在葡萄牙、英国等西方殖民主义者相继侵入后，天主教、新教又以新的姿态在南亚地区传播，但影响一直不是很大。西方基督教会为了在次大陆扎下根来，力图把基督教信仰和印度文化传统结合起来。为此，他们杜撰了《基督教往世书》《基督教吠陀》，宣传基督教的神话，但这些均未奏效。第二次世界大战后，随着英国殖民主义当局退出印度，基督教的本色运动或民族化运动蓬勃发展起来，不少印度传教士力图使基督教植根于印度传统文化土壤之中，强调基督教和印度教有着很多共同的方面，有的用印度哲学来阐述基督教的教义，有的要求摒弃不符合印度传统的仪式和习俗。如印度特里维尼地方的基督徒对基督教的仪式进行了改革，公开废除婴儿受洗礼的仪式。当然也有不少人反对把基督教印度化或者使印度的基督教纯然西方化。

（原载《南亚研究》1997 年第 1—2 期，本书收入此文时，删除最后一节"东方宗教与西方思想的融合"，关于这一部分内容请参见本书第 30 页"东西方哲学正在世界范围内汇合"一节。）

汤用彤对印度哲学研究的贡献

汤用彤先生毕生致力于佛学、中国哲学和印度哲学的研究工作，成绩显著，硕果累累，在纪念他诞辰 100 周年之际，我们作为印度哲学研究的继承人，仅以自己的学习体会谈一谈汤先生在这一领域的贡献，略表我们对先辈的缅怀和敬意。

一

印度哲学，包括佛教哲学早在公元 1 世纪已传入我国，到公元 4—6 世纪时，随着大量佛经翻译工作的开展，印度各派哲学思想几乎同时被介绍进来。如公元 402 年译出的《大智度论》，便记述了数论的"二十五谛"；公元 411 年译出的《成实论》，记有胜论的实、德句义等。但这些记载只是片断的，缺乏系统性和完整性。到公元 6 世纪以后，数论的经典著作《金七十论》和胜论的代表作《胜宗十句义论》才有了完整的译本。弥曼差论（即声论）和吠檀多论（即明论）也普遍见于玄奘和窥基所译的佛经中，如《大毗婆沙论》《顺正理论》和《因明入正理论疏》等。可见我国古代已具有研究印度各派哲学的优良传统。

到了近现代，由于各资本主义国家的对外侵略和扩张，印度和中国先后沦为帝国主义的殖民地和半殖民地。中印两国人民反帝反殖的共同使命将其紧紧联系在一起，当时我国的思想家章太炎，印度的哲学家辨喜，都曾发表过相互支持的文章和言论。五四运动以后，中国进步知识分子为反抗西方列强的文化侵略和渗透，使东方思想对西方文化产生抗衡作用，北京大学校长蔡元培曾聘请梁漱溟先生开设《印度哲学概论》的讲授，当时是中国哲学、欧洲哲学和印度哲学同时在北大授课。《印度哲学概论》一书也于 1924 年出版。在南方则有吕澂先生于南京支那内学院和法相大学教授印度哲学和佛学,吕先生所写的《印度佛教史略》也于 1935 年出版。

汤用彤先生 1918 年赴美国留学,1920 年入哈佛大学研究哲学,同时学习梵文和巴利文,1922 年获哲学硕士学位,回国后即在南京东南大学、天津南开大学、南京支那内学院等处任教。1929 年在南京两所大学曾讲授印度哲学史,1930 年到北京大学后继续教授此课。他不但继承了我国历代学者和僧人对印度哲学研究的优良传统,而且有了突破性的创新,成为以现代科学方法研究印度哲学和宗教学的奠基人。

汤先生一生除教授印度哲学以外,在该学科范围内还写有以下论著:《释迦时代之外道》[①] 《佛教上座部九心轮略释》[②] 《印度哲学之起源》[③]《南传念安般经译解》[④]《印度哲学史略》[⑤]《往日杂稿·胜宗十句义论解说》[⑥]。此外还有遗稿两部:《汉文佛经中之印度哲学史料》[⑦] 和《汉文印度佛教史料选编》[⑧]。除以上直接论述的各专题外,汤先生在有关中国佛教和中国哲学的专著中也广泛涉及印度宗教哲学的渊源。

二

汤先生对印度哲学研究的成就集中反映在《印度哲学史略》一书中。该书共分 12 章。通读全书,受益匪浅。无论是他的治学态度还是治学方法都给后人留下深刻的印象和启迪,它奠定了以科学方法研究印度哲学的基础,同时又充分发挥了外国学者所不具备的中国资料的优势,从而写出了具有中国特色的、传统题材和内容新颖相结合的作品。以下我们重点剖

---

① 载《内学》1923 年第 1 辑,又载《学衡》1925 年第 39 期。
② 载《学衡》1924 年第 26 期。
③ 载《学衡》1924 年第 30 期。
④ 载《内学》1928 年第 4 辑。
⑤ 1945 年初版,1960 年再版,1988 年新版印刷。
⑥ 1962 年出版。
⑦ 商务印书馆 1994 年版。
⑧ 北京大学出版社 2010 年版。

析几个方面：

（一）关于科学的方法论

长期以来西方哲学家从种族主义立场出发，极力渲染"欧洲中心论"，他们对印度哲学采取抹杀、贬低的态度，或是夸大印度哲学中的唯心主义和神秘主义成分。认为东方民族，包括印度、埃及和中国，没有纯粹的哲学理论和思想体系，只有神话和伦理学，而这些理论又和诗歌及信仰交织在一起。[1] 他们不承认印度哲学史也是世界哲学史的一个组成部分，否定东方人也有理性思维的能力。这些思想在印度国内也曾产生共鸣，不少印度哲学史家对西方哲学的了解甚至远远胜过对本民族哲学思想的认识。

20世纪初，随着民族独立意识的觉醒。印度某些哲学家开始站在民族主义立场上从事对本民族哲学思想的研究，如 S. 达斯古普塔著有5卷本的《印度哲学史》；S. 拉达克里希南著有2卷本的《印度哲学》。他们对祖国的哲学遗产进行了收集、整理和翻译工作，全面系统地阐明了印度各派哲学发展的历史，并驳斥了西方学者对印度哲学和文化的歪曲和否定。汤先生尽管系统深入地研究过西方哲学，但是他并没有站在西方哲学家的立场上去贬低印度哲学，而是吸收了印度进步哲学家的观点，肯定了印度哲学的精神价值。并全面系统地、实事求是地向中国人民和学者介绍了印度哲学的全貌。同时还以现代科学的方法将印度哲学系统化，将零散的原始资料，按其哲学体系的历史沿革、学说理论的内容和依据，分门别类地加以说明，使读者对印度哲学各派的史料、历史、理论、相互关系及其影响一目了然。又因为汤先生曾学习过梵文和巴利文，所以在每章后面尽量附上原文选译，便于读者掌握第一手资料，如"黎俱吠陀集选译""奥义书选译"等。

（二）关于材料的运用

无论是西方学者还是印度本国的学者，他们研究印度宗教和哲学，几乎都采用印度本土所保存的历史资料，或是采用印度境外巴利文、梵文及

---

[1] 参见［美］梯利《西方哲学史》上册，商务印书馆1975年版，第11页。

少量藏文资料。由于汉语及汉文的限制，从汉文典籍中挖掘印度哲学史料的国外学者人数不多。汤先生由于具有中国历史和中国哲学的渊博知识，又长期从事佛教的研究工作，因此他能充分发挥汉文资料的优势，以国内保存的大量印度哲学史料来研究印度哲学，最具代表性的是《印度哲学史略》中的"六师学说""数论"和"胜论"三章。

"六师"是释迦牟尼同时代的六种沙门思潮的代表人物，除耆那教保存有大量的经典外，其他各派的典籍已基本遗失，但是他们的观点和学说却保存在汉文佛经中，如《沙门果经》《长阿含·梵动经》《杂阿含经（卷七）》《佛说寂志果经》《增一阿含经》等，大约有30多部经中记载了六师的学说。汤先生对此深入研究，鉴别真伪，并将张冠李戴的观点和学说予以纠正，在此基础上阐明了他们的学说特点、反对婆罗门教的共性及其历史局限性。

"数论"和"胜论"是印度正统派六种学说的组成部分，各有一部完整的经典保存在汉文佛经中，即《金七十论》和《胜宗十句义论》。汤先生在研究这两派哲学时，首先将汉文经典详加剖析。把《金七十论》分为总纲、有情、解脱三大部分。总纲包括目的、二十五谛、量论、因中有果说、自性、三德、神我、自性与神我的关系、现象世界，以上各范畴说明数论的世界观；有情包括心理构成、物质、心理状态、细身及轮转等；解脱分为八成就、自性解脱和解脱后的情状。根据《金七十论》的内容和数论全部历史，汤先生判定该书是数论中期的作品，即为古典数论的代表作，并依据此书详细说明数论的要义、它与初期一元论和后期有神论、数论的区别。

对于《胜宗十句义论》，汤先生在《往日杂稿》中写有"解说"，详细解释了实、德、业、同、异、和合、有能、无能、俱分、无说各句义的含义，并以此为依据和印土流传的"六句义""七句义"之说作了分析和比较，以图解形式说明它们之间的关系，使人们一目了然。通过对不同句义的分析还清晰地看到胜论发展的历史线索。

这三章的选材由于大量采用了汉文资料，弥补了外文资料的不足，使研究成果远远超出了国外水平，并为后人树立了榜样。开辟了中国学者研究外国问题的新途径。

(三) 关于写作印度哲学本身的意义

中国人很早就接受了从印度传来的佛教。但是佛教的产生并不是偶然的和孤立的，它是印度传统文化的继承和发展，是印度文化的一个组成部分，与其他各派哲学既有纵向联系又有横向关系，它不同于正统学派，又有其不可分割的联系。究竟哪些学说和理论属于佛教的创新？哪些属于对传统文化的继承？又有哪些观点是在互相交汇中发展？过去中国人不大清楚，或只知其一，不知其二。汤先生的《印度哲学史略》由于全面系统地论述了印度各派哲学的发展史和相互关系史，从而为中国学者进一步深入认识和研究佛教奠定了基础，同时也为其他学科了解印度历史、文化、伦理、宗教提供了确切的材料，它成为中印文化交流的硕果，不但在当时有其重要意义，而且也为今天的研究工作打下了良好的基础。

在印度哲学中，不但有极丰富的唯心主义思想，也有多种多样的唯物主义萌芽。唯心主义将人类的生理、心理和精神活动分析为几十种，甚至上百种状态，阐述细腻、丰富多彩；唯物主义则把整个宇宙置于物质基础之上，有各种各样的元素论、原子论、极微说。在认识方法上，由于印度各派哲学都具有兼容并蓄的优良传统，自古以来辩论术便成为各家争雄的艺术，因此佛教的因明学，正理派的逻辑学，各式各样的量论便应运而生。这些内容在《印度哲学史略》中均有介绍，这不但丰富了世界哲学的宝库，也为中国哲学和中国佛教的研究增加了瑰宝，使我们进一步了解到中国文化中的印度影响因素。

(四) 关于学风

通读《印度哲学史略》及"重印后记"，有两点极突出的感受，一是汤先生的严谨治学学风；二是汤先生毕生追求真理、谦虚好学的态度，这使我们对先辈的人品和学风深为尊敬。

汤先生自己说："我这部书在二十多年前缀拾东西方学者的研究成就加些翻译和佛经资料编撰而成，是一部资产阶级的印度哲学史。"[①]

[①] 汤用彤：《印度哲学史略》，中华书局1960年版，第171页。

实际上这部书并非如此，它不是单纯的介绍或材料堆积，而是在传统基础上的创新，具有明确的论点和充分的论据。如对《奥义书》中"我"（Atman）的概念历史性的分析；对"六师"解脱观的分类和总结；对耆那教"七谛说"的解释；对婆罗门教发展原委的分析；以及对数论二十五谛和胜论极微说、正理论十六谛义的阐述等，无不体现出汤先生运用史料的精确和分析问题的敏锐，他对汉文资料的价值做了充分的肯定。

至于汤先生的谦虚精神随处可见，如1960年《印度哲学史略》再版时，他虽然已是中外知名学者，当时正担任北京大学副校长，兼任中国科学院哲学社会科学学部委员、全国政协委员、人大代表等多项要职，但是他并不因为身居要职而自得，而是以孜孜不倦的精神追求真理，以马克思主义观点来审视自己以往的学术生涯，并非常谦虚地自责说："印度哲学史中唯物主义有强大的传统，本书内只对顺世外道提了一下，但是对之加以诬蔑，这当然是资产阶级歪曲历史的又一个方面。"又说："对于佛教，原书袭用了资产阶级观点，在佛教发生问题上过分突出了个人在历史上的作用……"

其实，马克思主义的根本观点是历史地、客观地、实事求是地看问题，也就是采用历史唯物主义观点看问题。汤先生所著的《印度哲学史略》最早完成于1929年，后于1945年出版，自然有其历史的局限性，这是无可非议的。然而汤先生自己却极为严格地提出自我批评，使我们更觉得他人格的伟大和学风的严谨。

三

汤先生对印度哲学研究的又一贡献体现于对汉文史料的整编工作。早在1959年他就致力于这项繁杂的工作。他说："中国佛教汉文翻译和著作中保存了不少印度哲学的资料，过去中、外人士已多有发掘。现在为着促进对印度哲学方面的研究，我正在编一汉文中的印度哲学资料汇编——在大藏经中广泛抄集，无论经论或章疏中的有关资料长篇或零片均行编入。目的为今后研究印度哲学者之用，不作任何加工，只于资料注明出处及原作或译者人名、年代等。"① 众所周知，我国保存的汉文佛经颇丰。吕澂先生所著《新编汉文大藏经目录》，就收录经、律、论、密藏、撰述五大类，为 2064 部，9874 卷。从浩如烟海的经卷中广泛拾取印度哲学史料，实为大海捞针，谈何容易。当时汤先生已重病缠身，他为了今后研究印度哲学的需要，仍然带病组织人员抄录，并亲自分类，以颤抖的手迹在卡片上一一标明此选篇的内容、出处、译者、作者等。遗憾的是汤先生在世时此项工作尚未完成，直到 80 年代汤一介教授委托宫静同志来整理，才完成《汉文佛经中之印度哲学史料》（以下简称《史料》）一书，全书共 25 万字，武维琴同志热心地承担了该书的出版任务。

《史料》大致包括五个方面的内容。

（1）印度各派哲学名称的来源和含义，及其创始人的生平与传说。这方面的史料可见于《一切经音义》《翻译名义集》《百论疏》《南海寄归内法传》《大唐西域记》《杂阿毗昙心论》《摩登伽经》《阿毗达磨大毗婆娑论》等典籍中。比如在《一切经音义》中，对于吠陀、顺世论、六师、迦毗罗论（即数论）、卫世师论（即胜论）和十六异论等均有解释。又比如在《百论疏》中，对吠陀、吠陀支、数论、胜论、瑜伽论，甚至对论释天文、地理、算术、兵法、音乐法、医法的各种学派均有记载和注疏。在《一切经音义》和《因明入正理论疏》中，详细说明胜论创始人迦那陀（Kanada）的传闻等。

（2）印度各派哲学主要内容的综述及它们各自所崇尚的经典。这方面的史料可见于《大乘义章》《三法度论》《长阿含经》《提婆菩萨释楞伽经中外道小乘涅槃论》《提婆菩萨破楞伽经中外道小乘四宗论》《大乘法苑义林章记》《唯识述记》《显扬圣教论》《瑜伽师地论》《大毗婆娑论》《发智论》等典籍中。其中包括对六十二见的说明；对因中有果、从缘显了、去来实有等十六异论的记述；对梵天、时、气、自然、方、本际、大自在天等各种学说的记载和驳斥；对二十种宇宙形成最终原因（涅槃因）的探讨和对于吠陀经及婆罗门教四种姓划分的批判等。

（3）对不同哲学流派基本观点的分析。其中包括婆罗门教所提倡的

---

① 汤用彤：《印度哲学史略》，中华书局 1960 年版，"重印后记"。

"梵天永恒说""祭祀万能说""婆罗门最胜说";六师哲学所主张的"无因无缘论""七士身论""宿作因论""不死矫乱论""宿命论""四原素说和死后断灭论";数论所执的"二十五谛";胜论的"六句义"与"十句义";弥曼差派的"声常住论"以及吠檀多派(即明论)的"我遍一切处论"。以上各种观点的分析或驳斥集中反映在四部《阿含经》、《成实论》《十住毗婆娑论》《俱舍论》《顺正理论》《显宗论》《大毗婆娑论》《大威德陀罗尼经》《生经》《大智度论》《根本说一切有部毗奈耶》等三十几部经论中。

(4)分歧较大的哲学范畴,其论点和论据。这些范畴包括:因果关系、有无问题、各种我执、生死问题、意识、因缘、大种、极微以及有关因明学的立庭、问答方式等。这些史料见于《大般涅槃经》《百喻经》《大乘广百论释论》《十住毗婆娑论》《随相论》《唯识述记》等十多部典籍中。

(5)收录了数论和胜论的重要原典,即《金七十论》和《胜宗十句义论》。佛教认为这两部经典并非佛法,但在诸外道中以数、胜二论为上,为了显示博学和破邪显正而将其译出并编入藏中。

从以上内容看,这部史料的选编具有重大意义,这里只谈三点。

第一,《史料》弥补了《印度哲学史略》的不足之处,全面反映了印度哲学的全貌。

在《史料》中,一方面收录了代表正统思想的婆罗门教的观点,如"梵天永恒说",认为"有一梵天住梵天上,此处有常,此处有恒……此梵天福祐,能化、最尊、能作、能造,是文,已有、当有,一切众生皆从是生,此所知、尽知,所见、尽见"[①]。并认为"梵天造虚空,虚空造风,风造水、地,水、地造丘山草木,如是有世间"[②]。婆罗门教还主张"婆罗门最胜说",认为四种姓的形成由天意而定,"婆罗门姓梵王口生,刹帝力姓梵天臂生,毗舍种姓梵天髀生,从于梵足乃生首陀(罗)"[③]。并且规

---

① 《中阿含·梵天请佛经》,大正藏第 1 卷,第 26 经,第 547 页。
② 《三法度论》卷下,大正藏第 25 卷,第 1506 经,第 29 页。
③ 《金刚针论》,大正藏第 32 卷,第 1642 经,第 170 页。

定不同种姓应遵守不同法规，最高种姓婆罗门有六种法，刹帝利有四法，毗舍有三法，首陀罗只有一法。"六法者，一自作天祠，二作天祠师，三自读韦陀，四亦教他人，五布施，六受施。四法者，一自作天祠不作师，二从他受韦陀不教他，三布施不受施，四守护人民。三法者，作天祠不作师，自读韦陀不教他，自布施不受施。一法者，谓供给上三品人。"① 对"祭祀万能论"也同样有详细记载。

《史料》着重反映出印度哲学中唯物主义和素朴的辩证法的优秀传统。

在世界观方面，有方论、风论、水论，说"风能生长命物，能杀命物，风造万物，能坏万物，名风为涅槃"②；"水是万物根本，水能生天地，生有命、无命一切物"③。这些论师将世界形成的终极原因不是归于某一位神，而是归结为某种物质元素，或是多种物质因。如《史料》大量收集了唯物主义顺世论的观点，该派主张自然界和人体均由地、水、风、火四大原素结合而成，因结合的方式不同而形成物质的多样性，并认为人死之后，原素分解，各归各身，诸根归入虚空。这些观点记载于《沙门果经》，经中写道："人依四大种所成，若命终者，地还归地身，水还归水身，火还归火身，风还归风身，诸根归入空虚……不论贤愚，身坏命终，断灭消失，一无所存。"④ 此外对六师的婆浮陀·伽旃那所提出的"七元素论"和末伽黎·拘舍罗所提出的十二种原素说也都收集在内。

在方法论方面，《史料》反映出古代印度各派学说所包含的辩证思维方法，主要体现在三个方面：（1）世界是发展变化的物质实体。如虚空论师说："从虚空生风，从风生火，从火生暖，暖生水，水即冻凌坚作地，从地生种种药草，从种种药草生五谷，从五谷生命……"⑤ 这些论师尽管对世界变化的原因和规律没有建立起科学的依据，但是他们肯定了事物在发展变化的事实。（2）某些论师猜测到事物的变化由对立性质的因素组

---

① 《成实论·三业品》，大正藏第32卷，第1646经，第292页。
② 《提婆菩萨释楞伽经中外道小乘涅槃论》，大正藏第32卷，第1640经，第157页。
③ 同上书，第158页。
④ 《沙门果经》第二，长部经典，[日]宇井伯寿原译，江炼百据日译本重译，沙门芝峰校证，大藏经补编第6册，第3经，第12页。
⑤ 《提婆菩萨释楞伽经中外道小乘涅槃论》，大正藏第32卷，第1640经，第158页。

成，如耆那教提出："初生一男共一女，彼二和合能生一切有命、无命等物。"① 并认为定形的物质由原子和原子复合体构成。原子性质各异并占有空间，运动极为迅速。对立性质的原子，如冷与热、干与湿，可互相结合而构成复合体。（3）某些论师也看到了量与质的关系，如胜论师提出：极微本身体积极小，无有量度，但积聚多微遂有量度之物。在极微结合的过程中，先由两个极微合为一子微（二微果），再由子微合为三微（三微果），第二子微仍不可见，第三子微在日光中方可见到，如是形成粗物，辗转成三千界。② 这些朴素的辩证思维因素在《史料》中均有收集。

第二，《史料》填补了外国史料的不足。

印度与中国不同，自古以来便缺乏历史观念和时间观念，他们没有编年史，却有丰富的史诗。史诗既是历史传说又是神话故事。又由于印度是亚、非、欧三大洲的交汇地，几千年的变迁史形成了多民族、多语言、多种文化类型的国家。许多历史文献在印度已经不存，然而汉文史料由于传入时间早，保存基本完好，便成为研究印度哲学的瑰宝。尤其是对顺世论、数论和胜论的研究不得不运用中国保存的史料。如数论和胜论思想大约在公元400年已随佛经的翻译传入我国。从鸠摩罗什开始至唐窥基为止，在250年间，共有三十多部经论集中介绍了数、胜二论的思想，公元600年以后，声论、明论也相继传入中国。另外，在中国保存的两部原典《金七十论》和《胜宗十句义论》早已为国外学者所瞩目，《金七十论》已由日本学者高楠顺次郎转译为法文，并由夏斯特里（N. A. Sastri）倒译为梵文。至于该书的作者、时代和依据的原本目前国际上仍有争论。③《胜宗十句义论》在印度本土已经失传。日本学者却做了大量研究工作，如1752年法住写有《胜宗十句义论记》；1760年一观虎喝著有《科注冠导胜宗十句义论》；1796年快道著《胜宗十句义论抉择》；1844年鸟水宝云著《十句义论闻书》；等等。《十句义论》已成为研究胜宗六句义和七句

---

① 《提婆菩萨释楞伽经中外道小乘涅槃论》，大正藏第32卷，第1640经，第157页。
② 沙门基撰《成唯识论述记》卷第一云："一微性，唯二微果上有，如萨婆多轻不可称。若可称者，但相形，非是轻也。此微性亦尔。唯最微名微，下短性亦尔。二大性，三微果等以上方有。三短性，唯二微果上有。四长性，三微果等以上方有。"大正藏第43卷，第1830经，第256页。
③ 参见黄心川《印度哲学史》，商务印书馆1989年版，第270—271页。

义的重要补充文献。至于顺世论的记载,《史料》中约收集了17部经,也是外国学者研究该派哲学的重要参考资料。

第三,《史料》为中国学者研究外国问题开辟了新的途径。

《史料》只选编了印度哲学资料,但丰富的汉文历史文献是多学科的汇集。就汉文佛经来说,不仅包括形形色色的哲学思想,而且也囊括了丰富的历史、地理、天文、数学、医学、动植物学和心理、生理、因明等多方面的知识。不同学科从中选择自己所需,这的确能开阔中外人士的眼界。过去已有人利用这些史料研究过天文学中的二十八星宿,医学中的药方和草药,从中印文化比较中探索中国文化的某些渊源;还有人利用汉文佛经对中印关系史、古代地理历史、西域出土的语言文字资料作过考证。某些外国学者也依据《法显传》和《大唐西域记》在国外做过考古发掘工作。这一切事实都说明,《史料》对中外学者都具有极高的研究价值。

四

上面所举的《史略》和《史料》都属于印度非佛教哲学的范围。其实汤先生最突出的成就在于佛教哲学,包括印度佛教哲学与中国佛教哲学两部分。印度佛教哲学是印度哲学史的组成部分之一,汤先生在这方面也做了大量的研究工作,最为显著的贡献是指出了中印佛教的不同。在比较宗教学方面为后人奠定了基础。例如在《文化思想之冲突与调和》一文中,汤先生指出:"印度佛教到中国来,经过很大的改变,成为中国的佛教,乃得中国人广泛的接受。"① 他举例说,第一,我们知道中国灵魂和地狱的观念不是完全从印度来的,但佛经里面讲的鬼魂极多,讲的地狱的组织非常复杂。我们通常相信中国的有鬼论必受了佛经的影响。不过从学理上讲,"无我"是佛教的基本学说。"我"就是指着灵魂,就是通常之所谓鬼。"无我"就是否认灵魂之存在。我们看见佛经讲轮回,以为必定有一个鬼在世间轮回,但没有鬼而轮回,正是佛学的特点,正是释迦牟尼的一大发明。汤先生还举出念佛问题,说"念佛"本指着坐禅之一种,并不

---

① 汤用彤:《文化思想之冲突与调和》,《学术季刊》1943年第1卷第2期。

是口里念佛（口唱佛名）。佛经中原有"十念相续"的话，中国人则以为是口里念佛名十次。其实"十念"的念字指最短时间，并非口念，汤先生认为中国人的理解是失去了印度的本义。

通过中印佛教的比较，汤先生还得出这样的结论，即外来思想之输入，往往经过三个阶段：（1）因为看见表面的相同而调和；（2）因为看见不同而冲突；（3）因再发见真实的相合而调和。他认为这三个阶段步步深入，到第三阶段时，不但外来的文化已发生变化，本土的文化也已产生变化。在这一过程中，外来文化与中国相同、相合的便能继续发展，和中国不合、不同的则往往昙花一现。印度佛教输入中国同样经历了这一过程，从而变为中国佛教。中国佛教又分为不同的宗派。汤先生认为天台宗和华严宗是中国自己的创造，因此势力较大。而法相宗是地道印度的，虽有玄奘法师在上，也不能流行长久。故一个国家的民族文化实在有它自己的特性，适应者才能生存。

总之，汤先生的一生无论是他的人品、学风，还是他的学识、成就，都为后人留下深刻的印象，成为我们学习和崇尚的榜样。在印度宗教和哲学领域，他为我们奠定了科学的研究方法：挖掘出中国保存的珍贵史料，纠正了西方学者对印度哲学的歪曲，尊重并维护了印度传统文化，扩大了中国佛教研究的视野，同时也开辟了比较宗教和比较哲学研究的领域。这一切成就只是汤先生毕生所作贡献的一部分，我们仅以自己的学习体会作为对先生的缅怀和致敬。

（本文与宫静合撰，原载汤一介主编《国故新知：中国传统文化的再诠释》，北京大学出版社 1993 年版）

古代印度、希腊原子论的比较观

原子论是古代唯物主义世界观的基本理论之一，它在东、西方各国的哲学思想中都存在过并有较长的发展历史，是现代科学原子论的先驱。弄清这一理论的产生和发展，对于研究哲学和科学的发展有着重要的理论和实践意义。本文拟对古代印度和希腊的原子理论作一概略的考察，并通过探讨原子理论产生的历史背景及其相互影响对比较哲学提出一些不成熟的看法，请同志们指正。

希腊文原子（ἄτομος）的原意是"不可分割"，印度梵文为"Aṇu"，它的意思是"精细""微小"。我国古代译为"微""极微""尘"或"邻虚"。关于原子的理论，东西方哲学家、科学家对它都有各种不同的解释。一般认为，原子是一种物质的最基本的单位，它是由单一的、不变的、最小的微粒所组成的，宇宙间多种多样的形态和变化都是由原子的运动所引起的。

从原子理论的发展过程来看，大体上可以划分为两个时期：从公元前6世纪到公元17世纪。对于原子的认识仅仅局限于猜测和推论。17世纪以后，由于近代科学的发展，实验化学和物理学的不断完善，原子论逐渐成为科学的假说；进入19世纪70年代则成为具有科学依据的理论，从而丰富了哲学和科学的内容。

一 古代希腊原子论发展的三个阶段

一般认为，古希腊原子论可分为三个阶段：公元前6世纪是希腊奴隶占有制社会形成时期，这一时期，由于生产力突飞猛进的发展，城市的建立，科学知识特别是数学、天文学等的发展，人类思维能力普遍提高，从而对宗教神学的世界观发生了怀疑，对世界的本源及其客观规律性进行了哲学的探索。有些人力图从能够见到的具体事物中去寻找万物的根源。这个阶段的代表人物是米利都学派的泰勒斯（约公元前636—前546年）、阿那克西曼德（约公元前611—前547年）、阿那克西米尼（约公元前585—前525年）和赫拉克利特（公元前535—前475年）。泰勒斯把水看成万物的始基，认为世界和世界上的一切事物都是由水产生的。而阿那克西曼德则宣称是"无限"，这种"无限"不是任何一种具体的原素，而是普遍的、永恒的、无始无终的存在。"万物从'无限'中产生，又复归于'无限'。"阿那克西米尼确认万物的始基是空气。由于空气的稀薄和浓厚不同而形成不同的实体，"当它很稀薄的时候，便形成火；当它浓厚的时候，则形成风，然后形成云，而当它更浓厚的时候，便形成水、土和石头……"① 与米利都学派同时期的赫拉克利特提出"火"是万物的始基。他说："这个世界对一切存在物都是同一的，它不是任何神所创造的，也不是任何人所创造的：它过去，现在和未来永远是一团永恒的活火，在一定的分寸上燃烧，在一定的分寸上熄灭。"② 由此，我们可以看出古希腊最早的素朴的唯物主义哲学家都是以原素说作为自己世界观的根基的。

到了公元前5世纪，古希腊哲学进入第二个阶段，即奴隶主民主制繁荣时期的哲学。在这个时期，希腊在波希战争（公元前500—前449年）中取得了胜利，从而巩固了奴隶主国家的民主共和制。战争以后，由于奴隶占有规模的扩大，大大排挤了自由民的劳动，一方面是土地贵族和大奴隶主，他们要求实行寡头政治；另一方面是富裕平民和手工业者，他们要求实行民主政治，这种阶级矛盾反映在哲学领域中，就产生了以德谟克利特为代表的唯物主义路线和以柏拉图为代表的唯心主义路线的斗争。当时的唯物主义者，不仅进一步探究了万物的根源，而且对构成万物根源的物质结构进行了各种解释。其主要代表是阿那克萨哥拉（约公元前500—前428年）、恩培多克勒（约公元前490—前430年）和德谟克利特（约公元前460—前370年）。阿那克萨哥拉提出物质粒子是一切存在物的基础，

---

① 北京大学哲学系编：《古希腊罗马哲学》，生活·读书·新知三联书店1957年版，第11页。
② 同上书，第21页。

这种粒子是万物的"种子",种子的数目是无限的,具有各种形式、颜色和气味,种子的结合和分离形成了事物的产生和消灭。他认为从哲学的意义上说事物是不能产生和消灭的,只能说是混合和分离,并进一步提出这种结合和分离的动力是一种称为"奴斯"(nous)的细微物质。从阿那克萨哥拉那里,我们开始看到了原子论的萌芽。恩培多克勒把物质的多样性归结为四种根源(原素),即火、水、土、气,并提出友爱是元素结合的动力,憎恶是分离的原因。他和阿那克萨哥拉一样,认为人和物质同样也是由四种原素或物质粒子组成的。最后一个代表人物是德谟克利特,他是希腊古代原子论的奠基者之一。德谟克利特提出在自然中存在的只有原子和虚空。原子是不可分割的粒子,它是永恒的、不变的,并且处于经常的运动中,它们之间只有形态、大小、位置和次序的不同;原子本身是没有属性的,物体的产生和消失只是由于原子的结合和分离。德谟克利特还认为,人的灵魂也是由原子构成的。马克思和恩格斯认为他的原子论还只是物理学的假设,在他那里原子的结合和分离是机械的。

古希腊哲学的第三个阶段是希腊化时期,即奴隶占有制社会的危机和没落时期,在公元前最后三个世纪,由于亚历山大大帝远征各国,使希腊的影响扩大了。一方面促进了各国经济上的进步,从而使科学水平有了比较显著的提高,包罗万象的科学开始分化为专门的学科;但是另一方面,由于希腊化也加深了被征服国家的社会和民族的矛盾。科学的进步和社会的矛盾促进了哲学思想的发展,在这个时期最杰出的唯物主义者是伊壁鸠鲁(约公元前341—前270年)。他捍卫并发展了德谟克利特的原子论,认为原子不但有形态、大小之分,而且重量也不同,坚固的、不可分的原子永远在不断地运动着,"有的直线下落,有的离开正路,还有的由于冲撞而向后退……这些运动都没有开端,因为原子与虚空是永恒的"[①]。原子的直线运动是由于原子的重量不同,偏斜运动则是由于原子自身的、内部制约的结果。原子运动自动偏斜的理论是对德谟克利特原子机械运动的发展,包含了某些辩证法的因素。因此马克思在他的博士论文中给予了较高的评价,他说:"伊壁鸠鲁的原子偏斜运动就改变了原子王国的整个内部

[①] 北京大学哲学系编:《古希腊罗马哲学》,生活·读书·新知三联书店1957年版,第351页。

的结构，因为通过偏斜运动，形式的规定便有校准了，而原子概念中存在着的矛盾也实现了。所以伊壁鸠鲁首先就掌握了斥力的本质，虽说在感性的形态下，而德谟克利特则仅仅认识到它的物质的存在。"① 伊壁鸠鲁的原子论否认了神对于自然界的干预，从而也打碎了神对人的命运的束缚。

古罗马的诗人、唯物主义哲学家卡尔·卢克莱修（公元前99—前55年）继承并发展了伊壁鸠鲁的原子论，在他著名的哲学诗篇《物性论》中全面系统地阐述了古代原子论。卢克莱修认为，宇宙是由原子和虚空组成的；原子是一种不可分割的、看不见的微粒。但是，它的存在可以由其他不可见的东西的存在来证明，如风、气味、热和冷、声音、湿气等。原子一直在不停地运动中，运动的原因有两种：或者由于它们自己的重量，或者由于外面另外一个胚种的撞击，而这种运动是我们感觉不到的，当运动促使原子上升时，物体的运动才能在阳光中见到。原子本身是无色的，但是它的形状是多种多样的，这是由于原子数量的不同而产生的，不同形状的原子结合就产生了各种不同的感觉。至于虚空则是原子运动的场所。卢克莱修的原子论是古希腊罗马时代唯物主义哲学发展的高峰，它对以后唯物主义的发展产生了相当大的影响。

二　印度古代各派哲学中的原子论

东、西方的哲学是平行产生和发展的。在古希腊原子论产生以前，中国和印度的哲学思想中就已有了作为原子论雏形的原素说。印度最古老的哲学著作，公元前6世纪以前所形成的《奥义书》中贯穿着唯物主义与唯心主义两条路线的斗争，其唯物主义自然观的主要表现是原素说。据印度《奥义书》和中国古籍记载，印度哲人对世界的根基有着下面各种不同的看法。

（1）水论：认为水是万物的根基。如说："太初这个世界仅是水，那水产生实在"（《森林奥义》Ⅴ.5.1）；"水是万物根本，水能生天地。生

---

① 马克思：《德谟克利特的自然哲学和伊壁鸠鲁的自然哲学的差别》，人民出版社1961年版，第24页。

有命、无命一切物，下至阿鼻地狱，上至阿迦尼咤天，皆水为主。水能生物，水能坏物，名为涅槃。"① 这个思想和我国的管子与希腊的泰勒斯表述很相似。

（2）火论："这个世界（指一切生灵的住所）确是火……在这火中，神天供奉雨。从这供奉中食物产生出来。"（《森林奥义》Ⅳ.2.11）"此宗计火能生万物，火为真实。"（《大日经·住心品》），这与赫拉克利特"万物换成火，火换成万物"是一致的。

（3）风论："空气确实是一个摄收者。火熄了归于空气，太阳落了归于空气，月亮没了也归于空气，水干了归于空气，空气确实摄收了一切，因此，它是至上神。"（《歌者奥义》Ⅳ.3.1—2）"风能生长命物、能杀命物。风造万物，能坏万物。名风为涅槃。"② 这和希腊阿那克西米尼的认识是一致的。

（4）金卵论："在开始的时候，这个世界是非存在，然后它存在了，又发展了，变成了一个卵。它躺了一年的时光，分裂开来。这卵壳两部分中之一成为银，其他一部分成为金。这地是银，这天是金，外膜是山，内膜是云和雾。血管是江河，腹内的水是海洋。从那里生出的是太阳……"（《歌者奥义》Ⅳ.19.1—2）"本无日月星辰虚空及地，唯有大水，时大安荼生，如鸡子周匝金色，时熟破为两段，一段在上作天，一段在下作地……作一切有命、无命物。"③ 这一段论述虽然带有神话色彩，但实质是唯物主义的。

《奥义书》中除提出单一原素的学说外，还主张有多种元素的结合论，如三元素说，认为人的灵魂及最高存在是水、火、土所构成的；五元素说是指地、水、风、火、空，这和我国古代的五行说（金、木、水、火、土）有相似之处。

印度古代哲人在观察具体事物的基础上，还进一步探究物质的普遍的本原，认为有一种统一的质料因，即自然，或称为"有"。如说："在开

---

① 《提婆菩萨释楞伽经中外道小乘涅槃论》，大正藏第32卷，第1640经，第158页。涅槃在这里指"最后的原因"。
② 《提婆菩萨释楞伽经中外道小乘涅槃论》，大正藏第32卷，第1640经，第156页。
③ 同上。

始的时候,这个世界就是有(Sat),唯一无二"(《歌者奥义》Ⅵ.2.1),"质料的确是此间一切有形的与无形的东西"(《疑问奥义》Ⅰ.4.5)。

《奥义书》的素朴的唯物主义自然观,到了公元前6世纪,由于生产力和科学水平的不断提高,城市国家的出现,社会矛盾和民族矛盾日益激化,统治阶级——婆罗门祭司和刹帝利武士内部的争权夺利,以及奴隶主和新兴的商人、手工业者的斗争,这一切矛盾反映在上层建筑领域内就产生了代表不同阶级利益的哲学派别,出现了印度历史上最初的"百家争鸣"的繁荣局面,这种局面和我国春秋战国时期诸子百家的争鸣极为相似。根据印度对哲学派别的传统分法,在"正统派"和"非正统派"中具有原子论思想的主要派别有六个,即"非正统派"的顺世论、耆那教和佛教的说一切有部;"正统派"的数论、胜论、正理论。下面将上述各派的论点简单地介绍一下。

顺世论认为世界是由地、水、风、火四种原素组成的,人的肉体也是由它们结合而成。人死之后再分解为四种原素,这一论点在汉译佛经中有所记载:"顺世外道说,一切法(存在)皆以地水火风四大(原素)为性。由此五根(五种器官)体即四大(原素)。"[1] "诸有此见,乃至活有命者,死已断坏,无有此四大种。士夫身死时地身归地,水身归水,火身归火,风身归风,根随空转。举为第五,持彼死尸,往冢间,未烧可知,烧已成灰,余鸽色骨。"[2]

耆那教认为宇宙是由多种原素构成的,这些原素大致可区分为灵魂与非灵魂两大类。非灵魂包括物质和不定形的物质两种,物质又是由原子和原子的复合体构成的。他们认为:"原子是不可分的、无始无终,是无限的,永恒的、不变的,而原子的复合体可以有多种形式,从两个结合到无限多个原子相结合,数量无限大,次序也是无限的。"[3] "原子的属性是味、香、色和两种触(粗与细、冷与热)。"[4] "原子的复合体除具有触、

---

[1] 《大乘法苑义林章》卷九,大正藏第45册,第1861卷,第297页。
[2] 《发智论》,大正藏第26册,第1544卷,第1027页。
[3] [印度]瓦罗干特拉纳特·舍尔(Brajendranath Seal):《古代印度积极的科学》,英文版,德里,1958年,第93~97页。
[4] 同上。

味、香、色的属性以外，还有其物理性质：声音、吸引和排斥、大小、形状、可分性、不透明、辐射光和热等。"① 耆那教认为我们的触觉、味觉、嗅觉、视觉、听觉，之所以有不同的感觉，完全是由于原子结合的形式不同，这些原子由于重量而运动，不同性质的原子相结合使原子内在力量混合而产生不同的感觉。另外认为，原子的结合是两种对立的统一，其中一种是消极的或否定的原子，另一种是积极的或肯定的原子，如果这种结合不是对立的统一，一般来说是不可能结合的。因此，结合物的性质完全随结合物双方原子的强弱变化而变化。

佛教唯心主义中也包含着原子论的思想，例如原始佛教曾经提出过"六界"和"五蕴"，认为一切有情识的生物是由地、水、风、火、空、识六种原素所构成的，前五种是物质的原素（色），后一种是精神的原素（名）。另外，他们也把有情分成"五蕴"，蕴有"积聚"或"堆"的意思，五蕴是色、受、想、行、识，色蕴包括一切物质现象。受、想、行、识概括了各种心理活动。佛教认为色蕴包括四大（地、水、风、火）和由四大所组成的感觉器官（眼、耳、鼻、舌、身），以及感觉的对象（色、声、香、味、触）。到了部派佛教时期，说一切有部进一步把宇宙和有情划分为五位七十五法（存在）。在分析色法时又从原素学说中提出了极微的概念，认为所谓色，就是有质碍，即物有形质，互为障碍，许许多多有实体的极微积聚起来，组成一个有质碍的大物。极微是不可分的、实有的，它是构成一切物质现象的基础。有的认为极微有方分（即上下左右方面），在空间中占有体积；有的认为极微的形状是圆的，无方分。这种极微说就是佛教的原子论。

数论根据形式逻辑的归纳法，从纷繁的自然现象中推论出哲学的最高范畴，他们认为，宇宙是由作为物质根源的"原初物质"（"自性"）和作为精神根源的"神我"结合而产生的，原初物质是实有的，从它推演出了知性（"大"）、自我意识（我慢）、五细微原素（五唯，即色、声、香、味、触）、十器官（根）、心、五粗大原素（五大，即地、水、风、火、

---

① ［印度］瓦罗干特拉纳特·舍尔：《古代印度积极的科学》，英文版，德里，1958年，第93—97页。

空），在数论的庞大哲学体系中，作为原素论的五唯和五大占有显著地位，是该派哲学的唯物主义因素。

胜论和正理论在世界观上是一致的，这两个学派大约产生于公元前300年或公元前200年，胜论的创始人传说是迦那陀，迦那陀的意思就是"食原子者"。胜论认为，物理世界是独立于我们认识以外的一种客观存在，它是由不同性质的原子所组成的。所谓原子就是实体被分割为最小、最末时的一种单位。原子的基本形式是地、水、火、风。它们都有着各自不同的性质。原子结合的基本和最初形式是两个原子成双成对结合，这称为"二重原子"（旧译"子微"，被结合的两个原子称"父母微"）。复由三个"二重原子"结合成"三重原子"，再由"三重原子"结合成为"四重原子"，以至无限。多重原子的积聚形成了物理世界的多种形态。关于原子结合的原因，胜论认为是一种"不可见力的规律"（旧释"法与非法"）。在《胜论经》中，对此没有明确的规定，有时把它解释为伦理范畴的善与恶，有时解释为潜存于自然界内部的一种不可捉摸的势用或自然力。胜论的原子论概括有如下几个特点：（1）原子是最高的物质原因；（2）原子是永恒的、不灭的；（3）原子都有其自身的特性；（4）各原子之间的关系是机械的，并列的；（5）原子运动不是由自身力量，而是受"不可见力"的支配。

三 印度、希腊原子理论的异同

古代希腊和印度的原素说与原子论的产生和发展，无疑的是在各自的社会历史条件下，适应生产力和自然科学的发展，人们抽象思维能力逐渐提高的结果。但是就它们的理论体系加以分析，我们可以发现它们在发展过程中有很多相同的特征，现试述如下。

（1）古代希腊和印度的原素说和原子论是关于宇宙本源的朴素的唯物主义观点。希腊和印度的哲学家们按照他们所看到的自然现象去研究自然界，承认各种自然现象是以物质为基础的。他们不单从自然界固定形态的个别事物，如地、水、风、火、空气等中，而且还从各种具体的个别事物中力图找出它们普遍的物质性的根源，如质料、自性、无限、奴斯、逻各斯等作为世界的本源和规律，并认为这种本源构成了世界上的一切事物，构成了统一的、客观存在的、现实的世界。实际上在这里已包含了对世界物质统一性的思想，这正如亚里士多德所概括的最初的哲学家中大多数都认为只有那些采取物质形式的本源才是万物的本源，"有一个东西，万物由它构成，万物最初从它产生，最后又复归于它，它作为实体永远同一，仅在自己的规定中变化，这就是万物的元素和本源……"恩格斯也指出：元素论"完全是一种原始的、自发的唯物主义了，它在自己的萌芽时期就十分自然地把自然现象的无限多样性的统一看作不言而喻的，并且在某种具有固定形体的东西中，在某种特殊的东西中去寻找这个统一……"①

（2）对于原子本质的认识，无论是希腊还是印度各派，都认为原子是物质被分割的最小单位，原子本身是永恒的、不变的、不可分割的，它具有形状、大小、运动等物理属性。由原子结合而组成的客体，亦即物理世界的一切现象则是可变的、暂时的，客体是由于原子的一定聚合而产生，也由于它们的分散而消灭。

（3）印度和希腊的原子论都承认原子是和运动分不开的，原子是运动的基本形式，关于原子运动的方向虽然各派都有不同的解释，但一般主张是机械的并列或融合的形式，这是一种形而上学的运动观。当然也有个别的印度、希腊的哲学家谈到了原子的偏斜和对立，具有一定辩证法的因素。

（4）希腊和印度的原子论者一般来说都是无神论者。他们提出原子理论都是想摆脱宗教神学的束缚，其主要锋芒是针对希腊的"神造论"和"灵魂不灭论"，以及印度吠檀多的各种形形色色的神学理论。他们不单认为宇宙是由原素或原子聚合所构成的，而且，也认为人的身体和灵魂也是由原子或原素构成的。这正如唯物主义顺世论所说"身坏命终，断灭消失"。当然也有一些原子论者彷徨于宗教和科学之间，有时还披着神学的外衣，但总的倾向和实质是反对宗教神学的。希腊和古代的原子论者在社会政治态度上一般是和当时的进步力量相联系的，例如印度的顺世论反对吠陀权威、祭司万能、婆罗门至上，反映了当时被统治的奴隶和下层人民

---

① 《马克思恩格斯全集》第 20 卷，人民出版社 1971 年版，第 525 页。

的思想。希腊的德谟克利特代表了奴隶主民主派的思想。

（1）希腊和印度的原子论都承认原子是经常处于运动的过程之中，但是对原子运动的动因则有着不同的解释。希腊哲学家都认为原子的运动是由于原子重量的不同（如德谟克利特）；或者是由于原子间相互吸力和斥力所引起的冲撞（德谟克利特等）；或者是由于原子在虚空中的偏斜运动（伊壁鸠鲁）等。这种用原子自身的原因去解释原子的运动无疑的是一种比较彻底的唯物主义思想，并且具有一定辩证法的因素。这和后来科学的发现和证明是相一致的。印度原子论者对原子动因的解释一般都比较含混，或者认为是由于"自然而有"，例如他们提出孔雀为什么能生出美丽的羽毛，山河为什么变成峡谷，就是由于"自然而有"的原因，但他们对"自然而有"的这种解释实质上并没有作出科学的说明（顺世论）；或者认为是由于一种"不可见力的规律"，即潜存于自然界内部的一种不可捉摸的势用或自然力量，如水为什么能流转，磁石的定性为什么一直向北和地震为什么能发生震动等，但由于对"不可见力的规律"没有作出确切的说明，因此常常被后来的神学家们作出各种不同的解释，把"不可见力的规律"歪曲为神或其他超自然的力量（胜论）；另外，也有人把原子或事物的运动归结为原子内部所包含的"三种属性"（旧释"三德"），即萨埵（照明）、罗阇（活动）和答磨（静止）三者"相互从属、对立和协作"的结果，由于对"三种属性"有时作唯物主义有时作唯心主义的解释，这就使人产生了各种不同的理解（数论）。当然，印度也有一些原子论者如耆那教认为原子的结合是一种对立统一的结合，但是耆那教在承认物质的原子以外，还承认非物质的灵魂的存在，而原子在耆那教所主张的各种存在中是一种较低的存在或阶梯，它常常是由灵魂所主宰或控制的，从而贬低了它的科学意义。印度很多原子论者对运动没有作出像希腊原子论那样科学的和辩证的说明，还有着深刻的社会历史和认识论的根源，也是和科学发展的水平相适应的。他们这样做的目的，一方面是要对世界力图作出正确的解释；可是在另一方面又不得不向宗教神学妥协，为信仰留出地盘。

（2）希腊和印度的原子论者都承认原子具有一定的形式、重量，并占有一定的空间。希腊的原子论者一般认为每个原子在性质或属性上是相同的，世界事物的多样性不是由于原子的性质，而是由于它的数量、排列、次序等结合的不同而产生的，他们力图用原子数量去说明事物不同的质量。而印度原子论者则认为原子具有多种形式，每种形式的原子本身各具有特殊的性质，在原子结合而形成的世界多样性的事物中，他们往往从原子性质的不同去说明事物的不同。例如，佛教的一些派别认为原子的基本形式是地、水、火、风，它们分别具有坚（地）、湿（水）、暖（火）、动（风）的属性，胜论也认为原子的基本形式是地、水、火（光）、风：地色青，嗅无好恶，触无冷热；水色透明，触冷，湿润；火色鲜明照亮、触热；风触之不冷不热。耆那教认为触、味、香、色是原子的本质属性。从这里可以看出，印度的原子论和原素论的界限是混淆不清的。印度的原子论不像古希腊后期出现的原子论那样，后者不单能区别原子和原素的界限，同时也能区别原子的属性以及由于原子的结合所产生的事物的不同属性或者被称为第二性质。

（3）古希腊唯物主义哲学思想，自亚里士多德以后一直是和科学思想相辅而行的，哲学是科学思想的概括，希腊很多唯物主义思想家本身就是自然科学家，他们在论证原子的理论时，常常采用科学方法，特别是数学和物理学的方法，例如德谟克利特在论证他的原子理论时，采用的是数学的演绎。当然，这种方法还缺少现代科学的实验依据。而印度的原子论者虽然从大量的自然现象和日常生活事例的观察中，直观到了物质结构的微粒，从现象世界的一切形态中概括出了基本的存在，但是他们采用的方法常常是逻辑学的推理或者文法学、语言学的论证，这种方法常常会使他们把主观逻辑和客观逻辑相混淆，从而陷入稚气的矛盾状态。例如印度的一些原子论者不单承认客观世界的一切现象都是原子所组成的，而且也承认人的灵魂和主观意识也是由原子组成的，这些原子充遍于身体各部，并且以极快的速度运行着。当然这种表述在当时历史条件下是不可避免的。

（4）如上所述，希腊和印度的原子论者一般都是无神论的思想家，但是由于两国的社会历史条件、科学发展水平，特别是宗教控制程度的不同，因此在表现上还有差异。希腊的原子论一般比较彻底，而印度的唯物论除顺世派外，其余各派或多或少都受到传统宗教的影响，表现出羞羞答答的态度或者采用迂回曲折的表述，有的原子论从属于宗教唯心主义的体系，有的还披着神学的外衣，因此，他们中间的某些科学思想常常被宗教所利用。

四　古代印度、希腊的原子论异同原因及其相互影响

古代印度哲学和希腊哲学为什么会产生异同呢？我们认为归根结底是由于他们各自的社会历史条件所决定的。这两个国家无论是在自然、地理、民族、风俗、习惯方面，还是在科学技术水平、社会历史、阶级斗争等方面都有其相同与不同之处。梅森曾写道："希腊人是直接从野蛮时代进入铁器时代的文明，并且从一开头就是从事航海的民族，希腊人对空间具有旅行家的感觉或几何感，而这是前希腊时代的定居农业社会和稍后与希腊思想隔绝的农业社会所缺乏的。"[①] 他从社会历史角度去解释希腊哲学的特征，是有一定道理的。

在公元前6—前5世纪，希腊和印度都处于奴隶制社会经济繁荣时期，生产力有了突飞猛进的发展，大批城市建立起来了，交通、贸易商品经济有了较大规模的发展。随着经济的发展，两国科学、文化特别是数学、天文学有了新的发展，出现了"诸子百家"争鸣，思想十分活跃的局面。由于生产力的迅速提高，代表先进生产力的阶级与代表保守势力的阶级之间发生了矛盾，在希腊主要表现是奴隶主民主派与贵族派的斗争，在印度是刹帝利与婆罗门；富裕商人、手工业者与上层统治阶级的矛盾，科学与生产力水平的提高与阶级斗争的激化是印度、希腊原子理论所产生的背景与共同前提。但是也有不同之处，这两个国家奴隶制发展的水平不一样，印度的奴隶制主要是家庭奴隶制度，在这个国家中，土地和巨大的灌溉工程等都是国有的，它的经济单位主要是建立在手工业和农业相结合基础上的农村公社，公社内的劳动分工由婆罗门教的种姓制度固定下来，祭司垄断

---

① ［英］史蒂芬·F. 梅森：《自然科学史》，上海译文出版社1980年版，第15页。

了一切文化知识，因而宗教在社会生活中有着极为重要的影响。农村公社的自给自足的经济状态和狭隘的社会活动，禁锢了人们的头脑，这一点不能不反映在作为上层建筑领域的哲学思想之中，因之印度的原子理论较希腊的原子论不够彻底和完善。

关于希腊和印度原子论的相互影响问题，在学者中有着不同的看法，概括起来有三种意见：第一种意见认为，希腊的原子论来源于印度，比如1816年黑格尔在他的《哲学史讲演录》中就提出"他们（指希腊人）当然多多少少从亚细亚、叙利亚、埃及取得了他们的宗教、文化、社会组织的实质来源"①。英国的卡尔布（Richard Garbe）也曾怀疑希腊思想是从印度来的，他认为希腊在亚历山大入侵印度以前，就与波斯关系密切，而波斯是当时希、印的交通中介。许地山在介绍卡尔布的观点时也谈到希腊的四位古代哲学家（泰勒斯、恩培多克勒、安那克萨哥拉和德谟克利特）为了求知的缘故，都曾远游他国到过东方，将所得的印度思想用希腊人的慧力表现出来是很可能的。②古希腊《名哲言行录》的编纂者第欧根尼·拉尔修（约200—250年）根据传说认为，德谟克利特"曾在印度和裸形智者（耆那教天衣派教徒）交往"过。第二种意见与上述观点相反，认为印度的原子论来源于希腊。比如基思（Keith）说："就这个学说（原子论）来说，希腊对印度影响的可能性是存在的。"③李约瑟也说："印度的原子论似乎较晚些，幼麻斯瓦蒂（即乌玛斯瓦蒂）的耆那体系在公元50年前后最为盛行，而喀那大（即迦那陀）的理论（胜论）在公元二世纪的后半期才流传开来。"④第三种意见认为，不同国家在相同的社会历史条件下，哲学思想有独立的平行发展的可能性，而且承认不同国家之间相互影响是存在的，但是一种外来思想如果在本国能够扎根、成长，必然要与本国的经济基础和上层建筑相适应。印度的恰托巴底亚耶就是持这种意见，他反驳了基思的观点，强调说："即使是一种外来观念，要扎根于一

---

① ［德］黑格尔：《哲学史讲演录》第1卷，生活·读书·新知三联书店1956年版，第158页。
② 许地山：《古代希腊哲学与古代印度哲学之比较》，《哲学评论》1930年第3卷第3期，第62页。
③ ［英］A.B.基思：《印度的逻辑和原子论》，英文版，牛津，1921年，第17页。
④ ［英］李约瑟：《中国科学技术史》第1卷总论第2分册，科学出版社1975年版，第331页。

种新土壤，也必须事先备有这种土壤。"①

  根据以上三种观点进行分析，我们认为，只强调印度受希腊的影响，或希腊受印度的影响都是片面的，应该承认国与国之间随着交通、贸易的互相往来，必然带来了宗教、文化、哲学、艺术的接触，以致产生相互影响和渗透，并经过吸收、改造的过程，最后形成既有共性又有个性的不同国家的意识形态。但是哲学思想材料的继承，国与国之间的相互影响只是外在的原因，原子论之所以在印度、希腊先后出现并平行发展，主要还是由于其内部原因，即两国的社会历史背景，以及社会和思想斗争的需要所决定的。拿我们中国来说，相传在公元前 11 世纪到公元前 8 世纪就有了五行的学说。《尚书·洪范》记载："一曰水、二曰火、三曰木、四曰金、五曰土。"《国语·郑语》也说："以土与金、木、水、火杂之，以成万物。"当时中国与印度和希腊，可以说还没有交通、贸易往来，这说明在不同国家，人们在对自然和社会的实践斗争中，有可能总结出共同的规律，产生一致的认识，提出类似的理论。在生产力和生产关系大致相同的情况下，不同国家的哲学思想具有平行发展的可能性。

  但是，我们也不应该低估哲学思想材料相对继承的重要性。例如印度胜论的原子学说，通过佛教传入我国后，在隋唐时期开展的无神论与有神论的政治思想斗争中，曾产生过重要的影响。唐朝的唯物主义哲学家吕才（600—655 年），曾把胜论的原子与《易传》的气都看作物质的范畴，并以此为世界的根源，从而建立了原子—气的学说，并从这个理论出发对佛教僧侣明浚的唯心主义进行了严肃的批判。章太炎在辛亥革命时期批判基督教的创世论时也援引过印度胜论的原子论作为理论根据。他的这种思想批判，无疑的是为反对帝国主义的政治和思想斗争服务的。

（本文与宫静合撰，原载《哲学研究》1982 年第 3 期）

---

① ［印度］德·恰托巴底亚耶：《印度哲学》，商务印书馆 1980 年版，第 162 页。

邪命外道考

邪命外道（生活派）是印度佛教兴起时期的沙门思潮之一，相传为"六师"中的末伽黎·拘舍罗所创立。自公元前6世纪至前5世纪迄15世纪的两千年间在南北印度不少地区一直很流行，它的哲学和社会思想对后世有相当的影响。邪命外道是佛教的对立面，一直受到佛教徒的攻击和丑化，它传入我国后，在民间说唱文学、雕塑绘画中也有所反映。本文根据印度和我国保存的残缺资料，在前人研究成果的基础之上，试图勾画出生活派的历史发展线索，并对它的哲学和社会思想作一概略的评述。

一 名义和经典

生活派的梵语为 Ājīvika 或 Ājīvaka，原意为"生活法""生计""职业"，引申而为"严格遵奉生活法的规定者"或"以手段谋得生活者"。我国古代意译为邪命外道、无命术；音译为阿耆毗伽、阿夷维、阿耆维、阿时婆、阿寅婆迦等。佛教视生活派的学说为"邪说"，因之贬称为邪命外道。《大智度论》卷三释："不以乞食如法自活，作不如法之事而生活，谓为邪命。此有四种：一下口食，谓种植田园和合汤药，以求衣食而自活命也；二仰口食，谓以仰观星宿日月风雨雷电霹雳之术数学求衣食而自活命也；三方口食，谓曲媚豪势，通使四方，巧言多求以自活命也；四维口食，维为四维，谓学种种之咒术卜算吉凶，以求衣食而自活命也。"

《大智度论》虽然是从佛教的立场出发的，寓有贬义，但对生活派教徒行事的记述，大致符合实际情况。

生活派在其创立过程中曾经编纂他们自己的经藏，但这些经藏没有被保存下来。据耆那教《福经》载，拘舍罗的思想体系来自耆那教奠基人大雄所说的"初经"（Pūrva Sutra）的《摩诃尼密多》（Māhanimitta）。《摩诃尼密多》有八支，这八支据阿婆耶提婆（Abhayadeva，约11世纪）的注释是：《圣支》（Divyam）、《灾异支》（Autapātam）、《天支》（Āntarikṣam）、《地支》（Bhaumam）、《身支》（Āngam）、《声支》（Svāram）、《相支》（Lākṣaṇam）、《徵兆支》（Vyāñjnam），另外，还有用于祭祀赞歌和舞蹈的《道书》（Maggas）两支。《摩诃尼密多》八支和《道书》两支，被称为生活派的十大圣典。关于生活派的经藏为什么没有被保存下来，诸说不一。这可能是生活派的"邪说"触犯了婆罗门教和其他教派的精神统治，因此，与印度古代唯物主义顺世论一样遭到了焚毁。孔雀王朝的侨底利耶的《利论》（Ⅲ.20）中规定，生活派若参与宗教的祭祀要罚金百两。他们的经典自然也要受到无情的毁灭。

目前我们所见到的生活派的思想和行事极大部分来自佛教、耆那教的记录和一些残存的碑铭。在耆那教的经典中有《经造支》《福经》《优婆萨伽陀娑》（另名《十八在家耆那教徒的故事》，Uvāsakadasāo）及伐罗柯弥希罗（550年前后）所著的《婆罗诃吉本生经》（Brahajjātaka）、尼弥旃陀罗（Nemicandra）的《教义纲要》、摩利舍那（1272年）的《或然论束》、求那罗特罗（1409年）的《思择之光》，等等；在佛教经典中主要有长部经典的《沙门果经》、中部经典的《萨遮迦大经》、增支部经典（Ⅵ.6）、相应部经典（Ⅱ.30）、佛音的《法句经注》《摩诃那罗陀迦叶本生经》《弥兰陀王问经》[①] 等。耆那教经典和佛教经典的记述大致是相似的。另外，在史诗《摩诃婆罗多》和《利论》的一些章节中也有类似的记述。

生活派传入南印度后，在泰米尔宗教、历史文献中也有大量的阐述。其中重要的有属于佛教的《摩尼弥伽罗》（Manimēkalai，约6—7世纪），此书也称《末伽黎书》，比较系统地记录了南印度生活派的基本理论；属于耆那教的有《女雄尼罗凯西诗史》（Nilakēci，约9世纪），这本书提到

---

① 在汉译佛教著作中有《长阿含·沙门果经》（异译《寂志果经》），《中阿含·师子经》《箭毛经》《罗摩经》，《增一阿含经》卷32、39，《杂阿含经》卷3、4、5、7、23、43，《那先比丘经》，《本行集经》卷45，《大毗婆娑论》卷198，《大般涅槃经》卷10等。

了生活派的经典《九光书》（Onpatu-katir）中述及该派的宇宙观、原子论；属于印度教湿婆派的有阿鲁难地·湿婆恰里耶（Aruṇandi Śivacārya，约 13 世纪）所著的《湿婆智慧书》（Civañāna-Cittyar）。另外，还有一些用犍那陀语所写的著作。但是值得注意的是，这些著作所传生活派的教义和历史人物已与前期有所不同。

二　生活派的历史发展线索

关于生活派的历史，虽经国外一些学者苦心地搜集资料和研究[1]，但现在还不是很清楚。生活派从公元前 6 世纪至前 5 世纪迄 15 世纪大约经历了 2000 年的历史，其中有起有落，流行在印度次大陆南北很多地区，现在分为前后两个时期阐述如下。

（一）前期的生活派

1. 拘舍罗、难陀·伐蹉和佉沙·商佉蹉

生活派的史迹最早见于佛教和耆那教的经典。[2] 佛教巴利文中部经典《萨陀伽经》说："众人都说难陀·伐蹉（Nanda Vaccha），佉沙·商佉蹉（Kisa Saṃkicca）与末伽黎·拘舍罗是生活派的三个指导者。"汉译《中阿含·箭毛经》和《大毘婆娑论》（卷 189）也提到在沙门思潮兴起时代"六个阶级"中的最高阶级"极白胜生"（"最白色种"）中人有难陀·伐蹉、末伽黎·拘舍罗等。《箭毛经》说："我等与俱萨罗国众多梵志，悉共集坐拘萨罗学堂说如是论：鸯伽、摩揭陀国人有大善利……不兰迦叶（富兰那·迦叶）名德宗主，众人所师，有大名誉，众所敬重，领大徒众，五百异学之所尊也。于此王舍城受夏坐。如是摩息迦利瞿舍利子。"[3] 从以

---

[1]　参见［印度］巴沙姆（A. L. Basham）《生活派的历史和学说》第 2 版，1981 年，印度；霍尔来（A. F. Hoernle）《生活派》，载《宗教与伦理百科全书》第 1 卷，第 259—262 页；宇井伯寿《六师外道研究》，载《印度哲学研究》（第二），第 3 版，甲子社书房 1932 年版。

[2]　参见巴利文中部经典《萨遮迦大经》、增支部经典（Ⅵ.6）。

[3]　［印度］巴罗那（B. M. Baruna）：《生活派》，载《加尔各答大学文学院期刊》第 2 卷，第 3—5 页。

上的史料可证生活派起源于恒河流域的拘萨罗、摩揭陀等国，其中心是王舍城、舍卫城，主要的创立者是拘舍罗、难陀·伐蹉和佉沙·商佉蹉。复据耆那教《福经》（XV.1）记载，在拘舍罗以前生活派还有七个祖师，拘舍罗是"最后的祖师"，因此有人认为难陀·伐蹉和佉沙·商佉蹉的活动时代要比拘舍罗为早①，这当然是一种推论，不足为信。在佛教神话中也有"七佛转身"的同样说法。

生活派的始祖一般认为是末伽黎·拘舍罗。关于他的生平和思想在耆那教的《福经》和锡兰佛音所著的《沙门果经注》中有比较详细的记录，《福经》和《沙门果经注》的记录大致相符合。拘舍罗在耆那教经典中称为拘舍罗·末伽黎子（Gosāla Maṅkaliputta），他的名字后半部分的意思是"末伽黎的儿子"。末伽黎（俗文 Maṅkhal，梵文 Maskarin）的原意是"执竹杖的游方僧"，因此，他的父亲可能是一个以乞食为业的执杖唱诗僧，拘舍罗的母亲名叫婆陀（Bhadda）。拘舍罗出生于舍卫城的一个牛舍，因而得名（拘舍罗的意思是"牛屋生"）。据说他早年曾师事耆那教的祖师大雄六年，后来因与大雄意见相左离去，寓于舍卫城一个女陶工的家里，在恒河流域各地宣传自己的信仰，赢得了一部分商人、贵族和手工业者的敬重，成为一时的"名德宗主"，自组了僧团，这个僧团发展很快，规模也很大，后来因为受到大雄对他违戒行事的揭露，耆那教徒和佛教徒的联合攻击，一部分信徒逐渐离去，拘舍罗气愤过甚，患精神错乱症而死。据耆那教记载，他先于大雄十六年和佛陀二年逝世，故一般推定为公元前383年。

难陀·伐蹉的生平在佛教的《舍罗婆盎迦本生经》（《碎折本生经》，Sarabhaṅga-Jataka）也有记载，据说他是婆罗门波罗摩达多（Brahmadatta）的儿子，贝纳勒斯的一位王子，终身从事宗教的修行。佉沙·商佉蹉是瞿波伐底（Kumbhavatī）的游方僧，精于神通，与暴君弹陀迦王（Daṇḍakai）②狼狈为奸，在弹陀迦王国被消灭时，同归于尽，以上是佛教为了贬

---

① ［印度］巴罗那：《生活派》，载《加尔各答大学文学院期刊》第2卷，第3—5页。
② 玄奘在《大唐西域记》（卷二）健驮罗国中提到弹陀落迦（即弹陀迦），在跋虏沙城东北二十余里。在历史上确有其国。

低生活派所编的神话,我们很难确认它的真实性,但难陀·伐蹉与佉沙·商佉蹉这两人可能是历史的人物。

2. 婆浮陀和富兰那

关于婆浮陀和富兰那的思想和生平,在巴利文和汉、藏译佛经中"六师"的学说经常相互混淆。但值得注意的是,在很多场合常常把拘舍罗、婆浮陀与富兰那相提并论。例如富兰那的道德否定论在汉译《沙门果经》、《增一阿含经》(卷39)及《杂阿含经》(卷3)中认为是富兰那所说,巴利文《沙门果经》则归诸拘舍罗,而《寂志果经》认为是先比卢持(散惹耶·毗罗梨子的讹译)所说,汉译《大毗婆娑论》《发智论》和藏译《沙门果经》也认为是散惹耶·毗罗梨子的学说。又如婆浮陀的七原素说和掷缕丸说(宿业像丝球一样流尽说)在巴利文《沙门果经》(包括佛音注)、汉译《大乘涅槃经》、耆那教的《福经》中都认为是拘舍罗所说,而中部经典和汉译《中阿含·波罗牢经》则认为是婆浮陀(第四论士)所说。拘舍罗认为世界是由灵魂、地、水、风、火、空、得、失、苦、乐、生、死十二种原素所构成,其中得、失亦即生、死,而婆浮陀认为世界是由灵魂、地、水、风、火等七原素所构成,在世界观上基本上相似,因此,有人认为婆浮陀是拘舍罗所属的一个派别①。

拘舍罗和婆浮陀、富兰那的关系在早期佛典和耆那教经典中说得很不清楚,但在后期南印度的泰米尔文献中则明显地把他们归入同一的生活派,例如《女雄尼罗凯西诗史》说富兰那是在窭卢呾伽罗(Kukkuṭaṅgara)地方生计派的一个领袖②。《摩尼弥伽罗》也提到富兰那是一位"长者"。求那罗特罗在《思择之光》中说"在阐述世界本源的各种理论中,富兰那认为世界生自命运(Pūrano Niyati-janitam)"。A. L. 巴沙姆教授在细心地搜集和研究生活派的史料后得出结论说:"在《沙门果经》中归诸末伽黎、富兰那和婆浮陀的信条是一个整体学说的各个组成部分。"③ "我们把

---

① [日]宇井伯寿:《六师外道研究》,载《印度哲学研究》(第二)第3版,甲子社书房1932年版,第358—359页。

② 参见[印度]巴沙姆《生活派的历史和学说》第2版,1981年,印度,第199—201页。巴沙姆认为富兰那生于窭卢呾伽罗。

③ 同上书,第18页。

流传下来的章节归属于富兰那、末伽黎和婆浮陀。这三者的学说和二位教师（指末伽黎、婆浮陀——引者注）的名字都和后期生活派相联系的……婆浮陀的奇异原子论以及他的巴门尼德斯式的静止论，在逻辑上必然从属于末加黎的命定论，成为泰米尔文经典中所阐述的达罗毗荼生活派学说的一个整体的部分。后期的生活派提到过富兰那的名字，并特别加以敬重。他的否定一切道德、伦理的思想是和末伽黎的形而上学完全一致的。"①

3. 生活派的教团

在公元前6—前5世纪，生活派开始组织自己的教团，这些教团分布在恒河流域的各个大城市，以舍卫城和补罗沙布罗为中心，其活动远远超出拘舍罗国统治的范围。参加这个教团的有各个种姓的人，不限性别。生活派拥有自己的寺院和僧团大会，过着严格的戒律生活②，参加教团时要举行入门仪式，经过各种苦行（与虎为伴、用手灼热、拔发等）的考验。祭诵时要伴随音乐、舞蹈等。拘舍罗在临终时有"四饮用"和"八终局"的遗训。所谓"四饮用"，是饮用：（1）牛尿；（2）手所触的污水，即陶工壶中的水；（3）太阳照暖的水；（4）岩石所流的清水。③ 所谓"八终局"是：（1）最后的饮酒；（2）最后的歌唱；（3）最后的舞蹈；（4）最后的旋风；（5）最后的诱惑；（6）最后的泼水象；（7）最后的石弹战；（8）最后的祖师，即拘舍罗自身。前三者是拘舍罗自身的作为，后三者是拘舍罗在临死时发生的事件。据说摩揭陀国王频毗沙罗王曾送一头华丽的大象给他的次子吠诃罗（Vehalla），这头象被宫女牵入河中作泼水戏，频毗沙罗王的长子阿阇世王知道这件事后要索取此象，吠诃罗无奈逃至其梨车毗族的舅父支陀伽（Cedaga）处，因而摩揭陀与梨车毗发生了用石弹投掷的战斗。这件事在佛典和耆那教经典中都有记载，但究竟有多少真实性值得怀疑。佛教徒对生活派的苦行主义常常进行批判，认为他们言行不一，"在二种生活道路上摇摆"，是"剃了发的在家者"。

在僧团以外，生活派还有很多俗信者。这些俗信者中有新兴的商人、

---

① [印度] 巴沙姆：《生活派的历史和学说》第2版，1981年，印度，第17—18页。
② 参阅《中阿含·师子经》。
③ 据耆那教的记载，拘舍罗曾立四戒：（1）饮冷水；（2）食生的种子；（3）吃特为准备的食物；（4）许与妇女情交，但耆那教大雄反对与妇女情交。

贵族和手工业工人等。例如拘舍罗的著名弟子和支持者萨陀罗子（Saddālaputta）拥有 500 家陶器商场和 1000 万两黄金，经营放债收息。另一个弟子阇那萨那（Janasāna）是频毗沙罗王后的顾问。另外，还有一些是王室的亲戚，等等。

4. 难陀、孔雀王朝时期的生活派

在拘舍罗死后，生活派受到难陀王朝君主摩诃帕陀摩（大莲华，Mahāpadma）的奖掖，在摩揭陀拥有巨大的势力。难陀王朝被旃陀罗笈多推翻建立孔雀王朝后，又受到了阿育王的支持①。阿育王在位 12 年时在婆罗波尔山（今离伽耶约十五公里）为生活派建立了石窟。在位 27 年（公元前 237 年）时，在他树立的第七个摩崖石敕上写道："朕已委正法大官专事于僧伽（佛教——引者注），并及婆罗门、生活派（bābhanesu ājīvikesu）……"阿育王的孙子十车王于公元前 227 年在龙树山也为生活派建立石窟，留有铭刻"婆希耶伽石窟系十车王即位后所赐，敬祈神天，敬事生活派，夏居以避日月……"②。但从这些石窟铭刻的残迹中可以看出，十车王的敕文不久即被抹去，因此有人推测，阿育王的后期统治者们对生活派已不感兴趣。据斯里兰卡《大史》记载，在旃陀罗笈多建立孔雀王朝时，生活派由印度传到了斯里兰卡，在古都阿奴罗陀普罗（Anurādhapura）建有"生活派的寓所"。

（二）后期的生活派

1. 笈多王朝时期的生活派

在孔雀王朝以后，生活派在北印度急遽衰落。在孔雀王朝与笈多王朝期间编纂起来的史诗《摩诃婆罗多》虽然没有提到非正统派的名字，但在很多章节中阐述了类似拘舍罗的学说。《利论》提到生活派并规定对他们的处罚。在笈多时期最早编纂起来的《风神普罗那》（《风神古史谭》69）说生活派是一些种姓混杂的"不正道之徒"，他们大多从事工业和手工业

---

① 据巴利文《天业譬喻》（Divyāvadāna）中记载，阿育王在满富城（Puṇḍvardhana）听到一个耆那教徒说，生活派玷污了佛像，因此下令毁灭当地的生活派，杀戮教徒 18000 人，但此说不足凭信。
② ［英］布希勒（G. Buhler）：《阿育王摩崖石敕》，1894 年，第 364 页。参考霍尔来等英译。

的劳动，生活极端放荡，崇拜路旁、河边、川津和林荫中的神灵和魔鬼。这可见生活派已和印度民间信仰结合起来。另外佛教《妙法莲华经》《楞伽经》也提到"邪命外道"。我国高僧法显于公元399—412年滞留印度时，在恒河流域地区见闻有"九十六种外道"，其中也包括生活派的教徒。

2. 戒日王朝以后的生活派

在戒日王朝兴起后，生活派仍在活动。我国高僧玄奘的《大唐西域记》中对西印度和北印度"露形外道"的活动情况记述很多。例如他在吠舍厘国条中说"露形之徒，实繁其党"①。"露形之徒"在印度史料中常常指的是生活派或耆那教的空衣派，但玄奘一般把生活派和尼乾陀派加以区别②。因此玄奘所说的"露形之徒"无疑地指的是生活派。《大唐西域记》中虽然说得还不是很明确，但如果我们对照印度同时代的波那（Bāṇa）所写的《戒日王行传》（Harṣacarita）则就很清楚。波那提到在戒日王朝时有末伽黎派（一杖游行者，Maskrin，Ekadaṇḍins），他们出入戒日王朝的宫廷，和戒日王的祖父阿迭多伐弹那（Aditiyavardhana）、父亲波罗羯罗伐弹那（光增，Prabhākaravardhana）和戒日王（喜增）都有交往，但波那认为末伽黎派是属印度教中毗湿努派的一个分支。如果这个记录正确的话，则说明生活派又和印度教开始合流了。

公元6世纪印度著名的天文学家伐罗诃弥尸罗在其所著的《婆罗诃吉本生经》及《罗怙本生经》中曾提到苦行僧有七个阶级，其中之一是生活派，《婆罗诃吉本生经》的注释者优波罗（Utpala 或 Bhattotpala）解释生活派就是"一杖游行者派"，并是"那罗延那的信奉者"，即毗湿努派的信徒。公元9世纪耆那教的著名理论家尸兰迦（Śīlaṅka，？—876年）在其注释《经造支》中宣称生活派是拘舍罗学说的继承者，又说生活派就是耆那教的天衣派（空衣派）。在10—12世纪所编纂的辞书如《阿磨罗俱舍》（Amarakośa）等一般都把生活派归入耆那教的天衣派。在13世纪耆那教的摩利舍那所写的《或然论束》，15世纪初求那罗那在注释师子贤的

---

① 玄奘：《大唐西域记》卷七，（日本）大正藏第51册，第2087卷，第908页。
② 参见上书卷第十奔那伐弹国，第23页；卷第十之三摩呾吒国及以东六国，第134页。玄奘在上述这些国家中把露形、尼乾并列，其余很多国家只提露形外道。

《六大哲学体系纲要》中都还提到生活派的思想和活动,并且引用他们的诗句。这个时期的史料中可以说明生活派已与耆那教的天衣派合流,成为它们的一支。

3. 南印度所传的生活派

根据近年来对南印度碑铭的发掘和历史资料的研究,可以证实,生活派在达罗毘荼语地区的传播也有将近一千年的历史,而且在中世纪南方比北方更为盛行,其中心地带是马德拉斯的安尔科特、内洛尔,买索尔的科拉尔、班加罗尔和喀拉拉的一些极南海岸地区。最早所见是446年在内洛尔(Nellore)一个寺庙中出土的辛诃伐曼·波罗瓦(Siṃhavarman Pallava)碑文,最迟所见的是1346年在科拉尔(Kolar)发现的古迪诃利(Guḍihaḷḷi)碑铭①,这些碑铭大都记载当地的土邦君主向生活派信徒征收职业税、人头税、住户税和贡纳等的规定,在碑铭中常常把生活派的在俗信者和手工业者、剃发匠、铁匠、铜匠等并列,因此有人推论生活派可能是一个从事某种职业例如陶器制造者的下等种姓集团②。这些碑铭和南印度保存下来的泰米尔文献相对照,大致可以说明南印度生活派的基本活动情况。例如前述的《摩尼弥伽罗》(7世纪)、《女雄尼罗凯西史诗》都有关于生活派的教义和活动的记录。它们赞颂教祖说:"伟大的心灵,唯一无上的主富兰那,最高的智慧者。"③另一个泰米尔经典《湿婆智慧书》(13世纪)也谈到生活派是和耆那教相似的一个苦行派别,这个派别相信命定论、原子论和业报轮回说。

从以上的历史中可以看出,生活派自公元前6—前5世纪"六师"时代形成独立的派别后直至15世纪初一直在活动,它在印度宗教生活中有着相当重要的影响。生活派发源于北印度,但在南印度得到了更广泛的发展,它在孔雀王朝时期是一个活跃的教派,但在巽伽王朝和笈多王朝时期就开始衰落,以后一直在南印度发展。在中世纪,生活派开始和印度民间信仰、印度教和耆那教合流,成为印度教毗湿奴派和耆那教天衣派的附庸。

---

① 详见霍尔来《生活派》,载《宗教与伦理百科全书》第1卷,第266页。
② [印度]巴沙姆:《生活派的历史和学说》第2版,1981年,印度,第193页。
③ 《女雄尼罗凯西史诗》,第668页,转引自巴沙姆《生活派的历史和学说》第2版,1981年,印度,第202页。

三 生活派的哲学和社会伦理思想

生活派的世界观、认识论和宗教伦理思想是结合在一起的，我们很难加以划分。现在就下面几个问题分述如下。

1. 命定论

生活派的基本哲学思想或理论基础是命定论。他们认为命运（Nyati）是宇宙万物的推动力，也是一切现象变化的基础。世界上的各种事物和人们的一切意志、行为（善恶等）都是受"命运—偶然—自然"（niyati-saṅgati-bhāva）所支配的，人们在命运的面前丝毫不能有任何自由的意志并有所作为。同样，人的灵魂也是受命定的、业报轮回的规律所决定的，要像丝球出丝一样历尽无数浩劫，才能得到解脱。汉译《沙门果经》说：

> 无力、无精进人、无力、无方便、无因无缘众生染著，无因无缘众生清静。一切众生有命之类，皆悉无力，不得自在，无有冤雠（仇）定在数中，于此六生中定受苦乐。①

《杂阿含经》卷七说：

> 无力、无精进、无力精进、无士夫（人——引者注）方便、无士夫精勤、无士夫方便精勤；无自作、无他作、无自他作；一切人、一切众生、一切神，无方便、无力、无势、无精进、无堪能定分，相续转变，受苦乐六趣……

耆那教《优婆萨伽陀娑》（Ⅵ.166）也说：

---

① 巴利文《沙门果经》有同样的内容。见《普慧藏长部经典·沙门果经》，第29页。关于命定论可参阅《寂志果经》，《根本说一切有部毗奈耶》卷一、十三；《杂阿含经》卷七《那先比丘经》卷上；耆那教的《经造支》Ⅰ.1.1.2，1—14；Ⅱ.12.9；Ⅱ.6及《福经》ⅩⅤ.1亦有记载。

无人力、无作、无力、无精进、无人势、无勇猛，一切均系前定。

耆那教第十支《波罗尸那呋耶迦罗那》（Praśnavyākaraṇa）也引述佛教《沙门果经》的同样用语，这个经的注释者慧无垢（Jñānavimala）说得更明白：

"某些人妄言宇宙是由命运所产生的，如说：'命运在任何地方都是强者。'"

"一个人应该得到他应得到的是什么呢？不可避免的命运，因此，我并不悲观失望，凡（命运）是属于我们的，决不会属于他人。"

"人依命运获得智慧成就，依命运作出决心，依命运获得伴侣。"①

在泰米尔文献中，南印度的生活派对命定论作了进一步解释。他们认为，世界发展过程中的每一种事件、状态都是注定要出现的，正像太阳落后，星星必然要出来一样，因此，灵魂在其尘世解脱中也必然会出现的。世界无生无灭，每一事件都是严格地由命运决定。②

从以上援引的材料中可以看出，佛教、耆那教和印度教对生活派命定论的解释基本上是一致的，我国保存的资料和印度也是一样的。

2. 原子论

生活派从命定论出发，对宇宙和人生作了各种解释。拘舍罗认为，一切有生命的物类都是由灵魂（命）、地、水、风、火、空、得、失、苦、乐、生、死十二种原素所构成的，地、水、风、火是纯粹物质的原素；苦、乐、生、死是精神的原素（也有人认为是非物质非精神的原素）；空是上述十一种原素赖以成立的场所，灵魂存在于地、水、风、火等无机物质之中，也存在于动植物等有机物质之中，灵魂本身也是物质的原素。拘舍罗所承认的得、失的原素和生、死的原素实质上是一样的东西。后期生

---

① ［印度］慧无垢：《波罗尸那呋耶迦罗那评释》第7经。见《耆那教圣典》第10支，1910年，印度。
② 参见［印度］巴沙姆《生活派的历史和学说》第2版，1981年，印度，第237页。

活派的注释者也有把苦、乐的原素解释为善、恶的原素。

　　据南印度泰米尔文献所传，后期生活派宣称，拘舍罗主张有七原素，即地、水、风、火、空、苦、乐。拘舍罗的"七原素说"无疑的就是"六师"中婆浮陀所宣传的"七身说"，在婆浮陀看来，七原素既不是任何东西创造出来的，也不创造任何东西，这些原素像山顶一样永远不活动，也不转变。各个原素之间相互不接触，也不相互影响。但在拘舍罗看来，这七原素是可以活动和变化的，它们之间是相互影响和相互结合的，它们密集起来时可以像金刚石那样坚硬，松散起来时可以像空心的竹子那样脆弱。原素是由最基本的原子（极微、尘，aṇu）所组成的，单个的原子只有在圣者的直觉中能觉察，但原子结合起来的聚合物（蕴）则人们能见到，这好比一根头发在黑暗中我们不能觉察，但结合成为一束头发就能见到。同一类或不同类别原子按照一定的比例结合、形成各种千差万异的对象（实在、大种，bhūtas），从而获得各种对象的名称。关于结合的比例在《摩尼弥伽罗》与《湿婆智慧书》中有着不同的说法，前者认为其比例是1∶3/4∶1/2∶1/4，后者认为是4∶3∶2∶1。例如地原素包含着4个地原子，3个水原子，2个火原子，1个空原子。其他风、水、火等的原素也按同样的比例所构成并获得不同的名称。另外，他们还认为，地、水、风、火有着不同的性质和倾向：地性坚，趋下；水性湿，趋沉；风性动，趋中；火性暖，趋上。这和佛教一切有部所说的"大种谓四界，即地、水、火、风能成持等业，坚、湿、暖、动性"① 基本上是一致的。

　　据早期佛教和耆那教的文献，拘舍罗、婆浮陀都认为灵魂的原素（命）是物质的东西。后期南印度生活派解释为由物质的原子或粒子所构成，具有一定的形状（八角形）、颜色（蓝色）和体积（大小为500由旬）并不是不可分的。这和耆那教所说灵魂是非物质的、无形的有着明显的不同。但是由于生活派和佛教一样也继承婆罗门教业报轮回的学说，因此，后期生活派中的少数注释家也有人把灵魂解释为超越于个人肉体的灵气，这就改变了早期生活派的哲学性质。

　　关于各种原素结合的原因，早期的拘舍罗、婆浮陀等都援引命定论来

---

① 世亲：《阿毗达磨俱舍论》卷一，玄奘译。

加以解释，认为命运（Niyati）是最终的动力，这是一种机械的、自然的、无关系的（无因无缘）结合。后期生活派有人主张是由于"永恒的业"（niṭa-viṇai），这种解释虽然在措辞上有所不同，但实质上与命运的含义并没有大的区别。迨生活派与印度教毗湿努等派紧密结合以后，有人就公开提出梵天、富兰那跋陀罗（Pūrṇabha-dra，神格化了的富兰那）和摩尼跋陀罗（Maṇibhadra）是原素及其基本单位的原子结合和运动的原因，从此改变了早期生活派多元论实在论的哲学性质。

3. 宇宙观

早期生活派认为，人生是受命运支配的，因此宇宙秩序也是由铁的命运规律所决定的。世界上的各种事物的形式、数量、次序等虽然在现象上有所变化，但它们的内容和总量是绝对不变的。《沙门果经》描绘了他们对宇宙和人生的看法。

> 有十四亿生门，又六万生门（巴利文《沙门果经》作六千）、又六百生门，有五百种业、五业、三业、一业、半业，六十二行迹，六十二中劫，六胜生类，八大土地（人地），四千九百种活命（生活法），四千九百种出家（游行者），四千九百种龙家，二千种根，三千地狱，三十六尘界，七有想藏（七想胎），七无想藏（七无想胎），七离系藏（七节胎），七天，七人，七毕舍遮（七鬼），七池，七波秋他（七山），七百小波秋他，七险（七崄），七百小险，七梦，七百小梦。于如是处，经八百四十万大劫，若愚若智，往来流转，乃决定能作苦无边。

《杂阿含经》卷七，在内容和译名上略有不同，兹录如下。

> 于此四百千生门、六十千六百，五业、三业、二业、一业、半业，六十二道迹，六十二内劫，百二十尼梨，百三十根，三十六贪（贪——引者注）界，四十九千龙家，四十九千金翅鸟家，四十九千邪命外道，四十九千外道出家，七想劫，七无想劫，七阿修罗，七毕舍遮，七天，七人，七百海，七梦，七百梦，七崄，七百崄，七觉，

七百觉，六生，十增进，八大土地，于此八万四千大劫，若愚若智，往来经历，究竟苦边。

耆那教《福经》（XV．第550经）也说：

依我所见，凡已生、未生或将生者须经八百四十万大劫始能成就，于此期闻必须七次转生于天界为神天，七次于世间为生类（胎藏即人），七次再生于不同的身体，于轮回中滤尽五业、三业、半业的业果，各依（八百四十万大劫——引者注）的五十万、六万和六百的劫数，获得最后成就。

佛教和耆那教的记载大致雷同，现在试把上面几段经文分别解释如下：

（1）生门（yoni-pamukha）意为诞生或孕育的种类。生活派把天上人间各种生类的种数分为十四亿种、六千种和六百种，或总数为十四亿零六千六百种。这包括胎生、卵生、湿生、化生等，是轮回中的各种生态。

（2）业（kamma）是指有情或众生在业报轮回中所依据的行为。根据佛音的注释①，五百业是"似是而非"的说法；五业②是由五种感觉器官所引起的活动；三业是指行为、言语和思想（身、口、意）；一业是指言语或行为；半业是指思想。这种解释与佛教有相同之处，也有不同之处。

（3）行迹或道迹（paṭipadā），即道路，也有人译为"行为的模式"。佛音认为灵魂在轮回解脱中必须经过六十二种道路。

（4）中劫或内劫（antara-kappa），在劫数中的过程，佛音释为六十四种，拘舍罗只提六十二种。

（5）胜生类（abhijāti），即人的阶级。生活派根据信仰和职业，把世间的人分为高低不同的六类。《大毗婆沙论》卷一九八释："六胜生类谓黑、青、黄、赤、白、极白生类差别。黑胜生类，谓杂秽业者即屠脍等；

---

① 见《吉祥悦美》（长部经藏疏释，Sumaṅgala-Vilāsinī），I. 巴利圣典协会，英译。
② 世亲的《往生论》释五业为身业、口业、意业、智业和方便业，与此不同。

青胜生类，谓余在家活命；黄胜类，谓余出家活命；赤胜生类，谓沙门释子；白胜生类，谓诸离系（耆那教徒——引者注）；极白胜生类，谓难陀·伐蹉、末塞羯利瞿赊利子（拘舍罗——引者注）等。"① 关于颜色，在泰米尔文献所传南印度生活派中有着不同的解释。总之，在生活派看来，他们的宗教信仰和所处的地位应是最高的。

（6）活命（ājiva），即生活派。佛音解释生活派的谋生之道有四千九百多种。西藏所传谓生活派在轮回中要经历四千九百次再生。

（7）土家或外道出家（paribbājaka），即游方僧。据说有四千九百多种，西藏所传谓游方僧在轮回解脱中要经历四千九百多次。

（8）龙家（Nāgāvāsa），也称蛇家。印度民间信仰崇拜蛇神的一派。在生活派的神话中，拘舍罗曾被喻为一条大蛇，击败了无数对他攻击的敌对者。

（9）根（Indriga），即器官。生活派认为有两千种，不仅包括生类的感觉器官和行动器官，也包括灵魂在解脱过程中所获得的超感觉或神通。巴利文的英译者利斯·达维斯译为"功能"。

（10）地狱（niraya）。生活派谓有三千种，这是印度各个宗教的通说。

（11）尘界或贪界（rajo-dhātu），即欲界，谓有三十六界。

（12）有想藏或想胎（sañāi-gabbha），即有意识或感觉的生类，如人、牛、骆驼等。

（13）无想藏或无想胎（asañāi-gabbha），即无意识的生类，如米谷、麦等。

（14）离系藏或节胎（niganṭhi-gabbha），即由枝节而生的物类，如芦苇、竹子等。我国汤用彤教授解释"谓于诸定加行应离诸系，摄心修习"②。

（15）天（deva），即神，有七类。婆罗门教、佛教都承认诸天，而生活派只承认七天，这是一个值得研究的问题。

（16）人（mānusa），即人。佛音解释为灵魂的七世转生。据巴沙姆教

---

① 《大毗婆沙论》卷一九八，大正藏第27卷，第992页。
② 汤用彤：《印度哲学史略》，中华书局1960年版，第55页。

授的考证，巴利文 mānusa 可能是 mānsa（天堂）之误，盖人决不会是七个，而是无数个。①

（17）毕舍遮（pesāca），即魔鬼，有七种。佛音解释灵魂在轮回解脱中必须七次转生为魔鬼。

（18）池或海（sara），即大的池子。灵魂在轮回中洗涤罪愆的场所。汤用彤解释为"池者世间灭罪泉池"②。

（19）波秋他（paṭuva），巴利语音译，意义不明，佛音认为 paṭuva 与 gaṇthika 是同义词，意谓节或片。《杂阿含经》卷七故意节译，英译者利斯·达维斯认为他不知道它的意义，故未译，日译者宇井伯寿把"七波秋他"译为"七山"③，意义仍不明。

（20）险或崄（papāta），即悬崖或险要处，有七崄和七百崄。"险者坑谷山岸河岸诸舍命灭罪险处"。

（21）梦（supina），有七梦和七百梦。系指灵魂在其解脱过程中所经历的梦境，即心理过程。

（22）大劫（mahākappa）。劫是梵文 kalpa 的音译，意为极远的时节。印度各个宗教派别解释都不一样。生活派认为，七条恒河的沙子流尽为一娑罗（意为海或大池，sara），三十万娑罗为一大劫。恒河长度为五百由旬（yogana，一由旬为4.5公里），宽度为半由旬，深度为五十达拏（意为弓，dhanu，一达拏相当于六呎），以此推算④。一个人的灵魂要历尽八百四十万大劫，才能摆脱苦海。

此外，在汉译《杂阿含经》中还提到有"四十九千金翅鸟家"，金翅鸟（Garuḍa）是兽形的毗湿奴神，金翅鸟家可能是指毗湿奴的派别，印度民间对毗湿奴神的崇拜很早，但毗湿奴派的形成要在孔雀王朝以后，我国对《杂阿含经》的翻译最早所见是后秦（384—417 年）失译的《别释杂阿含经》（十六卷或二十卷），因此可证并非是早期生活派的说法。

---

① ［印度］巴沙姆：《生活派的历史和学说》第 2 版，1981 年，印度，第 251 页。
② 汤用彤：《印度哲学史略》，中华书局 1960 年版，第 55 页。
③ ［日］宇井伯寿：《六师外道研究》，载《印度哲学研究》第二，日本岩波书店 1982 年版，第 357 页。
④ 《优婆萨迦陀沙》第 1 卷，第 27 页脚注，霍尔来英译，1889 年，加尔各答。

以上是生活派的神话宇宙观，主要讲的是命定论。在他们看来，人生是受命运所支配的，无论是贤者或愚者都要历尽八百四十万大劫，断绝轮回，灭却业力，才能获得解脱，因此，人在命运面前是无能为力的，这是一种宿命论的消极哲学。但是在他们的臆想的图谱中也不自觉地反映了一些自然科学和社会历史的内容，例如对生物的分类、社会阶层的划分、宗教的派别的情况等，这对了解印度的历史和宗教也是有意义的。

4. 认识论

生活派有它自己的认识论和逻辑思想。他们认为，世界上每一种事物都有着三种性质或三个方面（tray-ātmaka），即有（sat）、无（asat）和亦有亦无（sat-asat）。从这个观点出发，把世界区别为真实的、虚幻的、既真实又虚幻的；把有情分为已解脱者、缚系者、既非实缚系者又非实解脱者。生活派这种"三分说"和耆那教的或然论"七支说"有着很多共同之点。他们从事物的不同方面来观察和分析事物，但是他们的肯定、否定和无差别是和辩证法的正、反、合不同的，因为后者的合是在更高基础上的综合，是对正、反的扬弃。因此生活派的"三分说"常常陷于不可知论和诡辩。

四　余论

（1）如上所述，生活派在印度有长达两千余年的历史，在孔雀王朝时期是一个重要的教派。它起源于北印度，但在南印度得到了比较广泛的发展。在中世纪，生活派与耆那教的空衣派和印度教的毗湿奴派、民间信仰相结合，在群众中继续流传。在南印度迄今还保存着生活派的很多格言。如说："一个人能抹掉身上的油垢，但谁也不能除去命运中的缚系"，"即使一个人站在针尖上作苦行，也不能获得比他命定中所得更多的东西"①。但是由于史料和文物长期被湮没无闻，佛教和耆那教对它的歪曲，印度教的缄默不言，因此一直被人们误解，直至近几十年才引起人们的重视。目前对生活派的历史发展线索和教义仍不是很清楚，需要进一步加以研究。

---

① ［英］詹森（H. Jensen）：《泰米尔格言分类汇辑》，伦敦，1897 年。

（2）生活派是新兴的沙门思潮之一，它是在反对婆罗门教的精神统治中涌现出来的。生活派的早期学说可能与雅利安人入侵以前的土著达罗毗荼人的精灵崇拜有关（例如认为万物中存在着灵魂），但也吸收过吠陀的一些宗教哲学思想［例如吠陀关于宇宙理法（ṛta）的概念与生活派的命定论有着很多相同的特征］。生活派是适应印度最早的奴隶创大国（摩揭陀、拘舍罗等）的政治和精神统治需要所诞生的，以后又获得了一些专制国家的支持（孔雀王朝、戒日王朝等）。关于这种宗教哲学的阶级性格和社会作用在目前国外学者中有着不同甚至对立的看法。例如德·恰托巴底亚耶认为拘舍罗的命定论反映了印度原始部落或部族人们的消极没落思想。他写道："在跋耆族毁灭时，拘舍罗感到一切都幻灭了。因为跋耆族是当时存在的最后一个自由的部落，这种毁灭对于游方僧意味着失掉了原始的或部落的最后希望，这些传统，他是可笑地力图给予支持的。"① 但巴沙姆认为，生活派是适应了印度最初专制主义国家的兴起而诞生的，随着它们的衰落而灭亡。"在公元前六世纪所倡导的各种新学说中，生活派和它的固定受制的宇宙似乎最适应于紧密集合的专制政治，在孔雀王朝时发生了最大的影响就是表明了这种意义……由于中央集权的旁落，出现了很多松散结合的小王国，这些小国和准封建关系（quasi-feudal relationship）有关，因此这个派别也就失却了权力，并且最终陷于覆灭。"② 这些看法，各有理由。但笔者认为巴沙姆的说法可能更符合历史的真实，有史料证明，在拘舍罗最初建立的僧团和在家信徒中，新兴的商人、贵族武士占有重要的比重，刹帝利为了巩固他们的统治，在意识形态中宣传命定论比婆罗门所鼓吹的神造说更为有效。中世纪，在印度教的强大统治下，生活派与耆那教或印度教的某些民间信仰结合以后，它的性质有了重要的变化。据南印度出土的大量碑铭所记，生活派是一个从事某种工业和手工业的下级种姓或职业集团，它只在基层群众中活动。

（3）随着印度佛教传入我国，生活派在我国也有着一定影响。生活派

---

① ［印度］德·恰托巴底亚耶：《顺世论——古印度唯物主义研究》，王世安译，商务印书馆1992年版，第523页。

② ［印度］巴沙姆：《生活派的历史和学说》第2版，1981年，印度，第286页。

是佛教的对立面，佛教常常谩骂生活派是"愚痴""邪道"，它们的教理是"设在河口上伤害鱼类的渔网"。在我国佛教的说唱文学①、雕塑、绘画等艺术②中都竭力加以丑化，描绘他们是魔鬼，不择手段地谋求生活的"恣欲者"，这种看法是与历史事实不符的，我们应该重新给予科学的、实事求是的评价。在我国汉译、藏译的早期佛教典籍中有着很多生活派的史料，在新疆和西藏地区可能还保存着一些文物，这对于澄清生活派的教义和行事有着重要的意义。

（原载《东方文化集刊》1，商务印书馆 1989 年版）

---

① 如敦煌出土的《降魔变文》中涉及拘舍罗等六师。
② 在新疆克孜尔千佛洞壁画中有两个石窟绘有佛降"六师"的图像。敦煌编号 158 号唐代石窟中也有"六师"的画像。

印度的吠陀经

——读恩格斯关于宗教定义的一些体会

吠陀为印度次大陆最古老的宗教历史文献汇编，是婆罗门教和印度教的根本经典，它在印度人民社会生活中有着极为重要的影响。本文从社会历史角度对吠陀的起源和发展，特别是它的宗教、哲学思想作了论述。笔者还根据吠陀的原始资料对恩格斯有关宗教的定义提出一些注释，阐述了印度次大陆的自发宗教向人为宗教、多神论向一神论过渡的社会历史内容。另外，对吠陀在我国古代的影响也作了一些探讨。

吠陀是印度次大陆最古老的宗教历史文献汇编，是婆罗门教和印度教的根本经典，印度"正统派"哲学的主要思想渊源。在长达四千年的历史过程中，它对印度人民的精神生活和社会习俗有着极为重要的影响。印度宗教哲学派别的斗争常常是围绕着对吠陀含义的不同注解而进行的。在印度近代资产阶级启蒙运动和民族主义运动中曾提出过"回到吠陀去"的口号。最近，印度学术界又在国际范围内掀起了一个宣传吠陀的高潮，渲染吠陀是一切现代科学发明的"种子"和泉源。恩格斯在论述宗教的起源和发展并给宗教下定义时也一再援引过吠陀经。本文拟从社会历史的角度对吠陀的起源和发展，特别是它的宗教哲学思想作一概略的论述，并找出它在我国的影响。另外，对马克思主义经典作家论述有关吠陀的问题试作一些注释。

一 《梨俱吠陀》时代

印度是古代世界文明发源地之一。印度最早的文明是流行在公元前

2500—前1500年之间的印度河流域文明。据莫亨约·达罗和哈喇帕古城遗址发掘证明：当时定居在印度河河谷的居民已经使用青铜制的劳动工具和生活用具。他们中间大部分人从事农业和畜牧业。有一部分人从事手工业和商业。海外交通可能已经开始。另外，已有自己的象形文字，并且能制作各种造型艺术作品（绘画、小雕像及石刻等）。他们的宗教信仰大概流行着对地母神、动植物和生殖器的崇拜，这些崇拜与后世印度的民间信仰有一定的联系。关于这个时期的社会性质，据发掘所见，住所大小不等，生产设备和占有贸易资料不同，据此或者可以推测当时社会上已有生产资料不等和阶级对立的存在，这个时期已经进入了早期奴隶制社会。印度河流域文明大概在公元前2000世纪中叶就已衰落，但这个文明无疑地奠定了印度次大陆西北部各族的文化和社会关系进一步发展的基础。

关于印度河流域文明衰亡的原因现在还不是很清楚。据某些历史学家推测，这可能与印欧语系的雅利安人入侵或者受到地理环境、生态平衡的变化有关。雅利安人中一些部落原住在中亚细亚高加索一带，大概在公元前2000世纪中叶由兴都库什山和帕米尔高原涌入印度河流域，雅利安人在推进中曾和印度的土著民族进行过长期的、残酷的战争，最后终于征服了他们。雅利安人在未入印度以前原是游牧部落，在他们的氏族公社中父权关系占统治地位，无论在经济和文化方面都较印度原住民为低。雅利安人在印度河流域定居以后逐渐开始过渡到农业生活，并且有了巨大的发展。随着农业的发展，手工业和畜牧业便从农业中分化出来，社会上开始有了职业的分工。《梨俱吠陀》提到过木工、陶工、金工等，手工业工人在那时的社会上很受重视，例如吠陀诸神中占有突出地位的工艺创造神陀湿多（Tvastr）就是神化了的手工艺人。在《梨俱吠陀》的第十卷，也就是最后辑成的一卷中，最初提到了婆罗门、刹帝利、吠舍、首陀罗四个种姓[①]以及他们的不同地位，这说明社会上已有不平等和等级差别现象的存在，印度的原始公社开始瓦解了。

在《梨俱吠陀》时代，印度的部落制度还处于统治地位，部落的首领

---

① 梵语瓦尔那（Varna）有质、色的意思，我国古籍中译为种姓。

最初是由群众会议选举的，以后变成了世袭。在部落或部落联盟中，祭司（婆罗门）和军事贵族（刹帝利）居于统治地位，吠舍（农、工）和首陀罗居于被统治地位，首陀罗中一大部分是属于被雅利安人所征服的土著居民，雅利安人把他们当作奴隶，奴隶作为一个阶级正在形成之中。

在原始公社瓦解过程中，奴隶主和奴隶，雅利安人和非雅利安人，平民和祭司、军事贵族，贫者和富者，"全权者"和"无权者"进行着残酷的斗争，从而结束了《梨俱吠陀》的时代。

二 吠陀的名称和内容

吠陀主要是关于神的颂歌和祷文的文集。

吠陀（Veda）原意为"知识"，特别是指宗教的知识，后来转化为对婆罗门教、印度教经典的总称。吠陀在我国古代史籍中音译、意译不一[①]。《成唯识论述记》说：

> 明论者，先云韦陀论，今云吠陀论。吠陀者，明也。明诸实事故。

吠陀从广义上看是用吠陀梵文写作的一些古代西北印度文献的总汇。这些文献大概是在公元前2000世纪至公元前1000世纪逐渐形成的，它包含着《吠陀本集》（《吠陀赞歌》，Samhita）、《梵书》（《婆罗门书》《净行书》，Brāhmana）、《森林书》（Āraṇyaka）、《奥义书》（近坐书、秘书，Upaniṣad）。

对吠陀的狭义了解是单纯指《吠陀本集》。《吠陀本集》共有四部：（1）《梨俱吠陀》（《赞诵明论》，Rg-Veda）；（2）《耶柔吠陀》（《祭祀明论》，Yajur-veda）；（3）《娑摩吠陀》（《歌咏明论》，Sāma-veda）；（4）《阿闼婆吠陀》（《禳灾明论》，Atharva-veda）。这些本集的名称在我国古代各

---

① 音译有毗陀、韦陀、围陀、薜陀、吠驮、吠陀等；意译有明论、知论等。

个时期均有音译、意译，^① 它们的内容在我国翻译的佛经中也有分散的记述[2]，最早见于公元3世纪三国时所译的《摩登伽经》[3]，在隋唐的佛教文献中，还能见到对于吠陀辅助学的一些内容的记载。[4]

这四部书又可分为两组。前三部是一组，《阿闼婆吠陀》是另一组。《梨俱吠陀》是吠陀中最古老的本集，它约在公元前两千世纪末形成，但其中一部分或许在公元前2000世纪中叶已经出现，至于编集这部赞歌则在很后的时候了，全书共十卷，它收集了对于自然诸神的赞歌和祭祀祷文共1028首；《娑摩吠陀》是把《梨俱吠陀》的极大部分赞歌配上曲调的歌曲集或旋律集，它是在祭祀场合用来歌唱的，共1549首；《耶柔吠陀》是说明在祭祀时如何应用这些诗歌和如何进行祭祀的集子，它的大多数赞歌也出现在《梨俱吠陀》本集中。《娑摩吠陀》《耶柔吠陀》出现的时间较《梨俱吠陀》为晚，大约在公元前1000年以后；《阿闼婆吠陀》是巫术、咒语的汇集，共二十卷，收集赞歌730首，它记录了如何驱逐病魔、恶神、避免自然灾难、兽害，反击宿敌暗害以及祈求战斗胜利、部族繁荣、事业发展、家庭幸福、长寿健康等的巫术和咒法。[5]《阿闼婆吠陀》

---

① 吠陀的译名在我国古代各个时期都不一样。例如，三国《摩登伽经》译为赞诵、祭祀、歌咏、禳灾；刘宋《杂心论》译为忆力、阿他、耶训、三摩；梁陈《金七十论》译四吠陀为（1）娑摩，（2）夜集，（3）力，（4）（原缺）；隋《百论疏》译为荷力、冶受、三摩、阿闼；唐《西域记》译为寿、祠、平、术；《金光明经疏》译为颜力（寿明）、耶树、娑摩、阿闼（术明）。

② 见《摩登伽经》卷上，《菩萨本愿经》卷上，《舍头谏太子二十八宿经》，《生经》卷一，《大智度论》卷二十五、二十六，《千佛因缘经》，《禅秘要法经》卷上，《杂心论》卷七，《金七十论》卷上，《百论疏》卷四、五，《般若灯论释》卷十，《南海寄归内法传》卷四、三十四，《大唐西域记》卷二，《金光明最胜王经》，慧琳《一切经音义》卷二十六、二十七，《大乘楞伽经》卷七，《大乘密严经》卷上，《增阿含经》卷九、十一、十二，《十住毗婆娑论》卷十，《成实论》卷八、十六，《法苑义林章记》卷二，《中阿含·梵天请佛经》，《长阿含·三明经》，《杂阿含经》卷四，《大般泥洹经》卷三十五，《广百论释论》卷六。

③ "昔者有人名为梵天，修习禅道，有大知见，造一《围陀》，流布教化，其后有仙，名曰白净，出头于世，造四围陀：一者赞诵，二者祭祀，三者歌咏，四者禳灾。"

④ 吠陀辅助学，也译作"吠陀分"或"明论支节录"（Vedānga），它是从宗教仪式、发音、诗韵语法、字源、天文学等方面解释吠陀的书籍。玄奘在《大唐西域记》中写道："婆罗门学四吠陀论，一曰寿，谓养生缮性；二曰祠，谓享祭祈祷；三曰平，谓礼仪占卜，兵法军阵；四曰术，谓异能伎数，禁咒医学。"这对于四吠陀的分法和了解已与前一个时期有所不同。

⑤ 汉译《长阿含经》卷十四对《阿闼婆吠陀》有一段概括："如余沙门、婆罗门食他信施。行遮道法（邪道卑鄙的方法——引者注）。邪命自活，召唤鬼神，或复驱遣，种种压祷无数方道，恐热于人，能聚能散，能苦能乐。又能为人安胎出衣，亦能咒人使作驴马，亦能使人聋盲喑哑，现诸技术，叉手向日月，作诸苦行，以求利养……或诵知生死书，或诵梦书，或相手面，或诵天文书，或诵一切音书。"

与民间信仰有着密切的关系，它虽然主要记录的是巫术、神话，但也夹杂着一些科学，特别是天文学、医学思想的萌芽。我们从这部书中可以看到印度科学思想最早的形态。《阿闼婆吠陀》形成的时间，据一些学者的研究大概在公元前1000世纪前后。

三　吠陀的宗教思想

吠陀记录了印度原始公社瓦解和奴隶制社会形成时期的宗教信仰。关于吠陀宗教的起源和发展，恩格斯曾作过下面的概括："一切宗教都不过是支配着人们日常生活的外部力量在人们头脑中的幻想的反映……在历史的初期，首先是自然力量获得了这样的反映，而在进一步的发展中，在不同的民族那里又经历了极为不同和极为复杂的人格化。根据比较神话学，这一最初的过程，至少就印欧民族来看，可以一直追溯到它的起源——印度的吠陀经，以后更在印度人、波斯人、希腊人……中间得到详尽的证明。但是除自然力量外，不久社会力量也起了作用……最初仅仅反映自然界的神秘力量的幻象，现在又获得了社会的属性，成为历史力量的代表者。在更进一步的发展阶段中，许多神的全部自然属性和社会属性都转移到一个万能的神身上，而这个神本身又只是抽象的人的反映。"[①]

恩格斯的这些阐述，不仅指出了我们研究吠陀的重要意义，而且也提供了马克思主义的方法论。雅利安人在次大陆西北地区定居以后，他们崇拜的神大都是周围自然现象的化身，在天有日月星辰，在空有风雨雷电，在地有山河草木以及动物，等等。纪元前5世纪吠陀著名的注释家耶斯迦（Yaska）在其所著的《尼禄多》（Nirukta）中把神分为天、空、地三界。在天界的有天神或司法神伐楼那（Varuna）[②]，天神特尤斯（Dyaus）[③]，方位不同的太阳神苏里亚（Surya）[④]、莎维德丽（Sāvitri）、斯密多罗（Mi-

---

[①]《马克思恩格斯选集》第三卷，人民出版社1972年版，第354页。
[②] 在汉译佛经中也译水天、龙王，如唐法藏《华严经探玄记》二说："婆搂那龙王，此云水，为一切鱼形龙王。"
[③] 此神相当于波斯拜火教的太阳神黑瓦列（Hvare）及希腊的海里奥斯神（Helios）。
[④] 此神相当于希腊的太阳神宙斯（Zeus）以及罗马的尤彼得神（Gupiter）。

tra）、晓神乌莎斯（Usas）；在空界的有雷神因陀罗（帝释天，Indra），暴风神楼陀罗（Rudra）、摩录多（Marut），风神伐由（Vāyu），雨神帕图尼耶（Parjanya），水神阿帕斯（Āpas）等。在《梨俱吠陀》中有四分之一的篇幅是歌颂雷神因陀罗的，梨俱诗人把他描绘为一个伟大的勇士，他全身和发须都呈茶褐色，躯干巨大，力大无比，发怒时毛发直立，手中执金刚杵，在巡行时常由两匹马驾驶他的军车，暴风神摩录多和风神伐由是他的扈从。另外，他嗜酒如命，饮酒宛如巨鲸吸引百川（参见《梨俱吠陀》Ⅰ.32；Ⅳ.18.1；Ⅳ.46；Ⅹ.23.1）①。从这些描绘中不难看出，因陀罗是雷霆的一种人格化的表现，并是好战的雅利安武士的形象。印度雅利安人特别崇仰因陀罗，主要由于印度气候干热，雷雨对于农业生产有着最重要的和直接的影响。在当时生产力和自然科学水平十分落后的情况下，人与自然的斗争中，人们常常意识到自然力量的不可抗拒，由于对自然的惶恐，因而便产生了对自然现象的崇拜。在地界的有火神阿耆尼（Agni），酒神苏摩（Some）②，地母神波利蒂毘（Prthivī），河神或智慧神娑罗室伐底（Sarasvatī）③。对地界诸神特别歌颂的是火神，他们把阿耆尼看作"力量的儿子"和"水的孙子"。在《梨俱吠陀》一首赞歌中写道："阿耆尼的父母（是两块木条——引译者注）在一起摩擦，变成黑色，生出婴儿阿耆尼。这个婴儿的火舌朝着东方，越烧越旺，驱除黑暗，应该小心地加以保护，使它给主人增加财富。"（Ⅰ.140.3）这首赞歌和我国古代"钻木取火"的传说有着相似的地方。我们知道火的发现对于人的生存和发展有着极为重要的意义。恩格斯曾指出："在人类历史的初期，发现了从机械运动到热的转化，即摩擦生火……就世界性的解放作用而言，摩擦生火还是超过了蒸汽机，因为摩擦生火第一次使人支配了一种自然力，从而最终把人同动物分开。"④梨俱诗人对于火的歌颂反映出了雅利安人对于征服自然的一种重大胜利。此外，还有马神大弟克罗（Dadhikrā），牛神毗湿奴

---

① 本章所引吠陀的章节主要依据麦克斯·缪勒编《东方圣书》第XXXⅡ，XLVI卷，参校梵本。
② 别名甘露（amrta），汉译佛经中常常用此名，它是在印度次大陆生长的一种蔓草，用它的茎，加入牛乳、麦粉等调制成酒。
③ 东旁遮普地区的一条河名。
④ 《马克思恩格斯选集》第三卷，人民出版社1972年版，第153页。

（遍入天，Visnu），管理死鬼之王阎罗（Yamaraksas），魔神罗刹（Roksas），恶神（非天，Asūra），语言神伐户（Vāc），无限神阿弟蒂（Aditi），等等。从以上三界诸神中可以看出，吠陀的神祇主要是人格化了的自然现象。当时雅利安人生活所处的自然环境和自然产物几乎都在宗教中得到了歪曲的反映。吠陀中对于各种神祇崇拜的意义在历史发展的各个阶段中也是有所变化和不同的。例如楼陀罗本来是猎人的庇护者，后来变成了牧畜的庇护神。又如因陀罗在最初被认为是保护农业的雷雨神，后来被认为是一个氏族的特殊保护神——武士贵族军神。随着这个氏族的强大，在吠陀中又描写因陀罗和另一个氏族保护神婆楼那进行了争夺统治地位的竞争，因陀罗在斗争中获得了胜利，两个氏族联合成为部落，因陀罗从而被称为"因陀罗—伐楼那"，嗣后，伐楼那逐渐销声匿迹，因陀罗取得完全统治的地位，又被尊为"世界大王"（Symrāj）（Ⅰ.130.8；Ⅳ.42；Ⅴ.29.10；Ⅶ.82.1—2，Ⅹ的有关章节）。因陀罗由雷雨神变成氏族神，再变成部落神或部落联盟神，反映了原始居民由氏族而部落，再由部落联合向最初奴隶制国家过渡的历史内容。神的变化、发展是与社会的变化、发展大致相适应的。这正如恩格斯所指出的："古代一切宗教都是自发的部落宗教和后来的民族宗教，它们从各民族的社会和政治条件中产生，并和它们一起生长。宗教的这些基础一旦遭到破坏，沿袭的社会形式、继承的政治结构和民族独立一旦遭到毁灭，那末与之相适应的宗教自然也就崩溃。本民族神可以容许异民族神和自己并立……但不能容许他们居于自己之上。……民族神一旦不能保卫本民族的独立和自主，就会自取灭亡。"[①] 另外，从吠陀诸神的变化中也可以看出：吠陀多神崇拜原是古代人民对于自己本身和周围的外部自然界的一种错误的、愚昧的、极原始的观念。这种观念是要在人类有了灵魂这样的一种认识以后，才开始想象自然界也有灵魂，才赋予自然界以人格作为膜拜的对象。自然作为他们崇拜的对象，不是自然本身，而是被当作一种有人格的、活生生的、有感觉的实体，亦即一种主观的、人的实体，人们对这种实体的崇拜，而且用人的动机等去规定它，主要是由于自然界的捉摸无定，千变万化，人在自然界的面前无能为力，这

[①] 《马克思恩格斯全集》第十九卷，人民出版社1963年版，第333页。

是一种自发性的宗教，但在其发展过程中逐渐获得了社会属性，从而改变了它的性质，成为人为的宗教。这种本质的变化，恩格斯也曾指出："事情很清楚，自发的宗教，如……雅利安人共有的原始宗教，在它产生的时候，并没有欺骗的成分，但在以后的发展中，很快地免不了有僧侣的欺诈。至于人为的宗教，虽然充满着虔诚的狂热，但在其创立的时候便少不了欺骗和伪造历史。"①

在较后时期辑成的《梨俱吠陀》中②我们可以看出，多神教已有向一神教发展的明显趋向，出现了很多统一的、抽象的神，例如诸神天（Visedeva）、造一切神（Visvakarman）、生主神（Prājapati）、祈祷主神（Brahmanasputi）、原人（Prusa）等。吠陀诗人写道：

> 这个天上的、有美丽翅膀的大鹏金翅鸟（即太阳神——引者注），人们称它为因陀罗、婆楼那、阿耆尼。对于本来是一个（神），高贵的婆罗门给予了许多名号，他们称它为阿耆尼、阎摩、摩多利首（Mātarisvan，即风神伐由——引者注）。（Ⅰ.164.46）

多神教向一神教过渡有着深刻的社会经济原因。《梨俱吠陀》中一神论思想大概出现在印度原始公社开始瓦解，阶级社会逐步形成的时候。由于在公社内部出现了私有财产制度，出现了有产者和无产者、奴隶与奴隶主，因而在吠陀万神殿中也出现了主神和次神，本部族的神和外部族的、异己的神，等等。随着部落的联合，并且形成统一的专制国家时，对唯一之神的信仰，即一神教也就产生了。吠陀中的统一神无疑的就是印度地上统一君主的反映。一神教是伴随着原始公社剩余劳动的发现，而且剩余劳动和生产资料被某个人或某个集团所独占而产生和发展的。马克思曾指出："公社的一部分剩余劳动属于这个最终作为一个人而存在的最高集体，而这种剩余劳动在贡赋等等的形式中表现出来，

---

① 《马克思恩格斯全集》第十九卷，人民出版社1963年版，第327页。
② 吠陀一神论的思想在《梨俱吠陀》第十卷以及后来解释吠陀的著作中反映较集中。据很多学者推断第十卷是后期的作品，大约是印度原始公社瓦解，阶级社会开始形成时期的产物。在这卷中已看到婆罗门教关于种姓分立的说教。

也在集体的劳动形式中表现出来，这种集体的劳动形式是用以表彰统一体的——一部分是现实的专制君主，一部分是想象的部落本体，也就是神。"① 因此，一神论的产生也有着深刻的经济原因。关于这个历史唯物主义基本原理本来是没有什么可以争论的，但是苏联的一些学者却持不同意见的。1961年前后在国际范围内掀起了一场关于印度哲学史方法论问题的争论。苏联的阿尼凯也夫公开宣称，印度的古老的宗教神话思想不能单纯是"自然和社会现实的客观关系的反映"②。他的这个观点还得到英国、德国一些印度学者的共鸣。我们知道作为社会意识形态的宗教虽然是通过很多的中间环节曲折地反映经济基础，但这种反映或联系始终还是存在着的。原始宗教神话无疑的就是在人们幻想中的、经过不自觉的艺术方式加工的自然界和社会形态。如果按照阿尼凯也夫等所说的那样，宗教失去了现实基础，那么也就成了印度宗教唯心主义者所渲染"天启"的东西了。

由多神论向一神论过渡也有着深刻的认识论的原因。我们知道原初人们对客观世界的认识大都是直观的、具体的，因而对神的认识也是具体的。他们假想的神大都是和他们的生产和生活密切相关的具体事物或现象。但是随着智力的提高，思维由具体向抽象的发展，当人们中间出现某种一般概念的时候，在他们的头脑里也从多少还是有限的和相互制约的许多神中"抽象"或"蒸馏"出了一个超世界的"统一神"的形象，从而产生了一神论，当然，这种思维的抽象是被歪曲了的。③

四　吠陀中的哲学思想萌芽

印度系统的哲学思想最早见于较吠陀本集稍后的《奥义书》中，但是我们在《梨俱吠陀》及"梵书"中已经看到哲学思想的萌芽。对于这些萌芽的了解是非常重要的。因为印度哲学系统的建立是以这些思想材料为

---

① ［德］马克思：《资本主义生产以前各形态》，人民出版社1956年版，第6页。
② ［苏联］阿尼凯也夫：《再论印度古代唯物主义》，载《今日马克思主义》，1962年12月号，第378页。
③ 参见《马克思恩格斯选集》第四卷，人民出版社1972年版，第220页。

前提的，也是它们的出发点。

印度古代的哲学思想大都是和宗教、巫术思想交织在一起的。但是唯心主义哲学和宗教有着重要的区别。马克思说："哲学先是在意识形态的宗教形态上生出，从而，一方面要把宗教自体破坏，另一方面又实际还在这种理想的、在思想上已经瓦解的宗教内彷徨。"①

在《梨俱吠陀》中，我们可以看到哲学观点的萌芽。当时有很多人对吠陀"天启"和诸神表示了怀疑："关于这个可怕的神（因陀罗），人们问道：'他在那里？'他们肯定地说：'他是不存在的。'"（Ⅱ.2.5）。"因陀罗是不存在的，谁确实看见过他呢？赞美他有什么用呢？"（Ⅷ.100.3）"谁看见过最初出生的有形体的东西？它原是被无形体所孕育。请问大地上的生命、血和灵魂是从那里来的？谁曾前去问过知道这些事情的仙人？"（Ⅰ.164.4）这些怀疑当然不是哲学思想，但是从这些怀疑中已经可以看出人们正在力图摆脱宗教和神话的影响，从而为哲学的产生积累了思想材料，做好了准备。

吠陀诗人在他们的诗歌中提出了关于宇宙形成以及人的构成、灵魂、生死等不同看法。这些看法虽然很朦胧，但是或多或少地可以寻出在以后《奥义书》中所发展的唯心论和唯物论的形迹。

关于宇宙的形成问题，在吠陀中有着种种不同的说法。现在举出几首有代表性的赞歌来加以说明。著名的《无有歌》写道：

(1) 那时②"无"不存在，"有"也不存在。没有太空，也没有太空以外的天。

被隐藏的是什么？在什么地方？在谁庇护之下？那时有深不可测的水吗？

(2) 那时死亡不存在，永生也不存在，没有日夜的任何迹象。
太一③由于自身的力量呼吸而无气息，此外没有其它的东西存在。

---

① ［德］马克思：《剩余价值学说史》第一卷，人民出版社1978年版，第463页。
② 指太初世界创造的时候。
③ 原意为"唯一物"（tadekam）。

（3）那里就是黑暗，最初全为黑暗所掩，一切都是混沌，一切都是水，那太一为虚空所掩，由于自身的热①力而产生出来。

（4）此后最初的欲望在太一中显现出来，它是产生精神最早的种子。

圣人们深思熟虑地探索，找出"有"生于"无"的关系。

（5）它们的光线在横面伸展，但什么东西在上或在下呢？那时有生育者和滋养者：下面是自存的能力，上面是冲动的力量。

（6）谁真知道？谁能说出？它是从那儿生的？造化是从那里来的？神是在世界创造之后才产生的，那末，谁能知道它是在那里出现的？

（7）这造化由来的根源，不知道它是否创造了一切，抑或它并没有创造一切。

只有在最高天上监视着世界的他（神）才知道，或许他也不知道。（X.129）

这首诗在学者中曾引起了很大的争论。有人认为作者在歌中所提出的"非有非无"是一种客观唯心主义的宇宙意识；也有人认为是一种主观唯心主义的东西。在这些争论中值得注意的是，德意志民主共和国鲁本（Walter Ruben）的意见。他解释道：

太初既无存在者，亦无非存在者（这里面是谁都不能，也不应当设想为某物的），黑暗为黑暗所包围，太一呼吸而无气息（这是一种矛盾的说法，它否定了当时生理学家们在较早或较晚时期所提出的气息——风的原始存在），太一通过苦行的炽热而诞生（不可捉摸的太一有如一个卵通过 tapas，即炽热孵化而生），这种炽热是巫师们在他们那种萨满式的出神恍惚状态中体验到的，但这里说的并不是一个苦行者，一个创世者。②

---

① 热（tapas），也有"苦行"的意思。
② ［德］鲁本：《印度哲学史》，德文本，1954年，柏林，第67页。

鲁本的意见可以代表一家之言。笔者认为这首诗虽然蒙有一层神秘主义的色彩，有些词句是晦涩难懂的，但是这首诗中所表现出的怀疑精神和唯物主义的倾向是值得推崇的。作者在这首诗中首先认为宇宙不是"有"也不是"无"，换言之，宇宙是不能用现实的范畴（即当时流行的神创造世界的理论）而要用更高级的哲学抽象概念，即中性的太一来加以解释，这是对宗教的破坏。其次，作者认为宇宙是由"自身的力量"——太一所决定的，并且从这导致了"神是在世界创造之后才出现的"结论。这种用宇宙的自身原因来解释宇宙，并且把神看作自然界的东西，显然是一种无神论的倾向。再次，作者认为"太一由自身热的威力而产生出来"，它的"上面是冲动的力量"，"下面是自存的能力"。这种"能力""热""冲动"决不能设想为无形的精神或灵魂的东西，在当时吠陀诗人还不知道像现代科学所指明热和能力是物质转化形式的情形下，他们把热和能力当作宇宙的原因是有意义的。这首诗无疑地反映了那些公社下层人民对于婆罗门教意识形态的不满。

《水胎歌》写道：

在天、地、神和阿修罗之前，水最初怀着什么样的胚胎，在那胎中可以看到宇宙中的一切诸神。

水最初确实怀着胚胎，其中集聚着宇宙间的一切神天。这胎安放在无生（太一，指宇宙最高存在——引者注）的肚脐上，其中存在着一切东西。（X.82.5—6）

这首歌的内容在《百道梵书》（XI.16.1）中得到了进一步的发挥，后来在《奥义书》中被系统地提出。从这首歌中可以看出，某些吠陀诗人已朦胧地把水看作最初的存在，宇宙的根本原因。这种说法虽然仍未摆脱原始巫术和神话的内容，但对唯物主义自然观的形成有着一定的意义。

《原人歌》写道：

原人（Purusa）是千头、千眼、千足，他在各方面拥抱着大地，站立的地方宽于十指。①

原人是现在、过去、未来的一切。他是不朽的主宰，由于（祭祀的）食物，他永垂不朽。……原人的四分之一构成万有，四分之三是不朽的天界。

当诸神以原人作为牺牲举行祭祀时，春天是他的牛油，夏天是他的燃料，秋天是他的供物。

从原人生出遍照者（Virāj，即原初物质——引译者注），从遍照者也生出原人。

当他诞生的时候，他的前面、后面都超过大地。

从那完满牺牲的祭祀中产生了颂歌（《梨俱吠陀》）和歌曲（《娑摩吠陀》），从他生出了韵律和祭祀的仪式（《耶柔吠陀》）。

从他生出马和二排牙齿的动物。牛是从他生出的，山羊和野羊也是从他生出的。

婆罗门是他的嘴，罗阇尼耶（武士）是他的二臂，吠舍是他的二腿，首陀罗是他的脚。

月亮是从他的心中生出来的。从他的眼睛生出太阳，从他的口中生出因陀罗和阿耆尼，从他的气息生出伐由。

从他的肚脐生出了空界，从他的头生出了天界，从他的脚生出了地界，从他的耳朵生出了方位。他们就这样创造了世界。（X.90）

从这首诗中已经可以看出，吠陀思想家们已假定在一切事物之上有一种最高的实在——原人的存在。原人是四种姓、诸神天、动植物的主宰，也是时间、空间、方位等的创造者，这是一种"拟人观"的表现，它已包含着小宇宙（Microcosmos）等于大宇宙（Macrocomos），即个人之本性与宇宙本性同一之思想。这些思想后来被《奥义书》的唯心主义者们发展成为"梵我同一"的唯心主义学说。

在《梨俱吠陀》的不少赞歌中可以看出，当时的诗人们已经在众多的现象中力求找出它们的统一根源。他们把这种根源概括为"理法"（r̥ta）、

---

① 这是印度诗歌中的提偶法，意思是说原人遍布大地以外整个太空。

"实在"(sat)、"梵"(brahman)或者"造物主"(dhātr)、"能生者"(janita),等等。这些抽象的哲学概念对于印度哲学的建立和发展有着重要的意义。例如:

> 从炽热中生出了理法和实在:
> 从此产生了黑夜,也升起了海中的波涛,
> 从那海中的波涛后来产生了年月,
> 昼夜的司管者、一切眨眼生物的主宰。
> 伟大的造物主于是依次创造了太阳和月亮。
> 他依此创造了天界、地界、空界和光明。

(Ⅹ.190.1—3)

> 永恒理法的基础是根深蒂固的;
> 它有无限光辉美丽的形貌。
> 依靠神圣的理法,他们带给我们永久的食物;
> 依靠神圣的理法,母牛在我们的祭祀中出现。

(Ⅳ.23.9)

梨多(理法,ṛta)一词在吠陀中有着法则、秩序、正义、真理等不同的含义,一般解释为"宇宙理法"。在吠陀诗人看来,世界上的任何现象都是受制于一种永恒的、无所不在的抽象原理,即"宇宙理法"。人们只有依靠它、服从它,才能获得自然界的恩施、生命的力量以及生活的满足。吠陀的"理法"无疑乃是自然界和思维内涵的一种粗略的概括。梨多的范畴在后来《奥义书》中又得到了进一步的发挥。

此外,在吠陀中我们也可以看到对于人的思维和气息的不同赞颂。例如有些诗歌特别赞扬人的思维(这种思维当然是指的祭司和巫师的直观能力),把思维看作"吠陀的轴心,人和宇宙的主宰,梦中离开肉体的精神",等等;另一些诗歌则赞美气息和风,认为气息和风是"宇宙的鼓舞者",它在"睡眠者的身上从不睡眠",等等。从这些不同的赞颂中我们可以看出,吠陀诗人已经提出了有关哲学的最根本问题——对人来说,物质生命力比较重要的究竟是气息(在印度古代哲学中,唯物主义者常常把

人的气息和生理机能或生命力看作同等的东西）还是思维的问题，但是思维和气息的斗争，亦即唯心主义和唯物主义的斗争要到《奥义书》的时代才得到了充分的发展。

五　吠陀的社会伦理思想

在吠陀中，我们也可以看到在印度原始公社瓦解时期统治阶级与下层群众对待生活和社会准则的不同观点和态度。统治阶级为了从思想上欺骗和麻痹群众，扬言他们的意志是由神所启示的，吠陀指示了每一个种姓在社会生活中的权益和义务，而且这种秩序是必须永世遵循的。例如前述的《原人歌》把婆罗门说成是原人的嘴，武士是臂，吠舍是腿，首陀罗是脚，这完全是要用"神意"来为社会不平等辩护。婆罗门教祭司欺骗人民要"净化一切，性情愉快地向天神天女的道路前进，决不能违犯因陀罗的法则"（Ⅶ.47.3），但是这些欺骗和恫吓并没有使下层人民驯服，人民反婆罗门的思想情绪甚至在婆罗门自己制定的圣典中也得到了反映。有一首赞歌说：所有的吠陀都是奸诈狡猾的婆罗门所杜撰，用来欺骗傻瓜笨蛋的。另一首赞歌对婆罗门的死背教条进行了讽刺：

> 婆罗门在苏摩祭的深夜，
> 围坐在满满的苏摩油洒瓮边谈论；
> 青蛙啊！你们也围绕这池塘，
> 歌颂一年中这一天，欢迎雨季来临。
>
> （Ⅶ.103.7，金克木译）

婆罗门的这种颠顶自大，正如马克思所说"婆罗门教徒只是以承认自己绝对有权诵读吠陀经来证明吠陀经是神圣不可侵犯的"①。

很多学者所写的印度哲学著作认为，吠陀规定了印度人民永世不变的

---

① 《马克思恩格斯全集》第一卷，人民出版社1956年版，第115页。

生活准则和行动的规范。渲染印度人民酷爱精神的探索，摒弃生活的欢乐和社会的职责，对人生和社会采取消极厌世的态度。例如德国的唯心主义哲学家叔本华写道："……正像我们在吠陀、往事书……中发现他们的伦理学说……甘心情愿和愉快的忍受凌辱，戒除肉食，为了寻求贞洁而摈弃一切感官的享乐。捐弃一切财产，抛离家乡和所有亲属，隐遁丛林，在宁静的沉思中了此一生。为了杜绝欲望而甘作苦行和进行可怕而缓慢的自我折磨，直到饿死，或者成为鳄鱼之食，或者从神圣的喜马拉雅山的悬崖纵身跳下，或者活埋自己，或者最后投身于舞妓唱歌、呼号和跳舞中长驱的巨车轮下……这些教导溯源于四千年之前，而且直到现在还在奉行……一个要求最大牺牲而且在拥有如此众多的千百万人口的民族中仍在奉行的宗教不能是一种臆想的迷信，这在人性中必然有它的根源。"① 这种说法当然是十分片面的。几千年来，印度伦理思想中对于人生出世或入世的两种态度一直在进行着斗争。在吠陀中我们也可以看到印度人民对于生活的积极方面。吠陀诗人热情地描绘了印度大自然的美妙。他们假想出来的自然诸神一般都是来到人间与人民共尽欢乐的，神与人之间并没有严格的界限。他们歌颂了生产、收获、物质福利、长寿、爱情和家庭幸福等，洋溢着生活的乐趣和生机。例如一位诗人自我表达了他的愿望：

"使我永生于那有热烈愿望，满足欲求的境界。
在光辉象月亮般的世界里找到食物与充分的快乐……"
"使我永生于那个境界，那里欢乐与幸福相结合，一切渴求都满足。流呀！因杜（美汁琼浆——引译者注），为了因陀罗流呀！"

（Ⅸ.113.10—11）

吠陀对于印度以后宗教哲学思想和社会思想的发展有着重要的影响。它是婆罗门教和印度教奉行的经典，印度"正统派"哲学（正理派、胜论派、数论派、瑜伽派、弥曼差派、吠檀多派）的思想渊源。印度宗教、

---

① ［德］叔本华：《作为意志和表象的世界》，第Ⅰ部，第Ⅳ卷，第68节，引译自《叔本华英文选集》，1928年，纽约，第229页。

哲学派别的斗争常常是围绕着对吠陀含义的不同注解而进行的，在近代印度民族主义运动中对人还有着重要的影响。因此，我们必须重视对这一经典的研究工作，并用历史唯物主义的方法给予正确的说明。

（原载《世界宗教研究》1982年第2期）

印度吠檀多哲学述评（上）

吠檀多哲学自古代至现代一直是印度占有统治地位的思想体系，也是当前印度最有影响的哲学思潮。吠檀多和婆罗门教—印度教很多派别的信仰和实践有着不可分割的联系，它是这些派别的理论基础和指导思想。吠檀多在传到国外后曾发生过重要的影响。本文拟对吠檀多的起源和发展，吠檀多的基本派别及其在理论上的分野，吠檀多与印度教、佛教等的关系，吠檀多的现代思潮和对西方的影响等作一概略的评述。

一 名义、经典和主要思想家

吠檀多（Vedānta）的意思是"吠陀的终末"或"吠陀教义的究竟目的"，也就是《奥义书》。此派以《奥义书》为研究对象，因此被称为吠檀多派。

在印度一般把整个吠陀圣典区别为祭事部和知识部。前者是说明婆罗门教和印度教的祭礼方面，与《吠陀本集》和《梵书》有关；后者是说明宇宙万有的本质、修习亲证等方面，与《奥义书》有关。对于吠陀圣典作解释或体系的研究称为弥曼差。凡从事祭事部学问研究的人称为祭事弥曼差派或前弥曼差派；凡从事知识部学问研究的人称为梵弥曼差派或后弥曼差派，梵弥曼差派也叫作吠檀多派。

吠檀多的思想渊源可以追溯到《奥义书》和史诗《摩诃婆罗多》，但作为一种独立的有系统的哲学理论要到公元前后才被建立起来。传说吠檀多派的开山祖是跋达罗衍那［Bādarāyaṇa，又称毗耶舍（Vyāsa），约公元前1世纪左右人］。此人的生平现在还搞不清楚。相传被保存下来的《梵经》，是他所写的。

吠檀多派的最根本经典是《梵经》，《梵经》也被称为《吠檀多经》《后弥曼差经》或《广博经》。《梵经》的现在形式大概是在公元200—450年所编纂起来的。① 它进一步组织和发挥了《奥义书》唯心主义哲学的原理，并且对当时有唯物主义倾向的各个哲学派别进行了总的攻击。《梵经》是吠檀多派哲学的基础。吠檀多派各个流派都是从自己的立场，适应社会斗争的需要去注疏《梵经》的。现将吠檀多派的主要思想家及其著作列表分述如下。

表1　　　　　　　　吠檀多派的主要思想家及其著作

时间	思想家的姓名	著作	学说内容
公元前100—前1？	跋达罗衍那（Bādarāyaṇa）	《梵经》（Brahmasūtra）	不一不异论（bhedābheda）
450—600？	乔荼波陀（怡）（Gauḍapāda）	《蛙氏奥义颂》（māṇḍūkya-kārikā）	不二论（advaita）
700—750	商羯罗（Śaṅkara）	《梵经注》（Brahmasūtra bhāṣya）	不二论
750—800	薄斯伽罗（Bhāskara）	《梵经注》	不一不异论
841	筏遮塞波底·弥室罗（语主会）（Vācaspatimiśra）	《有光释》（Bhāmati）	不二论
1017？—1127	罗摩奴阇（Rāmānuja）	《吉祥注》（Śribhāṣya）	制限不二论（viśiṣṭādvaita）
1150	室利诃奢（Śrīharṣa）	《诘密》（Khaṇḍana-Khaṇḍakhādya）	不二论
约1062—1162	尼跋伽（Nimbārka）	《吠檀多芳香》（Vedāntapārijāta-Saurabha）	二元不二论（dvaitādvaita）
？	尼伐沙（Śrīnivāsa）	《吠檀多珍言》（Vedāntakaustubha）	二元论
1197—1276	摩陀婆（Madhva）	《梵经注》（Brahmasūtrabhāṣya）	二元论（dvaita）
1200—1300	毗湿奴斯伐敏（Visnusvamin）	《梵经注》（Brahman-Sūtrābhāṣya）	不二论
1270	室利康泰（Śrīkaṇṭha）	《湿婆注》（Śaiva-bhāṣya）	制限不二论

---

① 《梵经》编成现形的年代在目前学者中有着不同的意见。一般认为，从《梵经》对佛教中观、唯识派的批判，可以推知大概在龙树、世亲之后，即公元200—450年之间。但也有个别学者认为，从经文的体裁可以推知是公元前后的产物。

续表

时间	思想家的姓名	著作	学说内容
1400	室利波底 (Śrīpati)	《伽罗注》 (Śrīkarabhāṣya)	性力制限不二论 (śaktiviśiṣṭādvaita)
1500 初	婆陀难陀（真喜，Sadānanda）	《吠檀多精髓》 (Vedāntasāra)	不二论
1473—1531	伐拉巴（筏罗婆） (Vallabha)	《微注》 (Abhāṣya)	纯粹或清净不二论 (śuddhadvaita)
1485—1533	查伊泰尼耶 (Caitanya)	《十根本颂》 (Daśamulaśloka)	不思议不一不异论
1550	修伽 (Śuka)	《修伽注》 (Śukabhāṣya)	不思议不一不二论 制限不二论
1725	瓦拉提婆 （力天，Baladeva）	《牧尊注》 (Govindabhaṣya)	不思议不一不异论 (acintyabhedābheda)

二 吠檀多哲学的主要派别及其理论分野

吠檀多在其发展过程中，由于对最高实体梵的不同解释而出现了不同的理论，并形成了不同的派别，其中主要的有不一不异论、不二论、制限不二论、二元论、纯粹（清净）不二论等。现分别阐述如下。

（一）《梵经》中的不一不异论

1. 《梵经》的时代和主要内容

公元前 1 世纪以后印度奴隶制占有关系开始衰替，封建的生产关系日益发展，到 6 世纪封建制度在社会经济结构中取得了决定性的胜利。在这一段时期中印度出现了笈多王朝等专制集权国家。这些王朝的某些帝王们为了巩固他们的统治，挽救奴隶制度日益覆灭的命运并与外来的民族相对抗，曾大事宣传婆罗门教的教义，因此，婆罗门教的唯心主义的哲学思想又获得了复苏和发展。《梵经》是当时婆罗门教哲学思想的总汇。

前一节已述，《梵经》大概是公元 200—450 年编纂起来的。这个经的文字非常简略，不经注疏，无法使人卒读。《梵经》共 555 经，计分 4 编，16 章，其内容说明如下。

第一编　论世界最高的原理梵
　　第一章　（1—19 经）总论
　　第二章
　　第三章　（20—31 经）对于《奥义书》中梵、神我、原初物质、神、原素等学说的解释
　　第四章　阐述《奥义书》中数论的学说
第二编　对于其他各个学派的攻击
　　第一章　对于数论派论难的反驳
　　第二章　（1—10 经）对于数论原初物质的攻击
　　　　　　（11—17 经）对于胜论原子学说的攻击
　　　　　　（18—32 经）对于佛教一切有部、经量部、中观、唯识派等等的攻击
　　　　　　（33—36 经）对于耆那教判断形式理论——或然论的攻击
　　　　　　（37—41 经）对于兽主派①的攻击
　　　　　　（42—45 经）对于薄伽梵派②的攻击
　　第三章　（1—15 经）论世界的成立和发展
　　　　　　（16—43 经）论个体灵魂（个我）
　　第四章　论细身
第三编　论梵与个体灵魂的关系，认识的根源
　　第一章　论轮回的各种生物状态
　　第二章　论梵与个体灵魂的关系
　　　　　　（1—10 经）论意识的各种状态（梦眠、熟睡、气绝）
　　　　　　（11—41 经）论梵
　　第三章　论认识的根源
　　　　　　（42—52 经）犯罪（小罪）与祭祀的关系
　　　　　　（53—54 经）对顺世论躯体是灵魂属性原理的攻击
　　第四章　论修行者的实践生活
第四编　论亲证梵所得的结果

---

① 兽主派，旧译涂灰外道，湿婆派的一支。
② 薄伽梵派，毗湿奴派的一支，起源很早，成立于 1 世纪。

第一章　论业与解脱的关系、念想的修习
第二章　论修行者之死
第三章　论死后的进道
第四章　论解脱①

2. 梵

《梵经》像《奥义书》一样认为世界最高原理是梵，梵也称为"最高主宰神"（parameśvara），"最高者"或"最高我"（paramātman），梵在本质上是一种纯粹的精神，一种知（Ⅰ.1.5），它在空间上是无限的（ananta，Ⅱ.2.26），无所不在的（sarvagata，Ⅱ.2.37），在时间上是永恒的、不灭的（Ⅰ.3.10 及Ⅱ.3.33），梵本身是一种全体（niravayava，Ⅱ.1.26）。既没有任何差别（Ⅱ.2.11），也没有任何形态（arūpavad，Ⅱ.2.14），总之，梵是不可言传的。

梵是世界的母胎（yoni，Ⅰ.4.27），是世界各种现象生起、持续和归灭的终极原因（Ⅰ.1.2）。关于"终极原因"一语在《梵经》中有下列意思：（1）梵是世界的质料因（upādāna，Ⅰ.4.23 及Ⅱ.Ⅰ.19—20），即世界都是由梵所构成的，所谓"从一块泥土，可以知悉世界全体"；（2）梵是世界形成的动力因，即梵是世界的能作者（kartṛ，Ⅰ.4.6）、主宰神或能动的主体；（3）梵是世界创造的形相因（Ⅰ.3.28），即梵潜在于现象世界的一切事物中，世界的多样性以梵为形相；（4）梵自身是现象世界显现的目的因，据说梵显现世界是纯然为了游戏（lilakaivalya，Ⅱ.1.33）。

从上面的说明中可以看出，《梵经》对于梵的论证和《奥义书》一样是一种客观唯心主义的说法。

3. 梵我不一不异论

吠檀多另一个中心问题是梵与个我（个体灵魂）的关系问题，对于这个问题的不同回答，吠檀多形成了各个派别：不一不异论（二而不二

---

① 参见［日］中村元《梵经的哲学》第113—115页的解说，岩波书店1957年版第2次印刷。本文作者作了一些修改，突出了《梵经》对唯物主义派别或有唯物主义倾向派别的批判的有关章节。本章所引《梵经》的章节均根据日本中村元的梵日对译本，见《梵经的哲学》一书第111—374页，昭和三十二年，岩波书店，并参阅麦克思·穆勒编《东方圣书》第XXXIV和XLVIII卷英译及拉特克里希南英译，日译与英译有个别章节稍有出入时，按日译校订本。重要引文曾校阅梵文原本。

论)、不二论(一元论)、制限一元论、二元论、纯粹不二论、性力制限不二论等。

《梵经》提出了与梵(最高我)不同的个我。个我也被称为"身我"(śarīra,Ⅰ.2.3)或"生命我"(jīva,Ⅰ.1.31及Ⅰ.4.17),个我是身体独具的,是一切生命的原则。个我以知性或精神性为本质(Ⅱ.3.18),是认识的主体(知者,jña,Ⅱ.31.8),也是活动的主体(能作者,Ⅱ.3.32)。这种精神据说是永恒的、遍在的和无生灭的(Ⅱ.3.17及Ⅱ.2.42)。

个我是梵的一个部分(amśa,Ⅱ.3.45),它与梵有着部分—全体,或者蕴含—被蕴含的关系,这种关系决定了梵与个我相同的方面。但梵与个我也有着不同的方面,梵具有创造或毁灭世界的能力,而个我则没有。梵不能感受苦乐,而个我则能感受苦乐,《梵经》所谈的不同大半是涉及宗教的解脱方面,它是直接为业报轮回和解脱作论证的。梵和个我的关系好比灯和灯光,或者太阳和反映在水面上的太阳影子的关系(Ⅱ.2.18)。这种学说被称为"不一不异论"。

4.《梵经》与其他派别的斗争

《梵经》是印度奴隶制度处于衰落时期政治和思想斗争进一步尖锐化的产物。《梵经》从《奥义书》一元论的立场出发对当时的唯物主义学派以及具有唯物主义倾向的学派进行了总攻击。《梵经》共555经,其中攻击数论的有60经,胜论的有7经,耆那教的有4经,佛教的有17经,顺世论的有2经,它的锋芒主要是针对上述各派的唯物主义论点。例如顺世论的灵魂是身体属性的原理,数论原初物质的原理,胜论的原子学说,耆那教的灵魂与躯体大小同一的理论,佛教一切有部、经量部的"法体恒有"的论点,等等。

被攻击的数论和胜论等也进行了反驳,他们反驳的意见可归纳如下:(1)世界既是由无差别的梵所构成的,那么无差别的梵和有差异的世界将是同一个东西,这样,吠檀多所宣称梵是绝对统一的原理将不能成立。世界无疑的是由多种原因而非一种原因所组成的,例如某一物的制造,必须要有制造者、制造的材料、工具等(Ⅱ.1.24)。(2)如果梵的本质是精神,世界是物质,那么,物质的东西决不能由非物质的东西所产生(参见Ⅱ.1.4)。(3)梵或自在神既然是完全的、无瑕的、慈悲的,但梵为什么不创造一个完全的、慈悲的和公平的世界呢？世界上苦痛和快乐的同时存在反过来可以证明梵是不完全的、不公平的和不慈悲的（Ⅱ.1.34 及Ⅱ.3.42）。数论和胜论的这种反击虽然暴露出了他们还不能科学地解释世界和精神的关系，但是他们的反驳在当时思想界的斗争中有着一定的意义。《梵经》这种不彻底的唯心主义观点后来为商羯罗所掩饰。《梵经》和其他派别的斗争反映了反动的专制主义者（奴隶主）和新兴社会力量（农村公社内部成长起来的上层剥削分子和富裕成员）①的不同世界观及其所代表的不同的利益。

5.《梵经》的社会思想

《梵经》进一步发挥了《奥义书》轮回解脱的原理，他们认为解脱是人生的最高意义和终极目的，解脱最主要的道路是亲证梵我，使个我和梵结合成为一种"无差异"（avibhāga，Ⅳ.2.16）的状态。《梵经》的解脱理论和其他各派稍有不同的是：（1）特别强调个人的自我解脱，认为通过个我潜在能力的获得可以达到"福乐"的理想境地；（2）一般地认为解脱在现世的可能性不大，只有在死后才能获得。这种使修行者丧失信心的理论后来为吠檀多的继承者们所修正，他们曾分别提出生前解脱和渐进解脱等荒诞无稽的理论。

《梵经》公开歧视人民，为种姓特权制度辩护。例如他们宣称首陀罗是"没有资格获得智慧的人"，并且不许他们学习和听闻"吠陀"（Ⅰ.3.33—38）。

《梵经》是当时反动的专制国家奴隶主的意识形态。

（二）乔荼波陀的不二论

1. 乔荼波陀的生平和著作

乔荼波陀（Gauḍapāda）是吠檀多不二论的较早和较系统的表述者②，

---

① 关于公元 2—4 世纪印度阶级斗争的情况目前史料很缺乏，可参见苏联科学院编《世界通史》第 3 卷上册，生活・读书・新知三联书店 1961 年版，第 54—55 页。

② 关于乔荼波陀的名字在学者中有着不同的意见。gauḍapāda 一词中的 pāda 是尊称，gauḍa 有人认为是北印度孟加拉一个地方的名字；也有人认为是印度拘罗尸陀罗国（kurukṣetra）希罗拉瓦蒂（Hirarāvati）河岸的一个种族的名称。

他是吠檀多最著名的理论家商羯罗老师牧尊（乔频陀，govindanāha）的教师。据说生于5—6世纪中叶①，这个时代相当于印度奴隶占有关系全面崩溃，封建制度取得胜利的时期。乔荼波陀的著作很多，其中最重要的是《蛙氏奥义颂》（māndūkya-kārikā）。据说《数论颂释》也是出自他的手笔，但此说还没有确凿的证据。

《蛙氏奥义颂》又称《圣传书》（《阿笈摩论》，Āgama-śāstra）。全书共四章（圣传、虚妄、不二、旋火寂静），215颂。圣传章论述最高我的四位，即普遍位（vaisvāara）、光明位（taijasa）、智慧位（prajña）、第四位（caturtha）的原理，虚妄章论述最高我和宇宙万物的关系，作者认为世界上的一切现象都像梦幻一样是不真实的。不二章述最高我与个我的关系。最高我和个我的关系好像瓶中的虚空和大虚空之间的关系，小虚空和大虚空虽然在形相上不同，但本质上是一体不二的。旋火寂静章说世界上的各种现象都像火炬在旋转中所显现出来的假相，是由心识所转变的假现。只有最高我才是真实的存在。另外还说了修行者的实践途径。

乔荼波陀在《蛙氏奥义颂》中结合了《奥义书》和大乘佛教中观、瑜伽的思想。通篇可以看出明显的佛教影响②。

2. 梵我不二论

乔荼波陀进一步发挥了《奥义书》唯心主义哲学家耶若婆佉的梵我理论，他认为世界最高的原理是梵，亦即最高我，最高我根据其摆脱外界事物和经验印象的不同程度可以分为四个部位：第一是普遍位，在这个位中的最高我是一种觉醒的意识状态，它认知着外界的对象；第二是光明位，在这个位中的最高我是一种梦眠的意识状态，它虽然已摆脱了外界事物和经验的印象，但还认知着内部的精神对象；第三是智慧位，在这个位中的我是一种熟睡的意识状态，它是一堆纯粹的意识，既摆脱了外界的对象，

---

① 乔荼波陀的生活时代在学者中也有不同的看法，有人认为生于5世纪中叶，也有人认为生于7世纪末叶或8世纪上叶。

② 例如该书第4章，75颂是和龙树《中边分别论》的劈头一颂，第3章第5颂和清辨《中观心论颂》第8章第13颂几乎是完全相同的，另外，第3章第44颂和《大乘庄严经论》中的一颂，第3章第9颂和护法《广百论释论》第三卷所说的内我也都是非常相似的。至于佛教的术语、譬喻在书中到处可以见到。

也摆脱了内部的精神对象；第四位是最高我的真实存在，在这个位中，既无主客观的对立，亦无时间、因果等的制约。这个最高我就是梵，也就是人们纯粹的心性。乔荼波陀这种对于世界终极原因的探讨是一种反科学的、神秘主义的唯我论。

关于最高我和个我的关系问题，乔荼波陀坚持了不二论的观点，他认为个我是一种相对的或经验的实在。个我在形相上虽然和最高我有着不同，但在本性上是同一的。用一个譬喻来说，个我好比是瓶里的虚气，最高我则是没有限制的大虚空，当瓶被击破的时候，最高我和个我就融合为一（Ⅱ.3—4）。① 乔荼波陀的这种论证是和龙树相仿佛的。

3. 摩耶（幻）说

乔荼波陀在探讨最高我和世界的关系中进一步发挥了《白驴奥义》中的摩耶（幻，māyā）理论，这种理论是吠檀多哲学的中心，它对于以后吠檀多的发展有着重要的影响。

摩耶（māyā）一词在"吠陀"中原意为"智慧"（prājña），"智慧"的另一个的同义词是"行动"（dhī 或 karma），在吠陀诗人看来，自然界的一切行动，例如风雨的调顺，白牛的生乳都是由于摩耶亦即幻力的作用，幻力就是行动，这是一种魔术的、科学的想象，这种想象并没有离开自然界本身。恩格斯曾指出："所有这各种关于自然界……关于魔力等等的虚假观念，大都只有否定性的经济基础；史前期的低级经济发展曾有关于自然界的虚假观念作为自己的补充，有时甚至作为条件，并且甚至作为原因。"（《马克思恩格斯文选》第 1 卷，第 495 页）但在《奥义书》中摩耶已被理解成幻或无明（avidyā）的意义②。《奥义书》的唯心主义者们特别强调脱离客观世界和人们实践的识（jñana），把识看作宇宙万有的根本原理。从《奥义书》把摩耶解释为精神现象的变化中可以看出：唯心主义

---

① 本节所引《蛙氏奥义颂》的章节，主要根据中村元的日译校订本，见《吠檀多哲学的发展》一书第 279—504 页，并参照 V. 薄泰恰里耶（V. Bhattacharya）的英梵对译本《乔荼波陀的阿笈摩论》，加尔各答，1943 年。

② ［印度］德·恰托巴底亚耶：《顺世论——古印度唯物主义研究》，王世安译，商务印书馆 1992 年版，第 648—650 页。参阅 ［英］麦金达（R. C. Mojumdar）主编《印度人民的历史和文化》第 1 卷，伦敦，1952 年，第 349 页。

的起源确是由于阶级社会形成以后，少数剥削者（婆罗门）脱离了生产劳动，专门从事无益的玄学思考，体力劳动与脑力劳动纯然分离的结果，这正如马克思和恩格斯所指出的："分工只是从物质劳动和精神劳动分离的时候起才开始成为真实的分工（与此相适应的是思想家、僧侣的最初形式——马克思原加的边注，引者注）。从这时候起意识才能真实地这样想像：它是同对现存实践的意识不同的某种其他的东西；它不想像某种真实的东西而能够真实地想像某种东西。从这时候起，意识才能摆脱世界而去构造'纯粹的'理论、神学、哲学、道德等等。"①

乔荼波陀认为我们所感觉到的客观世界及其运动都是最高我通过其自己的一种魔力所创造出来的（Ⅱ.12.17），它是一种不真实的表象，这种不真实的表象正像我们所见的梦、幻及海市蜃楼一样（Ⅱ.31），梦中的经验无疑是不真实的，但觉醒中的经验同样是不真实的（Ⅳ.36—37），比如有些人把真实的绳看作假现的蛇一样，但蛇和绳同样是不真实的（Ⅱ.17—18）。

乔荼波陀又进一步认为，幻现的世界就是人们心识的变作，心识显现为主体（grāhaka）和客体（grāhya）正像一个动摇着的火炬显现出长或圆的形相一样（Ⅳ.47）。

乔荼波陀的摩耶说充分暴露了印度奴隶主在没落时的思想动向，我们知道在公元5—6世纪印度的奴隶占有关系已处于溃败的境地，封建的制度已取得了全面的胜利，印度的奴隶主在与农村公社中新出现的上层剥削分子和富有者争夺统治权力的斗争中感到了无能为力，他们对自己的前途和命运失去了信心，对旧的一切感到了幻灭。因而把现实世界看作一个如梦幻的过程，并且企图在另一个世界中去求得慰藉，这种对于世界的看法和目前某些帝国主义资产阶级思想家的看法是相似的。

（三）商羯罗的不二论

1. 时代、生平和著作

印度的封建生产关系在6、7世纪以后取得了决定性的胜利，但是这

---

① ［德］马克思、恩格斯：《德意志意识形态》，人民出版社1961年版，第25—26页。

种关系和前一个社会一样受着农村公社的强烈影响。农村公社是一个自给自足的共同体，它是建立在土地共有，农业与手工业直接结合的自然经济基础之上的。与此相适应的政治形态是封建的割据和专制的统治，印度封建的君主和亚洲其他国家一样被称为"地上的神"，他们拥有着无限的、绝对的世俗和精神的权力。

印度封建时代的一切唯心主义哲学都是神学的附属品，都是为封建政治服务的。封建哲学中占有统治地位的是吠檀多主义，它最主要的代表人物是商羯罗（Śaṅkara，700—750 年）[1]。

商羯罗的传记虽然被保存下来的有 11 个，但他的生平还不是很清楚。[2] 他出生于西南印度喀拉拉邦马拉巴尔海岸的伽拉迪（Kaladi），属婆罗门种姓，少年时曾随乔荼波陀的弟子牧尊学习婆罗门教的经典，以后遍游印度各地，在贝勒纳斯曾与其他哲学派别进行辩论，在印度次大陆建立了四大修道院，仿照佛教组织了"十名教团"（Dasnamis），追随他的弟子很多，最后死于喜马拉雅山的基达那特。

商羯罗写有大批宗教哲学著作，其中重要的有：（1）《梵经注》（Brahmasūtra-bhāṣya）；（2）《森林奥义注》（Bṛhadāraṇyakopaniṣadbhāṣya）；（3）《薄伽梵歌注》（Bhagavadgitābhāṣya）；（4）《我之觉知》（Atmabodha）；（5）《问答宝鬘》（Praśnattararatnamālikā）；（6）《五分法》（Pañcīkaraṇa）；（7）《千说》（Upadeśasāhasrī）。

2. 不二论

商羯罗进一步发挥了乔荼波陀的不二论思想。他认为真实最高本体梵（最高我）是世界万物的始基，也是万物的依靠，世界上的一切现象都是从梵中产生出来的。梵是统一的、永恒的、纯净的、先验的意识，它既不

---

[1] 关于商羯罗的生卒年月，麦克斯·谬勒认为是 788—820 年；薄亨达伽（R. G. Bhandārka）认为生年是 620 年；中村元考证为 700—750 年，雷诺（L. Renou）和英戈尔（D. H. H. Ingalles）亦同意此说。

[2] 西藏和尼泊尔史料相继成说。商羯罗曾应尼泊尔国王之请，晚年访问过尼泊尔，他用高压的手段大力推行印度教，从佛教徒手里夺回了兽主寺，恢复了婆罗门教的祭祀仪式，强迫僧尼结婚，烧毁了大约 8.4 万册佛教经籍，甚至追赶逃跑的佛教徒至西藏，这在印度的史料中找不出根据，不足为信。但是由于商羯罗改革了印度教，尼泊尔的印度教受到了影响，因而有了大规模的发展。

具有任何差别、内外、部分，也不具有任何属性、运动、变化。梵既超越于主观与客观，也超越于时间、空间、实体性、因果等的经验范畴。梵不是认识的主体或认识者，也不是认识的客体或对象。总之，梵是不可见、不可闻、不可触、不可说、不可思议的一种绝对实在。

商羯罗认为梵本身是没有任何属性的精神实体，但是一般人从下智去看它，却给它附上了种种的属性，如全智、全能等，这样梵就有了两个，一个是上梵，即无属性、无差别、无制限的梵；另一个是下梵，即有限止的、有差别的，并为属性所限的梵。前者是非经验的和非现象的（ṇisaprapañca），后者则是经验的和现象的，下梵是主观化了的上梵。

商羯罗认为下梵或受无明所限的梵就是神（自在天）、个体灵魂（个我）和世界（jagat）。他对下梵的解释很混乱。在《梵经注》中有三种描述：第一是世界精神，他解释下梵是全能、全智、全嗅、全味的无所不包者，太阳是它的眼睛，天空是它的耳朵，风是它的呼吸；第二是个体灵魂，这个灵魂居于身的中坚，是心的莲花，形如侏儒，长如一指，大如针端，小于芥子；第三是人格化的神，它是生死大海的主宰，世界的缔造者、保护者和毁灭者。①

商羯罗认为世界是梵的一种表现，是梵通过一种魔力——摩耶所创造出来的，摩耶是显现为现象界的名色的根源，是现象界的种子。② 摩耶是一种无明（无知，avidyā）或虚妄认识③，世界是下智的人对于上梵的无明或虚妄认识所引起的。

商羯罗认为梵转变为世界是一种幻现的转变（vivarta）。④ 在这种转变中，因不过是假象地和非真实地转化成了果，但本质是不变的。例如有人把绳看成了蛇，但蛇不过是一种假象，绳在任何时候都是绳，它是不可能变成蛇的。同样，梵变成现象界，现象界也不过是一种假象，梵在任何时

---

① 参见商羯罗《梵经注》Ⅰ.1.18—20，本章所引《梵经注》各节均据《东方圣书》第 XXXIV 及 XLVIII 英译，并参照日译及梵本。
② 《梵经注》Ⅱ.1.14。
③ [印度] 商羯罗：《蛙氏奥义颂注》Ⅲ.36。在商羯罗以后，māyā（幻）和 avidyā（无明）两个词有着不同意义的解释。
④ [印度] 真喜：《吠檀多精髓》21 释："非实易他名，是名为转幻（vivarta）"，参见金克木释《吠檀多精髓》，载《学原》第 1 卷第 7 期，第 22 页。

候仍是梵，是唯一的实在，它的本性是不变的。

商羯罗认为从本体论或绝对的（胜义的，pāramāthikar-sattā）意义上看世界和一切现象都是一种摩耶，它们好似梦、魔术中的象和海市蜃楼一样是不真实的①，"真实的是梵，其它都是不真实的"（brahma satyam jaganmithyā）；但在经验的（世俗的，vyāvahārika）或相对的（āpekṣika）意义上看则是实在的。例如他说，这个世界的表象虽然是不真实的，但它们并不是像兔角和不孕妇女所生的儿子那样是绝对不真实的。② 商羯罗这个经验或相对的实在在学者中引起了不同的争论，有人认为是客观的经验，也有人认为是主观的经验，即意识性的存在。笔者认为后一说比较符合商羯罗的意思，因为在商羯罗看来，世界从相对上看是一种摩耶，是一般俗人无明或虚妄认识的结果，也是心识的假现，绝对和相对乃是一种非本质的（atattvatah，旧译"非实"）差异。

商羯罗认为世界的各种客体都是由梵通过摩耶所创造的，其创造的过程是：梵生五细微原素（空、风、火、水、地），再由五细微原素结合起来生出同名的五粗大原素（空大、风大、火大、水大、地大），空大是由$\frac{1}{2}$空+$\frac{1}{8}$水+$\frac{1}{8}$火+$\frac{1}{8}$风+$\frac{1}{8}$地所构成，地大是由$\frac{1}{2}$地+$\frac{1}{8}$空+$\frac{1}{8}$水+$\frac{1}{8}$火+$\frac{1}{8}$风所构成。水大、风大、火大也是按照同样的比例构成③。至于人可分为细身和粗身，细身是由细微原素所构成，粗身则是由细微原素混合起来的粗大原素所构成。商羯罗这种解释是和《鹧鸪氏奥义》的说法一样的。

商羯罗对于梵和世界的解释是一种客观唯心主义的说明，他运用诡辩的方法从梵推演出了灵魂和世界，他的梵无非就是人类认识的一种变种，一种被夸大和绝对化了的人的理性。商羯罗对于梵的论证，虽然比西方某些客观唯心主义者还要烦琐、混乱和形而上学，但其主要手法则是一致的。这正如马克思、恩格斯在批判黑格尔及其门徒时所指出的："绝对的唯心主义者要想成为绝对的唯心主义者，就必须经常地完成一种诡辩的过

---

① ［印度］商羯罗：《蛙氏奥义颂注》Ⅰ.27。
② ［印度］商羯罗：《蛙氏奥义颂注》Ⅰ.6及Ⅳ.17。
③ ［印度］商羯罗：《五分法》2—40，转引自辛哈（Jadunath Sinha）《印度哲学史》第2卷，印度，1952年，第548页。

程，就是说，他先要把他身外的世界变成幻觉，变成自己头脑的单纯的突发之念，然后再宣布这种幻影是真正的幻影——是纯粹的幻想，而最后便宣告它是唯一的、至高无上的、甚至不再为外部世界的假象所限制的存在。"①

商羯罗的梵融合了印度中世纪各个地区印度教中各个派别以及其他教派所崇拜的实体、神和神灵（甚至是万物之灵）。他想在印度封建分裂的状态下给印度人民假设一个统一的信仰形式和社会生活方式，借以挽救由于封建内讧，政治分裂，种姓、种族和宗教对立等而引起的危机。他的普遍的、至上的和无所不包的梵就是印度封建专制君主的影形。

3. 认识论

商羯罗在实体的存在和经验的存在之间作了非本质的区分，在认识之间也作了不同的区别。他认为对于前者的认识是由"真实认识"或"高级认识"所认识的，对于后者的认识是由"虚妄认识"或"低级认识"所认识的。"高级认识"是一种超越主客观的意识，在这种认识中认识者、认识的对象和认识都是没有区别的，它不为时、空、因果等经验的范畴所限制，"高级的认识"是一种"直接经验"（anubhava，旧译"随受"），它是由修行者在出神状态下直接领悟到的或亲证的一种认识，这种认识是真正的认识；"低级认识"是从现象世界中得来的，它是受着时、空、因果等的限制。它的来源有六：（1）感觉；（2）推理；（3）圣典的证明（证言）；（4）类比（upamāna）；（5）推定（义准量，arthapatti），即从特定事实的结论中推定的一种认识；（6）非存在的认识（无体量，anupalabdhi），这是对于非存在或不存在的一种认识，例如我们能够知道"一个瓶在地上不存在"据说就是由于这种认识而获得的。

从上面的阐述中可以看出：商羯罗的认识论是一种反科学和反理性的理论，这种理论力图排斥认识的客观内容，贬低感性认识和理性认识在认识中的作用和意义，使认识成为一种先验的、绝对的存在，一种感官和科学所不能获得的东西，商羯罗这种认识论是他的宗教修行理论的一个重要组成部分。

---

① 《马克思恩格斯全集》第2卷，人民出版社1957年版，第178—179页。

4. 商羯罗的唯心主义和唯物主义的斗争

商羯罗的客观唯心主义路线是和印度唯物主义传统的路线相对立的。他在《梵经注》《广森林奥义注》等著作中对顺世论、胜论、数论和佛教的一切有部等都进行了无情的攻击。

商羯罗首先攻击了数论原初物质的学说。数论主张由三德所构成的原初物质是世界终极的原因，世界上的各种现象包括意识在内都是由原初物质所演变出来的。另外，数论还主张原初物质以外的神我，但神我是消极的、被动的，由于数论这种不彻底性，让商羯罗钻到了空子。商羯罗认为：没有意识的物质，如果没有具有意识的帮助是从来不起作用的。例如用土制成的瓦罐，需要具有意识的瓦匠所指导。没有意识的牛奶从它的本性中流出只是为了牛犊的哺育。数论虽然承认神我对于原初物质的"指导"和"束缚"的作用，但按照数论的解释，神我是一个"观者""非能动者"，它不具有性质，也是不活动的，因此神我仍然不能起到指导和推动的作用。原初物质必然还有着其他的、精神的原因①。

商羯罗对于数论原初物质的批驳，虽然暴露出了数论的某些弱点，数论还不能科学地解释物质和意识的关系，当然，意识是外界客体通过感官作用于我们大脑的理论，是近代科学的产物。但商羯罗的论点则是反科学的，他进一步深化了数论关于神我的唯心主义理论，在他看来，作为主体的、不活动的神我还不能担负起指导原初物质的作用，因而从外面引入了自然界所不能解释的精神，并且给原初物质安排了一定的目的性，按照这种理论，"猫被创造出来是为了吃老鼠，老鼠被创造出来是为了给猫吃"（恩格斯），这是一种目的论的证明。

其次，商羯罗对数论原子学说也进行了攻击。他认为没有意识的原子决不能生出多样性的世界，这因为：（1）胜论所主张原子是由"不可见力的规律"所推动的，"不可见力的规律"按照胜论自己的解释是没有意识的②，没有意识的东西不可能成为原子的推动者。另外，胜论虽然主张

---

① 《梵经注》Ⅱ.2.3。
② 这里指的是早期胜论对于"不可见力的规律"的解释，在后期胜论中"不可见力的规律"已完全成为神的主宰了。

个体灵魂是实体范畴的一个方面，但胜论的灵魂是以身体和认识器官等的存在作证明的，为此，灵魂、器官等是不能先于创造者而存在，灵魂决不能是创造的原因。（2）如果运动是原子本身的属性，那么原子将会永远不停地运动，永远不停地运动决不能导致客观对象的劫灭（pralaya）。反之，如果静止是原子的属性，那么原子将永远不断地静止，永远不停地静止也决不能致使客体的创造，因此，原子及其属性不能被证明是世界构成及其运动的原因。（3）胜论认为原子具有各种不同的性质，地有嗅、味、触，火有色、触，等等。并且认为原子是最小和不可分割的，如果按照这种意见，不同的性质将会产生不同的结果，性质较多的原子需要较大的容积，性质较小的原子需要较小的容积，因之土的原子是大于火的原子的，既然原子有着各自不同的大小，那么原子将不能说是最小的或者是不可分割的。因此原子决不能是世界最初的原因①。

商羯罗对于胜论原子论的批判也暴露出了胜论原子论的机械论的性质，这在当时自然科学水平的限制下是很难避免的，但是商羯罗的批判是完全唯心主义和诡辩的。商羯罗的批判中值得注意的是（1）（2）两个论点。商羯罗竭尽心思想从否认原子自身的运动方面去否认原子是世界始基的唯物主义原理，他的论点胜论当时虽然没有给予正确的回答，但近代科学的研究完全可以加以驳斥。现代物理学证明：我们周围的世界及其一切现象都是由原子所构成的，原子本身经常处于运动之中，原子是由原子核和电子所组成的，电子围绕着原子核运动着，原子核是由质子和中子所构成的，质子和中子之所以构成原子核就是因为它们具有可变性，具有一种和它们的质的相互转化有联系的特殊形式的内在的运动，原子核和电子在一定的条件下保持着相对的稳定状态，但是这种相对的状态是暂时的、有条件的，而运动则是无条件的、绝对的，正是这种原子及其运动而不像唯心主义者商羯罗所说的其他原因促使了世界上各种现象的产生和消灭。另外，科学也证明：原子是物质的一种结构，原子不是不变的，每种原子都拥有其自己特殊的性质和质量，原子的不同性质绝不能证明它不是物质的，也不能证明它不是世界的终极原因，商羯罗的这种攻击和歪曲与现代

---

① 《梵经注》Ⅱ.2.12—14。

资产阶级哲学家的手法倒是一样的。

再次,商羯罗攻击了顺世论灵魂是身体属性的原理,他的攻击可归结如下:(1)个体灵魂在性质上和形状上是和身体不同的,身体的形状是人们可以见到的,而个体灵魂的性质和形状如意识、记忆等是不能看到的;(2)如果灵魂是身体的属性,并且是由四大所组成的,那么,灵魂(意识)必将作用于自己,但任何东西作用于自己是矛盾的,例如火性虽然是热的,但并不能自烧;(3)在有身体的处所生产知觉,在没有身体的处所就不发生知觉,这一事实并不能证明知觉是身体的属性,例如在睡梦中我们就有知觉的活动①。

顺世论承认意识是人的身体的属性,虽然还未摆脱原始直观的性质,但大体上是一种正确的、唯物主义的说明,这是和现代科学的基本精神相一致的。列宁曾说过:"思维是叫人脑的那一块特别复杂的物质的机能。"② 人只有借助大脑,才能思维,思维是和人的躯体不能分开的。另外,现代心理学也证明,人在梦中的某些心理活动,主要是由于大脑皮质孤立的兴奋点的活动的结果,梦中的心理作用也是和人脑分不开的。商羯罗通过一系列的诡辩,企图把意识和身体区别开来是徒劳和反科学的。

此外,商羯罗对佛教一切有部的"法体恒有"等观点也进行了批判。

商羯罗与顺世论以及其他具有唯物主义倾向派别的斗争表明:印度中世纪唯物主义和唯心主义的斗争是极为尖锐的。科学和宗教是对立的。旧的唯物主义还不能回答唯心主义的一切诘难,只有科学的辩证唯物主义才能彻底战胜唯心主义。

5. 社会思想

商羯罗的全部哲学思想是为他的宗教解脱理论作论证的。他认为解脱就是亲证梵与我的同一,所谓"我就是梵",解脱不是产生一种新的至善福乐的状态,而是除去无知的覆盖,亲证自己至善福乐的本性,正像一个人寻求被遗忘了的自己颈上的项圈一样。他还认为一个修行者在现实苦难

---

① 《梵经注》Ⅲ.3.53—54。
② [苏联]列宁:《唯物论与经验批判论》,人民出版社1953年版,第258页。

的前面无动于衷，不为外物所执也可能获得解脱①，商羯罗宣传这种理论要想使人逃避社会斗争。

商羯罗公开维护以种姓划分为基础的婆罗门教社会生活制度。他认为婆罗门的职责是执行宗教的规定，刹帝利的职责是管理人民，实施世俗的权力，吠舍的职责是经营农牧业和商业，首陀罗的义务是为上等种姓服役，各个种姓只有实行了上述规定才能进入天堂。②另外，他还告诫人民要"布施""自我牺牲""正行""非暴力""温顺""羞愧""不怀恶意""不妄毁""息怒""不伪善"。商羯罗特别挑选这些伦理范畴作为社会的"美德"，不是出于偶然的。我们知道印度历来的统治阶级对付人民一直采用着血腥镇压和狡猾欺骗相结合的政策，他们常常宣称他们是"同情"苦难人民的，并且要用"仁政"来教化人民，实际上是要想缚住人民的手足，麻痹人民的反抗。商羯罗的说教是这种欺骗的典型，是封建专制主义的精神武器。

6. 商羯罗的哲学和社会思想的阶级性格和社会作用

商羯罗是印度中世纪经院哲学的代表，是《奥义书》唯心主义路线的继承人，他的不二论，对后来印度哲学中的唯心主义的发展有着很大的影响。

关于商羯罗的哲学和社会理论的阶级性格和社会作用问题，在目前进步的印度哲学史家中也有着不尽相同的看法。德国的鲁本认为，商羯罗的哲学是为封建专制主义服务的，他"给处在封建分裂状态下的社会提供了一种'一统论'（Universalistischer）的剥削思想体系"③。印度的罗易认为商羯罗是"上升资产阶级的思想家"。他写道："在印度，从七世纪到十世纪是原始资本积累的过程。和这种积累相矛盾的是印度的政治变化，而这种变化在国内的发生则是由于外国人入侵的结果……商羯罗和筏遮塞波底·弥室罗是上升资产阶级的思想家。在那时代里，资本主义特别软弱，而在社会生活中它则与旧东西相妥协，这一点在深入分析商羯罗哲学时可

---

① 《梵经注》Ⅰ.1.4。
② [印度]商羯罗:《薄伽梵歌注》ⅩⅧ.42—44，转引自辛哈《印度哲学史》第 2 卷，印度，1952 年，第 593 页。
③ [德]鲁本:《印度哲学史》，加尔各答，1954 年，第 273 页。

以看出，他一方面过分地赞扬了理智和认识的伟大，而在很多场合，又承认羯磨和直觉。"① 印度在 7 世纪至 10 世纪是否已经出现资本主义的萌芽是一个值得研究的问题。另外，据笔者的看法，商羯罗的认识论是竭力贬低理智和科学认识的，对于商羯罗哲学的评价还需要深入的马克思主义的分析。

7. 商羯罗与佛教

商羯罗虽然对佛教的某些派别进行了批判，但他的哲学理论明显地受到了大乘佛教思想的影响。商羯罗对于梵和幻的论述是和龙树的"舜若"（空）的学说大致相似的，根据龙树的看法，空是唯一的实在，空既不是有，不是无，也不是有无。所谓"非有非无"，"空亦复空"，而商羯罗也认为梵是一种绝对的、纯粹的实在。龙树和商羯罗一样都从客观唯心主义立场出发，灭却主客观的区别，借以否定现实的多样性的现象世界，龙树的空在商羯罗那里变成了梵而已。另外，商羯罗提出上梵和下梵的学说与龙树提出的真谛和俗谛的学说在论证模式和内涵上也大致相似。因之，商羯罗被同时代的人称为"假面的佛教徒"（Pracchauma Bauddha）不是没有理由的。

印度吠檀多的信仰者们常常宣称，由于商羯罗不二论的兴起，佛教在印度就消灭了，这与历史事实不符。关于这一点，我们只要举出 9 世纪佛教逻辑学家法上（Dharmottara）的活动就可以得到证明。

（原载《南亚研究》1986 年第 4 期）

---

① ［印度］罗易：《印度哲学史》，俄译本，莫斯科，1958 年，第 492 页。

印度吠檀多哲学述评（下）

（四）罗摩奴阇的制限不二论

1. 时代、生平和著作

中世纪，印度的农民和手工业者在封建主义的严重剥削和压迫下曾进行过多次的反抗和起义。这些斗争的情形虽然没有被很好地记录下来，但我们在南印度的一些文献和碑铭中还可以知道梗概。[①] 印度中世纪反封建的斗争和其他的国家一样往往采取异端运动的形式，即集中反对正统的印度教以及它所神化了的种姓结构，哲学斗争则是围绕着反对当时占统治地位的吠檀多不二论而进行的。印度中世纪的异端运动被称为"虔诚派运动"，这个运动起源于南印度的泰米尔地区。在11世纪或更早一些时候，在伊斯兰教的影响下，出现了两个主要的、由民间行诵诗人和僧侣组成的印度教说唱团体，一个是信奉湿婆的那衍那罗（Nāya-nāras），另一个是信奉毗湿奴的阿耳伐耳（Ālvars），这两个团体的行诵诗人大力鼓吹对神的信爱，各个种姓在神的面前一律平等，都可以在现世或来世生活中获得解脱。他们崇拜印度教中的主神及其化身，反对烦琐祭祀的仪式和种姓的义务，这种虔信的宣传，经过两三个世纪的发展，后由南方传入北方，联合了各种教派，发展为广大群众的信仰和社会改革运动。这个运动虽然是属于印度教的，但具有各种形式，实际上是印度教的异端，在这种运动的影响下，印度教的吠檀多哲学为了适应新的形势，开始分化，提出了种种新的理论。印度教虔诚派运动在理论上的先驱者是罗摩奴阇。

[①] 参见苏联科学院主编《世界通史》第3卷，上册，莫斯科，1962年，第424页。

罗摩奴阇（Rāmānuja，1017？—1127年）生于马德拉斯附近波罗姆杜尔一个婆罗门的家庭中，他的职业是宗教导师，早年曾就学于商羯罗派的学者耶达伐波罗迦夏（Yādavaprakāśa），后因受阿尔伐尔行吟诗人的影响，提倡和宣传制限不二论的学说（Viśīṣṭādvaita，局限一元论，殊胜不二论）。他是室利兰伽姆（Śrirangam）地方①的著名制限不二论者耶牟那阿阇梨（Yāmunāchārya）的继承人。在他的晚年据说因信仰的原因曾受到朱拉宫廷（Chola）的迫害。他活了110岁。

罗摩奴阇著有大批宗教哲学书籍，其中重要的有注释《梵经》的《吉祥注》（Śribhāṣya）、《吠陀义纲要》（Vedārtha-Saṃgraha）、《薄伽梵歌注释》（Bhagavagītabhāṣya）、《吠檀多灯明》（Vedāntadīpa）等。

2. 制限不二论

罗摩奴阇是吠檀多制限一元论的主要阐述者，他的这个理论是在反对商羯罗的不二论中提出的。罗摩奴阇宣称，宇宙万有的最高本体是梵、最高我或神（毗湿奴），梵是全智的、全能的、无瑕的和无所不在的，它具有无限的神圣性质以及无量的力用。梵是世界和一切事物的创造者、维持者和毁灭者，也是一切有情的主宰者、控制者和赏罚者。世界上的一切现象无一不是梵的权现的化身。②

关于梵和现象界的关系，罗摩奴阇提出了一种与商羯罗有些对立的主张。按照商羯罗的意见，上梵是无差别的、无属性的和无作为的（niṣkriya），任何差别、作为等都是无明的结果。但按罗摩奴阇的意见，梵确是有差别的、有属性的和有作为的（sakriya）。在商羯罗看来，梵转变为现象界（世界、灵魂）是一种幻现的转变，在这种转变中，因不过是假象地或非真实地转变为果，但罗摩奴阇认为梵转变为现象界是真实的转变，在这种转变中因是真实地转变为果，梵和它所变现的现象界都是真实的。因此现象界决不像商羯罗所说的那样是一种摩耶。

罗摩奴阇认为梵所变现出来的现象界不外是个体灵魂（个我）和世

---

① 室利兰伽姆是当时毗湿奴教的中心。
② ［印度］罗摩奴阇：《吉祥注》Ⅰ.1.1及Ⅰ.2.12，本节所引《吉祥注》均据《东方圣书》第ⅩⅣ卷，并参考拉达克里希南《梵经》英译及中村元日译。

界。个体灵魂是梵的精神力（cit-śakti，或译心力、思力）的表现，个体灵魂以意识为本质（识自色，jña-sva-rūpa），它乃是"认识者"（jñatṛ）、"能作者"（kartṛ）、"享受者"（bhoktṛ，即对自己行为后果的享受者）。个体灵魂是和原子（aṇu）一样无限小的，数量是众多的。灵魂散布于肉体的各个方面，正像灯光照耀着全室一样；世界是梵的非精神力（非心力，acitśakti）的表现。世界可分为三类：原初物质（prakṛti）、时间（kāla）和纯粹物质（śuddhatattva）。罗摩奴阇和数论者一样，认为原初物质由于它自身三德的作用，经过若干阶段表现为现象的世界。

　　罗摩奴阇进一步考察了梵、个体灵魂和世界之间相互制约的关系，他认为梵是一方，灵魂和世界是另一方。梵和个体灵魂、物质的关系是"异—同"的关系（bhedābheda）①，即梵、个体灵魂、世界在本质上或本体论的意义上是相同的。但在性质、形式和作用上是相异的。这种关系可用泥土和瓶的关系来说明，泥土是因，瓶是果，泥土和瓶在最高本质方面即在"土"方面是相同的，但泥土和瓶在性质上、形式上和作用上则是相异的。同样，由梵化现出的灵魂和世界在最高本质上是和梵相同的，但梵拥有创造、摄持和毁灭一切的无限力量（sarva-śaktimat），而个体灵魂则没有；梵是无所不在的，而个体灵魂则是存在于身体中的；梵以识或精神为本性（cit-svarupa），而世界则以物质或非意识为本性。以上这些又是相异的方面。罗摩奴阇在这里暴露出了一个矛盾，即梵既以精神或意识为自己本性，那么它又如何具有显现世界的非精神或物质力量呢？罗摩奴阇回答说：一种能生的东西拥有产生和显现出另外一种东西的力量，但这个能生的东西并不就等于所生的东西。例如一个魔术师玩弄出一套虚幻的魔术，但不能因此就说魔术师本人也是虚幻的，同样梵拥有显现出物质世界的非精神力量，这也不能说梵的本性就是物质的。罗摩奴阇的这种诡辩仍然没有掩饰了他哲学体系中的矛盾。

　　罗摩奴阇在解释上述"同—异"的关系后，认为梵、世界和灵魂乃是一个有机的整体，世界和个体灵魂都只是梵的性质（德性）或部分。梵一

---

① 《吉祥注》Ⅰ.1.1；Ⅰ.1.4。

方和灵魂、世界另一方的关系也就是实体和性质或者部分和全体的关系[①]，这种关系如果从实体上看，实体不等于它的任何性质，也不等于所有性质的总和。实体是超越于它的任何所有性质的；如果从性质上看，性质从属于一个实体，但这并不意味着性质就是实体。因此梵尽管被灵魂、世界所制限，但仍然是一个完整的实体。以上就是罗摩奴阇的学说被称为制限一元论或殊胜不二论的由来。

从以上的解释中可以看出：罗摩奴阇的制限不二论大体上还是一种客观唯心主义的哲学理论。罗摩奴阇的不二论与斯宾诺莎的泛神论和黑格尔的客观唯心论有着相同之点，也有着不同之点。斯宾诺莎承认神（实体）的属性和自然的属性是相同的，罗摩奴阇则认为神的属性和世界的属性有着"同一异"的关系。黑格尔认为绝对精神是不为外部世界的假象所制限，而罗摩奴阇还承认实体有被外部所制限的方面。罗摩奴阇承认物质及与事物相联系的时间以及客观世界的真实存在是他的哲学体系中的唯物主义因素。罗摩奴阇这种披着神学外衣的唯物主义的思想反映了中世纪印度下层人民要求正视和改变世界的愿望。这在当时的思想和社会斗争中有着一定的意义。

3. 罗摩奴阇对于商羯罗不二论的批判

罗摩奴阇在《吉祥注》《薄伽梵歌》以及其他著作中对于商羯罗的不二论进行了系统的批判，其中值得注意的是对于摩耶说和认识论的批判。

在前文已述商羯罗认为梵是无差别的、自明的，而神、灵魂和世界是由于无明所引起的幻象。罗摩奴阇针对这种理论进行了反驳。其反驳的意见试概括如下：（1）商羯罗所说的无明必然存在于某种东西中，以某种东西为根底的，无明决不能存在于个体灵魂之中，因为按照商羯罗的意见，个体灵魂自身就是由无明所产生出来的。这是一种自相矛盾。另外，个体灵魂也决不是梵，因为梵是自明的、全知的，它和无明的性质是完全不同的。（2）商羯罗认为无明或幻包盖了梵的真实本性（自所有性，svarūpa），但又认为梵的真实本性是自明独照的，如果无明包盖了梵，那就意味着梵的自明独照、本性受到了破坏，这样，梵就不成其为梵了。

[①] ［印度］罗摩奴阇：《吉祥注》Ⅲ. 3. 45。

（3）关于无明的性质，商羯罗说它既不是一种实在（sat），亦不是一种非实在（asat），而是一种不可描述的东西①，商羯罗这种说法是和经验事实不符的，人类的经验都是从客观事实中获得的，客观事实除了存在和非存在两种范畴以外决没有第三种范畴。（4）无明不能用知觉或推论所可证明②。罗摩奴阇的反驳虽然涉及了一些客观事实，但总的说来还是一种逻辑的反驳。这种反驳抓住了不二论的核心，罗摩奴阇承认世界是实在而不是虚幻的，这在当时唤起人民的意识的觉醒方面有着重要的意义。

　　罗摩奴阇对商羯罗的认识论也进行了驳斥。商羯罗在其《梵经注》中写道："在认识的道路上，只有通过理智（真智——引者注），由于自我认识，人认识了梵。"而罗摩奴阇写道："人的理智没有传播到遥远地方，因此，不是通过理智，而只有借助于虔诚，才能亲证梵。"罗摩奴阇的认识论虽然和商羯罗一样是唯心主义和神秘主义的，但罗摩奴阇在叙述他的宗教感情或直觉内省的道路中并没有否认感觉经验在认识过程中的作用。他认为认识的来源有三：知觉、推论和圣典的证明（证言）。这三个来源的认识都是由客观有限的对象（有属性的对象）所引起的，而且都是真实存在着的。如果离开了对象也就没有认识。例如我们因眼病看到了重叠的双月，这是有生理基础的。在梦中出现的现象是以过去经验的对象（过去的善行或恶行）为基础的。把贝壳看成银币，这主要由于我们感官有缺陷，看到了存在于贝壳中的银币的基本要素（在罗摩奴阇看来，贝壳与银币有着共同的基本要素），而没有看到贝壳的其余要素，这种认识是有客观对象并且是真实的。③ 罗摩奴阇在唯心主义的认识论中肯定认识是主观对客观对象的认识，这是它的唯物主义因素。

　　以上是商羯罗和罗摩奴阇哲学体系的主要不同点。但需要注意的是，他们的哲学理论的基本共同点。他们都主张梵是世界和个体灵魂的终极原因，都相信轮回和解脱，等等。不二论和制限不二论在某些问题上还是互相补充的。罗摩奴阇对于商羯罗的批判是吠檀多内部唯物主义和唯心主义

---

　　① 商羯罗认为在绝对意义上看世界是一种非实在，但在相对或经验的意义上看是一种实在，参见本章前文说明。

　　② ［印度］罗摩奴阇：《吉祥注》Ⅰ.1.1。

　　③ 同上。

一种特殊形式的斗争。这种斗争是当时印度社会斗争在思想领域中的反映。

4. 罗摩奴阇的修行解脱思想

罗摩奴阇和商羯罗的修行解脱观各有所强调。商羯罗认为通过认识使个体灵魂与梵的结合是解脱的主要途径，而罗摩奴阇则强调热诚的信仰（bhakti），使个体灵魂皈依于神或梵。在他看来，神是至上的、公正而又慈悲的，人们只有服从它，沐浴于神恩之中，才可摆脱现世的苦难并趋于永生。为此，他规定了一系列的修持方法（吃干净的食物、离欲、不怯、执行祭祀的规定、布施、对神的虔诚等）。罗摩奴阇在号召人民皈依神中值得注意的是，他打破了种姓的藩篱和歧视妇女①。他认为各种灵魂在神前都是平等的，都有获得解脱的可能，因而人的才能、品性和思想的虔诚比之身份有着更重要的意义。他公开斥责婆罗门的"神圣"和"清洁"，并且要求废除他们的特殊地位。罗摩奴阇的这种思想是他的社会民主倾向，它反映了城市下层贫民和手工业者的愿望和利益。

（五）摩陀婆的二元论

1. 生平、著作

在中世纪，印度南方毗湿奴派中最有影响的哲学家是摩陀婆。摩陀婆（Madhva，1197—1276 年）又名阿难陀底多（喜师，Ānandatīrtha）和普罗那般若（史谭悲，Pūraṇaprajña），生于南印度卡那拉地区附近的乌迪皮（Udpi），少年时即出家为行者，初随阿修多波罗哩伽沙（Achutapreksa）学习商羯罗不二论，后又自创二元论体系并建立了毗湿奴派中的一支——摩陀婆派，他在乌迪皮建立的黑天寺迄今仍是该派的活动中心。

摩陀婆写有大量著作，归他名下的有 37 种，主要是对《梵经》《薄伽梵歌》《奥义书》等的注疏。他用韵文写作的《阿奴吠耶佉耶耶》（Anuvyākhyāna）解说了他自己所作的《梵经注》，共 1900 颂，是研究摩陀婆哲学思想的重要典籍。后世对摩陀婆的《梵经注》有很多注释、附注或释补。其中重要的有 13 世纪帝利吠伽罗摩（Trivirama）所写的《真理

---

① 据说在罗摩奴阇教团中曾收留妇女首陀罗。

灯明》（Tattvapradtpikā），14 世纪贾耶底多（Jayatītha）所写的附注（Tattvaprakāśika），另外，还有一些阐述摩陀婆的逻辑学和认识论的著作。

2. 范畴说

摩陀婆综合了毗湿奴派的神学和吠檀多的哲学思想，并吸收了数论、胜论—正理论和耆那教的一些思想，建立了与商羯罗相对立的二元论体系。有人还认为他的哲学思想曾受到基督教、摩尼教和伊斯兰教的影响。

摩陀婆认为，宇宙的各种存在可以归结为十个范畴，即实体、性质、运动、普遍、特殊、有限（visista）、全体（amśt）、能力（śakti）、相似（sādrśya）和非存在（abhāva），这些范畴（谛义、句义）我们在胜论—正理论和弥曼差派都已见到，但是摩陀婆对很多范畴的内容有着不同的解释。

摩陀婆认为，实体范畴是最根本的，它可分为以下类别：即最高我或神（毗湿奴）、吉祥天女（Laksmī）、个我（个体灵魂）、未开展的空间（avyākrtākāśa）、原初物质（自性）、三德、大自我意识（我慢）、统觉、意（心）、感觉和行动器官、粗大原素（大）、细微原素（唯）、无明、声、暗（andha-kāra）、倾向性（行，vāasnā）、时间和映象（prabibimba）。实体范畴的演变（转变，parināma）和展现（显现，abhivyakti）都是物质自身的原因，整个世界都是从属于演变过程的。神和个体灵魂（个我）虽然是由于显现而被认知的，但是它们不属于演变的范围以内。笔者将在下文中要详加说明。

未开展的空间是与空间不同的，它不被创造，也不劫灭，因此是永恒的空无。时间共存于其他实体之内，是产生一切事物的普遍原因。原初物质是世界物质的原因，神或造物主进入原初物质，并通过原初物质塑造了各种形式并显现它自身为杂多的现象，三德（喜、忧、闇）、统觉、自我意识、五感觉器官、五行动器官、五粗大原素、五细微原素等都是原初物质在演变的不同阶段的产物，这种解释和数论基本相同。摩陀婆认为，无明和原初物质一样从属于演变的范围以内，它为自然的性质所掩盖，因此，受到世界的系缚。

摩陀婆对性质范畴、运动范畴的解释与胜论极为相似，但在性质范畴中增加了一些属于心理的东西，如自制、慈爱、忍耐、力量（bala，胜论作勤勇）、恐惧、羞耻（lajjā，佛教作惭愧）、美丽、英雄气概和宽大等，因此，在数目上超过了胜论所列的 24 个。这种添加显然是为了说明造物主或神的伟大，出于信仰的需要。胜论对运动范畴（业句义）的解释偏重于对人和事物的自然活动（如上下、左右、屈伸等），但摩陀婆把运动和神联系了起来，赋予了神学和伦理的意义，认为运动或业是神的本质，主宰着宇宙的创造和劫灭，人的活动将造成不同的后果。他把运动分为积极的和潜在的两种，前者为人们感官所感觉到的活动；后者则是不能被感觉到的活动。摩陀婆这种解释无非是要为业根轮回的存在提供理论的依据。

普遍范畴在胜论—正理论中被认为是一切事物之中的普遍本质或共同点，它是单个和不变的，但在摩陀婆看来，普遍范畴在永恒的事物中是永恒的，在不永恒的事物中是不永恒的；只要有个体的存在也就会受到限制。他不承认实体、性质和运动之间在变化过程中的内属关系（胜论承认这种内属关系，并作为单独的范畴）而承认实体、性质和运动之间的有限关系或有限性，并把有限性看作一个单独的范畴。

摩陀婆特别强调特殊范畴的意义。他认为一种事物被了解为多样性主要是由于特殊性范畴的存在（原因），因此特殊性是事物的本质，它是自明的，被自己的特殊性质所界说或定义。摩陀婆曾提出这样一个问题：如果每一个实体是由它所拥有的或附属于实体的无数性质所构成的，那么，在实体和性质（例如蓝色与瓶，白色与花）之间就会出现很多关系；如果实体等同于性质，那么，实体的劫灭也就是性质的劫灭；如果我们用一个词来代表某一个实体，那么，这个词也就代表了实体的性质，但是实际上并不是这样。要正确说明这些问题我们必须假定有作为各种性质基础的特殊性范畴。例如瓶内的有限空间与瓶外广阔无垠的空间是不同的，我们只有承认了在空间中特异性的存在，才能区别上述两者之间的不同。胜论和摩陀婆不同的道在于：前者承认特殊性是永恒的实体的特征，后者则承认分别永恒的和非永恒的实体的特征。摩陀婆这种解说是要为承认神或梵与个我、世界的不同作出结论。

摩陀婆和弥曼差派一样承认能力是一个独立的范畴。他把能力范畴分为四种：（1）在神中不能见或思议的能力（acinty-śakti）；（2）原因的能力（kāraṇa-śakti），这种能力存在于事物之中，是各种事物变化的原因；

(3) 行事的能力（adheya-śakti），通过一定祭祀和仪式所产生的能力；(4) 语句的能力（pāda-śakti）。弥曼差派认为能力范畴是一种事物能生它们自己结果的原因，是潜藏于自然和一切事物中的力量，这种说明有些像希腊亚里士多德所主张的"潜能"，但是，在摩陀婆看来，能力范畴是一种神秘主义的宗教力量，他所说的行事或语句能力范畴实际上就是通过祭祀仪式和读诵婆罗门教的经典所获得的奇异力量。

摩陀婆认为，宇宙的各种存在是由十个范畴所构成的。他有时把十个范畴概括为神、灵魂（个我）、原初物质（自性）和物质（jaḍa）四个。① 认为神是独立的存在，个我、原初物质和物质是依存的存在，独立的存在和依存的存在之间有着永恒的差异性。因之，有些学者认为这是一种多元实在论的见地，但笔者认为这种说法可以适用于胜论的范畴说，而不适用于摩陀婆，因为摩陀婆最终认为神是最高的、独立的存在，其他范畴都是依存的存在，所有精神和物质的东西都是按照梵或神的意志所创造出来的，因此，从这个根本立场上看他还维护着一元论或一神论。他所主张本体和性质之间的特殊或差异不能成为绝对的差异，他要在整体或普遍性之中建立他的差异性或特殊性是不可能的。摩陀婆承认各种存在之间的差异正是要消灭差异性，其根本的目的是要树立绝对的、统一的存在（神），这是唯物主义和唯心主义斗争常见的一种形式，也是印度古代有很多唯物主义倾向的哲学附庸于唯心主义或神学体系之中，最后失去其自身独立性的原因。例如数论、胜论、正理论等都是这样被纳入印度教的神学体系的。

3. 二元论

印度传统把摩陀婆的哲学归诸吠檀多的二元论。所谓二元论是指实体与它的性质不同，这与我们现在所称哲学上的二元论有着不同的了解。摩陀婆认为，实体有两种：一种是自存或独立的存在（svatantra），另一种是依存的存在（asvatantra），自存的存在是梵或毗湿奴，② 依存的存在是个我

---

① ［印度］摩陀婆：《梵经注》（V.4.3）。见达斯古普塔在《印度哲学史》第4卷第150页注1中所引梵文原颂。

② 又称最高我、世尊、内制者等。

和物质世界。

梵是至善的、圆满的、最高的精神实体，它的本质是"真知乐"。梵拥有无限知识、无限权力、无限力量、无限统治、无限勤勇和无限光荣等六种属性，并是创造、持存、毁灭、控制、知识、无明和解脱的原因①，总之是世界的动力因。

个我也是一种精神实体，它的数量不是单个而是多个，形如原子。个我是认识者、享受者和动作者，它的本质是无限的智慧和喜乐，但覆盖着善与恶的业障。个我虽然依赖于梵或神，并受到它们的控制，但仍然保持着相对的独立。摩陀婆强调梵与个我不能等同为一，梵是被崇拜的主人，而个我则是他的仆从，梵是绝对的、无所不在的和至善的存在，而个我是有限的、部分的和具有苦乐的存在，梵寓于个我的身体之中但并不体验个我的欢乐与痛苦，梵是道德的管理者，它根据个我的善恶而施与相应的果报。

个我（个体灵魂）分为三种：(1) 常存的（nitya），如吉祥天女等；(2) 解脱的（mukta），如神、仙人、祖先（父亲）、人等；(3) 系缚的（badaha），在系缚的灵魂中，有的可以获得解脱，有的永劫于轮回，有的则坠入黑暗的地狱。摩陀婆在印度教万神殿中独尊风神伐由，认为风神伐由是毗湿奴的儿子，自己的化身，是神与个我的媒介者，风神把智慧赋予人，并在人死后把其个我引导到毗湿奴那里。

世界是物质的实体，原初物质是世界创造的质料因，神通过原初物质塑造了世界上各种不同的形式并显现为杂多的现象。梵与原初物质共存于时间和空间之中。

摩陀婆总括上述梵与个我、世界的关系有着五种不同，即梵与个我，梵与非精神的物质，一个我与他个我，个我与非精神的物质，一个物质与他个物质都是俨然相异的，而且这种别异性会永远存在，因此，被称为五别异论。

4. 商羯罗、罗摩奴闍与摩陀婆

商羯罗认为，梵和个我、世界在本性上是不二一元的，人们认为梵和个我、世界的别异是由于无明认识的结果，而摩陀婆认为，在三种实体之

---

① 这是摩陀婆在《梵经注》对梵所作解释的概括。

间以及每个实体内部之间都有着差异性；商羯罗认为，梵显现或转变为个我和世界是一种幻现的转变，在这种转变中因不过是假象地转化成了果，因是真实的，果是虚幻的，现象世界不过是一种摩耶（幻），而摩陀婆认为梵和现象世界一样都是真实的，因转化为果是真实的转变，因和果都是真实的，因是未展现的果，果是已展现的因。摩陀婆问道：世界真实或不真实的究竟是不是幻呢？如果承认它是真实的，那就是对不二论的妥协；如果是不真实的，那么，世界的表现是真实的（异义反驳）。① 商羯罗认为，神是下梵或受无明所限的梵的显现，而摩陀婆认为，神本身就是梵，它是全智的、全能的、无所不在的。无明只不过是一种消极的实体，它显然是依借神的意志掩盖了我们自然的智慧，但本身则是实在的。从以上几点说明中可以看出：商羯罗、摩陀婆在对待梵、神和世界等问题上是对立的，因之摩陀婆派的信徒常常谩骂商羯罗是恶魔摩尼摩特（Maṇimat）的化身或者是假面的佛教徒。②

　　罗摩奴阇与摩陀婆都认为吠陀是永恒的，毗湿奴是最高的权威。他们都承认梵、个我和世界是真实的，个我的形态如原子，认识的来源是知觉、推理和证言。但是摩陀婆认为，梵或神是不同于个我和物质世界的，神和个我、非精神的物质没有联系，正像灵魂（个我）和身体没有联系一样，精神和物质两种矛盾的性质在神或梵那里是不能同时并存的；而罗摩奴阇认为，个我和非精神的物质在神那里是可以同时并存的。

　　摩陀婆、罗摩奴阇对商羯罗不二论的批判，除了有着认识论的根源和宗派主义偏见外，还有着社会的根源。在摩陀婆派兴起的时候，印度虔信派运动已具有了相当的规模，开始由南方传入北方，这个运动反映了中世纪下层人民特别是农民的思想和利益。他们要求从封建的压迫和种姓的桎梏中解脱出来，要求重视生活，改变生存的社会环境，对世界抱着积极肯定的态度，因此，摒弃了商羯罗和大乘佛教对世界和人生如梦如幻的看

---

　　① ［印度］师子贤：《六派哲学纲要》（V.36），梵本，1924年。
　　② 最早见于那罗衍那·跋陀所写的《摩尼花蔓》（Mani-Mañjari）。那罗衍那描绘商羯罗是恶魔摩尼摩特的化身，他在湿婆神的庇护下，宣传为下贱之人所信仰的、披着吠檀多外衣的佛教学说。商羯罗无情地拆毁庙宇，残害妇幼等。我国藏文的佛教资料也有同样的说法，参见达斯古普塔《印度哲学史》第4卷，剑桥，1912年，第52页。

法，而且他们要求按照婆罗门教的哲学改造社会和政治组织，实现宗教和社会的平等。摩陀婆主张对毗湿奴的信仰是人类社会共同的目标，也是个人精神获得解脱的手段，为此，他认为下等种姓（首陀罗）有权学习梵的知识，贱民（旃陀罗）可以皈依于神，获得神的同样恩宠，这一点是和商羯罗截然不同的。另外，摩陀婆在进行宗教的改革中，废除了长期以来奉行的、用牲畜作为牺牲的血祭仪式。

5. 认识论

摩陀婆认为，确切地认识就是如实地把握它的客体或对象的性质。认识包括认识的主体和认识的客体，如果缺少了它们中间的一个或者两者之中任何一个有着缺陷就不能获得正确的认识。认识包括两种：（1）直觉的认识。它又分为：①对创造主（自在天）或毗湿奴的直觉认识；②对吉祥天女的直觉认识；③瑜伽行者的直觉认识；④一般人的直觉认识。（2）通过认识方法或途径而获得的认识。它可分为知觉、推理和证言三种：①知觉。摩陀婆给知觉所下的定义是"没有缺陷的感觉器官和没有缺陷的外界对象的接触"①。感觉器官分为两种："自我认证意识"（sākṣin）和生理感觉器官。前者的认识对象是自我的各种纯粹存在（无明、心及其各种变化、苦乐、时间、空间等）②；后者包括着眼、耳、鼻、舌、身和心（意），其相应的认识对象是色、声、香、味、触及外界的一切事物。"自我认证意识"是一种积极的、主导的认识工具，指导着生理器官的活动。摩陀婆认为，知觉主要是对此地、此时和就近的范围以内对象的认识活动，至于对过去、将来和远的范围以内的对象认识，则要依靠推理。②推理。是把知觉和证言所提供的材料给予鉴别或加以系统化，所谓"再次的证实"。摩陀婆和正理论一样认为推理是从某一事物的表征（相）推知其他事物，这中间中词（理由）和大词（命题）的普遍必然关系（回转）是推理的基础。他把推理分为有余比量、有前比量和平等比量三种。③证言（圣教量）。摩陀婆把证言分为个人的证言（pauruṣega）和非个人的证言（apauruṣeya），

---

① ［印度］摩陀婆：《量相论》（Pramāṇalakṣaṇa），转引自 P. N. 劳（P. Nagaraga Rao）《吠檀多二元论的认识论》第 52 页，印度阿耶尔研究中心 1976 年版，第 45 页。

② 同上书，第 53 页。

前者是被造的、不一定可信的；后者是天启的、永恒无误的，即是吠陀、《奥义书》《薄伽梵歌》《往事书》等经典所启示的认识。摩陀婆认为，应该从整体上接受吠陀的教义，不必拘泥于章节上的了解。

摩陀婆的认识论是为他的神学目的论作论证的。他在印度认识史中提出了"自我认证意识"作为综合和调整各个生理器官所得认识的工具，具有一定的科学意义。另外，他要求从整体上来理解吠陀的意义，把吠陀看作理性的最高表现，实际上是对吠陀仪式主义的修正。

（六）尼跋伽的二元不二论

公元8—16世纪，印度封建社会进入停滞时期，印度教中出现了毗湿奴、湿婆、性力三个主要派别以及它们的无数分支，这些派别大多以吠檀多哲学为其神学的理论根据，在吠檀多派中也出现了很多形式，除上述商羯罗的不二论、罗摩奴阇的制限一元论和摩陀婆的二元论外，还有尼跋伽的二元不二论、筏罗婆（伐拉巴）的纯粹或清净不二论、查伊泰尼耶（Caitanya，1485—1533年）的不思议不一不异论、湿婆圣典派的湿婆不一论（Bheda-Vāda-Śava）等。

尼跋伽（Nimbārka 或 Nimbāditty，约1062—1162年）是毗湿奴派的一支——尼跋伽派的创始人，出生于南印度的泰卢固地方，原是泰卢固薄伽梵派的信徒，以后迁居北印度摩吒罗市附近的薄利陀伐纳（Vṛndāvana），自成一派，著有《十颂》（Daśaśaloka）和对《吠陀经》的注释《吠檀多芳香》等。尼跋伽的思想受到罗摩奴阇的强烈影响。他承认有三种实体，即梵、个我和非精神的物质。梵是最高的、最大的和无限的实在，也称为黑天或诃哩（Hari），它超越于时空的限制，是世界上一切精神和物质现象的创造主和动力因。梵和个我、物质世界的关系在本性上是不一不异的，这种关系正像蛇和蛇团，太阳和它的光线一样，由梵演化为个我和物质是一种因化为果的真实转变。他的这种学说被称为二元不二论。尼跋伽认为奉事神，获得神的恩宠是达到解脱的主要手段，修行的方法有五：行事、明知、念想、皈依最高神和归从师长。尼跋伽的《吠檀多芳香》有室利尼伐沙（约13世纪）的复注《吠檀多珍言》以及耆舍伐伽室弥琳（Keśavakaśmīrin，约16世纪）对《吠檀多珍言》的附注。

(七) 筏罗婆的纯粹不二论

筏罗婆（伐拉巴，Vallabha，1473—1531 年）是南方毗湿奴派的一支——大王派的创建者，出身于泰卢固的一个婆罗门家庭，生于圣地贝纳勒斯附近的波姆尼波罗耶，早年丧父，出家后游学各地，曾与商羯罗派的学者进行辩论，以后一直在北印度摩吒罗等地活动。归他名下的著作有 84 种，其中重要的有对《梵经》所作注释的《微注》，对《薄伽梵往事书》所作注解的《修菩提尼》（Subodhini）以及阐述自己思想的《多答伐利泰提波尼钵陀》（Tattvārthadīpanibandha）和《自注》（Prakāśa），另外，还有《悉昙秘文》（Siddhānta-rahaṣga）等 17 个诗篇。筏罗婆提出了一种叫作纯粹或清净不二论的学说，认为梵和个我、物质世界本来是不异的，梵是最高的实在、万有的创造主，即是黑天。这种学说一方面坚持商羯罗所主张梵与个我、物质世界不异的思想，但同时又否定了商羯罗梵显现为个我和世界是一种摩耶或幻现的观点。在筏罗婆看来，作为原因的梵和作为结果的个我和物质世界在本性上都是清净纯粹的，即"真知乐"。他把个我作了三种不同的区分：作为"自在力"的"纯粹我"，经验生死的"轮回我"和具有明知的"解脱我"，"解脱我"也就是梵或黑天。他认为，人对黑天的虔信也就是使"解脱我"与梵或黑天结合为一，对神的皈依是解脱的主要手段。这样，他一方面否定了罗摩奴阇和摩陀婆所提倡的创世说；另一方面又否定了商羯罗的现象世界如幻说，认为个我和物质世界不是空幻的，它们像神一样是真实的。

吠檀多的其他派别在本体论和认识论上与上述的基本派别大同小异，这里就不一一列举了。

三 吠檀多的现代影响

总体来说，吠檀多在其长期的发展过程中是一种官方的思想体系，这种思想在目前印度资产阶级思想界中仍然占着极为重要的地位。近现代的著名思想家如辨喜、泰戈尔、阿罗频多、薄伽凡·达斯（Bhagavan Das），克里希那·穆蒂（J. Krishna Murti）等都是这种学说的热诚信仰者。他们从不同的需要对吠檀多进行了不同的解释。例如辨喜的"行动的吠檀多"，阿罗频多的"完整的吠檀多"（Integration Vedānta），泰戈尔的"人格主义"，拉特克里希南的"完整经验不二论"（Advaita of Integral Experience）等都是吠檀多路线的继续，但他们中间也有着不同的情况。如泰戈尔、阿罗频多等都对商羯罗不二论的世界是幻的学说进行了批判，确信世界是真实的，而达斯和拉特克里希南则仍然支持着商羯罗世界既存在又非存在的主张。这种对于吠檀多学说的不同态度是由资产阶级各个阶层的不同利益和行动需要所决定的。近年以来资产阶级学院派对于吠檀多的解释有和西方唯心主义哲学汇合的趋向。在这方面最突出的是薄泰恰里雅（K. C. Bhattacharya）和拉特克里希南。薄泰恰里雅企图糅合不二论和康德的学说，拉特克里希南企图用新黑格尔学派的学说去解释商羯罗的不二论。

马克思主义在印度传播后，资产阶级的卫道者们为了抵制辩证唯物主义的发展，他们扬言"唯一代替这个……马克思哲学的是商羯罗的不二论"[①]。但是他们除了不嫌烦琐地搬弄吠檀多的陈腐教条外，没有提供任何新的科学论据和生活实践的证明。另外，有些自称马克思主义者的人也竭力渲染吠檀多主义。例如巴尼·德希班底（Bani Deshpande）在其所著的《吠檀多的宇宙》一书中，公开宣称辩证唯物主义渊源于吠檀多，在瑜伽的直觉中已经可以看到辩证法的形式。德希班底的观点受到了印度进步哲学界的批评，为此在1975年前后开展了一场关于马克思主义和吠檀多主义的争论，最后汇辑出版了《马克思主义与吠檀多》一书。

吠檀多传入西方以后对于资产阶级的某些哲学派别和人物也发生过一定的影响。例如现象学派的雅斯贝尔斯，人格主义的布莱特曼，实用主义的杜威以及唯意志论的叔本华等等都对吠檀多哲学推崇备至。雅斯贝尔斯在论证他的哲学本体"无所不包者"时曾借鉴于吠檀多梵我理论。他写道："对我成为对象的万物，我觉得，是从'无所不包者'而来的，而我作为主体也是从那个'无所不包者'而来的。对象对我来说是一个确定的

---

① ［印度］朱杜利（M. S. Chowdhury）：《吠檀多对于马克思主义的回答》，载 *Darshna* 第2卷第1号，1962年1月，印度，第108页。

存在。'无所不包者'，对我的意识永远是暧昧不明的。因此，'无所不包者'是仅仅——在客观现实与视野中——宣示自己的那个东西，但它从来不能成为对象和视野。"[1] 布莱特曼也认为罗摩奴阇是人格主义历史经验的"显著"的例子[2]。现代量子波理论物理学家薛定谔在其解释量子理论时也求助于吠檀多不二论。他说："我们所感知的多样性仅仅是一种表面现象，它们并非实在。""吠檀多哲学用水晶石来比喻这一原理：看上去似乎有千百个小图像，实际上只是反映出同一个存在物。"(《1934年都柏林大学的讲演录》) 目前美国、法国、英国、瑞士、德国都设有吠檀多研究中心，大力宣传吠檀多的思想。

(原载《南亚研究》1987年第1期)

---

[1] [印度] M.K.马勒毫托拉：《雅斯贝尔斯哲学与印度哲学》，原引自雅斯贝尔斯《哲学导论》，第30页。
[2] [美] 布莱特曼：《人格主义》，见费尔蒙编《哲学体系史》。

印度弥曼差哲学述评

一 名义、史料

弥曼差派是婆罗门教正统哲学派别之一。弥曼差（Mīmāṃsa）一词是由梵文 man（思维）的语根所派生，有着"思维审议""审察考究"等意思。我国旧时音译为"弥息伽"或"弥鞯婆"，弥曼差的奉行者或学者称为"弥曼息伽"（Mīmaṃsaka）。例如清辨（490—570 年）在《般若灯论》中释："弥息伽外道所计，声论是常"。弥曼差的学说也称为"声常住论"（"语言不灭论"，Śabda-nityatā-vādin），这概括说明了弥曼差的本体论问题，但往往与古代印度文法学派相混淆，易滋误解。

弥曼差系指对吠陀祭祀、礼仪的方法及其意义的"审察考究"。弥曼差派原先是统一的学派，后来逐渐发展成为弥曼差派及吠檀多派。前者着重考察研究吠陀所属的祭祀、礼仪等固有部分（业品，Karma-kāṇḍa），即《吠陀本集》《梵书》等，因此被称为前弥曼差派（Pūva-Mīmāṃsa）或祭事弥曼差派（业弥曼差，Karma-Mīmāṃsa）；后者考察吠陀所属最后的哲学部分（智品），即《奥义书》等，因之被称为后弥曼差派（Uttava-Mīmāṃsa）或者知识弥曼差派（智弥曼差派），由于吠檀多派着重探讨最高本体梵的问题，因之也称为梵弥曼差派。我们现在所说的弥曼差派通常指的是前弥曼差派，但是这种划分在古代并不是很清楚，一个弥曼差的学者常常既从事吠陀祭式的研究，也从事吠檀多哲学的探讨。

二 弥曼差的起源和发展

关于弥曼差的起源，在目前学者中有着不同的解释，从史料上看，弥曼差起源于婆罗门教确立祭祀主义的梵书时期。在古老的《百道梵书》和《侨尸多基梵书》中曾提到过有一批祭式学者（弥曼差师）讨论过祭祀本身所产生的效果问题，但是有些研究者指出：婆罗门教中有关祭祀仪礼等等的实施在梵书以前还有着一段口头流行的传统时期，因为在吠陀赞歌中，吠陀被认为是由于祭祀所得效果的权威，而非吠陀本身是权威。[①] 这种把祭祀本身看作权威的思想是弥曼差的萌芽。弥曼差的这种原理后来被"传承"的经典如《阿尸伐罗耶那法经》《阿跋斯檀巴法经》和《僧佉衍那经》等所阐述，这些经典在讨论婆罗门教的祭仪等疑难时常常援引弥曼差师的意见作为根据，从而改变了吠陀祭祀的先前传统。嗣后，在这些经书的基础上又作了很多的修正与补充，对吠陀祭祀的意义统一了解释，并给予了定义，因而产生了《弥曼差经》。

《弥曼差经》相传为阇弥尼（Jaimini）所作，他是弥曼差派的建立者，但是我们对他的生平一无所知。婆罗门教天启经和家庭经中都有一种归附在他的名下。在《弥曼差经》中阇弥尼的名字像其他的弥曼差师一样共被提到过5处，甚至在一处把他看作明显的论敌（《弥曼差经》Ⅵ.3.4）[②]。因此，有些学者推论，阇弥尼可能是一个祭式学者或者是古代一个氏族的名字[③]，而决不可能是《弥曼差经》的直接作者。《弥曼差经》是在一个相当长的时间内逐渐形成，或者最初由阇弥尼编纂起来的，其创作年代大概在《吠檀多经》（《梵经》）以前，即公元前100年前后。阇弥尼生活的时代大概在公元前200年至前100年前后，现行的《弥曼差经》是在阇弥尼死后200年前后才最后完成的。

《弥曼差经》内容十分芜杂，分不清哪些是阇弥尼本人或所引别人的，或者后人附加的。摩陀婆（14世纪）列举为12篇60章，共915经

---

① 参见［印度］基思（A. B. Keith）《业弥曼差》第2版，印度，1978年，第1—2页。
② 本文所引的《弥曼差经》及山隐师注疏，主要是根据殃伽那他·贾（Gaṅganath Jha）的梵英对译本《弥曼差经及山隐师注》，盖克沃德东方丛书，巴罗达，1933年。殃伽那他·贾的英译本选辑编入拉特克里希南所编《印度哲学史料》一书中。另外，他自己所辑的《前弥曼差史料》中也分类列入。《前弥曼差史料》第2版于1964年由贝纳勒斯印度教大学出版。译文参考日本中村元《吠檀多哲学的发展》，岩波书店1955年版；木村泰贤《印度六派哲学》第6版，丙午出版社1920年版。以后简称经或注，不另说明。
③ ［印度］德·恰托巴底亚耶：《印度哲学》，黄宝生、郭良鋆译，商务印书馆1980年版，第51页。

（文），现代学者基思计算为12篇6章，共2652经或2742经。① 现据摩陀婆所列的12个标题，简介如下：

第一篇　认识论：论述认识的来源基于对"法"（祭祀、人的道德职责）的研究，这是讲哲学的部分；

第二篇　祭仪的形式：论述各种祭仪的主要和次要形式，进一步阐述上篇所论认识的来源或方法，并驳斥其他教派对这一问题的观点；

第三篇　天启经典：论述吠陀的特质，讨论天启经典与传承经典发生矛盾时应如何处理；

第四篇　仪式之间的相互影响：论述主祭与副祭的关系；

第五篇　天启经典的顺序：论述吠陀赞歌的顺序及与此相应的各种仪式的顺序；

第六篇　行祭的条件：阐述祭祀者、祭官的资格与义务，供物的内容和分类；

第七篇　祭仪互相引用的方法：如吠陀没有明文规定时，可采用其他祭式，列举其他祭式的名称和特征；

第八篇　引用的根据；

第九篇　引用赞歌的方法：阐述在祭仪中如何运用祭词和赞歌；

第十篇　祭式的废止：论述在某种场合时祭式应废弃，在某种场合时应举行；

第十一篇　祭仪根本原理的说明；

第十二篇　特殊的祭祀行法：阐述为了达到特定的目的而行祭的仪式②。

《弥曼差经》认为祭祀包括五个方面：（1）仪规：论述仪式的规定；（2）祭文：分为赞歌、歌咏、祭词；（3）祭名；（4）禁制：说明祭祀应禁忌的事项；（5）释义：说明祭祀的由来及其效果。

《弥曼差经》现存最早的注释是夏伯罗斯伐密（山隐师，Śabrasvāmin）

---

① ［印度］A. B. 基思：《业弥曼差》，第4页。M. 希利衍那认为是2500经，见《印度哲学史纲》，伦敦，1956年，第301页。

② 参见 G. 贾《前弥曼差史料》导言，第10页以下；木村泰贤《印度六派哲学》，第41—44页。

所作的《山隐师注》（Śabra-bhāṣya）。关于山隐师的生平，我们知道的很少①。据说他原名阿提底耶提婆（Āditiyadeva），因逃避耆那教的迫害，隐居山中，因而得名。一般认为他是4世纪以后人。《山隐师注》中曾援引过很多对《弥曼差经》注释的先驱者如乌波伐利婆（Upavarṣa，约450—500年）、菩陀耶那（Bodhāyana，约500—550年）②、薄伐陀婆（Bhavadāsa,？）等的言论，因此可以推知在山隐师以前还有一批对弥曼差的评注者，这些评注者不但对山隐师的注疏而且对以后弥曼差的发展也有影响。《山隐师注》对弥曼差的哲学思想作了比较系统的阐述，奠定了弥曼差派的理论基础，因此使弥曼差派与吠檀多的界限愈来愈明显了。

继山隐师之后著名的弥曼差师是鸠摩利罗·跋多（童中师，Kumārila Bhaṭṭa，约7世纪人）和波罗跋伽罗（光显，Prabhakakara）。他们对《山隐师注》作了复注。童中师作了《颂释补》（Ślokvārttika）、《义理释补》（Tanra-vārttika）和《图波底迦》（Ṭupṭikā）。光显作了《大释补》（Bṛhati）和《小释补》（Laghvī）。据说童中师是光显的老师，但也有人持不同意见。童中师的生平在藏传佛教的记载中有着神话般的色彩，不足为信。③ 据西藏著名的佛学家多罗那他（1575—1634年）在他所著的《印度佛教史》中说，童中师是藏王松赞干布（？—650年）的同时代人，公元635年曾和法称进行过辩论，不管佛教徒对他进行过如何的诽谤，但他确是印度思想史中卓越的人物，对印度哲学和逻辑思想做出了重要的贡献。关于光显的史实，我们也一无所知。由于童中师和光显在解释弥曼差的一些原理中有着很多歧异，以致他们的后继者们分成童中师派和光显派。前者被称为跋多派，后者被称为师尊派，两者各有所承。

---

① 关于山隐师的史实，见 G. 贾《前弥曼差史料》，第16—19页。

② 据日本宇井百寿和中村元的研究，菩提耶那从实在论的立场出发对佛教瑜伽行派的唯识无境进行过批判，是一个实在论者。见［日］宇井百寿《印度哲学史》，1931年，第610页；［日］中村元《吠檀多哲学的发展》，岩波书店1955年版，第34页。

③ 据藏地佛教所传，童中师出身贵胄名门，拥有大量的耕地和男女奴仆各五百人，开始修习佛乘，后改信婆罗门教，曾与法称进行过辩论，遭到败北，因自惭冒渎师尊，反对神明，投火自焚于多利笨尼河滨，当烈火烧至半身时，吠檀多大师商羯罗曾往营救，不从而死，这种神话曾被很多学者驳斥。商羯罗的年代要晚于童中师。参见［印度］G. 贾《前弥曼差史料》，附录第21—26页；［印度］基思《业弥曼差派》，伦敦，1921年，第9页。但奇怪的是，像这样一个与佛教有关系的人在同时代去印度巡礼的玄奘、义净都没有提到他。

光显派最著名的代表人物是夏利伽那特（夏利伽主，Śalikanāth），他的生平我们也不是很清楚，可能生活在9世纪，夏利伽那特对光显的《大释补》和《小释补》分别进行了详注，写出了《真诘》（Rjuvimalā）和《解明》（《灯明》，Dipaśikhā），另外，还制作了阐述弥曼差原理的纲要书《详注》（Prakaraṇa-PaNcika）。9世纪筏遮塞波底·弥室罗（Vāspati Miśra）写出了对《真理一滴》的评注，婆伐那特·弥室罗（Bhavanātha Miśra）写作了《论法辩明》（Naya-viveka），跋多·毗湿奴（Bhaṭṭa Viṣṇu）写作了《论法真理集要》（Naya-tattva-saṃgraha），罗摩奴阇写作了《义理秘智》（Tantra-rahasya）。师尊派在10世纪以后逐渐为跋多派所压倒，失去了影响。筏遮塞波底·弥室罗和罗摩奴阇都是吠檀多的著名的理论家，他们力图调和、掩饰弥曼差的无神论思想，使弥曼差和吠檀多成为一个思想体系。

跋多派的传承者尤多，其中著名的有8世纪的曼陀纳·弥室罗（Maṇḍana Miśra）和跋多唵吠伽（Bhaṭṭaomveka）。前者著有《仪轨辨明》（Viḍhi-viveka），后者对童中师的《颂释补》进行了评注。10世纪提婆尸伐弥（Devasvāmin）写作了《风神品注疏》（Saṃkarsa-kāṇḍa-bhāsya），14世纪的摩陀婆也有对弥曼差的评注，16世纪波利多萨罗底·弥室罗（Pārthasārathi Miéra）根据童中师的观点对《弥曼差经》作了评注，即著名的《论明》（Śāstra-dīpikā），阿波耶·迭悉多（Appaya Dīkṣita，1552—1624年）作了《图波底迦中柱》（Vāttika bharaṇa），他在这本著作中把主宰神直接引入到了童中师的注疏中去。17世纪的阿波提婆（Āpadeva）干脆把他的著作题名为《有神弥曼差》（Śeśvara-Mimaṃsā）。肯陀提婆（Khaṇḍadeva）作了《跋多灯明》（Bhāṭṭa-dīpika）和《跋多秘智》（Bhaṭṭa-rahasya），薄尸伽罗作了弥曼差纲要书《义摄》（Ārtthsaṃgraha），等等。

关于跋多派和师尊派的哲学和伦理思想，我们将要在后文中详加分析。这两个派别在世界观、无神观、认识论、修行解脱观方面基本上是相似的。他们都认为客观世界是独立于我们认识以外的真实存在，世界是由种种范畴（句义）所构成，认识是由外界的对象与我们感官接触所产生，祭祀可以获得"无前"的新力，从而否定了主宰神的存在，修行的目的是为了获得现世的利乐等。但在一些具体问题上也有着重要的分歧：（1）跋多派认为世界观的基础是实体、性质、运动等五个范畴，而师尊派在上述五个范畴外又立了能力、相似和数等三个范畴；（2）跋多派认为认识的来源或方法有六个，而师尊派反对"非存在"是一个独立的认识源泉；（3）师尊派认为证言（圣言量）只应根据吠陀天启或传承的经典，而跋多派认为还应包括某些权威或值得信赖的人的言论；（4）两派都承认知觉是由外界对象所引起的，但对知觉的过程有着不尽相同的解释；（5）在推理、类比等其他问题上有着不少细节末尾不同的解释。①

在中世纪后期，印度哲学中吠檀多取得了统治的地位，弥曼差派和后期的胜论—正理论、数论—瑜伽一样都沦为印度教神学的婢女，弥曼差的很多祭祀实践还一直被奉行着，但是在理论上已和吠檀多一元论难解难分，他们否定客观世界的真实存在，把世界看作主宰神的创造过程，是一种幻的显现。修行的目的不是获得现世的福乐，而是亲证梵我的同一，弥曼差从此失去了光辉的意义。弥曼差的思想在17世纪以后开始衰落，在印度近代启蒙运动中曾受到罗摩·摩罕·罗易等人的批判，但弥曼差的一些祭祀实践迄今还在一些正统印度教教徒中奉行，有些现代学者还在召唤它的幽灵，哀叹这一学说没有神的支柱。印度学者在1952年至1966年编纂了多卷本的《弥曼差词典》（《弥曼差俱舍》，Mīmāṃsa-koṣa），在发掘印度文化遗产方面有着重要的意义。

三 认识论

弥曼差认为，研究吠陀的法（dharma），是人生最高的目的和义务（经，Ⅰ.1.2）。吠陀的证言（声）是认识的主要来源或方法（量），但是他们也不否认我们日常经验所得到的其他认识的来源，弥曼差把认识分为

---

① G. 贾和乌弥夏·弥室罗在其所编的《前弥曼差派史料》中列举了跋多派与师尊派不同的八个方面，见该书附录第28—29页；金仓圆照在其所著《印度哲学史》（第103页）列举了七个。笔者很难完全同意他们所列的意见。对哲学问题的分析首先应该看他们对哲学最高问题的回答。对于认识的源泉应看是否在于客观的外在世界或是主观的认识。如果只在现象或辞章上去考证（当然这也是需要的），那就很难理解弥曼差派的实质。笔者因而作了自己的概观，但是对他们细心的研究和考证也表示无限的钦佩和敬意。

确切的认识与不确切的认识两类。光显认为，所有的认识除了回忆以外都是确切的认识。童中师认为认识是"一种以前未被认识（anadhigata）的对象的显现，这种认识不能被其他认识（abāhita——系指超感官的认识，引者）视为不真的"，所有认识都是自真或自明的认识（svatah-Prāmānys），也就是说，一切认识的产生和被认识都是真实或确切的认识。"确切的认识只是通过产生认识的种种条件本身而得的认识。"① 在这里所说的种种条件本身指的是认识的客体、认识的主体和认识的过程。

乌波伐利娑、山隐师和童中师都认为认识的来源或方法有六种：知觉（现量）、推理（比量）、证言（圣言量、声量）、类比（譬喻量）、推定（义准量）和非存在（无体量）。光显和其他论师只承认前面五种来源，否定"非存在"是一种独立的认识来源。现将其逐一解释如下。

第一，知觉（现量）。弥曼差认为"知觉是由外界的对象和感官接触所生的（认识）"，其认识过程是：外界对象通过感觉器官，由感觉器官通过心（意），再由心和灵魂（我）相接触，从而在灵魂中呈现外界对象的印象。心是感官和灵魂的媒介。关于灵魂，弥曼差有着其自己的解释，他们认为灵魂是多个而非一个，灵魂的性质，即灵魂有无意识要看它们和外界的对象、感觉器官的关系而决定，如果没有和外界的对象相接触（如在无梦的睡觉中，灵魂在宗教的解脱中），灵魂就是不动的物质或无意识的东西。② 后期弥曼差在吠檀多等其他派别的影响下，又把灵魂解释为单一的、永恒的、绝对的意识，这是为了论证神的存在的需要。弥曼差派和正理论、数论一样也把知觉分为两类，一类是直接的或不确定的知觉（无分别现量）；另一类是间接或确定的知觉（分别现量）。前者对于事物没有明确的特性，即没有加入概念作用的认识；后者对事物已有概念作用的认识。

关于在认识中的客体与主体的问题，跋多派和师尊派有着不同的解释。光显认为每一个认识包括三种因素：认识者（主体或者灵魂）、被认识者（客体）和认识自身（认识过程）。例如说"我认识了这个"，在这

---

① ［印度］G. 贾：《前弥曼差史料》，第79页。
② ［印度］K. K. 弥泰尔（K. K. Mittal）：《印度思想中的唯物主义》，印度，1974年，第24页。原引自《颂释补》"空观"第70颂。

个表述中呈现出：（1）"我"——认识者；（2）"这个"——被认识者；（3）认识。这三者都是在认识中同时和直接出现的，因此客体认识的呈现也就是主体认识和认识本身的呈现，如果离开了客体的认识也就没有主体的认识。童中师认为，认识只是客体的呈现而不是认识者或主体的呈现，因为每一个认识或知觉活动中已经包括主体与客体之间的直接关系（sambandh）。其实，在笔者看来，这两者的差异并不是本质的。

第二，推理（比量）。弥曼差认为，推理是在知觉的基础上从对某一事物的认识推知其他另一事物的认识，这种推理过程中，认识者的感官没有和被认识的对象或具体事物相接触。他们强调在推理中大词（命题）和中词（理由）之间的普遍必然关系（回转）是基础，这种关系必须是永恒的、真实的、不受时空的限制。它常常在因和果、部分和全体、实体与性质之间的关系中表现出来，例如从此山有烟推知有火的例证中，烟和火要有普遍的必然关系，只能从某时或某一地点的山有烟中才能推知有火，而不能从另外的时间和地点中推知。弥曼差也把推理分为为己推理和为他推理。

他们在推理中很注意论究的方式，分为四个程序：（1）提出论究的对象；（2）陈述对这一对象的疑问；（3）阐述反对者的论点；（4）陈述驳斥反对者的论点，并积极提出自己的主张（极成、成就）。

第三，类比（譬喻量）。《弥曼差经》（Ⅰ.1.5）解释，类比"是从某一事物相似的经验去推知另一事物，而这种推知不与感官相接触"。例如看见野牛就回忆起家牛，因为家牛的经验和野牛相类似。正理论也主张有类比，但他们只认为是证实已知的名称（如听见家牛的名称）和这个名称所代表的事物（看到的野牛），在弥曼差看来，这已经属于推理的范围。

第四，推定（义准量）。用一种没有感知过的事实作为假定（公设）去认识某种矛盾的现象。例如有一个叫天授（Devadatta）的人不在家中，但又确实知道这个人还活着，要解决不在家中和活着的矛盾可以用推定的方法，推定天授在家外的某一个地方。童中师和光显都认为这种调和相违的推定不是属于推理的范围以内，而是一种独立认识的来源。

第五，证言（声量、圣言量）。乌波伐利娑认为，证言不是和感官相接触所得到的认识，亦即吠陀天启和传承经论中的语言（声）。童中师认为在经论以外某种可信的人和权威的意见也可以视为证言。弥曼差派不单把吠陀的声音看作一种认识的来源，而且还看作一种独立的存在，他们和正理论进行了喋喋不休的争论。我们将要在下节本体论中专门加以评述。

第六，非存在（无体量）。非存在是一种否定性实体（a-bhava）所产生的非实在的认识。这种认识来源不和感觉相接触，也不具有任何特征。例如从云散雨止，推知田中枯干，又如见桌上无瓶，我们见桌而不能见瓶，因而感知无瓶。童中师虽然承认非存在是一种认识来源（量），但不同意像正理论那样认为是一种独立的范畴（句义）。

四　世界观

（一）范畴说

弥曼差从上述的认识论出发，认为感觉所及的客观对象是真实的。他们常常用一句箴言来概括他们的世界观："世界永远是在那里"。弥曼差在反对佛教空宗的"一切皆空"、瑜伽行派的"唯识无境"和吠檀多派的"世界是幻"的斗争中，形成了他们自己的世界观。他们和胜论一样，把世界上的各种现象总括为若干范畴或句义，每个范畴中又可分为不同的类别。童中师主张有五个：实体（实）、性质（德）、运动（业）、普遍（同）、非存在（无）；光显主张有八个：实体、性质、运动、普遍、内属（和合）、能力（sakti）、相似（似，sādṛśya）和数（saṃkhyā），他不承认非存在的范畴。现将弥曼差各派承认的范畴及其所属列示如下：

（1）实体（实）[1][2]——地[3][4]、水[5][6]、火（光）[7][8]、风[9][10]、空（以

---

[1] 为童中师所主张。
[2] 为光显师所主张。
[3] 为童中师所主张。
[4] 为光显师所主张。
[5] 为童中师所主张。
[6] 为光显师所主张。
[7] 为童中师所主张。
[8] 为光显师所主张。
[9] 为童中师所主张。
[10] 为光显师所主张。

太)①②、时③④、空间（方）⑤⑥、灵魂（我、阿特曼）⑦⑧、心（意）⑨⑩、声⑪、暗（闇)⑫、金⑬。

（2）性质（德）⑭⑮——色⑯⑰、香⑱⑲、味⑳㉑、触㉒㉓、数㉔㉕、量㉖㉗、别异性（别体）㉘㉙、结合性（合）㉚㉛、分离性（离）㉜㉝、远（彼体）㉞㉟、

---

① 为童中师所主张。
② 为光显师所主张。
③ 为童中师所主张。
④ 为光显师所主张。
⑤ 为童中师所主张。
⑥ 为光显师所主张。
⑦ 为童中师所主张。
⑧ 为光显师所主张。
⑨ 为童中师所主张。
⑩ 为光显师所主张。
⑪ 为光显师所主张。
⑫ 为童中师所主张。
⑬ 为弥曼差派其他论师所主张。
⑭ 为童中师所主张。
⑮ 为光显师所主张。
⑯ 为童中师所主张。
⑰ 为光显师所主张。
⑱ 为童中师所主张。
⑲ 为光显师所主张。
⑳ 为童中师所主张。
㉑ 为光显师所主张。
㉒ 为童中师所主张。
㉓ 为光显师所主张。
㉔ 为童中师所主张。
㉕ 为光显师所主张。
㉖ 为童中师所主张。
㉗ 为光显师所主张。
㉘ 为童中师所主张。
㉙ 为光显师所主张。
㉚ 为童中师所主张。
㉛ 为光显师所主张。
㉜ 为童中师所主张。
㉝ 为光显师所主张。
㉞ 为童中师所主张。
㉟ 为光显师所主张。

近（此体）①②、乐③④、苦⑤⑥、欲⑦⑧、嫌恶（嗔）⑨⑩、意志的努力（勤勇）⑪⑫、知觉作用（觉）⑬、重（重体）⑭、流动性（液）⑮、黏着性（润）⑯、倾向性（行）⑰、可能（有能）⑱、声音（dhvani）⑲、显现（prākaṭya）⑳。

（3）运动（业）㉑㉒——上升（取）㉓㉔、下降（舍）㉕㉖、屈（收缩）㉗㉘、伸张（伸）㉙㉚、进行（行）㉛㉜。

---

① 为童中师所主张。
② 为光显师所主张。
③ 为童中师所主张。
④ 为光显师所主张。
⑤ 为童中师所主张。
⑥ 为光显师所主张。
⑦ 为童中师所主张。
⑧ 为光显师所主张。
⑨ 为童中师所主张。
⑩ 为光显师所主张。
⑪ 为童中师所主张。
⑫ 为光显师所主张。
⑬ 为光显师所主张。
⑭ 为光显师所主张。
⑮ 为光显师所主张。
⑯ 为光显师所主张。
⑰ 为光显师所主张。
⑱ 为光显师所主张。
⑲ 为光显师所主张。
⑳ 为光显师所主张。
㉑ 为童中师所主张。
㉒ 为光显师所主张。
㉓ 为童中师所主张。
㉔ 为光显师所主张。
㉕ 为童中师所主张。
㉖ 为光显师所主张。
㉗ 为童中师所主张。
㉘ 为光显师所主张。
㉙ 为童中师所主张。
㉚ 为光显师所主张。
㉛ 为童中师所主张。
㉜ 为光显师所主张。

（4）普遍（同）①②。

（5）非存在③。

（6）内属（和合）④。

（7）相似（似）⑤。

（8）能力⑥。

（9）数⑦。

从以上内容可以看出，弥曼差派的范畴说大致和胜论相似。他们都承认世界的基础是范畴或句义，这种范畴既有精神性的，也有物质性的，这是一种实在论的解释。弥曼差与胜论十个范畴学说相比减少了特殊（异）、可能（有能）⑧、非可能（无能）、亦同亦异（俱分）四个范畴，增加了相似、能力和数的范畴；在实体范畴中增加了暗（闇）；在性质范畴中除去了"不可见力的规律"（"法与非法"），增加了显现（能力的显现）的德性。弥曼差这种增减不是偶然的，它不仅是思辨或分类形式上的不同，而且在其背后有着本体论上的意义。弥曼差认为，世界上各种事物都有一种使它们产生结果的力量或能力，如果没有这种力量就不能完成。例如火在一般情况下可以产生它们一定的结果，但在某种条件的影响下（如自然的原因，人为的念咒等）就不会燃烧，因此我们可以推知，使火能够燃烧必定有某种能力的存在。另外，古典胜论主张物理世界是由原子所构成的，而原子则由"不可见力的规律"（"法与非法"）所支配的，后期胜论把"不可见力的规律"解释为神的主宰。弥曼差派的论师中除小部分人主张原子论外，极大部分不主张原子论，他们反对胜论的集聚说（事物是由原子或原素所聚合而成）而主张转变说（由实体转变或开展为各种现象），同时反对胜论所主张的因中无果论或因果差异论，而主张一因生多果的因

---

① 为童中师所主张。
② 为光显师所主张。
③ 为光显师所主张。
④ 为童中师所主张。
⑤ 为童中师所主张。
⑥ 为童中师所主张。
⑦ 为童中师所主张。
⑧ 可能范畴在胜论中是一个独立范畴，而弥曼差则把可能视作性质范畴中的一种德性。

果论。因此，在他们的范畴学说中增加了作为原因的能力范畴，在性质范畴中相应地增加了能力"显现"的属性，而除去了胜论的"不可见力的规律"。

弥曼差在印度哲学中较早地把数和相似作为一个独立的范畴来加以考察，他们的论证虽然是思辨的，但是有着一定的科学意义。数的概念是人类在生产和生活实践中所产生，它深刻地反映客观事物的数量关系或量的规定性。弥曼差派在考察数的问题时不像希腊毕达哥拉斯那样，把数看作一种离开具体事物和人的头脑而独立存在的范畴，而是把它看作与性质范畴有关的客观存在的概括。这对人们深刻认识世界，从而推进社会生产有着意义。弥曼差派认为相似是和实体不同的范畴，它显现在性质范畴和运动范畴之中。例如我们说，"同样的花""相似的动作"，这是在性质和运动之中被我们所认识。相似不能归入种或类的概念之中。我们知道，相似是自然界和人类社会中极为普遍的现象，在客观事物的发展过程中，都存在着同和变异，只有同，事物之间才能有所继承，只有变异，事物才能向前发展，所谓相似是客观事物中同与异的矛盾的统一。相似现象是客观事物的一种协调方式。现代科学普遍引用的方法，如模拟等都是以人们头脑中贮存的相似为基础的。

（二）无前与无神说

弥曼差是专门研究吠陀祭祀的学问。他们把吠陀谕令的"法"看作人生目的的究竟和道德的职责，但是他们认为祭祀本身就是一种神异的力量，在祭祀和它的结果或福报之间有着必然的关系，在祭祀以前是"无所有"，在祭祀后才能生成一种新的力量——"无前"（apūrva），即祭祀的结果。童中师解释"无前"是从祭祀者的永恒灵魂中产生的，由于"无前"这种新的力量，祭祀者才能享受现世的利益或后世升天的福乐；光显反对上述"无前"产生于灵魂的说法，认为"无前"是在祭祀过程中根据机械的"自然法则"所引起的。弥曼差既然主张"无前"，那当然要否定吠陀诸神的神奇力量，同时也否定自在天或最高神作为创造主而存在。

阇弥尼在《弥曼差经》中避而不谈神和永恒灵魂的问题。山隐师在他的注疏中简单地否定了最高神的存在，他认为吠陀中所提到的各种神祇只不过是"名称"或"声音"。跋多派和师尊派在反对胜论—正理论和吠檀多的神创世说中都阐发了他们无神论的思想。他们共同宣称：既然人的果报是由祭祀本身的力量所产生的结果，那就没有神干预的必要，神不能给予人们仁慈的恩施，也就无力指导人们的行为。他们反问说：如果创造主为了对众生的仁慈而创造了世界，那么在创造以前，创造主自己还没有身体，没有身体的神如何有意欲进行创造呢？同时在世界上还没有被创造物，因此，神的仁慈还没有施与的对象，如果神真的为了芸芸众生而创造了世界，那世界为什么又充满着无尽的苦难呢？他们还进而认为，世界上的个别事物虽然有其始终，但就其整体来说是没有始终的，世界上的各种有机体和无机体都是根据自然的法则所产生的，因之它们的成坏劫灭也不需要超自然的力量或神的主宰。

（三）言语不灭论

印度哲学史中的语言哲学是一个饶有兴趣的问题。我国古代佛教徒常常把语言不灭论（声常住论，Śabda-nityatā-vadin）看作弥曼差特有的思想，这是不全面的。印度文法学派、瑜伽派、吠檀多派和佛教真言宗中很多人都主张言语不灭论，并有他们各自不同的解释。语言不灭论和语言可灭论围绕着语言或声音是否实在的问题进行了长期的斗争。声常住论和弥曼差派在我国的史料中有着不少的记载[①]。

印度的语言哲学渊源很早，在梵书时代就有人把吠陀看作天启的经典，吠陀是最高的权威和真理，它的一言一语都有无限神秘的力量，显示了无限的、永恒的实在。例如《二十五梵书》（XV.14.2）说"语言为生主的自体"。《百道梵书》（XII.6.18）认为语言就是整个宇宙，这是言语不灭论或声常住论的最初雏形。以后在研究和解释吠陀中出现了专门研究文句和音韵学等的文法学派，公元前5世纪前后耶斯迦在其所著的《尼录多》中论述了语源等问题，公元350年前后波弥尼作了文典，论述了梵语

---

① 《成唯识论》卷一，《成唯识论述记》卷一末，《因明大疏》卷六，《大日经疏》卷十二，《大唐西域记》卷二，《大慈恩寺三藏法师传》卷三，《南海寄归内法传》卷四，《瑜伽师地论》卷六、七、十五，《百论疏》卷上；西藏善慧法日《宗教流派镜史》卷一。多罗那他《印度佛教史》也有记载。

的语音和语法，树立了古典梵文的规范，以后伽旃衍那（Kātyāna，约公元前250年）作了评注，钵颠阇利（约公元前150年）又作了详细的注疏，充实和发展了该派的学说，以上这些学者的思想对声常住论的形成有着重要的影响。弥曼差派认为，语言有着三种含义：（1）发出之音；（2）所含的意义（诠）；（3）所指的事物。他们不仅认为语言表明了个别事物，也表明了事物的类概念。

根据我国佛教的史料，印度主张声常住论的基本派别有两类：一是"明论声常"，也就是婆罗门教或吠檀多派所主张的声常论。他们认为人们所有的概念和语言（声）都是吠陀或梵自身（表现为吠陀文句）借着发声的机缘而显现的永恒的实在，因此人们的概念和语言不是人们自身的东西，《成唯识论述记》卷一释："明论（吠陀——引者注）声常是婆罗门等计……彼计此论，声为能诠定量（能显现意义和名称）表诠诸法（表现各种存在的意义），诸法楷量（各种存在的标准尺度），故是常住……梵王（大梵天）诵者而本性有。"二是"声明记论"（毗伽罗论，Vyākaraṇa），这又可分为声显说和声生说两种，《成唯识论》说："有执一切声皆是常，待缘显发，方有诠表。"窥基在《成唯识论述记》卷一中解释说，"待缘显者，声显也，待缘发者，声生也，发是生意，声皆是常"。声显论者认为，我们的概念和名称都是由语言而来，语言则由相应的根底即实在的声显现出来，但实在之声不都是吠陀或梵本身种种的显现，每一种声都是它的相应实在（体）的显现。《法苑义林》卷二释："声显论者，声体本有，待缘显之，体性常住。此计有二：一者随一一物，各各有一能诠常声……以寻（粗——引者注）伺（细）等所发音显，音是无常，今用众多常声为体；二者一切法上，但共有一能诠常声……以寻伺等所发音显。此音无常，今者唯取一常声为体，其音声等但是缘显，非能诠体"。声生论者认为声本来是无，可是声发生之后，却成为永恒的存在。《法苑义林》同卷解释说，"其声生论，计声本无，待缘生之，生已常住，由音响等所发生故"。《因明大疏》卷六还把声生分为三类："一者响音，虽耳所闻，不能诠表。如近瓨语（瓨是长颈瓶的意思），别有响声；二者声性，一一能诠，各有性类，离能诠外，别有本常。不缘不觉，新生缘具，方始可闻；三者能诠，离前二有，响及此二，皆新生。响不能诠。"以上解释很费解，但无论是声显论，还是声生论，都认为发声是无常的，而声音本身则是永恒的。另外，他们已把吠陀之声普及扩展到了一般的声音，认为声音是一种实在，并且具有各种性德和力量。"声明记论"原系印度婆罗门必须学习的五明之一，概指研究声明的文法学派。据《大唐西域记》卷二、《大慈恩寺三藏法师传》卷三及《南海寄归传》卷四记述，印度的文法学派源远流长，其中包括波弥尼、阇弥尼、钵颠阇利等，甚至包括与山隐师等同时代的、吠檀多著名的语言学家伐致柯利（Bhaṭrhari）等人的论述。因之很难与前一说——"明论声常"作严格的划分。但有一点需要重点区分的是：前者认为声只是吠陀之声或从梵自身那里派生出来的；后者认为不单吠陀之声而且一般的声都是常住的。声显论与弥曼差派的解释极为相似（笔者将在后一节中详加解说），但声生论不知何所指[①]。因为婆罗门教一般认为声是不可以出生的（吠陀是天启经典，没有作者，当然不能生出，而只是存在的显现）。声生论可能属于胜论的主张，因为胜论主张声无常论，他们认为声是空特有的性质，它一旦发生后就是永恒和无所不在的。

弥曼差派进一步发挥了声显说的义理，认为吠陀的语言、权威和可信人的语言是独立的认识来源，声不是一种单纯的名称或概念，在它的背后有着不变的实在。他们对声常住论进行了烦琐的论证，首先提出胜论—正理论和佛教所主张声无常论的理由（前论），然后逐一进行驳斥（驳论），最后提出他们自己积极的结论（极成说）。现将论证分述如下。

前　　论

〔弥曼差经〕

Ⅰ.1.6　某些人说："（声是）所作的，因为（在所作以后）可以见到。"

---

① 日本木村泰贤和我国汤用彤教授都认为不知属于哪个学派，下落不明，见［日］木村泰贤《印度六派哲学》，日本丙午出版社1915年版，第51页；汤用彤《印度哲学史略》，中华书局1960年版，第172页。

〔注〕……声音的发出和人的作为有着一种不变的共同性，只有人的作为，声音才能发出，因此我们推知声音是"所作的"……

Ⅰ.1.7　因为不能永续。

〔注〕声音发出后立即会消失。

Ⅰ.1.8　也因"作为"（karoti）这个词是用来（和声相连的）。

〔注〕发声和谈话都须使用语言，故知是所作的。

Ⅰ.1.9　也因为在不同的场合，（对声）有同一（的感受）。

〔注〕许多人在不同的场合可以讲同一的话，如果声音是永恒的，那就不会有这种情况。

Ⅰ.1.10　也因为（在同一话中）有原形（prakṛti）和变形（vikṛti）。

〔注〕……凡是属于变形的都不是永恒的，例如 dadhy atra 变成了 dahi……

Ⅰ.1.11　进一步说，声音的增大是由于（说话）人数的增多。

〔注〕……如果声音是永恒的。那么，个人与多人的声音应该是同一的，但却有大小声之别，因此声音不是显现，而是（人的）所作。

驳论或成就说

Ⅰ.1.12　〔对第6经的回答〕但（见到）的事实是和两者相同的。

〔注〕……声音由于人的作为而显现出来，这就是说在没有发声之前，声音没有显现，由于所作（发声——引者注）而才显现，因此，"声是所作"和"声是显现"的两种观点都是一样的。

Ⅰ.1.13　〔对第7经的回答〕（当声音不能听到时）是由于它未和其对象接触的缘故。

〔注〕声音发出后立即消失并不是因为没有实在之声，因为那时我们和实在之声未相接触。

Ⅰ.1.14　〔对第8经的回答〕这个词指的是发声。

〔注〕"作为"意思，只不过是显现永恒实在之声。

Ⅰ.1.15 〔对第9经的回答〕同一恰如太阳。

〔注〕实在之声同时可在许多人口中同样说出……正如看太阳，人们在各种场所所见到的太阳都是同一的。

Ⅰ.1.16 〔对第10经的回答〕那是不同的文字而非变形。

Ⅰ.1.17 〔对第11经的回答〕那是音响（nāda）的增大。

极成说

Ⅰ.1.18 （声音）在实际上是永恒的，因为它的发出是为了其他（人）的目的。

〔注〕……即（讲话者）的目的是要把自己（已经发出）的意思传达给别人，如果声音发出后立即消失，那么没有一个人能懂得别人说些什么，在那种情况下，发声是为了其他（人）的目的……

Ⅰ.1.19 因为在一切场合都是一样的。

〔注〕当我们发出"牛"这个声音时，我们同时就有各种牛的观念，因此可以推知，声是一种类（jāti），要建立声和类的关系不是不可能的……

无论怎么说，牛的声是永恒的，因为这种作为个别的牛声现在多次地发出，而且过去也听到过若干次，因此……这种牛的声音将被认为代表特殊的类，基于这样的理由，声音是永恒的。

【译引者按】上面两段的意思是说，当我们听到牛的声音时，无论在任何时间，无论任何人都会了解牛的意思，牛不单是个别（vyakti）的事物，也是逻辑上的种或类概念。如果牛的实在不是永恒的，就不会发生这样的事。

Ⅰ.1.20 因为（在和一个声音相连时）没有数量。

〔注〕凡属（人）所作的事物，必有第一次第二次等在数量上的不同，但是说到像"牛"这样一个字时，则无数量的限制……例如人们可以说到八次牛的声音，但人们从不会说牛的声音是"八"而是说"牛"……（这就说明"牛"的声音显现了"牛"的永恒的实在）。

Ⅰ.1.21 因为没有原因（anapekṣatvāt）。

〔注〕……（凡一物的破坏劫灭必有原因），但在声中我们感觉不到具体的原因。

〔反对者说〕声是从空气中产生的，事实上空气是经过一定的凝聚和分散而产生声音的。

〔本经的回答〕这不可能这样，如果声是空气的产物，那它只是一种特殊形态的空气。但在事实上，我们不能承认在声音的构成中有任何分子……如果声音是一种空气的产物，那么，我们能用我们的触觉器官去感知，可是我们凭借触觉没有觉察到这种分子，因此，声不是空气的产物，它必定是永恒的。

【译引者按】声音是与物体的振动分不开的。在空气中声源振动时，它的振动能量依靠空气分子的传递作用向四周传播出去，这就形成所谓声波。当波的能量被人耳所接受，并在人耳能感觉的频率范围内，就能听见声音。

Ⅰ.1.23 也因为我们找到了指令性的经文。

〔注〕我们在一种吠陀经文中找到了声音是永恒的指令，如说："由于永恒不变的语言"（vācāvirupininityāyā）等。

综上所述，声音是永恒的。

弥曼差派的声常住论主要论证吠陀以至一般人的语言背后有着永恒不变的存在，这当然是从宗教神学出发的，但是他们把这种理论推向极端，也就否定了主宰神的存在，从而走向了与吠陀神学相反的方向。弥曼差的声常住论一方面，也是主要的方面和胜论——正理论所主张的声无常论进行着斗争；另一方面也反对吠檀多所主张的声常住论。他们反驳所使用的方法是：逻辑的推理、日常生活经验的证明和援引经典作为根据，这种思辨方法虽然很稚气，缺乏科学性，经常混淆于主客观之间，把声这样一种物质性的东西（后期弥曼差派又把声作为概念）无限地加以夸大，使之成为绝对，从而宣称世界上各种事物或存在都是声的显现或派生物，但是他们并不否认声是一种客观实在的东西，不是像客观唯心主义或主观唯心主义所渲染的那样，是最高实体梵我、空或识，也不承认是神的创造物。他们宣称声是一种类概念，而这种类概念是不能与事物相分离的。胜论—正理论的自然观虽然是唯物主义的，承认原子是物质世界的基础，可是他们又认为原子是受"不可见力的规律"或神（后期胜论—正理论）所控制或指导的，因之最后不得不承认声是无常的。如果我们把《山隐师注》和同时代吠檀多派文法学者伐致呵利（约5世纪中叶以后）①所主张的声常住论相比，那就看得更为清楚，伐致呵利也主张声是超越的、永恒的实在，声和它的意义（诠）的结合是永恒的类，类归结为"存在性"（"有性"，sattā），但"存在性"本身并无内容，它为"添加性"（upādha）的内容所限定，因而成立了种种的类。② 在他看来，"存在性"是真实绝对的本体，也就是梵或我，因此一切声音都是梵的幻现，这样就把声常住论和吠檀多的梵我理论结合了起来，从而改变了声的性质，陷入了客观唯心主义的泥淖，以上就是我国史料中所描述的"声明声常论"。

五　弥曼差的无神论与有神论的斗争

印度一直把印度哲学的流派分为正统派和非正统派。弥曼差派是正统派中最正统的一个。但是这种派别的划分并不能掩盖他们内部在哲学基本问题上的斗争。弥曼差派在维护吠陀的绝对权威方面与非正统派的顺世派、佛教、耆那教等是俨然对立的。弥曼差派对佛教的缘起说、空观和耆那教的独存识进行了嘲笑和批判，③ 但是他们也从佛教和顺世论那里摄取了不少东西。例如佛教的逻辑论式、顺世派的量论（弥曼差各派都强调知觉是一切认识的基础）和四大说（地、水、风、火四原素）等。

弥曼差派和吠檀多派在最初的时候是同一个派别，他们都承认吠陀经

---

① 义净在《南海寄归内法传》卷四中提到伐㤭（致）呵利。据藏地所传，伐致呵利出身婆罗门，吠檀多的信仰者，一生出家和还俗过七次，著有《文章单语篇》（Vākyapadiya）、《大疏解明》（Mahabhāṣyadīpika）和《伐致呵利百颂》（Bhartṛhariśataka）。详见《西藏所引伐致呵利的经文和年代问题》，载《山口博士还历记念·印度学佛教学论丛》第122页以下，法藏馆，1955年版。
② 参见［日］中村元《印度思想史》，岩波书店1960年版，第156—157页。
③ 《颂释补》Ⅱ.112—115，参见《前弥曼差史料》，印度，1964年，第49—50页。

典的绝对权威，有着很多共同之处，[①] 但是在长期的发展过程中，弥曼差在祭祀实践中完全抛弃了自《奥义书》以来的梵我理论和世界如幻的学说，建立了"无前"的无神论系统。吠檀多大师如商羯罗、罗摩奴阇为了弥补这两者之间的裂痕不得不作了很多注疏。后期的弥曼差和吠檀多结合以后走得更远。因为有些弥曼差大师在回顾弥曼差早期的无神论思想时感到愤慨，甚至胆战心惊。

弥曼差派与胜论—正理论、数论—瑜伽派都标榜自己是正统派。他们之间有着相同的方面，也有着相异的方面。弥曼差派和胜论—正理论的范畴说（二者都主张实体、性质和运动是基本的范畴）、自然观（世界由地、水、风、火等原素所组成）、认识论（弥曼差主张有六种来源或方法，正理论有四种）基本上是相同的。由于《正理经》出现的时间较《弥曼差经》为晚，《正理经》阐述的思想比《弥曼差经》的思想比较系统，同时《正理经》中对弥曼差派的很多思想进行了批判，因此很多学者认为胜论或者正理论可能是从弥曼差派中分离出来单独成为一派的。[②] 但是弥曼差派所主张的声常住论、因中有果论、无前—无神论和胜论—正理论显然不同的；早期弥曼差派接受了数论—瑜伽的多种灵魂说（多我说），但是却反对瑜伽的超感官的神通说。以上这些派别的斗争虽然很复杂，但是它们还都在婆罗门教的轨道上运行，有着共同的思想和社会根源，反映了祭司和上层统治阶级的共通的要求。

弥曼差派对大乘空有学说、吠檀多不二论和瑜伽派的唯心主义与神秘主义进行严肃的批判，这种批判从始祖阇弥尼就已开始，中经山隐师在《弥曼差经注》中所提到的一些评注者，到童中师和光显时进入了高潮。童中师在他所写的《颂释补》中有"所缘论"和"空论"两章，共465颂是专门反驳佛教空宗、唯识宗和瑜伽派等唯心主义的。弥曼差派对这些派别的唯心主义本体论、认识论和修行解脱观都进行了批判。在本体论方

[①] 参见 G. 贾《前弥曼差史料》中列举的八个共同点，但未见其第七点。原引自童中师《义理释补》。

[②] 目前在学者中有着各种不同的意见，有人认为《弥曼差经》在《正理经》以前，《弥曼差经》是六派哲学中最早出现的；也有人认为《弥曼差经》与《正理经》是互相补充的。参见［印度］A. B. 基思《业弥曼差派》，伦敦，1921年，第5页。

面，弥曼差派从他们的实在论出发竭力反驳当时唯心主义的三个变种——大乘空宗、瑜伽行派和吠檀多对待世界的观点，即空观、唯识论和不可言喻的幻说。按照第一种意见，世界上的一切事物都是非实在或空的；按照第二种意见，世界上的一切事物都是我们认识中幻现的形相；按照第三种意见，世界上的一切事物都是一种不可言状的摩耶或幻现。弥曼差派针对这三种看法进行了批驳。他们认为，客观世界是独立于我们认识以外的真实存在，我们所感觉到的对象不可能是一种非存在（空）或者是幻，也不可能是我们主观认识中幻现的形相（识），因为我们日常所得的认识是由客观对象和我们的感觉器官接触所引起的，认识所揭示精神之外的对象绝非是虚幻的，也不能就是认识自身（对象的经验就意味着认识本身的经验，在印度哲学术语中称为同获原则，Sahopalambha-niyama）。光显派提出了一种非幻论（A-khyāti），按照这种理论，幻觉不是别的，只是对两种不完全认识之间的真正区别缺乏理解，其中一种认识通常是知觉性质的，另一种是回忆性质的。例如把绳索错觉为蛇、贝壳错觉为白银的认识过程中不存在称为幻觉的单一认识，在这种认识中有着两个分立方面，其中之一是知觉性质的，另一种是回忆性质的。当贝壳被认为"这个是白银"时，首先是贝壳的知觉性质的认识在我们面前呈现出来，而这种呈现只是呈现贝壳的某些一般特征——从贝壳认识中所抽象出来的"这个"，这种抽象无疑是真实而不是虚妄的；其次，由于贝壳的一般特征"这个"与我们过去所经验过的白银有着相同性，因此，我们就引起了回忆，把贝壳当作了白银，但不管贝壳的认识还是白银的认识两者都是真实的，因此，我们不能认为贝壳是幻觉。光显派认为引起幻觉的认识有三个要素：（1）某些事物的知觉虽然被抽象为"这个"，但它们是真实的；（2）由于某些被感知的事物和以前其他场合所感知的事物，即回忆有着广泛的相同性；（3）缺乏理解上述两种知觉之间的差异。[①] 童中师派或跋多派提出了另一种叫作"别异幻觉论"（Anyathā-khyāti）。他们和胜论—正理论一样不否认幻觉是确有的事实，也不认为是对两种不完全认识之间的真正区别缺乏理解。他

---

① 参见［印度］德·恰托巴底亚耶：《什么是印度哲学中活的和死的》，印度，1959年，第354页。

们承认幻觉是单一的认识或经验，但是幻觉的发生主要是将一种真实的东西理解为另外一种真实的东西。例如在贝壳误认为白银或绳索误认为蛇的例证中，蛇和白银是由对绳和贝壳的错觉而生出，但蛇和白银仍然是真实的，它们可能存在于别的地方和别的时间之中。总之，蛇和白银的幻觉不能改变它们的真实的和本体的性质。童中师派这种别异幻觉论和光显派的非幻觉论虽然在表现形式上有所不同，但他们都承认引起我们认识的对象是客观真实的，从而驳斥了大乘空中所说的非实在或空观、吠檀多不二论所说的不可言状的幻说。

童中师也用逻辑的方法证明客观世界是实在的。他把唯心主义者的推理归结为下面的三支分法：

柱子等的知觉是虚假的（宗、结论）；

因为它们是一种知觉（因、理由）；

凡是知觉的东西都被证明是虚假的，如梦中的知觉（喻、例证）。

童中师用"梦中的知觉是虚假的"这个例证推论出"清醒的知觉是真实的"，因为如果清醒的知觉是虚假的，那怎么能证明"梦中的知觉是虚假的"呢？因之，他提出了一个逆推理来反对上述的唯心主义者的推理：

一切外界对象的知觉是真实的（宗、结论）；

因为不存在否定它的其他认识（理由）；

正如否定梦中经验的清醒认识是真实的一样（例证）①。

弥曼差在认识论上着重对瑜伽派的神秘主义的直觉论、佛教的神通论（天眼通、天耳通、宿命通等）、耆那教的"绝对识"等都进行了批判。他们讥笑瑜伽派不以客观对象为根据的"现照知"是"神话"，"瑜伽行者的知觉是和普通人的日常生活所得的知觉是不同的"。② 耆那教主张的"绝对识"是"不借助于外界，灵魂自己认知的完善的认识"乃是一种无法证明的存在。③

弥曼差反对唯心主义的斗争诚然有着重要的意义，但是它和顺世论、

---

① 参见［印度］德·恰托巴底亚耶《印度哲学》，人民出版社1964年版，第62页。
② ［印度］童中师：《颂释补》"知觉经"，第28—32页。
③ 同上书，第116页。

古典数论相比，在印度哲学发展史中并不占有主导地位，起着中坚的作用。弥曼差派竭力维护婆罗门教的三大纲领——祭祀万能、婆罗门至上和吠陀天启。他们承认客观世界的存在正是从执行祭祀的需要出发的，在弥曼差看来，祭祀不是为了取悦于神或者其他目的，而是为了取得现世的福乐和来世的果报，但是离开了世界也就不能达到他们的目的，这一点弥曼差师是直言不讳的。童中师说："按照（唯心主义者们——引者注）的理论，所有的经验都像梦中的经验一样。我们为了反驳这种理论而寻求证明外界事物的真实性，人们从事履行法或宗教的职责（在弥曼差看来意味着祭祀——引者注）不只是为了求得在梦中的欢乐，（按照唯心主义者的假定）梦既然是从睡觉中自然出现的，那么，智者为了获得实际的效果就必须要由酣睡来代替祭祀，因此我们必须尽其所能树立各种论据论证外界的对象是真实的。"① 总之，弥曼差不是为了主张科学而反对迷信的，不是为了高举理性而反对信仰的，也不是为了世俗主义而反对宗教偏见的，这是这个哲学体系的内在的、深刻的矛盾。

六　弥曼差的社会伦理思想

准确地说，"前弥曼差"应该称为"法弥曼差"。因为弥曼差的理论和实践与印度教的教法有着密切的关系。印度早期的法经、法论很多援引弥曼差的原理作为他们制定和解释的依据。例如在著名的法学家密陀底希（Midhātihi，约9世纪人）对《摩奴法典》的注释中可以明显地看出弥曼差的影响。

早期弥曼差的修行解脱观是积极入世的。阇弥尼认为，人生唯一的目的是快乐（经，Ⅳ.1.2），祭祀是为了"有益于福利"（经，Ⅰ.2）。山隐师也持同样的主张，他解释快乐是"获得财富和福利（繁荣）"②。具体地说，婆罗门获得布赐、主持祭祀、施行教化；刹帝利获得权力等；

---

① ［印度］童中师：《颂释补》"无所缘论"，第11—13页。
② 《弥曼差经注》，第712—713页，见《前弥曼差史料》，印度，1964年，第261页。

吠舍获得农业丰收、牛羊和商业繁荣。① 虽然，在《弥曼差经》和《山隐师注》中也可找到升天（svarga）的说教，但阇弥尼认为，人的行为结果在现世绝不可能获得的情况下才可进入彼世或天堂（经，Ⅵ.3.27—28），山隐师在注释中说，吠陀曾经认为通过祭祀可以升入天堂，但是圣典所说的天堂只是指"人所欲望的天堂"②。这种天堂只不过是一种"快乐的形式（形态）"③，光显派的著名论师夏利伽主进一步认为，在这种状态中"已经断灭了痛苦的感受而且是人们共同具有的欲求"④。总之，早期弥曼差所主张的"法"（人生的目的和道德职责）是引导人们获得现世的快乐（欲，kāma）和利益（利，artha），在他们看来，天堂不是属于彼岸世界的而是属于此岸世界的。这种道德伦理思想是与他们本体论和认识论的某些唯物主义及无神论倾向是一致的。

后期弥曼差派在其他派别的影响下，与业报轮回的思想完全结合起来，开始接受最后解脱的思想，跋多派和师尊派的追随者们虽然对解脱的解释在一些细微末节方面有所不同，但他们都认为解脱是灵魂摆脱业的桎梏后所呈现的一种欢乐或意识的消极状态，逐渐抛弃了早期弥曼差的积极入世思想，在弥曼差与吠檀多结合以后，弥曼差的解脱也就被吠檀多所宣传的"亲证梵我"所代替了。

弥曼差派严格遵行吠陀经典中各种祭祀的烦琐规定，实行印度教徒生活历程的四行期制度，在四行期中特别重视家住期的行事。在种姓问题上，无论早期的弥曼差和后期的弥曼差都对一生族的首陀罗采取十分歧视的态度。法典规定他们不准诵读吠陀经典和参与各种祭祀仪式，在种姓之间通婚和交往。在妇女问题上，弥曼差各派之间有着两种不同甚至对立的看法：一派认为按照吠陀的规定，妇女不准拥有财产，妇女是买者（对丈夫来说）和卖者（对父亲来说），因此没有参加祭祀仪式的资格，也不能享有祭祀的后果；另一派认为，妇女可以通过自己的努力（纺织、烹调、制作工艺品等）创造和获得财富，另外，她们也有"通入天堂的欲望"，

---

① 《弥曼差经注》，第712—713页，见《前弥曼差史料》，第260页。
② 《弥曼差经注》，第971页，见《前弥曼差史料》，印度，1964年，第270页。
③ 《弥曼差经注》，第967页，见《前弥曼差史料》，印度，1964年，第270页。
④ ［印度］夏利伽主：《详注》，第102—103页，见《前弥曼差史料》，印度，1964年，第270页。

因此应该与男人一样有参与祭祀和享受果报的权利。早期弥曼差如阇弥尼、山隐师等人主张后一说（经，Ⅵ1.8及注）。印度进入封建社会以后，妇女在社会经济生活中逐渐依附于男子，失去了独立的地位，因此，后期弥曼差派在维护宗教的旗帜下，十分歧视妇女，把妇女和首陀罗同样看待，这种情况迄印度独立后才有所好转。

（原载《南亚研究》1987年第4期）

印度正理论的哲学和逻辑思想

一 正理论的演变

梵语"尼也耶"（Nyāya），汉译"正理""理论"。"尼也耶"原有"引导到一结论的标准"的意思，后来被引申为逻辑学研究的一般称呼。正理论也被称为"辩论的科学"（Tarkavidyā，旧译"思择明"）或者"论究的科学"（Anvīsiki）。

正理论自公元前后至20世纪初在印度思想界中一直有着重要的影响。它的逻辑原理几乎为印度各个学派所吸收。正理论渊源于印度的辩论术。在早期弥曼差派、佛教、耆那教的文献和史诗《摩诃婆罗多》中都曾提到过印度的辩论方法、轨式、推理原则等。例如《梵网经》中提到过"塔基"（takkī，诡辩家），尼也耶派后来也被称为"塔基迦"（tākkika，究理论者）；又如《遮罗伽本集》中还讨论了辩论的方式，等等。印度思维科学的产生和发展是和当时商品经济的出现，人们社会实践领域的扩大密切相关的。

正理论作为一个完整的哲学体系究竟成立于什么年代，在目前学者中有着各种不同的意见。一般认为在公元前3世纪正理论的主要原理已经初步建立起来，到公元4、5世纪才成为完整的逻辑体系。正理论最早和最根本的经典是《正理经》（Nyāyasūtra），相传为恶义波陀·乔答摩（Akṣapāda Gotama，恶义波陀的意译是足目[①]）所作。有学者考证恶义波陀·乔答摩是乔答摩和足目两个人的名字，他的生平到现在还很不清楚。

---

① 恶义波陀·乔答摩在汉文古籍中通称足目，相传恶义波陀·乔答摩常用他的眼睛注视他的脚，因此被称为足目。

我国窥基《因明入正理论疏》说："因明者为破邪论……劫初足目，创标真似。"这当然是不足为信的。

《正理经》共分 5 卷，538 颂，其内容列举如下：

卷 1　十六范畴；

卷 2　疑惑、四种认识方法；

卷 3　灵魂、身体、知觉及其对象、知性、心；

卷 4　意志、轮回、业报、苦及解脱、谬误、全体及部分；

卷 5　错误的非难、失败的原因。

《正理经》编纂的年代在目前学者中有着不同的意见。一般认为此经绝非一人一时所作，大概是在公元 250—350 年编纂起来的。

《正理经》最早的释本是公元 350—450 年筏磋衍那（Vātsyāyana）所写的《正理经注》（Nyāyasūtrabhāya），筏磋衍那对乔答摩的十六个范畴进行了具体的解释，《正理经注》是后来一切注疏的基础。公元 6 世纪有邬阇伽罗（光显，Uddyotakara）作《正理释论》（Nyāya vārttika），9 世纪上叶有婆察尸巴蒂·弥尸罗（语主会）作《正理释论真义疏》（Nyāya-vārttika-tatparya-tikā），10 世纪末复有邬陀衍那（显现，Udayana）作《正理释论真义疏详解》（Nyāya-vārttika-tātparyatika-pariśuddhi）及《正理花蔓》（Nyaya-kusumānjali）。这类著作大都是《正理经》的注疏、复注或后记，但在这些著作中已经可以看到明显的有神论倾向。正理论开始承认最高神的存在，从此，它成为印度教神学论证的工具。以上各家在印度称为古正理论。

正理论的后期学派开始于 13 世纪的甘格霞（恒河自在，Gangṣa），甘格霞著有《真理如意珠》（Tattvacintāmaṇi）一书。后期学派一般注重于认识工具问题的探讨，很少涉及认识对象等的问题，他们把正理派认识论的理论发展成为一种纯然探讨概念、词、命题等关系的形式逻辑。后期学派开始流行于密提拉（Mithila），后在孟加拉获得了迅速的发展。后期的正理派也称为奴地阿派（Nuddea）或孟加拉派。

在 12 世纪以后的一段时期内，正理派开始和胜论混合，形成了正理—胜论派，其重要的理论家有阿难跋陀（Annambhātta，约 15 世纪至 16 世纪人）、毗斯伐挪泰（Viśvanātha，约 17 世纪初人）等。阿难跋陀著有《思择要义》（Tarkasaṃgraha）一书，他力图把正理论和胜论的学说拧成一个体系。

在 19 世纪资产阶级启蒙运动中，正理论也被提了出来，其中主要的理论家是鲍达斯（M. R. Bodas），他评注了阿难跋陀的《思择要义》，综合了印度和西欧的逻辑学说，宣称正理论的五支推理式和亚里士多德的三段论式在实质上是一致的。

在印度逻辑发展史中，正理论和佛教曾进行过针锋相对的、烦琐的争论。因此，随着佛教传入我国，正理论的逻辑学说在我国佛教知识分子中产生了一定影响。正理论的逻辑学说在我国汉、藏译佛教著作中也有分散的记述。①

二 正理论概说

正理论的认识论、自然观和社会伦理学说渊源于《正理经》所提出的十六个范畴（旧译十六谛义）。现将这十六个范畴列示说明如下。

（一）认识方法（量）是获得外界知识的工具或方法，也是认识的来源或基础。正理论分为知觉、推理、类比、证言四种。认识方法在正理论中占有首要地位，这将要在下一节中详细讨论。

（二）认识对象（所量）是相对于认识工具而言的，它包括自然界和思维等一切对象，正理派归纳为十二种。

（三）疑惑（疑）是一种不确定的心理状态，它"是对于一个事物的确切性质的矛盾判断，疑惑的发生或者是由于对许多事物共有性质的认识；或者是对于任何事物不共有性质的认识（即矛盾的认识——引者注）；或者是由于矛盾的言证；或者是由于知觉的失常和不知觉"。（《正理经》I. 1. 23）②

---

① 参见《回诤论》及释（毗目智仙及瞿昙流支共译），《方便心论》（吉迦夜译，此经相应品，与《正理经》V. 1 有相似的内容），《广破论》（此经曾列举《正理经》十六个范畴并重点加以反驳，是研究佛教与正理论关系的重要文献），《制服量论经》（藏译，内有反驳正理论十六个范畴的内容），《瑜伽师地论》卷第七、十五（玄奘译），《阿毗达磨杂集论》卷第十六（玄奘译），《显扬圣教论》卷十一（玄奘译），《如实论》（真谛译，此经堕负品的内容与《正经论》V. 2 完全相同，道理难品与《正理经》V. 1 大致相同），《因明正理门论本》（玄奘译），《因明正理门论》（义净译），《因明入正理论》（玄奘译），《因明入正理论疏》（窥基撰），《百论疏》卷三（吉藏）等。

② 本章所引《正理经》的章节均根据威特耶布沙那（S. C. Vidyabhusana）校订和翻译的梵英对照本。见《印度圣书》第Ⅷ卷，1930 年，印度。

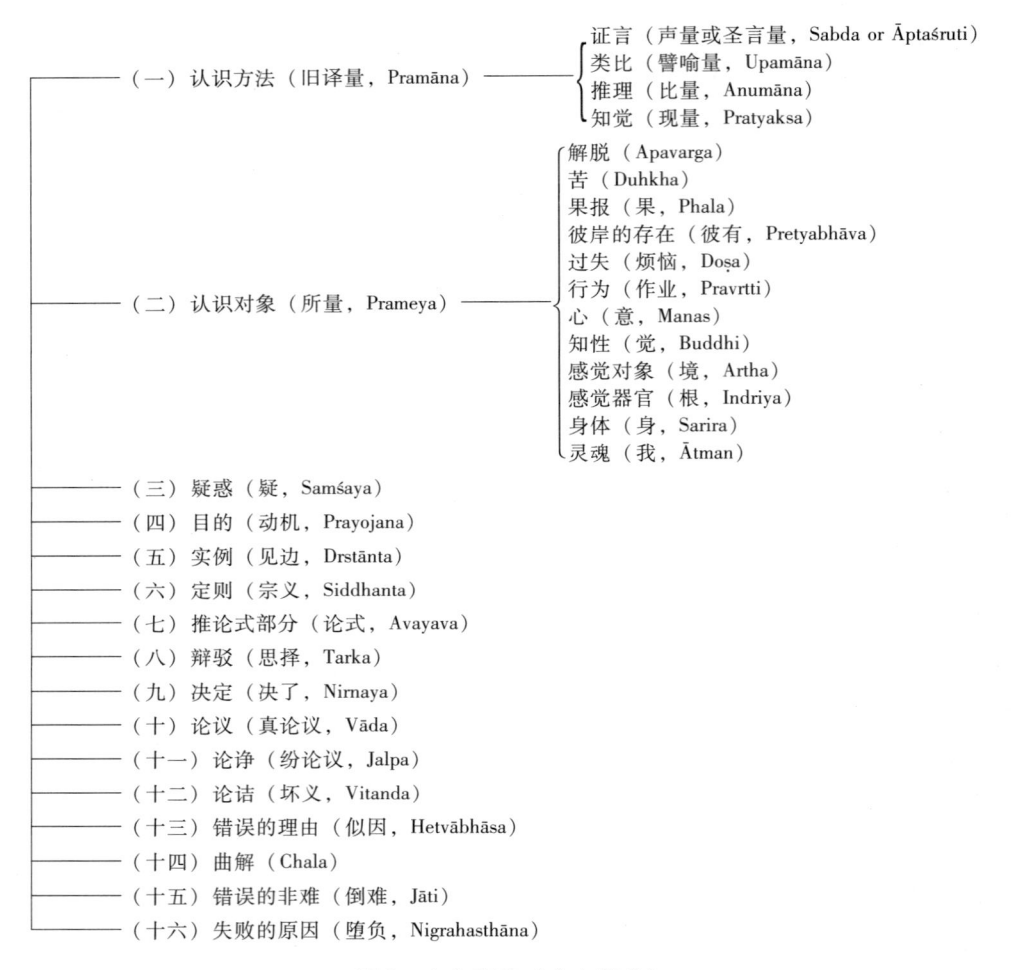

```
                                          ┌ 证言（声量或圣言量，Sabda or Āptaśruti）
         ┌─（一）认识方法（旧译量，Pramāna）─┤ 类比（譬喻量，Upamāna）
         │                                │ 推理（比量，Anumāna）
         │                                └ 知觉（现量，Pratyakṣa）
         │                                ┌ 解脱（Apavarga）
         │                                │ 苦（Duhkha）
         │                                │ 果报（果，Phala）
         │                                │ 彼岸的存在（彼有，Pretyabhāva）
         │                                │ 过失（烦恼，Doṣa）
         ├─（二）认识对象（所量，Prameya）──┤ 行为（作业，Pravṛtti）
         │                                │ 心（意，Manas）
         │                                │ 知性（觉，Buddhi）
         │                                │ 感觉对象（境，Artha）
         │                                │ 感觉器官（根，Indriya）
         │                                │ 身体（身，Śarīra）
         │                                └ 灵魂（我，Ātman）
         ├─（三）疑惑（疑，Saṃśaya）
         ├─（四）目的（动机，Prayojana）
         ├─（五）实例（见边，Dṛṣṭānta）
         ├─（六）定则（宗义，Siddhanta）
         ├─（七）推论式部分（论式，Avayava）
         ├─（八）辩驳（思择，Tarka）
         ├─（九）决定（决了，Nirṇaya）
         ├─（十）论议（真论议，Vāda）
         ├─（十一）论争（纷论议，Jalpa）
         ├─（十二）论诘（坏义，Vitaṇḍa）
         ├─（十三）错误的理由（似因，Hetvābhāsa）
         ├─（十四）曲解（Chala）
         ├─（十五）错误的非难（倒难，Jāti）
         └─（十六）失败的原因（堕负，Nigrahasthāna）
```

图 1 十六范畴（十六谛义）

（四）目的（动机）是人们进行活动时力求获得或避免的东西。

（五）实例（见边）是人们当作一般规律的不可争辩的事实。正理派认为借助这种实例可以巩固人们的讨论或推理。它是讨论或推理的一种重要因素。《正理经》释："实例是一个普通人和一个专家（圣人）具有相同意见的事物。"（经，I.1.25）

（六）定则（宗义）是被某一学派或思想体系作为普遍真理而接受和教导的原则或理论。

（七）推论式部分（论式）是推论式的一个部分或分支，即命题（宗）、理由（因）、例证（喻）、应用（合）、结论（结）。俟后详论之。

（八）辩驳（思择），《正理经》说："辩驳的进行是为了确定未知性质的事物的真实性质。它是一种推理，借这种推理指明一切相反性质的悖谬而显示所要知道的性质"（经，I.1.40）。后人对这个范畴有不同的解释，一般认为辩驳是辩论者用间接的方法去揭露对方的矛盾而证实自己的论证。例如要证明"灵魂不是永恒的"论题的正确，先假定"灵魂是永恒的"，但灵魂永恒是和事实或科学不符的，由此便反证"灵魂不是永恒的"的正确。间接论证是一种比较复杂的推理过程，并且经常是一种归谬法。

（九）决定（决了）是依赖各种正确的认识来源或方法去确定某一事物的真实性质。

（十）论议（真论议）是辩论者按照逻辑的规则进行讨论获得某一事物的真理。例如某一老师主张"老子是唯物的"，而另一学生主张"老子是唯心的"，双方根据逻辑的规则和论证材料反复进行讨论，最后得出结论，这就是论议。

（十一）论诤（纷论议）是一种诡辩。辩论者的目的不在于辨别真伪而在于混淆是非，以期取得胜利。

（十二）论诘（坏义）是一种辩论。辩论的目的只在攻击和破坏对方，自己不提出任何主张。

（十三）错误的理由（似因）是立论的错误原因。正理论分为五种，容后详说。

（十四）曲解是在辩论中故意曲解对方的言论而再加以攻击。正理论把曲解分为三类：（1）词义的曲解，即把一个词的意义故意曲解为另一种意义，例如梵文中 nava 一词原有"九"与"新"两种意思，辩论者利用这种双关的意义来加以曲解。（2）类或概括的曲解，即利用一个词的广泛意义来加以曲解。例如有人推论说，"物质是不灭的，昙花是物质，因此，昙花是不灭的"，这曲解了物质"类"或"概括"的意义和具体的意义。（3）比喻的曲解。

（十五）错误的非难（倒难），即用荒唐的理由推出错误的结论来反对和破坏对方。《正理经》说："错误的非难只是根据（论证的）相似性或非相似性而提出的反对"（经，I.2.18）。例如有人论证说："声音不是永恒的，因为它是象瓶一样被制造出来的结果。"另一个人反驳说："声音是永恒的，因为它是象天空一样无形的。"在这两个推论中"被制造出来的"和"永恒的"之间，"无形的"和"永恒的"之间都无普遍必然的关系，因此两种说法都是荒唐的和不能成立的。

（十六）失败的原因（堕负）是指在辩论中失败的原因。正理论分为二十二种：（1）破坏命题（自立义，即在自己的例证中有反对性质的例证，使命题不能成立）；（2）转移命题（取异义）；（3）违反命题（因与立义相违）；（4）放弃命题（舍自立义）；（5）转移理由（立异因义）；（6）转移论题（异义）；（7）无意义（无义）；（8）不可理解（有义不可解）；（9）不贯通（无道理义）；（10）不及时（不至时）；（11）说得太少（不具足分）；（12）说得太多（长分）；（13）重复（重语）；（14）缄默不言（不能诵）；（15）愚昧（不解义）；（16）不善巧（不能难）；（17）逃避（立方便避难）；（18）承认一种意见（信许他难），即辩论者的一方承认自己论题有过失，于是又说反对者也是一样；（19）忽视可责（于堕负处不显堕负）；（20）责难不可责（非处说堕负）；（21）溢出论旨（离宗，为悉檀多所违）；（22）错误的理由（似因）（经，V.2.1）。《正理经》所列举的失败缘由和汉译《如实论·堕负品》所列是完全相同的，另外，和《方便心论·明负处品》中所列也有部分的相同。

从上面的阐述中可以看出：正理论体系的十六个范畴主要是有关认识论和逻辑问题的，前九个范畴探讨了认识的起源、真理的标准、命题的种类、推论的形式等，在这些探讨中也涉及了本体论和社会伦理的思想；后九个范畴主要说明辩论的性质、方式等。印度和希腊一样，逻辑科学在其最初发展的阶段上也是作为进行辩论、讨论、论战的实践指南而建立起来的。在公元前5—前3世纪印度统一的奴隶制国家被建立起来并得到巩固以后，印度的政治生活、文化和科学得到了突飞猛进，因而出现了百家争鸣的局面。据早期的佛经记载，当时参加争论的有"六十二见"，辩论的问题有"四类十问"等。这种广泛的辩论自然会推动印度逻辑科学的产生和发展，《正理经》的逻辑学说就是在这个基础上总结了前人的经验而建立起来的。

三 正理论的认识论

（一）认识的定义和分类

正理论的认识论是建筑在它的本体论上的。正理论认为"认识只是在于对象的表明"（arthaprakāś buddhih），所谓对象就是"为我们所揭露和表现的世界上的一切事物"，他们反对把认识看作一种最高的实在（婆罗门教），或者是刹那的过程（佛教），而把认识看作个体灵魂和外界接触的结果。

认识有很多种类，大致可分为两类：确切的认识和不确切的认识。确切的认识是外界对象的一种确定的（aśandigdha）、无疑的（gathārtha）表现，它可分为知觉、推理、类比和证言；不确切的认识是外界对象的一种不确定的或者错误的表现，它可分为记忆、疑惑、错误、假设的论证等。现制图如下：

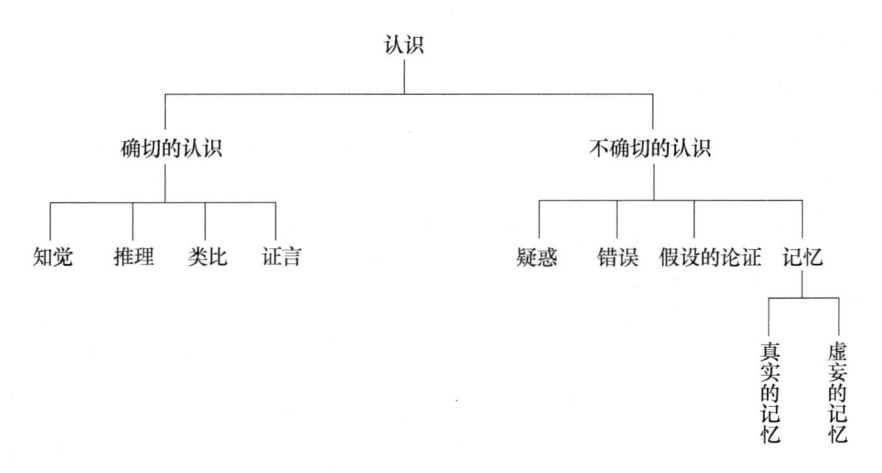

```
                       认识
            ┌───────────┴───────────┐
       确切的认识              不确切的认识
    ┌───┬───┬───┐          ┌────┬────┬──────┬────┐
   知觉 推理 类比 证言        疑惑  错误  假设的论证 记忆
                                                ┌──┴──┐
                                              真实的  虚妄的
                                              记忆    记忆
```

图 2 认识的种类

（二）知觉

知觉是认识的来源。《正理经》释"知觉是感官和它的对象接触而生的认识，它是决定的、不可言说的、无误的"（经，Ⅰ.1.4）。所谓"决定的"是指无疑的、确定的认识。因为我们感官在和外界接触时可能会发生确切的认识，也可能会发生怀疑的认识。例如我们看到远处升起的一撮尘土，可能把它认作尘土，也可能认作是烟。不确定或怀疑的认识不能构成知觉。所谓"不可言说的"是指我们感官和外界在接触时所获得的纯粹的认识，这种认识还没有给予名言或加入概念的作用，正理派提出这个限定的目的是想说明知觉只是供自己了解而不传达给别人。所谓"无误的"就是说：一个事物被感知为像它实际的那样。例如我们对于阳焰中的水的认识就不能称为知觉。

正理论像数论派一样把知觉分为直接的知觉（无分别现量）和间接的知觉（有分别现量）。前者是一种对于事物没有明确的特性或关系的认识（即没有加入概念作用），后者是对于事物已有概念作用的认识。

正理论的知觉理论在后来受到唯心主义明显的影响，后期正理论师把知觉分别为通常的知觉（laukika，世间现量）和特别的知觉（alaukika，非世间现量）两种。前者是我们感官和对象直接接触所引起的认识，它又可分为视觉、听觉、触觉、味觉、嗅觉、内觉等。后者是我们感官和对象间接接触所引起的认识，也就是对象通过一种中介性的东西而传达于我们感官的认识。它又可分为三种：（1）共相或类的知觉（Sāmānyalakṣaṇa），即认识对象的类的知觉。例如有人说："凡有烟的地方就有火。"在这种说法中势必提出这样一个问题：一个人不能尽知所有地点（此山或那山）和所有时候的烟（过去、现在、将来等），那么他如何能知"凡有烟的地方就能有火"呢？正理论认为这种回答是可能的。我们对于"凡有烟的地方就有火"的了解可以通过感官和作为个体的烟的本质属性或共性，即"烟性"相接触而获得，也就是说，对象是通过中介性的东西，即"烟性"呈现在我们知觉中的。正理论这种说明在我们看来已不属于知觉的作用范围，因为感觉所反映的只是具体事物的一定特性，至于反映许多事物的某种共性乃是属于意识的高级形态——思维的作用范围了。（2）心智的知觉（智相，Jñānalakṣaṇa）即对象通过它自身以前的认识和感官相接触而引起的知觉。例如有一个人在看到远处的某种东西时说："我看到了一块芳香的檀木。"这个人对香有了直接的知觉，但有一个问题需要回答，这个人在远处如何能感知到檀木呢？正理论认为这种知觉是通过一种中介性的东

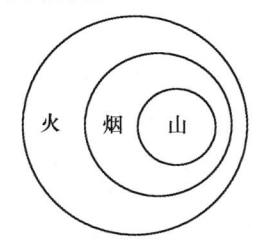

西，亦即通过过去我们对香的经验而使视觉器官和檀木相接触而获得的。（3）直觉的知觉（Yogaja），即瑜伽行者依靠直观而直接获得的关于对象的认识。这是一种神秘主义的说明。

（三）推理

1. 推理的分类

推理是正理论重点研究的认识来源之一。推理在梵文中叫作 Anumana，它原意是"一个跟随着其他认识的认识"。推理是一种推论过程，也就是我们从某一事物的表征（相，linga）推知其他事物的过程。例如我们从此山有烟（表征）推知此山有火。

正理论和数论一样把推理分为三种：（1）见前推理；（2）见后推理；（3）同类推理。

正理论也把推理分为为己推理（Avārtha）和为他推理（Parārtha）两种。前者是为自我了解的，是自我的一种心理过程；后者是为把自己的意见传达给别人或者驳斥别人的，因此要用言语和有组织的论式来加以表述。

正理论和西方逻辑一样认为推理的组成至少需要三个部分，即大词、中词和小词。例如我们看见此山有烟从而推知有火的推论中，山是小词（主体、主词），火是大词（命题、客体），烟是中词（理由，使主体和客体发生联系的根据或理由）。从此山有烟推知有火的过程也就是通过中词使小词和大词发生联系的过程。烟（中词）和火（大词）的普遍必然关系（旧译回转，Vyāpti）是推理的基础。

2. 推理的论式

正理论把推论式环节分为命题或主张（宗）、理由（因）、例证（喻）、应用（合）、结论（结）五个。现把它们的关系用符号和图说明如下：

（1）S 是 P
∴ S 是 M
M 是 P
∴ S 是 P

或

此山有火（命题）。

因为山上有烟（理由），

凡是冒烟的地方必有火，如灶（例证），

而现在此山冒烟（应用）。

所以此山有火（结论）。

这个五分法也可用下列公式表示：①ψa，②φa，③$(x)\varphi x \supset \psi x$，④$\phi a \supset \psi a$，⑤$\psi x$ 或简化为 (x)，$\varphi x \supset \psi x$：$\varphi a \supset \psi a$。

（2）S 是 P

∵ S 是 M

没有 P 就没有 M

S 是 M

∴ S 是 P

或

此山有火。

因为山上有烟，

凡是不冒烟的地方就没有火，如湖。

而现在此山冒烟，

所以此山有火。

如果我们比较一下正理论和亚里士多德的三段论法，就可以知道，正理论的论式是和三段论法第一格的 A·A·A 式相当的。正理论的论式部分虽然有五个，亚里士多德有三个，但二者的词都只有三个——大词、中词和小词。如果我们把五分论式中的第四部分（应用）和第五部分（结论）除去，那么五分论式先前三个部分是与亚里士多德三段论法的结论、小前提和大前提相当的；如果把五分式的第一部分（命题）和第二部分（理由）除去，那么其余三个部分和三段论法的大前提、小前提和结论是相当的。例如：

凡是冒烟的地方必有火（大前提），

现在这个山冒烟（小前提），

因此，这个山有火（结论）。

但是这两种论式也有不同点，正理论的论式部分或环节有五，这五个部分的排列次序是和辩论的次序相顺应的，三段论法有三，它的排列次序是和思维、推论的顺序相适应的；三段论法的论式是演绎的、形式的，而五分式的演绎是从归纳出发的，演绎和归纳在推论过程中很难分开。五分式的第三个部分例证和三段论法的大前提相当，但例证已涉及逻辑上归纳范围了。

我们知道逻辑的推论形式是人们长期生产和社会实践的产物。它是客观事物最普遍、最常见的关系的表现，这些关系在我们的头脑中以逻辑的格式固定下来。印度的五分法无疑也是这种长期实践的产物，可能也受到外国特别是希腊逻辑理论的影响，① 它对提高人们的思维活动有着重要的意义。但是这种推论形式仍然还是一种形式逻辑的东西，它远远不能概括我们复杂的推理活动，只有从辩证逻辑的观点出发，才能不为形式逻辑的推理所局限，才能阐明推论形式的全部丰富性。正理论的五分法一般是在辩论中提出的，因此把例证作为论式的一个必需的组成成分以及大前提的思想代表，但例证常常是个别的、具体的事例，它的范围是很暧昧、有限的，因此有时会使命题和例证之间的普遍必然关系模糊，以致推出了不正确的结论。试用一个例子来加以说明：

凡栖于水中的是冷血动物，如鲛等。

鲸栖于水中，

故鲸为冷血动物。

这个推论，如果用正理论的推式来衡量并没有错误，但由于举例不当（鲛是栖于水中的特殊的冷血动物），因此和事实相违，导致了错误的结论（鲸是冷血动物）。

3. 推理的错误

正理论也研究了推论的错误理由，错误理由在梵文中叫作 hetvābhāsa，它原意是"一个表现为真实而实际上是不真实的理由"，我国旧译"似

---

① 有这样一种说法：在亚历山大·马其顿向印度进军的时候，婆罗门把尼也耶的逻辑理论告诉了在亚历山大军队中的希腊哲学家卡里斯芬，后来卡里斯芬把这种理论转告给了亚里士多德，因此，亚里士多德在他的逻辑学说中吸收了尼也耶的理论。同样，印度的正理论也可能受到希腊逻辑思想的影响。在《正理经》Ⅰ.1.7 的后注中，正理论承认"值得信赖的人"（āpta）的言论是认识来源之一，这种"值得信赖的人"也包括雅里安人以外的异国人（mleccha）。

因"很为确切。正理论把推理的错误理由分为五种：

（1）中词不定（savyabhicara），即由于中词（理由）的不确定，不能获得一个结论或导致各种矛盾的结论。这又可分成三种：

①中词太普遍（sādhārana），即中词（理由）太大，中词既有正面也有反面的两种矛盾情形。例如：

所有可知的东西是火，

这山是可知的，

因此这山是火。

在这个推论中，中词或理由是"可知的"。但"可知的"是一种广泛的说明，它既包含着有火的厨房，也包括无火的湖。像这样广泛的中词，不能构成"这山是火"的理由。

②中词太有限（asādhārana），即中词太小，中词既没有正面的，也没有反面的情形。如说"声音是永恒的，因为它是可闻的"，在这个推论中，中词（理由）是"可闻的"，但"可闻的"只有声音才有，声音以外的其他东西都是没有的。因此用"可闻的"的理由不能证明"声音是永恒的"的正确性。

③中词无定（anupasamhari），即中词不能被证实。例如有人说："灵魂是不灭的，因为它是彼岸世界的。"在这个推论中，中词或理由是"在彼岸世界的"，但"在彼岸世界"是不可被证实的，因此，不能构成"灵魂是不灭的"理由。

（2）中词矛盾（相违，viruddha），即所用的中词（理由）原来要想证明某一命题，但得到了相反的结果，成立了一个相反的命题。如说："空气是重的，因为它是'空的'。"但是"空的"这个中词（理由）恰好使成立了相反的空气不是重的命题。

（3）中词平衡（实有违宗，satpratipaksa）指用一个中词（理由）成立某一命题，同时又用另一个中词（理由）证明这个命题的反面。如说："声音不是永恒的，因为它是像瓶一样被制造出来的。"又说："声音是永恒的，因为它是自然界所固有的。"这两个命题中的中词"被制造出来的"和"自然界所固有的"既是互相平衡又是互相矛盾的，但两个命题各自能成立。

（4）中词不成（asiddha），即用不真实或未被证实的理由（中词）来成立一个命题。它又可分为三种：

①中词没有根据（所依不成，āsrayāsiddha），即命题中的小词或主词不实在，使中词（理由）无所依据。如说："天空莲花是香的，因为这是一朵莲花。"在这个论证中作为小词的"天空莲花"并不实在，因而使中词"一朵莲花"无所依据。

②中词自身不成（svarūpāsiddha），中词对小词来说或者全部不能提供证明；或者部分不能提供证明，因此不能用它来做推理的根据。前一种情况如说："声音是一种物理性质，因为它是可见的。"在这里中词"可见的"不能属于小词"声音的"。后一种情况如说："水、木、金、土是物质，因为它们是可饮用的。"在这里，中词"可饮用的"对于小词中的水来说是可以证明的，其他是不可证明的，因此，在这个命题中的中词只有部分可以作为证明的依据。

③中词没有必然关系（回转性不成，vyāpyatvāsiddha），中词与大词（命题）根本没有普遍必然的关系；或者在一定的条件下才有关系。前者如说："所有存在的东西都是刹那生灭的，声音是一种存在，因此声音是刹那生灭的。"在这个推论中，大前提是错误的，因为"存在"和"刹那生灭"并没有普遍必然的关系。后者如说"此山有烟，因为它有火"，这种推论也是不确切的，因为在有些情况下可以有火无烟。

（5）中词自相矛盾（自违，bādhita），用一个理由（中词）来推论一个与认识来源相矛盾的命题（即指与经验相反的命题）。如说："糖是酸的，因为它产生了酸味。"这与第（3）节所述"中词平衡"不同，因为在"中词自相矛盾"的情况下被推出来的命题本身就已经与经验相违反；而在"中词平衡"的情况下被推出的两个相反的命题都有理由可以成立。

（四）类比

正理论的第三个认识来源是类比（upamāna）。《正理经》说："类比是对于一个事物的认识，由于这个事物和先前熟知的另外一个事物相类似。"（经，Ⅰ.1.6）例如有一个未见过野牛的人曾听见别人说过野牛的形状和家牛相似，后来他在森林中看见一个类似家牛的动物，便把这个动物推定为野牛。类比和同类推理（见上节推理的分类）不同的是：前者是以已感知的事实推知未感知的事实；后者则是证实已知的名称（如听见过的野牛名称）和这个名称所代表的事物（看到的野牛）的一致。

正理论的类比曾受到印度各派哲学的批评，印度唯物主义顺世论认为它不是一种正确的认识来源或方法，它不能给予我们任何真实的知识；胜论和数论把它归入推理的范畴中去；佛教则把它归入知觉的范畴中去。

（五）证言

正理论的第四个认识来源是证言（śabda），证言是从一个值得信赖的人的言说中所获得的认识（经，Ⅰ.1.7），它可分为两种：（1）可见对象的证言（dṛṣṭārtha），即普通人、权威者，或圣书根据可见事物所作的教言，如农民对于农作物的知识，流传的医方等；（2）不见对象的证言（adṛṣṭārtha），如吠陀或圣者所说的箴言等。正理论所说的以上两种证言虽然包括一部分宗教神秘主义的内容和统治阶级的说教，但也包括很多有益的、科学的知识，这些知识是在长期的生产和社会实践中所积累起来的。正理论所说的证言和希腊哲学史上所说的不证自明的公理有很多类似之处，它常常被古代哲学家视作认识的一个来源。

（六）真理的标准

正理论在探讨逻辑问题的时候不能不涉及真理的标准问题。早期正理论师认为"认识是外界的表明"。认识是独立于我们之外并且不以我们的意志为转移的，正确的认识就是"对于事物原来怎样存在的就怎样了解（yathābhūtam），原来不那样的就不那样了解"。

但是正理论并不像辩证唯物主义那样，把认识看作一个反映过程。他们认为认识不是认识者直接感知客观对象，而是感知作为客观对象的本质或特性的"自所有性"（旧译"自色"，svarūpa）的结果。例如我们看到一块石头，石头并不进入我们的知觉中，石头自身不是我们知觉的对象。因为如果我们所见的东西就是外物自身，那么认识的错误就无从发生，这是与实际的情况相矛盾的。另外，我们对石头的所见也不仅仅是我们的心理状态，因为如果对象纯属我们的心理状态，那么，就不需要外物，也不能称为对外物的感知了。这使我们陷入了主观主义。总之，我们对于石头的知觉内容乃是石头的本质或特性，即"石性"为我们的心所见。这个"石性"据说既不是物质的，也不是纯然心理的。

正理论认为，认识的内容即是对客观事物"自所有性"的认识，那么认识决不能是主观的、自明的。自明性的认识正确与否不能由自身而应由外界的事实来检验。为此，他们提出这样一种主张：凡能符合外界事实并能引起实际行动成功的就是正确的认识；反之，就是错误的认识。例如我们要知道杯子里的水是甜的还是咸的，最好的办法是拿来饮用。

正理论虽然承认外界事物是我们认识的来源，但是由于他们不懂得认识的辩证发展过程，反映事物本质和规律的概念（共性的东西）是在感觉材料的基础上并对感觉材料进行了抽象和概括而产生和形成的，因而错误地把认识仅仅归结为对客观事物本质"自所有性"的认识。其次，他们也不懂得认识按其形式来说是主观的，按其内容来说是客观的，因而把知觉内容看作一种既不是物质的也不是心理的东西。此外，他们所说的实践当然也不是马克思主义关于实践是真理标准的论点，因为他们所理解的实践还不是人们关于生产和阶级斗争的实践，而只是个人宗教和日常生活的实践，它带有很大的思辨性质。

四 正理论的自然观

正理论把认识的对象分为下列十二种。

（一）灵魂（我）是独立的实体。它是个体的、无限的、永恒的，在各种躯体中有着不同的灵魂。它的存在"是可由内心的官能去觉察，并可由它的各种特性如欲望、厌恶、意志、乐、苦、知觉作用等去证明"（经，Ⅰ.1，10），这种解释基本上是和胜论一致的。

（二）身体（身）是"行动、感官和知觉的场所"（经，Ⅰ.1.11），它是由地的原素所组成的。

（三）感觉器官（根），即鼻、舌、眼、皮、耳，它们是由一定的原素即地、水、风、火所组成的。

（四）感觉的对象（境），即香、味、色、触、声，它们是地、水、气（风）、火、空等原素相应的性质。

（五）知性（觉），是广义的认识作用。《正理经》Ⅰ.1.15 把知性和"悟解"（upalabdhi）、"识"（jñāna）解释为同一种东西。

（六）心（意）是灵魂和感觉器官的联络机关。正理论对心的解释和胜论完全相同。

（七）行为（作业）"是语（口）、心、身体的力用或作用"。（经，Ⅰ.1.7）

（八）过失（烦恼），即贪爱（贪）、憎（嗔）和愚痴（痴）。

（九）彼岸的存在（彼有），即轮回。

（十）果报（果）。

（十一）苦。

（十二）解脱。

正理论对于认识对象的分析，既包括了他们的自然观点，也包括了他们的宗教伦理思想。他们的分析正如黑格尔所指出的："没有逻辑的秩序，既没有彼此的联系，也没有范畴的全面性。"[①] 从他们的宇宙观中可以看出：正理论既承认物质的本原（原素、根、身等），也承认精神的本原（灵魂、知性等），这是一种实在论的见地。正理论认为物理世界的一切现象都是由地、水、风、火的原素所组成的，这些原素经常处于运动和变化之中，是物理世界的原因。空的原素虽然也是一种物质的实体，但它不是产生任何事物的原因。时、空虽然是一种实体，但它们也是归属于物理世界中的，正理论的世界观是和胜论基本一致的。

乔答摩和筏磋衍那虽然在他们的著作中偶然谈到了神（《正理经》中仅有一次谈到神），但神在他们的逻辑体系中还没有占着主导的地位，在他们看来，人的理智和思维能力是可以认识和理解世界的。但较后的正理论师如邬陀衍那、婆察尸巴蒂·弥尸罗等则都认为自在天或神是世界的原因和主宰者，他们把具有实在论性质的正理论篡改成为纯然一元论的神学体系。现将他们的论证归纳如下：

---

① ［德］黑格尔：《哲学史讲演录》第 1 卷，生活·读书·新知三联书店 1956 年版，第 149 页。

（1）神是各种有秩序的事物（果）的创造者（因）；
（2）神是原子复合物的动力因；
（3）神是使一个词指名一物或使某物赋有意义的力量（padat）；
（4）神是永恒的"吠陀"的作者；
（5）神是善恶的裁判者；
（6）神是用数字表示的概念的原因（saṁkya viśeṣāt）。

后期正理论对于神的证明是一种诡辩论和目的论。他们从外界引入了自然界本身所不能说明的原因——神来说明自然界；另外，他们认为那些被高度抽象和概括出来的"数"和"词"的无法解释就是神的存在的证明，也是和科学事实不符的。我们知道客观世界虽然并不存在抽象的数目、点、面等，但这些数目、点、面等的原型仍然是在客观世界之中的，数量是和客观世界实际存在的各种物体的大小、长短等的区别和联系相适应的。至于"词"也是和外界物质相联系着的。列宁曾指出"任何词（言语）都是概括"①，词作为引起条件反射的信号，正是外界同类物质刺激的概括和标志。

五　正理论的社会伦理思想

正理论的社会伦理思想是和它的逻辑原理相联系的。早期正理论的社会伦理观点在《正理经》Ⅰ.1.2中曾作过这样的概括：

> 现实世界充满着苦难，这是由于有生的原因，有生是由于行为（业）的原因，行为以过失（烦恼）为基础，而过失又以无知为根据，因此，一个人如果要脱离苦难，不可不消灭无知。

早期正理论和早期数论、胜论一样，把现实世界看作一堆苦难，但他们对于解决苦难的方法则还有所不同。早期胜论、数论认为借助于"二十五谛"和"十句义"的正确了解，而早期正理论认为如何达到主观的正

---

① 《列宁全集》第38卷，人民出版社1960年版，第308页。

确认识。正理论企图用思辨的方法来解决社会的问题是一种历史唯心主义的看法，这种看法是和当时大多数唯物主义者的主张完全不同的。因之，早期正理论仍然是属于统治阶级的思想体系。正理论的哲学和社会思想有着深刻的矛盾，他们一方面强调严格的逻辑要求，这方面或多或少地启发了自由信仰和科学思想；但另一方面他们又承认神的意志和羯摩的铁的规律，使自己的思想仍缚住在旧的轨道上运行。正理论这种思想的矛盾是当时社会矛盾的反映。早期正理派（以《正理经》和筏磋衍那为代表的正理派）活动的年代大概在公元4—5世纪，亦即印度笈多王朝由盛及衰的时代，这个时代正是印度封建关系确立的时期。当时在农村公社中分化出了一个新的具有封建性的社会阶层（公社的上层剥削分子和富裕的成员）①，他们一方面反对婆罗门和刹帝利的统治，要求自由信仰和科学思想；但另一方面这个阶层又是十分敌视人民的，因而仍不能和旧的婆罗门思想传统相割裂。早期正理派和胜论正是反映了这个阶层的观点和利益，至于后期正理派的一元论神学体系无疑是为反动的封建贵族、罗阇、大商人的利益服务的。

六　正理论的近代影响

在18世纪印度资产阶级的启蒙运动中，印度资产阶级思想家们在批判中世纪正统哲学的同时，对正理论也进行了批判。例如被印度人称为"近代之父"的罗姆·谟亨·罗易（R. M. Roy，1772—1833年）在他提出的改革梵文教育方案中说："学习真正理论的学生即使他们知道宇宙中的物体分成多少理想的类别，灵魂对身体以及身体对灵魂，眼对耳等有什么玄相的关系，这也不能说明对他们的心灵有什么裨益。"②另外一些资产阶级知识分子在了解了西方逻辑的思想后，开始了综合东西方逻辑理论的工作。他们的综合工作有一个明显的特点，就是力图证明印度的逻辑理论是

---

① 参见苏联科学院主编《世界通史》第3卷上册，生活·读书·新知三联书店1960年版，第55页。

② ［印度］R. M. 罗易：《致总督阿姆赫斯特勋爵论教育的信》，载巴伦（Salo Baron）《印度传统史料》，美国出版，第593页。

不亚于西方的。逻辑学的任务只是研究思维、概念、推理等的形式，科学与宗教并不是对立的，这些思想在目前印度逻辑学的研究中仍然占有主导的地位。

在近代资产阶级逻辑学家中最有代表性的是波达斯（M. R. Bodas）。他出身于婆罗门家庭，受过西方教育，有一个时期曾在孟买充当律师。波达斯对阿难跋陀的《思择要义》进行了评注，从他的评注中可以看出他的逻辑思想。

波达斯首先提出了这样一个问题：所有社会的人的思维能力是否都是一样的？思维形式是否具有普遍意义？他反驳了传统唯心主义所主张的上智下愚的分别，即只有上智才能洞察真理的认识。认为每一个人对于客观事物都有认识的能力，思维的形式具有普遍的意义。他的这个思想是为资产阶级论证的，因为资产阶级在其反对封建主义中是不得不把它的利益当作社会一切成员的公共利益来表达，把它的思想当作普遍形式拿出来，当作普遍的、唯一合理的来表达。

波达斯认为，脱离了外界客观对象的感觉和思维是可疑的，任何感觉和思维都有其客观实在性，即它们都是从感官接触外界而产生的，由于他不能解释思维如何反映客观事物的过程，理性认识如何与感性认识辩证的联系，因而他又认为思维与存在是一个悬而未决的、真正难于解决的问题。①

波达斯把正理论的推理形式和亚里士多德的三段论式相比较。他同意亚里士多德的三段论式是严格的推论形式，印度的五支论式是用于辩论的方式，但又认为这两种推理形式在实质上是一样的。② 印度的逻辑和西方的逻辑应有同样的地位。波达斯通过逻辑问题要想证明印度的文明不亚于西方文明，至少是和西方的文明并驾齐驱的。

波达斯认识到归纳法有一种困难，就是不能把所有的客观对象都观察了才能得出普遍的命题，这一点是和亚里士多德、穆勒一致的。③ 但是他

---

① ［德］鲁本：《印度哲学史》，德国科学院，1954 年，第 320—321 页。
② 同上。
③ 穆勒（John Stuart Mill，1806—1873 年），英国哲学家，著有《逻辑学体系》一书。

在解决这个问题时，抱着一种实在论的观点，认为在归纳时有一种异常的、直接的感性知觉，通过感性知觉能够觉察到普遍的概念。

波达斯在解释认识的对象问题中，仍然没有摆脱印度宗教的影响，因此经常摇摆于唯物主义和唯心主义、科学与宗教之间。例如他用亲和力来解释物理现象，如重量、降落、飞翔等，这是唯心主义和形而上学的。

（原载《南亚研究》1981年第1期）

从纳奥罗吉、罗纳德的哲学和社会政治理论看印度资产阶级改良主义的特征

一 印度民族主义运动兴起的历史背景和哲学、社会政治思想的特征

19世纪末20世纪初是"自由"资本主义向帝国主义过渡的完成时期。英国是在占有亚非殖民地,特别是在最后征服印度以后成为庞大的帝国主义国家的。在19世纪最后30年中,英国开始对印度进行资本输出,开发了为侵略服务的运输、金融、种植园等行业(据1914年第一次世界大战前统计约占全部投资的97%),但阻挠印度基础工业的建立和发展。外国资本的输入,一方面进一步摧毁了印度自给自足的农业和手工业,而另一方面也刺激了印度资本主义畸形发展。1880年,印度有自己经营的纺织厂193家,雇用工人161000名,至1913年骤增至272家,雇用工人253000人,另外还创办了不少黄麻、造纸、磨粉等小型工业。印度民族经济一开始在资本和技术装备等方面都是依赖于宗主国的资产阶级的,而且和国内的封建阶级有着不可分割的联系,但是他们在发展过程中,由于受到英国帝国主义政治和经济的统治,不能参加国内外市场的管理,不能自主关税和其他工商业的税则等,因而和宗主国的资产阶级逐步发生矛盾,这些矛盾在19世纪末叶就已暴露出来,到第一次世界大战前表现得更为尖锐。

在1857年印度民族起义失败后,英国对印度的统治有了新的转变。殖民当局为了对付人民的反抗,和印度的封建王公结成了巩固的政治联

盟，竭力支持中世纪的一切腐朽和落后的东西，例如封建的土地占有制度、种姓制度、土帮特权等。而他们对新兴的资产阶级却"从以前的融洽无间变为冷淡猜疑，甚至是敌对"的关系。在殖民当局、封建势力和高利贷者等的重重压迫和剥削之下，农民的处境更是悲惨万分。在19世纪最后25年中，印度各地共发生18次饥荒，死亡人数达1500万人，另外，有4000万人由于缺衣少食也挣扎在死亡线上。在上述情况下，印度很多地区都爆发了农民起义，其中重要的有1872年的纳姆达尔教派起义，1879年的马特拉起义，这些起义对于印度民族主义运动的兴起有着重要影响。

随着印度资本主义生产关系的确立，印度的社会力量——资产阶级和无产阶级开始成长起来。据不完全统计，印度在19世纪末有产业工人50余万人，他们在90年代就开始参加了经济性罢工，但在这一段时间内，不论在政治上或组织上都未成熟，印度资产阶级在19世纪中叶就已显露头角，但是直到1885年印度国民大会（国大党）建立以后，才开始在全国范围内联合，并作为有组织的力量出现在印度政治历史舞台。印度资产阶级大都是出身于最初充当英国人同印度贸易的中介人的高利贷者、商人、地主和官吏，可划分为左翼和右翼。印度民族资产阶级和中国民族资产阶级一样，一开始出现就具有政治上两面性的特征。他们一方面和宗主国的资产阶级有着一定的政治和经济上的矛盾，这些矛盾愈尖锐，他们的反帝意识也就愈强烈；但在反对人民革命方面他们又和帝国主义、封建主义有着共同的利害关系，国内社会斗争愈深入，关系也就愈密切，妥协和投降性也就表现得愈突出。当然，印度资产阶级各个阶层在民族解放运动的各个历史阶段中所起的作用也不是完全相同的。在19世纪最后20年间，印度资产阶级蔚成独特力量以后，日益不能容忍英国殖民当局对印度国内生活各个方面的把持。资产阶级中一部分"受过教育的人"（"薄陀罗卢迦"），即资产阶级知识分子也因为他们处于无权的地位，不能根据自己的所长为祖国服务而对殖民统治表现愤慨或者走上了反抗的道路。印度革命的资产阶级知识分子和小资产阶级知识分子是印度早期民族主义组织的核心，起着重要的宣传和组织作用。

印度民族解放运动经历了不同的历史阶段，但总的可以划分为前期

（1870—1916 年）和后期（1917 年以后）两个阶段。前期的民族主义运动是在资产阶级领导下进行的。1885 年印度资产阶级建立了第一个全国性的民族改良主义政党——国大党，殖民当局怂恿和帮助建立这个党的目的是要把资产阶级和他们的知识分子的活动吸引到"合法"的轨道上去，缓和他们的反英活动。它是一个与人民群众很少联系的资产阶级政治集团，社会基础只限于某些资产阶级和他们的知识分子、自由地主、商人、高利贷者的狭窄范围以内。国大党是英帝国主义的"安全阀"，他们奋斗的目标，不是印度的独立，而是争取在英国统治范围内的有限自治，即在英国官僚统治机构的代表权。因此，他们的活动方式只是向英国殖民当局陈情呼吁或抗议批评，但是他们的揭露和批评在资产阶级和小资产阶级知识分子中也起到过一定影响。另外，他们从资产阶级利益出发，要求发展民族经济，争取社会改良，推行现代化的教育等，也有一定的进步意义。在 19 世纪末和 20 世纪初，随着印英民族矛盾的进一步扩大，旧派议会斗争和改良主义的失败，同时又受到亚洲其他国家资产阶级革命胜利的影响，在国大党内出现了一个新的政治派别——即自称与旧派或"温和派"对立的"民族主义派"或"激进派"，参加这个派的人多半是出身于小资产阶级、富农或小地主家庭，或者属于自由职业的阶层，这个派别主张与帝国主义进行坚决的斗争，使用一切手段来实现印度的独立，他们和国大党的旧派进行了严肃的斗争，但是他们把民族主义运动建筑在复古主义和宗教的基础上，没有很好地把反帝和反封建的斗争有机地结合起来，深入地发动群众，因此，也没有彻底实现他们奋斗的目标，但是他们的宣传和活动对印度民族主义运动的发展有着重要的影响。

　　印度民族主义运动的意识形态从一产生就表现出资产阶级不彻底性和两面性的特征。在民族运动的思想家中明显地可以看出两个不同的派别：一派是资产阶级自由派，它反映了资产阶级上层、自由地主及其相联系的知识分子的观点，他们的改良主义理论除了追随印度古代的唯心主义哲学和社会理论外，还受到了西方资产阶级功利主义和自由主义的影响。这一派的理论形态出现较早，大概在 19 世纪 70 年代印度创办大量的民族报刊以后就已形成起来，它们是和梵社的理论活动相衔接的。另一派是资产阶级民主主义派，这个派别反映了资产阶级左翼、小资产阶级及其相联系的知识分子的观点。民主派的理论渊源主要是印度古老的唯心主义哲学和宗教，当然也受到西方资产阶级的影响。他们的观点在 19 世纪最后 20 年中就已表达出来，在印度民族主义运动第一次高涨中（1905—1908 年）形成了独特的体系，其中一些有代表性的人物在以后的年代还有了重要的变化。该派是和印度雅利安社或圣社的理论活动相呼应的。自由主义派和民主派不但和帝国主义、封建主义的意识形态进行了斗争，同时在两派之间也进行了严肃的政治和思想斗争。

二　达达巴伊·纳奥罗吉的社会政治理论

温和派的主要思想家是孟买的达达巴伊·纳奥罗吉（Daoabhat Naoroji，1825—1917 年）、孟加拉的苏伦德拉那特·巴纳吉（Surendrencth Banorji 1848—1926 年）、浦那的摩诃提婆·弋文德·罗纳德（Mahadev Govind Ranade，1842—1901 年），以及弋帕尔·克里希那·郭盖雷（Gopal Krsna Gokhale 1866—1915 年）等，现在举出纳奥罗吉和罗纳德的哲学和社会政治思想来具体分析印度资产阶级改良主义的特征。

（一）纳奥罗吉的生平和著作

纳奥罗吉于 1825 年生于孟买一个帕西族（Pasis，波斯移民）的家庭，父亲是袄教的一位教士。幼年时受过西方教育，1850—1856 年在孟买埃尔芬斯通学院担任数学、自然哲学的教授，旋又去英国从事商业和政治活动，他在伦敦创办了研究印度问题的东印度人协会，并被选入英国议会。1876 年回国担任巴洛达土邦的首相，不久又辞去。他是印度国大党的发起人之一，并在 1886 年、1895 年及 1908 年年会上三次被选为主席。他的著作大部分是属于经济学方面的，其中很多已被编入长达 700 页的《印度的贫穷与非不列颠统治》一书。

（二）论帝国主义

纳奥罗吉是印度资产阶级民族改良主义路线的著名理论家。他认为英国的统治不论在物质、政治、文化、人道等方面都给予了印度和英国"难以量度的好处",印度的进步和繁荣,离开了英国是不可想象的。他写道:"我真诚的信念……是:印度的生活,她的未来繁荣,她的文明和政治高涨都取决于英国统治的延续。"① 纳奥罗吉这种言论和同时代的国大党其他领导都是一样的。例如孟加拉的苏伦德拉那特·巴纳吉曾宣布他的理想是:"为对英国的联合矢志效忠而努力——因为目标并非要更替英国在印度的统治,而是要使她的基础扩大,使她的精神宽广,使她的性格高尚,并把她置于一个民族的爱戴之不变的基础之上。"浦那的郭盖雷也说:"无论官僚制度(指英殖民当局——引者注)有什么缺点……他们总是维持着今天国内的秩序,没有这种秩序,我们人民的现实进步是不可能的,要以另一种形式来代替英国人百年来所确立的制度并不是那么容易的。"② 以上这些言论充分暴露了印度资产阶级的妥协性。印度资产阶级是在英国资产阶级卵翼下诞生的,是靠英国资产阶级的扶持而发展壮大的,他们的利益和英国资产阶级的利益有着天然的血肉联系。

但是初生的印度民族资产阶级和中国的民族资产阶级一样毕竟是具有两面性的阶级,他们在发展中受到了殖民主义所给予的种种限制,因此他们和帝国主义也有矛盾的一面,这些矛盾随着印度资本主义的日益发展,表现得愈来愈尖锐。印度资产阶级对英国殖民当局对于印度工业和商业的垄断、经济掠夺、官僚统治和种族歧视等都表示不满,这些不满首先在印度资产阶级的代表——温和派的领袖中得到了反映。例如纳奥罗吉在揭露英国的经济掠夺时写道:"在从前国外征服(印度——引者注)的事例中,侵略或者劫掠财物就退走,或者变成这个国家的统治者……无论他们统治的情形是怎样,这个国家至少没有物质或道德的涸漏……而英国人的事例就不同了。……从前的统治者是像屠夫那样在这里斫一块,那里割一块,但英国人用科学的解剖刀剖到了心脏,然而又看不出伤痕,而且对文明、进步等等的侈谈的粉饰就立即把伤痕隐藏起来了。英国统治者是在印度的前门站岗,向全世界挑衅说:他们是在保卫印度以防止外来的侵略者,而

---

① 纳奥罗吉,转引自马逊尼(R. P. Masani)《达达巴伊·纳奥罗吉传》,伦敦,1939年,第124—125页。
② [印度] S. S. V. 夏斯特里(S. S. V. Sastri):《郭盖雷的生平》,印度班加罗尔,1937年,第117页。

他们就从后门拿走他们所保护的财产。"① 又如在抨击殖民当局官僚统治时写道:"英国在印度的行为奇怪地和她在别国的行为相反。她违反了她自己最善良的本来意志……英国在印度正培养一批习惯于专制的英国人,并使专制皇帝的暴躁、骄矜、高压手段在他们之中逐渐地根深蒂固起来,再加上伪装立宪的训练……使他们降低到亚洲专制的水平之下。"② 我们知道,英国殖民主义是用火和剑夺取印度的。他们是把亚洲式的专制和欧洲式的专制结合起来统治和压榨印度人民的,他们在统治印度200多年中所犯下的罪行,倾恒河之水也不能洗涤。纳奥罗吉的揭露和抗议,虽然在当时唤起印度人民的觉悟方面诚然有着进步的意义,但是他的揭露和抗议的目的不是要推翻英国的统治,而是要在保持英国统治的条件下迫使他们让步,改善他们的管理,这是一种改良主义的做法。诚如列宁所指出的:"用改良主义的方法修改帝国主义的基础不过……是一种'幼稚的愿望'。"③

(三)"经济涸漏"

纳奥罗吉在揭露殖民主义掠夺时,探讨了印度的贫穷问题,他在探讨中提出了一个叫作"经济涸漏"(Economic Drain)的理论。按照这种理论,印度之所以贫穷主要是由于偿付英国统治所需要的各种资源和资金的外溢,只有唤起国人制止这种外溢,自上而下地进行经济改革,才能改善印度的经济状况。他用具体的材料推算了印度19世纪中下叶的生产能力,以及被帝国主义作为贡赋掠夺去的部分,并指出英国殖民当局在1835—1839年从印度每年夺去了平均5347000镑,而1870—1872年骤增至每年平均27400000镑,即等于1835年的五倍以上,④ 英国殖民当局在1870—1871年度"在田赋的形式下取走了全国总生产物的八分之一"。⑤ 他从以

---

① [印度]纳奥罗吉:《印度的贫穷与非不列颠的统治》,伦敦,1901年,第211—212页。参考伊克巴尔·辛格(Iqbal Singh)选辑《印度近代思想家资料》,1878年,第55—56页。
② [印度]纳奥罗吉:《印度的贫穷与非不列颠的统治》,伦敦,1901年,第212页。
③ 《列宁全集》第22卷,人民出版社1963年版,第278页。
④ [印度]纳奥罗吉:《印度的贫穷与非不列颠的统治》,伦敦,1901年,第2页。
⑤ 同上。

上的推算中得出了这样的结论:"印度的穷贫、痛苦和一切物质的贫乏的主要原因是耗尽了她以前的财富,是由于支给欧洲人部分的各项公务的超支费用以及由于支付外国公债利息的巨额负担而日益消耗和削弱了她的生产资源。这是由于不列颠统治所引起的。"① 纳奥罗吉在这里不自觉地发现了"掠夺是一切资产阶级生存的原则",这种分析也是马克思在研究英国资产阶级发展时所注意的问题。马克思在 1881 年曾写道:"英国人以租税、对印度人毫无用处的铁路的红利、文武官员的养老金、阿富汗战争及其他战争的支出等等形式,每年从印度人那里拿走的东西,他们不付任何代价地从印度人那里拿走的东西——不包括他们每年在印度境内攫为己有的在内——,即仅仅是印度人被迫每年无偿地送往英国的商品价值,超过六千万印度农业和工业劳动者的收入的总额!这是残酷的敲骨吸髓的过程!那里荒年一个接着一个,而饥荒的规模之大,是欧洲迄今为止所无法想象的!"② 纳奥罗吉的这种探讨是有意义的,但是他是在经济的范围内而不是在政治的范围内,即不触动英国的统治基础和印度社会本身的前提下点滴地改善印度的贫穷问题显然是不可能的。因为印度的贫穷主要是由于帝国主义、封建主义的剥削所造成的,只有摆脱了外国的枷锁,消灭了封建的生产关系,解放了生产力,才能彻底解决这一问题。纳奥罗吉的经济观点奠定了印度国民经济学派的理论基础,在当时起过一定的历史作用,并为以后的社会改良主义者所追随。

(四) 论印度自治

纳奥罗吉认为,印度民族解放斗争的目标和信念应该是争取"在不列颠帝国内的殖民地自治"。他写道:"我们并不乞求任何恩惠,我们只需要司法权,以此代替我们作为不列颠臣民所有的任何细分的或具体的权利。整个事件可以妥协为一个词——'自治政府'或者像联合王国给予殖民地那样的自主。"③ 同时,他又认为这个目标可以通过和平道路,即通过同英

---

① [印度] 纳奥罗吉:《印度的贫穷与非不列颠的统治》,伦敦,1901 年,第 79 页。
② 《马克思恩格斯全集》第 36 卷,人民出版社 1971 年版,第 151 页。
③ 纳奥罗吉,转引自悉达罗摩衍(B. P. Sitaramayya)《印度国大党史》第 2 版,马特拉斯,1917 年,第 834 页。

国殖民当局谈判、请求、示威、劝导和从道义上感化他们的手段来达到。①他"确信英国的良心将会胜利,英国人民将会支持当今的政治家在可能最短的时间内给予印度责任的'自治政府'"。②为此,他对一切非和平的斗争都表示反对,他批评孟买"激进民族主义者"反英活动是"狭隘、短见的政策"。1908年正当印度民族解放运动第一次高涨进入紧要的关头,殖民统治受到威胁的时候,他在一则公开文告中号召说:"所有的暴力行为应该停止……要以必需的勇气,自我牺牲,谨慎地、和平地、不屈不挠地为支持重大的改革而斗争。"③纳奥罗吉所主张的斗争手段是和他的目标相一致的,他是想用和平的方法来解决英帝国主义和印度民族资产阶级的矛盾,把印度人民的革命斗争纳入资产阶级所要求的范围以内,不使人民的斗争转变为对资产阶级的斗争。纳奥罗吉的这种斗争策略后来一直为民族改良主义者所奉行,从旧阶段的郭盖雷到新阶段的甘地都是以纳奥罗吉为他们的"治政古鲁"("政治导师")的。

(五) 对人民运动的恐惧

纳奥罗吉对于当时印度各地正在发展中的农民运动抱着无限恐惧的态度。他在国大党的一次会议上公开表示:"在英国政府统治下,我们并不苦于任何巨大的压迫……我感到真正忧虑的是内地农民的状况。"④又如他在一次谈话中曾把印度北部革命的农民看作"动物园的老虎","如果把所有的野兽都放出笼去,剩下的只是老虎"。纳奥罗吉这种态度同我国戊戌变法时的改良主义者康有为完全一样,康有为在给清帝的奏折中也曾说过:"陈涉辍耕于陇上,石勒倚啸于东门","乱机遍伏,即无强敌之幅,揭竿斩木,已可忧危"。⑤纳奥罗吉对农民的恐惧和敌视有着深厚的社会经济原因。印度资产阶级和印度的封建主义有着千丝万缕的联系,他们很多

---

① 纳奥罗吉,转引自悉达罗摩衍(B. P. Sitaramayya)《印度国大党史》第2版,马特拉斯,1917年,第836页。
② 同上书,第848页。
③ 纳奥罗吉,转引自马逊尼(R. P. Masani)《达达巴伊·纳奥罗吉传》,伦敦,1939年,第20页。
④ 同上书,第127页。
⑤ 康有为:《上清帝第五书》,《康有为政论集》(上册),汤志钧编,中华书局1981年版,第203页。

人就是地主或农村的高利贷者，资产阶级通过信贷和商业系统加强了对农民的压榨和剥削。在印度农民解放运动中，印度资产阶级把他们和帝国主义的矛盾以及和工人、农民大众的矛盾看作两个主要的矛盾，并在不同时期内权衡这两个矛盾而制定出不同的策略，即使他们需要发动农民群众时，也是把农民的斗争纳入他们所需要控制的范围以内，因为资产阶级很清楚，如果印度人民脱离了他们的牢笼，不单会"咬死"帝国主义野兽，也会"咬到"资产阶级的头上。

（六）论社会改革

纳奥罗吉积极号召社会改革，要求发展国民教育，提高妇女权利，实现社会平等，革除封建陋俗和习惯，等等。1851 年他和埃尔芬斯通学院的一些人在孟买建立了以"革新帕西人的社会状况和恢复袄教的原初纯洁"为宗旨的宗教改革协会（Rahnumai Mazday Asnar Sabha），创办了《真理宣教者》（Rast Goftar）周报。另外，在 1849—1865 年积极参与并指导了埃尔芬斯通学院文艺科学协会所号召的社会和法律改革活动。在纳奥罗吉的奔走号召之下，孟买地区和孟加拉一样也掀起了一个社会改革的浪潮。

三 罗纳德的哲学和社会政治思想

（一）生平和著作

罗纳德 1842 年出生于马拉特的一个笃信印度教的家庭，属婆罗门种姓。他的祖父和父亲都是英国殖民政府的上级或下级官吏。罗纳德在孟买大学毕业后，曾担任母校的历史学教授、文学院长等职，以后又出任浦那等地的高等法院法官等。1867 年他在浦那建立了宗教联谊会（祈祷者会，prorthana Samaj），这是一个自由主义的宗教改革团体。另外，他和提拉克一起组织了鼓吹社会经济和教育改革的民众协会（Snrvajanik Sabha）。他是国大党发起人之一，并在 1887 年创立了与国大党相辅行的印度社会改革会议。

罗纳德著有许多经济、历史的著作。其中重要的已编成《印度经济言论集》《宗教和社会改革言论集》《杂论》等。他是最先提倡用民族观点研究印度历史的一个学者，用民族语言所写的《马拉特帝国的兴起》（1900，Rise of Marahta）一书在印度民族主义运动中曾起过重要的鼓舞作用。

（二）"理性的有神论"

罗纳德把他的宗教哲学称之为"理性的有神论"。他综合了印度的吠檀多和西方资产阶级的哲学。宣称在宇宙中有着三种"存在的公设"（Postulate of existenee），即最高精神（神）、个体灵魂和物质。最高精神是一切存在的基础和主宰，它是一种客观的精神能力。他写道："神是存在着：作为一种活的或精神东西的最高实力，一切原因的原因，超越时空者，宇宙的最高统治者……所有人类灵魂的道德管理者。"又写道："宇宙被当作是物质，但实际并不是这样。……通过经验和（认识——引者注）工具我们能够获得规划宇宙的唯一精神（mind of One）的某些观念，因此，宇宙不仅是物质。"① 从上述这些解释中可以看出，罗纳德对于哲学根本问题的回答是唯心主义的，他的最高精神是一种超越于客观事物和人类认识的一种绝对的、神秘的实在。

罗纳德进而解释了三种"存在的公设"之间的关系。他认为最高精神、灵魂和物质虽然统一于最高精神，并且构成了"和谐的一体"，但是在他们个别之间还是有所区别的。他写道："所有使它们同化和归结为一个绝对存在的企图都失败了，因为他们必定要失败的。与此同时，它们在一个有机整体的各个部分的意义上并不是有差别的。它们是一可是又是多，自然和人各自有着从属于伟大的无限（最高精神——引者注）的特定关系，伟大的无限统治着它们并且融化着它们"。② 罗纳德这个解释是和罗摩奴阁的制限一元论极为相似的，但和商羯罗的③不二论是对立的。但就他们的本质来说都是客观唯心主义者。罗纳德和罗摩克里希那、辨喜等启

---

① 罗纳德，转引自邱尔吉达尔（P. G. Yagirdar）《罗纳德社会思想研究》，纽约亚洲出版社1963年版，第37页。
② [印度] 古拉斯加尔（M. B. Kolaskar）编：罗纳德《宗教和社会改革言论集》，孟买，1902年，第17页。重点为译者加。
③ 罗摩奴阁（Ramanuja，1017—1127年）。

蒙思想家一样通过哲学的论证沟通了彼岸世界和此岸世界的关系，对现实世界抱着既肯定又否定的态度，其目的是要调和科学与宗教，为资产阶级的行动作出哲学的论证，这是有一定进步意义的。

罗纳德在哲学上开展了两个方面的批判，他从客观唯心主义立场出发，一方面，也是主要的方面对西方的机械唯心主义和神学的唯心主义——泛神论进行了攻击。他认为唯物论"夸大了自然和它的力量"，因而，"在与精神的关系中暴露出了不可解释的矛盾"。西方的泛神论"在印度可以找出它的老家"，它把自然和人解释为最高精神（神）的表现并和最精神的本质是不可分离的，泛神论强调理性，但是它们不知道"依靠我们无知的理性只能看到个别的（而不能看到整体的——引者注）"。① 因此，对于最高精神来说是不可被证明的。罗纳德这种批判只涉及泛神论的表面形式而没有涉及它的实质。我们知道，泛神论的最高主张限制一元论，即认为宇宙万有的最高本体是梵，梵是全智、全能的，无瑕和无所不在的，它是世界一切事物的创造者、维持者和毁灭者；也是一切有情的主宰者、控制者和赏罚者，个体灵魂是梵的精神力的表现，世界是梵的非精神力的表现，但这种表现或转变是真实的，不是幻现。他认为梵、灵魂、物质三者之间的关系在本质上是相同的，但在性质、形式和作用上则是不同的。

商羯罗主张不二论，即认为梵是世界万物的始基，它是统一的、永恒的、纯净的、先验的意识，它不具有任何差别、内外、部分，也不具有任何属性、运动、变化，超越于主观、客观、时间、空间、因果等经验范畴。现象世界是梵的一种表现，是梵通过一种魔力（摩耶）创造出来的，这是一种幻象的转变，只有梵是真实的，其他都是不真实的。精神或神是"形而上学地改了装的、脱离人的自然"。② 罗纳德从右边加以批判，反而表明了泛神论的唯物主义性质。罗纳德对于机械唯物论和泛神论的批判，说明了印度资产阶级的软弱性，他们甚至连西方资产阶级革命时代的历史

---

① ［印度］古拉斯加尔（M. B. Kolaskar）编：罗纳德《宗教和社会改革言论集》，孟买，1902年，第11页。
② 《马克思恩格斯全集》第2卷，人民出版社1960年版，第177页。

经验也不敢容纳,这当然是和社会发展水平与自然科学的落后低下有关。另外罗纳德也对主观唯心主义进行了评价,他认为把"感觉的复合"看作"唯一的实在",也是一种"夸大"。罗纳德虽然拒绝主观唯心主义的立场,但当他谈到历史发展的规律时也不自觉地暴露出了他的很多主观唯心主义观点,这方面将在他的历史观点中加以说明。

　　罗纳德对于神的论证除了上述的哲学或本体论的说明,还提出了心理学和伦理学的说明。他认为神不但是一种最高的存在,而且是"一切因中之因",也是一种植根于"人性"中的抽象的爱或善。他写道:"在我们的人性中有着一种宗教的或精神的因素,即人类灵魂有精神的需要,精神的感觉是和精神世界相连的,并指引它到达神"①,"男女实际上就是神的肖像和反映"②。又写道:"神——一种活的实在或精神……它是无上的权力、智智、善、爱、正义和圣洁"③,也就是"人的胞与之爱"(Brotherhood of man)。罗纳德这种爱的上帝原则或人性论,我们在西欧资产阶级的社会改良主义者的说教中也是常常可以见到的。资产阶级把泛爱解释为宗教信仰的最高形式,把抽象出来的、假想的人与人之间的关系说成是宗教,其目的是要在社会斗争中,掩饰阶级之间的对立。关于这一宗教理论的唯心主义认识论根源,恩格斯在批判费尔巴哈的人本主义宗教时曾指出:"费尔巴哈的唯心主义就在于:他不是直截了当地按照本来面貌看待人们彼此间以相互倾慕为基础的关系,即性爱、友谊、同情、舍己精神等等,而是把这些关系和某种特殊的、在他看来也属于过去的宗教联系起来,断定这些关系只有在人们用宗教一词使之高度神圣化以后才会获得自己的完整的意义。……宗教一词是从 religare 一词来的,本来是联系的意思,因此,两个人之间的任何联系都是宗教。这种语源学上的把戏是唯心主义哲学的最后一着。……为了宗教这个对唯心主义回忆很宝贵的名词不

---

　　① [印度]古拉斯加尔(M. B. Kolaskar)编:罗纳德《宗教和社会改革言论集》,孟买,1902年,第259页。
　　② [印度] S. 巴伦(Salo Baron)等编:《印度传统史料·罗纳德》(第三版),纽约哥伦比亚出版社1960年版,第686页。
　　③ [印度]古拉斯加尔(M. B. Kolaskar)编:罗纳德《宗教和社会改革言论集》,孟买,1902年,第252页。

致从语言中消失，性爱和性关系竟被尊崇为'宗教'。在四十年代，巴黎的路易·勃朗派改良主义者正是这样说的。"①

（三）双重真理观

罗纳德着重探讨了认识论的问题，认为我们认识的来源和道路不外二种：一种是外界对象作用于我们感官引起的认识，亦即是通过感觉、理性等所获得的认识，这种认识叫作"外见"（bahya-Caksu）；另一种从内省直觉中得来的认识，这种认识叫作"内见"（antah-Caksu）或者用康德的话叫作实践的理性（practical reason），"内见"是"个体灵魂和最高精神联结的一种信仰"。"内见"和"外见"，理性和信仰有着各自认识对象，各自活动范围，彼此不是对立的而是相互补充的。

罗纳德认为，我们对于现象世界的认识无疑是依靠理性的，但是由于我们认识能力或理性有着局限，因之，对于"认识的很大方面"还是无能为力的，这个"很大方面"包括下面一些范围：世界和人的起源、罪恶的起源、神和宇宙的关系、灵魂的轮回等。他写道："灵魂属于这个肉体以前是否经过前世的存在？在此身以后是否一定要轮回？轮回的性质是否由现世生活所决定或者灵魂在它复活以前是否处于静寂的状态之中？什么时候灵魂和肉体一起苏醒？……这些问题都是悬着一层黑幕不容我们去揭开的。"在这种理性不能证明的情况下，我们不得不求助于我们的信仰，信仰是一种"实践的确证"，"是一种实践的和最真实的理性"，它在一定的意义上虽然超越于理性，但是并不和理性相矛盾。罗纳德这个双重真理观和同时代的我国改良主义者康有为（1858—1927年）、严复（1853—1921年）的认识论有着很多相同之处。严复宣称"万物本体，必不可知"②，"既不可谓谬，而理难知"③。康有为把"元天"（康有为把他的哲学最高范畴称为"元"，天是"宇宙"或"世界"的意思）看作人类认识可穷尽的世界，而自"元天以上"的"无量数不可思议"的"天外天"是人类

---

① 《马克思恩格斯选集》第 4 卷，人民出版社 1972 年版，第 230 页。
② 严复：《穆勒名学》"部甲按语"，商务印书馆 1981 年版，第 60 页。
③ 严复：《天演论》"论十：佛法"，商务印书馆 1981 年版，第 73 页。

不可认识的领域，① 即是宗教信仰的领域，他在这个基础上建立了他的新宗教——孔教。康有为也写道："天下之物至不可测，我人至渺，我人之知识有限，岂能以肉身之所见闻而尽天下之事理乎，以奈端（牛顿——引者注）、拉普拉斯、达尔文之知少，而欲尽知天乎？而可决无上帝乎？多见其不自量。"② 这是一种不可知论。正如列宁在批判康德时所指出："唯物主义者肯定自在之物是存在的，是可以认识的。而不可知论者连关于自在之物的思想都不容许，宣称我们根本不能确定知道自在之物。"③ 罗纳德的认识论明显地可以看出他的"内见—外见观"是和康德的两重真理论有着相同之处，也有着相异之点。康德认为：经验的"现象世界"通过理性认识是可以证明的，而"现象世界"以外的"上帝、灵魂不灭和自由意志"则可作为信仰的对象留待"实践理性"去确立或证明。"纯粹理性"和"实践理性"有着各自管辖的范围，"纯粹理性"或"理论理性"不能证明上帝、灵魂不灭和自由意志的存在，康德这种两重真理论是和他的二元本体论相一致的。但在罗纳德看来，理性（"外见"）和信仰（"内见"）虽然有着各自活动的范围，二者在最高精神的基础上（目的论上）是统一的。罗纳德的这种解释也是和他的客观唯心主义本体论相适应的。罗纳德、康有为和康德一样，建立这种认识论的目的都是要"限定认识领域"，"为信仰留出地盘"，反对科学，维护宗教。罗纳德竭力反对他的宗主国——英国的资产阶级在革命时期的哲学（机械唯物论等）而接受了软弱的、反封建不彻底的德国资产阶级的哲学，并不自觉地提出了与我国改良主义者康有为、严复同样的哲学观点。这说明哲学相对的继承性归根结底地是由相应的社会土壤、相应的阶级斗争情况所决定的。

（四）社会改革的目标和方法

罗纳德的改良主义主要表现在社会经济方面。他认为印度民族的独立运动是一场全面的改革活动，包括政治、经济、文化、思想、习惯等各个

---

① 康有为：《诸天讲》卷十，1886 年稿。
② 康有为：《诸天讲》卷十一，1886 年稿。
③ 《列宁选集》第 2 卷，人民出版社 1972 年版，第 145 页。

方面，政治改革和社会经济改革、教育改革等是不能分开的。他写道："把社会的经济和政治分开考虑是一种错误的观点，没有一个能够说完成了它的一方面的任务而忽略了其它方面。"① 罗纳德这个观点曾遭到某些激进派领袖的反对，他们认为印度民族解放运动主要应是政治的，只有争取了民族独立，才能着手进行社会改革。激进派的反对虽然有着一定的理由，就当时的情况看，印度的革命任务主要有两个，即对外推翻帝国主义压迫的民族革命和对内推翻封建王公、地主压迫的民主革命，而最主要的任务还是推翻帝国主义的民族革命。但是印度革命的两大任务是密切相关的，如果不推翻帝国主义的统治，就不能消灭封建王公、地主的统治，因为帝国主义是封建王公、地主的主要支持者，如果不推翻封建王公、地主阶级的统治，也就不能推翻帝国主义的统治，因为封建王公、地主阶级是帝国主义在印度统治的社会基础。当触及印度政治问题时，也就不能不触及印度的社会问题。

罗纳德在 1887 年建立了印度社会改革会议，这是一个资产阶级各个派别的联合协商组织，每年召开例会，讨论有关印度的社会改革问题。它的主要任务是废除印度种姓制度，处理印度教徒和伊斯兰教徒之间的宗教纠纷，提倡妇女受教育、寡妇再嫁、种姓之间通婚，反对童婚、多妻制以及印度教徒不准出国远航的规定。这个会议一方面受到正统印度教徒和伊斯兰教徒的攻击，另一方面也受到了激进派的抵制。它在 19 世纪后叶印度和社会改革运动中起过一定的宣传鼓动和组织作用。

罗纳德在号召社会改革中，把思想和习惯的改革提到了首要地位。他写道："如果愿意作真正的改革的话，所要改变的不是外表形式，而是内心形式，即决定外表形式的思想和观念。在过去三千年中加速我们衰落的是什么内心形式或观念呢？这些观念可简单地予以列举，即是隔绝，多屈从外面的力量或权势而少顺从内部良心的声音，承认人与人之间因血统和家世所生的虚幻的差别，消极地默认罪恶或错误行为，普遍地不关心尘世幸福，几乎达到了命定主义的地步。这些仍是我们古代社会制度的根本观

---

① ［印度］罗纳德：《在首陀罗社会改革会议上的发言》，1900 年。转引自沙尔马《印度教的复兴》，第 154 页。

念。这些观念的自然结果,导致现存的家庭关系,即女人完全从属于男子,低下种姓完全从属于高等种姓,甚至使人失去对人性的自然尊敬。我们所要与之斗争的一切罪恶都是这些观念流行的结果。"罗纳德在这里虽然提出了妨碍印度社会发展的一些陈腐的思想障碍,但是他对这些观念和习惯的看法是历史唯心主义的。我们知道任何观念和习惯都是一定社会存在的反映。印度的孤立主义、命定主义、歧视妇女等等都是印度封建所有制的产物,特别是以种姓分立的农村公社的生产和生活方式的反映。关于这一点,马克思曾一再指出:印度的"农村公社……使人的头脑局限在极小的范围内,成为迷信的驯服工具,成为传统规则的奴隶,表现不出任何伟大和任何历史首创精神……这些小小的公社身上带着种姓划分奴隶制度的标记,它们使人屈服于环境,而不是把人提升为环境的主宰,它们把自动发展的社会状况变成了一成不变的由自然预定的命运"①。印度人民只有打破了这些封建的生产关系,改变了与此相应的物质生活环境,才能逐渐消除人们头脑中的陈腐观念和生活习惯。另外,罗纳德在号召思想和生活习惯的改革中,强调民族的传统,要区别旧时代的精华和糟粕。他说:"我们有一个渊源于过去的持续不断的生活之流,为此,我们必需接受过去卓著的、有效的行为,并且依赖于过去的原则……我们决不能把它一起抛弃,或者强迫它注入一个革新的渠道。"② 这是可贵的。

  罗纳德探讨了社会改革办法,归纳印度近代社会改革办法有四种:(1) 革新传统方式。(2) 诉诸良心的方式。(3) 运用法律手段的方式。(4) 取诸反叛或革命的方式。他认为第一种办法是根据现代需要对古老的经典和实践作出自由解释,使印度传统得以"复兴"的办法,实践证明这种办法是有效的(如雅利安社的改革活动),但改革并不等于复古,复古主义是不能"使人们获得拯救,并是不能实行的"。他批判说:"极端正统的口号是……复古而不是改革。他们主张恢复到旧的样子,要诉诸古代的权威和古老的裁决。"但是他们忘了"在像社会这样活的有机体之中复

---

  ① 《马克思恩格斯全集》第 9 卷,人民出版社 1960 年版,第 148—149 页。
  ② [印度] 罗纳德:《在 1892 年第六次社会改革会议上发言》,载卡罗纳卡兰(K. P. Karunakanan)辑《宗教和印度的觉醒》附录,米鲁特,1965 年,第 149 页。

古是不可能的。已死的、已被埋葬了的和已被烧毁了的东西是一去不复返了，因此，死的过去不能恢复，除非把旧的材料改造为新的、有组织的东西"。罗纳德的这种批判在当时起过积极作用，他认为第二种办法是"诉诸社会是非"的办法，也就是诉诸资产阶级意志的办法，这是一种切实可行的办法。第三种是"强迫"的办法，当第一、第二两种办法失败时，这种办法在一定时间和一定场合也是"可取的"（如寡妇殉葬的改革法令发布）。第四种是"极端的"方式，这种方式脱离"印度社会"，在实践中是行不通的。他竭力反对这种革命的方式。罗纳德对当时农民起义是极端恐惧的，例如他在讨论"浦那民众协会"在1880—1883年有关农民情况的专题报告中，曾提出警告，要求迅速改善"印度各省尖锐的危机"，否则必将引起"重大的社会灾难……阶级反对阶级的斗争"①。他是想用和平改良的方式来防止群众暴力革命行动的。

罗纳德所主张的社会改革方式是和他的目的相一致的。这是一种改良主义的理论。印度的改良主义者和我国的改良主义者一样。他们总是把社会变革当作是不必经过严重斗争就可以得到的廉价品，总是幻想枝枝节节的、修漏补孔的改革去达到社会的完善，热衷于和平的、合法的改革，拒绝流血的、激烈的革命。正如列宁所指出："改良主义就在于，人们只限于提倡一种不必清除旧有统治阶级的主要基础的变更，即是同保存这些基础相容的变更。"② 罗纳德的这种改良主义的目的和方式一直为印度后来的社会主义改良者所继承，他的"诉诸良心"的方式后来被甘地所发展，成为系统的"变心说"。

（五）论经济改革

罗纳德是印度国民经济学派的奠基人之一。他和纳奥罗吉一样对印度的国民经济问题，特别是贫穷问题和农业问题进行了统计和研究，并且提出了改革的主张。他在《印度的政治经济学》（*Indian Politcal Economy*，1892）中对印度的社会经济特点作了如下的概括："我们社会生活的特点

---

① ［印度］罗纳德：《印度经济言论集》，马特拉斯，1906年，第277页。
② 《列宁全集》第19卷，人民出版社1959年版，第157页。

是（血缘的——引者注）身份的流行超过了（社会的）契约，联合超过了竞争。我们心灵的习惯是极端保守的。气候和土壤的能力易于原料的生产。劳动力是便宜和充足的，但又是不固定、不节约和不熟练的。资本是稀少的……农业几乎是整个人口的主要支柱，而且是在不定的雨水下维持的。商业和制造业在很大范围内只是为了当前的输入。所有工业的进行都是依赖于小农制度、零售买卖和穷苦人民依靠贷款的经营。几乎没有一个拥有地产的上流集团或者富有的中产阶级。土地是国家垄断品……我们的法律和制度赞同一种低下的生活水平，并且鼓励财富的扩散和分割，宗教的理想斥责人们热衷于财富的追求，这些都是古老的遗产和继承下来的弱点。停滞、依赖、消沉和贫穷——用大字写在大地和它的人民的脸上，此外，还需要加上外国征服所引起的财富和人力的经济涸竭。"① 罗纳德的这些观点一直被印度经济学家看作古典的理论。另外，他在上述分析的基础上还提出了一套社会经济改革方案，这套方案的主要内容是：印度在英国的保护和合作下，迅速发展民族工业，改变原料输出国的地位，鼓励私人投资，扩大并加强土地私有制，提高农业耕作技术，减低农业税收，建立农村银行和信贷系统，总之，按照普鲁士的方式逐步发展印度资本主义。这套方案反映了正在壮大中的资产阶级的要求和呼声，在当时有着重要意义，但是在帝国主义统治下，这当然是一种不可能实现的理想。

（六）论"自由主义和稳健"

罗纳德在政治上追随温和派的路线。他和郭盖雷一起在印度民族主义运动中提出了"自由主义和稳健"的口号，在一则公开的宣言中给这个口号作了如下的解释："自由主义的精神包含着一种没有种族和信仰偏见的意思，包含着一种在人与人之间力求作出正义的坚强信仰的意思，给予统治者由法律规定他们必需执行的忠诚，同时要使被统治者获得他们按照法律所规定的平等权利，稳健要妥善处置那些强求不能实现或者过远的理想，需用妥协和正大光明的精神去完成我们近在手头的工作，借以逐日争取在自然发展顺序中的下一个步骤……这无疑是一个渐进的过程，但是一

---

① ［印度］罗纳德：《印度经济言论集》，马特拉斯，1906年，第21—22页。

切新习惯的成长必需是渐进的那才是实际的。"① 从这则宣言中可以看出：印度的自由主义完全是一种机会主义。他们的世界观是庸俗的进化论。他们追逐的是眼前的、暂时的利益，疏忽的是印度民族长远的和根本的利益。"他们为了一时的成就而不顾后果，为了运动的现在而牺牲运动的未来"。当然我们也不抽象的反对稳健、妥协和改良，但要看妥协的环境和具体条件。印度的稳健派在印度早期民族主义运动中起过重要的历史作用，但实践证明也带来了一定的不良后果。

（原载《南亚研究》1985 年第 2、3 期）

---

① 由罗纳德署名发表的德干协会宣言，见帕兰特（M. R. Palande）编《印度自由运动史资料集》第 2 卷，孟买，1958 年，第 848—849 页。

达耶难陀·娑罗室伐底的
宗教和社会思想述评

——纪念达耶难陀·娑罗室伐底逝世一百周年

1983 年是印度圣社（雅利安社，Ārya Samāj）的创立者、著名的哲学家和社会活动家达耶难陀·娑罗室伐底（Dayānada Sarasvati，1824—1883 年）逝世一百周年，印度和亚非一些国家的人民都纷纷举行集会纪念这位印度民族的伟人，我国人民对达耶难陀的爱国主义情怀一直怀着崇高的敬意。达耶难陀的哲学和社会思想对印度近代的宗教和社会改革、印度的民族主义运动有着极为重要的影响，由他首建的圣社在唤醒印度人民的民族意识、复兴印度的文化、普及民众教育和改革封建的社会习俗方面起过重要的作用。本文拟对达耶难陀的生平及其哲学和社会思想作一概略的评述。

一 达耶难陀所处的时代和他的生平

18 世纪中叶印度沦为英国的殖民地以后，英国的殖民统治给印度带来了严重的后果，它破坏了印度的农村公社和农村经济生活，摧毁了印度的手工业，消灭了印度古代文化，挑起了无数的民族和宗教纠纷。另外，它和印度的封建统治结合起来，沆瀣一气，加深了对人民的压迫和剥削，使大批印度农民和手工业工人陷于赤贫和死亡的境地。马克思在《不列颠在印度的统治》中写道："不列颠人给印度斯坦带来的灾难，与印度斯坦过去的一切灾难比较起来，毫无疑问在本质上属于另一种，在程度上不知要深重多少倍……英国则破坏了印度社会整个结构……使它的居民现在所遭受的灾难具有了一种特殊的悲惨的色彩，并且不列颠统治下的印度斯坦同自己的全部古代传统，同自己的全部历史断绝了联系。"① 但是英国在印度的统治也起了另一种不自觉的作用，殖民主义的资本输出把资本主义的某些生产方式带到了印度，这样就使印度的资本主义得到畸形发展，一个簇新的、与帝国主义和封建主义既有着矛盾但仍然有着千丝万缕联系的资产阶级正在成长。马克思把这种在英国卑鄙利益驱使下的印度社会经济变革称为"亚洲历来仅有的一次社会革命"②。

在殖民主义的残酷统治和封建主义的深重压迫下，印度人民在19世纪曾多次发动武装起义。例如达耶难陀活动的主要地区——旁遮普在1845—1849年曾掀起了规模浩大的锡克教徒起义，在1857年印度西北各省发动了民族起义，这些起义动摇了印度封建制度的基础，鼓舞了印度人民的前进。

在殖民主义的统治下，印度社会生活中最有影响的宗教出现了腐朽和衰替的现象。当时次大陆有四分之三以上的居民都信仰印度教，该教派系林立，严格地奉行种姓分立的社会等级制度，并遵循着与此相适应的寡妇殉夫（撒提，Sati）、多妻、童婚等封建野蛮习俗。另外，在宗教实践中盛行着偶像和动物崇拜，用人畜作为牺牲，实行着烦琐的祭祀仪式，严重地束缚着教徒们的精神和社会活动。马克思曾指出："这种失掉尊严的、停滞的、苟安的生活……甚至使惨杀在印度斯坦成了宗教仪式……它们使人屈服于环境，而不是把人提升为环境的主宰，它们把自动发展的社会状况变成了一成不变的由自然预定的命运，因而造成了野蛮的崇拜自然的迷信，身为自然主宰的人竟然向猴子哈努曼和牡牛撒巴拉虔诚地叩拜，从这个事实就可以看出这种迷信是多么糟践人了。"③ 印度教的各派在哲学上都宣称他们是正统的吠檀多主义者，但他们对吠檀多主义有着不同的解释。他们一致认为，现实世界是一种幻现，既不真实，也不实在，人愈能摆脱这个世界，在精神上也就愈能得到解脱。在印度教日益衰替的过程中，英国殖民当局继武力征服之后又开始了精神的征服工作。1813年英国国会批

---

① 《马克思恩格斯全集》第9卷，人民出版社1961年版，第144页。
② 同上书，第148页。
③ 同上书，第149页。

准了印度基督教工作法案，随后便派遣大批传教士去印度传教。这些传教士首先在知识分子、士兵中进行工作，以后又在一般居民中传教，后来又由传教扩展到"慈善"和文化事业，这样便严重地威胁到了印度的传统宗教和文化，激起了印度教中一部分人的愤慨，起而保卫印度教了。

19世纪初，印度资本主义生产关系迅速发展，首先在经济比较发达的沿海地区（孟加拉等地），出现了很多鼓吹宗教和社会改革的团体，这些团体领导了印度近代的启蒙运动，其中重要的有罗姆·摩罕·罗易创设的梵社。梵社经历了不同的历史阶段，它的宗教哲学理论追随民族的、先前的形式，同时也吸收了基督教等一些西方的东西，但是它的活动只限于一些中产阶级、开明地主以及他们的知识分子中间。以后在印度民族主义运动的推动和梵社的影响下，印度西部和北部地区又出现了一些宗教和社会改革团体，这些团体和梵社不同的是，它们大力鼓吹复兴印度古代的文明，力图把宗教和社会改革建立在印度教的基础之上，以"托古改制"的方式，要求进行资产阶级的改革，为此，他们在人民群众中间有着较为广泛的影响，对以后印度民族主义运动的兴起和发展起过重要的历史作用。在这些团体中，由达耶难陀所创立的圣社占着显著的地位。

达耶难陀·娑罗室伐底原名穆拉·商伽尔（Mūla Saṅkar），后因参加了商羯罗系的娑罗室伐底（Sarasvati，辩才天）的教团，因而取了达耶难陀·娑罗室伐底的法名，他出身于西印度卡提瓦尔一个富有的婆罗门家庭，5岁时开始学习梵文，22岁时因逃避家庭包办的婚姻，浪迹印度各地。1860年至1863年他在摩吒罗跟从著名的盲人学者毗罗阇难陀（Vijrajā nanda）学习梵文和古代经典，学成以后便开始了他的传教师生涯。1869年在印度圣城贝拿勒斯曾和印度教中主张吠檀多一元论的三百名学者和信徒展开大辩论。1875年在孟买创立了圣社，发表了他对印度教的改革原则，以后又在拉合尔、德里等地建立了分支，通过这些组织一方面进行印度教的改革工作，另一方面从事社会改良的宣传和活动。圣社受到殖民当局和印度教顽固派的多方面迫害，达耶难陀在1883年被他的宗教敌手毒死[1]。达耶难陀用印地文和

---

[1] 据说达耶难陀在贾特浦尔游说时，深受土王欢迎，但遭到王妃的嫉妒，被失宠的王妃在牛乳中加入毒药害死。

梵文写作。他的主要著作有：《真理之光》（Satyārth Prakāśa）、《吠陀注》（Veda Bhāsya）和《梨俱吠陀注序》（Rgvedādi Bhāśys Bhūmika）等。

二　达耶难陀的宗教哲学理论

达耶难陀进行活动的时候正是印度民族矛盾、阶级斗争、宗教和种族隔阂空前严重的时期。他为了改变这种状况，首先举起了宗教改革的旗帜，达耶难陀的宗教改革主张宣示在他1877年访问拉合尔时所订的十条纲领①之中。他提出了"回到吠陀去"的口号，认为吠陀是"真正知识的经典"，是印度宗教的最高权威和泉源，每一个人的首要义务就是"读吠陀，教吠陀，背吠陀，听人读吠陀"。吠陀不只是以往各个时代一切知识的"宝藏"，而且也是近代科学——物理学、化学、心理学等的"种子"，"它的无数原则与科学事实的发展是完全相吻合的"。他和梵社的启蒙思想家一样对当时印度教中流行的偶像崇拜、动物崇拜、种姓藩篱、派系林立、歧视妇女、清规戒律等迷信落后现象进行了严厉的谴责。例如他说："在吠陀中找不出一个字是支持偶像崇拜的，相信神的召唤和对神的背离是出于（崇信者的意志），偶像崇拜应受到谴责！"② 达耶难陀在反对印度教黑暗势力的同时，对基督教和伊斯兰教也进行了批评。他认为基督教是

---

① "（1）神是真正的知识，是通过知识而知的一切事物的基本原因（第一动因）；

"（2）神（自在天）是实在的、智慧的、安乐的、无形的、全能的、公正的、慈悲的、不生的、无限的、不变的、无始的、无比的、支持一切者、主宰一切者、无往不在的、内在的、不老的、不朽的、无畏的、永恒的、神圣的、宇宙的创造者；

"（3）吠陀是真正知识的经典，读吠陀，教吠陀，背吠陀，听人读吠陀，这是圣社社员的首要义务；

"（4）应该乐于接受真理，排斥非真理；

"（5）一切行动应依从理法（正义），即对善恶的充分考虑而行事；

"（6）本社的根本目的是对全世界作出有益的事情，注视人类的物质的、精神的和社会的进步；

"（7）一个人和其他人的交往应遵循仁爱和正义所规定的律则；

"（8）一个人应促进明智（亲证主体和客体），驱除无知（虚幻）；

"（9）一个人不应该只满足于自己的幸福，而应在大家的幸福中寻得自己的幸福；

"（10）一个人应该约束自己以服从社会的、有利他人的规定，至于在遵循个人幸福的规定中则应该自由。"

② 转引自古尔耶尔《达耶难陀传》，第220页，印度，原书未说明出版年月。

外来的宗教，它的教义充满着"逻辑的自相矛盾"，与印度的民族精神是完全格格不入的。基督教宣称上帝是全能、无限而又慈悲的，"假使上帝是无往而不在，那么，他不能有一个身体，如果他有一个身体的话，那么，他就受到限定而不是无限的了"，"基督徒相信上帝是有权威的，但是相信魔鬼引诱亚当去犯罪就是相信上帝不是有一切权威的，因为如果上帝具有一切权威，魔鬼就不能引诱亚当了"。① 达耶难陀在进行宗教批判中提出了他的宗教理想。他认为宗教"应根据普遍而无所不包的原则……只有那种真实的信仰如阿勃拉斯（Ablas）——即语言、行动、思想真实，能促进公众利益，不偏不颇，深有学问的人所尊崇的才能值得接受"②。宗教的根本目的是"要对全世界作出有益的事情，注视人类的物质的、精神的、社会的进步"，"是要竭力保护正直的人，推进他们的利益，即或他们是极端贫穷、孱弱、缺乏物质的来源；在另一方面应该经常努力摧毁、遏制、反对作恶者，虽然这些作恶者是全地球的最高统治者，是拥有巨大势力的人"。③ 达耶难陀也谈到神，但他认为神是"真正的知识，是通过知识而知的一切事物的基本原因或动因"，它是"实在的、智慧的、安乐的、无形的……无限的、不变的、开始的……宇宙的创造者"。人亲证神不是通过对偶像的崇拜而是通过人的冥想、直觉而获得。达耶难陀的这种神无疑是一种理性的实体。他把神从印度教中当作人格性的实体或人格化的神（偶像）改变为一种理性的对象或理性的实体，从而把神的否定（人格性实体）和神的肯定（理性的实体）结合起来，这是和印度教中的偶像崇拜进行斗争的一种巧妙形式。达耶难陀的宗教批判和宗教理想虽然是从维护宗教的立场出发的，但是他的批判涉及了社会和文化生活的各个方面。他提出一个吸引群众的口号，即：宗教要实现社会平等，要为人，特别是要为"贫弱的同胞"以及"整个社会利益"服务。他是想利用这个口号把广大人民吸引到新兴的资产阶级方面来，借以反对封建主义和殖民主义

---

① 达耶难陀，转引自 H. B. 沙尔陀（Har Bilas Sarda）《达耶难陀·娑罗室伐底的生平》，印度，1940 年，第 171 页。

② ［印度］达耶难陀：《真理之光》，第 677 页，英译者为薄罗德瓦吉（C. Bharadvaja），印度，1915 年。

③ 同上。

的统治，这在当时有着十分重要的进步意义。达耶难陀这种宗教理论对以后印度的很多宗教和社会改革思想家有着重要的影响。例如罗摩克里希那教会的辨喜（1863—1902年）曾说："我们需要一种宗教……这种宗教给我们自信，给我们一种民族自尊，并给予我们供养、教育穷苦人和摆脱我们周围苦难的力量。……如果你要寻求神，首先要为人民服务！如果你要获得力量，就必须为你的同胞服务！"① 圣雄甘地说："人类的最终目标是认识神，人们的所有活动，包括政治、社会和宗教等必须在最后见到神这个最终目标的指导之下。直接为人类服务便成为这种努力的必要部分，这仅仅因为发现神的唯一道路是在神所创造的人中见到他，并且成为其中的一员与他同在，为所有人服务就能做到这一点。"② 达耶难陀的宗教观点在一定程度上反映了正在茁壮成长的资产阶级的要求和利益，表达了印度民族主义的情绪。

达耶难陀的哲学是建筑在宗教唯心主义的基础上的。他对传统的吠檀多一元论进行了批判，宣称世界最高的本质不是一个而是三个独立的实体，即神、灵魂和原初物质（自性）。神是"梵"，也就是"无上的精神"，它是"无所不知、无形、无所不在、无生、无限、全能、公正而又慈悲，它是宇宙的创造者，又是宇宙的支持者和毁灭者"③；灵魂具有下列属性："欲望、斥引力、活动性、苦与乐的感情、呼吸、瞬目、识别力、记忆、个性、运功、感觉的调节力，等等"④。神和灵魂虽然由于它们具有不同的属性和特性而是两个各自不同的实体，但它们仍然作为蕴含者和被蕴含者保持着一定的关系，这好像"空间和在空间的对象之间的关系那样"。从以上这些解释中可以看出：达耶难陀所说的灵魂和神在本源上是一个东西，前者被他直截了当地认为是人的意识；后者虽然被承认是一种似乎不依赖人和不依赖人的意识而独立的存在，但在实质上不过是被夸大和被绝对化了的人的认识的一个变种而已。

达耶难陀认为，第三个实体——原初物质也是独立存在的、无始无终

---

① 摘自罗曼兰《辨喜的生平及其说教》，第213页，印度不二论道院出版，1952年。
② 见 D. G. 坦杜卡尔编《圣雄甘地传》第4卷，印度，1961年，第108—109页。
③ 达耶难陀：《真理之光》，第677页。
④ 同上书，第433页。

的，原初物质是世界的物质因，世界上的一切物理和生理现象都是从它派生出来的。原初物质是由三种不定型的物质形式（三德）处于一定关系时所构成。"当知性的促进者（萨埵）、感情的激动者（罗阇）和迟纯的产生者（答摩）三种属性在物质中处于相等比例的情形时就叫作原初物质。"① 达耶难陀也摄取了数论演变的说法，并且给予了现代意义的解释。他认为，从原初物质生出"知的范畴"，从"知"生出"个体性的范畴"，从"个体性"生出五个"活动力"和"思索力"的范畴以及五个"细微原素"的范畴，这个"知""个体性""活动力""思索力"等都是原初物质的较低阶段，也是物质的较粗的形式，另外，还从五个"细微原素"的范畴生出五个"粗大的原素"的范畴，即固体、液体等。② 达耶难陀对于原初物质的假定是他哲学体系中的唯物主义因素。

但是，达耶难陀在处理神、灵魂和原初物质三者关系时就暴露了他的唯心主义和宗教的本质。他认为神、灵魂和原初物质是三个独立的实体，灵魂是包掩于物质之中，并借物质的形式而显现出来的，但是物质和灵魂在宗教解脱的目的中都是受神所控制的。"正像一个皇帝和他的臣民在一起，并且臣民从属于皇帝一样，灵魂和物质也是受制于神的。"③ 神控制灵魂和物质的目的是为了使受物质束缚的灵魂从物质亦即世界的锁链中解脱出来，以此摆脱自己的"痛苦"和"无知"，并达到至上福乐的境地（Svarga）。他认为通过瑜伽的实践，经历不同的修行阶段，培养对神的爱，最后是可以达到亲证神的。

达耶难陀的哲学论证和法国笛卡尔的二元论相类似。笛卡尔承认上帝、灵魂和物质三个实体的存在，灵魂和物质有其自己规定的范围，而上帝是凌驾于物质和灵魂之上的，达耶难陀也承认这些。但是前者的论证是以近代的自然科学为根据，而后者则求助于印度自发的、素朴的数论唯物主义的自然观。

达耶难陀在哲学战线上开展了两方面的斗争。他一方面批判了封建官

---

① ［印度］达耶难陀：《真理之光》第 8 章，第 457 页以下。
② 同上。
③ 同上。

方的哲学代表吠檀多的一元论，另一方面又批判了流行在人民中间的顺世论等唯物主义学说。他说："它（顺世论——引者注）在一个时候虽然已严重地衰退，但是它是所有无神论中最无神论的，因此，绝对需要去防止它的活动，如果不去根除它的错误观念和实践，必将随之产生不幸的结果。"① 从达耶难陀的宗教哲学思想中我们可以看出：其中一方面有着某些反封建和反帝的积极内容；另一方面也有着一些历史局限的东西，但前者在他的思想体系中还是占着主导的地位，在当时历史条件下起着积极的、历史的作用。达耶难陀提出"回到吠陀"正像德国的马丁·路德提出"回到圣经"的口号一样，从形式上看是复古的，但内容则是资产阶级的。他们这种托古改制的方式正如马克思所指出的："在……革命危机时代，他们战战兢兢地请出亡灵给他们以帮助，借用他们的名字、战斗口号和衣服，以便穿着这种受崇敬的服装，用这种借来的语言，演出世界历史的新场面。"②

三 达耶难陀的社会、政治思想

达耶难陀的社会思想集中表现在 1877 年由他修订的圣社十点行动纲领中。他在纲领中提出了普及民众教育，发展民族语言，提高妇女地位，破除种姓隔离，改善贱民处境，等等。这个纲领具有改良主义的性质，其目的是要想以新的、资产阶级的原则来改造印度的封建的社会结构。他的宣言是圣社行动的准则，后来都被付诸实践。与印度教密切相关的种姓制度一直是达耶难陀最关心的问题，他宣称印度的瓦尔那（Varṇa）③ 不应该以出身、血统，而应以德行、知识来划分，其中应包括：（1）提婆普阇（Devapuja），即智者饱学之士，这个种姓中应包括公正的统治者、学者、教师等等；（2）阿修罗（Asuras），即下愚无知者；（3）罗刹（Rakhasas），即贫弱无行者；（4）皮萨斯（Pisachas），即贱行者。这种划分当然

---

① 达耶难陀：《真理之光》，第 12 章。
② 《马克思恩格斯选集》第 1 卷，人民出版社 1961 年版，第 603 页。
③ 瓦尔那原有颜色的意思，即印度的种姓。

暴露出了他的阶级偏见，但是他要求解放和改善下层种姓境遇的思想确是真诚的。达耶难陀大声疾呼种姓歧视是和印度的经典，特别是和吠陀的精神相违背的，必须加以废除，而且在他的教会中确实打破了种姓的界限，吸收了贱民参加，这是使圣社能在群众中扎根并得到发展的一个重要原因。例如，1921 年在印度马尔伽那拉吉普特人（Malkāna Ragputs）中改宗圣社的就有 3 万人。达耶难陀对印度教中歧视妇女的陋习，如童婚、溺婴、不许寡妇再嫁、殉夫、妇女不得参加社会活动、婚礼的繁文缛节和索取大量的嫁妆等等进行了长期的斗争。在达耶难陀的奔走呼号之下，由圣社提出的《圣社婚姻法案》（Ārya Samāg Marriage Act）终于成为印度法律的一个部分。发展民族文化和普及教育是他毕生从事宣传和改革的主要事业，他对此做出了重要贡献。他一方面要求消除在吠陀文化中渗入的"各种杂质"，反对中世纪的吠檀多经院哲学，主张印度的教育应该和生活联系起来，由印度人自己创办，发扬自主独立的精神；另一方面也提倡"与印度古典文学和古代科学不相矛盾"的西方近代技术科学和英语文学。他的这种教育路线后来一直被圣社所遵循，在发展印度近代的教育中起过重要的作用。

达耶难陀是一位爱国主义者。他用曲折隐喻的宗教语言对殖民主义的统治进行了批评，热诚地希望印度能从外国的枷锁中挣脱出来。他在自己的著作和讲演中一再提道："不让外国人统治我们的国家，不使我们丧失我们的独立。"① 1910 年殖民当局在审讯帕提阿拉（Patiala）的造反案件中曾对达耶难陀的著作进行了审查，殖民当局指出：达耶难陀很多著作中的章节都是把矛头指向英国统治者的。例如在《真理之光》第 188 页中说："如果需要的话，一个人必须利用他的影响和他的整个力量去摧毁那种并不存在的、对吠陀混乱无知的主权。"② 这个"主权"无疑指的就是英国殖民主义者，达耶难陀的爱国主义词句一直被印度民族主义运动中的爱国志士所传诵。

---

① ［印度］达耶难陀：《圣社守戒》（Ariyabhivinaya），第 214 页，拉合尔，萨姆维特出版社 1914 年版。
② 参阅［印度］罗姆·提婆（Rama Deva）等《圣社和它的导师》附录 9，1919 年。

四 圣社的影响

圣社在1875年创立后，它的理论和活动开始在印度西部、北部地区，特别是旁遮普和联合省，以后在整个次大陆很多地区都得到了传播。参加这个社的有各色各样的人，其中大部分是商人、中产阶级知识分子、城市贫民。据1911年统计，圣社有社员243000人，但至1921年骤增至460000人，它对当时的宗教和社会改革运动以及后来的民族主义运动都有重要的影响，印度激进派的很多领袖如拉吉巴特·赖易（Lajpat Rai）等都和这个社有过直接联系，不少社员献身于民族的斗争。例如1939—1940年甘地发起的萨蒂格勒哈（坚持真理）反英运动中，圣社的社员有成万人参加，被殖民当局追查的社员和印度教徒就有12000余名，死于狱中的有24人。圣社的活动一直受到殖民当局的严密监视和印度教"正统"派别的攻击，处境十分艰难。据1952年统计，在印度和世界各地共有社员500万人。①

圣社在发扬民族文化、发展民族语言以及传播西方科学技术知识方面起过重要的历史作用。1886年在拉合尔首先创办了具有民族形式的现代化大学——达耶难陀盎格罗吠陀学院（Dayānanda Anglo Vedic College）。1892年圣社分为素食派和荤食派，以后，素食派于1902年在哈特瓦尔（Hardvar）又单独建立了朱尔库拉大学（Gurukulamahāvidyālaya），这些学校除教授印度古典文学、梵语和印地语等外，还传播西方的科学技术知识，近年来又有了新的、更大规模的发展。据1952年统计，圣社设有大学15所、高级中学210所（其中女校10所）、中等学校151所、小学892所（其中女校700所）、夜校142所、教师养成所40所（其中女校10所）、为被压迫阶级举办的学校302所。② 这些具有特色的学校是印度学习和研究民族文化、民族语言的中心。

近几十年来，圣社正在向国际范围发展，按照达耶难陀生前的规定，

---

① ［日］齐藤昭俊：《近代印度的宗教运动》，日本吉川弘文馆1982年版，第57页。
② 同上书，第59页。

参加该社的人不受国籍、种姓、肤色、种族、性别等的限制。在组织上，中央设有普世联盟（总部，Sarvadeshik Sabha），地方上设有从信徒中选出的代表委员会（Pratinidhi Sabha），它的国际活动机构是国际雅利安联盟（International Āryan League），在缅甸、新加坡、斐济、毛里求斯、特立尼达和多巴哥、美国和南美的一些国家都有它的分支和信徒。

（原载《南亚研究》1983 年第 4 期）

甘地哲学和社会思想述评

甘地是当代印度人民的伟大革命领袖，杰出的社会改革者和宗教改革者。他把毕生奉献给了印度的民族独立事业，引导印度走向了独立，他给印度人民留下的精神遗产是极其丰富的。甘地热爱中国，一直关怀着中国革命的发展，对中国的抗日战争给予了道义和物质上的支持。他的哲学和社会思想不但在印度民族运动中起过巨大的作用，而且对亚非人民反对帝国主义、殖民主义的斗争也有过相当的影响。本文拟对甘地哲学和社会思想中的几个主要问题、甘地与中国的关系作一概略的论述。

一 甘地的哲学思想

甘地不是一个学院式的哲学家，他的宗教哲学思想散见于他的言论和著作之中，甘地的宗教哲学和社会政治思想是密切不可分的。他在论述政治经济问题时往往杂以宗教道德的说教，在阐述宗教、哲学问题时又常常涉及政治和社会的内容。甘地说："我认为人类精神和人类社会不可能分为社会、政治和宗教等互相无关的领域，一切行为和行为的反应都是互相依存的。"① "这就是哲学，让我和我的读者们共同向神祈祷。神可以给予我力量去遵循那种哲学，因为不和生命相关的哲学乃是一种没有生命的躯体。"②

（一）真理观

甘地宗教哲学思想的基础是真理和非暴力原则。他在《自传》中曾

---

① 《青年印度》1922 年 3 月 2 日。
② 《青年印度》1927 年 4 月 14 日。

说:"对我说来,真理是至高无上的原则,它包括无数的其他原则,这个真理不但是指言论的真实,而且也指思想的真实,不只是我们概念中的相对真理,而是绝对真理、永恒的原则,即神。"① 又说:"我们所做的不过是尽力将真理和非暴力作更大规模的试验。我在寻求真理中发现了非暴力,这就是我的哲学。"② 因此,真理原则是他的理论基础,也是他的行动准则。

甘地对真理没有严格的解释。他有时把它作为一种本体论或认识论的证明,有时把它作为一种宗教和道德的说教,而在更多的时候则是把它当作一种社会和政治实践的原则。在他那里,世界观、认识论和社会观是截然不可分的,甘地的真理观渊源于古老的印度唯心主义哲学,在《奥义书》和吠檀多经典中都曾提到过这个类似的原则(谛见)。甘地巧妙地利用了这种思想形式,根据时代需要,演绎出一套哲学思想系统。现在就其一些中心概念分述如下。

1. 真理就是神

甘地在早年时认为"神就是真理",经过长期摸索和体验以后又认为"真理就是神"。因此,他的哲学可称为"真理—神一元论",甘地对真理或神的存在进行了目的论、道德和伦理的论证。甘地认为世界上的一切事物都有它的原因,从原因可以产生它的结果,从结果可以追溯它的原因,因之,我们可以认识到世界上最后的原因,即神。他写道:"如果我们存在,如果我们的父母和他们的父母也存在,那么,自然地可以相信整个创造的父母。"③ 这是一种因果论的逻辑证明。甘地经常谈到主宰宇宙的统一秩序和规律。如说:"在宇宙中有着秩序,有着一种统治各种事物和使各种事物得以存在和活动的不变规律,它不是盲目的规律,因为没有一种盲目的规律能够统治生物的行为,那种统治所有生命的规律就是神。"④ 在甘地看来,对神的存在最有说服力的是道德、伦理的证明。他认为,人的良心是内在于神或受神指导的,良心的声音是神的存在的最可靠的证据,这

---

① [印度]甘地:《甘地自传》,第Ⅺ页,阿默达巴德,1976年。
② 转引自《东方杂志》第44卷,第5号,第16页。
③ 《青年印度》1921年1月21日。
④ 《青年印度》1928年10月11日。

种良心能使人去恶从善，达到真理，因此服从这种良心的声音是人的义务。"凡是想亲自体验神是否存在的人都可以以一种虔诚的信仰来亲证它，由于信仰不能靠外来的证据来证明，因此最可靠的方法就是相信道德对世界的支配，信仰道德法律、真理和爱的法则的至高性。"① 甘地这种对神的存在的证明是印度毗湿奴派一元论的古老说教，无非是说明天国就在我们心中。

甘地曾经解释为什么要把"神是真理"改为"真理是神"的理由："你们将会明白'神是真理'和'真理是神'两种说法之间的精确区别，这个结论是我约五十年之前开始，长期坚持不懈地寻求真理而得出的……我更发现在爱的意义上的不杀生在世界上只有有限的信奉者，但我从未发现有关真理的双重意义，即使是无神论者也不反对需要真理或真理的力量，在他们发现真理的热情之中并不踌躇地否认神的存在——从他们自己的正确观点去看。由于这个理由，我感到没有比神是真理更好的说法，我必须说真理就是神。"② 在上述两个命题中，如果把它们颠倒过来，无疑也会发生逻辑上的矛盾，因为真理和神的概念在外延上是不同的。例如我们说"一切人都是有感觉的动物"，但是不能说"有感觉的动物都是人"。这两个命题除非在某种情况下，即主词与宾词在相同的意义上才能成立。甘地这种改变的目的，明显的是要号召印度各种不同信仰、种姓和民族的人都聚集在他的真理旗帜之下，正像法国大革命时资产阶级提出平等博爱的口号，以此吸引其他等级来参加他们的革命一样。因此，在甘地抽象的说教中包含着重要的社会内容，这在印度人民反对帝国主义的斗争中有着重要的意义。在我们看来，真理是对客观事物及规律的正确反映，"判定认识或理论的是否真理，不是依主观上觉得如何而定，而是依客观上社会实践的结果如何而定"③。哲学史上有过不同的真理观，如果真理只是我们主观上的认识，那么这种命题的转换也就没有什么重要意义。

2. 真理是最高的实在

甘地虽然宣称神是最高的本体，但是他不认为神是一种人格化的崇拜

---

① 《青年印度》1928 年 10 月 11 日。
② 《青年印度》1931 年 12 月 31 日。
③ 《毛泽东选集》第 1 卷，人民出版社 1960 年版，第 261 页。

对象。他主张神是表达一切存在的名称或范畴，一种最高的实在，一种绝对的认识和一种普遍的律则（ṛta）。他写道："萨提亚（真理，satya）这个字是从萨特（sat）那里引申出来的，它意味着实在，是在实在中存在着，并且属于实在的，除了真理以外，没有其他的东西，因此萨特或真理也许是神的重要名称。"① 在这里人们也许会提出这样一个问题，甘地把神等同于真理，又把真理等同于实在，这是一种概念或逻辑上的矛盾，因为真理是一种人们主观的认识，但是在甘地或印度教徒看来，真理虽然是一种认识，但在终极或解脱的意义上说也是一种实在，这种论证我们不单在印度吠檀多哲学中可以见到，而且在西方的柏拉图哲学中也可以发现。柏拉图认为，在我们的感觉或想象中可以把认识的主体和认识的客体加以区别，但在超越主客体的直觉认识或理念那里则是同一的。托尔斯泰的《天国就在你心中》一书中对神的论证也有同样的说法。甘地袭用了这种说法。

3. 真理与世界、时空的关系

甘地认为，物质世界是神的外部表现，是无所不在的、运动的实在。他说："神自我显现于这个宇宙的无数形式之中，每一种表现都促令我自发的尊敬！"② 甘地认为，世界既是真实的，又是有限的；世界是真实的，因为它是神的创造物；世界是有限的，因为它不是神本身。在世界的活动过程中，人们可以找出支配世界的规律。他写道："宇宙中的各种事物，包括日月星辰都遵循着一定的规律，没有这种规律制约的影响，世界一刻也不能继续下去。"③ 甘地还进一步认为，自然界不变化的规律只是神保持世界和谐和秩序的力量和意志，自然规律乃是这种力量或意志的活动方式（ways），因之，他认为，规律和规律的制定者最终是无法区别的。"支配一切生命的规律是神，规律和规律的制定者是一个。"④ 甘地承认世界是有限、真实的，并承认世界是从无机界向有机界不断演化而成的，这或多或少地摄取了西方科学所证明了的事实。在甘地世界观中值得我们注意的

---

① 《青年印度》1930 年 7 月 30 日。
② 《青年印度》1929 年 9 月 26 日。
③ 《青年印度》1930 年 1 月 23 日。
④ 转引自 D. M. Datta《甘地哲学》，威斯康星大学出版社 1953 年版，第 55 页。

是：他一方面承认世界是有规律可循的，但是在另一方面又认为人对世界的活动有着重要的支配力，甚至认为人在世界的活动中不需要神的干预。他写道："一个人种什么就收获什么，业报规律是不变的和不可避免的，因此几乎不需要神的干预，神制定了规律，好像又隐没了。"① 甘地这种说明似乎接近了西方的自然神论，在自然神论看来，自然界的规律和秩序虽然是按照神的意志巧意安排的结果，但神创造了世界和自然规律就不再去干预他们，因之，自然神论是"摆脱宗教的一种简便易行的方法"②。甘地采用这种说法，是他哲学体系中的矛盾。总之，甘地这种对待世界的观点是直接为他的政治和社会实践服务的，因为他要改造世界就不能不承认客观世界的存在和运动，也不能不承认人对世界的支配力量。这正如他自己所说的："不管世界是真实或不真实，但无论如何要肯定的是：当我们在这个世界中的时候，我们在生活中要去面对世界，了解和及时地去完成我们的一定责任。"③

甘地有时也谈到了时空的问题。他认为，如果我们要追索世界上各种现象的先前状态或原因以及后来的结果，我们必然要承认在时间上是没有始终的，在空间上是无限的。"几个千年不过是万劫中的一点。"我们生活的世界也只是万千世界中的一个。这是印度各种宗教哲学共同的说法。

4. 真理是绝对认识

甘地也把真理的原则引用到认识论方面。他说："真理是为人所经验。""凡是真理所在的地方也就是认识、纯粹认识所在的地方，凡真理不在的地方，也就没有纯粹的认识，支持（chit）或认识这个字是和神的名称相联系的，凡是纯粹认识所在的地方，也就是福乐所在的地方，在那里痛苦没有地位。"④ 在这里可以看出，甘地所谓的认识是一种离开感觉经验的直觉，一种自我和思维实体的对象。在他看来，主体和客体、认识和对象都是由我们或人类心思所创造的。关于认识的道路，甘地和印度传统的唯心主义一样强调人们必须通过"内心冥想"或直觉才能获得真正的知

---

① ［印度］甘地：《甘地自传》英文版，第 298 页。
② 《马克思恩格斯全集》第 2 卷，人民出版社 1961 年版，第 165 页。
③ 《哈里真》1946 年 7 月 21 日。
④ 见 N. B. 森（N. B. Sen）辑《甘地言论辑录》，印度，1948 年，第 231 页。

识，他竭力推崇信仰，贬低理性的作用。他说："一种本质上是精神的东西绝不能通过理智得以启示，正像对神的信仰尝试不能通过理智一样，它之所以不能，因为它是一种精神的东西。……理智，假如勉强地说，是信仰的一种阻拦。"① 我们知道，关于外界的一切知识都是从人类社会历史实践中得来的，它决不像甘地所说是通过什么超感觉的途径获得的，甘地这种唯心的认识论是和他的本体论密切相联系的。

5. 真理观是印度教毗湿奴派的一神论

关于甘地哲学的模式，在目前学者中有着不同的解释，有人认为他的哲学是印度教毗湿奴派伐拉巴的纯粹或清净不二论；有人认为是商羯罗的吠檀多不二论。例如印度著名的哲学家 P. T. 罗阇（P. T. Raja）说："甘地无疑地是一个绝对不二论者和一神论者，在他看来，神是唯一的真理，只有神是存在着，其他一切事物都是摩耶（幻）。"② 而甘地自己则说："我是一个不二论者，而我能支持二元论，世界每时都在变化着，因之它是不真实的，不是永恒的存在，它虽然经常在变化着，但是在其中有着某些不变的东西，因此在其不变的范围内确是真实的，所以我不反对称它为真实的或不真实的，称它们为非极端论者或者或然论者，但是我的或然论并不是有识之士所称的或然论，它是我自己所独有的。"③ 我们在上面各节中已阐述甘地所持的哲学见解和印度传统的不二论、非极端论和或然论在某种程度上都是不同的，甘地宣传印度教的"实在—知识—喜乐"的一神论，反对商羯罗的世界如幻说，主张解脱的道路主要依赖于信仰而非知识，这使他更接近于毗湿奴派的一神论。

（二）非暴力原则

1. "非暴力是人类基本法则"

甘地哲学思想的另一个重要原则是非暴力。非暴力这个词在梵文中叫作"阿希姆沙"（ahimsā），它是由 a（不）和 himsā（害）两个字组成，

---

① 《哈里真》1938 年 6 月 18 日。

② P. T. 罗阇，转引自伽尔纳（K. K. Lal Karna）《甘地对印度教的贡献》，德里古典出版公司 1981 年版，第 53 页。原文出处不详。

③ 《青年印度》1926 年 1 月 21 日。或然论是印度耆那教哲学认识方法的一种学说。

原意为不害。非暴力在吠陀时期是入侵的雅利安人对印度土著民族残酷镇压以后的一种怀柔手段。① 印度教、佛教和耆那教等都提倡这个原则。《奥义书》把它列为人民的四种美德之一，并认为是和真理密切不可分的（《歌者奥义》Ⅲ.17.4），耆那教把它看作一种誓愿，佛教则视之为一种戒律。甘地利用这个词，但赋予它完全不同的、新的意义。甘地自己曾说过："虽然我的非暴力原则是我研究世界上各种最重要的宗教信仰的结果，可是它已不再依附于那些宗教经典著作的权威，它是我的生活的一个部分。"②

甘地认为，非暴力是和真理交织在一起的，它们如同一个硬币的两个面，非暴力是手段，真理是目的。他宣称把非暴力原则解释为"对生命的族类的无害"，只是一种最普通和消极的了解，它还包含着积极的意义。非暴力的要点是："（1）非暴力是人类的基本法则，并且是无限大于和超越于野蛮的暴力；（2）凡对于爱之神明没有热烈信心的人，最后也是无法适用非暴力的；（3）非暴力对于一个人的自尊心和荣誉感可以作充分的保护，它虽不能一定保护个人拥有的土地或动产，但采用非暴力成为习惯，证明比雇用武装人员要有效可靠。非暴力由于其本身的特性，对于不义所得或不道德行为是无助的；（4）实行非暴力的个人或国家都要准备除荣誉外不惜牺牲一切（从国家到最后一个人）。因此它是和占有其它民族的国家（即为了本身的利益而明目张胆地建立在武力基础上的现代帝国主义）不相容的；（5）非暴力是一种大家都能同样发挥的力量——无论男女老幼，只要他们对爱之神明有热烈的信心，就会对所有人类产生同样的爱。一旦非暴力被认为生命法则之后，它必须贯彻于整个存在之中，而不仅限于个别的行为；（6）假定对个人是最善的法则，而对人类大众则是不善的法则，那是绝大的错误。"③

甘地认为，非暴力是人类的基本法则，是人们必须遵循的行动准则，但是在某种情况下，为了正当的目的，也是容许采用暴力的。例如，他写

---

① 参见麦加雷特（Margaret）等编《印度教词典》，第7页"不害"条，伦敦，1977年。
② 转引自《现代评论》1916年10月号。
③ 《哈里真》1936年9月5日。

道:"为了保护物种,我们可以杀死一些食肉动物……甚至人,——屠杀在某种情况下也是必要的,假设有一个人手中持刀,到处瞎闯,乱砍乱杀,杀死他遇到的任何人,而没有一个人敢于活捉他,那么无论是谁杀死这个疯子,都会受到社会的赞许,并被看作是慈善的人。"① 但在甘地看来,这只是非暴力的偶然现象。甘地的非暴力在我们看来作为一个理论原则和历史法则是与客观历史事实不符的,因为暴力是一种社会现象和历史范畴,暴力在历史上除了起过破坏的作用外,也还起过另一种革命的作用。用恩格斯的话说,革命的暴力"是每一个孕育着新社会的旧社会的助产婆,它是社会运动借以为自己开辟道路并摧毁僵化的垂死的政治形式的工具"。② 但是,我们在分析甘地的非暴力斗争中决不能离开当时印度的具体历史条件,在甘地号召印度人民反对英帝国主义的斗争时,英国仍然是世界上最强大的帝国主义者之一,印度人民还没有很好地团结起来,甘地清醒地认识到要赤手空拳地与这个强大的帝国主义进行以暴力对付暴力的斗争绝非上策,短期内也无取得胜利的可能,这是已被前一个时期激进派的经验所证明了的,因此,他采取非暴力的形式,通过非暴力的斗争,耐心和广泛地发动和组织群众,为印度民族独立运动取得最后胜利准备好精神和物质的条件。印度民族运动的胜利是印度人民进行长期英勇顽强的斗争包括非暴力和暴力斗争的结果:一系列的武装发动,例如孟买的海军起义、特伦甘纳的农民起义和孟加拉的三一减租运动当然有其重要性,但是甘地所领导的多次不合作运动和以后的"退出印度"运动更有着重大意义,因此我们绝不能否认甘地非暴力斗争所起的重大历史作用,他对印度民族独立运动所做的无比的、卓越的贡献,是有历史记录在案的。

2. 非暴力的双重作用

甘地的非暴力主义不是一种单纯的哲学说教,它是印度民族资产阶级实行二线作战的指导思想和策略基础。甘地的这个原则是和他的另一个原则——不合作主义相辅而行的。甘地在指导印度民族斗争中一方面利用不合作主义来动员广大人民反对英帝国主义,另一方面又利用非暴力主义来

---

① 《青年印度》1926年11月4日。
② 《马克思恩格斯全集》第3卷,人民出版社1961年版,第223页。

防止人民被动员起来后反对现存的社会秩序。例如 1929—1930 年印度出现了一个普遍的民族觉醒高潮，甘地一方面号召并组织了印度人民反对殖民当局的非暴力斗争，但当印度人民被动员起来，冲破了印度资产阶级所要求的范围以后，他又限制群众的暴力斗争，宣布停止"不服从运动"。这种双重的行动正如他自己所说："我的目的是要发动那种非暴力的力量来对付英国统治有组织的暴力以及增长中的暴力派的无组织的暴力。"① 总之，甘地的这种策略是和他的非暴力概念相符合的，也是和民族资产阶级的希望相符合的。

3. 目的与手段

甘地在寻求真理和实行非暴力原则中经常谈到目的和手段的问题。他认为，真理是目的，非暴力是手段，手段好比是种子，目的好比是树木，手段和目的之间有着"姻亲"的关系，但手段比目的更为重要。他说："有人说：'手段毕竟是手段'，而我则说'手段决定一切'，从手段可以看出目的，在手段和目的之间并无间隔的墙壁……目的的实现与我们所运用的手段是严格地成正比的，这是毫无例外的一致关系。"② 又说："我最关心的乃是手段和它的不断应用。我知道，只要我们重视手段，则目的肯定能达到。"③ 我们认为，目的是人们在生活中力图达到的东西，但只有正确反映了事物本质和客观规律的目的才能得以实现，如果不承认这个科学前提或基础，那么任何目的都只能归结为人的一种臆想。列宁曾指出："事实上人的目的是客观世界所产生的，是以它为前提的——认定它是现存的、实有的，但是人却以他的目的是从世界以外拿来的，是不以世界为转移的。"④ 至于目的与手段之间的关系也决不像甘地所说的那样是一种形式的、几何学的对称关系，而是处于一种不可分解的统一过程中的互相促进、依赖或对立的关系。这种关系反映了客观过程的复杂性和多样性，在事态发展过程中，合乎规律的目的支配着手段，手段一般服从于目的，但手段也会在不同场合反过来影响着目的的实现。

---

① 甘地在 1930 年 3 月 2 日致印度总督伊尔文的信。
② 《青年印度》1924 年 7 月 17 日。
③ 见［印度］N. K. 鲍斯编《甘地选集》，阿默达巴德，1959 年，第 36 页。
④ 《列宁全集》第 38 卷，人民出版社 1961 年版，第 201 页。

(三) 甘地的宗教与道德思想

1. 宗教的定义

甘地的宗教道德观点是同他的真理和非暴力观点密不可分的。他对宗教有着更广泛意义的理解。宗教不是外在的形式，不是有组织的系统，而是一种能够证悟真理或神、能够改变和净化人性、改变生活样式的道路。甘地曾对宗教下过这样的定义："我解释一下，我说的宗教是指什么？它不是印度教……而是一种超越印度教，能改变人性、使人与其内在的真理永不分离、永远纯净身心的宗教。"[1] 又说："宗教可以使人面目一新，使人更加纯洁，使人坚信永恒真理。我笃信的是这样一种宗教，它教诲我们如何减轻一切人的痛苦，如何从尘世间的一切中获得解脱。"[2]

甘地根据自己所理解的宗教原则对历史和现实的宗教进行了理智的剖析。他认为，一切宗教都有它好的方面，也有它坏的方面，好的方面可以促使人们实现高尚的理想；坏的方面则可以引导人们制造仇恨、战争和狂热。他写道："经过长期的研究体验，我得出如下结论：1. 所有宗教都是正确的；2. 所有宗教都有某些谬误；3. 一切宗教都像我自己的印度教那样亲爱，这好比对一个人来说，整个人类都如同他自己的亲人一样……各种宗教友好相处的目的应是帮助印度教徒成为更好的印度教徒，帮助穆斯林成为更好的穆斯林，帮助基督教徒成为更好的基督教徒。"[3] 为此，他呼吁印度各种教徒联合起来，促进福利，共谋生存。甘地这种言论是和他的行动完全一致的。不可否认，甘地在 1916 年以后印度国大党和穆斯林联盟的几次合作中起着重要的作用。例如，第一次世界大战后，英国对土耳其的干涉曾激起全印伊斯兰教徒的愤慨，甘地利用这个他认为"百年难遇的团结机会"领导了"基拉法运动"，团结了广大印度教徒和伊斯兰教徒与英帝国主义进行了斗争，取得了胜利。又如在 1947 年印巴分治前夕，在孟加拉、比哈尔等邦发生了大规模的印度教徒和穆斯林之间的冲突，甘

---

[1] 《青年印度》1920 年 5 月 15 日。
[2] 转引自 P. K. 普拉勃（P. K. Prabh）《这就是巴布》，第 4 页，1954 年。
[3] 甘地 1928 年 1 月在沙巴尔玛底召开的国际兄弟友好联盟会议上的讲话。

地为了维持两派之间的和睦团结，不辞辛苦，在教徒群众中进行了艰苦的说服工作，并且为此而牺牲了生命。

2. 甘地对印度教的重新解释和改革

甘地虽然宣布他的宗教是"超越印度教的"或在"某些方面是不同于印度教的"，但是由于他的出身、社会环境和文化传统的影响，他对印度教有着一种特殊的感情和态度。印度教对他激励最深的莫过于《薄伽梵歌》和《罗摩衍那》的教训。甘地从自己的需要出发对印度教中的一系列教义和仪式作了新的解释或改革。例如他把偶像崇拜解释为对于"人性的推崇"，"祈祷就是呼唤人性，就是一种向内自我纯化的号令"；① 把保护母牛看作"对动物的爱护"，它象征着"普遍的爱的实现"；等等。甘地把印度教中的古代瓦尔那制度看作一种"以出身为基础的有效的劳动分工制度"，各种瓦尔那履行自己的社会职责，这其间并没有高低贵贱之分，但是后来出现的种姓分立完全改变了"瓦尔那法"的原来意义，造成了人为的隔阂和社会的罪恶。他对"不可接触"制度进行了无情的谴责。"不可接触制度的魔鬼已经侵入了印度社会的各个方面……它是一种罪恶和可悲的罪行。"② 他为了提高贱民的社会地位作了巨大的努力。他这些努力对于唤醒"不可接触者"的政治觉悟并吸引他们投入印度民族解放运动，有着重要的意义。此外，甘地提倡民族语言，他把发展民族语言作为争取民族自决的一个重要条件。他写道："如果我们对我们的民族语言失掉信心，这就是对我们自己信心不足的标志，是衰落的标志。任何一种自治的方案，如果我们不尊重我们先辈所说的语言的话，都不能使我们成为自治的民族。"③

3. 道德的意义

甘地认为，道德是人类生活的基础，个人、社会的存在和发展都依赖于道德。人类生活的最高目的是寻求真理或亲证神，因此道德的目的同样也应是寻求真理或神，人在寻求真理中必须超越自我，实现爱或非暴力，

---

① 《哈里真》1935 年 6 月 8 日。
② 《青年印度》1921 年 4 月 27 日。
③ ［印度］甘地：《民族语言是教育的工具》。

这种"爱他人或者按爱的要求去履行对他人的职责"也就是道德的本质。

甘地特别强调道德是一种自觉的或有目的的行动。他写道："凡是不自愿的行为不能称之为道德，既然我们的行为像机械一样，那就不会涉及道德的问题；如果我们要把某一种行为称之为道德的，那就必须有意识地去完成它或者把它看作是一种义务。任何由于恐惧和强制而引起的指令性行为都不再是道德的。"① 甘地把人的欲望和动机分为两类：一类是自私的，另一类是利他的。他说："所有自私的欲望都是非道德的，至于那些促使我们为了别人而作善事的欲望乃是真正道德的。"② 在他看来，人类的责任就是要摒弃前者，履行后者。

印度唯心主义的伦理学家经常提到的人类基本美德有五种，即不杀生、行真实、不盗、不占有和苦行。甘地对这些伦理原则进行了新的解释和补充。甘地所主张的基本美德集中地表述在他为真理学院所规定的十一项誓言中，这十一项誓言是：非暴力、行真实、贞洁、节欲、不偷盗、不占有或忍受清贫、参加劳动、斯瓦德希（自产）、无畏、容忍、敬神，这些基本美德包括很多积极的、民族主义和民主主义的内容，在印度民族独立运动和社会改革中有着重要的意义。在甘地本人身上，充分体现了这种优良品德。

二　甘地的社会政治理论

（一）不合作主义

甘地的萨提亚格拉哈（坚持真理、持谛）被运用于民族独立运动的形式是不合作和文明的不服从（civil disobedience）。在甘地看来，文明的不服从还是一种消极的方式，它的积极目的是要使敌对者受到感化。他说："消极反抗总是一有机会就要为害敌方，而萨提亚格拉哈则是没有危害敌人的意图，萨提亚格拉哈（对遵循这种原则的人也这样称呼）是以自己忍

---

① ［印度］N. K. 鲍斯编：《甘地选集》，阿默达巴德，1959 年，第 254 页。
② 同上书，第 255 页。

受苦难来战胜敌人。"①

甘地的不合作和文明的不服从的思想集中地表现在 1920 年由他起草并经那格浦尔国大党年会所通过的不合作决议，以及 1930 年 1 月 30 日为撤销不合作运动交换条件致总督的"十一点意见书"中。他在不合作决议中写道："本届大会进一步认为，印度人民没有其它道路可走，只有承认和采纳渐进的非暴力的不合作政策，直到上述不义行为得到改正，自治得以确立为止……本届大会热忱建议：（1）放弃封号和荣誉职位，辞去地方机构中的委派职务；（2）拒绝参加政府的招待会、正式接见和政府官员或以他们的名义举行的其它官方和半官方的宴会；（3）逐步撤出各省立学校和学院的学生；（4）律师和诉讼当事人逐步抵制英国法庭，由我们自己成立仲裁法庭，解决私人争端；（5）军事、文书和劳工阶级方面的人员拒绝充当新兵前往美索不达尼亚服务；（6）参加改革议会选举的候选人退出竞选，选举人拒绝选举任何违反大会建议而参加竞选的候选人；（7）抵制外国货物"。② "十一点建议"主要是恢复卢比的汇率，全面禁酒，削减田赋、军费和公务员薪水的百分之五十，释放政治犯，对洋布实行保护税则，等等。以上决议和意见，甘地认为是争取印度独立的"物质基础"。他在决议中还强调不合作运动首先应该由"形成和代表舆论的阶级"，即资产阶级和小资产阶级首先发动起来，掌握运动的领导权。尽管甘地所发动的不合作运动是资产阶级所要求的，他所提倡的方式具有宗教的色彩，但从当时印度的具体历史条件看，他的不合作主义的很多内容和活动在客观上是符合印度的民族要求和社会民主的。甘地在不合作运动中进一步明确了印度自治的目标，注入了新的内容，他不是像旧时代国大党的某些领袖那样只是抽象地谈印度的自治，而是把自治和广大人民的民主要求联系了起来。他说："我所梦想的自治是穷苦人民的自治。"③ "我所梦想的自治不承认种族或者宗教的区别，……自治是为一切人的……实际上包括着被损害的、愚昧的、饥饿的和劳苦的亿万人民。"④ 通过不合作运动，甘地

---

① ［印度］甘地：《刀剑主义》。
② 转引自丹特卡尔（D. G. Tendulkar）《圣雄甘地传》第 2 卷，印度，1961 年，第 12—13 页。
③ 《青年印度》1931 年 3 月 26 日。
④ ［印度］N. K. 鲍斯编：《甘地选集》，阿默达巴德，1959 年，第 116 页。

促进了国大党内部两派之间的团结，特别是改变了这两个派别长期以来所采用的斗争方法和策略（温和派只满足于议会的合法斗争，激进派某些人则热衷于脱离群众的恐怖活动），从而使党内派系之争转变为共同反对英帝国主义的斗争。此外，甘地还不辞辛苦，深入到群众中去，用群众所懂得的语言，宣传和鼓动爱国主义的感情，以群众切身有关的利益问题把他们吸引到反帝的斗争洪流中来，使印度民族独立运动具有更广泛的群众基础和规模而进入一个新的历史阶段。这就是甘地所起的历史作用。

（二）变心说和托管说

自20世纪40年代起，甘地着手从事印度的社会改革运动，他在实际行动中提出了一套带有改良主义性质的"社会革命"理论。这套理论的中心内容是托管说和变心说。在他看来，要解决社会中各阶级的对抗关系，不能求诸社会政治的斗争，而应设法改变"较之个人习惯更高级的意志"。他说："我相信人类能发展他们的意志使剥削减低到最低的程度。"[①] 从这个抽象的意志论出发，甘地确信：现行社会制度的"暴虐"不是制度本身的问题，而是纯然实行这个制度的那些人的意志问题，因此，对现行制度的变革可以通过"感化""说服""变心"等办法，使统治阶级作出"自愿牺牲"，自觉地把他们既得的利益让给被压迫阶级。例如他说："如果革命是通过暴力来进行的，情况就不会得到改善，而只会适得其反。暴力，即'感化'的办法，人民所希望的新时代就必定会到来。法国有一句名言，自由、平等、博爱……那些法国人从未实现过的，将留待我们去实行。"[②] "如果人们遵循非暴力的方法，我认为肯定能够避免（阶级斗争——引译者注）。依靠非暴力的方法，我们不要求消灭资本家……我们恳请资本家把他们自己当作他们所依存并使他们成为资本家的那些劳动者的托管者，保持和增加他们的资本。"[③] 甘地曾多次把他的这种理论引用于印度劳资纠纷和农民反对地主剥削的场合。

---

① 《现代评论》1935年10月号。
② 《哈里真》1955年7月18日。
③ 《青年印度》1931年3月26日。

甘地这套理论是由他的非暴力或爱的哲学出发的，我们并不怀疑他的真诚和善良愿望，但是这种愿望和社会历史发展规律完全不符，在实践中也是有害的。在一个分裂为阶级的社会中，如果我们要改变现存的生产关系，而不改变它的经济基础及其相应的上层建筑，那是永无可能的。甘地所乞求的"良心"或意志，在我们看来不是什么抽象的东西，而是在一定的生产关系和所有制中被反映出来的东西。这正如马克思所说："良心是由人的'知识'和全部生活方式来决定的，共产党人的良心不同于保皇党的良心，有产者的良心不同于无产者的良心……特权者的良心也就是特权化了的良心。"① 如果不改变人们的客观物质生活条件，不改变生产关系，是无法改变人们的良心或意志的。

（三）"共同繁荣"的社会主义

"共同繁荣"是由梵文中 sarva（共同、全体）和 udaya（繁荣、提高）两个单词组成的。共同繁荣是甘地力图实现的一种社会理想。甘地认为，一个人不论富贵贫贱，在社会中都应有共同发展的机会，只有在发展个人的基础上，才能达到共同繁荣的社会。R. 普拉萨德解释甘地这种理想时说："共同繁荣的社会是力图争取建立在真理和非暴力基础上的社会，在这个社会中将没有种姓或信仰的差别，没有剥削的机会，并且使个人和集体都有广阔发展的前景。"② 甘地曾把他的共同繁荣和西方功利主义的理想相比，他认为后者的理想只是达到"最大多数人的最大福利"，而前者则更广泛，更有利于他人，个人要最大限度地牺牲自己以换取他人的利益。

甘地常常把他的共同繁荣理想与社会主义联系起来，因此甘地的社会主义常常被称为"在人道社会主义范畴中的共同繁荣社会主义或共产主义"。甘地在 1918 年开始参加国大党活动时是不赞成社会主义的，后来，随着群众革命情绪的高涨，他也宣布自己是一个社会主义者。他说："就我所知，在印度很多人宣誓忠于社会主义的信仰以前，我已宣布我是一个

---

① 《马克思恩格斯全集》第 6 卷，人民出版社 1961 年版，第 152 页。引文中所说的"知识"（Wissen）与良心（Gewissen）在德文中很相似，原注者认为是马克思的俏皮话。

② 转引自 R. 普拉萨德《共同繁荣它的原理和计划》，印度，1949 年，第 21 页。

社会主义者。但是我的社会主义对我来说是很自然的,它并不来自何种书籍论据,而是出自我对非暴力的不可动摇的信仰。"① 又说:"真正的社会主义是我们的祖先传给我们的。他们教导说:'所有的土地都是属于戈帕尔(Gopal)的,那里有什么分界线呢?'人是这种分界线的制造者,因此人也能够消除它。戈帕尔的精确意义是牧者,也即是神。在现代语言中指的是国家,即民族……只有制造生活必需品的生产手段由大众把握时,才有普遍实现的可能。"②"它(社会主义——引者注)意味着一种值得争取的没有阶级社会的理想。"③ 1924 年甘地在评论印度一家锯木厂工人贫困的处境时曾说:"我要比社会主义者更进一步地说:这些工厂必须国有化或者由国家所控制,他们应当在最吸引人和理想的条件下工作,不是为了利润,而是为了人类的益处,用仁爱来代替贪婪的动机,我要求改变劳动的条件,这种对财富的疯狂追逐必须停止,不单要保证工人维持生活的工资,而且要保证日常的劳动不是苦役。"④

甘地认为,为了避免社会的不平等,应该实行劳动工资的平均分配,促进经济的平衡,从而为社会经济结构奠定合理的基础。他写道:"经济平等是实现没有暴力的独立生活的主要关键。为经济平等而努力意味着消灭劳资之间的永久冲突。意味着降低手中掌握全国大部分财富的少数富人的生活水平,而另一方面提高千百万处于半饥饿和赤贫状态的人们的生活水平。"⑤"平均分配的真正含义是如何满足每个人的各种天然欲望,而不是别的……实现这个目标(平均分配)的第一步骤是必须改变个人的生活……他必须把个人的欲望减低到最低的程度……在个人方面实行自制。"⑥ 又说:"如果印度要成为世界所羡慕的一种独立生活的典范,所有的清道夫、医生、律师、教员、商人以及其他人都必须在诚实地工作了一天之后获得同样的工资。"⑦

---

① 《哈里真》1940 年 4 月 20 日。
② 《哈里真》1937 年 1 月 2 日。
③ 《哈里真》1938 年 12 月 10 日。
④ 《青年印度》1924 年 11 月 13 日。
⑤ [印度]甘地:《建设纲领》(1944 年)。
⑥ 《哈里真》1946 年 8 月 25 日。
⑦ 《哈里真》1947 年 3 月 16 日。

甘地的共同繁荣社会主义当然是和科学社会主义不同的。我们知道，社会主义是基于对人类全部历史发展特别是对现代资本主义社会发展进行科学分析的结果。"现代社会主义，就其内容来说，首先是对统治于现代社会中的有产者和无产者之间、资本家和雇佣工人之间的阶级对立和统治于生产中的无政府状态这两个方面进行考察的结果。"① 因之，社会主义的任务就在于研究上述阶级斗争及其斗争的历史经济过程，并在这一过程所造成的经济状况中找出解决冲突的办法。甘地虽然在不同程度上看到了现代资本主义生产关系中的种种矛盾，如财富的集中、劳资对立、阶级剥削和压迫等现象，并且进行了揭露和谴责。但他不承认在这些现象背后存在着的不以人们意志为转移的客观规律。在他看来，社会主义的产生并不是"由于资本家对资本的滥用"，② 而是出自人对非暴力的信仰。个人意志的转变可以减少或消灭阶级的剥削，从而导致社会主义的实现。甘地把社会主义看作一种在分配周围打转的东西，殊不知消费品的分配是和生产相联系着的。"消费资料的任何一种分配，都不过是生产条件本身分配的结果。而生产条件的分配，则表现生产方式本身的性质。"③ 只有劳动成了生活的需要，生产力随着各个人的全面发展而增长，一切财富的资源涌现出来之后，才能达到"各尽所能，按需分配"。总之，甘地的社会主义观虽然和我们所主张的不同，但他所提倡的"共同繁荣"需要考虑印度自己的历史特点和民族传统，印度社会主义或其他理想的道路要由印度人民自己来选择。甘地憧憬人类社会的高尚理想，要求实现社会正义和平等，对阶级社会中的各种剥削压迫进行了无情的揭露和谴责，对劳动人民寄予很大的同情，并为他们的利益奋斗终生，这是我们应该高度评价的。

（四）甘地经济思想

甘地经济思想的中心内容是反对工业过度集中，提倡以小工业为中心的、地方性的、分散的经济。他担心过度的工业化会带来一系列的社会弊病

---

① 《马克思恩格斯选集》第3卷，人民出版社1961年版，第56页。
② 《哈里真》1937年2月20日。
③ 《马克思恩格斯选集》第3卷，人民出版社1961年版，第13页。

和祸害，如劳资之间的日益对立、失业大军的出现、国与国之间为了争夺市场和原料而引起的争端，等等。他特别担心资本主义的发展会引起人们精神和道德的堕落，因此他对现代物质文明采取批判甚至否定的态度。甘地写过一本叫作《印度自治》的书，在这本书中对现代文明的各个方面都进行了批判。甘地在给一个朋友的信中曾总结了该书的内容："不是不列颠人在统治印度，而是近代文明利用铁路、电报、电话以及差不多每一种被称为文明的胜利的发明在统治着印度。孟买、加尔各答以及印度的其它主要城市是不折不扣的瘟疫区。如果不列颠的统治在明天就由以近代管理方法为基础的印度统治来代替，那么印度除了可以留住一些流往英国去的钱以外，它并不会有什么改善。……医学是驱神使鬼的巫术的精华，然而江湖医术却远胜于被认为高超的医学技术……印度只有忘却它在以往五十年左右所学到的东西才能得救。铁路、电报、医院、律师、医生以及这一类的东西都必须取消。"①甘地对西方资本主义文明中的消极堕落方面的批判诚然有着一定的意义，但是他全盘否定西方的现代物质文明则是倒退落后的。

20世纪40年代末，甘地提出了一套经济建设的纲领，这套纲领的基本内容是：（1）减轻农民所受的封建剥削和高利贷资本的奴役；（2）发展农村手工业；（3）扩充手工纺车；（4）宣传手工纺布。甘地提倡手纺车去对抗现代的生产方法乍看起来很难使人理解，但是在当时印度的具体历史条件下却是一种有效的措施。它在经济上对濒临绝望的农民和手工业者提供了生计，带来了希望。与此相应地在政治上抵制英国资本家倾销洋布、洋货的剥削活动，从而激发了印度人民爱国的情绪，加强了国大党与农民之间的联系，对当时还处于相当软弱地位的印度民族资本的发展起了一定的推动作用。

三 甘地哲学和社会思想渊源

我们可以明显地看出，甘地哲学和社会思想受到两种重要的影响：一种是以印度教、耆那教为中心的印度传统宗教和哲学概念，这占有主

---

① ［印度］丹特卡尔：《圣雄甘地传》第1卷，印度，1961年，第130页。

导的地位；另一种是当时流行的西方资产阶级哲学和宗教思想。这两种思想有机地结合在一起。甘地毕生所宣传的一套宗教哲学概念如非暴力、真理、斯瓦拉吉、斯瓦德希、瓦尔那达摩、罗摩之治等在印度的宗教经典以及民间神话传说中都可以找到一定的来源。他所采用的各种斗争方式如绝食、祈祷、饮伊尼马水（净水）等几乎都是宗教的仪式，但是甘地是根据自己的方式和社会斗争的需要去援引、批评和阐述上述各种宗教哲学概念的。他自己曾说："我对于印度教经典的信仰不是逐字逐句地接受它，无论何种解释，无论它是多么深奥，假如和理性或道德相违背，则我必定不愿受它的约束。"① 甘地受基督教的《新约》和现代资产阶级的社会思潮如罗斯金、梭罗、托尔斯泰等的影响也是较大的。他在给美国友人的一封信中写道："你们给了我一位老师，他便是梭罗，他在他的论文《文明反抗的责任》中给我在南非做的事提供了一个科学的证明；英国给我一位罗斯金，他的《给那后来的》在一个晚上就把我从一个律师和城市居民改变成为乡下佬；俄国又给了我一位托尔斯泰，这位老师给我的非暴力主义以合理基础。"② 在外国影响中，值得注意的是，甘地与托尔斯泰的关系。甘地在南非推行他的坚持真理运动时曾受到托尔斯泰的热烈赞扬，甘地甚至把他的实验场定名为"托尔斯泰新村"。托尔斯泰在《天国在你心中》一书中所宣传的"消极反抗""普遍的爱""道德上的自我完善""良心论"等，甘地几乎毫无保留地加以接受，并且贯彻在他的行动之中。我们知道托尔斯泰早年曾就学于俄国东方学院，东方的宗教社会道德观点对他的思想体系有着一定的影响。关于这一点，列宁曾作过这样的分析："托尔斯泰主义的现实的历史内容正是……亚洲制度的思想体系。因此，也就有禁欲主义，也就有不用暴力抵抗邪恶的主张，也就有深沉的悲观主义调子，也就有'一切都微不足道'，'一切物质的东西都微不足道（《论生活的意义》，第52页）的信念'，也就有对'精神'，对'一切万物本源'的信仰，而人对于这个本源不过是一个被'派来进行拯救自己

---

① 《青年印度》1921年10月27日。
② 1942年8月30日甘地致美国友人书。

灵魂的事业的工作者'等等。"① 甘地对托尔斯泰的推崇备至是有着深刻社会原因的。

四　甘地与中国

甘地对中国人民怀有强烈的友好感情，一直关切着中国革命的发展。远在20世纪初，他就对我国伟大的革命先驱者孙中山先生所领导的民主革命表示同情和支持。

甘地的思想大约在五四运动以前就开始被介绍到我国，他的一些重要著作在中华人民共和国成立前就已译成中文，在我国人民特别是知识分子中间有着广泛的影响。我国舆论界一直推崇甘地的反帝爱国思想和他的伟大人格。甘地所领导的民族运动也鼓舞了我国人民的反帝斗争，但是由于中印两国社会历史条件的不同，中国革命的特点是以武装的革命反对武装的反革命的斗争，长期处于战争的状态之下，因之非暴力主义没有行得通。例如1923年中国革命的民主主义者蔡元培"因痛心于政治清明之无望，不忍为同流合污之苟安"②，向北洋军阀提出了《不合作主义宣言》，这个宣言虽然在当时一部分爱国知识分子中曾引起反响，但是蔡元培的不合作主义运动马上就被反革命的统治阶级所镇压和分化。

甘地在南非工作时对南非殖民当局歧视有色人种和华工的种族主义行为进行了斗争。在第二次世界大战前，他对日本帝国主义侵略我国进行了无情的谴责，并对我国人民的正义反抗给予了道义上和物质上的支持。他把中国人民的抗日斗争和印度人民的反英斗争连接了起来。"日本统治印度或中国同样是对其他国家和世界和平的损害……我由衷地深深同情中国人民，钦佩他们为了国家的自由和完整所作的英勇斗争和不断牺牲。"③ 1938年他在接见中国代表团时说："日本不仅在企图征服你们，而且也想用廉价的机器产品来征服我们。我们派遣一个医疗队到中国，表示了我们

---

① 《列宁全集》第17卷，人民出版社1960年版，第34页。
② 《蔡元培全集》第三卷，浙江教育出版社1997年版，第9页。
③ ［印度］丹特卡尔：《圣雄甘地传》第5卷，印度，1959年，第13页。

的友情和善意，但这不能使我满意，因为我知道我们能做的还应当更多一点。"在甘地等人的支持下，印度派出了包括爱德华、柯棣华、巴苏大夫等五人组成的医疗队来到中国，对中国抗日战争做出了不可磨灭的贡献。甘地十分重视和珍惜中印人民之间的传统友谊，并且尽力发展这种友谊。他说："我期待着中印之间的真正友谊，这种友谊不是基于政治或经济的互助依赖，而是建筑在相互的亲善之上的，这种友谊在人类中将产生真正的友爱。"① 甘地在中国最艰苦的年代所给予我们道义和物质上的支持，中国人民记忆犹新。

综上所述，甘地是一个伟大的爱国主义者，一个杰出的革命领袖，他把毕生奉献给了印度的民族独立事业，引导印度人民走向了独立，他的历史功绩是无可伦比的。甘地的哲学和社会思想中的积极方面主要在于他的爱祖国、爱人民、爱和平、爱人类的思想。他主持社会正义，反对一切形式的剥削和压迫，憧憬一个充满着人类仁爱和共同繁荣的理想社会，这都是他思想中的精华，照耀着人们前进。当然，甘地和一切伟大的历史人物一样也有他的时代和阶级的局限。甘地对中国人民的友谊和对中国革命的关怀获得了我们的尊敬。中华人民共和国成立后，我们对甘地的研究和宣传做得很不够。有些论文还有评价不足之处，这是我们南亚学界和历史学界今后应重视的一个问题。

（原载《南亚研究》1985 年第 1 期）

---

① ［印度］曾圣提：《在甘地先生左右》，第 92 页，英文版，贝纳勒斯，1982 年。

赛义德·阿赫默德·汗的宗教和哲学思想述评

一 印度近代伊斯兰教改革运动兴起的社会历史背景

印度在沦为殖民地以前的最后一个王朝——莫卧儿王朝是由伊斯兰教徒统治的。他们在覆灭过程中对外国殖民主义者进行了顽强的反抗,因此,在英国开始建立统治的时期,一直执行着反穆斯林的政策,特别是在1857年印度民族起义前后,这种政策表现得更为明显,伊斯兰教徒在接受西方教育、充当官僚机构中的工作人员和从事商业活动等方面都受到了歧视和排挤。为此,印度穆斯林的上层对殖民当局抱着既敌视而又绝望的态度。在1858年印度全部沦为英国殖民地以后,穆斯林的政治势力遭到了彻底的毁灭,穆斯林不再成为他们的主要威胁,但是到了19世纪70年代这种情况又有了新的变化。英国殖民当局鉴于正在兴起的印度资产阶级民族主义运动中印度教徒常常是作为主体出现的这一事实对他们的统治极为不利,因此又想拉拢穆斯林上层,利用穆斯林来牵制印度教徒的活动,达到分而治之的目的。当时任孟买总督的爱尔芬斯顿在一份备忘录中曾直言不讳地说:"分而治之是古罗马的座右铭,也是我们的座右铭。"① 在殖民当局推行这种政策下,印度的教派主义纠纷便凸显起来。

在民族大起义后,印度伊斯兰教势力随着莫卧儿王朝的覆灭日益衰

---

① 转引自林承节《印度民族独立运动的兴起》,北京大学出版社1984年版,第236页。

弱。教会内部宗派林立，互相倾轧，一部分教会人士腐化堕落，严重脱离群众。当时伊斯兰教徒约占印度总人口的 1/6，其中最有势力的是苏菲派的四个教团，苏菲派宣传来世幻梦和禁欲主义的思想，设置无数的清规戒律，而且在教徒内部也实行与印度教类似的种姓分立制度，对妇女采取十分歧视的态度。早期伊斯兰教的积极入世、平等和反苦行的精神在印度社会中已荡然无存。与此同时，伊斯兰文化也趋于消沉颓废。某些有教养的穆斯林只是迷恋着过去的传统，其中最好的也不过对中世纪的经院哲学和波斯及塔吉克的古典诗歌有一知半解罢了。

随着印度民族资本主义的初步发展，穆斯林社会的封闭状态被冲破了，出现了一批具有资本主义经营思想的商人、民族资本家和具有现代科学知识的知识分子。他们于 19 世纪六七十年代在印度穆斯林居住比较集中的地区发动了对伊斯兰教的宗教和社会改革运动。其中重要的有：在印度北部有赛义德·阿赫默德·汗（Syed Ahmad Khan，1817—1898 年）、希布里（Shiblī，1851—1914 年）等所领导的阿里加运动（Aligarh Movement）；在孟加拉有阿布杜勒·拉蒂夫（Abdulal-Laṭif，1863 年前后）、赛义德·阿米尔·阿里（Syed Amir Ali，1849—1928 年）所指导的改革运动；在旁遮普，由米尔扎·乌拉姆·阿赫美德（Mīrzā Ghulām Ahmad，约 1839—1908 年）创立的阿赫默底亚教派运动（Ahmadiyah Movement）等。这些运动中的改革家们对伊斯兰教中的封建黑暗现象、中世纪的陈腐习俗进行了批判，提倡社会平等、民族语言文化，力图把现代科学文化和伊斯兰教传统结合起来，以适应资本主义日益发展的需要，但是由于当时伊斯兰教资产阶级在经济上和政治上处于较印度教徒更为孱弱和不利的地位，因此他们的改革也是不彻底的。

二 赛义德·阿赫默德与阿里加运动

（一）生平和著作

在近代印度伊斯兰教的宗教和社会改革活动中最有影响的是赛义德·阿赫默德所领导的阿里加运动。赛义德·阿赫默德于 1817 年出生于德里一个穆斯林贵族家庭，幼年是在莫卧儿宫廷中度过的，在 1837 年即他 20 岁的时候就开始为东印度公司服务，出任德里和阿格拉地区英国法庭的书记、助理审判员等职务。他在公务之暇，对德里附近地区穆斯林的遗迹进行了调查研究，用乌尔都语写出了著名的《诸王遗迹》一书。1857 年印度民族大起义中，赛义德·阿赫默德因营救英国侨民有功，擢升为英属印度总督立法会议成员，并被赐予爵士头衔，从此开始了他的宗教和社会改革活动。1864 年在阿里加建立了"科学协会"，1866 年又建立了"英印协会"。1869 年至 1870 年，他访问了英国，这次访问扩大了他的视野，回国后坚定了他的改革决心和加速了改革的步伐。1870 年他创办了《情操与道德醇化》（Tahdhībui Akhlaq）杂志。1875 年在阿里加建立了"英国—东方伊斯兰教学院"，这个学院就是以后著名的穆斯林大学——阿里加大学的前身，阿里加大学培养了大批具有民族文化和现代科学知识的干部，并成为印度穆斯林社会、文化和教育等各方面活动的中心。1886 年赛义德·阿赫默德创立了与印度国民大会党相对立的"全印穆斯林教育会议"，提出了"二十点教育和社会改革的目标"。主要著作有《论印度政治现状、演说和书信集》、《圣徒之言》（Tabyin-ul-kalam）、《古兰经注释》（Quran-Tafsir）、《印度叛乱的原因》（Risalah Asbabi Baghawat-i-Hindi）等。

（二）哲学的宗教理论

1. 真主是自然、自然规律的"目的因"

在英国统治印度以后，印度伊斯兰教像印度教一样已经陷于十分衰退和僵死的状态，对《古兰经》教条主义的解释和烦琐的宗教仪式严重地束缚着教徒的精神和社会生活。他们宣称：人在世上的生活和地位是由安拉的意志决定的，人不能对自己的命运加以丝毫的怀疑和改变。赛义德对上述现象进行了批评，并且以"自然主义"和"唯理主义"的精神对《古兰经》和伊斯兰教教义进行了解释。他宣称：自然界、有机界和人类都是受制于特定的、机械的自然规律的。"自然的认识在其开始时是有限制的，但是随着认识的发展，自然的领域也相应扩大了，并且这种领域是跟我们在宇宙中所发现的、我们所感觉和看到的那些一起广延的，因此，人的动作和思想甚至信仰都是自然规律所特有的各种不同的锁链。"① 但是他在承认自然规律的同时又宣称这些规律是"第一原因"，即安拉所创造的。他写道："在现代自然科学家中的有些人深入研究自然规律中得出这样的结论：基于自然伟大表现的设计，必然有这种设计的设计者，即所有原因的原因，这个设计者我们常常称之为真主。"②

关于真主的本质问题，赛义德作了这样的证明。他认为真主是一个"目的因"，它是宇宙万有的创造者和设计者，它是自存的、独一的和永恒不变的，它既不受时空的限制亦不受精神意志的束缚，它显现在他自己的属性中，但它的属性不是人们可以认识的，真主赋予自然和灵魂（在他看来，人类和动物界都有灵魂）一定的目的和方向，并通过它们表现着自己。他写道："没有一个先知亲证真主是不经过这样的过程：摩西表示了他想见真主的愿望，他从（真主那里）获得了以下的答复：'你看到山头以外决不能看到我'（《古兰经》Ⅶ.148），在山上有些什么呢？是自然，是一种自然规律的表现。真主是不能直接显示他自己的，他所指示的道路是自然的道路……。当问及'你是什么？'真主确定地指的是自然规律，并且暗示着就是真主把黑夜变成了白昼，把白昼变成了黑夜，给死者以生命，让有生命者死亡。"③ 又写道："从自然中人们接近了真主，从物理世界的统一规律中，人们能通达隐藏在背后的精神实在，人们看到日月星辰按照固定不变的规律隐与现，升与落，并能穿过这种掩盖着的自然规律看到他们的造物主。"④ 赛义德·阿赫默德在论证真主的存在中引入自然界以及自然规律的意图是想要给自然界一种合乎神的创造的目的论说明，这种说明虽然是唯心主义的，但是他并不否定客观物质世界的存在，并且承认物质世界是受自然规律所控制的。他虽然把真主看作自然规律最终的原因，但是又认为真主是和自然界不可分离的，真主的属性显现在自然界之中。赛义德这种观点明显的是和当时苏菲派所主张的现世幻梦的思想相对

---

① 转引自达尔（Basbir Ahmad Dar）《赛义德的宗教思想》，巴基斯坦，伊斯兰文化学院，1957年，第151页。
② 同上书，第152页。
③ [印度] 赛义德：《讲演集》，第182—186页，参照《赛义德宗教思想》第154页的英译。摩西是希伯来的大预言者和立法者。
④ 《情操与道德醇化》第1卷，第336页，参照《赛义德宗教思想》第156页的英译。

立的，它是在神学内部进行斗争的一种巧妙形式。因此，同时代的正统乌拉玛都辱骂赛义德·阿赫默德是"异端者、自然主义者和唯物主义者"。

2. 人的理性和宗教启示相一致

赛义德在改革伊斯兰教的过程中也曾举起"唯理主义"的旗帜。他一再强调人的理性是检验和判断一切宗教权威的最高准则，《古兰经》是和人的理性原则相一致的。他认为理性是"人的天赋能力，人们凭借这种能力，基于对客观现象的观察或者心灵的思考可以作出正确的论断，并且这种天赋能力的进程是从特殊到一般，或者反是。……这种人的能力可以使人们发现新的事物并且引导理解和控制自然的力量，依靠这种力量人们能够认识作为他们欢乐泉源的各种事物，并且从他们那里尽可能的获得好处"①。但是赛义德的理性主义和自然主义一样不是贯彻始终的，他并不想用理性的光芒去扫除当时伊斯兰经院哲学中的杂质，而是力图和伊斯兰教的基本信仰原则相调和，从而保卫伊斯兰教。他一方面用生物学的成就对人的理性作了考察，指出"理性是人的一种自然的认识能力"；但是另一方面又认为这种能力是不完善的，需要宗教的"启示"相补充，甚至公开宣称人的理性是和真主的"启示"相一致的，说"发现自然规律和发明机器的人都是真主的启示的接受者"②。

另外，赛义德根据上述原则对灵魂的存在也作了解释。他认为人和动物的灵魂是理性和意志的一种表现，灵魂的性质虽然不能为人们所理解，但可以确信的是，它是一种"自存的实体"，一种"细致的物质"，灵魂寄寓于人和动物的形体，形体有死亡，但灵魂是不灭的（他用物理学中物质不灭的定律作证明）。③ 赛义德这种证明是想把伊斯兰教"灵魂不灭"的原则重新建立在人的理性基础之上，借以保卫受到科学冲击的信仰原则。

赛义德根据"唯理主义"和"自然主义"的精神对《古兰经》和宗教教义的内容进行了解释。例如传统的教义一直宣称直接领受或间接通过

---

① ［印度］赛义德：《古兰经注释》第 3 卷，第 11—12 页，参照《赛义德宗教思想》第 161 页的英译。
② 转引自《赛义德宗教思想》，巴基斯坦，伊斯兰文化院，1957 年，第 165 页。
③ 同上书，第 205 页。

天使、做梦等得到安拉"启示"的人称为先知，但赛义德·阿赫默德认为先知"就是自然的神圣法则的宣示者"。按照《古兰经》的解释，安琪儿是一位具有两个翅膀的神圣使者，她是"真主命令的执行者"（《古兰经》IX XI X.5），但是在赛义德看来，这种解释是和《古兰经》原意不相符的，"真主命令的执行者"即是"自然和事物的规律"，"安琪儿正确的解释应该是真主授予事物的各种潜在力，例如石头的坚硬、水的流动性等等。总之，我们在世界中看到的各种力量在《古兰经》中都是被称为'天使'的"。①

从赛义德对伊斯兰教上述各种问题的解释中我们可以明显地看出，他的目的是想调和科学与宗教，使科学为宗教服务，借以挽救和保卫受到新知识冲击的伊斯兰教信仰。这正如他自己所表白的："在今天，我们正像过去一样需要一种现代的经院哲学借以驳斥现代科学原则并挖掉它的基础，或者表明自然科学是和伊斯兰教的信仰条目相一致的，当我在穆斯林中鼓励介绍这些科学的时候，我的责任是要保卫伊斯兰的宗教，并且揭示它光辉的原来面貌。"②

（三）社会政治思想

赛义德的基本政治主张是要同英国殖民主义统治建立融洽的关系，借以维护穆斯林的利益。他认为1857年的民族起义是由于英国人不了解印度人的心情所引起的，其重要的原因是："（1）印度人民对政府政策的错误了解；（2）英国政府所颁布的法律并没有照顾印度人的习惯；（3）政府对印度人的态度、心情和风俗习惯不熟悉；（4）对印度人的不理睬态度；（5）武装管理中的问题。"在论及英国殖民当局关于印度武装管理中问题时说："英国政府的行政部门应该得到经常的批评，例如那特尔·沙（Nadir Shah）在征服阿富汗和伊朗后，他组织了两支军队，一支是阿富汗人的，另一支是波斯人的。当波斯部队拒绝执行他的任务时，阿富汗的部队便经常去粉碎它，反之亦然。可是英国政府在印度并没有这样做。如果

---

① ［印度］赛义德：《古兰经注释》第1卷，巴基斯坦，伊斯兰文化院，1957年，第49页。
② ［印度］赛义德：《在麦齐莫的演讲》，1900年，第276—298页。

英国的部队用这样的方法建立起来,在伊斯兰教徒的部队中没有印度教的士兵,或者在印度教的部队中没有伊斯兰教士兵,那末,起义中的那种联合以及兄弟般的团结则必然不致发生。"① 赛义德提出的这种理论是为殖民当局推行"分而治之"的政策服务的。

赛义德在印度资产阶级民族运动中最先表达了伊斯兰教是一个单独的民族和社会文化单位的思想。例如他批评印度国民大会党要求在印度实现统一的代议政府的主张时写道:"代议政府政策的一个必要条件是投票人必须具备高度的同一性。在一种依靠大多数人而发生作用的政府中,人民必须在民族、宗教、生活方针、习俗、文化历史传统方面没有什么差异……在印度,这些领域中不存在这种同一性。像这样的国家中引入代议政府不能产生任何有益的结果,其后果只能干扰这个国土的和平与繁荣。……我认为印度国民大会所要作的试验对印度所有的民族——尤其是穆斯林是充满着危险和苦难的,穆斯林是少数,但是至少在传统上他们是高度统一的少数,当他们被大多数所压迫的时候,他们是易于拿起刀剑的。"②

赛义德·阿赫默德认为印度贫困落后的最大根源是缺乏现代欧洲的教育,因之他从19世纪60年代起就提倡新的教育运动。他创办了阿里加学院,建立了翻译西方科学的团体,把第一流的英语著作译成了乌尔都文,另外用乌尔都语出版了几种报纸和杂志,这些活动无疑在当时印度伊斯兰教的启蒙运动中起了重要作用。

赛义德·阿赫默德是近代印度最重要的穆斯林改良主义思想家。他的宗教哲学思想虽然仍在伊斯兰教神学轨道上运行,但他对《古兰经》的重新解释,举起了"自然主义"和"理性主义"的旗帜,在当时思想斗争中有着积极的意义。他的社会政治思想虽然有着时代局限的方面,但他把西方的科学技术、思想文化以及积极进取的精神引入了印度穆斯林社会,冲击了旧势力,唤起了广大穆斯林的觉醒。他提倡的现代教育制度正是当

---

① [印度] 赛义德:《印度叛乱的原因》,转引自 [苏联] V. 尤洛维支《赛义德·阿赫默德》,该文译载于印度《今日印度》杂志1956年6月号。
② [印度] 赛义德:《论道德诸事》(Akbari Madamin),《目前印度政治的状态》,阿拉哈巴德,1888年,第746—747页。

时穆斯林摆脱愚昧落后、贫穷困苦所十分需要的。赛义德·阿赫默德在政治上的亲英态度虽然常常受到人们的指责，但其真正目的是要拯救印度的穆斯林，改善他们可悲的境遇，并使社会改革得以顺利地进行。在晚年时，他也曾表示对殖民当局统治的不满。他的这些历史局限在印度教的启蒙思想家中也同样地存在着。赛义德·阿赫默德的思想对同时代和以后阿里加大学的改革者们有着十分重要的影响。

（原载《南亚研究》1989年第3期）

印度奥罗宾多·高士的哲学和社会思想

奥罗宾多·高士（Aurobindo Ghose，1872—1950 年）是印度资产阶级民族主义运动中的杰出领袖，印度当代最著名的哲学家和社会活动家。他在印度传统的吠檀多不二论基础上，摄取了西方的哲学和科学思想，建立了一个庞大的客观唯心主义体系——整体吠檀多不二论。奥罗宾多的哲学和社会政治思想在印度民族主义运动和宗教改革运动中起过重要作用，在其他国家也有重要的影响。本文试对他的思想体系作一简略的评介。

一 生平和著作

奥罗宾多·高士于 1872 年 8 月 15 日生于加尔各答一个医生家庭，属婆罗门种姓。他在 7 岁的时候就被送到英国去受教育，曾在圣保罗学校、剑桥大学学习，受西欧资产阶级的哲学、自然科学的熏陶很深。他在剑桥读书时还和印度的一些民族主义者有过接触，参与了他们的秘密活动。1893 年，即他 20 岁的时候，返回印度，开始在巴洛达邦政府任职，后又担任巴洛达学院的副院长、英语教授等职。他在巴洛达努力学习祖国的语言、文化并开始了他的反英宣传活动。1905 年印度因孟加拉邦分立案爆发了群众性的反英运动后，他就从巴洛达移居孟加拉，全力投入了印度的民族斗争。他和提拉克一起，在印度国民大会党内筹组了新派，创办了《敬礼祖国》（*Band Mataram*）杂志，并出任加尔各答国民学院院长。奥罗宾多通过一系列的宣传和组织活动，与英殖民当局进行了斗争。他公开提出了"印度自主"的政治目标，号召印度人民用一切手段包括以"暴力对付暴力"的手段争取印度的独立。1907 年他因煽动罪被捕，不久即被释放，翌年又因私制炸弹案涉嫌，再度被捕，囚禁于阿里浦尔的监狱中。在狱中，奥罗宾多转向了瑜伽神秘主义。1909 年 5 月被判无罪释放。出狱后，他又在孟加拉创办了《羯摩瑜伽行者》《法》杂志，继续鼓吹以复兴印度教为基础的民族主义思想。但在这个时候，他的政治态度有了明显的转变，1910 年他移居于法属本第治里，从此在组织上脱离了印度的民族斗争，但仍对印度和世界发生的一系列政治事件发表了评论。他在本第治里创办了奥罗宾多道院，主编了《雅利安》（Ārya）杂志（1914—1921 年），发表了大量的著作，建立了自己独特的哲学思想体系。1950 年病逝于本第治里。

奥罗宾多在其五十余年的创作生涯中写下了大约一百余种著作，其中最重要的哲学著作是：《神圣生活》（Life Divine），《人类循环》（Human Cycle），《人类统一的理想》（The Ideal of Human Unity），《印度文化基础》（Foundations of Indian Culture）。最近，奥罗宾多道院还出版了几种汉译的梵文著作。

二　哲学思想

（一）整体吠檀多不二论

奥罗宾多的哲学被称为整体不二论、整体唯心主义或者整体主义（Pūrna-advaita）。这个名称是为了区别于吠檀多[①]先前各种形式（不二论、制限不二论、二元论等）而提出的。在奥罗宾多看来，先前各种理论都有

---

① 这是印度哲学中的一种从古代发展到现代的唯心主义理论。"吠檀多"（Vedānta）的意义是"吠陀的终结"（"吠陀"一词的本意是"知识"。整个吠陀文献是关于神的颂歌和其他文学作品以及宗教哲学等文献的汇集，约在公元前 2000 年至前 1500 年编写出来的）。"吠檀多"本来指这套文献当中的一部分，即"奥义书"。在"奥义书"中提出了"梵"（宇宙的精神）和"我"（个人的精神、灵魂）同一的神秘主义思想，后来以此为依据发展成为一个重要的哲学派别，又在这个哲学派别中分出了不同的分支和不同的形式。这派哲学中最有影响的人物是商羯罗（约 8、9 世纪），他建立了"不二论"的完整体系。商羯罗认为，现实世界只是"幻"，既不真实，也不实在，只有"我"和"梵"才是"同一不二"的真实存在。奥罗宾多即以此为根据建立他的哲学体系。

着它的片面性。或者强调了最高实在的真实性而否定了现实世界的真实性；或者强调了最高实在和现实世界的差异性而忽略了最高实在的统一性；或者把现实世界归结为最高实在的属性；等等。只有把这种互相差异或者对立的思想"综合"起来，即把本体与现象、精神和物质、肉体与灵魂、存在与非存在、主体与客体、能知与所知统一起来，才能对宇宙和人生做出正确的说明。

（二）梵，物质和精神

奥罗宾多认为宇宙万有的最高存在是梵或绝对意识（真理意识）。梵在本体论意义上说是纯粹的、永恒的、无限的、不可界说的、不可分割的、无所不在的、无所不包的；梵既没有形式——单一或者组合的，它超越于任何时间、空间、量、质、运动、原因、结果。① 我们没有经验能够限定它，也没有概念能够界说它，对梵只能说："不是这个，不是这个。"②

从上面可以看出，奥罗宾多的梵与传统吠檀多主义的解释在根本上是一致的，这是一种客观唯心主义的说明。他所说的梵无非就是人类认识的一个变种，一种脱离了自然界和人的思维的东西。但是奥罗宾多在回答梵和现象世界，梵和物质、精神关系的时候，就和吠檀多的先前形式发生了分歧。印度传统的吠檀多主义摩耶论（幻论）③认为，现象界（物质和精神）是梵的幻现，一切都是虚幻不真实的，可是奥罗宾多认为现象界也就是梵，一切都是真实的，它和梵的关系是部分和全体的关系，蕴含和被蕴含的关系。这一点和印度近代哲学家辨喜所说大致相同。他说："一个无所不在的（最高）实在是所有生命和存在的真理，不管它是绝对的还是相对的，有形的还是无形的，有生命的还是无生命的，有理智的还是没有理智的。所有一切都是它的无限的变异……一切变异都从实在开始，都存在于实在之中，回归于实在。"④ 又说："梵在所有事物之中，所有事物都在

---

① ［印度］奥罗宾多：《神圣生活》，本第治里，1955 年，第 90—93 页。
② 同上书，第 42 页。
③ 有的吠檀多派主张世界是一种幻的表现，因而是不真实的。
④ ［印度］奥罗宾多：《神圣生活》，本第治里，1955 年，第 41 页。

梵之中，所有事物都是梵"①，"物质也就是梵"②。奥罗宾多虽然说梵在本体论的意义上是独立的、自存的，但又承认世界上的一切现象都是梵的自我显现。或者存在于梵中，是梵的一个部分或属性。他用宾词去说明或限定主词，用属性去说明本体，实际上是对梵作了界说，这样，在逻辑上他的梵也就不成其为独立的了。

奥罗宾多在回答了宇宙最终根源以后，进一步探索了作为最高实在的梵和现象世界的关系问题。他在回答这个问题时也像传统的吠檀多一样假定有三种既有分别而又互相联系的实在，即梵、精神和物质。他认为精神私物质是梵的两种基本形式，或者是两种基本的属性，它们都是内存于梵，都是梵的自我显现。物质和精神彼此既不是互相限定，也不是独立或平行，而是"相互产生"或"相互引起"的。

奥罗宾多认为"物质是力（force）的表现"或者是"能（energy）的形式"。③ 它经常处于五种基本状态之中，即（1）在空间中的广延（extention），它的特质是振动—收缩和扩张；（2）位于空间之中（aerial），它的特质是力与力的接触，接触是一切物质关系的基础；（3）在自我限定之中（self-modification），它显现为光、电、火、热，但这些不是物质的稳定形式；（4）扩散（diffusion）；（5）凝聚（cohesion）。他还进一步认为，我们所知的一切物质形式，所有的物理现象，都是由上述五种状态结合起来的。我们的感觉经验（听觉、触觉、视觉、味觉、嗅觉）也是依赖于这五种状态的，它们是这五种状态的映象。④ 从奥罗宾多对物质的概括中可以明显地看出，是综合了印度数论的传统物质观和19世纪西方资产阶级物理学流行的机械观。在我们看来，他所说的"力"或"能"的概念是一种极为模糊的概念，这种概念的内涵不能把物质运动的全部关系正确地揭示出来。因为"力""能"只能片面地表现物质运动的现象，它们只是

---

① ［印度］奥罗宾多：《神圣生活》，本第治里，1955年，第165页。
② 同上书，第289页。
③ 同上书，第95页。
④ 同上书，第95—96页。

对立作用的部分关系，对立才是物质运动、发展的泉源①，而奥罗宾多是不承认这种对立——物质运动发展的自身原因的。他写道："因为物质的普遍性不再被认为能对心灵的存在予以说明——其实，物质本身不再只能用物质来说明，因为它不是自己存在的——我们只能以这个容易而明显的解决方法退回到其它的假说。"② 为此，他采用了"力""能"这样不明确的概念作为避难所，从而引进了外界的原因。奥罗宾多认为，物质之所以需要外界的原因，是由于物质对精神来说是一种"无知原则的极点"（The culmination of the principle of Ignorance），是"机械法则束缚的极点"（The culmination of bondage to Mechanic law），并且是"分割和斗争原则的极点"（The culmination of the principle of Division and Struggle）。③ 物质由于这样的冥顽不灵，因此需要精神的向导，需要依靠作为外界原因的梵的"意识—力"的推动。他写道："当科学发现物质把自己溶解为各种能的形式的时候，它就具有了一种普遍的和基本的真理；当哲学发现物质只是当作意识的有形质的现象而存在，并发现唯一的实在是精神或纯粹意识的存在时，它就具有了一种更伟大的、更完全的、更基本的真理。"④ 奥罗宾多就这样把物质和精神等同了起来，在物质中引进了绝对意识或神，从而消灭了它的科学基础。他宣称："物质也就是梵"，"精神是灵魂，我们感知精神的实在是物质，物质是一种形式，我们证知物质的形体是精神"。⑤ 奥罗宾多的物质观是为他的宗教目的服务的。他并不讳言要"在物质的平地上盖起神学的大厦"。他把精神混同于物质，除了有着深刻的社会根源外，还有着认识论的原因。19 世纪物理学中的机械物质观，由于不能解决精神和物质的辩证关系，只好把思维等同于物质，这样就为信仰主义留下了地盘。信仰主义就利用这种弱点把神或绝对精神引入了物质，从而歪曲了物质的本来属性。

---

① 参阅恩格斯在《自然辩证法》中对力、能的解释，载《马克思恩格斯选集》第 3 卷，人民出版社 1961 年版，第 491—507 页。
② 同上书，第 662 页。
③ 同上书，第 291—293 页。
④ ［印度］奥罗宾多：《神圣生活》，本第治里，1955 年，第 280 页。
⑤ 同上书，第 288 页。

（三）世界"进化论"

奥罗宾多为了宗教解脱的需要，摄取东西方的哲学资源，建立了一个庞大的、思辨的、目的论体系。他声称，达尔文的进化论，只是解释了"地上存在的""短命的"现象①，没有解释"天上的""永恒的"存在。因此，必须要建立一个具有永恒真理的、精神的进化论。

奥罗宾多在解释梵和精神、物质的关系时，把宇宙万有分为两个世界或两个基本序列：一个是现象的世界（"现实世界""内在世界"），另一个是超越的世界，即本体世界。现象世界包括物质（matter）、生命（life）、心（mind），有的时候在生命和心之间还派生出了灵魂（psychic soul）。他认为，物质是存在演化的最初阶梯，它是现象世界的基础。物质向上发展，就进入了生命，"生命蕴含在物质之中，并且是物质的显现，物质在本质上是掩藏着的生命的形式"，由生命再上升入心或灵魂，心蕴含在生命之中，是生命的显现，"生命是掩藏的心的形式"。心是我们"各种精神经验的贮藏所"，是人类意识的总汇。以上由物质上升到心的序列是属于现象界的范畴，它和超越世界或彼岸世界相比则是一种低级的和从属的存在。

由心上升到超心（Supermind，Overmind，Beyondmind），就从现象界进入了超越世界，进入了彼岸世界。超心是和作为人类意识总汇的心相联系着的，是对心的一种"超越"，是"一种超越我们通常意识的苍穹的广大者"②。超心在这个意义上说也就是梵或真理意识。奥罗宾多认为，本体界虽然通过超心和现象界联系着，并且通过超心而亲证了梵，梵在本体论意义上虽然是独立的，不能被任何形式或属性所限定，但在现象界的范围内，即在我们认识经验所及的范围内，梵乃是"实在、意识—力、欢喜"③，"实在、意识—力、欢喜"是三位一体的东西，"意识—力"在性质上是一种创造，或者宁可说是一种自我表现的力，④ 这种力或创造活动

---

① ［印度］奥罗宾多：《神圣生活》，本第治里，1955年，第4页。
② 同上书，第146页。
③ 传统吠檀多把"实在、意识—力、欢喜"作为最高实体梵的本质属性或内在原因。
④ ［印度］奥罗宾多：《神圣生活》，本第治里，1955年，第109—110页。

使不变的梵给现象界一个推动，使现象世界有了变化的可能，从而创造了杂多的事物。"实在"同时或自身就是"意识—力和欢喜"，因此"意识—力和欢喜"是梵所具有的、最一般的、内在的原因，是"宇宙万物生成变化的根源"或"创造的秘密"。由于这种原因，梵就使自己通过超心、心、生命和物质的序列外化或显现为在时间和空间中存在的一切东西。因此，现象世界是超越世界的反映。现象世界所显现的物质、生命、灵魂、心是和超越世界的"存在、意识—力、欢喜"、超心相对应的，前者是后者的折射（refraction）。奥罗宾多自己曾列示说明如下：

现象世界　　超越世界
物质————实在
生命————意识—力
灵魂————欢喜
心　————超心①

奥罗宾多认为上述的进化（evolution），也可能向相反的方向退化（involution）。退化的程序是由超心下降至心或灵魂，再下降至生命，至物质。进化和退化是同一个循环的两个方面，退化意味着神性向人性乃至向兽性的堕落，精神世界向物质世界乃至肉欲世界的倒退。他还认为每一个程序的进化都具有三种性质：广化、强化和整体化。例如物质必须经过一个复合化、自我异化、精细化的组织过程才能变为生命。他说："所有的进化在本质上都是一种'意识—力'在显现的实在中的强化，因此可以提升物质进入生命，生命进入心，心进入精神（超心——引者注）的尚未显现出的、更大的强度。"②

另外，他还根据黑格尔的质量互变法则，把由物质、生命（现象）上升到心（理性），再上升到绝对意识的三个阶段，说成是由量的复杂性进入质的变化，再进入整体化的过程。但是在奥罗宾多那里，物质的发展完全是按照神学目的论进行的，物质和思维、感性和理性、个别和一般都是人为地割裂的。这从下面他的认识论中可以明显地看出来。

---

① ［印度］奥罗宾多：《神圣生活》，本第治里，1955 年，第 316 页。
② 同上书，第 837 页以下。

以上就是奥罗宾多所描绘出的他的思辨的、神学的蓝图。奥罗宾多在这个体系中企图"综合"精神和物质，以此建立他的所谓超越于唯心主义和唯物主义的路线。但是他的这种企图完全是徒劳的。因为他对哲学根本问题的回答仍然牢固地站在客观唯心主义立场上。他把梵或神看作最高实在，万有都从梵那里产生出来，并回归于梵。在他那里，世界不过是梵的"意识—力"的创造或者自我显现，换言之，就是梵的奴隶形象的异化。他的这种处理方法仍然没有脱出客观唯心主义的窠臼。诚如列宁所指出的："把'心理的东西'跟人分割开来，用无限扩大了的、抽象的、神化了的、僵死的'一般心理的东西'来代替整个物理自然界，这样就把'人类最高潜在力'神化了。"① 奥罗宾多通过被抽象化了的人的思维能力——超心，把此岸的、现实世界和彼岸的超越世界联系起来，其目的是要神化现实世界，神化人的精神现象，借以建立他的由地上到达天国或由天国堕入地下的目的论的体系，这是不言而喻的。

　　奥罗宾多为了调和科学与宗教，在他的体系中摄取了一些西方19世纪物理学的成果。他指出物质可以转化为生命，生命可以转化为精神，无机界和有机界是统一的，物质是一种力或能的表现，等等。关于物质转化为生命，现代科学证明：物质在某种条件下是可以变为生命的，生命就是物质的一种表现。物质、生命在其永恒的运动中，依据生物化学的规律，在一定阶段上也会产生出思维着的精神。但是奥罗宾多利用了这些科学的结论，却给予了完全不同的、神学的解释，他认为从物质转化为生命，转化为心，唯一地和最终地是由梵的"意识—力"所推动的。物质转化为精神不是由于它自己的运动，由于自身的原因，而是由于梵或神的作用，这就赤裸裸地暴露了他的反科学的真意。奥罗宾多把物质、生命、心看作一种力或能的表现（其实按科学的证明物质不能创造力，物质和力是分不开的），但是又认为力、能是梵或绝对精神的一种意识作用，给予了超自然的、主观的解释，这种论证从唯心主义者黑格尔到奥斯特瓦尔特都是一贯的，并不见得新奇。恩格斯在批判这种观点时曾指出："把纯主观的关于力的概念，塞到一个已经确定是离开我们的主观而独立的、从而是完全客

---

① ［苏联］列宁：《唯物主义和经验批判主义》，人民出版社1972年版，第34页。

观的自然规律中去，这无论如何是一种奇特的'客观化'方法。这种事情最多只能由一个最正统的老黑格尔派做出来。"① 奥罗宾多这种"客观化"的方法是继承了黑格尔的糟粕。马克思在批判费尔巴哈的宗教学说时也指出："费尔巴哈是从宗教上的'自我异化'，从世界被二重化为宗教的、想象的世界和现实的世界这一事实出发的。他致力于把宗教世界归结于它的世俗基础。……世俗基础使自己和自己本身分离，并使自己转入云霄，成为一个独立王国，这一事实，只能用这个世俗基础的自我分裂和自我矛盾来说明。"② 这对于我们理解奥罗宾多的双重世界观有着指导意义。奥罗宾多和印度近代的很多重要思想家一样，对于现实世界一直抱着既肯定又否定的态度，这和印度资产阶级的两重性格是分不开的。印度资产阶级从一方面看，他们与宗主国——英国的资产阶级有着客观上的经济和政治的矛盾，这些矛盾是产生印度民族运动的最重要的因素，在印度民族主义运动中，印度资产阶级为了吸引人民到他们那边去，支持他们的行动，因此在哲学上竭力论证世界是真实存在的，人必须投入世界中去行动。奥罗宾多也是这样说的，例如他公开宣称：摩耶（幻）是印度人"在外国统治下自己软弱无力的一种假象"。羯摩瑜伽是"大公无私地为祖国服务"。这是他的一个积极方面，但是从另一方面看，印度资产阶级同帝国主义、封建主义，在社会革命的威胁下，又存在着某种利害一致的关系，他们对群众的革命运动是十分恐惧的，因此又经常鼓吹种种"世界无常"的唯心主义和神秘主义思想。奥罗宾多的天国学说就是这种矛盾心理的反映。奥罗宾多哲学思想的发展经历了若干阶段，开始他在西方的哲学思想熏陶下，曾经"对神的信仰是异己的"，嗣后，在印度革命群众运动蓬勃发展下，继之殖民当局的暴力镇压下，他在组织上脱离了革命运动，转向了唯心主义和神秘主义，随着资产阶级掌握了政权，他就完全成为宗教狂热的宣传者了。奥罗宾多通过他的"整体主义"大事鼓吹个人、阶级、民族只有驱除了现象世界的"障碍"，摆脱了"物质"和"自我"等"束缚"，亲证了梵或彼岸世界的存在，才能获得"真正的解放"，它的社会作用是

---

① 《马克思恩格斯选集》第 3 卷，人民出版社 1972 年版，第 503 页。
② 《马克思恩格斯全集》第 3 卷，人民出版社 1960 年版，第 4 页。

很明显的。

（四）"两个否定"

奥罗宾多从整体论出发，对印度和西欧的唯物主义和唯心主义进行了评价，提出了"两个否定"，即否定唯物主义和唯心主义的（禁欲主义）主张。他声言：唯物主义和唯心主义各个流派在历史发展过程中都做出了它们各自的贡献，但是它们都把自己的学说引向了"极端"，因而都达到了"一半的真理"。唯物主义为"人类做出了重大的服务"，它"揭露了中世纪的偏见和形而上学的思辨，促进了自然科学的发展，导致了实验方法的胜利，从而断定了现实生活的必要"。①

但是他又认为建立在物理学能量基础之上，或者建立在生物学生命与物质相割裂的活力论基础之上，或者建立在意识自体性基础之上的前一世纪的实证主义的哲学都是"过时了的"，而且有着明显的自我矛盾。唯物主义的主要弱点是，不能正确回答物质与精神的关系，忽略了人的高级精神本性，对精神的探讨作了限制，因而不能服务于人类任何目的，终于导致了"精神东西的崩溃"②。他和泰戈尔、甘地一样还把唯物主义解释为一种纵欲主义或功利主义的东西，并把这些东西和资本主义的罪恶联系起来一起加以反对。从奥罗宾多对以上的了解中可以看出，他所说的唯物主义其实不是真正的、科学的唯物主义，而是机械的或庸俗的唯物主义，他把西欧的唯能论、活力论、功利主义甚至颓废的享乐主义都归结为唯物主义，这是对唯物主义的一种误解。

奥罗宾多对印度和西欧的唯心主义、禁欲主义也进行了评价。他认为唯心主义把精神、灵魂、心看作唯一的实在或者"生命的统治概念"，从而忽略了物质或现实的存在，这种"极端"也导致了"生命的崩溃"③。他认为现实世界不是可以从唯心主义的概念中推出的，它决不是一种幻现或者感觉的复合，或者理念。他在小心谨慎地评价柏拉图、贝克莱的唯心

---

① ［印度］奥罗宾多：《神圣生活》，第12—13页。参见《进化》，本第治里，1950年，第29—32页；《人类循环》，本第治里，1949年，第92页。
② ［印度］奥罗宾多：《神圣生活》，第9—11页。
③ 同上书，第11页。

主义同时，对印度商羯罗的不二论也进行了批判。奥罗宾多认为，商羯罗把现实世界看作摩耶，或者梦幻中的海市蜃楼，在逻辑上是说不通的。如果现实世界是摩耶，那么，超越世界也只能证明是摩耶，这样就"切断了我们脚底下的所有基础"，同时也阻塞了我们通向天国的大门。商羯罗派把尘世的一切活动，所有的一切成就——政治的和社会的，都看作幻现，那么，人类也就无所作为了①。因此，奥罗宾多认为，摩耶论是一种消极有害的理论，它不过是表现了我们自己的软弱无力。奥罗宾多对商羯罗的批判，在当时印度民族主义运动和社会改革运动中，对于消除印度人民的陈腐概念和精神束缚，要求人民起来与封建主义和帝国进行斗争，有着重要的理论和现实意义。另外，从商羯罗和奥罗宾多对摩耶不同甚至对立的解释中可以看出，哲学概念的继承，完全是受当时的社会斗争所制约的。哲学斗争是离不开阶级斗争的。

奥罗宾多从右的方面对于唯物主义的批判和从左的方面对于唯心主义的批判都是从宗教神学立场上出发的，都是为他的体系论证的。但是诚如列宁所指出的："当一个唯心主义者批判另一个唯心主义者的唯心主义基础时，是常常有利于唯物主义的。"② 奥罗宾多的批判确实揭露了旧唯物主义不能正确解决精神和物质的关系以及唯心主义的荒谬之处。奥罗宾多的"整体论"企图凌驾于唯心主义和唯物主义之上，超越于它们之间"陈旧的对立"，而事实上他每时每刻地都在陷入唯心主义，同唯物主义进行始终不渝的斗争。他在某种条件下承认唯物主义和科学，其目的是要利用科学为宗教服务。20世纪以来在自然科学日益汹涌的冲击下所有资产阶级神学家都是这样立论的。

（五）认识论

奥罗宾多的认识论是和它的本体论密不可分的。前节所讲他把存在分为现象的世界和超越的世界，把认识也分为与之相适应的"事物实用的真理"（Practical truth of things）和"事物真实的真理"（True truth of things）

---

① 参见《神圣生活》第382页以下论摩耶。
② 《列宁全集》第38卷，人民出版社1961年版，第313页。

两个既矛盾而又统一的范畴。前者是对现象界的认识，后者是对超越世界的认识。他所设想的存在的各个阶梯（物质→生命→心→超心）也和认识的各个序列及认识方法相一致：与物质、生命相应的认识是知觉（perception）；与心相应的是具有理智性质的理性（reason）；与超心或梵相应的是直觉（intution），因此认识的途径是由实证的知觉，到达理智的理性，再到达睿智的直观，或者是相反的过程。

奥罗宾多认为在现象世界中我们所得的认识是知觉。它是由客观对象作用于我们五种感官（眼、耳、鼻、舌、身）的结果。知觉可区别为声觉、触觉、视觉、味觉，嗅觉五种①，但是这种知觉是低级的、不完全的，它是一种"实用的真理"。

理性是一种较知觉为高的认识，它是与心的存在相适应的。通过理性可以调整、纠正感官所提供的感觉材料并使之系统化，觉知外界事物的内容，理性是"生命的统治者"，"是人能发展的最有价值的能力之一"。它具有双重的作用——依存的和纯洁的作用（mixed or dependent, pure or sovereign）②：前者表示理性只能在我们感知所及的经验范围内进行活动，也就是说在现象界的圈子内进行认识。理性只能探讨外界事物的关系、过程、功用，即认识事物的外表或有限变化的方面，而不能认识事物的究竟。由于理性具有这种局限性，因此对超越的世界或梵的认识方面说来，只是一种依存的认识；后者所谓纯洁的作用，即指洞察事物的"真实真理"的认识，通过这种作用，使心的运动，由现象世界的认识，即知觉等等逐渐纯化为形而上学的认识③，亦即直觉的认识，因此理性还是知觉或感觉经验通向直觉或绝对认识的一个中介，起着过渡的作用。

直觉是最高的认识，即对超越世界、神或梵的认识。它是"我们借超越感官的证据和穿过依附物质的心灵的墙壁而达到神圣存在的概念和认

---

① ［印度］奥罗宾多：《神圣生活》，本第治里，1955年，第96页。奥罗宾多采自数论，给予了新的解释，五种知觉即五种细微原素——色、声、香、味、触。
② ［印度］奥罗宾多：《神圣生活》，本第治里，1955年，第73页。关于理性作用的分析，可参见《人类循环》，第149页。
③ 同上书，第74页。

识"。这种认识的基础是"认识者和认识的客体在认识中的统一",换言之,"能知、所知统一于知"①。奥罗宾多认为这种认识只是修行者通过瑜伽修行的途径（圣典的启示、教师的开导、自己的专心求神、在时间中的持续②）,在完全摆脱了物质及自我意识的桎梏后,于出神状态中才能达到。

奥罗宾多的认识论不是研究我们的认识如何正确地反映客观,从而指导我们的社会实践,而是要给我们指出一条宗教解脱的道路,即如何亲证天国的存在。他自己直言不讳地说:"认识的中心目的是要再现神我（梵——引者注）,再现我们真实的自我存在。"③ 奥罗宾多在处理认识与实践、主体与客体的关系时,既不承认客体是我们认识的客观的、唯一的存在,也不承认主体对客体的飞跃能动作用。在他看来,主体和客体都是为了实用的目的而假设的,都是梵在我们经验范围内的自我显现。他写道:"其实,主观性和客观性都不是独立的存在,它们是互相依赖的;它们是本体,通过绝对意识看它自己就成为主体对客体,这同一本体把自己呈现给它自己的意识,就成为客体对主体。"④ 奥罗宾多为了给宗教的认识铺平道路,他承认了知觉和理性的作用,但是他又给知觉和理性划定了范围。他竭力贬低理性,提高信仰,为了信仰又臆造出了神秘主义的直觉,他的直觉完全是主观的妄想,它既不受客观实践的检验,也不受科学知识的证明。奥罗宾多鼓吹这一套认识论的目的,是要引导人民到宗教方面去。

三 社会政治理论

（一）论人、家庭、社会和国家

奥罗宾多的社会观点是和他的哲学观点密切相联系的。他的社会理论的中心是有关人的学说。奥罗宾多从上述"存在和认识的进化论"出发,提出了人的学说。他认为人是社会的基础,人不仅是生物的个体,而且也

---

① ［印度］奥罗宾多:《神圣生活》,本第治里,1955 年,第 79 页。
② ［印度］奥罗宾多:《瑜伽的综合》,本第治里,1955 年,第 1—19 页。
③ ［印度］奥罗宾多:《神圣生活》,本第治里,1955 年,第 382 页。
④ 同上书,第 578 页。

是精神的本原，即梵或绝对意识在一定序列中的自我显现。人表现为生命，而生命则是高级精神（心、超心等）和低级物质中的一个桥梁。由于"理性是生命的统治者"，因之人的本质也就是理性，理性具有双重的性质：一是生命的本能和物质的惰性；另一是上升或纯化为梵或绝对意识，从而与神相合（＝"瑜伽"）。因之在人性中常常反映着神性。哲学和社会学最高的目的就是要在人性中实现神性，因之，必须把研究人作为它的出发点和归宿。

奥罗宾多认为个人是"集体的细胞"，是"社会基础的基础"，① 由于个人的集合，形成了家庭、民族、社会、国家，从而建立了人类制度。他写道："生命的最初冲动是个体的。建立家庭、社会和民族生活是为了更大的满足个人生命的一种手段。"② 在他看来，家庭是满足个人生命、本能及绵延种族的需要，社会是满足生命的更大扩张，在"更广泛的领域内交谊、连接、协同努力和生产，高度的或者集体的享受，感情的满足"，国家则是寻求更远的和更大的扩张的一种手段，诸如追逐权力、公共的行动、集体的活动等。③

奥罗宾多对人、家庭、社会和国家的解释是依据法国资产阶级哲学家柏格森的活力论。我们知道，人决不是单纯属于生命或理性等自然的东西，而是社会关系的产物或者是"社会关系的总和"。人的本质乃是人的阶级性而不是什么抽象的理性等等。奥罗宾多把人类在自然属性方面的共同点（诸如生命、理性等）加以抽象化、概念化，使之脱离自然和人，成为绝对精神的东西，再回归为人的本质，这完全是他的宗教幻想。他对人的双重性质的、思辨的解释就是人"一半是野兽，一半是天使"的另一种表述。至于家庭、社会都是人们在物质资料生产过程中为了共同进行生产活动而结合起来的。家庭是两性共同生活的组织形式，社会是"生产关系总合起来所构成的社会关系"。国家则是在私有制产生、阶级形成以后才出现的，它是"维护一个阶级对另一个阶级统治的机器"。因之，家庭、

---

① ［印度］奥罗宾多：《人类循环》，本第治里，1949年，第56页。
② 同上书，第197页。
③ 同上。

社会、国家决不是像奥罗宾多所说的是个人生命的逐步扩张。奥罗宾多宣传这种理论是有着深刻的社会原因的。

（二）社会历史观

奥罗宾多从上述立场出发，认为人类历史也就是作为个体的人向社会的"组合体"（群、部落、种族、阶级、民族、国家、帝国、世界联盟）发展的历史。社会历史的发展虽然受到经济因素、科学发展等外部因素的影响，但归根结底是由人的意识的内在原因或精神规律所决定的。因之历史的发展也就是人类意识由低级向高级发展的历史。在意识的发展过程中，理性虽然是一个"居间者"，但它起着十分重要的作用。奥罗宾多说："理性是不完全的……但是它以最大的勇气开导着人类，它是人类进步的真正心脏。"① 他把理性的发展划分为三个阶段，并与社会发展的三个阶段相联系起来，即

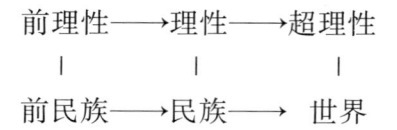

```
前理性──→理性──→超理性
  │      │       │
前民族──→民族──→ 世界
```

他还根据他的理性学说分析了现代运动。"如果我们可以对现代运动加以判断，那么，理性的进步是被当作社会的一种革命者或创造者。如果对理性的发展过程不加以阻挠的话，它的逻辑发展必然经历了三个时期，第一是个人主义时期……第二是社会主义时期……第三是无政府主义时期。"②

奥罗宾多还根据意识的不同形态对社会发展作了分期。他附和德国神学家兰普雷克特（Lamprecht，1856—1915 年）的意见，认为人类社会历史经历了四个时期：象征时期、典型时期、约定时期和个人主义时期。在象征时期中有一种强烈的象征心理统治着人们的思想、习惯和制变，其中

---

① ［印度］奥罗宾多：《人类循环》，本第治里，1949 年，第 136 页。
② ［印度］奥罗宾多：《人类统一的理想》，本第治里，1950 年，第 215 页。

宗教的象征起着指导的作用。在印度反映在《梵书》和《奥义书》①中的象征观念曾经塑造了社会生活的各个方面。在典型时期中，宗教的象征已从属于心理的观念和伦理的理想，心理和伦理的观念成为社会行动的指导思想。例如印度教的"法"（社会生活的规范）变成了社会的主要功用，由于在这个时期中创造了很多的社会理想，为后来的发展定下了楷模，因之称为典型时期。在约定时期中，心理和伦理的理想已受到外界力量的制约，成了一种严格的、形式的、固定不变的制度，从属于某种恒久性的权威，例如印度古代的"四姓分立"②思想在这个时期中开始从出身、经济组织、祭祀方式等方面划分而形成了约定的制度。这个时期虽然有过它的黄金时代，对人类做出了贡献，但是由于它的逐渐趋向保守、腐败、形式主义，又变成了社会的桎梏，因而引起了人们的重新思考、反叛，进入了个人主义或主观主义的时期。奥罗宾多把个人主义时期看作"理性的时期"，"反叛、进步和自由的时期"。他写道："个人主义的原则是人类作为一种独立存在的自由，按照在理性管理下的欲望去发展自己，完成生命，满足心理的意向、感情和生命的需要以及保持肉体的生存。"③他认为，这个时期在西方从宗教改革就已开始，20世纪达到极点，而东方在西方的影响下正在开始，它的发展是不可避免的。

以上是对奥罗宾多在《人类循环》《人类统一的理想》《人的演化》中关于社会发展的简单介绍。他的社会历史观点是东西方思想的大杂烩，不但在内容上极为芜杂、混乱，而且在逻辑上也是矛盾、脱节的。不难看出，他的历史分期是承袭了德国神学家兰普雷克特的"心理型史观"（实际上是宗教史观），对现代运动的分析因循了无政府主义者巴枯宁的说教，而"理性是历史发展的动因"的观点则是18世纪以后资产阶级历史哲学的时髦学说。他把东西方资产阶级思想囊括在一个体系中，其目的是要为他的神学目的作论证。历史在他那里只是观念逐渐发展或实现的过程，亦即绝对意识"进化"或"退化"的循环记录。他不是从历史本身和内部

---

① 《梵书》《奥义书》是印度古老的宗教、哲学典籍。
② 指印度古代的社会等级制度，婆罗门教把人划分为四个种姓，即婆罗门（祭司）、刹帝利（武士）、吠舍（工农商）、首陀罗（无技术劳动者或奴隶）。
③ ［印度］奥罗宾多：《人类循环》，本第治里，1949年，第64页。

去寻找发展的规律或动力，而是从外部把神或哲学意识那种神秘主义的力量引入到历史中去的。

奥罗宾多在阐述他的社会历史观时以众多的章节讨论了理性在历史发展中的作用问题①，承认理性是作为"现象世界记录"的历史的动因。我们知道，"人的理性不能是历史的动力，因为它本身是历史的产物"，所谓理性是历史的产物，也就是说人的理性是以客观的事物和具体的历史内容为基础的，离开了具体的历史内容而侈谈抽象的、不变的理性，那是任意的臆想。不同时代和不同阶级的人有着不同的理性。歌德在《浮士德》中讽刺那些侈谈抽象历史精神的人说：

> 那他们称之为历史精神的，不过是这些先生们的自己的精神。

奥罗宾多所鼓吹的理性无疑就是印度资产阶级的理性，这一点只要他不做无谓的思辨，从理论的云雾堕入现实世界的时候，就暴露出了他的本质。例如他在攻击科学社会主义运动时写道："理性的时代即自由的时代，是不能超越于资本主义时代的，如果这种趋势（指社会主义胜利的必然趋势——引者注）成为普遍的情形，那么理性的时代就告终了，就是人类心灵理智的扩展的自杀或处决。"② 奥罗宾多所鼓吹的"理性王国"，原来就是"资产阶级的王国"！

（三）政治理论

奥罗宾多是印度民族主义运动中"激进派"的公认领袖。他和提拉克、甘地一样，力图把印度的政治运动建立在宗教基础之上，宣传印度教为民族运动的中心，印度教的理想就是印度民族的理想。他写道："在伟大过去的基础上创造伟大的未来，用印度宗教的热情和精神注入印度的政治是印度伟大和强有力觉醒的必要条件。"③ 在他看来，印度的爱国主义是

---

① 参见《人类循环》，本第治里，1949年，第XI—XIII章。
② ［印度］奥罗宾多：《人类统一的理想》，本第治里，1950年，第230页。
③ ［印度］奥罗宾多：《铁拉克的著作和言论评介》，载《班基姆、铁拉克、达耶难陀》，本第治里，1955年，第7页。

"宗教信条",民族解放是"宗教祭祀",消极抵抗是"亲证(Sādhanā,导致至善的精神训练——原注)的准备",为国牺牲是"解脱的道路",摩耶(幻)是"消极无能的表现",民族主义是"从神那里来的一种宗教……依靠这种宗教在国家中,在同胞中试图亲证神,在三亿人民中试图亲证神"①。奥罗宾多这种说教在印度群众运动尚未成熟的时候,无疑地起过重要的鼓舞人民的作用,在当时的民族斗争和社会斗争中有着重要意义。但后来实践证明,它不仅削弱了群众政治觉悟的提高,改变了民族运动的性质,而且分化了前进和团结的力量,有着一定的副作用。

奥罗宾多在民族主义运动中提出了与"温和派"不同的斗争目标和策略。他在一则批判"温和派"领袖郭盖尔的"求乞政治"②的演讲中说:"有些人怕用自由的字样,但我要经常用这个字,因为它已成为我渴求国家自由而生活的信仰……我们的理想是自主(Swaraj)或者是摆脱外国控制的绝对自主,我们要求每个国家有按照他自己的特质和理想,依靠他自己能力而自己生活的权利。"③他对自主的具体内容作了下列的解释:

> 我们的政策是自我发展和自卫的抵抗。但是我们要把自我发展的政策伸展到国家生活的每一个部门中去,不仅到经济自主和国家教育,而且要到国防、国家仲裁法庭、卫生、饥荒保险或救济中去——无论我们手下所做的什么事或紧迫需要做的事,我们必须自己尝试而不再望外国人替我们做。……我们不仅要买我们自己的货物,而且要抵制英国货;不仅要有我们自己的学校,而且要抵制政府机关;不仅要组织我们的保卫同盟,而且要和官厅行政断绝关系。……我们要把这抵制直接针对英国官僚,因为这官僚站在背后,使商人剥削成为可

---

① 奥罗宾多,转引自 R. C. 麦宗达《孟加拉的自治运动》,见《罗摩克里希那教会文化学院公报》7 卷 2 期,1956 年,第 39 页。
② G. K. 郭盖尔的观点可列举如下,"无论官僚制度(指英国——引者注)有什么缺点,无论某些英国人傲慢的态度多么令人难于忍受,他们总是维持着今天国内的秩序,没有这种秩序,我们人民的现实进步是不可能的。要以另一种形式来代替英国人百年来所确立的制度并不是那么容易的"。见 S. S. F. 夏斯特里《G. K. 郭盖尔的生平》,孟加拉,1937 年,第 117 页。
③ [印度] 奥罗宾多:《罗摩克里希那教会文化学院公报》7 卷 2 期,1956 年,第 39 页。

能……①

奥罗宾多还指出：在争取自主的目标中要建立"人民的政权"②，"没有政权，任何目标都是不可能达到的"③。人民政权是"自由的、制宪的、民主的政府系统"④，这种政权"逐渐在自己的范围内健全民族的生活和活动，达到摆脱外国控制的最终目的"。⑤

与之相适应的，奥罗宾多在斗争的策略与方法上也提出了一套与旧时代"温和派"甚至和甘地不同的主张。自19世纪70年代起，印度的"激进派"走上历史舞台后，他们在与英国有组织的暴力的斗争中提倡所谓消极反抗的策略。奥罗宾多也同意这种策略，但赋予了新的意义。他认为，消极反抗在本质上是一种"防御性的抵抗"，它对动员和组织人民有着一定的作用，但是在斗争中决不能排斥其他的方法，即暴力斗争的方法。他认为暴力是一种历史现象，以"暴力回答暴力是正当的和不可避免的"⑥，对英国官僚统治"如果不给予强力，他是不会退让一呎的……只有有组织的民族反抗，无论是消极的还是进攻性的，才可以作出我们自己发展的结果"⑦。此外，他还指出：有组织的反抗要经过三个发展阶段：消极反抗、进攻性的反抗和武装起义，这样才能摆脱外国的统治，争取民族的完全独立。

奥罗宾多这套政治纲领和策略较之资产阶级自由派大大前进了一步，它是印度民族主义运动中"激进派"的"最激进"的主张，反映了小资产阶级和广大人民利益和愿望，在1905—1908年的印度民族运动中起过巨大的历史作用，至今还有着影响。但是奥罗宾多没有把这套主张和实践坚持到最后，正当印度民族民主运动冲击了英帝国主义的官僚统治，而且也威胁到了资产阶级本身存在的时候，这位思想家就害怕起来，突然退出

---

① ［印度］奥罗宾多：《消极抵抗的原则》，本第治里，1952年，第36页。
② 同上书，第5页。
③ 同上书，第4页。
④ 同上书，第16页。
⑤ 同上书，第6页。
⑥ 同上书，第31页。
⑦ 同上书，第24—25页。

了群众运动的队伍，丢弃了昔日的斗争目标和信念，转而成为宣传瑜伽神秘主义的教师，成为 20 世纪初政治上空的一颗流星。

（四）论理想社会

奥罗宾多是把他的宗教目的和社会理想糅合在一起的。他把他的宗教称为"人类理智的宗教"。宣称：人类理想的社会也就是"神在地上的王国"。为此，他对未来的社会作了很多的描绘。

奥罗宾多认为：理想的社会是建筑在神性的个人基础之上的，当然，这种个人也是和社会其他的成员在精神上联合在一起的。在未来的社会中，个人将获得"最深的自由"和"最大的满足"。它的经济目标是要"给予所有人最高可能的定量——按照他们自己本性进行工作的快乐，发展内心的无拘束的休宁以及简单、富有与美丽的生活"①。在政治方面要尊重个人的权利、平等和自由，避免一切倾轧、对抗和战争。根据自愿和互助的原则，建立民族乃至世界的联盟，实现人类统一的理想。奥罗宾多认为，人类精神统一的关键是"胞与之爱"，"自由和平等的联合只能依靠人类胞与之爱的力量才能达到，而不能建立在其它之上。而胞与之爱只存在于灵魂之中，并且依靠着灵魂……自由、平等、联合是精神的永久属性"②，"民主、社会主义、和平主义在很大范围内是它的副产品，至少从它的内部存在中获得很多的力量"③。他指出，达到理想社会的手段不是改造人的外部环境，而是改造人的内部本性，即通过羯摩瑜伽、自我认识、自我净化，达到与神的结合。

从上面的分析中我们可以看出，奥罗宾多的整体吠檀多不二论是一种客观唯心主义体系，它是在印度传统吠檀多唯心主义基础上，摄取了 19 世纪西方的哲学和自然科学思想等建立起来的。他把东西方各种互相对立、矛盾的思想囊括在一个庞大的体系中，其目的是要调和科学与宗教、唯物主义和唯心主义，使科学为宗教服务，唯物主义向唯心主义妥协，但

---

① ［印度］奥罗宾多：《人类循环》，本第治里，1949 年，第 318 页。
② ［印度］奥罗宾多：《人类统一的理想》，本第治里，1950 年，第 368—369 页。
③ 同上书，第 362 页。

是我们在他的宗教气氛十分浓厚的说教中也可以看到某些合理的思想。奥罗宾多的社会政治观点有着革命的、进步的一面，而且这个方面是主要的，但也有着历史局限的一面。他的反帝爱国的思想曾经鼓舞过人民群众，在印度民族主义运动中起过巨大的作用，但是他没有把这种思想坚持到最后。奥罗宾多世界观中的矛盾，不单是他个人所具有的，而是他所处的时代、社会条件、历史传统等的反映。

（原载《外国哲学》第一辑，商务印书馆1981年版）

试论龙树的中观哲学

龙树是中国佛教很多宗派自诩的"始祖",印度大乘佛教的奠基人,也是中观派系统理论最早的阐述者。他的哲学思想提出了一种模式,为佛教后来很多学派所继承,在印度和中国都有着极为重要的影响。本文试对龙树的哲学,特别是辩证法的思想作一概略的论述。

一 龙树的生平和著作

关于龙树的生平,虽经世界各国很多佛教学者多方面的考证,但到现在还没有取得一致的意见。① 如果我们剔除龙树传记中的荒诞成分,大致可以对他的生平勾出一个轮廓。龙树约在公元2世纪中叶出生于南印度维达婆(今比拉尔)的一个婆罗门家庭,幼时受过"五明"教育,后来皈依佛教,出家在雪山一带,足迹涉及全印,深得南印度安达罗王朝引正王的器重,在那烂陀寺长期任长老,晚年住在阿摩罗缚底大塔的吉祥山,据汉译佛典说他是在政治斗争中自杀的。

龙树的著作很多,因此佛教徒称他为"千部论主"。据西藏所传为122种,汉译为22种,其中重要的有:

1.《中论颂》。

释论有:(1)《无畏注》,藏译。

(2)《青目注》,鸠摩罗什译《中论》。

(3)《佛护注》,藏译《根本中论注》。

---

① 根据鸠摩罗什所译《龙树菩萨传》,他生于公元405年前后。西藏著名的佛学家多罗那特说他是贵霜王朝迦腻色伽的同时代人(公元1—2世纪人)。印度考古发掘的资料都较我国佛典所载的年代为迟。目前我们比较可信的证据是,龙树在世时曾给他的好友和同时代人安达罗王朝的引正王戈德米布特罗·耶贾·希里写过书信(Suhrlleka,汉译《龙树菩萨劝诫王颂》),活动年代为公元173—199年。

（4）《清辨注》，汉译《般若灯论》。

（5）《月称注》，有梵本，藏译《明句论》。

（6）《安慧注》，汉译《大乘中观释论》。

2.《十二门论》，鸠摩罗什译汉，印度已倒译成梵文。

3.《七十空性论》，胜友与智军论师译藏，由藏译汉。

4.《回诤论》，毗目智仙与瞿昙流支共译。

5.《广破论》，有藏译。

6.《六十颂如理论》，施护译。

7.《集经论》，有藏译。

8.《大智度论》，鸠摩罗什译，百卷。

9.《十住毗婆沙论》，鸠摩罗什译，十七卷。

10.《大乘二十颂论》，施护译。

11.《菩提资粮论颂》，自在作释，达磨笈多译。

12.《因缘心论颂》及释，失译。

13.《宝行王正论》，真谛译汉。

14.《龙树菩萨劝诫王颂》，义净译及异译两种。

二　龙树的哲学理论

（一）空

龙树进一步发挥了大乘佛教般若经典的根本思想——空（舜若，Sūnya）。空不是像数学上所称的"零""空无"或"缺除"，而是意味着"不可描述的"（avācya, anabhilapya），即不可用言语描述或用概念认识的实在。龙树认为世界上一切事物以及我们的认识，甚至包括佛陀等都是一种相对的、依存的关系（因缘），一种假借的概念或名相（假名），它们本身并没有独立的实体性或自性（无自性）。所谓"众因缘生法，我说即是空（无），亦为是假名，亦是中道义"[①]。只有排除了这种因缘或关系，

[①]《中论·观四谛品》第二十四，青木释，鸠摩罗什译。此偈"众因缘生法"一句，梵本无"法"字，是译者为了适合汉文语法而加进去的，译本"无"字，梵本作"空"（Sūnya）。

亦即破除了执着名相的"边见",才能达到最高的真理,达到空或中道。龙树说:

> 常是一边,断灭是一边,离是二边行中道,是为般若波罗蜜。又复常无常、苦乐、空实、我无我等,亦如是。色法是一边,无色法是一边。可见法不可见法、有对无对、有为无为、有漏无漏、世间出世间等诸二法,亦如是。复次,无明是一边,无明尽是一边,乃至老死是一边,老死尽是一边,诸法有是一边,诸法无是一边,离是二边行中道,是为般若波罗蜜。菩萨是一边,六波罗蜜是一边,佛是一边,菩提是一边,离是二边行中道,是为般若波罗蜜。略说内六情是一边,外六尘是一边,离是二边行中道,是名般若波罗蜜。此般若波罗蜜是一边,此非般若波罗蜜是一边,离是二边中道,是名般若波罗蜜。如是等二门,广说无量般若波罗蜜相。①

龙树用这种否定(遮)达到肯定(表)的方法,是想要建立中观论的目的论体系,他在一连串的否定后曾给最高真理或实在(tattva)下过这样一个定义:"自知不随他(缘——引译者注),寂静,不能用言语分别,不能用概念亲证,没有差别性,这就是实在的本质。"② 这个最高实在也被他概括为:"非有,非无,非亦有亦无,非非有非无。"③ 龙树这个空是主观与客观的泯灭,没有任何性质或规定的内容,也是理智或科学思维所不能及的存在。龙树对于哲学根本问题的回答,明显的是一种客观唯心主义,它否定任何客观真理的确实性,就必然使自己陷入了怀疑论、不可知论和虚无主义,因此很多人把它解释为虚无主义也不是没

---

① [印度] 龙树:《大智度论》卷四三。
② 《中论》梵本ⅩⅫ.7。汉译《中论·观法品》作"诸法实相者,心行言语断,无生亦无灭,寂灭如涅槃"。参见谢尔巴茨基《佛教涅槃的概念》所附月称《明句论》初,列宁格勒,1927年。
③ 《中论·观涅槃品》第二十五,参见印度吠檀多理论家摩陀婆《哲学体系纲要》第一章,E. B. 考慧尔英译。

有根据的。①

（二）二谛

龙树在阐述空的同时又提出了二谛说。二谛说就是两种真理说，二谛说是龙树在和其他宗教哲学派别的论争中产生的，当时有人对龙树提出过这样的反驳：如果一切皆空，那就不能有生活的规范和认识的原则，也不可能有佛法、四谛以及善恶、果报等。龙树在回答中说：佛是用二谛为不同根底的人说法的，为那些覆盖无明的凡夫说俗谛，说俗谛有世界和众生；为那些已经消除无明，洞察真理的人说真谛，说真谛则没有世界和众生，如果不能区别真谛和俗谛，也就没有理解佛法的真义。② 从这些回答中可以看出，龙树是为真谛而说俗谛的，为绝对而说相对的，为涅槃而说世间的，所谓"若不依俗谛，不得第一义"。他之所以承认世界的相对性，就是为了从根本上否定世界的真实性。

（三）八不

龙树在论述世界的非真实性中，为了排除关系，破除名相，提出了"八不"。所谓"八不"就是不生、不灭（从实体方面说），不常、不断（从时间方面说），不一、不异（从空间方面说），不来、不去（从运动方面说）。在他看来，生灭、常断、一异、来去这四对范畴是一切存在的基本范畴，也是我们认识之所以成立的根据，如果在这些范畴上一一冠以不字并加以否定，那就证明了我们主观上的一切认识以及整个客观世界都是一种相对的实在，亦即非真实的存在，从而也就显示了绝对的实在或空性

---

① 关于龙树的空在中观派的内部和外部也有作为虚无主义解释的。例如中观派的敌人、弥曼差派的著名思想家鸠摩哩罗（Kumārila Bhatta，约650—750年）在反击空的理论中曾说中观派是既否定客观事物也否定主观认识的一种虚无主义（Slokavārtika Niral-bamoavāda，14）；数论的著名注释家婆察尸巴蒂·弥斯罗（约850—900年）也攻击龙树把认识和逻辑归结为虚无（《正理经释》Ⅳ.1.18）；又中观注释家护法在其《广百论释论》（卷六）中说："又此空言，是遮非表，非唯空有，亦复空空。""是遮"是指中观派否定"实有自性"，"非表"是指不肯定任何规定性的存在，在这位注释家看来，任何对空的认识本身也要加以空除；至于现代学者接受这种解释的那就不足论了（如达斯笈多、凯纳、基斯），但中观派的很多理论家都反对这种虚无主义的解释，月称在其《明句论》中公开声明："我们（指中观派——引者注）是相对主义者，我们不是否定主义者。"

② 在《中论》《大智度论》及《广破论》中都有同样的表述。

的真理。

关于"八不",龙树不单从理论而且也以经验的事例给予了说明。他在《中论》中运用独特的逻辑系统地阐述了主体与客体、存在与非存在、原因与结果、运动与静止、事物与属性、思想与行为等的相对性。例如对事物的因果关系作了这样的说明:

  一切存在不论在何处、何地、为何都不是由自身所生的;不是由他身所生的;不是从自身和他身共同所生的;也不是无因所生的。(译自梵文)

  诸法不自生,亦不从他生,不共不无因,是故知无生。(《中论·观因缘品》)

龙树在这里运用了一个判断的四种形式,同时对当时印度哲学中流行的四种因果理论进行了批驳:数论认为一切事物是从自身中产生出来的,因为原因已经存在于结果之中,而龙树认为如果因中有果或者因果相同,那么,因果之间就没有差别,结果的东西就成了原因的重复,这在逻辑上是不能成立的;小乘佛教一切有部和经量部认为,事物是从他物产生的,因为因与果是不同的,而龙树认为,如果因中无果或者因果差异,那么,就会导致因果的取灭,一个事物会产生任何一个另外的事物;耆那教和胜论认为,事物是从自身并和他物共生的,因为众多的原因会产生众多的结果,而龙树认为,如果在同一事物中因有时等同于果或有时差别于果,那么,这种折中的结合会在一个事物中同时出现矛盾的性质,这也是不可能的;顺世论认为,事物是无因所生的,而龙树认为这是一种"巧辩"和"无知的偏见",正像没有母亲就能生出孩子一样。

龙树对事物的运动也作了论证。他在《中论·去来品》中写道:"已去无有去,未去亦无去,离已去未去,去时亦无去。"换言之,运动不可能开始于过去,因为过去的运动现在已不存在;运动也不能开始于将来,因为将来的运动现在还未发生;运动也不能开始于现在,因为现在静止的东西不能转化为运动。龙树在这个论证中把运动和静止完全隔离了开来。在我们看来,统一的物质世界是一个运动发展的过程,运动是贯彻始终的，静止本身也是运动的一种形式——相对的形式。这正如恩格斯所说："个别的运动趋向于平衡（静止），总的运动又破坏了平衡。"运动和静止并不是互不相关的两端。

龙树也用日常经验的事例来解释他的"八不"或"中道"思想。青目在注释《中论》中曾举谷种的事例说明如下：

> 万物"无生"，何以故？世间现见故，世间眼见初谷不生，何以故？离劫①初谷今谷不可得，若离劫初谷有今谷者，则应有生，而实不尔，是故不生。
>
> 问曰：若不生则应灭？答曰"不灭"，何以故？世间现见故。世间眼见劫初谷不灭。若灭，今不应有谷而实有谷，是故不灭。
>
> 问曰：若不灭则应常？答曰"不常"。何以故？世间现见故。世间眼见万物不常，如谷芽时，种则变坏，是故不常。
>
> 问曰：若不常则应断？答曰"不断"。何以故？世间现见故，世间眼见万物不断，如从谷有芽，是故不断，若断不应相续。
>
> 问曰：若尔者万物是一？答曰"不一"。何以故？世间现见故，世间眼见万物不一，如谷不作芽，芽不作谷，若谷作芽，芽作谷者，应是一，而实不尔，是故不一。
>
> 问曰：若不一，则应异？答曰"不异"。何以故？世间现见故，世间眼见万物不异，若异者何故分别谷芽、谷茎、谷叶，不说树芽、树茎、树叶，是故不异。
>
> 问曰：若不异，应有来？答曰"无来"。何以故？世间现见故。世间眼见万物不来，如谷子中芽无所从来。若来者，芽应从余处来。如鸟栖树，而实不尔，是故不来。
>
> 问曰：若不来应有出？答曰"不出"。世间现见故。世间眼见万物不出，若有出，应见芽从谷出，如蛇从穴出，而实不尔，是故不出。②

---

① 劫是"世界周期劫灭"的意思。
② 《中论·观因缘品》第一，青目释。

龙树对以上哲学理论的论述中提出了一个值得我们研究的问题，即龙树的"中道""八不"是不是辩证法？如果是辩证法，它和哲学史上唯心主义或唯物主义的辩证法相比究竟有哪些不同？对于这个问题，目前在学者中有着各种不同甚至完全对立的看法。印度 M. 罗易认为，龙树和印度其他佛教大师们的哲学理论都是"地地道道的印度辩证唯物主义"。他写道："佛教徒的学说就其基础来说是辩证的，他们那里所表明的不只是物质的运动，而且还有新生，存在和非存在、肯定和否定密切地交织在一起，所有这些范畴都是相互地交替着。"① 苏联谢尔巴茨基也写道："我们在黑格尔的辩证法和龙树的辩证法之间能发现更大的、亲密的相似性……我们进一步看到（空的）方法的充分运用，这个方法主张：我们只有考虑到了一个对象以及和这个对象相比的其它的对象，才能正确地给这个对象下定义。排除了这种对比，这个对象就会'缺乏'任何内容，而且两个对立面汇合于包括它们自身在内的更高度的统一。一切事实只有作为相互的关系时，我们才能够认识。相对性的普遍法则就是存在所正该意味着的东西。这两位哲学家都使我们确信，否定性（空性）就是世界的灵魂（negativitätist die Seele den Welt）。把事实世界归入普遍相对性领域的话，这就意味着每一个可认识的东西都是虚假的、暂时的和幻觉的，也意味着实在世界的结构就是依存于这一事实本身的。"② 有趣的是，黑格尔自己也认为龙树的空是一种辩证法的原则。他写道："佛教徒认作万事万物的普遍原则，究竟目的和最后归宿的空（原译者为'无'），也是同样的抽象体……空之最高形式就其为独立的原则而言，可以说是（自由）。但这种自由乃是一种否定。因为它深入于它自身之最高限度，自己本身即是一种肯定，甚至是一绝对的肯定。"③ 但是也有很多学者［印度］认为，龙树的空只是一种"玄奥的神秘概念"，"空的特点是移植进各色各样借自宗教和迷信的意识……很自然严肃的哲学兴趣在这里中止了"。④ 以上学者对

---

① ［印度］M. 罗易：《印度哲学史》俄译本，莫斯科，1958 年，第 260—261 页。
② ［苏联］谢尔巴茨基：《佛教涅槃的概念》，列宁格勒，1927 年，第 53 页。
③ ［德］黑格尔：《小逻辑》，贺麟译，生活·读书·新知三联书店 1954 年版，第 203—204 页。
④ ［印度］德·恰托巴底亚耶：《印度哲学》，黄宝生、郭良鋆译，商务印书馆 1980 年版，第 156—157 页。

龙树辩证法的探讨是很有意义的，它启发了我们的思想。但笔者绝不同意罗易把龙树的中道列入唯物辩证法的行列，因为龙树的空完全是一种唯心主义和神秘主义的东西，他把世界的一切事物都看作如梦幻泡影，一切都是不真实的；至于谢尔巴茨基和黑格尔的观点，笔者也难完全同意，因为龙树的空只是涉及了现象、概念或名相的外在形式的矛盾或对立，他的否定只不过是对一个不能认识的、虚幻的概念或现象的否定。这在后文中还要进一步加以论述。

　　佛教唯心主义的思想发展到龙树时达到了顶峰。龙树的哲学思想到处充满着相对主义和诡辩，但是无可否认，他在运用逻辑方法和发展辩证思维方面在印度哲学史和逻辑史中提供了新的内容，因而具有一定的历史意义。他在《中论》和其他著作中进一步发展了印度推理的原则和判断的各种形式。他把存在归结为：非有、非无、非亦有亦无、非非有非无，或者用逻辑符号来表示是 S 是 P，S 不是 P，S 是 P 也不是 P，S 不是 P 也不是非 P。他在哲学基本范畴（实体、运动、时间、空间等）的分析中，承认一切现象或概念的外在形式都是相对的、矛盾的，每一个矛盾又包含着对立的两个方面。另外，他也承认现象或概念的相对性是以绝对性为基础的，现实世界是和绝对世界相互统一的（见后文分析）。但是他的这种辩证法是唯心的和不彻底的，他和黑格尔一样，最终承认没有矛盾的最高真实的存在，在黑格尔那里是绝对精神或绝对智（Absolutes Wissen），而在龙树那里则是空、真如、如来、法身、佛性等，空既是无自性或实体的存在，也无时空、因果等的固定概念，用他自己的话来说是一种"相即相入，浑然一体"的不可思议的境界，这充分表现了龙树辩证法的宗教性格。龙树提出空的目的无疑是想要建立一个目的论的体系，这正如恩格斯在论述黑格尔的辩证法时所指出的："他不得不去建立一个体系，而按照传统的需要，哲学体系是一定要以某种绝对真理来完成的。"①

　　如果我们对龙树的空或中道作进一步的分析，那么，我们就可以发现他和黑格尔的唯心辩证法和唯物辩证法有着很多本质不同的方面：（1）我们知道唯物辩证法是根植于客观现实中的，它揭示了自然、社会和人类思

---

① 《马克思恩格斯选集》第 4 卷，人民出版社 1961 年版，第 213 页。

维的发展的最一般规律。黑格尔的辩证法中天才地猜到了、不自觉地反映了客观事物的本身方面。而龙树的中道则完全是不以客观事物和科学认识为转移的。它是瑜伽行者在直观或出神状态中所亲证的一种神秘的实在。唯物辩证法认为一切相对的东西都是真实的，而龙树认为一切相对的都是虚幻的，只有绝对的空才是真实的。（2）在辩证法看来，任何客观事物或概念都具有矛盾的两个方面，这两个方面既是互相排斥、对立的，但同时又是互相渗透、依赖的。斗争性既寓于同一性之中，而同一性又包含着斗争性。毛泽东说："同一性、统一性、一致性、互相渗透、互相贯通、互相依赖（或依存）、互相联结或互相合作，那些不同的名词都是一个意思，说的是如下两种情形：第一，事物发展过程中的每一种矛盾的两个方面，各以和它对立着的方面为自己存在的前提，双方共处于一个统一体中；第二，矛盾着的双方，依据一定的条件，各向着其相反的方面转化。"① 龙树虽然假定现象或概念在外在形式方面有着矛盾的两个方面，但他同时认为这两个方面是"二边的"，既不斗争，又不转化。它们不是在事物的自身运动中，亦即在事物的相互渗透、相互联结、相互贯通中求得矛盾的"统一"（空），而是在事物之外，亦即在对立双方之外，求得"统一"，它们的"统一"也就是矛盾的排除。例如龙树在谷与芽的举例中不是从谷芽本身的变化，亦即从内在的联系中去解释生灭、常断、一异等现象，而是把上述各种现象看作"一边的"，龙树的"统一"（空）就是对生灭矛盾等等的排除。（3）辩证法认为，事物或概念的内在矛盾、发展都是通过否定之否定规律进行的，否定的过程是正、反、合的两个质变，其发展的形式是螺旋式的。恩格斯曾举大麦粒为例说："亿万颗大麦粒被磨碎、煮熟、酿制，然后被消费。但是，如果这样的一颗大麦粒得到它所需要的正常的条件，落到适宜的土壤里，那末它在热和水分的影响下，就发生特有的变化：发芽；而麦粒本身就消失了，被否定了，代替它的是从它生长起来的植物，即麦粒的否定。"② 但在龙树看来，否定的过程是通过正、反同时排除的一次质变进行的。（4）在辩证法看来，统一体的分解时，对立双方并

---

① 《毛泽东选集》第 1 卷，人民出版社 1960 年版，第 315 页。
② 《马克思恩格斯选集》第 3 卷，人民出版社 1960 年版，第 175 页。

非互相抵消为零，变为抽象的无，而是矛盾的双方互相转化或转变到较高的形态，对自己特定内容的否定，同时也包含着对另一种特定内容的肯定，在否定中有肯定，不是否定一切，分解为零。龙树的中道虽然承认否定（遮）是为了肯定（表），但他们肯定的是和否定的特定内容截然无关的，是特定内容的彻底取消，是归结为无规定性的空，所谓"无得亦无至"①，或者"空亦复空"。

（四）涅槃—世间

龙树的上述哲学理论都是直接指导佛教徒的宗教和社会实践的。他从空出发，挖掉了现实世界和彼岸世界（涅槃）的鸿沟，如说："涅槃与世间，无有少分别，世间与涅槃，亦无少分别。涅槃与实际，及与世间际，如是二际者，无毫厘差别。"② 在他看来，涅槃和世间原是一纸表里的东西（空），它们之所以有差别，主要是由于人们无明的结果，如果消除了无明，否定了世界（相对），也就进入了涅槃。为此他规定了五十二位的修行阶段。龙树这个对于涅槃的解释显然与前期佛教所主张的以灭绝生死为标志的涅槃有所不同。他提出这种理论的目的是要为大乘的广泛运动建立一种理论根据，从而把群众引向消极的道路上去，否定自己，否定自己所生存的环境，回避社会斗争。龙树和早期中观派的学说反映了印度封建制度产生时期的统治阶级的思想动向，关于这一点，龙树自己曾表白："一切诸法皆自性空者，为依国王教敕而说。"③

（原载《中国佛学论文集》，陕西人民出版社 1984 年版）

---

① 《中论·观涅槃品》。
② 同上。
③ ［印度］龙树：《七十空性论》卷首，胜友与智军译藏，由藏译汉。

试论印度大乘佛教瑜伽行派的
哲学思想

印度大乘佛教的主要哲学派别有中观派和瑜伽行派，瑜伽行派因他们的信徒强调瑜伽修持的方法而得名。瑜伽行派因主张"外无内有，事皆唯识"，所以也称为唯识论或有宗。瑜伽行派的经典和学说传入我国后，在我国古代兴起和形成了几个宗派和学派。在《十地经论》的基础上形成了地论学派（地论宗），在《摄大乘论》的基础上形成了摄论学派（摄论宗），在《阿毗达摩俱舍论》的基础上形成了俱舍学派（俱舍宗）。我国唐时一度隆盛的慈恩宗（法相宗），就是继承和发展了印度瑜伽行派的理论和修持行径。另外，他们对华严宗、净土宗也有不同程度的影响。本文试对印度瑜伽行派的兴起、发展和基本哲学思想作简单的论述。

一 瑜伽行派兴起的时代

瑜伽行派蔚为主流的时代大概在公元4—5世纪，这个时代正是印度笈多王朝隆盛的时期，笈多王朝是在推翻贵霜王朝以后建立起来的，它的创立者是旃陀罗笈多（月护王）三传至旃陀笈多二世（超日王，380—415年）时，印度次大陆除南部地区以外，尽入笈多的势力范围。超日王比较注意国内生产和水利建设，并且加强国防的力量。因此，经济和文化都有巨大的发展，史学家称这一时期为印度中世的黄金时代，我国著名僧人法显就是在这个时期去印度的。

笈多王朝的时代是印度社会从奴隶制过渡到封建制完成时期，当时商品经济虽在城市已有迅速的发展，但农村的原始自然经济仍占着相当的优势。与此同时,在印度社会中盛行着严格的种姓制度,各个种姓各自经营着世袭着的职业,互不通婚。下层种姓最受剥削和压迫。法显在《佛国记》中曾写道:"旃陀罗名为恶人,与人别居,若入城市,则击木以自异,人则识而避之,不相搪突。"笈多诸王都崇信湿婆神,但亦放任其他宗教的发展。佛教在这时虽然因婆罗门教的兴隆而受到表面的一些压抑,但在封建贵族、拉阇、大富商中拥有巨大势力。佛教徒上层受到统治者的优渥礼待,法显在同一书中曾说:"自佛般泥洹后,诸国王、长者,为众僧起精舍供养,供给田宅、园圃、民户、牛犊、铁卷书录后,王王相传,无敢废者,至今不绝。"因之,有更多的可能去做哲学烦琐的研究了。

二 瑜伽行派的论师和传承

瑜伽行派的创立者伪托是弥勒(Maitreya-nātha,约350—430年),弥勒在汉译佛经中有着种种荒诞的记载,但经某些学者的考证,他确是一个历史人物[①]。以弥勒命名的著作有:

(1)《瑜伽师地论》,玄奘译,百卷,另有部分别译。

(2)《大乘庄严经论》(颂),唐波罗颇密多罗译,十三卷。

(3)《中边分别论》,陈真谛译,二卷。

(4)《究竟一乘宝性论》,勒那摩提译。

瑜伽派的系统论述者是无著(无着,Asanga,约395—470年)以及他的兄弟世亲(婆薮槃豆,Vasu-bandhu,约400—430年)。无著和世亲的生平在汉、藏译佛经虽然有种种传记,但仍不是很清楚[②]。他们生于次大陆北部犍度罗国,属婆罗门种姓,无著初习小乘哲学,后改从大乘,终老于侨赏弥国。他的主要著作有:

(1)《摄大乘论》,后魏佛陀扇多译,二卷;真谛译三卷,玄奘译三

[①] 日本宇井伯寿根据所传弥勒的著作以及其他资料论证弥勒是一个历史人物。加藤精神及羽溪则竭力反对(译见[日]宇井伯寿《印度哲学研究》第一,东京岩波书店1982年版,第335页)。

[②] 可见真谛译《婆薮般豆法师传》,及玄奘撰《大唐西域记》等。

卷，世亲的注释，隋笈多等译。

（2）《六门教授习定论》，唐义净译，一卷。

（3）《顺中论》，元魏瞿昙般若流支译，二卷。

（4）《金刚般若经论》，隋达磨笈多译，二卷。

（5）《显扬圣教论》，唐玄奘译，二〇卷。

（6）《大乘阿毗达摩集论》，唐玄奘译，七卷。

（7）《解深密经释》，藏译。

世亲的思想发展经过了曲折过程，他初学小乘一切有部，后改学大乘并有所发展。他从一个实在论者变为彻底的唯心主义者，主要著作有：

（1）《唯识二十论》，玄奘译，一卷；真谛译，一卷；般若流支译，一卷。有梵本。

（2）《唯识三十颂》，玄奘等译，一卷。有梵本。

（3）《大乘成业论》，玄奘等译，一卷。

（4）《大乘百法明门论》，玄奘译，一卷。

（5）《大成五蕴论》，玄奘译，一卷。

（6）《佛性论》，真谛译，四卷。

（7）《止观门论》，义净译，一卷。

（8）对《中边分别论》《摄大乘论》《大乘庄严经论》《六门教授习定论》等注释。

（9）对《金刚般若经论》《法华经》《无量寿经》《宝髻经》《胜思惟梵天所问经》等的注释。

（10）《十地经》。

（11）《阿毗达摩俱舍论》。

世亲以后，世亲学说的继承者有亲胜（Bandhusri，410—490年）、火辨（Citrabhánu，约410—490年）两家。较亲胜稍后并发挥亲胜学说的有德慧（Gunamati，440—520年）、安慧（Sthiramati，475—555年）两兄弟以及真谛（Paramartha，499—569年）。以上史家称为前期瑜伽派或无相唯识派（Nirākaraj nāna Vādjn-yogācara）。

世亲学说的另一继承者和发挥者是陈那（Dignāga，域龙，约440—

520年），陈那特别注意于因明和认识论的研究，他把瑜伽和小乘经量部的学说结合了起来，是后期瑜伽派或有相唯识派（Sākárajnānavadingogácara）的先驱者。陈那的主要著作有：

（1）《佛母般若波罗蜜多圆集要义论》，施护等译，一卷。

（2）《观所缘论》，玄奘译，一卷。

（3）《掌中论》，义净译，一卷。

（4）《取因假设论》，义净译，一卷。

（5）《因明正理门论》（Nyāyamukha），义净译，一卷。

（6）《集量论》（Pramānasamuccaga），有藏译。

陈那学说的发挥者是无性（Asvabhāva，470—550年）、护法（Dharmapāla，530—610年）以及法称（Dhar-mkirti，活动时期约为643—673年）等，法称继承了陈那的逻辑理论，但也有发展。现将唯识派的大师列示如下：①

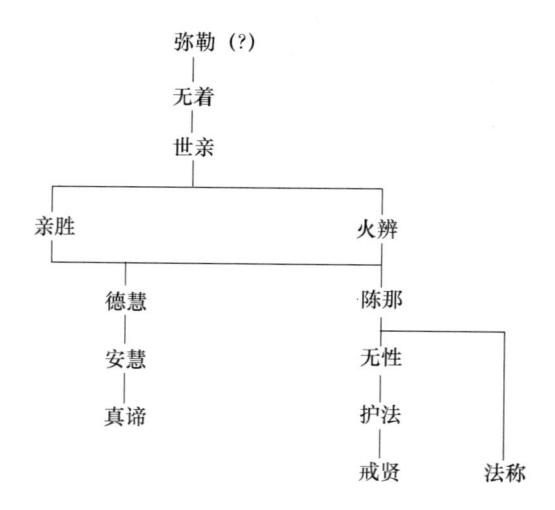

```
              弥勒（?）
                │
               无着
                │
               世亲
              ┌──┴──┐
             亲胜    火辨
              │      │
             德慧    陈那
              │      │
             安慧    无性
              │      │
             真谛    护法
                    ┌─┴─┐
                    戒贤 法称
```

---

① 关于唯识派大师的年代，见干泻龙祥《世亲年代再考》一文。此文编入《宫本还历纪念论文集·印度学佛教学论集》，第305—323页，三省堂，昭和二十九年。

三　瑜伽行派的哲学理论

瑜伽行派的哲学是典型的经院哲学，它的烦琐是世界哲学史所罕见的。现在把它的几个主要理论阐述如下。

（一）唯识论

瑜伽行派的哲学是最典型的唯心主义，他们和中观派一样对客观世界抱着否定的态度，不过在他们的否定中还有所肯定，即肯定思维意识的真实存在。他们断言：世界上一切现象都是由人们的精神总体或作用——识所变现出来的，事物的一切属性——广延性、体积、香味等等都是人们的主观意识。所谓"万法唯识"，"三界唯心"。《唯识三十颂》十七说：

> 是诸识（指下述的八识——引者注）转变，分别（主观认识能力）、所分别（客观对象反映到主观上的幻现的表象），由此（指上句所说的意义）彼（自我及一切存在）皆无，故一切唯识。①

《唯识二十论》也说：

> 内认生时，似外境现（幻现为外面的世界），如有眩见发、蝇等（就像害眩翳病的人见毛发、蝇等），此中都无少分实义。

瑜伽派对人的主观认识能力或精神作用进行了分析，他们把小乘的六识扩大到了八识，即眼识、耳识、鼻识、舌识、身识、意识、末那识、阿

---

① 玄奘译的《成唯识论》卷七对这个颂作了如下的解释："论曰：是诸识者，谓前所说三能变识及彼心所（指八个识，即眼、耳、鼻、舌、身、意前六转识，第七末那识，第八阿赖耶识以及上述每个识所相关联的心理作用——引者注），皆能变似'见'（认识能力的本身）、'相'（认识中出现的幻现的外界对象的形相）二分。立转变名。所变见分，说名'分别'能取'相'故；所变相分，名'所分别'，见所'取'故。由此正理，彼（在'见''相'二分上执着为存在）实我、法，离识所变（见相二分）皆定非有（非存在）。离能（认识能力本身）、所取（认识的对象），无别无故，非有实物离二相故。唯言为遮离识实物，非不离识心所法等。"

赖耶识。他们认为这八识既是差别的存在，又是统一的整体，宇宙万有都是八识的变现。如果按照它们能变（能动的变现）的性质，可分为下列三类。

1. 前六识——眼识、耳识、舌识、鼻识、身识、意识

前六识的主要职能是起了别（区别）和认识的作用。它们都以各自相应的认识器官（眼、耳、鼻、舌、身、心脏①）为其活动的根据，并以相应的幻现的、外境（色、声、香、味、触、法）为其认识的对象。前五识相当于我们所说的感觉，后一识相当于综合感觉的知觉。在瑜伽行派看来，前五识只能了解外界现象的个别方面，而意识却能了解现象的整体方面，它不单能了解和认识现在，也能了解认识过去和将来，意识当其进行活动时，它有时可和前五识在一起，对前五识进行指导和帮助，使前五识所得到的感觉内容更加具体和明确（"五俱意识"）；它有时自己也可进行单独的思维活动，起着单独的认识作用（"独行意识"）。

2. 第七识——末那识或执识（Mano-nāma-vijñāna）

末那识的职能是起思维度量的作用。末那识以第八识即阿赖耶识的存在为其自己存在的前提，并以第八识为其自己认识的对象，即把第八识所变现的各种现象以及第八识本身经常执为"实我实法"（在瑜伽行派看来第八识本来不是自我和法）。据说当末那识思量我的时候，还伴随有四种根本烦恼或谬误的心理作用，即妄生有我、有法的作用（我见），不明事理的作用（我痴），执着妄生我、法而傲慢自大的作用（我慢），耽着自我的心理作用（我爱）。由于它伴随着上述的四种谬误心理作用或根本烦恼，因而使人们永远陷于痛苦和生死轮回。

3. 第八识（阿赖耶识，Alaya-vijñāna）②

Alaya 一词原有"谷物仓库"的意思。阿赖耶识是前述七识的共同根据和主宰者，也是前七识存在的前提。它的作用据说最大、最细，不能用逻辑范畴或语言所表述。阿赖耶识（藏识）具有下列三种含义：

---

① 旧译"胸中色物"，即心脏。

② 它的异名有"心"、"阿陀那"（"执持识"）、"所知依"、"种子识"、"阿赖耶"（"藏识"）、"异熟识"、"无垢识"、"根本识"、"宅识"等。

（1）能藏，即阿赖耶识能摄持和保存一切"种子"（bija），亦即摄持和保存"能够生起宇宙万有的一切潜在力"（aharma utpāda nasakti），在瑜伽行派看来，宇宙万有的潜在力或潜在状态（种子）和宇宙万有的显现状态（现行）是互为因果关系的。这种关系是：潜在状态在时机成熟的时候能够生出宇宙万有（"种子生现行"）。宇宙万有也可致发（熏习①）新的宇宙万有的潜在状态（"现行熏种子"）；另外，潜在状态可生出自己的、新的潜在状态（"种子生种子"），显现状态也可生出自己的、新的显现状态（"现行生现行"）。这种势如瀑流永恒不断的因果变化，也就是"人间苦海"的无限变化过程。（2）所藏，即阿赖耶识是一切"种子"，亦即生起宇宙万有潜在力的所藏处。（3）我爱执藏，阿赖耶识原非自我而是识的流转，但第七识妄执为常——主宰的自我（灵魂），因此被称为我爱执藏。另外，在联系因果业报中，阿赖耶识也被称为执恃识（Adāna vijñāna，即执恃心身环境的识）或"心"执恃识是无始以来各种生类轮回转生的生命的主宰和维持者，肉体有死亡，但这个识据说是永生的。

唯识派再进一步对上述各个识的认识作用作了说明。他们认为前六识都有"四分"（四种作用的分限），即"相分"（Laksana-bhāga，客体或被认识的形相），"见分"（darsana-bhāga，主体亦即认识的能力或作用），"自证分"（Saksatkari-bhāga，自己证知鉴定认识能力或作用），"证自证分"（自己再证知、鉴定"自证分"的能力或作用）。"相分"是幻现的外界对象反映在我们认识中的形相，亦即客观对象反映在主观上的表象；"见分"是我们自己对于形相的认识能力或作用；"自证分"是证知鉴定自己如何认识形相的了别作用，亦即上述"见分""相分"的自觉作用，所谓"自之证"；"证自证分"是对于上述"自证分"的再证知，鉴定所谓"自证之证"。"证自证分"是认识能力或作用的最高阶段和全部的总结。瑜伽行派曾用以尺量布的例子来说明这四分的关系。"相分"好比布，"见分"好比尺，"自证分"好比根据就所量知布的大小，"证自证

---

① 《成唯识论述记》卷三释，"熏者发也，或由致也，习者生也，近也数也，即发致果于本识内，令种子生近令生长故"。

分"是对于所量布的大小的证实。关于四分的理论在印度瑜伽行派注释家们中曾引起很多的争论,所谓"安难陈护,一二三四"。安慧立"自证一分说",他主张"见分"和"相分"是虚幻的实在("遍计无体"),"自证分"才是相对的实在("依他实体");难陀、亲胜、安慧、净月等立"见、相二分说";陈那、护月、火辨立"见、相、自证三分说";护法立"四分说"。这些烦琐的争论都是为了同一个目的,即如何更有效地抹去主客观的分野,彻底消灭客观世界的真实性。在这里也不必烦琐地去分析了。

从以上的分析中可以看出:瑜伽行派的八识是一种虚构的精神作用的体系,在八识中居于主导地位的是阿赖耶识,阿赖耶识是宇宙万有的根源,它既是认识的主体,也是被认识的客体。瑜伽行派的认识作用不是主观对客观事物的认识,而是八个识对于由他们自己所变现出来的认识对象的认识,亦就是认识自体的认识,单就它们的认识作用和过程来说,他们是主观唯心主义者,但就阿赖耶是永恒暴流的种子,它在因果业报中一昧相续,阿赖耶不单是人且为众生共有而说,他们是客观唯心主义者。瑜伽派的阿赖耶说进一步发挥了小乘"不可说的补特伽罗""穷生死蕴""一昧蕴"等变相的灵魂学说,并且推到了极端,佛教唯心主义者到此进入了最高峰。

(二) 唯识论与唯物论的斗争

瑜伽行派的阿赖耶识理论是在和数论、胜论、顺世论,以及佛教的一切有部等进行意识形态的斗争中产生的[①]。它的斗争锋芒主要是针对以上各派中的唯物主义因素。《摄大乘论》卷上说:"于阿赖耶识中,若愚第一缘起(阿赖耶识中的种子,是宇宙万有生起的原因。所以称'第一缘起','愚'是'不悟'的意思。整个句子的大意是:假如不悟阿赖耶识

---

① 《瑜伽师地论》所反驳的学说有十六种:1. 因中有果论;2. 从缘显了论(主张一切诸法的性或体本有);3. 去来实有论(小乘一切有部等主张);4. 计我论;5. 计常论;6. 宿作因论;7. 计自在等为作者论(神是世界创造者论);8. 害为正法论(婆罗门的牺牲本祠论);9. 有边无边论;10. 不死骄乱论(不可知论即六师之一撒惹耶的学说);11. 无因见论;12. 断见论;13. 空见论;14. 忘计最胜论(婆罗门种姓最高论);15. 忘计清净论(现在涅槃论);16. 忘计吉祥论(按历数祝祠论)。

中种子是宇宙万有生起原因的人，便有如下的各处谬误——引者注），或有分别自性为因（按指数论），或有分别宿作为因（耆那教），或有分别自在变化为因（婆罗门教），或有分别实我为因（婆罗门教、数论等），或有分别无因无缘（顺世论）；若愚第二缘起（第二缘起指由第一缘起所生的东西，即造业受果方面），复有分别我为作者（婆罗门教）。我为受者（数论）。譬如众生盲士夫（生而目盲的人），未曾见象，复有以象说而示之。彼诸生盲，有触象鼻，有触其牙，有触其足，有触其尾，有触其脊梁。诸有问言：象为何相？或有说言，象如犁柄，或说如杵，或说如箕，或说如皿，或说如帚，或有说言，象如石山，若不解了此二缘起，无明（无知）生盲，亦复如是。"

瑜伽行派的唯心主义和唯物主义的斗争中竭尽心思地否认物质世界的真实性，特别是原子的客观存在及其运动。《唯识二十论》曾记述当时瑜伽派和有唯物因素倾向的一切有部、胜论等驳难的情形。瑜伽派的敌人在反驳唯识无境中提出了下面四个难点：（1）如果只有识而没有外界真实对象的话，那么，我们对于特定地点的对象的认识和了别就不可能成立。因为对于一个特定地点的对象的认识势必对于一切地点的对象的认识（"定处不应成"）①。（2）同样，对于特定时间的对象的认识也势必对于一切时间的对象的认识（"定时不应成"）。（3）如果外界的对象都是由识转变的话，那么，多数人或不同的人在同一时间、同一点对于某一对象的认识和了解势必发生不同的结果，亦即生起不同形象的识，这与唯识论的主张和经验事实都是不符的（"不定相续不应成"）。（4）如果外界的对象都由识转变的话，那么这些由识转变的对象在性能或作用上将会是一样的，但事实上是不一样的。例如幻梦中的穿衣吃饭和在醒时实际生活中的穿衣吃饭是不一样的，梦中所见的和醒时所见的猛虎的作用也不是一样的（"作用不应成"）。瑜伽行派针对上述的论点又进行了论驳。他们认为上述（1）、（2）、（4）三个论点可用做梦的例子来加以回答。梦境虽然谁都承认是不实而且是没有的，但是睡梦中的人仍能看到特定处、时而非一般处、时的对象。例如可以看到具体的村园男女

---

① 《唯识二十论》第二颂，玄奘译。

等。另外从梦中看到猛虎相扑、男女交合因而骇惊以及流出冷汗、精液等事实也可说明即使没有真实的东西同样能发生作用（"处、时定如梦，如梦损有用"）①。至于上述（3）、（4）的论点亦可用饿鬼见脓河的例子来回答。脓河谁都知道是不实的，可是当一群群的饿鬼被饥渴逼迫聚集到有河水的地方时，由于他们的恶业应该得到恶果是相同的，因而便共同看见了有充满脓血的大河，而不是一个饿鬼能看见，别的饿鬼便看不见（"身不定如鬼，同见脓河等"）。从以上的回答中可以看出，瑜伽派的反驳纯然是一种诡辩和宗教的胡诌。其中稍堪注意的是第（3）个论点。我们知道，梦中的心理活动主要是大脑皮质孤立的兴奋点的活动的结果，这些活动是与过去的感觉相联系着的，它不能被证明是和外界完全无关的。

瑜伽行派对原子论也进行了反驳，他们反驳的主要论点在《成唯识论》卷一中有一段很好的概括的话，现摘引如下：

> 彼有对色定非实有，能成极微非实有故。谓诸极微若有质碍，应如瓶等是假非实；若无质碍。应如非色，如何可集成衣瓶等？又诸极微若有方分，必可分析，便非实有；若无方分，则如非色，云何和合成光发影？日轮才举照柱（日轨）等时，东西二面光、影各显，承光发影处既不同，所执极微定有方分！又如见触壁等物时，唯得此边，不得彼分，既和合物既诸极微，故此极微必有方分。又诸极微随所住处，必有上下四方差别；不尔：便无共和集义；或相涉入，应不成麁。由此极微定有方分。执有对色即诸极微，若无方分，应无障隔；若尔：便非障碍、有对。是故汝等所执极微，必有方分，有方分故，便可分析，定非实有！故有对色，实有不成。

瑜伽行派反对原子论的手法首先是否认原子存在于三度空间之中，从而再否认原子的客观实在性和物质性。《唯识二十论》第十二颂说：

---

① 《唯识二十论》第三颂，玄奘译。

极微与六合，一应成六分，若与六同处，聚应如极微。

这个颂可解释如下："凡是有质体的东西，那就需要占空间，凡是占空间的东西，那它就得有面对四方上下的六个部分而与六方相应合。〔极微〕既是有质体的色法，那它自然要占空间，也自然要〔与六〕方相〔合〕。那么，与东面相应合的极微，并不就是西面的；同样地，与西面相合的，也不就是东面的。南、北、上、下也都是这样。就如写字台的前面不是后面，上面不是下面一样。这样，那么，〔一〕个极微就〔应〕该〔成〕为〔六〕个部〔分〕，就如写字台有四方上下的六面一样。如果极微真有六分，那还能称为极微吗？假〔若〕说：极微不占空间而〔与六〕方〔同处〕，就是说：'假若以为极微是微小之极，所以不占空间而能与它周围（也就是六方）的极微浑然同处而分不出六方，所以也就不必有六分。'那么，由此极微组合成的粗大的〔聚〕色物体，也〔应〕该〔如极微〕一样而不占空间，那末根本就没有六方之可言！

"如果说：极微是最极微细的，没有〔方分〕，也没有相〔合〕义，到了聚色而成物体阶段，它是粗大的，有〔方分〕才有六分相〔合〕的意义。这样说吗？讲不通！①

"我们知道：空间是物质存在的形式，物质是和空间不可分的，作为物质微粒的原子也是和空间不能分开的。列宁曾指出：自然科学毫不怀疑它所研究的物质只是存在于三度空间之中的。因而物质的质点小到我们不能见到，也必然地存在于这个三度空间之中。"②

现代科学也证明一个原子在空间中的直距为 10^{-8} cm（一亿分之一厘米），但是在瑜伽行派看来，原子是不能感觉到的，绝对不能再分割的（他们抓住了旧唯物论的形而上学）③，每个原子是不能具有空间三度性

---

① 时三：《唯识二十论颂释》（续三），载《现代佛学》1954 年第 10 期，第 10 页。引者作了个别字的修改。
② [苏联]列宁：《唯物主义与经验批判主义》，人民出版社 1956 年版，第 176 页。
③ 19 世纪 90 年代电子及放射性元素的发现，攻破了原子不可分的观点，三十多种微观"粒子"及其相互作用的发现，进一步攻破了所谓基本粒子不可再分的学说。

的。如果原子存在于空间三度性之中,原子有了分割,就不复成为原子,因而也没有由原子结合而成的一切物质现象(聚色),他们企图否认原子在空间中的位置,从而否认原子的客观实在性,再进而否认物理世界的一切,这是一种诡辩。

瑜伽行派对中观派的虚无主义也作了批判,《瑜伽师地论真实义品》说:"云何名为恶取空者(durgrhita sunyata, 不正确的理解空者——引者注)?谓有沙门或婆罗门由彼故空,亦不信受;由此而空,亦不信受;如是名为恶取空者。何以故?由彼故空,彼实是无;于此而空,此实是有;由此道理,可说为空。如说一切都无有,何处、何者、何故名空?亦不应言,由此、于此,即说为空。是故名为恶取空者。"① 瑜伽派不满意中观派否定得太多了,连作为佛教基础的佛法也否定了,这对佛教徒的修持会失去目标和信心。另外,空宗对外间世界的来源没有作出理论上的说明,这个漏洞还需要作弥补。我们从一种唯心主义反对另一种唯心主义的斗争中,也可以看出他们共有的破绽,这对唯物主义是有利的。

(三) 三性论

瑜伽行派从境无识有的立场出发对宇宙万有的本性进行了考察,他们提出了三性、三无性的学说。

他们认为从存在或有的方面看,宇宙万有可分析为三性:遍计所执性(妄有性,Parikalpi ta-IakSana)、依他起性(假有性,Parat antra-Iaksana)、圆成实性(实有性,Parinispanna-Iaksana)。

(1) 遍计所执性是一种虚妄的实在。瑜伽行派认为:一切事物本来不是实在的,但有人却周遍计度(从各个方面思度)为实在,但这种实在只是一种主观的迷妄,为了方便而赋予的名称。例如绳子本来不是蛇,但有人妄执为蛇。

(2) 依他起性是一种相对的实在。它是由因缘或条件引起的,而实非永恒的存在。例如房屋是依砖、瓦等所聚合而成,离开砖、瓦等就无房

---

① 关于"恶取空者"有人指中观派清辨,也有人指较早的时候在南印度流行的"大空派",其说不一。

屋。瑜伽行派也承认因缘，但他们和小乘作了完全不同的解释，在他们看来，因缘只不过是"识的流转"，亦即在人们心中前一观念和后一观念刹那生灭的因果关系。

（3）圆成实性是一种绝对的实在，它不借因缘或条件，而由自身并在自身中存在着的一种实在，这种实在最圆满和最真实，它是无上智慧的人通过神秘的直觉，即瑜伽所亲证的，圆成实性也就是"真如佛性"。《瑜伽师地论》卷七三卷释："云何圆成实自性？谓诸法真如。圣智所行，圣智境界，圣智所缘。"

从非存在或无的方面看，宇宙万有可分析为三无性：相无性（IakSana）、生无性（jati）、胜义无性（paramartha）。所谓相无性是说没有实体，没有属性，一切体性都无；生无性是说没有生，没有自然所有之性，非有似有，一切犹如幻相；胜义无性是说，无离妄执的我和一切事物，无相空寂，一切清静。三无性是相对于三性而说的。

三性、三无性学说是瑜伽行派对于宇宙万有实相的说明，这种说明也涉及他们对人生观的看法问题，瑜伽派对于世界不惮烦琐的分析，目的是想要证明这个现实世界是充满痛苦和虚妄不实的，从而使人们逃避社会斗争，在彼岸世界中获得慰藉。瑜伽行派的"真如实性"[①]，充分暴露了他们的真实的社会意图。

（四）五位百法

关于宇宙万有的分类。《瑜伽师地论》作六百五十法，《百法明门论》《五蕴论》等作五位百法。百法是在改造一切有部《俱舍论》七十五法的基础上建立起来的，一切有部的七十五分还带有某种程度的二元论倾向，但瑜伽行派在改造中已把心、物颠倒过来，作了"万法唯识"的唯心主义解释。现将他们的分类列表说明如下。

---

① "真如"的意思是"常如其性故"。

五位百法《大乘百法明门论》[①]

心法（精神现象）	心所有法（心的随属现象或作用）	
1. 眼识	**A**	33. 慢（傲慢）
2. 耳识	遍行（普遍都有）	34. 疑（犹豫不决）
3. 鼻识	9. 触（感触）	35. 恶见（错误见解）
4. 舌识	10. 受（感觉）	**E**
5. 身识	11. 思（思想）	随烦恼（从烦恼派生的）
6. 意识	12. 想（观念）	36. 忿（怒）
7. 末那识（染污识）	13. 作意（意愿）	37. 恨（仇恨）
8. 阿赖耶识（根本识）	**B**	38. 复（掩饰错误）
	别境（特殊境遇而有）	39. 恼（暴戾）
	14. 欲（欲望）	40. 嫉（忌妒）
	15. 胜解（认为）	41. 悭
	16. 念（记忆）	42. 诳
	17. 定（专注一心）	43. 谄
	18. 慧（智慧）	44. 害
	C	45. 憍（骄傲）
	善（善的心理活动）	46. 无惭（对自己的不知惭愧）
	19. 信（信念）	47. 无愧（对别人的不知惭愧）
	20. 惭（惭愧对自己而言）	48. 掉举（心不平静）
	21. 愧（惭愧对别人而言）	49. 昏沉（懵懂）
	22. 无贪（不贪求）	50. 不信
	23. 无嗔（不仇恨）	51. 懈怠
	24. 无痴（不愚昧）	52. 放逸
	25. 精进（努力）	53. 失念（不记忆）
	26. 轻安（心情舒适）	54. 散乱（放逸的加重）
	27. 不放逸（不断努力）	55. 不正知（荒谬的知解）
	28. 舍（心情放松）	**F**
	29. 不害（不杀，非暴力）	不定
	D	56. 悔（懊悔）
	烦恼	57. 随眠（睡梦）
	30. 贪（贪求）	58. 寻（寻求）
	31. 嗔（仇恨）	59. 伺（深度的寻求）
	32. 痴（愚昧）	

[①] 见任继愈《汉唐佛教思想论集》，人民出版社1973年版，第210—213页。

五位百法《大乘百法明门论》

色法（物质现象）
60. 眼
61. 耳
62. 鼻
63. 舌
64. 身
65. 色
66. 声
67. 香
68. 味
69. 触界（使心不动）
70. 法处所摄色
   a. 极略色（最小的原子）
   b. 极迥色（最远的原子）
   c. 受所引色（感觉所引起的色）
   d. 遍计所起色（刹那妄有的色）
   e. 定所生自在色（在禅定中所生的色）

不相应行法（非精神、非物质的现象）
71. 得（成就）
72. 命根（即众生在一生全部活动过程）
73. 众同分（众生各各自类相似的一些活动）
74. 异生法（或异生性形成众生不同，种类本性）
75. 无想定（坚持不去思想外念、感觉，以直观显现）
76. 灭尽定（用力使思想不活动的一种心理状态）
77. 无想果（无相定所追求精神境界）
78. 名身（二个以上的音节合集而成的概念）
79. 句身（二个以上的句子的合集）
80. 文身（二个以上的字母合集）
81. 生
82. 老
83. 住（暂时停止）
84. 无常（刹那生灭）
85. 流转（变化）
86. 定异（区别）
87. 相应（因果的联系）
88. 势速（速度）
89. 次第（继续）
90. 方（空间）
91. 时（时间）
92. 数（数量）
93. 和合（全部，总体）
94. 不和合（分解）

无为法（不生不灭的现象）
95. 虚空无为（认识真理犹如虚空的境界）
96. 择灭无为（得到至善的智慧的精神境界）
97. 非择灭无为（通过神秘的直观得到真理的境界）
98. 不动灭无为（通过深思，不为苦乐所动的境界）
99. 想受灭无为（灭断一切观真理的境界）
100. 真如无为（得到真理的精神境界）

瑜伽行派分析上述百法的目的是想破除客观世界的物质基础，论证一切现象都是由八识所变现出来的，从而为宗教解脱铺平道路，在他们看来，不论色法、心法、心所有法、不相行法都是有变化生灭的，因而也都是不真实的，只有无为法才是最真实、最圆满的，它是无限的本体，最高的真理。

（五）五性各别说

关于佛性问题在小乘部派佛教中已有争论。但在大乘兴起以后就成为佛法的中心问题了。在大乘的经典中我们明显地可以看出两种对立的说法。一种主张一切众生悉有佛性，都能成佛。例如《法华经·方便品》说："十方佛土中，唯有一乘法，无二亦无三"，"若有闻法者，无有不成佛"。另一种主张非一切有情都有佛性，有一部人，由于他们的根器，即使勤修苦练也不能成佛。例如《解深密经·无自性相品》说："非于一切有情界中无有种种有情种性，或钝根性，或中根性，或利根性有情差别。善男子，若一向趣寂声闻种性补特伽罗虽蒙诸佛施设种种勇猛，加行方便化导，终不能令当坐道场证得阿耨多罗三貌三菩提（无上正觉，Anuttara-samyaksambodhi，佛教最高的理想）。何以故？由彼本来唯有下劣种性故……"这两种说法虽然在大乘各期佛经中都有所反映，但如果我们细细分析一下便可以看出：大乘初期出现的经典如华严经典、法华经典、净土经典等一般都着重说前一种主张（般若经典有异）。大乘中期的经典，如《解深密经》《瑜伽师地论》《显扬论》《楞伽经》《胜鬘经》① 等一般都着重说后一种主张。另外在印度婆罗门教老根据地（种姓制度盛行的地区）流行的佛教一般着重说后一种主张。封建阶级在初期反对奴隶主的斗争中，为了获得人民的支持和同情，他们提出了"人人成佛"的号召。但当他们力量日益巩固，封建制度扎下根来的时期，便不惜撕下"平等"的面具，公开主张"种性各别"了。

瑜伽行派主张后一说。他们把一切众生分为五类：一为"声闻种性"，

---

① 参见唐译《解深密经》卷二，《楞伽经》卷二（十卷本），《显扬圣教论》卷二十，《大乘庄严经论》卷一，《摄大乘论》卷一（三卷本），《瑜伽师地论》卷二十一、三十五、六十七至七十一。

二为"独觉种性",三为"如来种性",四为"不定种性",五为"无性有情"("无有出世功德种性")。所谓种性(gotrn)也就是前述的阿赖耶识中所具有种子[①]。瑜伽行派认为:这五性由于它们本身所具有的无漏种子(没有烦恼所污,可以获得解脱的种子)和有漏种子(为烦恼所污、束缚限制,不能解脱的种子)的不同因而修持所得的结果也是不同的。第一声闻种性可以修证阿罗汉;第二独觉种性可修证辟支佛(pralyeka-buddha,即独觉十二因缘的佛,在大乘看来这是独善自身而不拯救众生的佛),以上两种性仅能成菩萨而不能成佛;第三如来种性因具有证佛果的无漏种子,可以成如来佛;第四不定种性的证果很不稳定,它或者能够修证为阿罗汉,辟支佛,或者能修证为菩萨;第五无性有情,因它只具有有漏种子,要受轮回业报的限制,即使苦心修持,也不能成为阿罗汉、菩萨等。以上是瑜伽行派的"五性各别说"。瑜伽行派的"五性"是印度封建社会等级亦即种姓在佛国中的反映,声闻、触觉、如来种性是世俗的婆罗门、刹帝利等的写照。无性有情是受压迫的首陀罗、旃陀罗的写照,中性有情不定种性则是反映了当时统治种性内部分化的情形。他们提出这种理论的目的,无非是要论证封建的等级制度是神圣的、先天而有的,统治阶级的奴役和压迫是合理的,被剥削被奴役的群众的地位由于他们固有的业力是永世不能改变的。

从以上种种理论中可以看出,瑜伽行派是直接为印度的封建统治阶级辩护的宗教哲学。

(原载《东方哲学研究》1980年第1期)

[①] 《成唯识论》卷九对种性曾作过这样的解释:"何谓大乘种性,一本性位种性,谓无始以来依附本识(阿赖耶识——引者注)法尔(法本身所具有的——引者注)所得无漏法因(圣善种子);二习所成种性,谓闻法界等流法已闻所成等熏习所成。"

印度的胜论哲学及其
在中国的影响

胜论是印度古典哲学派别之一，在印度古代到近代的哲学思想发展史中有过重要的影响。胜论哲学提出的范畴学说和原子理论是印度哲学唯物主义的宝贵资源，是印度人民的精神财富。胜论思想作为佛教哲学的对立面很早就随着佛教传入中国。胜论的重要经典之一《胜宗十句义论》的原本在印度已失传，但在我国还保存着它的译本。本文对照中印的史料，试图用历史唯物主义的原理对胜论的重要学说及其发展历史作一概略的论述。另外，以期找出它在我国古代思想斗争中的影响。

一 胜论的名称、经典和思想家

梵语 Vaiśeṣìka 在我国音译为吠世师迦、鞞崽迦、毗世师、卫生息等，意译为胜宗、胜论等。Vaiśeṣìka 是从 Viśeṣa（特殊、差异、区别、殊胜）一语引申而来的，因此有人认为，胜论是重点研究世界各种现象差异方面的哲学；也有人认为，胜论是以它的逻辑学说中的特殊范畴（异句义）所命名的；另外还有人认为，胜论是由于战胜其他哲学的派别而得名的。上述意见中的第三种是汉译佛经因袭的解释。例如《唯识述记》说："吠世史迦，此翻为胜，造六句论，诸论罕匹，故云胜也。或胜人所造，故名胜论。"

胜论传说中的开山祖是迦那陀（Kaṇāda），迦那陀又名塞拿仆（Kanabhuj，有"食米仙人"之意），或名优楼迦（Ulūka，有"鸺鹠"或"獯猴"之意）。另外，迦那陀还被人解释为"原子论者"，这是因为 Kaṇāda

一词中"Kaṇa"有"原子"的意思。迦那陀的生平在汉译佛经中有着各种不同的传说，其中极大部分是不足为信的①。根据印度《风神往事书》（Vāyu Purāna，约4世纪以后编出）记载，他生于普罗哈沙（Prahāsa），是苏摩沙尔摩（Somaśarma）的弟子。②但此说亦不足采信，目前一般推定其为公元前2世纪后半顷人。

胜论最早的经典相传是迦那陀所著的《胜论经》。据很多学者的考证，《胜论经》现在的形式大概是在公元50—150年之间编纂的。它共十卷，三百七十颂。第一卷陈述研究六个范畴（六句义）的意义；第二、三卷阐述实体范畴（实句义）的内容；第四卷论述性质范畴、原子论和四大的性质；第五卷论述运动范畴（业句义）；第六卷阐述宗教观、伦理观以及性质范畴（德句义）中的"不可见力规律"（"法"与"非法"）；第七卷论述性质范畴以及内属范畴（和合句义）的内容；第八、九卷论述认识和推理；第十卷论述苦与乐等。

《胜论经》的释本为公元400—450年钵罗奢思多波陀（Praśastapāda）所写的《范畴与法的论纲》［旧译《摄句义法论》或《题法要集》（Padarthadharmasamgraha）］，此书虽称祖述《胜论经》，但完全自由发挥了胜论的哲学理论，其中对于世界的生灭、运动的程序、性质范畴的分类等解释都是和《胜论经》有出入的。《范畴与法的论纲》最重要的注疏是公元991年室利哈罗（Śrīhara）所写的《正理的芭蕉树》（Nyāyakandalī）以及10世纪末邬陀衍那（Udayana）所写的《光之颈饰》（Kiranāvalī），在这两个疏中室利哈罗和邬陀衍那已把有神论引入了胜论的哲学。《胜论经》另外重要的注疏是15世纪初商羯罗·弥尸罗（Śaṅkaramiśra）所写的《邬巴斯伽罗》（Upaskāra）以及19世纪初出现，由贾耶那罗衍那（Jayanārāyāna）所写的复注。

此外，尚有大量关于胜论与正理论混合以后所写的著作。其中比较重

---

① 迦那陀的生平在《成唯识论述记》卷五，《百论疏》卷三，《因明入正理论疏》，《大庄严经》卷一中都有记载。例如《百论疏》卷三说："优楼迦此云鸺鹠仙，亦云鸺角仙，亦云臭胡仙。此人释迦未兴八百年前已出世。而白日适论，夜半游行。欲供养之，当于夜半营办饮食，仍与眷属来受供养。所说之经名卫世师，有十万偈。明于六谛，因中无果、神、觉、异义，以斯为宗。"

② 参见达斯古普塔《印度哲学史》第1卷，1952年剑桥版，第305—306页。

要的有不早于公元 1150 年湿婆迭蒂（Śivāditya）所写的《七句义论》（Saptapadārthī），此书梵文本在我国西藏亦发现；不迟于 16 世纪南印度人阿难跋陀（Anṅnambhatta）所著的《思择要义》（Tarkasaṃgraha），17 世纪呋斯那特（Viśvanathapancānava）所写的《叙述裁定》（Bhāsā-paricche-da）以及为《叙述裁定》自作的注释《极成说真珠之颈饰》（Siddhāntanuikatāvali）等。

胜论另一个重要的经典是我国所保存，唐玄奘在公元 648 年（贞观二十二年）所译出的《胜宗十句义论》（Daśapadārthaśāstra），此书作者据玄奘说是印度胜者慧月（Maticadra，末蒂旃陀罗）。又据《俱舍惠辉》记："慧月于云山北作十句义。"但慧月究竟生于什么年代，是何许人，现在还不很明了。慧月书中的论点有很多是与钵罗奢思多波陀相似的。因此，此书的年代可放在钵罗奢思多波陀以后、玄奘之前，即公元 400—600 年。《胜宗十句义论》共八十六节，前一部分论述十个范畴理论的大纲，后一部分具体分析各个范畴所包摄的内容。

关于胜论派主要的思想家和生卒年代可列示如下：

（1）在《弥兰陀王问经》中所提到的胜论 ………… 约公元元年前后
（2）在史诗《摩诃婆罗多》中提到的胜论 …… 不早于公元前 2 世纪
（3）迦那陀的《胜论经》 ……………………… 不早于公元前 2 世纪
（4）钵罗奢思多波陀（Praśastapāda）………… 公元 400—450 年
（5）慧月（Maticadra）……………………… 公元 400—600 年

以下开始与正理论混合：

（6）筏蹉衍那（Vatsyayāna）………………… 公元 400—600 年
（7）邬阇塔伽罗（Uddyotakara）……………… 公元 600—700 年
（8）邬陀衍那（Udayana）…………………………… 公元 984 年
（9）室利哈罗（Śrīhara）…………………………… 公元 991 年
（10）湿婆迭蒂（Śivāditya）……………………… 公元 1150 年后
（11）伐达摩钵弟耶耶（Vardhamanopadhyaya）……… 公元 1300 年
（12）商羯罗·弥尸罗（Śaṅkaramiśra）……… 公元 1400—1500 年
（13）阿难跋陀（Anṃambhatta）……………… 公元 1500—1600 年
（14）呋斯那特（Viśvanatha Pañcānava）…………… 公元 1800 年

（15）贾耶那罗衍那（Jayanārāyāna） ······················ 公元1800年

二　胜论的变迁

关于胜论的起源以及发展在东西方学者中有过不同的争论。德国鲁本认为胜论经历了1700年漫长的历史，但变化是不大的、平行的。① 英国基思认为，胜论—正理论的发展是漫长而又曲折的，它大致可分为下列几个阶段：（1）胜论和正理论独立发展的时期；（2）互为影响的时期；（3）前期混合的时期；（4）奴地阿派（Nudda，亦称孟加拉学派）兴起的时期；（5）最后混合的时期。② 这些分法大都是从胜论思想特征上去看的，有着一定的理由。笔者认为按照胜论思想斗争过程以及它所起的社会作用可以作这样的处理：（1）早期胜论；（2）古典胜论，亦即以《胜论经》和钵罗奢思多波陀的疏为中心内容的胜论，这种胜论的流行时期大约自公元前后至公元8、9世纪，亦即从印度奴隶制开始衰落以至封建制度得到完全巩固时期；（3）后期胜论——胜论、正理论完全结合的胜论，亦即彻底唯心主义化和神学化的胜论，这个时期大约在公元9、10世纪以后，亦即印度封建生产关系开始衰替以后的一段时期。胜论在16世纪莫卧儿王朝建立以后已日益失去它的影响。

（一）原始胜论

关于胜论的起源在学者中有过不同的看法。印度达斯古普塔认为，胜论起源于弥曼差，是弥曼差的一个分支。③ 鲁本亦认为，基于二元论的胜论范畴是从文法和祭祀中演化出来的。④ 印度罗易认为，佛教渊源于胜论和数论，特别是这两派始祖迦毗罗和迦那陀，⑤ 但这种说法并无根据。与罗易完全相对立的是德国约可必（Jacob）、日本宇井伯寿和我国汤用彤教

---

① ［德］鲁本：《印度哲学史》，柏林德文版，1954年，第192—193页。
② 参见［英］基思《印度逻辑和原子论》第一部分，牛津大学，1921年。
③ 《印度哲学史》，第285页。
④ 《印度哲学史》，第191页。
⑤ 《唯物主义：科学思想史纲要》，加尔各答，1951年，第83页。

授的意见，他们一致认为胜论起源于与佛陀同时代的反婆罗门的沙门思潮，特别是顺世论和耆那教的哲学学说。汤用彤说："耆那教人指此宗为其支流……计耆那教与胜论之同处有四：一、耆那教计极微（补特迦罗）是常，胜论亦同；二、耆那谓有五实，谓天命、法、非法、虚空、补特迦罗。胜论有九实，地、水、风、火即补特迦罗也，我即命也，空即虚空也；三、耆那常立二句义，一实二变。成立三句义，一实、二德、三变，与胜论之六句义虽不同，然说者谓胜宗迦那陀原立三句义（实德业），此三虽内容与彼不同，然或可证胜宗句义本从二句义或三句义演进渐加详密也；四、二宗均立因中无果，且于极微外立自我。"① 胜论的起源虽然还需要从民俗学或文献学的研究来加以证实，但就胜论的思想特征（对于世界自发的、素朴的唯物主义看法）以及社会作用看，胜论渊源于当时反对婆罗门的沙门思潮是有根据的。

（二）古典胜论

胜论作为一种系统的哲学理论是在《胜论经》以及随后的注疏中看到的。古典胜论的基本主张是：（1）原子论——物理世界上的一切都是由不同质的原子所构成的，原子的运动是由一种类似自然力的"不可见力规律"所控制。（2）范畴说——认识的一切客体都包容于六种包罗万有的基本范畴中，这六个范畴是实体、性质、运动、普遍（同句义）、特殊（异句义）、内属（和合句义）。另据我国的文献，除上述六个范畴外，还立可能（有能）、非可能（无能）、亦同亦异（俱分）、非存在（无）四个范畴。（3）因中无果说。（4）解脱说。胜论这种多元的实在论的见解在一定程度上是和当时占统治地位的婆罗门教哲学思想以及佛教的大乘唯心主义理论相对立的。这将在后文中详细地加以阐述。

（三）后期胜论

在公元 10 世纪，印度封建生产关系开始走下坡路，阻碍国家发展，封建内讧日益剧烈，文化生活日益衰颓的时期，胜论也和另一个哲学派

---

① 汤用彤：《印度哲学史略》，中华书局 1961 年版，第 121 页。

别正理论全然混合起来了。胜论和正理论的思想家们力图把神学的色彩掺入早期胜论那种把世界解释为由原子所聚合的唯物主义自然观中去。他们宣称,"不可见力规律"是自在神所创造和指导的,神是世界最后的原因。例如湿婆迭蒂宣称物理世界的一切都是按照"唯一永恒的大我"(Paramātman),亦即自在神的意志运用实体、性质等范畴的材料所创造的。另外,在胜论的范畴学说中,与实在相对立的非实在的范畴(无句义)也凸显出来。胜论从此便陷入了唯心主义和神秘主义的泥坑,像后期数论一样成为印度教神学的婢女,在思想史上失去了它的光辉。

三 古典胜论的世界观

现在具体分析一下以《胜论经》《范畴与法的论纲》和《胜宗十句义论》为中心内容的胜论学说。胜论哲学中最值得注意的是:原子论、范畴说和因中无果说。

(一) 原子论

胜论认为,物理世界是独立于我们认识以外的一种客观的实在,它是由不同性质的原子(paramanu,极微)所组成的。所谓原子就是实体被分割为最小最后时的一种单位。①(《胜论经》V.1.2)例如我们把布拆散之后,可以得到线,再把线分割之后可以得到最小单位的棉花粒子,这个棉花粒子就是原子。原子的形状像球体(Parimaṇḍala,经,V.1.20),它本身是永恒的、不变的,而由它们所形成的客体,亦即物理世界的一切现象则是可变的、暂时的。客体是由于原子的一定聚合而发生,也由于它们的分散而消解。

原子结合的基本和最初形式是两个原子成双成对的结合。这在胜论中称为"二重原子"(dvyanuka,旧译子微,子微结合以前的二个原子称

---

① 本文所引《胜论经》均据南达拉·辛哈(Nandala Sinha)的梵英评注本,阿拉巴德,1923年。并参照日译,凡直接引文均校核其他梵本,以后简称"经"并注明章节。

"父母微"），三个"二重原子"结合成"三重原子"（tryaṇuka，"孙微"），"三重原子"据《胜论经》解释是我们知觉上可以感觉到的、在太阳光线中可以察见的具有微尘大小的客体（光尘，trasarenu）。四个"三重原子"结合成为"四重原子"，以此类推至"十五重原子"，以及更多重的原子，从而形成物理世界上的各种形形色色的现象。①

原子的基本形式是地、水、火（光）、风，它们都有着各自不同的性质。地色青，味苦，嗅无好恶，触无冷热；水色透明，触冷，湿润；火色鲜明照亮，触热；风触之不冷不热。（经，Ⅱ.1.1—4及注）②

关于原子如何结合形成物理世界各种现象的规律性问题，迦那陀和早期胜论的思想家们提出了一种叫"不可见力规律"（adṛṣta，旧译法与非法）的理论，按照这种学说，原子的一切组合和运动都是受一种"不可见力规律"所支配。这个"不可见力规律"是事物和世界之所以成立的动力因。关于"不可见力规律"，在《胜论经》中没有明确的规定，有时把它解释为一种伦理范畴（如善与恶），有时则把它解释为潜存于自然界内部的一种不可捉摸的势用或自然力。例如该经把它解释为风吹，火烧，水之所以在树中流转，磁石所以向北以及地震之所以引起的原因。（经，Ⅴ.2.2—7.13.17及释文）这种用自然界本身的原因来说明自然界是一种自发的唯物主义说明，但由于这种说明太含混，对于原子之间相互作用的规律性没有作出正确的解释，因而为后来的神学家们所利用，他们把神解释为"不可见力规律"的主宰。

从以上阐述中可以看出，胜论的原子理论有着如下的特点：（1）承认原子是一切存在最高的物质原因；（2）原子是永恒的、不可毁灭的；（3）每个原子都拥有它自身的特性；（4）各个原子之间的关系是一种机械的、并列的关系；（5）原子的运动是由于"不可见力规

---

① 在我国所保存的胜论文献中有着稍微不同的记载。例如《二十唯识论述记》卷三说："其地水火风是极微性，若劫坏时此等不灭，散在处处，体无生灭，说为常住。有众多法，体非是一，后成劫时两两极微合生一子微。子微之量等于父母，体唯是一，从他生故。性是无常。如是散极微皆两两合生一子微。子微并本合有三微，如是复与三微合生一子微。第七其子等于六本微量，如是七微复与余合生一子微。第十五子微其量等于本生父母十四微量，如是展转成三千界。其三千界既从父母二法所生，其量合等于父母量。"

② 参见《百论疏》卷三，"色是火德，香是地德，味是水德，触是风德，声是空德也"。

律"的原因。

　　胜论的原子论作为一种独特的理论形式一般认为是在公元前2世纪左右的时候形成的,这个时期相当于希腊亚历山大大帝侵入印度稍后一段的时期,印度胜论的原子学说是否受过希腊原子论的影响,现在还没有足够的证据可资说明。但是从这两种平行的理论的对比中完全可以看出素朴的唯物主义世界观是东西各国人民所普遍具有的。现将胜论的原子论和希腊德谟克里特的原子论试作比较如下:(1)德谟克里特断言,原子是无限的、永恒的,它们虽然具有形式、重量并且占有一定的空间,但本身不具有任何特殊的属性或性质;而迦那陀认为,原子具有四种形式,另外,每种原子都具有自身的特殊性质。(2)德谟克里特认为,原子是同一种类,它们在量上有差别但在质上是没有差别的;而按照迦那陀的意见,原子无论在量上或质上都是有差别的。(3)德谟克里特认为,原子是向着极其不同的方向经常处于运动的过程中;而迦那陀认为,原子是按照"不可见力规律"在移动着,原子的运动是一种机械式的位移①。(4)德谟克里特主要是运用数学的方法,而迦那陀则用文法学和逻辑学的方法来论证原子学说的。印度胜论虽然不像德谟克里特那样到处贯穿着自发的辩证法,但在科学史上同样闪烁着光芒。

(二) 范畴说

　　胜论对于世界上各种现象进行了考察和概括,他们认为世界归根到底可以分为若干范畴或句义。所谓"句"(pāda)是"言语"或"概念"的意思,"义"(artha)是"客观实在"或"事物"的意思,"句义"就是"概念相对应的实在物"的意思。《胜论经》及钵罗奢思多波陀的注疏承认有六个范畴,即实体、性质、运动、普遍、特殊、内属。汉译《胜宗十句义论》传印度慧月的主张在上述六个范畴之外又增加了可能、非可能、

---

　　① 古代流传下来的关于德谟克里特的原子学说简述如下:"原子是各种各样没有质的微小物体。而虚空是某种场所,所有这些物体在这个场所中永远上下运动着,它们或者以某种方式交织在一起。或者相互碰撞而分离、走散,然后又重新结合起来,结果,它们就产生了其它一切复杂的〔物体〕和我们的身体。产生了这些物体的状态和我们身体的感觉。"转引自苏联科学院编《哲学史》第1卷,生活·读书·新知三联书店1959年版,第97页。

亦同亦异、非存在四个范畴。非存在的范畴在印度后期胜论的文献中也被提到[①]。现将十个范畴及其所属列示如下。

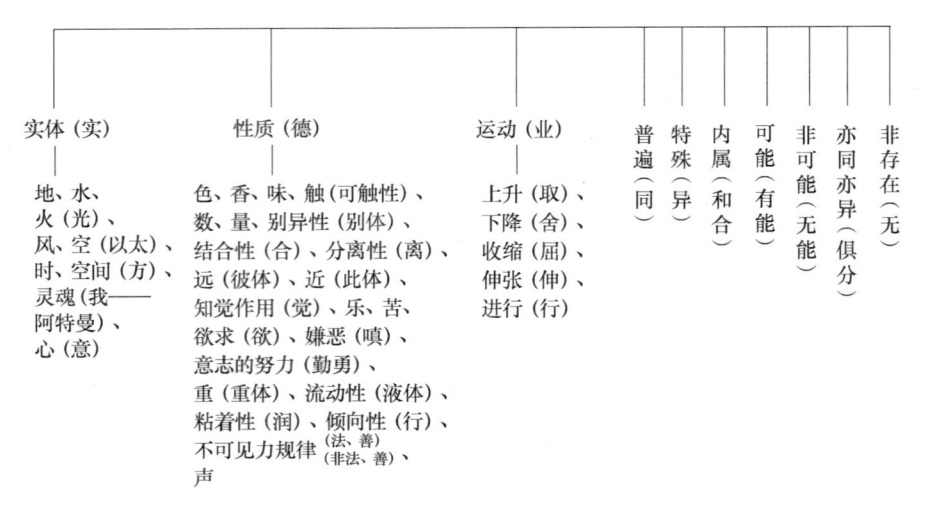

```
├─ 实体（实）：地、水、火（光）、风、空（以太）、时、空间、灵魂（我——阿特曼）、心（意）
├─ 性质（德）：色、香、味、触（可触性）、数、量、别异性（别体）、结合性（合）、分离性（离）、远（彼体）、近（此体）、知觉作用（觉）、乐、苦、欲求（欲）、嫌恶（嗔）、意志的努力（勤勇）、重（重体）、流动性（液体）、粘着性（润）、倾向性（行）、不可见力规律（法、善）（非法、善）、声
├─ 运动（业）：上升（取）、下降（舍）、收缩（屈）、伸张（伸）、进行（行）
├─ 普遍（同）
├─ 特殊（异）
├─ 内属（和合）
├─ 可能（有能）
├─ 非可能（无能）
├─ 亦同亦异（俱分）
└─ 非存在（无）
```

图 1　十范畴（十句义）

1. 实体

胜论认为，世界上一切现象的本质自身就是实体。实体是性质、运动等的基础。性质、运动等依存于实体，但又是和实体有着区别。《胜论经》说："实体的表征乃是在于具有性质和运动，并是结合的原因（性质、运动依存于实体，亦即绪合于实体，故实体是结合或和合的原因——引译者注）。"（经，Ⅰ.1.15）

实体类别为九，即地、水、风、火、空、时、空间、灵魂、心。

（1）地、水、风、火是物质的四个基本原素，它是由上节所述的原子所构成的。

（2）空是作为一切事物所赖以成立、存在和运动的场所。《百论疏》九说："外（道）曰定有虚空法（本体之意——引者注），常亦遍（满），

---

① 非存在的范畴（旧译无说句义）在印度最早见于公元 984 年邬陀衍那所写的《光之颈饰》一书，而在公元 1150 年湿婆迭蒂所写的《七句义论》中得到了发挥。

亦无分，一切处，一切时信有故。"据《胜论经》和《十句义论》释，空以声音为表征和属性，"唯有声是为空"。这空有人解释是能传声的以太，但以太被现代物理学所否定了。

（3）时是时间，即"对于事物这时和那时，迟和速所发生的概念和认识的原因"。（《胜宗十句义论》，经，Ⅱ.2.6）

（4）方是空间，即"对于东南西北四维上下等所发生的概念或认识的原因"。（《胜宗十句义论》，经，Ⅱ.2.10）

（5）灵魂（我）是个体灵魂，是存在于人们身体内的东西。胜论认为，灵魂是自我意识的主体，不同的身体有着不同的灵魂，它的存在是以呼吸、瞬目、生命、心、运动、器官的变化、苦、乐、欲求、嫌恶、意志的努力等所可证明的。《百论疏》卷三说："优楼迦（胜论的别名——引者注）言实有神（即神我，亦即灵魂——引者注）常，以出息、视眴、寿命等相，故知有神；复次以欲、恚、苦、乐、智慧等所依据，故知有神，是实有，云何言无？"胜论对于灵魂解释得很笼统，因此学者中常引起争论，有人认为，它是一种意识或者心理的存在；也有人认为它是一种生理机能，是由原子所组成的。但据中国的资料，胜论常常把灵魂看作一种独立于客体的、永恒的存在，也是一种认识的来源，一种意识或心理的东西。

（6）心（意）是灵魂与外界器官的联络者，胜论对于心的存在的证明有二：一是我们感知外界的对象时需要外界的器官（例如味需要舌），因之，在感知内部的对象（如意识、感情等）时也需要一种内部的器官，这个器官就是心；二是外界的器官都有其特定的对象，例如鼻之司嗅、耳之司听，但是外界的对象常常会在同时出现，在这种同时出现的场合就需要一种调整各种器官的机关，这个机关就是心。例如我们看到一个朋友时，既用我们的眼睛看到他的脸，又用耳朵听到他的声音，在这种场合就必须假定要有一种调整眼睛和耳朵的机关，这个机关就是心。胜论这个心或者可以比作我们现在所了解的中枢神经系统。胜论认为，心也是像原子那样的物质性的东西，每一个有机体仅有一个，它以极快的速度（vega）回转着，好似充遍着有机体全身。（经，Ⅻ.1.23；Ⅲ.2.3等）

从以上的分类中可以看出：地、水、风、火是一切事物的物质的基本存在，空、时大致是物质存在的基本形式，灵魂大致是精神或者心理的存在。这种说明是多元的实在论的见地。

2. 性质

胜论认为，性质范畴的表征"是依存于实体，不具有性质，不是离合的原因"。（经，Ⅰ.1.16）"不具有性质"的意思是说性质范畴不能再为其他性质所依存。"不是离合的原因"的意思是说性质范畴和作为"离合原因"的运动范畴是不同的。胜论的性质范畴大体说明了实体的属性、容量、状态、地位等。性质范畴在《胜论经》中被分列为十七种，在钵罗奢思多波陀的《范畴与法的论纲》中又增加了七种，《胜宗十句义论》亦同。现举要分述如下：

（1）色是眼所感觉的对象，可分为白、黑、红、黄、青五种。

（2）味是舌所感觉的对象，可分甜、酸、咸、辛、涩、苦六种。

（3）香是鼻所感觉的对象，有好、坏两种。

（4）触是皮肤所感觉的对象，有冷、热、不冷不热三种。

（5）数是我们对于事物所生数的概念的原因，例如10、100、1000等。

（6）量是我们对于事物所包容量概念的原因。

（7）别异性（别体）是我们对于事物所生别异概念的原因。胜论认为，世界上的各种事物都是有差异的，例如众多的线可以成衣，衣和线是别异的。

（8）结合性和分离性（合、离）是指两个事物分离或结合在我们认识中所生概念的原因。胜论认为结合性和分离性有三种：①运动和静止的结合（随一业生），例如以手打鼓；②运动和运动的结合（俱业生），例如牛和牛斗，二手相合；③静止和静止的结合（合生），例如由风的媒介，使竹木相合，但这种结合需要外界的辅助原因。

（9）远（彼体）是指空间上的远处和时间上的过去。

（10）近（此体）是指空间上的近处和时间上的现在。

（11）统觉（觉）是一切知觉、推理作用的原因，它包括知觉、推理、记忆等。

（12）乐、苦、欲求、嫌恶、意志的努力（勤勇）是心理作用的原因。

（13）重（重体）是重力，事物下垂的原因。

（14）流动性（液体）。

（15）黏着性（润）。

（16）倾向性（行）是一切事物和心理作用起动的原因。它包括：①使一物得以运动的速率或能力（作因）；②使我们对于事物和客体引起认识或回忆的心理印象（念因）。

（17）不可见力规律（法与非法），详见前文分析。

（18）声是空特有的性质，是耳所感觉的对象。

3. 运动

运动范畴和性质范畴一样是依存于实体，但它又和性质范畴是不同的。性质是实体静止的特性，运动则是活动的特性。一切运动都存在于有形的或具体的实体（mūrtadravya）中，例如存在于地、水、风、火等中，但不存在于时间、空间等抽象的或无形式的实体中。胜论把运动分为取、舍、屈、伸、行五种。取是向上的运动，舍是向下的运动，《成唯识论述记》卷一说："若于上下不虚空等处，极微等先合后离之因，名为取业，舍业翻此。"取、舍相当于我们现在所了解的垂直运动；屈是它端向固定的一端接近的运动；伸与屈相反，是它端远离的运动。《成唯识论述记》卷一说："远处先离近处今合之因名屈，伸业翻此。"屈、伸相当于水平运动；行有两种解释：一是平直运动，另一是上面所说取、舍、屈、伸的结合或总合，亦即某一事物的上下左右的全体运动。

4. 普遍性与特殊性

胜论认为，另一对基本范畴是普遍性与特殊性。普遍性与特殊性是相对的，普遍性是使宇宙万物或每一类事物具有共同点或普遍本质的原因；特殊性是使宇宙万物或每一类事物具有差异点或特殊本质的原因（者）。胜论不像唯心主义者那样把普遍性和特殊性仅仅看作一种脱离具体事物的纯然主观的概念形式，而看作一种既依存于具体事物但又和事物有着区别的一种独立的存在。普遍性可分为三种：（1）最上位的是存在性（有性bhāva 或 sattā）。存在性是各种存在（实体、性质、运动）的同类化的原因，亦即是一种类概念（经，Ⅰ.2.4）。胜论认为，这种存在性既依存于实体、性质和运动，但又和它们是有区别的（经，Ⅰ.2.8—10）。（2）最低位的是依存于每一类具体事物中的种概念，例如存在于所有瓶中的瓶性（ghatatva），存在于各种运动中的上伸性或下垂性。（3）中间位的是实体性（dravyata）、性质性（德性）和运动性（业性），这种实体性、性质性、运动性既属类概念又属种概念。胜论认为，特殊性范畴也可分为不同位，其最下或极端的是边异性（antyaviśeṣa），胜论的这种主张是一种实在论的见地。

5. 内属

内属范畴是使上述实体、运动、性质相属、结合或不相离的原因。它大致可分为三种：（1）全体在它的部分之中或者部分在它的全体之中。例如作为全体的布和作为部分的纱之间的关系。（2）性质或运动内属于实体之中。例如红与花或者运动与运动着的球的关系。（3）普遍在特殊之中或者特殊在普遍之中。

6. 可能、非可能

可能与非可能范畴在印度保存的文献中均未见单独的提出。只有在我国《十句义论》中被表述。《十句义论》说：

> 有能句义云何？谓（与——引者加，以后同）实德业和合，（凡）共（一）或非（共）一（所）造各自果（时之）决定所须（者），如是名为有能句义。
>
> 无能句义云何？谓（与）实德业和合，（凡）共（一）或非（共）一不造余果（时之）决定所须（者），如是名为无能句义。

这个解释很令人费解。日本宇井伯寿认为，此节与《胜论经》有关。《胜论经》曾论述实体与运动、性质有着如下的几种内属关系：（1）一种实体可生出一种实体，或者生出多种实体、多种性质、多种运动；（2）多种实体也可生出同类的另一种实体；（3）一种性质可以生出多种实体、多种性质以及多种运动；（4）多种实体亦可生出多种实体、多种性质和多种运动；（5）一种运动可生出多种性质；（6）多种运动可生出多种性质，但是运动绝不能生出任何实体或任何运动。① 在上述内属中，凡能使实体、运动性质生出自己的共同结果或单独结果的决定者或原因就是可能范畴。例如豆生豆或者豆浆和卤水结合生出豆腐就是因为在豆或豆浆和卤水中有了作为决定者或原因的可能范畴；在上述内属中，凡使实体、运动、性质仅能生出自己的结果而不能生出其他结果（余果）的决定者或原因就是非可能范畴。例如豆不能生出石头就是在豆中有了决定者或原因的非可能范畴。胜论在表述这对范畴中虽然积极地探讨了事物在发展变化中的内部条件和外部条件、潜在可能性和现实性之间的关系，但由于他们不懂得可能性向现实性的转化乃是新东西的产生及其与旧东西斗争的过程，也就是旧东西中的新质经过量的积累以至质变的飞跃过程。可能性转化为现实性只是在一定的条件下进行的，假如具备着必需的条件，可能性才会表现出来，并转化为现实。假如不具备必需的条件就不可能转化为现实。因而他们错误地假定了在事物之中有着一种似乎独立的、决定原因的可能范畴和非可能范畴。可是，必须注意的是，胜论在假定这对范畴时并没有认为它们是可以离开作为基本范畴的实体（地、水、风、火等）而独立的。

7. 亦同亦异（俱分句义）

从字义上看，"俱分"有着"亦同亦异"的意思。亦同亦异的范畴大致表明了在一种事物或存在中既有着相同亦有着相异的方面。例如人与人相比是相同的，但与动物相比则是相异的，这两个方面都摄合在人中，这个范畴大致结合了我们现在所了解的形式逻辑中的同一律和矛盾律。《十句义论》说：

> 俱分句义云何？谓实性、德性、业性及（与）彼一义和合，（如）地性、色性、取性等。如是名为俱分句义。

> 实性者，谓（与）一切实和合，（关）于一切实（之）实（的）诠（及）缘之（）因，（而）于德业不转，（为）眼（及）触所取，是名实性。

---

① ［日］宇井伯寿：《胜论哲学》，英文本，伦敦，1917年，第178页。

> 德性者，谓（与）一切德和合，（关）于一切德（之）德（的）诠（及）缘（之）因①，（而）于实业不转，（为）一切根所取，是名德性。
>
> 业性者，谓（与）一切业和合，（关）于一切业（之）业（的）诠（及）缘（之）因，（而）于实德不转，（为）眼（及）触所取，是名业性。
>
> 地性等亦如是。

这段文字非常令人费解。我国汤用彤教授曾解释如下：

> 按俱分者，在本论（指《十句义论》——引者注）之末又译为同异，其位置在同句义（普遍范畴——引者注）及异句义（特殊范畴——引者注）之间。盖此论中同谓有性（bhāva，即前节笔者所译为存在性——引者注），有性一切实德业所同有，无有与之异者，是乃同而不异，故又名大同（见《唯识述记》）。此论中之异谓指此牛此瓶，又此一极微甲，则凡大千世界一切事物如羊、豕、瓦、罐等，如极微乙、丙等，均是彼非此，均与之异，此则异而不同，故曰异。而俱分句义者，如实性，对于地、水等则为同，对于德业等则为异。如地性，对于瓶等则为同，对于水、火等则为异。又如牛性，对于黄牛、青牛等则为同，对于羊、豕等则为异。而黄牛性等亦复如是。凡此均亦俱亦分，亦同亦异（此依相违释）。自其同言之，则为小同；自其异言之，则为同异（此依相依主释）。②

8. 非存在

非存在范畴是在后期胜论的文献中被提到的。他们认为世界上既然有实体、性质等存在的范畴，那么，也必然有着与存在相对立的非存在

---

① 诠有"观念"的意思，缘是"认识"的意思。所谓"实的诠及缘之因"就是"对于实体所发生的观念及认识之原因"，"德的诠及缘之因"和"业的诠及缘之因"也可按此义解释。

② 汤用彤：《往日杂稿》，中华书局1963年版，第101页。

的范畴。非存在范畴有五种：（1）未生以前的非存在（未生无，prāgabhāva），即实体、性质、运动还未结合起来的一种非存在。例如说："一个房屋将用砖瓦制成"，但在这个说法中砖瓦还未变成房屋。这种非存在没有开端，只有结果。（2）已经消灭了的非存在（已灭无，Pradhvaṃsabhāva），即实体、性质、运动等在一度结合之后又消灭了的一种非存在。例如一个罐打碎之后，在碎片中就没有罐，这种非存在只有开端，没有结果。（3）绝对的非存在（毕竟无，atyantābhāva），即两种事物在任何时候，即过去、现在和将来都不会发生结合的一种非存在。例如在兔中不存在角等。这种非存在既无开端亦无终结。（4）相互排斥的非存在（更互无，anyonyābhāva），即一种事物和另一种事物相互排斥的非存在。例如牛不是马，马不是牛。（5）不能交会的非存在（不会无，asaṃsargābhāva），即一个事物不能和另一个事物汇合的非存在。例如风中无土、水中无火的性质等。

印度胜论的范畴说，是在希腊亚里士多德"十个范畴说"稍后一个时期出现的①，但这两个体系有着很多相同之点，现在比较如下。

亚里士多德的范畴说　　　　　　　　　　　《十句义论》的范畴说
（1）实体（所有属性的基础，
　　　如人、马）……………………………………………… 实体
（2）数量（一尺长或一尺半长）………… 性质范畴中的数、量等
（3）性质（白、黑）……………………………………………… 性质
（4）关系（大小）………………… 特殊、普遍、内属、亦同亦异
（5）地点（在市场上）……… 性质范畴中的远近，实体范畴中的空间
（6）时间（昨天、去年）…… 性质范畴中的远近，实体范畴中的时间
（7）姿态（坐卧）………………………… 运动范畴中的伸、缩
（8）领有（erhin，"有力"之意，

---

① 有这样一种说法：在马其顿·亚历山大向印度进军的时候，婆罗门把印度的逻辑理论告诉了在亚历山大军队中的希腊哲学家卡里斯芬，后来卡里斯芬把这种理论转告给了亚里士多德。因此亚里士多德在他的逻辑学说中吸收了印度的逻辑理论。

如穿鞋，全身武装） ………………………… 可能
（9）活动（刺） ………………………… 运动
（10）遭受（"受动"之意，被割） ………………………… 运动
（11） ………………………… 非存在

　　从上述对比中可以看出两个体系有着很多相同和相异之点。它们的相同点是：（1）亚里士多德和胜论都认为实体是所有范畴中的基本范畴。（2）都承认物质的原因和非物质原因的双重存在，胜论承认非物质的原因是灵魂，亚里士多德则是形式因和目的因。（3）在处理存在和变化的问题上都有唯物主义向唯心主义妥协的表现。亚里士多德承认"一切形式的形式"是"运动的推动者"（"隐德来希"）；而胜论则承认"不可见力规律"是动力因，早期的胜论对于"不可见力规律"的解释是有唯物主义倾向的。① （4）二者都重视了归纳法。二者不同之点是：亚里士多德的范畴分类，大多是从物理学出发的，各个范畴之间有着自发的辩证的联系；而胜论则常常是从文法学或语言学出发的，范畴之间的关系是形而上学的。

（三）因中无果论

　　胜论从实体的别异性中推演出了因中无果论（Asatkāryavāda），他们把因和果的关系分为七种。

　　（1）因和果的概念是不同的。例如纱和衣片在概念上不是同一种东西。

　　（2）因和果的名称是不同的。例如纱和衣片在名称上是不同的。

　　（3）因和果在结果上是不同的。例如纱可织布亦可作别用。

　　（4）因和果在时间上是不同的。因在序列上先于果，因和果不能同时出现。

　　（5）因和果的形状是不同的。

　　（6）因和果在数量上是不同的，如纱是多，衣是一。

---

① （1）（2）（3）点参见鲁本《印度哲学史》，柏林，1954年，第191页。

（7）如果因果同一，那么材料和材料的造作者将是一样的，材料造作者的活动就失去了作用。但是由陶土（材料）制成陶罐，确实还需要陶工（造作者）。①

胜论是和本体论密切联系着的。他们虽然承认因果概念是客观事物相互作用在我们认识中的反映，但是由于他们把事物的差异亦即矛盾的方面看作不变的，否认了事物在发展过程中的转化和统一的方面，从而使因和果在形式、数量、概念等方面对立了起来，否定了因和果的联系；另外，他们还把现象之间简单并存或者时间上的先后和现象之间的因果必然性也混淆了起来，亦即把"在此之后"和"由此之故"（Post hoc, Ergopropt hoc）两种情形混淆了起来，因而从时间上或序列上的不同推论出了因果性的不同。我们知道任何一个现象的原因都应该在先于它发生的现象中去寻得，但现象在时间上的任何序列性不是都表示它们之间的必然联系，在"在此之后"和"由此之故"是两个有区别的概念。胜论这种学说认识论的错误根源就在这里。

（四）简单的结论

从上述胜论的范畴等学说中可以看出：

（1）从严格的意义上看，胜论的世界观不是唯物主义而是多元实在论的见地，这是因为胜论除了主张地、水、风、火等物质的存在外，还主张独立的灵魂的存在，但是胜论的自然哲学无疑是唯物主义的。这种唯物主义是和当时占统治地位的宗教唯心主义相对立的。

（2）胜论的范畴理论大体说明了一切存在的基本形式和它们的最普遍的关系。他们对于范畴的探讨是以活生生的现实和自然界为基础的，不仅涉及了思维的形式，也涉及了思维的内容问题。例如他们认为实体的范畴是基本的范畴，而其他的范畴则是从属于实体的。这种说明帮助人们对于世界各种存在的全面了解有着重要的意义。但是也必须指出：胜论的范畴学说是形而上学、机械论的，他们没有科学地说明各个范畴

---

① 这是吠檀多理论家罗摩奴阇在《梵经注》Ⅱ.1.15 中对于胜论因中无果说的叙述。见麦克思·缪勒编《东方圣书》第 XLVIII 卷，英国牛津 1904 年版，第 430—431 页。

之间以及每个范畴之间的内在的、辩证的联系，因而把世界归结为一个命定的、机械的过程。另外，他们在处理个别与一般、可能性和现实性、存在和生成、有机界以及自然界和社会生活之间的关系等也都是形而上学的，从而显得混乱不堪。胜论这个范畴理论的特点正如列宁在研究亚里士多德的范畴学说时所指出的："处处都把客观逻辑和主观逻辑混合起来，而且混合得处处都显出客观逻辑来，对于认识的客观性没有怀疑。对于理性的力量，对于认识的力量、能力和客观真理性抱着天真的信仰。并且在一般与个别的辩证法，即概念与感觉得到的个别对象、事物、现象的实在性的辩证法上陷入稚气的混乱状态，陷入毫无办法的困窘的混乱状态。"①

（3）总的看来，胜论的自然哲学是一种分析的哲学。它对存在某个形态方面作了深刻的、细致的分析，这些分析对于科学分类和某个科学领域的发掘是有意义的。胜论哲学虽然开始摆脱印度古代唯物主义从整体、总的方面把握世界的局限，但是这种哲学缺乏综合，因而仍然是僵硬的、机械的、形而上学的。

（4）如上面所述，胜论虽抱有科学的见解，但它归根结底还是一种宗教解脱的哲学。他们认为借助于对十个范畴的研究可以达到"真知"和解脱。从这个根本的态度上看，他们的思想还是在统治阶级的思想轨道上运转。但是，我们也能看到他们的哲学和当时占绝对统治地位的吠檀多哲学思想的差别。如果把他们的哲学思想和社会思想联系起来（在下文中还要具体分析），可以看出它反映了与当时产业发展有关的新兴的封建主、富有商人和城市居民的动向和利益。

四 认识论

胜论的认识论是和它的世界观密切相联系的。他们认为，人的认识是和外界事物相联系着的。认识就是"外界客体与我们认识判断中的某种特性（Pākāra）的符合"。

---

① 列宁：《哲学笔记》，人民出版社1960年版，第116页。

胜论把认识分为确切的认识（prama）和非确切的认识（apramā）两种。确切的认识据钵罗奢思多波陀注分为知觉、推理、记忆和圣者的直觉（ārsa）。

1. 知觉是认识的基础，它是由灵魂、心、感觉器官、对象等要素和条件接触之后所引起的。知觉可分为两种：

（1）直接的知觉（无分别现量，nirvikalpa-pratyakṣa），即还没有加入概念作用的直接知觉。例如说："白的物件。"在这个表述中，"白的物件"还是一种漠然的感觉印象，性质（白的）和实体（物）在知觉中还未区别开来。（经，Ⅷ.1.9）

（2）间接的知觉（有分别现量，Savikalpa-pratyaksa），即已加入概念作用的知觉。例如说："这个物件是白的。"在这个表述中已加入认识者的分析，即添入了概念的作用，实体和性质在知觉中已有区别。

2. 推理（anumāna，比量）是由"表征"（liṅga，旧译相）而得的认识，"表征"这个词在胜论中是"因"（hetu）、"证明"（apādesa）、"表具"（karaṇa）等的同义词。（经，Ⅺ.2.4）推理有五种：

（1）从结果推知原因（有余比量）；

（2）从原因推知结果（有前比量）；

（3）在有内属关系的两个中，从已知的一个推知未知的一个（见同比量），例如见烟推知有火；

（4）（5）在有矛盾关系中的两个中，从已知的一个推知未知的一个，或者从未知的一个推知已知的一个（不见同比量）。例如看见风雹推知农作物受损，或从农作物受损推知风雹。

非确切的认识是对某一事物对象所有性质的认识与真实性质的不一致。它"是由于认识器官的不健全以及印象的不完善所引起的"（经，Ⅸ.2.10）。据《胜论经》，非确切认识的性质和形式有四种：疑惑、犹豫不定、错误和梦境。

1. 疑惑"是在一个对象中和同一对象中的矛盾性质的认识"。因此，疑惑有着三种表征：（1）必须具有不同性质的认识；（2）一种性质的认识必须和另一种性质相矛盾；（3）这些不同性质的认识必须在一个和同一个对象中被了解。例如我们看到远方一个直立的东西（同一对象），这个东西或许是人，或许是树，也或许是碉堡（性质的矛盾）。这种不确定的认识就是疑惑。

2. 犹豫不定是疑惑的一种被限止形式的表现。例如我们看到远方的一个东西，这个东西已确知是树，但这株树是杨树还是桃树仍无法确定，这就是犹豫不定。

3. 错误是和外界事物真实性质矛盾的认识。例如说："有角故有马。"胜论认为，错误或许是由于感觉器官的不健全，或许是由于客观对象的不清晰（过大、过小、过近、过远），也或许是由于虚假的印象所造成的。

4. 梦境是由于先前的印象以及心和灵魂特别接触所引起的一种认识。（经，Ⅸ.2.7 及钵罗奢思多波陀注）在梦境的认识中感觉器官是不活动的，心也是静寂的。梦境可分为三种："（1）或许是由于在安眠以前醒的状态中所接受的鲜明性的印象；（2）或许是由于气质、风、狂怒、恬静等等不正常所引起的；（3）或许是……由于唤起欢乐和恐怖的幻觉的'不可见力规律'所引起的。"[①]

从上面的阐述中可以看出胜论的认识论是立足于实在论的立场上的。他们在一定程度上承认客观事物是我们认识的泉源，并是检验真理的标准，并且把认识对象、感觉器官和心联系起来，这是正确的方面。但是他们的认识论还未达到反映论的水平，在他们的认识过程中还承认神秘主义、唯心主义的灵魂在场和作用，这不能不是一种局限。

五　社会伦理思想

胜论社会思想的中心问题和印度其他正统派哲学一样是个人如何获得解脱的问题。他们认为个人的解脱与其说是与个人的欲望、意志和行为有关，毋宁说是与宇宙的规律——"不可见力规律"相联系着，宇宙的规律像铁的锁枷一样操纵着自然和人的一切，只有打破这个规律，才能使灵魂获得解脱成功。为此，他们规定了一系列获得解脱的方法，解

---

① ［英］基思：《印度逻辑和原子论》，第66页。

脱方法最首要的是通过对十个范畴的了解达到"真知"或"如实知"（经，Ⅰ.1.4）；其次，是执行吠陀所规定的种种宗教义务（苦行、布施、奉献等）。

胜论对于吠陀的权威，亦即正统婆罗门的思想抱着矛盾的态度。他们一方面宣称他们是忠于"传承"和"法典"的，但另一方面又竭力对它们加以限制和修正。例如他们一方面接受吠陀有关修行者"四住期"的规定；但另一方面又宣称，如果修行者忠于"仁爱"的誓言，即使不放弃世俗的生活也能获得解脱。又如他们一方面承认吠陀的神圣，但另一方面又对弥曼差派的"声常住论"（祭司的语言是永恒的）以及吠陀的天启进行了反驳，声称吠陀是人造的，由吠陀得来的知识比之从十句义得来的还要低劣。胜论这种既要摆脱宗教的束缚但又在宗教中彷徨的态度是和新兴的封建主、商业富有者的政治态度相一致的。

胜论在一般意义上接受了婆罗门教有关各种种姓义务的规定，但又作了很多的补充和修正。印度古代法律，例如《摩奴法典》对于盗窃上等种姓的财物规定必须处以死刑或重刑，但胜论的思想家们认为，下等种姓如为饥饿所迫，在一定时间以内或濒于死亡而盗窃上等种姓的财物时应不构成犯罪（经，Ⅵ.1.1 及复注）等。

胜论上述哲学和社会思想的矛盾是当时社会矛盾的反映。以《胜论经》和钵罗奢思多波陀等注为内容的古典胜论最为流行的时期大概在公元 1—6 世纪，这个时期相当于印度奴隶社会开始衰落和封建社会形成的时代。当时社会的矛盾是：一方面在印度社会中出现了一个新的阶层，这个阶层是在封建制度的基础上，而不是在奴隶制的基础上建立自己的经济；另一方面是在自由社员和剥削他们的奴隶制国家之间发生了尖锐的冲突。由于印度封建社会结构仍然是建筑在古代遗留下来的农村公社基础上的，封建阶级和奴隶主既有矛盾的方面，也有着共同的方面，因而反映在思想领域中新兴的封建阶级一方面对婆罗门的思想统治表示不满，但又不愿和旧的传统相割裂，古典胜论就是反映了这个新兴阶层的动向和利益。

六 汉译佛经中关于胜论记载的情形、存在问题及影响

胜论在汉译佛经及我国僧侣所写的著作中有着大量的记载①。这些记载对于了解胜论发展的历史，胜论与佛教的关系有着一定的参考价值。目前这些记载已引起了日本和西欧学者的注意，其中一部分已翻译成西方文字（《胜宗十句义论》《唯识述记》《百论疏》等中有关部分），对于这些资料的整理，是一个极为繁复的科学研究问题，它不单涉及资料的内容，也涉及方法论。

（1）关于慧月《胜宗十句义论》中所提到的三个范畴：可能、非可能、亦同亦异，虽然在印度所保存的胜论和弥曼蹉派早期文献中可以找出蛛丝马迹，但在《胜论经》，与慧月同时期或较早一个时期的《范畴与法的论纲》以及9世纪以后室利哈罗、邬陀衍那、湿婆迭底以及其他人的著作中都未单独提出。《胜宗十句义论》的梵本一直未发现，作者慧月的生平在印度的文献中也没有人提及，因此《胜宗十句义论》是不是印度胜论独立的一派？翻译者玄奘有无穿凿附会？（玄奘的其他著作也存在着争论）都是悬而未决的问题。

（2）在我国保存的胜论文献和记载中，关于胜论的范畴学说计有三种：十范畴说、六范畴说和七范畴说。而且对于六范畴说也有不同的解释：《成

---

① 我国有关胜论的重要记载，可分类如下：
一、胜论学说的总述。
《成实论》卷三"一切有无品"（后秦鸠摩罗什译）；《百论疏》卷三（隋吉藏疏）；《成唯识论述记》卷一（唐窥基撰）；《因明入正理论疏》卷中、下（唐窥基撰）；《俱舍论光记》卷十九、二十二（唐普光记述）。
二、佛教与胜论关于哲学基本问题的争论。
《成实论》卷三四"大实有品"（鸠摩罗什译）；《成实论》卷五"触相品"（同前）；《成实论》卷五"闻声品"（同前）；《百论疏》卷九"破异品"（隋吉藏疏）；《广百论释论》卷六（唐玄奘译）；《广百论释论》卷七"破根境品"第五（唐玄奘译）；《广百论释论》卷七"破边执品"第六（唐玄奘译）；《俱舍论光记》卷四十四（唐普光记述）。
三、其他（历史传说及胜论学说的某些个别方面）。
《大庄严论经》卷第一（后秦鸠摩罗什译）；《大般涅槃经》卷第三十五（北凉昙无谶译）；《百论疏》卷三（隋吉藏疏）；《阿毗达磨顺正理论》卷第八"辩本事品"第一之八（唐玄奘译）；《阿毗达磨顺正理论》卷第三十五"辩业品"第四之三（唐玄奘译）；《阿毗达磨藏显宗论》卷第七"辩差别品"第三之三（唐玄奘译）；《俱舍论光记》卷四十五（唐普光述，武维琴同志整理）。

实论》卷三,《百论疏》卷三释六范畴是实体、性质、运动、特殊、普遍、内属。例如吉藏说:"今言六谛者,一陀罗骠(dravya),称为主谛,亦云所依谛,谓地、水、风、火、空、时、方、神、意。……二者求那(guṇa)此云依谛,有二十一法,谓一、异、合、离、数、量、好、丑,八也。次有苦、乐、憎、爱、愚、智、勤、惰,亦八也;次有五尘,即色、声、香、味、触也。……三者羯摩谛(karma),此云作谛,谓举下屈申所有造作也。四者三摩若谛(sāmānya)。此云总相谛,谓总万法为一火有等。五毗尸谛(viśesa),此云别相谛,谓瓶衣不同也,六三摩婆衣谛(sāmāvaya),此云无障碍谛,如一柱色香遍有而不相障。"《成唯识论述记》卷五,《广百论》卷六、八,《俱舍论》(《光记》十九),《显宗论》卷七,《顺正理论》卷十二等则释六句义是实体、性质、运动、存在性(有)、亦同亦异(同异)、内属。关于我国所传各说,汤用彤教授曾作过下列比较:①

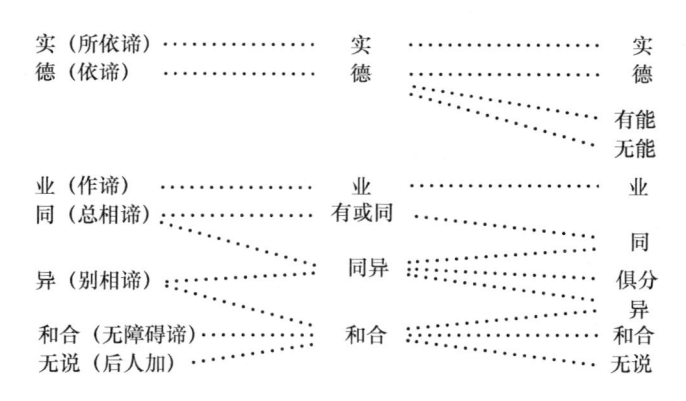

```
实(所依谛)…………      实                   实
德(依谛)……………      德                   德
                                             有能
                                             无能
业(作谛)……………      业                   业
同(总相谛)………………有或同                 同
异(别相谛)………………同异………………      俱分
                                             异
和合(无障碍谛)…………  和合………………      和合
无说(后人加)……………                        无说
```

图2 我国关于胜论的范畴学说

这些记述为什么和印度文献记载有出入,这将在另一篇文章中加以说明。

(3)胜论哲学在我国思想界的斗争中也有过某些影响,历史上比较重要的例子是隋吉藏在建立我国三论宗的体系时,为了"破邪显正",反对唯物主义,通过《百论》和《中论》的注疏,对于胜论的各别学说(极

---

① 汤用彤:《往日杂稿》,中华书局1963年版,第86页。

微、因中无果、六范畴等）逐一进行了批驳，他视胜论的原子和合学说是八种邪因邪果的第一种。(《中论疏》) 又如唐代战斗的唯物论哲学家吕才 (600—655年) 在阐述他的唯物论、无神论的思想时也曾把胜论的原子与易传的气都看作物质的范畴，并以此为世界的根源。又用"多生一"（即一物由许多原子所构成）比拟易传的"一生多"（"元资一气，终成万物"）。吕才的论敌明濬在指责他的原子—气的学说时曾写道：

> 又案：胜论立常极微。数乃无穷，体唯极小，后渐和合，生诸子微。数则倍减于常微。体又倍增于父母。迄乎终已，体遍大千，究其所穷。数唯是一。吕公所引《易系辞》云，"太极生二仪，二仪生四象，四象生八卦，八卦生万物"。云此与彼，言异义同。今案太极无形肇生有象，元资一气，终成万物。岂得以多生一而例一生多？引类欲显博闻，义乖复何所托。①

再如，章太炎在辛亥革命时也曾援引过胜论的自然学说批判基督教唯心主义理论。他说：

> 鞞世师之说建立实性，名为地、水、风、火……皆有极微，我（灵魂——引者注）、意（心——引者注）虽虚，亦在极微之列。此所谓唯物论也。
>
> 耶和瓦之创造万物也。为于耶和瓦外无质料乎？为于耶和瓦外有质料乎？……若云耶和瓦外本有质料如鞞世师所谓陀罗骠者。（实体——引者注）则此质料因与耶和瓦对立。质料犹同，而耶和瓦为其良冶。必如希腊旧说双立质料二宰而后可。适自害其绝对矣。是故绝对无二之说。又彼教所以自破者也。②

（原载《外国哲学》第3辑，商务印书馆1983年版）

---

① 参见侯外庐等《中国思想通史》第四卷上，人民出版社1959年版，第119页。
② 《太炎文录初编》，别录卷三，章氏丛书，章氏国学讲习会编，1924年。

印度古代唯物主义

——顺世论及其在中国的影响

顺世论是印度古代唯物主义思想的一个流派，是流行在广大人民中的世界观和人生观。它是印度民族最宝贵的哲学思想传统，也是世界哲学宝库中的重要精神财富。在漫长的印度哲学发展过程中，顺世论一直以战斗的姿态和宗教唯心主义进行了残酷的斗争。印度统治阶级不单用法律的措施加以防范，而且焚毁了它的所有的重要的经典。顺世论很早就随着佛教传入我国，在我国传播有近千年的历史。本文根据我国保存的古代记录，对照印度残存的史料，试图给顺世论勾出一个轮廓，找出它的历史线索，特别是论述它对我国哲学思想的影响。

一　中国保存的史料

顺世论在梵文中对应的是 Lokāyata，该词由 Loka（世间或人民）和 āyata（根基或流行）两个字组成，原意是"流行在人民中间的"或"随顺世间的"。在中国史籍中，这个派别被意译为"顺世外道""世间行""世论""自性论""现在涅槃论""无后世论""断灭论"等；或被音译为"路迦耶陀""路哥夜多""卢迦臾多"等。另外，"路迦耶陀"又称作"斫婆伽"（Cārvāka）[①]。

[①] 关于斫婆伽一词在梵文学者中有过不同的解释：有一派人认为斫婆伽是印度古代一位圣者的名字，这位圣者曾宣扬过唯物论的学说，因此唯物论的学说就以他的名字命名。有一派人说斫婆伽这个词表示 Cāru——愉快，Vāk——话或 Carv——食、大嚼，这种解释把唯物主义和"吃、穿、享乐"联系起来是别有用心的；另一派人认为斫婆伽的意思是"四个词"（Car——四，Vaka——词），这是由于顺世论主张世界的基础是"四大"即地、水、风、火而得名的。

关于顺世论有无经典的问题，在国外学者中间曾经引起了很多争论。有人认为顺世论根本不是一种哲学体系，因而也没有经典的存在；有人认为顺世论虽然在印度古典著作中曾被提到过，但几个经典都是后人伪托的。例如 1921 年 F. W. 汤姆斯在印度发现一部称为《毗诃跋提经》（《广主经》，Bṛhaspati Sūtra），这部经虽然援引了顺世论的某些观点，但经考证，它是印度教徒所假托的。1924 年，苏克罗吉·僧伽毗发现一个 7 世纪的棕榈叶写本，即耆耶拉希·跋陀所著的《各种实在的破灭》（直译为《实在、侵害、狮子》，Jattvopaplavasim），作者在书中虽然阐述了许多顺世论的观点，但作者的主张则属于不可知论。根据印度和我国无可辩驳的史料可以证明，印度顺世论确实有经典的存在。例如公元前 2 世纪筏磋衍那在他所著的《性经》（Kāma Sūtra）中曾经援引顺世论的经典；文法学家钵颠阇梨在其《大疏》中也曾提到过婆求哩（Bhāguri）对《顺世经》的注疏；我国古代所译的十一部印度佛经中①都曾提到过印度顺世论的经疏。慧琳《一切经音义》说："《路伽耶陀经》，梵语此名恶论议（义），正梵音云路伽耶底迦，此则随顺世外道随顺世间凡情所说执计之法，是常、是有等。"后秦译《十住毗婆娑论》中谈到印度顺世派的经典叫《路伽耶经》。西晋《舍头谏太子二十八宿经》（又名《虎耳经》）也记载有《世理经》。后秦译《长阿含·究罗檀头经》中还提到过《世典》，这些佛经虽然记载得笼统，有时把经和疏混淆了起来，但无疑可以说明，在公元前 3 世纪以前，印度顺世派至少有一种经典和几种注释的存在。②

印度顺世论的思想大概和印度佛教的思想同时传入中国。在中国藏译、汉译佛经以及其他史籍中都保存着一些重要的资料，据初步整理探知，自三国至明 1000 余年间，在中国翻译或撰注的六十二部汉译佛经以及其他史籍中都有记载。最早系统地阐述这派思想的是吴支谦（223—253

---

① 汉译佛经中记载的有：《长阿含·梵动经》，《长阿含·阿昼摩经》，《长阿含·种德经》，《长阿含·究罗檀头经》，《中阿含·阿摄愁经》，《佛说梵网六十二见经》，《妙法莲华经·乐行品》，《十住毗婆娑论》卷九，《舍头谏太子二十八宿经》，《大宝积经》卷十二、二十一，《摩登伽经·往缘品》等。上述经典中有些记载的很不具体，如《究罗檀头经》记有《世典》，但查南传相应巴利文本，即为《路伽耶陀经》。

② 参见印度哲学史家达斯笈多（S. N. Dasgupta）的考证，见他所著《印度哲学史》第 3 卷，1949 年伦敦版，第 515 页。

年）所译的《佛说梵网六十二见经》以及东晋时所译的《寂志果经》。最迟所见的是明寂光所撰的《梵网经直解》。① 这些佛经记载的内容大概可以分为下列几类：（1）对于顺世论派的时代背景、活动情况等的记载。如《摩登伽经》《梵网经》记载顺世论者大都精通医学、天文学、农学等，并从事社会工作。又如《根本说一切有部毗奈耶》卷三十五，记载顺世论者在印度室罗伐底城同佛教徒辩论以至彼此"拳打脚踢，恣意熟捶"的情况。《箭毛经》记录了顺世论在公元前6—前5世纪的活跃情况和巨大影响。（2）对于顺世论世界观、认识论和社会思想的介绍。（3）记述佛教徒与顺世论者互相诘难的问题和情形。（4）中国僧侣对于顺世论字义的解释，其中有些解释明显和顺世论原义不同。这一般是为了适应中国古代思想斗争而作的曲解。（5）记录了个别印度顺世论者在中国活动的情况以及

---

① 吴：《佛说梵网六十二见经》（吴支谦译），《摩登伽经·往缘品》第二；西晋：《舍头谏太子二十八宿经》（法护译），《正法法华经》卷七（法护译）；东晋：《寂志果经》（竺昙无兰译），《中阿含·箭毛经》（僧伽提婆译），《中阿含·度经》、《中阿含·波罗蜜经》、《中阿含·阿摄憗经》（僧伽提婆译），《那先比丘经》、《增一阿含经》卷三十二（僧伽提婆译）；前秦：《尊婆须密论》卷九（伽跋澄译）；后秦：《妙法莲华经·乐行品》（鸠摩罗什译），《百论》卷下（鸠摩罗什译），《十住毗婆娑论》卷九（鸠摩罗什译），《维摩诘所说经》卷上（鸠摩罗什译），《成实论》卷十（鸠摩罗什译），《注维摩诘经》卷三（僧肇撰），《长阿含·梵动经》、《长阿含·沙门果经》、《长阿含·弊宿经》、《长阿含·阿昼摩经》、《长阿含·种德经》、《长阿含·布咤婆楼经》（佛陀耶舍共竺佛念译），《长阿含·究罗檀头经》、《长阿含·摩诃黎经》、《长阿含·阇利经》、《长阿含·迦叶师子经》（江铄译，芝峰校，这几部经是1944年据南传巴利文翻译的，可供参考），《大宝积经》卷十二、二十一（失译）；北凉：《大般涅槃经》卷二、十九、三十六（无忏译，宋慧严等修正），《佛所行赞》卷二（昙无谶译）；刘宋：《杂阿含经》卷三、七、三十四（求那跋陀罗译）；元魏：《入楞伽经》卷六（菩提留支译），《提婆菩萨释楞伽经中外道小乘涅槃论》（菩提留支译）；陈：《金七十论》（真谛译），《摄大乘论释》卷二（真谛译）；隋：《添品妙法莲华经》卷五（阇那崛多译），《妙法莲华经文句》卷中（灌顶撰），《百论疏》卷上（吉藏译），《法华义疏》第十（吉藏撰）；唐：《成唯识论》（玄奘译），《大乘广百论释论》卷二（玄奘译），《阿毗达磨大毗婆娑论》第一二七、一九八、一九九、二〇〇（玄奘译），《显扬圣教论》卷十（玄奘译），《阿毗达磨发智论》卷第十二（玄奘译），《成唯识论述记》卷一、二、六、七（窥基撰），《法苑义林章记》卷第二、九（窥基撰），《成唯识论演秘》卷一（智周译），《三藏法师传》卷四（慧立撰），《续高僧传》卷四（道宣撰），《西域求法高僧传·玄昭传》（义净撰），《根本说一切有部毗奈耶》卷三十五（义净译），《法华文句》卷第九（湛然撰），《妙法莲华经玄赞》第九（窥基撰），《华严经疏钞玄谈》卷第八（澄观撰），《华严经随疏演义钞》（澄观撰），《四分律疏饰宗记》卷七（定宾撰），《尼乾子问无我义经》（日称译），《一切经音义》卷十五、二十七（慧琳撰），《般若灯论译》卷十一（波颇译）。又《旧唐书》天竺传，《酉阳杂俎》卷七，《册府元龟》卷四十六亦有记载；赵宋：《注大乘入楞伽经》卷七（宝臣）；明：《梵网经直解》（寂光撰）。日本佛学家用汉文写的有：《唯识义私记》卷三（真兴撰），《唯识义灯明记》卷一（善珠撰），《成唯识论本文抄》卷四（失名），《翻梵语》卷六（贤贺作）。

中国僧侣同印度顺世论者思想交锋的情况，例如《旧唐书·天竺传》曾记载印度卢迦溢多来中国为唐高宗炼长生不老药等。① 又如《续高僧传》卷四记载玄奘在印度那烂陀寺与顺世论者摩诃耶那提婆奴辩论的情况，说顺世论者主张"四大为人物因"，玄奘则"申大乘义破之"。以上内容可以说明印度7世纪进入封建社会以后，顺世论的影响还是很强大的。关于在藏译佛经中的顺世论的资料，中国著名的藏族佛学家妙音笑金刚在他所著的《自他宗派建立》中有着重要的记录。（6）根据佛经所载佛陀与"六师"② 斗争的内容，编写了通俗的说唱文学或者用雕塑、彩画等艺术形象加以表现出来。例如敦煌出土的《降魔变文》描写了"六师"与佛陀弟子舍利佛的六度斗法，各显神通的经过，"六师"先后变出了宝山、水牛、水池、毒龙、二鬼、大树，但都为舍利佛所变出的金刚杵、狮子、白象之王、金翅鸟王、宝剑、风神所击破或摧毁。"六师"最后只好折服，"谢归三宝"。这个变文写得很生动，例如描写"六师"变出毒龙与舍利佛变出的金翅鸟斗争的场面是：

> 是日六师渐冒惨，忿恨罔知无[所?]恐。
> 虽然打强且抵敌，终竟悬知自倾倒。
> 又更化出毒龙身，口吐烟云怀操暴。
> 雷鸣电吼雾昏天，礔砾声扬似火爆。
> 场中恐怯并惊嗟，两两相看齐道好。
> 舍利既见毒龙到，便现奇毛金翅鸟。
> 头尾慑㲋不将难，下口其时先啅脑。
> 肋骨粉碎作微尘，六师不知何所道。③

这虽然是佛教的神话，但也可以看出"六师"与佛教唯心主义斗争的

---

① 此事在《西域求法高僧传·玄昭传》，《册府元龟》卷四六，《旧唐书·天竺传》，《酉阳杂俎》卷七等书中都有记载。
② "六师"是与佛教创始人同时的六个自由思想家，在世界观方面一般相信唯物主义或具有唯物主义倾向，其中最重要的是顺世论者阿耆多翅舍钦婆罗。
③ 原卷第一段在伦敦，编号55511，第二段在国内，王重民校录。

激烈程度。"六师"的艺术形象在佛教的雕塑、绘画中也能经常见到。例如，在新疆克孜尔千佛洞壁画中有两个石窟绘有佛降六师的图像。又如敦煌编号 158 号唐代石窟中设有巨型佛陀涅槃雕塑像，像的两侧绘有图画，一幅画的是佛陀众多弟子对佛陀逝世的恸哭呼号，另一幅是"六师"的兴高采烈，这充分表现了顺世论唯物主义和佛教唯心主义的斗争形象。

二 从中国史料看印度顺世论的基本特征

（一）基本特征

目前世界各国的印度学者由于对史料和方法论还存在着很多分歧，因此对顺世论的基本特征和历史发展线索还很难得出一致的看法。拉达克里希纳·弥斯罗在《觉月初升》中对顺世论作过这样的概括："世理经是唯一的经典，感觉是知识的来源，地、水、火、风是所承认的唯有原素。利欲是人类生存的目的，意识为物质所有，没有另一个世界，死亡就是至福。"① 这个概括是和汉译佛经的记载相符合的。例如《梵动经》写道："如余沙门婆罗门食他信施行遮道法……以己辩才作如是说，我及世间是常……此世间有边是实，余虚……我不见不知善恶有报……我不知不见有他世……说众生断灭无余，我身四大六入……说众生现在有泥洹，我于现在五欲目恣，此是我得现在泥洹。"

从印度和中国保存的史料中大致可以给顺世论画出一个轮廓。它的基本特征是：(1) 承认世界的基础是物质，物质的原素是地、水、火、风，并承认物质具有内在的力量；(2) 意识是从物质中产生出来的；(3) 感觉经验是认识的唯一来源；(4) 心和身是统一的，没有永恒的灵魂；(5) 没有超自然的实体或神；(6) 业（因果报应）的规律是不能证明的；(7) 圣典、祭司、宗教仪式等都是骗人的把戏；(8) 禁欲主义是和生活的目的不符的。

---

① 梵本《觉月初升》。参见拉达克里希纳·弥斯罗与 C. A. 摩尔英译《印度哲学史料》，1957 年普林斯顿版，第 247 页。

（二）自然观

顺世论的世界观是朴素的唯物主义世界观，自《梵书》《奥义书》以后，印度的思想家们一直认为，宇宙是由五种原素，即地、水、火、风、空所组成的。顺世论从感觉经验出发仅承认地、水、火、风是世界统一的物质基础，反对空的原素。他们写道："大种为性，四大种外，无别有物。"① 顺世论不单认为非生物是四大所组成的，同时也承认有机体，例如人和动植物等亦是四大混合所组成的。佛教徒记载道："此唯执有实计四大生一切有情，禀此而有，更无余物，后死灭时，还归四大。"② "人依四大种所成，若命终者，地还归地身，水还归水身，火还归火身，风还归风身，诸根归入空虚。人以第五床举，举尸（运）往冢间，至冢虽作（赞叹）语，（经火烧后）其骨为鸽色，供物成灰土……身坏命终，断灭消失，一无所存。"③

从上述论证中可以看出：印度古代唯物主义虽未摆脱直观和机械论的性质，但是他们并未单纯地停留在对自然现象的物质基础的感性表象上，他们已经从事物中去寻求统一的东西了。

顺世论不单认为世界是由物质所构成的，并且还进一步认为物质的运动是有其自身内在的原因的，从而否定了神和其他超自然的原因。他们写道："谁铦诸刺？谁画禽兽？谁积山原？谁凿涧谷？谁复雕镂？草木花果，如是一切，皆无因生，自然而有。"④

顺世论在解决意识与物质的关系时，坚持着物质第一性的原理。在早期顺世论中一般都认为意识是由人体中所有四种原素结合而生的，是"四大"的一种特殊的结合，"四大和合为我及身心"，意识是随着人的躯体存在而活动，死亡而消失。他们曾引用下面一些例子来证明：四大结合而产生意识，这正像蒟酱叶、槟榔和石灰结合而产生红色一样，这种结合是一

---

① 《广百论释》卷二。
② 唐窥基撰《成唯识论述记》卷六。
③ 汉译《沙门果经》（《寂志果经》）；巴利文《沙门果经》译意相同。
④ 《大毗婆沙论》卷一九九。在印度保存的文献中亦有同样的表述。例如商羯罗《各派学说论》第五："谁装饰孔雀，或谁使布谷鸟歌唱呀？除自然而外，不存在任何其他原因。"

个自然的过程，没有其他的原因。这种思想在与吠檀多、佛教、耆那教等的斗争中有了进一步的发展，他们较娴熟地掌握了逻辑推理和证明的技巧。例如关于生理与统一的原理的阐述是："如果说某物只有当他物存在时才存在，没有他物就不存在，那末，我们就说某物仅是他物的性质、特性，例如光和热是火的性质。由于生命、运动、意识、记忆等等（而在那些主张灵魂脱离肉体独立存在的人看来，它们是灵魂的特性）只在肉体之中，从来不在肉体之外，由于无法证明这些性质脱离肉体而存在，由此可以得出结论说：它们只能是肉体的属性。因此，灵魂是不能脱离肉体的。"① 这种论证比"四大和合为我"前进了一步，承认精神是肉体的属性。

顺世论者否定了永恒的、无所不在的灵魂的存在。早期耆那教文献中记述了下面的论证：剑可以从鞘拔出，鞘和剑是不同的，纤维可以从茎中抽出，茎和纤维也是不同的，可是没有一个人能把灵魂从肉体中抽出来，因为没有任何地方可以使肉体和灵魂分开，也就是说不能断定灵魂寓于肉体之外。② 在证明灵魂是肉体的属性时，他们说："这可用'我健康'，'我年青'，'我成长了'，'我老了'等来表明。灵魂不是身体以外的什么东西。"③ 顺世论还把人的躯体的特征和"我"的概念联系起来："鹅白色，鹦鹉生绿色，孔雀生杂色，'我'亦从此生。"④ 这明显的是要驳斥《奥义书》哲学唯心主义的中心理论——阿特曼（我）独立存在的论点。

（三）认识论

顺世论的唯物主义也表现在它的认识论方面。顺世论坚决主张由五官所得的知觉是认识唯一的源泉，除知觉外，其他的证明都是可疑的。"只有所知觉的东西是存在的，不可知觉的东西是不存在的，这由于它从未被感知过。甚至相信不可见的东西的人们从来不说不可见的东西已被知觉了。"⑤

---

① ［印度］商羯罗：《吠檀多经精义》，载《东方圣书》第38卷，牛津，1896年，第269页。
② 耆那教经典《经造支》Ⅱ—1，载《东方圣书》第45卷，牛津，1895年，第543页。
③ ［印度］商羯罗：《各派学说论》，载《印度哲学史料》，伦敦，1957年，第235页。
④ 陈真谛译：《金七十论》。
⑤ ［印度］商羯罗：《各派学说论》，载《印度哲学史料》，伦敦，1957年，第234页。

摩陀婆在介绍顺世派的认识论时,说顺世派是反对一切推理的。其理由是:推理是以普遍的必然关系(旧译回转,vyāpti),即逻辑学中的大词和中词,也即命题和理由之间的必然关系为基础的。例如从此山有烟因而有火的论断中,烟和火有着普遍必然的关系,这种普遍必然的关系是推理的基础。但是由于我们不能尽知所有的烟和火,即使我们已经知道了过去的烟和火,也不能知道将来的烟和火,因此普遍的必然关系是超出我们感觉经验的范围以外的,这样,我们的逻辑推理就没有充分的根据。它像占卜一样有时是可信的,有时就不可信。如果摩陀婆所援引的确是顺世派的观点,那么,我们可以看出,顺世论虽然坚持这样一些原则:感觉是我们认识的基础,人愈能深刻地反映外在客观世界,人就愈能接近真理;凡是在我们感觉以外,用推理所假定的神、梵或宇宙的灵魂等都是不可信的。但是由于他们不能很好地解决逻辑推理和感性知觉的辩证关系,亦即个别与一般的关系,把作为认识阶段之一的感性认识看得绝对化了,因而就贬低或者否定了理性认识在认识中的作用。可是我们还有足够的历史根据和理由说明顺世论并不像摩陀婆所说的那样。在摩陀婆以前,佛教和正理派的著作中都记载着顺世论主张有两种推理:正确的推理和假设性的,亦即谬误的推理。他们认为:"区别我们日常生活的普遍经验的正确推理与超出经验的,假设性的彼岸世界的真理是在于:一个归纳概括是由观察大量的现实的和非现实的和合事例所构成的,没有现实的和合事例能在彼岸世界中能被觉察。"① 佛教哲学家莲花戒在对寂护的《真理纲要》的注释中写道:唯物主义者波兰达罗(7世纪人)"承认在决定知觉经验所感知的一切现世的事物时,推理是有用的,但推理不能被用来建立有关彼岸世界或者生死,或者羯摩(业)的规律中的任何教条,因为它们是我们一般感性知觉所不能及的"②。正理派的贾衍陀·跋陀(Jayanta Bhaṭṭa)(10世纪人)在其所著的《正理花簇》(Nyayamañjarl)中承认顺世论有两种推理,即已知的推理(utpannapratīti)和未知的推理(utapādyapratīti),后一种推

---

① [印度]达斯笈多:《印度哲学史》卷3,马克米伦,1958年,第536页。原引自莲花戒《真理纲要释》(《摄其实论疏》,有藏译)。

② 同上。

理是对于神、梵、来世等的认识。

顺世论从感觉经验出发，反对把吠陀或权威者的证言（圣言量）作为认识的来源之一，他们认为证言是一种"积聚起来的语言"，如果这种语言是基于感觉的认识，那是可信的；如果这种语言只是一种"推测或指示"，不能和我们的感觉相印证，则是不可靠的认识，也是不能相信的。顺世论这种反对统治阶级权威的思想和精神，在当时思想界的斗争中有着重要的意义。

（四）社会伦理思想

顺世论的社会伦理观点是和他们的自然观相一致的。他们首先批判了作为阶级统治精神支柱的婆罗门教、佛教以及其他宗教教条，全面地批判了代表统治阶级利益的宗教、道德和社会学说，例如灵魂转世、天堂、业报、祭祀以及种姓等理论。他们写道："实行祭祀产生奇迹的可疑观点是直接和经验相矛盾的……依赖吠陀祭祀或者持三叉木杖，或者在额上涂灰以赖生活的人不过是一些缺少智慧和工作能力的人。种姓的纯洁是没有确定性的，男人特别不能保持纯洁，他们所以严酷地要求妇女深居闺房的理由不是为了别的，而是嫉妒……罪恶在来世带来痛苦，美德带来快乐是不能被证明的，这因为我们在现世常常看到恶人享福、好人受苦而谁能知道来世将怎样呢？"[①]

还写道："没有天堂，没有最后解脱，也没有在另外世界的灵魂。

"四种姓、四行期[②]等等行为不能产生任何真正的效果。

"火祭、三吠陀、苦行者的三叉木杖和用灰涂身是被自然所造成的那些无知识和无勇气的人的谋生之道。

"如果在光赞[③]中所杀的牲畜本身能上天堂，为什么祭祀者不奉献他自

---

① 达斯笈多：《印度哲学史》卷3，马克米伦，1958年，第549页。原引自室利诃奢《尼煞陀传》，室利诃奢是10世纪正理派有名的理论家。

② 婆罗门教、印度教所规定的教徒修行的生活历程为：（1）梵行期：儿童在一定年龄时从师学习和研究"吠陀"，熟悉祭祀仪式；（2）家住期：经营世俗生活，结婚并从事社会职业；（3）林栖期：在老年时弃家隐居于森林，从事各种苦行，以此锻炼身心，为灵魂解脱做好准备；（4）遁世期：云游各方，置生死于度外，以期获得解脱。

③ 婆罗门教所举行的一种祭祀名称。

己的父亲呢？

"如果祖祭可使死者餍饱，那么，当世间旅行者要动身的时候，就无需准备旅途的粮食了。

"如果天堂中人由于他们在世间奉献的祭物而得到餍饱，那末，为什么不在屋底下给站在屋顶上的人食物呢？

"当生命还存留的时候，让一个人快乐地活着，即使他要欠债，也要吃奶油；

"当身体化为灰烬的时候，它如何能再回来呢？

"如果离开肉身的人到另外一个世界去，他如何挂念着他的亲属，为什么一去不返呢？

"婆罗门所建立的祭祀只是谋生之道，因此婆罗门所倡立的对死者的葬仪在任何地方都是没有效果的。"①

其次，在和宗教唯心主义压抑人的一切欲望和禁欲主义的斗争中，顺世论肯定了人的现实生活。被保存下来的毗诃跋提的基本言论是：一切现象都是自然的……道德是自然的，它是由社会协定和利益所产生的，而不是神圣的启示。② 本能和感觉是不需要统制的，生活的目的是生存，就是幸福。"宁可此生为鸽子，不可死后成孔雀。"顺世论在评论佛教"苦谛"时写道："他们（佛教徒）认为，必须放弃人生的快乐，因为这种快乐是和苦难联系在一起的，但是有哪一位聪明人仅仅因为谷子外面包着一层谷皮就把这颗包着宝贵米粒的谷子抛掉呢？"③ 顺世派这种追求生活幸福的学说被佛教徒叫作"现世涅槃论"。佛教徒写道："现法涅槃论者……若于现在我受安乐名得涅槃。若我有苦，尔时不名得涅槃者不安乐故。初作是念。此我清净解脱出离一切灾横。谓现受用妙五欲乐，尔时名得现法涅槃。"④ 顺世派这种思想是历来为唯心主义学派攻击的目标。例如摩陀婆描绘道："人的唯一目的是感官快乐所生的享受。你不能说，由于快乐是和某种痛苦相混合，它就不能叫作人的目的，因为我们的智慧是要尽量享受

---

① ［印度］摩陀婆：《各派哲学体系纲要》第一章，梵本，参考慧尔英译，加尔各答，1828年。
② 参见格·弗·亚历山大洛夫《古代东方社会思想史》，1959年莫斯科俄文版，第421页。
③ 克里希那·弥斯罗：《觉月初升》第二。
④ 玄奘译：《阿毗达磨大毗婆沙论》第二〇〇。

纯粹的快乐而避免随之而来的痛苦；正如一个要吃鱼的人把鱼和鳞、骨都吃下去，吃饱了停止下来；或者又如要吃米的人把米和稻秆都吃下去，吃饱了才停止下来。"① 佛教徒也说："卢伽耶陀种种辩才，巧妙辞句迷惑世间，但随世间愚痴凡夫情所乐，故说世俗事，但有巧辞言章美妙失于正义。"② 这些评论显然是对于顺世论的伦理思想的歪曲。摩陀婆和佛教唯心主义者这些描述和顺世论的伦理思想很不相同，也和印度古代史籍如《摩诃婆罗多》等以及早期佛教经典的记载相矛盾。③ 历史唯物主义告诉我们：每个时代个人的享乐是和阶级关系以及产生这些关系的物质环境，即生产条件和交换条件等有关的。因此，马克思曾指出："在中世纪，享乐已经完全分级了；每一个等级都有自己特殊的享乐和特殊的享乐方式。贵族是一个具有专门过享乐生活这种特权的等级，而在资产阶级那里劳动和享乐已经分家，而且享乐服从于劳动。农奴是一个被指定专门从事劳动的阶级，他们所得到的享乐只是极少的极有限的，甚至是偶然才能得到的，要看他们主人的高兴和其他偶然情况而定，而且不一定会被考虑到的。……在资产阶级统治下，享乐的形式取决于社会上不同的阶级。资产阶级的享乐是由这个阶级在它不同发展阶段上生产出来的物质资料决定的。"④ 又指出："享乐哲学一直只是享有享乐特权的社会知名人士的巧妙说法。至于他们享乐的方式和内容始终是由社会的整个制度决定的，而且要受社会的一切矛盾的影响，则已经不用说了。"⑤ 马克思的这些话对于我们弄清印度"享乐主义哲学"究竟是统治阶级还是人民的思想有着重要的指导意义。印度封建主义思想家对于顺世论的描绘倒是赤裸裸地自白了他们所代表的阶级的享乐方式和思想意识。

顺世论还提出社会平等的主张。他们认为不论在婆罗门或旃陀罗的血管中的血液颜色都是红色的，因而人类是生而平等并有着同样的享受机

---

① ［印度］摩陀婆：《各派哲学体系纲要》第一章，加尔各答，1828年。
② 元魏·菩提流支译：《入楞伽经》第六。
③ 汉译早期佛经《长阿含·种德经》《长阿含·沙门果经》等的记载，也是与摩陀婆、商羯罗不同的，但是为什么不同，需要研究。
④ 《马克思恩格斯全集》第3卷，人民出版社1963年版，第490页。
⑤ 同上书，第489页。

会。另外，他们也提出了这样的口号："国家的统治者理应为人民所承认。"①（lokasiddho dhaved rājā…）顺世派是在实践中，也即是在和种姓制度长期的斗争中提出这种口号的。顺世派在中世纪，甚至在19世纪后半期都组织过自己的学派或行动团体。他们通过合法和非法的方式和统治阶级进行了针锋相对的斗争，公开要求实现他们与生而来的自然权利与社会平等。

三　顺世论的历史发展线索

关于顺世论的历史发展线索，虽经世界各国学者多年研究，但现在还不能得出一致的结论。我们大体上可以这样说：顺世论在印度古代和中世纪一直是流行在普通人民中的世界观和人生观，它与印度最早的印度河流域文明直至当前民间信仰之间都有着联系。据 D. 恰托帕德耶研究，在氏族社会时期，顺世论虽然还是一种"原始的准唯物主义"（primitive promaterialism），但是人们可以从在印度次大陆被外来的雅利安人所征服的所谓阿修罗（"魔鬼"）的土著部落人的思想信仰中发现端倪。据印度最早的哲学典籍《奥义书》记载，贤者毗诃婆提（传说中的顺世论最早的宣传者，《毗诃婆提经》的作者）曾在阿修罗中传播唯物主义的思想。当时顺世论与印度的民间信仰密切相关。阿修罗的基本信仰是：（1）灵魂和身体的同一，人是宇宙的小天地或者是"小宇宙"。这种思想虽然忽视了有机界和无机界的本质差别，但也包括对于自然发展和统一的唯物主义的猜测。（2）一切创造或生产都是由两性结合所产生的。人是由男女两性结合所产生的，宇宙也是由男女两性在最初的太空中结合而生成的。这些信仰在我国史籍中也有记录："初生一男共一女，彼二和合能生一切有命和无命物。"②阿修罗的信仰是和雅利安人所信奉的吠陀唯心主义和神秘主义的创世论相对立的，它们之间的对立是雅利安游牧民族和土著民族之间的社会斗争在意识形态中的反映。恰托帕德耶的这些论点虽然说得简单一点，

---

① ［印度］跋陀恰里耶：《砍婆伽哲学》，载《东西方哲学史》1952年伦敦版，第137页。
② 后魏译：《提婆菩萨释楞伽经中外道小乘涅槃论》。

但是不论在民俗学中还是史料里都可以找出根据，至少可以看出他力图用社会物质生活去解释作为社会意识的宗教哲学现象。可是苏联阿尼凯也夫反对恰托帕德耶的这种方法论，他说：恰托帕德耶在"分析印度哲学的早期形式时始终不渝地贯彻了唯物主义决定论的马克思主义原则……但是恰托帕德耶有时忽略了历史哲学研究中的马克思主义方法论远远不归结为这个原则，这个原则在分析精神现象时必然为其他的方法论上的重要要求所补充，这些要求是：必须考察社会意识，首先要考察远离经济基础的哲学和宗教这样一些社会意识的形式。作为相对独立现象的哲学和宗教不经常直接地从社会关系的性质中抽引出来的"。① 我们知道，作为上层建筑的宗教和哲学，虽然离经济基础远一点，反映基础也曲折一些，但归根结底是由社会存在，即社会的物质经济生活条件所决定的。恩格斯曾指出："更高的即更远离物质经济基础的意识形态，采取了哲学和宗教的形式。在这里观念同自己的物质存在条件的联系，愈来愈混乱，愈来愈被一些中间环节弄模糊了。但是这一联系是存在着的。"② 如果像阿尼凯也夫所说"哲学、宗教不是经常地直接从社会关系中抽引出来"，那么，宗教、哲学也就纯然成了某些人头脑中的产物，或者由某个先知等所创造出来的东西。阿尼凯也夫这个观点，我们自然很难同意。

从公元前10世纪到公元前后，即印度奴隶制急剧发展以至鼎盛的时期，顺世论在与吠陀、《奥义书》唯心主义斗争中形成了自己的理论系统和派别。早期佛经记录，与佛教创始人佛陀同时出现的"六师"之一阿耆多·翅舍钦婆罗（Ajītakeśakambali）和他的继承者弊宿（Pāyāci）就是著名的顺世论者，阿耆多在当时有着重要影响，他是"名德宗主，众人所师，有大名誉，众所敬重、领大徒众、五百异学之所尊也"。③ 公元前4世纪侨提利耶的《政事论》中曾说顺世论是运用逻辑证明的三个哲学派别之一。另外在史诗《摩诃婆罗多》《罗摩衍那》中也提到作为异端的顺世论者阇婆梨（Gābali）等，在一则故事中曾描绘一个名为砍婆伽的"恶魔"

---

① ［印度］阿尼凯也夫：《印度哲学史的方法论问题》，载苏联《哲学问题》1963年1月号，第177页。
② 《马克思恩格斯全集》第21卷，人民出版社1963年版，第348页。
③ 汉译《中阿含·箭毛经》。

被婆罗门活活烧死的情节，公元前 2 世纪著名的文法学家钵颠阇梨在《大疏》中还谈到顺世论的经典和它的注释者婆求哩（Bhāguri），公元 2 世纪筏蹉衍那在《性经》中援引了顺世论的一些经典并加以歪曲和驳难。在印度奴隶制发展时期，顺世派一方面与奴隶社会的精神支柱——婆罗门教，同时也和王族的代表刹帝利种姓的意识形态进行了尖锐的斗争。这种斗争发展到统治阶级不得不用法律的武器来加以镇压。例如《摩奴法典》（二项十款）规定："凡对启示（吠陀）和传承抱怀疑见解，轻视它们的根基者应该作为非正统派（即顺世派——据美达梯西注）和蔑视经典的人被开除善人之列。"据汉译佛经记载，当时思想斗争的焦点和主要问题是：（1）世界是实在的，还是不实在的；（2）世界是有限的，还是无限的；（3）身体和灵魂是相同的，还是相异的；（4）人死后灵魂存在，还是不存在。顺世论以非凡的勇敢和智慧对上述问题作了正面的回答："一切世间常，是则真实，余者虚妄。……世有边，此是真实，余则虚妄。……命是身……如来死后无。"[①] 显然顺世派在当时农村公社的商人、手工业者、农民以及其他下层人民中间有着重要的影响。

在中世纪，印度和西欧一样，宗教在社会生活中有着极为重要的影响，当时在次大陆大部分地区占统治地位的宗教是印度教和伊斯兰教，在少数地区是佛教和耆那教。为印度教作哲学论证的是吠檀多主义，为佛教作论证的是大乘空观和唯识论。印度顺世论虽然受到统治阶级的残酷迫害，它的理论系统受到统治阶级意识形态的侵蚀，个别的顺世论者甚至承认四大以外空[②]的原素的存在，但是它仍然通过公开的或者隐蔽的形态和吠檀多、佛教、耆那教进行着斗争，从而保卫了印度哲学中的唯物主义传统。公元 3—7 世纪印度所保存的哲学和其他历史文献中很少谈到顺世论，但这个时期正是我国佛教飞跃发展的时期，也是大量佛典翻译的高潮，因此，在我国保存的历史文献中也有若干的反映（第一节已详述）。公元 8 世纪耆那教的理论家师子贤在其所著的《六大哲学体系纲要》中把顺世论称为砍婆伽，列为六派哲学中的一种，它的注释者求那罗多那（Gu-

---

① 汉译《杂阿含经》卷三十四。
② 也有人解释空是四大活动的场所。

naratna，活动年代为1409年）对顺世论进行了系统的攻击。佛教著名的理论家寂护（约680—740年）、莲花戒在他们所写的《真理纲要》和注疏中也反驳了顺世论。吠檀多大师商羯罗（788—820年）在其所著的《各派学说论》（旧译《摄一切悉檀》）和《梵经注》中一直把顺世论作为头号对手；摩陀婆（14世纪）的《各派哲学体系》（旧译《摄一切见论》），公开宣称顺世论是要首先"清算"的对象。苏联皮亚齐斯基（A. M. Пядигорсяйй）在整理中世纪印度泰米尔印度教湿婆派的文献《湿婆正觉》《湿婆成就》后曾概括说"中世纪印度顺世论的传统是有持久性的"，它的特点是："（1）否定个体灵魂'我'的存在；（2）承认知觉是认识世界的唯一的（或基本的）来源；（3）把被感知的世界同物质原素的世界看作同一个东西；（4）'存在'（原素——引译者注）是世界存在的唯一形式，并且因此承认世界是没有开端的。"①

顺世派在近代也有着影响。19世纪中叶，印度教改革者达耶难陀·娑罗室伐底在组织"圣社"，宣传他的"回到吠陀去"的思想时，一直把顺世论看作"无神论者中最无神论的"，声称"要绝对防止它的活动"，"根除它的错误观念和实践"。② 据特朗普的调查报告，在19世纪后半叶，锡克教中由乌陀湿·求罗薄达斯所创建的一派有数千人相信顺世论的主张，并在行动中加以贯彻。顺世论对近代印度启蒙运动中一些小资产阶级思想家也有影响。

四 顺世论在中国古代思想斗争中的影响

关于印度顺世论与中国哲学思想的相互影响问题，有不少材料可以说明，与顺世论具有同一观点或者关系密切的密教的主张与中国道家的学说颇有相近之处。如密教的"二性和合而生万物"与道家的"万物负阴而抱阳"就有着某些相似之点。又如密教的养气、炼身和炼丹与道家的宗教

---

① ［苏联］皮亚齐斯基：《关于泰米尔文"湿婆成就派"论文中的顺世论哲学资料》，载苏联《东方学问题》1960年4月号，第99—100页。
② ［印度］达耶难陀：《真理之光》第二章，见薄罗德瓦吉英译本，1915年印度版。

实践也有着共同之处。这二者虽然有很多神秘主义，但对中、印两国科学思想，特别是化学和医学思想的发展有着一定的影响。中国道家哲学思想的西传在中国和印度史籍中都可以找到某些证据。例如《旧唐书·西域传》载：公元 7 世纪时，"五天竺所属之国数十……有伽没路国（即今印度阿萨密邦甘姆路勒）……王玄策至，其王发使贡以奇珍异物及地图。因请老子像及《道德经》"①，另外唐玄奘还曾把《老子》译成梵文。这本书可能已传到印度去，因为当时皇帝指定他译这部书就是为了要把中国哲学思想传到印度去。又如据印度泰米尔密教文献的记载：古代南印度密教宗师中有两个是中国人，他们的名字叫佛伽罗和普梨波（泰米尔文译音）。这二人是在公元 3 世纪去印度伽耶等地传播医学、化学和工艺知识。从印度保存的他们的著作中可以看出，他们的观点没有受到佛教唯心主义的影响，并且和密教的其他宗教一样是反对婆罗门教的唯心主义哲学的。② 印度密教接受中国道家某些自然主义的观点以及科学思想，当然主要是为了反对婆罗门的政治和思想统治以及适应日常的生活实践需要。

　　印度顺世论的思想对中国的思想斗争也有一定的影响。中国历代佛教唯心主义者一直把顺世论看作重要的敌人，竭力加以歪曲和诬蔑，称他们为"恶论""邪论""魔说"，攻击他们的行为是"无父无君""绝仁弃智""巧妙辩才""弟子破师"。告诫人们不要学习顺世论的学说，否则是"以刀割泥，泥无所成，而刀自破"。有的还把顺世论的"四大"解释为唯心主义的东西，或者于"四大"中引入主宰的"精灵"。例如唐智周写道："顺世极微有其三类，一极精虚，二者清净，三非虚净。所生之果亦有三，一心心所，二眼等根，三色声，如其次第三因所生。"③ 又如唐定宾写道："微尘者如顺世外道……彼计一切色心等法皆用四大极微为因。然四大中最精灵者能有缘虑，即为心法，犹如诸色虽皆是大。而灯发光，余则不尔。"④ 在中国南北朝和隋唐的释道、儒释所开展的思想斗争中，由于

---

① 《旧唐书》卷一九八。
② ［印度］恰托帕德耶：《路伽耶陀——印度古代唯物主义研究》，第 354—355 页。有些论据援引自赖易《印度古代和中世纪的化学史》，加尔各答，1956 年。
③ （唐）智周撰：《成唯识论演秘》卷一末。
④ （唐）定宾撰：《四分律疏饰宗义记》卷七。

道家所提出的"形神相接"（身体和灵魂的统一）、"法性自然""无报应"等某些唯物主义观点与顺世论相类似，因而佛教徒常常把顺世论看作他们的同路人而加以抨击。例如吉藏（549—623 年）在陈、隋之间建立中国三论宗唯心主义体系的过程中就把道教和印度顺世论相提并论。他写道："路伽耶陀者旧云是恶解义。逆路伽耶陀者（或释'左顺世外道'）是恶论义。注经云，路伽耶陀者如此间礼义名教儒墨之流也，逆路伽耶陀者如老庄玄书绝仁弃圣之例。"① 又如唐武宗利用道教打击佛教的"毁佛事件"前后，以华严宗为代表的唯心主义和道教的某些唯物主义观点进行了争辩，华严宗的中兴代表澄观（760—820 年）在批判道教的同时，也对顺世论进行了批判。他在论及顺世论的"自然为因"时写道："若以自然为因等者断义也。通其两势，初即老子意由道生一，道是自然，故以道为因是邪因也，若谓万物自然而生，下出庄子意，则万物自然无使之然。故曰，自然即无因也。如鸟之黑者即庄子文亦涅槃经意。"②

归纳起来，或许可以这样说，顺世论作为唯物主义哲学派别并非为一些学者所断言的那样无足轻重。相反，它名副其实地赢得广大群众的支持并得于远播中国，对中国古代思想产生深远影响。就其群众性这点来说，顺世论与印度其他哲学派别也可相颉颃。顺世论是印度重要文化遗产之一，值得进一步研讨。本文从中国史籍和佛教文献所作的探讨极为粗浅，更深的研究还有待于日后。相信通过对卷帙浩繁的中国佛教经典和史料的探索，必将发现更多有关顺世论的理论和实践。也许还可以想象，如果与印度文化有交往的其他国家也进行同样的努力，则更多的史实亦定将揭橥于世。

（原载《新建设》1963 年 8 月）

---

① （隋）吉藏撰：《法华义疏》卷十。在陈、隋、唐所写顺世论的义疏中一般把顺世论与老庄、儒墨并论。参见《法华文句》卷九（湛然），《妙法莲华文句记》卷中（智者大师）等等。
② （唐）澄观撰：《华严经疏钞玄谈》卷八。引文中所谈到的"鸟之黑"在《大般涅槃经》中亦曾多处提及。

印度教与中国文化

中国是印度的近邻，中国和印度人民的友好往来有着悠久的历史。远在两千年前就开始了宗教、思想和文化的交流。两汉以后逐渐频繁，在隋唐时达到了高潮。宋元时期更加深入发展，明清时期虽然受到西方殖民主义者等人为因素的阻碍，但仍然有所接触，到现代有了新的发展。我国伟大的文学家和思想家鲁迅在回顾这种文化的交流历史时曾说："印度则交通自古。贻我大祥、思想、信仰、道德、艺文无蒙不贶。虽兄弟眷属，何以加之。"① 这是十分确切的。印度佛教与中国的关系是人所周知的事实，但是印度教在中国也有着相当的影响，这个问题一直被人们所忽视。本文试图对印度教与中国的关系，特别是印度教与中国文化的交流作一简略的叙述。

婆罗门教和印度教在何时传入中国边疆地区和内地是一个值得研究的问题。很多学者认为大概与佛教同时。根据中印史籍的记录和考古发掘出来的遗迹，可以推断，印度教传入我国大概有四条渠道：（1）是从印度科罗曼德耳海岸，经马六甲海峡，到马来群岛至我国的广州、泉州或其他海港，这条路线被称为"海上的丝绸之路"，它为泉州发掘出来的大量印度教历史文物和我国沿海地区的地方史籍所证明。（2）是由印度阿萨姆（古代称为伽没洛国）进入上缅甸，再由缅甸通往我国云南省和西南地区，这条路线从云南省剑川县石钟山石窟中所见到的林加崇拜（生殖器崇拜，印度教湿婆大神的象征）和造像以及大理发现的印度密教的遗迹可以证实。（3）第三条是众所周知的丝绸之路，即从印度西北部经克什米尔，越葱岭，沿着天山南北两路，到达阳关和玉门关。它是佛

---

① 鲁迅：《破恶声论》，载唐弢编《鲁迅全集补遗续编》，人民出版社 2005 年版。

教传入我国的主要径道。7世纪玄奘去印度时见到在印度中亚的要道"威镇河西"的伽毕试国有"天祠数十所，异道千余人或露形、或涂灰，连络髑髅，以为冠鬘"①。在世界闻名的克孜尔和敦煌千佛洞佛教艺术宝库中，我们也可以看到印度教史诗《罗摩衍那》"助弥猴"的本生壁画（克孜尔石密第179窟）和印度教象头神等画像（敦煌莫高窟西魏第285窟）。（4）第四条是由印度经尼泊尔，越喜马拉雅山进入我国西藏的古道，这是印度佛教和印度教密教传入藏地，同时也是喇嘛教反过来传入尼泊尔的孔道。

我国保存有大批印度婆罗门教—印度教的史料和文物。可惜这些史料还没有作过系统的整理和研究。这些史料大致可分为五类：（1）流传在中国不少的印度教的梵文经典如《薄伽梵歌》《摩诃婆罗多》《莲花往事书》《摩醯姆那赞》，以及印度教的哲学著作如《数论颂》《胜论七句义论》等。这些梵文原典大都是11世纪以后的抄本。（2）我国翻译或记录的印度教经典、教义和行事、印度教思想文化、科学艺术等对中国影响的史乘。（3）婆罗门教—印度教与佛教相互斗争和渗透的历史记录。（4）印度教在中国边疆或沿海地区建寺和活动的记述和遗迹。（5）印度教在中亚、东南亚传播经过的历史，这些记述对于了解印度教的发展有着重要的参考价值。

婆罗门教—印度教大概与佛教同时传入我国，在我国各个时期所翻译的佛经和其他史籍中对印度教的情况都有较系统或分散的记述。据统计，现存汉译佛经和其他经典中属于印度次大陆的共计1692种，约5700卷，自后汉至北宋末年，即由公元2世纪至12世纪的1000年间直接参加翻译的著名译者有150余人，其中有史书可证，属于印度次大陆来华的僧侣、学者计71人。根据1683年北京版《西藏大藏经》统计，属于正藏（甘珠尔）的计1055部，属于付藏（丹珠尔）的计3522部。这些经典大部分是从印度梵文原典中翻译过来的。另外，我国的僧侣和学者对这些经典作了为数众多的注疏。在汉、藏、蒙、满文大藏经中，特别是在8世纪后半叶

---

① 天祠是佛教徒对异教祠庙的称呼，主要是指印度教，露形是耆那教徒，涂灰是印度教湿婆派的教徒。

至 12 世纪中叶所翻译出的佛教密宗经典中包含着大量的印度教密教的经典。

印度教最根本的经典——《吠陀经》在我国各个时代都有所记述。吠陀在我国史籍中或者意译为明论、智论，或者音译为吠陀、毗陀、薛陀、吠驮等。对《吠陀本集》也有不同的译名和解释，例如三国时《摩登伽经》译为赞诵、祭祀、歌咏、禳灾；刘宋《杂心论》译为忆力、阿泰、耶训、三摩；梁陈《金七十论》译为婆摩、夜集、力口；隋《百论疏》译为荷力、冶受、三摩、阿闼；唐《西域记》译为寿、祠、平、术；《金光明经疏》译为颜力（寿明）、耶树、娑摩、阿闼（术明）。玄奘在《大唐西域记》中对《吠陀本集》作了这样的解释："婆罗门学四吠陀论，一曰寿，谓养生缮性；二曰祠，谓享祭祈祷；三曰平，谓礼仪占卜，兵法军阵；四曰术，谓异能伎数。禁咒医药。"这种解释显然与前一个时期有所不同，当时印度教的经典都是口传的，可能由于师承关系、时代、地区不同而有不同的解释。另外，对吠陀的辅助学（中国译为"明论支节录"，Vedānga），即从宗教仪式、音韵、语法、字源、天文学等方面对吠陀的解释也有一些分散的记述。我国对吠陀、《奥义书》思想较早和较全面的记述是汉译《长阿含·梵网六十二见经》《三明经》《沙门果经》（以上皆 4 世纪译出）、《提婆菩萨释楞伽经外道小乘涅槃论》、法称所译的《金刚针奥义》（4 世纪）；在藏译清辨《中观心论》及释本以及莲花戒时寂护所著的《真理纲要释》中也有重要和系统的记录。我国的僧侣和学者对印度教正统派哲学（"六派哲学"）在不同时期都有不同的记载。例如藏族著名的佛教学者妙音笑金刚在他所著的《自他宗派建立》，善慧法日所著的《宗教流派镜史》中对印度教正统哲学都有比较系统的阐述。我国在陈朝由真谛所译出的印度自在黑所著的《金七十论》（《数论颂》）是属于印度数论哲学经典最古老的一种。这本书在印度已失传，现已倒译成梵文。唐玄奘所译的慧月著《胜宗十句义论》的梵本，在印度也没有找到。另外，我国僧侣和学者为了研究和学习印度的宗教和哲学在各个时期中还编辑过不少词典或辞书。其中重要的有玄应、慧苑、慧琳、希麟等人所编的《一切经音义》《续一切经音义》，隋吉藏所著的《百论疏》，西藏在 9 世纪所编的《翻译名义大集》等。这些辞书虽然都是从佛教的立场出发的，但也收集了佛教以外的各种宗教的情况，颇有参考价值。

在我国和南亚、东南亚长期的历史交往中，我国很多僧侣、学者、商人和外交使者亲自去实地观察和了解后，写出过为数众多的有关南亚和东南亚各国历史地理、风俗人情等著作，其中也记述了大量印度教活动的情况，这类著作自南北朝至明清一直未断。例如我国著名的僧人法显于公元399年至414年去印度巡礼时，在他所著的《佛国记》中曾记载印度笈多王朝婆罗门教复兴的情况："五天竺地皆以婆罗门当贵姓"。"在中国（恒河中游地区）有九十六种外道，皆知今世后世，各有徒众，亦皆乞食，但不持钵，亦复求福，于旷路侧立福德舍、屋宇、床卧、饮食供给行路人及出家人、来去客，但所期异耳"。7世纪玄奘在印度长期滞留后所写的《大唐西域记》中对次大陆各国和中亚一些地区的印度教活动情况有详细的描述。例如他见到印度贝纳勒斯有"天祠百余所，外道万余人，并多宗事大自天，或断发，或椎髻，露形无物，涂身以灰，精勤苦行，求出生死"。在恒河与朱木那河交界的钵罗耶罗国（今阿拉哈巴德），见到"天祠数百，异道实多"，"城中有天祠，莹饰轮焕，灵异多端"。公元671年义净去印度和东南亚一些地区巡礼，他在《南海寄归内法传》《唐西域求法高僧传》中对印度教也有一些记述。宋赵汝适（1225年）所写的《诸蕃志》中曾描述东南亚印度教的行事。周达观在1296年至1297年访问真腊（包括现在柬埔寨的北部和老挝的南部）后，在他的《真腊风土记》中对印度教有详细的记述：真腊有"三教"，"为儒者呼为班诘（pandt），为僧者为苎姑（chau kou，佛教僧人），为道者为八思维（Tapasui 或 pās'upatas，印度教之苦行僧）……由班诘入仕者则为高上之人项上之线（印度教徒所佩带的圣带）终身不去。""道教者亦不如僧教之盛耳、所供无别象，但止一石（林加），如同中国社坛中之石耳……八思维不食他人之食，亦不令人见食，亦不饮酒，不曾见其诵经与人之功课"，周达观所称之为"三教"，大概是印度教的哲学派别、小乘佛教和湿婆苦行派。另外，在我国的史书中如《晋书》《南齐书》《梁书》《隋书》《新唐书》《通典》和《文献通考》等都有关于南亚和东南亚印度教活动的记述。例如《梁书·扶南传》曾记载公元375年统治湄公河畔的扶南竺旃檀王是一个笃信印度教的婆罗门，他"改用天竺法"，"俗事天神，以纲为像，两面四手，四面八手"，这个神像无疑是印度教主神毗湿努与湿努结合的诃里诃罗。据《南齐书》（卷58）载，公元848年统治扶南的阇耶跋摩王曾写信给梁武帝，表明扶南的宗教是对摩醯首罗（大自在天）即湿婆的崇拜。《通典》卷93提及婆罗门教的神话，称"昔婆罗门领徒千人，肄业于树下，树神降之，结为夫妇"等，这些史料对于研究印度教在南亚和东南亚各地的传播有着十分重要的价值。

在印度宗教历史发展过程中，佛教最先是作为婆罗门教的改良派或对立面而出现的，但是在它最后一个时期，即密宗时期中又与印度教混合起来，这两个宗教虽然各有所标榜，但在自己的理论和实践中都摄取了对方的因素。佛教在进入大乘阶段后，大乘佛教中的空宗和另外一些派别在理论上逐渐与印度教中的吠檀多相接近，在实践上也吸收了印度教的很多民间信仰、神祇和仪式。因之佛教传入中国后，印度教的一些基本概念和禁制，如轮回、业报、化身、五戒等在中国得到广泛的传播。印度教中的一些护世神，如雷神因陀罗（Indra，佛教作帝释天）、军神室犍陀或伽蒂佉耶（Skanda或Karikeya，佛教作韦驮天）、智慧神娑罗室伐底（Sariasvati，佛教作大辩才天女或妙音佛母）、财神或吉祥天女（Laksmi，佛教作多闻天）和管理阴间之王阎摩（Yamaraksa）等都被佛教吸收为护法神或菩萨而为我国佛教徒所崇拜的对象。至于佛教中的密宗或金刚乘和印度教中的密教或性力派无论在崇拜的对象或修持的仪式方面也就更加难以区别了。我国佛教一些宗派的建立，这当然是由于我国社会斗争的需要，但在思想渊源方面除了继承印度佛教的思想材料以外，也摄取过印度教的很多因素。同样，印度教的哲学派别——吠檀多不二论在其形成过程中也吸收过佛教大乘空宗的很多重要概念和逻辑论证方法，因此印度教最著名的理论家商羯罗被攻击为"假面的佛教徒"，这不是没有理由的。

道教是我国民族固有的宗教。我国道家的著作《道德经》在7世纪曾应东印度王尸鸠摩的请求，由玄奘译成梵文，在印度传播。印度教的密教与中国道教有过因缘。道教和密教在修行的理论和实践方面有着很多共同之处。例如密教认为，世界是由男女和合而产生的，道教也有"阴阳抱合之说"，两者都崇拜女性；道教和密教都重视精神和肉体的修炼，密教的修行法中有"双身"（"交合"），道教中则有"合气之术"，两者都从事内外丹的修炼，道教认为是"长命术"，密教则认为是保持肉体的"不朽之术"，印度湿婆派中还有专门从事这方面修持的水银派等。印度密教经典《度母秘义经》《摩诃支那功修法》《风神咒坦多罗》《须弥山坦多罗》等都说密教修行方法之一的"支那功"（Cinacāra）是向中国学习的。《度母秘义经》和《风神咒坦多罗》还传说印度密教著名的大师殊胜（Vaśistha）为了学习"支那功"曾来我国游学等。又据泰米尔文密教的经典，南印度密教的十八位"成就者"（"修行完成了的人"）中有两位来自中国。他们的泰米尔文名字叫博迦尔（Bogar）和普里巴尼（Pulipani），这两位"成就者"在公元3世纪去印度伽耶等地传播道教的医学和化学思想，写过关于禁咒、医术和炼丹术的著作，在印度化学史和密教史中都有卓越的地位。印度的P. 赖易（P. Ray）教授和李约瑟博士曾给予重要的评价。

　　印度教的瑜伽术大概在4世纪就传入我国，最早见于佛教的《方便心论》。瑜伽术传入我国后与我国的佛教、道教、儒教、医学、武术、民间的气功术都有过关系。我国佛教禅宗提出的修"上乘禅"（超越小乘的我空和大乘我法两空的瑜伽）；天台宗提倡修行的"六妙法门"［一数（数息）、二随（随念心住）、三止、四观、五还（还归本心）］；净土宗所主张念佛三昧（念佛可以集中意念，往生净土）都可见到瑜伽的明显影响。我国古代史籍中记录的健身术与印度瑜伽术有关的有南北朝时流行的"易筋经"，唐时传入的"天竺按摩法"与宋代传入的"婆罗门引导法"，但经与记录印度诃陀瑜伽（力量瑜伽，Hatha-yoga）术总汇的《诃陀瑜伽解明》（Hathayogapadīpīka）相比较，其中有的可以看到印度瑜伽术的一些影响，有的则是我国自己创造，假托于天竺或印度的。"易筋经"相传为达摩所传，最早见于李靖所著的《易筋经序》。达摩确有其人，但印度来华的僧侣中有几个同样叫达摩的人。李靖序本身并不可靠，当时印度作为练身的瑜伽术——诃陀瑜伽还未深入发展，南北朝时我国翻译佛经还属初期，作为练身的瑜伽术经籍记述不多。《易筋经》所列的"十二势"与《诃陀瑜伽解明》中所述的功法相比虽然在运气与身体姿势结合方面有些相似，少数名称如"倒拽九牛尾势"与"牛头功"（Gomukhāsana），"韦驮献杵势"与"金刚功"（Vajrasana）等相似外，其余都是不相同的。唐时道教著名的医学家孙思邈所著的《备急千金方》最早记有"天竺按摩法"，当时印度密教的著作已经传入中国，但《备急千金方》记载得很简要，只有一些相似的姿势可与印度诃陀瑜伽相印证。"婆罗门导引法"最早见于宋时张君房（1004—1007 年撰写）所著《云笈七签》，这时诃陀瑜伽术在印度已很盛行，诃陀瑜伽可能已传入中土，因此"十二导引"中有些名称与《诃陀瑜伽解明》所列很相似。如"龙引"与蛇功（bhujaunagasana，我国古代常常把印度的蛇译为龙，这里指的是眼镜蛇）、"龟引"与"龟功"（Kurmakasana）、"仙入排天"与"仙人功"（Siddhasana）、"凤凰鼓翅"与"孔雀功"、"鹤举"与"鹳功"、"寒松提雪"与"莲花功"等①，但是在功法与姿势方面是很不相同的，在时间上也有差异。《云笈七签》可能要比《诃陀瑜伽解明》稍早一些，这个问题需要进一步研究后才能得出结论。

印度密教瑜伽传入我国西藏后与西藏本土的宗教——本教的某些修炼术结合后，得到了重要的发展，形成了一套藏密的瑜伽体系。根据噶举派（白教）所传的方法有："著坐仪"（坐法和调息）、"四忆念"、"正行"（正确修行法，使心专注一处）、"色心二结合体观"（物质与精神结合一体观）和"无观瑜伽"（断灭心的作用，证悟涅槃）②。

在印度教的意识形态占有统治地位的时代，印度的一切科学文化知识都垄断在婆罗门的手中。婆罗门在执行祭祀，解释吠陀经典中建立和发展了一系列被称为祭祀的辅助学科，如天文学、语言学、音韵学、逻辑学、医学、工艺学、数学（祭坛学）等，这些具有实用的知识随着佛教、印度教传入我国，对我国发生过一定的影响。例如瞿昙悉达在公元 718 年译出印度的历书《九执历》并且编了一部《开元占经》，我国的佛教高僧一行参考印度教的《九执历》创造了《大衍历》。印度的数学最早是为建立祭坛测量服务的，以后发展成为科学分支之一。我国在隋唐时曾译出多种印度的《算经》和《算法》，在我国有过一些影响。印度医学随着佛教传入中国，东汉末年安世高翻译的佛经中就有《人身四百四病经》《人病医不

---

① 《诃陀瑜伽解明》Ⅰ.20.22—24.30.32。
② 详见珀玛伽尔波《涅槃道大手印瑜伽法要》，载《中明救度法》，观化卢，1936 年。

能治经》，在隋唐时一直流行着许多"胡方"，据《隋书·经籍志》载，有《婆罗门诸仙方》、《婆罗门药方》和《耆婆所述仙人命论方》等等，公元8世纪下半叶，藏族医学家宇妥·云旦贡布，曾综合了汉地医学、西藏民间医学和印度医学，编著了《医方四续》，奠定了藏族医学的理论基础。我国在语言、文学、绘画、音乐方面都曾受到过印度的影响。西藏翻译过研究吠陀梵文文法的《波弥尼经》和史诗《罗摩衍那》（节译本），汉译《杂宝藏经》卷一之"十奢王缘"（吉迦夜和曇曜于472年译出）和《六度集经》第四十六之《未名王经》（康僧会于251年译出）就是《罗摩衍那》最早传说的形式。《罗摩衍那》在我国民间广为流传，其中神猴诃努曼的形象，很多研究者认为是我国古典小说《西游记》中孙悟空的模型。

　　印度教徒在我国建庙和活动，根据历史的记载和考古发现的遗迹，可以推知在新疆地区要比汉地为早。玄奘在《西域记·瞿萨旦那国》中曾提到，和田地区在7世纪以前曾有涂灰外道，即湿婆派的活动。新疆罗布卓尔等地发现有石祖、陶祖和木祖（祖是生殖器的意思）的遗迹，可证对林加的崇拜很流行。在云南白族聚居的剑川石窟石钟寺区第8号窟中发现正座有作莲花型的女阴，当地人称为"阿盎白"，意为"姑娘的生殖器"，在女阴旁还有印度型的天王像和佛像。在剑川石窟中还发现有三个深目、高鼻、挽螺丝髻和披罽（毡）的外国人像。据有些学者的研究，这几个外国人像都是印度和尚的像。另外，在纳西族聚居的中甸大具坝东北岩壁上的两个岩洞中雕凿有女阴几处，受到当地人民的崇拜。这些遗迹有人认为是我国古代生殖器崇拜残余的表现，但是我们细加辨认，这无疑是印度教湿婆派林加崇拜的形式。云南大理在汉时已由缅甸（骠国）和中原分别传入佛教，在唐时密教（当地人称为阿叱力或阿阇梨教）很流行，这种密教是佛教和印度教的混合形式，崇拜主神摩诃迦罗（大黑天，Mahakala，在印度教中是湿婆的别名，湿婆在破坏世界时的黑暗形象，佛教密宗也崇奉此神）。很多印度僧人驻足于大理。王崧本《野史》载："丰祐时（唐穆宗，821—824年）西僧赞陀崛哆建鹤庆元化寺"，施行密法。邓川大阿拶哩段公墓志云："唐贞观己丑年（629）观音（人名——引者注）自乾竺（印度——引者注）来，率领段道超、杨法律等五十姓之僧伦，开化此方，流传密印……迨致南诏奇王之朝，大兴密教。"《古滇说》又云："有菩提巴波自天竺至，以秘咒丹书神位。"南诏王世隆于 872 年立铁柱于弥陀并崇奉大黑天神。在故宫中迄今还保存着《大理国张胜温画佛长卷》(1190 年)，其中绘有大圣大黑天、摩醯首罗（大自在天）和印度十六个国王像。这足证印度密教在我国西南边疆的影响。

印度教在汉地建庙，据目前所见最早的记录是《唐大和尚东征记》，该书载：天宝九年（750 年）"广州有婆罗门寺三所，并梵僧居住。……江中有婆罗门（印度）、波斯、昆仑（爪哇）等舶，并载香药珍宝，积载如山"，可见当时广州已有印度教的寺庙。泉州古称刺桐，是世界有名的海港，印度商人聚集于此。建庙的时间可能要比广州稍后一些。据《诸蕃志》记："雍熙间（984—987），有僧啰护那舰海而至，自言天竺国人……买隙地建佛刹于泉之城南，今宝林院也。"同书又云："王命国师作法，诵咒书符。"啰护那的活动很像印度教徒的活动，他所建立的寺院可能是印度教的寺庙。湿婆的象征是林加，形似竹笋，是印度教徒崇拜的对象，泉州人称之为石笋，泉州有一条河流还叫作笋江。泉州石笋崇拜的出现，据《泉州府志·古迹》记，大概在北宋大中祥符四年（1011 年）以前，石笋崇拜出现以后，当地人认为是秽物，引起官方的重视，府尹曾派人去破坏。元时，马可·波罗称誉泉州是"世界最大的商港"，"印度船舶运来商人之珍珠宝石，咸集此城，以获重利"。根据《清源金氏族谱》的记载，印度教徒曾在此建立番佛寺，这个寺的遗址在今泉州南门汽车运输总站内，并有很多出土文物可证。近几年来，泉州出土约有二百多方印度教的文物，其中除大量棱形或其他形状的石制林加外，有印度教很多主要神祇的石刻造像、雕像。如毗湿奴、湿婆、黑天、婆婆娣、吉祥天女、罗摩、迦逻那和人狮等。另外，还有史诗《罗摩衍那》《摩诃婆罗多》和《往事书》等神话和民间故事的浮雕，用古泰米尔文写作的有关印度教的碑铭。大部分雕品形象栩栩如生，造型十分美丽，堪称宗教文物中的精华，它是中印艺术交流的结晶，从以泉州出土的文物以及克孜尔、敦煌和剑川石钟山石窟等所见的壁画、雕像、文物等遗迹，并参照我国史籍中的记载，完全可以说明印度教的几个主要派别：毗湿奴派、湿婆派和性力派等都在我国有所传播。总之，印度教和佛教一样在我国也有源远流长的历史，印度教的思想、文化在我国有相当的影响。

以上只是对印度教与中国的关系作一简略的介绍和探索，其中错误在所难免，望专家和读者们加以指正。

（原载《中国文化研究集刊》第 5 辑，复旦大学出版社 1987 年版）

中韩文化

中韩文化的共同特征及其相异性

中韩两国是隔海相望的邻邦，有两千多年友好和文化交流的历史，在这漫长的历史长河中，两国人民互相学习、互相帮助，促进了各自的发展。1992年中韩在新的基础上建立了外交关系，翻开了历史的一页。随着经济交往的大量发展，中韩文化的交流也出现了热潮，在文化交流中人们常常追溯中韩源远流长的历史并作了各自的解说。本文拟对中韩文化的共同特征及其相异性作一概略的论述。

关于文化的内涵及其意义，在目前学者中有着种种不同甚至对立的说法。笔者认为，从广义上说，文化是指人类社会历史实践过程中所创造的物质财富和精神文化的总和。从狭义来说，文化是指社会的一切意识形态并与之相适应的政教制度和社会习俗、信仰等。

中国文化博大精深，灿烂缤纷，在5000年中，经历了多次兴衰的过程，它是不断更新发展的，而且在每一次扬弃后像凤凰涅槃一样又获得了新生，有了新的内容。就文化的思想基础哲学而言，战国是儒、墨、道、名、法、阴阳、纵横等百家争鸣的时代。秦代尚法家，同时又盛行神仙之术。汉初则以黄老为显学，两汉时儒学开始盛行起来，并逐渐定于一尊，但阴阳五行谶纬之学还在流行。六朝、隋唐时，儒释道并举，有时释道居先。宋以后理学对社会上层知识分子的意识形态曾长期起着支配作用，但理学以儒为表，以释道为里，熔三者于一炉，无论程朱抑或陆王的宋明理学都不能与原初儒学或孔孟之道等同起来。进入近代特别是五四运动以后，中国文化受到了西方文化的冲击，更是显得千姿百态，其中儒学在西方思想影响下取得了新的形式和内容，被称为新儒学。五四运动以后马克思主义在中国开始传播，并逐渐在现代取得了主导地位。从整个历史中看，我们可以简单地说，中国持续的传统文化中儒学一直占有统治的地位，或者儒道的结合构成了传统文化的基本内核。

韩国的文化有着悠久和灿烂的历史。公元前 2333 年在其建国初期就有檀君神话的传说，这可能是一种图腾和祖先的崇拜。公元 1 世纪前后，韩半岛及其周围出现了百济、新罗等国，中国的儒学开始传入，但在民间盛行着对天神及各种神仙的崇拜。公元 4 世纪后半期佛教开始传入，逐渐在民间流行并一度成为新罗的国教。道教思想在 4 世纪时开始传入百济，但道教正式被引入高句丽和新罗要在 7 世纪以后。6—7 世纪新罗出现花郎道思想，这是把儒释道和韩国的民间信仰融为一体并具有民族特点的道德伦理思想体系。14 世纪李氏朝鲜王朝建立后，独尊儒术，在以后的五百年间，朱子学（性理学）一直处于统治的地位并在内部出现了观点不同的学派。公元 17 世纪在韩半岛掀起了实学思潮，这种思潮与我国相呼应，讲求实学实效，主张经世致用，改革时弊。在 19 世纪上半叶，出现了以宗教的社会改革为目标的东学运动。在韩国资本主义急剧发展过程中也出现了爱国主义的启蒙文化思想和对儒学进行改革的"求新"思想。值得注意的是：在儒释崛起的时期，韩国人民并没有放弃固有的萨满教信仰和实践，萨满教是韩国民族文化的一个重要组成部分。

韩国文化是汉字文化中最接近我国的一部分。中国思想文化从内到外大致可分为三个层次：思想文化、制度文化和行为文化（文物、礼仪、习俗等），这三个层次的很多方面在历史过程中都传入了韩国，因此朝鲜王朝常常被称为"小中华"，把中韩的关系称为"唇亡齿寒"的关系，有些中国的礼乐制度传入韩国后，表现得更为形式和烦琐。因之陈寿在其所著《三国志·东夷传序》中论及东夷的法俗时曾说："中国失礼，求之四夷，犹信！"

但是由于中韩所处的地理环境、民族构成和社会发展等时、空因素的不同，因之在两种基本类型的文化中也有着明显的差异。中国是一个大陆型的农业型的国家，它的地理环境对中国文化的形成和发展有着极为重要的影响，从古代起先民们就生长在东亚这块大陆上，东濒古人无法逾越的太平洋，西北是漫漫的戈壁沙漠，西南耸立着世界上最险峻的青藏高原，在古代交通不发达时期，这种环境使中国早期文化常常陷于封闭自守的状态。中国历来的统治者都强调"以农立国"，在农业社会中建立了中央集权和地方分权相辅相成的专制主义国家，并形成了以血缘关系为纽带、崇尚自己的祖先和传统为特征的宗法社会。根据地理环境、民族分布以及历史传统，中国文化的构成明显地可以分成八大块（中原京派文化、江浙海派文化、闽粤岭南文化、江汉楚文化、四川巴蜀文化、陕甘华夏古文化、东北关东文化、边疆各少数民族地区文化）；而韩国则是一个具有海洋性的岛屿国家，它突出于亚洲大陆的东北部，面向太平洋，三面环水，东西南分别被日本海、黄海的朝鲜海峡所环绕，海岸线全长约2万公里，沿岸布满了3400个大小岛屿。自古以来海洋就在韩国人民的生活中起着突出的作用，韩国人民在与大自然搏斗中充分表现出了顽强的进取性和创造性，他们为早期航海术和造船业的发展做出了重要贡献，获得亚洲人民的赞誉，但韩国人民的这种开拓精神，也被殖民主义的一些历史学家所歪曲，他们声称韩国的"半岛性格"的"岛屿文化"的特性是"附随性、周边性和多邻性"。

中国是一个多民族国家，除汉族以外还有55个少数民族，但韩国是单一民族的国家，韩国人在公元初就形成了自己同一民族，在公元7世纪时，新罗王国在政治上又把它们统一起来，韩国民族在躯体、语言、血缘等方面有着共同的特征，这些特征维护了自己独特的民族文化。

下面谈几点中韩文化的共同特征及其差异性。

在当前中国文化反思中，学者们对中国传统文化的核心精神或基本特征作了各种不同甚至对立的回答，笔者根据自己对中国传统文化基本特征的看法试与韩国文化相比较。

（一）分散性属于统一性

如前所述，我国有56个民族、8大块文化区域、多元的宗教、哲学和丰富多彩的文艺等，但是这些文化现象都汇合于若干共同点，形成文化的统一性，这些统一性或共同点也就是中国文化连绵不断，顽强拼搏，自立于世界的原因。有人认为儒家大一统的意识形态和共同的礼乐制度是这种统一性的表现，笔者觉得有一定的理由。儒学在中国文化史上特别是在两汉以后确实占有统治地位，起过重要的促进作用，但笔者认为在中国不同的历史阶段中大一统的观念也是有所不同的。在春秋战国之际，各家互相争鸣，韩非提出"以法为教"，这种法家的主张后来成为秦始皇黜百家，统一中国的大一统意识形态和具体实践政策。汉代统治者定儒教于一尊，强调"德主刑辅"。从此儒教在中国历史进程中起着大一统的作用。隋唐时期不同的统治者常常对儒释道三教中的某一家有所偏爱，但在国家宗教政策实施方面则是采取"三教并行"的方针，而儒学在统治上层中间或者在朝廷行政管理、教育取仕、社会伦理方面显得更为突出。明清以后，理学兴起并占有主导地位，但统治阶级一般还让佛道活动，这些情况直至民初以后才有重大的变化。儒教传入韩国后对韩国的政治、思想、伦理、教育、社会习俗等方面无疑地起过重要的推动作用。韩国的礼乐、教育、科举和行政管理制度也是依照中国建立起来的，但是我们细心考察一下可以看出：韩国的大一统观念或民族思想常常是儒、释、道三者与韩国固有的民族思想、信仰特别是萨满教相结合的产物。例如在6—7世纪流行的"风流道"，这种思想特点正如韩国大学者崔致远所概括："国有玄妙之道曰风流。设教之源，备详仙史（民族信仰——引者注），实乃包含三教，接化群生，且如入则孝于家，出则忠于国，鲁司寇之旨也。处无为之争，行不言之教，周柱史之宗也。诸恶莫作，众善奉行，竺乾太子之化也"（《三国史记·新罗本纪》）。又如在近代朝鲜史上曾经轰动一时，起过十分重要作用的东学运动的实学思潮，我们从中也可以看到"三教"和韩国民间信仰有效的结合。

在中国宗教哲学思想传入韩国后，韩国固有的巫俗信仰和诸神崇拜自古迄今一直继续存在着，在诸神崇拜中祭天是最高的仪式，它是举国一致参与的大祭典，其他崇仰的对象有山岳、河流、动植物等自然诸神。萨满教不仅认为人类有灵魂，自然界也有灵魂，巫师是人们的神灵之间的"中介者"，它不仅参加民间的祭祀、医疗活动，而且还参与国家的政治和战争事务。在三国、高丽和朝鲜王朝，国家设有管理巫的专门机构（"巫厅"）和活动场所（"星宿厅""活人院"）等。重要的巫觋（"司政巫""国巫"）直接由朝廷任命。萨满教举行仪式时常常伴随着音乐和舞蹈，因之它是韩国多姿多彩的民俗文化的一个组成部分。

（二）共同性的礼乐制度

中国国家礼乐制度的建立和推行是和孔孟及其后继的儒家思想家们的

提倡分不开的。所谓"礼乐"是一套以血缘家长制为基础的统治法规、社会规范和礼节仪式。统治阶级利用这套制度来加强自己的统治，维护社会的稳定和国家的安宁，并在人民中间树立彼此不可逾越的行为准则和秩序。中国历史上的王朝虽然不断有变替，但其礼乐制度则是一贯传承的。

华夏民族由于农业耕作和水利事业促进了血缘关系的联系和发展，在周代就形成了一套以血缘为基础的宗法社会制度和"孝为德本"的道德规范，体现宗法制度的祖先崇拜，数千年来渗透到汉族和很多少数民族每个家庭之中，成为牢固的民间习俗。另外，中国统治阶级一方面鼓吹德治主义或王道主义；另一面又采取中央集权或中央和地方政权相结合的专制统治，这种亚细亚式专制主义的统治绵延达数千年。

随着中国儒家思想和中国礼乐制度传入韩国，韩国也逐渐建立了相应的礼乐制度。韩国最早仿照中国建立自己的学制、法制、田制和兵制等是在高句丽小兽林王二年（公元372年），以后高丽王朝的开创者王建（918—984年）又仿唐制建立了各级政府机构和管理制度。他在《训要十条》中说"惟我东方，旧慕唐风，文物礼乐，悉遵其制"。王建的后继者们又仿照中国建立了科举制度，开设了国子监、春秋馆（国史馆）等。韩国还在"联盟王国"时代（1—3世纪）发现了建立在血缘关系基础上的所谓"同居共财"的家庭制度，这种制度在三韩以后得到了巩固和发展，在进入近代以后虽然出现了很多新的形式和财产分割，但其遗风迄今犹存。中国的家族制度则在汉代以后就已逐渐向小家庭制发展。中韩无论在古代或中世纪封建主义统治时都实行中央集权主义，中国在某一个时期内还曾出现过中央集权与地方分散并存的局面；但韩国由于地域毗连，中央政府易于控制，王朝统治的时间一般较长等等原因，地方分权的倾向或抗争是较少见到的。在儒教伦理思想的影响下，中国长期的封建社会中盛行"四姓"（士、农、工、商）的身份制度，"四姓"所处的社会地位一般不易变更，而在韩国的"四姓"身份制中，那些属于下层的农商中经常有所分化。

（三）人文主义

中国不少思想家都强调人的问题高于一切，神即使存在也围绕着人世间活动，并认为人们之间有一种共同点即人性，人性也就是道德性。孔子把人性解释为"仁",孟子为"四端"(仁、义、礼、智),荀子为"义",他们强调人的终极目的或人的价值就是在于道德人格的自我实践,并从个人道德实现扩及了家庭、社会和国家,所谓"修身、齐家,安国、平天下"。中国的人文主义与希腊、西欧和印度的人本主义都有所不同,希腊、西欧着重探索人和自然的关系,印度强调人和神的关系,而中国则强调人与人之间的关系,把注意力更为集中在人的安身立命以及人和群体之间的关系方面。西欧人文主义者认为,人是具有理智和情感的独立体,而中国则把人看成是群体中的一分子,不是独立的个体,并且认为人是具有群体生存需要,并有伦理道德自觉的互助个体。这种人文精神的突出表现,就是中国文化不仅不把人从人际关系中孤立出来,而且也不把人同自然对立起来,这种主客互融的"天人合一"的思想构成了中国文化的显著特色。

韩国思想家们也在不同程度上接受或发挥了上述中国人文主义的思想,并把它奉为自己修身和社会生活的准则,贯彻于实际行动中,在近代西方社会伦理思想传入韩国后,韩国的人文主义精神和价值观受到了挑战,但韩国很多学者仍承认在当前时期儒教的人文主义精神还有着十分重要的意义。例如在 1988 年 9 月汉城召开的退溪学国际学术会议中,当时任文教部部长的金美植在致辞中说:"人类需要一种人的哲学,以便从根本上支撑人类共处的和平与人的生存。"又说:"退溪儒教思想中的人道主义精神和关于人的尊严的思想将成为治疗物质至上社会的许多弊病的实践哲学。"①

(四) 刚健自强的精神

中国哲学是中国文化的思想基础,在儒、法、墨、纵横家哲学思想的熏陶下形成了中国刚健有为、自强不息的精神,这就是孟子所说的"浩然之气"。《易传》所称的"天行健,君子自强不息","刚健文明,应乎天而时行",把人的精神与天的境界合一起来认识,这种精神千百年来一直激励着中国人民前进,为追求美好的未来而奋斗。

在韩国传统思想和文化中也孕育出了一种自强不息、勇于进取和护国

---

① 见沈仪琳《大韩民国——中国的近邻》,东方出版社 1994 年版,第 197 页。

独立的精神，这种精神既表现在花郎道的风流思想中，也出现在儒家所提倡的忠义思想和佛教所倡导的护国（"镇护国家"）精神之中。新罗高僧圆光曾把佛教的世俗五戒解释为"事君以忠，事亲以孝，交友以信，临阵无退（勇）和杀生有择（仁）"，这就是这种精神的集中表现。在玄光的思想哺育下，韩国前赴后继地出现了大批爱国的僧人和义士，他们在反对蒙古、倭寇、日帝以及其他外来侵略者的斗争中，组织义兵，不畏强暴，浴血抗敌，很多人献出自己的生命，谱写了无数惊天地、泣鬼神的爱国主义赞歌，正是由于这种自强不息的精神，韩国人民在过去25年中把长期属于世界上最贫穷的一个农业国家和殖民地改造成为一个高技术和高速工业化的国家。

以上是对中韩文化的基本特征和核心精神作一鸟瞰式的论述，如果我们能够深入研究两国的礼仪、风俗、家庭生活、文艺和经济活动等方面必将有助于对中韩文化的深入了解，作出更为实事求是的概括。

（原载《当代韩国》1995年第3期）

当代中韩佛教天台宗研究的前顾与后瞻

天台宗是中国佛教中最早成立的一个民族化的宗派，虽然这一宗到了宋代以后就流传渐衰，但是历代仍然不断有人在研习不辍，特别是明代以来，天台佛学一直就在佛教徒中发挥着影响。例如明代四大高僧藕益大师智旭就以私淑天台为自炽，在他的著作里用天台藏通别圆的理论来构织的学说充斥其间，使明代出现了"教演天台，行传净土"的思潮，并且影响了中国佛教后来的发展。民国期间天台宗开始一度复兴，特别是宁波观宗寺谛闲老和尚以讲说天台宗为己任，在他的影响下，天台学成为许多僧人努力学习的学科，最著名的是台宗传人敏羲、谛闲、倓虚几人，他们以天台祖庭为基地，遵四明大师遗教，扇三观四教之风，使天台宗的影响南覆上海、宁波，北达黑龙江、长春等地。其他台宗的重要弟子还有武冈正安、台南式海、乐清行祖、新昌兴慈、衡山智嶂、永嘉静权、上虞宝静、温岭静安等人。他们都是矢志天台，追随智者的台宗法门龙象，与谛闲和倓虚等人一起为中兴天台付出毕生的精力。他们广开言教，宣说止观，精研义理，培养后学，著述不辍，先后撰写了不少天台宗的佛教著作，主要有：宝静的《修习止观坐禅法要讲述》；倓虚的《天台传佛心印记释要》《始终心要义记》；谛闲的《大乘止观述记》《教观纲宗讲义》《始终心要解略抄》等。在俗人里也有著名的居士倾心天台，如江宁江味农曾在上海开讲《大乘止观》，并认为止观在般若中最为至要。台祖南岳慧思大师的《大乘止观》是中国佛教撰述的瑰宝，要研习智者大师的《摩诃止观》必先通达《大乘止观》，还撰述了《大乘止观亲闻记》，阐述了自己的看法。嘉兴范古农依谛闲法师受戒，并随从听讲，通达天台教义，兴办报刊，宣传佛教。学者也有对天台佛教做研究之人。著名佛教学者、哲学家谢无量为始作俑者。在他1916年出版的现代中国较早的一部佛学理论著作——

《佛学大纲》之第三章中，曾对天台教义做过扼要介绍。此书在 5 年内曾再版 4 次，足见其具有十分重要的影响。著名学者黄忏华在所著的《中国佛教史》《佛教各宗大意》中专门列讲了天台宗的情况。另一著名佛教学者、居士蒋维乔也在其著的《中国佛教史》卷二中对天台宗的代表人物及其著作做了重点介绍。总之，到 1950 年以前，经佛教界和学术界的努力，对天台佛教的研究取得了较大的成绩，人们对天台佛教有了很多了解，出版了一些天台研究的专著，给后面的研究打下了基础。

新成立的中国佛教协会创办了会刊《现代佛学》，经常登载一些学术研究文章或译文。著名佛教学者吕澂就曾在上面发表过《天台宗》一文，介绍了天台宗的主要思想来源，台宗慧思、智𫖮诸祖的实相说及判教思想。20 世纪 60 年代著名佛教学者、哲学家任继愈先生出版了《汉唐佛教思想论集》一书，此为我国学者系统地用马克思、列宁主义立场、观点和方法来研究佛教的较早的专著。书中专列了《天台宗哲学思想略论》一章，对天台宗创立的背景、天台教祖的生平与著作、天台教义的哲学内容及其特点等做了详尽的分析，勾勒了天台思想的发展脉络，厘清了一些线索。这些首创的研究，改变了以往研究佛教多有在教言教的倾向，从而使佛学研究进入了一个新的阶段，开辟了新的道路，有着重要的意义和影响。改革开放以后，天台学的研究一直是中国佛学研究的热点，凡讲中国佛教的专著，必然绕不开天台宗，像方立天、高振农、王雷泉、潘桂明、王志远、张风雷、董平、朱封鳌、俞学明等人都撰写了不少这方面的文章与专著，虽然各家的观点不一，有些甚至是相互对立的，但是繁荣了佛学研究，将天台佛教的研究推向了一个新的时期。特别是天台山地区成立了"天台文化研究会"，联络了全国的学者，旨在研究、弘扬天台文化，使中国的天台学研究由个人转为集体的研究。近 30 年来，我国召开了多次天台学的学术会议，推动了我国天台学的研究，具有重要的意义。

2000 年河南光山县曾经召开过首届天台文化研讨会，取得了丰硕的成果，其中最重要的研究是对天台宗三祖慧思的研究取得了共识，指出从北齐天保五年（554 年）慧思结庵志州大苏山 14 年之久，现在仍有摩崖石刻留存，智者曾在此随慧思受法多年，再结合道岸建寺植唐柏，宋乾兴御赐题额"敕赐梵天寺"，苏轼所作诗并序及后人题咏，肯定大苏山也是天台宗的发祥地之一。

世界文化是有继承性的，需要历代历朝的人不断地增演和研习之后，才成为集大成的学说。天台宗的创立与发展就充分证明了这一点，天台智者大师之所以能在创宗立说方面做出卓越的贡献，就是因为他充分汲取了前人的智慧，在他所学的佛教理论中，不仅有印度的龙树空宗学说，还有慧思等人的止观和《大乘起信论》的理论，智者的"天台三大部"既是他天才智慧的发挥，也是他站在前辈的肩上才达到的高度。所以智者能取得如此的成就，其中间的链条就是从杜顺、慧文到慧思以来的众人智慧结晶，忽视了这一点就不能足以说明天台宗理论的发展线索，也不能正确反映智者的思想发展脉络。这次我们又在大苏山召开第二届天台宗研讨会，与10年前的会议相比，如今的天台学研究形势已经今非昔比。我国天台宗的研究也进入了一个新的阶段，天台学的研究的学风已经从最早的介绍性转向了精细型的专题研究，而且研究的范围与内容也更加全面与深入，所以这次会议可以说是一次我国天台宗研究的回顾与检阅，笔者觉得在这次会议上会有一些令人耳目一新的成果出现。

中韩两国的佛教有着长远的交往历史，天台宗则是中韩两国佛教文化交流中最重要内容之一。作为中国佛教民族化宗派最早的天台宗是在隋代创立的，但是在它创立之后就影响我们的东邻高丽，唐代来华的求学僧已经把天台宗思想传入高丽，并且加以研习和光大。值得重视的是，宋代天台学已在开始下滑时，"时遭安史兵残，近则会昌焚毁，中国教藏残阙殆尽。今惟海东高丽阐教方盛"[1]，高丽的天台宗却在蓬勃发展，这时高丽来华的僧人到中国就是专门来访学问道，其中解惑天台是最重要的一个方面。高丽义天和谛观来华的目的就是为了寻找天台教籍，同时又将在中国已经佚失的天台宗著作送回，回国后建立韩国的天台宗与国清寺。但是笔者觉得更重要的是韩国僧人来华促进了中国天台宗的复兴，史载："（谛）观既至，就禀学寂公于螺溪，终焉大教，至是重昌矣。"[2] 当然这其中也有中国禅僧的功劳，如当时国师天台德韶因为介绍谛观前往螺溪向寂公学

---

[1] 《天台四教仪》卷一，《大正藏》第46卷，第774页。
[2] 同上。

习，后人因而感慨德韶"念南岳天台教乘磨灭——往新罗国缮写归"之功绩。总之，天台宗是中韩两国源远流长的佛教交流中的重要一环，治中韩佛教史的学者，绝对不能绕开这个环节，研究不好两国天台宗交流史，也就不能写好中韩两国的佛教文化交流史。20世纪60年代，韩国天台宗恢复，中韩建交之后韩国天台宗就与中国佛教界建立了密切联系，至今中韩两国分别在中国与韩国召开了几届天台宗学术研讨会，将中韩两国天台学研究重新赓续。现在我们又在光山再次召开两国学者参加的天台学研讨会，对两国的天台学交流与深入有着不可忽视的重要意义。

天台宗理论的特点在于圆融，这也是中国佛学最显著的现象，也正是由于这一特点，日后使中国佛学沿着圆融的路数发展，"教演天台，行在净土"成为中国佛教的时代思潮，"会性起修，会修起性"成为佛教修行的一个重要的法门。今天我们研究天台佛学，不仅是要对天台宗的理论给予现代的解读，更重要的是要发挥它的圆融理论，为中国佛学的发展做出新的贡献，使之能为当代构建和谐社会提供有用的资粮，这才是中国佛学未来发展之路。

现在我们对天台宗的研究仍然偏重于四明知礼以前的学说，对知礼以后的研究目前开展得还很不够。天台宗理论的发展始终是存在的，从来就没有终止过。慧思、智者、知礼等人固然是划时代人物，他们所建立的思想与理论是天台宗研究不可缺少的环节，但是同时也有不少其他人物值得重视，像四明之后的几代传人，明代的传灯、智旭以及近代的敏羲、谛闲、倓虚等人对天台宗的贡献也是值得好好做一番反思的。当然天台宗的研究应是全面的研究，突出研究天台理论虽不可少，但是由于天台学广博精深，涉及了内外学的方方面面，也牵涉中外佛教文化交流，这是一座丰富的历史文化宝库，有着丰厚的文化遗产，由此看来，我们对天台宗的研究还需要努力。希望这次会议以后，我们能见到更多的成果，天台学的研究在我国再次出现一个高潮。

（原载《中日韩天台学术对话》，人民出版社2011年版）

韩国禅教史前言

佛教是传统的世界三大宗教之一，于公元前 6 世纪左右由释迦牟尼在古印度创立。公元前 3 世纪时开始由印度向外传播，约在 1 世纪左右经由陆上或海上丝绸之路传入中国内地，复由中国再传入韩国、日本、越南等国。

韩国是中国唇齿相依的邻邦，自古以来就有着政治、经济和文化的联系，在两国人民交往中，凝成了深厚的友谊。宗教文化是两国源远流长的传统文化交流内容之一，特别是佛教作为文化交流关系的纽带，一直起着重要的作用，至今已逾1500余年的历史。

一

中国佛教最早传入高句丽大概在第十七代君主小兽林王二年（372 年），当时前秦苻坚曾派使者及僧顺道送去佛经和佛像，小兽林王也遣使者答谢。越 2 年东晋僧阿道又去高句丽，高句丽王在首都辑安附近的丸都城建省门寺和伊弗兰寺供顺道和阿道居住。晋孝武太原之末（396 年），白足和尚昙始赍经律数十部经往辽东弘化，"显授三乘，立以归戒"。平原王十八年（576 年），大丞相高德派遣沙门义渊入中国北齐都城邺（今河南临彰县西）向定国寺和尚法上询问佛教的缘由。南朝宋末齐初，高句丽僧道朗由辽东至江南，从昙庆学三论，在摄山嗣法于黄龙（今吉林地区）法度，学习《华严》等经义。天监十一年（512 年），梁武帝遣僧正智寂、僧怀、惠令等 10 人诣摄山从僧朗学习三论、《华严》，武帝还根据僧朗的义解作章疏。

佛教传入朝鲜半岛西南的百济稍晚于高句丽。枕流王元年（384 年），梵僧摩罗难陀由东晋到达百济的汉山城，受到百济王的热诚接待，翌年创佛寺于汉山，度僧十人。此后佛教在百济日益兴盛，"僧尼寺塔甚多"。在中朝交通的门户——泰安丰岛的瑞山和唐津的西海岸建有泰安摩崖伽蓝、云山摩崖伽蓝、百济金刚佛伽蓝和修德寺等等。梁武帝大同七年（541年），百济遣使赴梁求《涅槃》等经并工匠画师。

　　位于朝鲜半岛东南的新罗，一般认为佛教是在讷祇王时（417—418年）由高句丽输入的。在南北朝时，新罗有不少僧人来我国求学巡礼。据不完整统计，自6世纪中叶到7世纪末的150年间，到中国和印度求法的新罗僧共21人，其中去印度的有9人；到中国的著名高僧有玄光、明观、无相、圆光、智明、安含、慈藏等人。梁武帝太清三年（549年），遣使沈瑚并新罗学僧觉德送佛陀舍利至新罗，新罗真兴王奉迎于兴轮寺。陈文帝于天嘉六年（565年），遣使刘思及留学僧明观至新罗送佛教经论2700余卷，新罗的经籍臻于完备。

二

　　6世纪末至10世纪初是中国历史上的隋唐时期，也是中国封建社会进入了鼎盛时代。佛教在隋唐统治阶级的扶持下，走上了兴盛的道路，完成了外来佛教中国化的历程，先后出现了具有中国民族特色的天台宗、华严宗、法相宗、律宗、净土宗和禅宗等佛教宗派，同时也对其他邻近国家的佛教产生了重要影响。这一时期正是朝鲜半岛上的高句丽、百济和新罗三国鼎立而又统一时期。7世纪中叶，新罗联合唐王朝，先后灭亡百济和高句丽，统一了朝鲜半岛。新罗统一王朝的建立，对内采取了中央集权的各项政治措施，完备了九州（地方最大的行政区域）、五京（特殊的行政区域）和郡县制，加强了对各级地方官吏的监督，在经济上采取奖励生产的各项措施，大兴水利，提高耕作技术，铸兵器为农器，实行丁田制（按丁男、丁女分给一定数量的土地），因之出现了"家给人民，民间安堵，域内无虞，仓廪积于丘山"的局面。由于社会经济发展，生活安定，文化艺术也随之出现了繁荣景象，为朝鲜古代文化奠定了基础。新罗政权还积极拓展与周边国家的经济文化交流，派遣大批留学生来唐朝学习中国文化，最多的一次曾达100余人。统治阶级出于政治的需要，一方面大力扶植儒教的势力，另一方面又支持佛教、道教的发展。随着新罗佛教的繁荣，国家陆续派出了不少僧侣来中国求法和巡礼，据不完全统计，整个新罗时期来华僧达117人。他们在华广参名山诸耆，参与译场活动，著书立说，回国时携去大量的佛教经籍和文物，继续从事佛教经论的宣传和研究，或开山授徒，在国内建立了具有新罗民族特点的佛教宗派或学派，与中国唐朝鼎盛期的佛教相互呼应。

这一时期中国佛教的学派或宗派除地论、毗昙少数派别外，大多数都先后传入了韩国，形成了"五教九山"之说。五教是五种佛教宗派，它们是：

（1）**涅槃宗**。主要依据《涅槃经》经义所建立的。由新罗武烈王时期（654—660年）的普德和尚开创。对《涅槃经》有研究成就的学者有元晓、义湘、憬兴、义寂、大贤等人。涅槃宗有八大伽蓝，根本道场是景福寺，创始人普德和尚，有无上、金趣等高足。

（2）**律宗**。善德女王时代（632—646年）由慈藏创建于梁州通度寺，曾设坛施戒。慈藏于636年率弟子僧实等入唐，在终南山云际寺学南山律，回国后任大僧统，在芬皇寺开讲《菩萨戒本》，整顿和修订了朝鲜僧尼戒律。

（3）**华严宗**。有两个派别：一为义湘所传的中国华严宗思想体系的浮石宗；另一为元晓独自开创的海东宗。前者以浮石寺为中心，宣传智俨、法藏的思想，曾有弟子三千，湘门十德；后者以阐扬元晓的《华严经疏》《大乘起信论疏》为宗旨，以《十门和诤论》调和百家的争论。

（4）**法相宗**。由真表律师于8世纪中叶在金山寺创建。承玄奘—圆测—道证—憬兴—大贤的法统。圆测终身留在中国，传印度唯识宗安慧一系的学说。其弟子道证作《摄大乘论世亲论疏》进一步发挥其师的思想。以后憬兴作《成唯识论义记》《瑜伽论疏》，顺憬作《成唯识论科简》等，为新罗法相宗奠定了理论基础。

（5）**法性宗**。以弘扬《中论》《百论》《十二门论》为宗旨，阐述诸法实性之义。东晋僧阿道、顺道及高句丽僧昙始曾传播"三论"思想。梁末隋初高句丽的实法师和印法师大力弘扬三论。新罗统一三国后，元晓曾著《三论宗要》《广百论宗要》等，继续阐述法相学说，但不久即衰微。

此外，除上述五宗之外，还有一些小宗派一度传承。其中比较重要的有明朗建立的神印宗传杂部密法；惠通建立的总持宗传唐善无畏的印诀，以后又有明晓、惠日、慧超等人传唐金刚智、不空等人的密法。属于小乘佛教的成实、俱舍学派也很早传入到朝鲜半岛。

九山是指新罗时期佛教禅宗的九个派别。据说新罗僧法朗曾到中国从禅宗四祖道信受法，回国后传法于弟子神行，以后神行又来华学习北宗禅。不久，新罗僧道义入唐从马祖道一弟子西堂智藏学习惠能的南宗禅，回国后从事于南宗禅的弘化，又经来唐学习的新罗僧慧昭、无染、慧日、道元、玄晁等禅门宗徒的阐扬，南宗禅成为新罗禅宗的主流，形成了实相、迦智、阇崛、桐里、圣住、师子、曦阳、凤林及高丽初期建立的须弥山的"禅门九山"。

新罗王朝末期，由于统治阶级加深了对农民和手工业者的压迫及剥削，中央与地方势力的矛盾也日益激化。自宣德王（780—785年）即位至新罗最后敬师王（927—935年）的150年间，王室内部为了争夺帝座，进行了血腥的残杀，先后有20个国王像走马灯一样登上王位。佛教在这个时期虽然在政治上和社会生活上还有重要的影响，但前一个时期的具有思辨色彩的、为贵族所信奉的"教学佛教"已远远不能适应社会发展的需要，因此在佛教内部出现了两种新的潮流：一是注意实践方法的禅宗，这个派别在群众中有广泛的影响；二是在民间广为流行的崇拜阿弥陀佛、观音和弥勒的净土信仰，此外还出现了把佛教功德报应思想和道教的阴阳五行及地理风水学说相结合的"祈福佛教"，使佛教更趋向民间化和神秘化。大约在9世纪初，禅宗在新罗崛起，逐渐压倒了其他宗派，成为后来各朝佛教发展的主要力量之一。

三

10世纪初，原为新罗大臣的王建建立高丽王朝，取代了原有的新罗王朝。高丽王朝存在了400余年，历代诸王都笃信佛教，热衷于佛事。高丽太祖以护法者自居，即位后大兴佛寺，礼待僧侣，开办法会，国内佛教气氛隆盛，临终时遗言强调要护持佛法。后出的很多王室人员竞相出家，甚至朝廷后来规定多子家庭必须送一个儿子到寺庙出家的制度，推动了社会上崇佛的热潮。高丽时代，朝廷还实行了选拔僧侣的僧科考试制度，参加考试的僧人先在寺庙里进行预考，及格后再参加国家的统一考试，凡考试及格者可以获得官方授予的大选、大德、大师、重大师、三重大师、禅师、首座、大禅师、僧统等各种僧职，有的甚至被奉为王师或国师。管理僧人的僧官制度也在此时完备起来，以僧录司来管理僧界的活动。11世纪初从显宗经德宗、靖宗至文宗几十年时间，朝廷雕刻了高丽藏经1106部，5048卷。高宗十九年（1232年）藏经雕版被入侵蒙古士兵焚毁，于是又于1236年倾尽国力重新雕刻，1251年再次雕成，雕版至今仍然保存在海印寺内。

高丽佛教界内部主要形成了禅宗和教宗两大系统。前者以九山禅门为主，各山竞立，互相演运，一时高僧大德各领风骚。以后天台宗兴起，禅门一度受挫，不久又重新恢复。学一、坦然等人开创了曹溪宗，知讷改为曹溪禅社，提倡顿悟的修禅法。禅宗中兴，禅风大化，许多禅宗僧侣被封为国师，受到帝王的礼待。至高丽末期，被称为"禅宗巨匠"的普愚和慧勤大力弘扬，曹溪一宗在诸宗派中独占鳌头。

教宗是指除禅宗以外的其他佛教宗派，[①] 如华严宗、瑜伽宗、天台宗等。这些宗派在理论上有自己特色，带有学派的特点，不同于禅宗直指人心的顿悟法门特色实践。华严宗经新罗时期义湘的阐发后，到高丽时形成了北岳、南岳两家，培养了不少精研华严理论的大家，尤以法印国师坦文最突出。瑜伽宗宣传万法唯识的学说，有些宗徒成为王师，曾向国王讲说唯识教义。这一派后来又被称为慈恩宗，在高丽时代曾几度沉寂和复出。

高丽佛教最突出的表现还有义天开创的天台宗。义天是文宗王之子，幼时出家受学华严，后到中国求学，回国后建立了天台宗，弘传天台教观。他还在高丽建立了仿中国建制的国清寺，在各地开设了六大本山，一

---

① 一些韩国学者认为高丽前期教宗所属的华严、瑜伽等虽已形成宗派的形态，但全然看不到明确的宗名，该用宗名的时候是用的业，如华严业、瑜伽业等。参见金煐泰《韩国佛教史概说》，柳雪峰译，社会科学文献出版社1993年版，第93页。

时学者辐辏，众徒云集。天台宗自义天之后，在高丽一直兴盛。

佛教在高丽发生巨大的影响，但同时也给社会带来了一些弊病。大兴寺塔和名目众多的佛事活动势必耗费国库的大量钱财，加重了人民的负担。同时又刺激了一些人为逃避劳役和想摆脱现实诸种苦难而纷纷遁入空门，僧伽虽然壮大可观，但僧人的素质却未能相应提高，佛教徒的成分十分混杂，参差不齐。片面追求禳灾祈福成为佛教界的日常主要活动，因之社会上抨击佛教，反佛的呼声日益高涨，佛教成为众矢之的。

四

14世纪末高丽武臣李成桂拥兵自重，废黜高丽恭让王，建立了朝鲜王朝。太祖李成桂曾受到高丽王朝崇佛的影响，对佛教采取了扶植的政策，曾封僧人为王师，在宫中斋僧，举办法事，雕刻经版，兴建佛寺等活动。但是由于佛教在社会上曾有一些不良影响，排佛的呼声仍然不断，太祖崇佛的措施并未能挽救佛教下颓的趋势。到太宗继位后，朝廷实行了尊儒抑佛的措施，淘汰僧侣，限制寺院奴婢的数量，削减寺刹总数等。以后多数帝王都遵循了太宗的抑佛政策，如世宗废除僧录司制度，将诸宗并为禅、教两宗，文宗禁止百姓出家，僧尼不得进入都城，等等。其间虽有个别帝王或太妃有兴佛之举，但都没能挽救佛教的下滑趋势。

由于受到了政府的打击，在佛教界内部很多教团处于一盘散沙的状态，诸山各自分立，仅依靠师资脉脉相承的制度得以保存下来。僧侣因此不得进入都城，只能在山林中栖隐，影响十分有限，韩国的佛教学者将这一时期的佛教概括为"山僧时代的佛教"。其间，虽然有一些高僧做过复兴佛教的种种活动，产生了一定的影响，但主要限制在民间范围。佛教界为了生存和发展，一方面向朝廷呼吁放宽政策，另一方面进行自我调整，振作僧侣纪纲，创立僧风纠察机构，力图以新的形象出现在世人面前。佛教的教学也转向禅教结合、儒释融汇的道路，禅宗成为当时佛教最有势力的僧团之一。总的说来，这一时期的朝鲜佛教虽然已不可能和百济、新罗、高丽等时期的佛教盛世相比，但是它在民间仍然有着广泛的影响，中央政权尽管对它采取了严格的控制和限制政策，然而各地的地方政权在执行这一政策时并没有认真地贯彻，于是造成了佛教在京城影响不大，在地方和民间仍有潜在的力量。

朝鲜王朝时期正值日本大举入侵之际，佛教僧侣在反对侵略者的斗争中做出了重要的贡献。僧人灵圭曾组织义僧军，拿起简陋的竹枪、镰刀率兵勤王，打退了重围的倭寇。灵圭率800僧家弟子在与倭寇的战斗中，表现十分勇敢，最后全部以身殉国，谱写了一曲佛教僧人爱国抗争、反对外侵的赞歌，受到了人们的敬仰。这一时期参加反对倭寇的佛教义僧达5000人，73岁的西山大师为僧军的首领，他们挽救了国家。由于佛教僧侣在抗倭救国斗争中表现非凡，改变了朝廷和世人对佛教的看法，在朝鲜王朝末期，佛教有所恢复。

1897年朝鲜改国号为大韩帝国，韩国的佛教再度复兴。光武元年（1897年）朝廷正式解除禁止僧侣入城的禁令，设置了管理佛教的专门机构——管理署，随后发布《国内寺刹现行细则》36条，规定了佛教的义务、僧阶的认定、僧衣的颜色、寺刹的等级、僧官的职责等。韩国的佛教在政府的管理下，以汉城的元兴寺作为总宗所，在各道内设首寺一座，佛教以元兴寺为中心再次发展起来。1904年管理署被撤销，佛教归地方当局管辖。2年后僧侣们又成立了佛教研究会、圆宗宗务院等团体。

五

1910年韩国被日本正式吞并。翌年日本总督重新颁布寺刹令，将朝鲜佛教分为30个本山或教区，规定寺刹的变更、合并等需经总督的认可。寺刹的土地、森林、佛像、文物、字画等要得到总督的许可，才可以处理。管理寺庙的住持等人也要经朝鲜总督的批准，总之朝鲜的佛教完全被日本当局所控制。殖民地的朝鲜佛教为了争取自立，始终存在着反对日本利用佛教殖民的活动。1910年朝鲜僧人为了反对日本曹洞宗对圆宗的控制和结盟，组成了否定圆宗的运动，倡议成立朝鲜的临济宗组织。1922年一些朝鲜僧人为了护教自救，在觉皇寺设立朝鲜佛教禅教两宗中央教务院。1925年又成立了朝鲜佛教中央教务院。越3年召开朝鲜佛教禅教二宗僧侣大会。1941年朝鲜僧伽以太古寺为总本山，定名为统一的曹溪宗，全国僧侣在曹溪宗的旗帜下希望走上统一的道路。

与此同时，朝鲜的佛教教育也有了新的起色。佛教界曾创办了不少佛教学校、佛教私塾和报刊等，致力于培养佛教人才，扩大佛教影响。另外，一些与佛教有关的新兴宗教组织也相继推出，比较重要的有圆佛教、龙华宗、弥勒宗等。有的新兴宗教还受到日本殖民政府的镇压，被迫解散。

六

1945 年日本投降，韩国获得解放。不久全国分为两部分，北方是朝鲜民主主义人民共和国，南方是大韩民国。朝鲜的佛教界曾于 1945 年成立了佛教徒联盟中央委员会，宪法规定人民有宗教信仰的自由。近年来朝鲜的佛教活动有所加强，1986 年佛教徒联盟加入了世界佛教徒联谊会组织。

韩国的佛教在第二次世界大战后发展比较迅速。1945 年 10 月召开了全国僧侣大会，废除了殖民地时期的寺刹令和有关佛教法令，重新制定了新的佛教法，成立了"韩国佛教总务院"。政府实行政教分离的政策，保护信仰自由。1954 年成立"韩国佛教信徒会"和"曹溪宗全国信徒会"。以后又成立了"韩国佛教青年组织""全韩国青年会"等。过去韩国佛教因受日本佛教某些派别的影响，有的教派仿照日本某些教派的做法，允许僧人娶妻食肉。独立后，曹溪宗内部一些人要求将此派僧人逐出教团，不承认他们的出家人身份。两派斗争了七八年，最后双方各自成立了总务院。1970 年蓄发带妻一派正式从曹溪宗分出，成立了太古宗。韩国的佛教不仅在民间拥有广泛影响，还渗透到军队里面。1968 年军内增设军人僧侣，军僧和士兵组成了法友会佛教徒组织。1976 年政府把佛诞定为国家节日，保护佛教界的活动。1979 年韩国影视界拍摄了高丽藏雕版的故事《八万大藏经》电影，评论家认为这是"（韩国）电影史上的最大杰作"。现在韩国的佛教十分盛行，有全国性的"韩国佛教宗团协议会"。佛教宗派有：曹溪宗、太古宗、真觉宗、佛入宗、元晓宗、普门宗、华严宗、总和宗、一乘宗、天台宗、真言宗、净土宗、大乘宗、法华宗、法相宗、法轮宗、圆融宗、本院宗、三论宗、曹洞宗、弥勒宗、弥陀宗、如来宗、涅槃宗、教宗、念佛宗、观音宗等。在教理工作，有所革新或融合各家教义。韩国的佛教大学有曹溪宗的东国大学、圆佛教的圆光大学等。佛教在韩国人民的生活中有重要的影响，据有关统计，信仰佛教的韩国人占全国总人口的35%以上，是全国宗教徒的50%，达1300余万人。

七

韩国的佛教自传入至今已有1500余年的历史，佛教早已成为韩国的传统宗教文化的组成部分之一。佛教对韩国传统文化的发展起到过巨大的作用，在韩国宗教史上有着不可磨灭的贡献。韩国的佛教是自中国传入的，从历史上看，到韩国被日本吞并以前为止的一千余年里，韩国佛教在其总的发展势态上都受到了中国佛教的影响。中国隋唐鼎盛期的佛教促成了新罗佛教的广泛流行。宋明佛教的教禅合一、儒释道三者的合流，使高丽、朝鲜佛教出现了各教会通的情况。以后禅宗在中国成为佛教主流，在韩国也出现同样的情况。韩国佛教史上的盛衰消长，往往取决于一定的社会经济条件，特别是统治阶级的干预结果，这一点在中国佛教史上亦是如此，说明在东亚专制封建国家，佛教的发展与统治政权的态度有着密切的关系。

中国佛教对韩国的宗教文化产生了深远影响，但是我们也应看到这种宗教文化交流是双向的运动，韩国的佛教同样对中国的佛教也产生过影响。新罗僧元晓所著的《华严经疏》与《大乘起信论疏》（海东疏）在传入中国后，对中国华严宗实际创始人法藏产生过强烈影响，法藏在其所著的《起信论义记》中一再援引元晓的疏解作为自己立论的依据。另外，元晓的注疏也深刻影响了华严宗四祖澄观所作的《华严经疏》。元晓所著的"二障义"与法藏在《华严五教章》中所述的"断惑义"、元晓倡导的"空有会通"与法藏宣传的"空有交彻"思想都是前后一贯，如出一辙。另一位新罗僧圆测是中国唯识学派别之一的"西明派"理论奠基人。他会通新、旧唯识的思想虽然在中国汉地影响不大，但在韩国落根后，迅速传播至日本，并反过来传至中国藏地，对昙旷和宗喀巴都有影响。新罗僧顺璟来唐，直接从玄奘学习因明，传得玄奘"真唯识量"，复立"决定相违不定量"，窥基闻而感叹说："新罗顺璟法师者，声振唐蕃，学包大小……海外时称独步，于此量作决定相违"。新罗僧太贤弘传玄奘唯识学，其著书也流入中国。新罗僧地藏渡海来华，在九华山示寂，时人尊之地藏菩萨示现，九华山遂成为地藏道场，列为中国四大名山之一。五代时中国天台宗典籍散佚，四明沙门子麟前往高丽搜求甚丰。吴越王钱俶专门派遣使节到高丽索取教典。高丽僧义通来中国天台，学得天台宗旨要，弘扬教观20余年，被奉为天台十六祖，发展了中国天台宗教学。元世祖欲刻写藏经，延请善于书写金字经典的高丽写经僧100人至元都写经。韩国僧人对中国佛教的发展也有重要的影响和不可磨灭的功绩。

过去一些中国和日本出版的韩国佛教书籍中，曾有人认为韩国的佛教宗派是中国佛教宗派的"延长"或"移植"。这种说法是与历史事实不符的。韩国的佛教虽然取自中国，但它在当时的历史条件下，适应了韩国社会斗争的需要，因之有着独自的传统与特质。例如陈末隋初来华求法的高僧圆光回国后大事宣传佛教的"三归五戒"。他把佛教的世俗五戒解释为："一曰事君以忠；二曰事亲以孝；三曰交友有信；四曰临战无退；五曰杀生有择"，这种解释是和中国、印度佛教一贯主张的"不杀""无害"精神相对立的，这明显的是要为新罗诸王统一高句丽和百济的军事行动辩护，为国民树立一个道德伦理的标准。又如被称为"八宗之祖"的元晓，在其所撰的大量注释中充分表露了朝鲜半岛佛教的特点。他提倡"归一心源说"，力图调和"百家之异争"，从和诤论的立场出发，不单对朝鲜的宗派和学说，而且也对中国的各种佛教理论进行了批判，讥笑中国天台宗大师智顗的"五时八教"是"以螺酌海，用管窥天"，而元晓的佛学思想也受到中国华严宗正统派的批判，静法苑公把他的疏解视作"毒树生庭，不可不伐"。但是元晓对现实问题所作的宗教解释，他的超越一切的论证方式、相对的认识理论、会通圆融的立场、象征主义的仪式，对后世朝鲜半岛的佛教发展一直有着极为重要的影响。这些说明了这样一个事实，即外来的宗教和文化要在异国落根，必须要和当地的现实社会情况和历史传统相结合，否则将不能得到立足发展。

朝鲜半岛的佛教属于北传大乘佛教文化圈中的一环，在这个文化圈中的另外几个国家是中国、日本和越南。朝鲜半岛的佛教不仅对中国佛教有过影响，对日本的佛教也发生过重要的影响。在古代交通工具不发达的情况下，许多日本僧人往往取道朝鲜半岛，经中国东北地区到内地学习佛教，也有新罗、高丽僧人到日本弘法，推动了日本佛教的发展。所以，在中、日、韩三国组成的东亚佛教文化圈中，韩国的佛教既处于中介的地位，是中国佛教向外传播的中转站和集散地，又是会通中日佛教的结合点。今天我们再来研究朝鲜半岛佛教时，应该充分正视这一史实，看到它曾在历史上起过的重要作用。

八

《韩国禅教史》是日本近代著名佛教学者忽滑谷快天晚年撰写的一部佛教著作。忽滑谷快天于1867年出生于东京。1884年入曹洞宗大学（现名驹泽大学）学习。1887年毕业后受法于善长寺住持忽滑谷亮童。1888年就学于东京第一高等学校。1891年入庆应义塾大学，1893年毕业，获文学博士。以后在曹洞宗高等学校、曹洞宗大学、庆应义塾大学、同志社等处任教。后受曹洞宗当局的委托，赴欧美等地考察，做学术研究。1925年曹洞宗大学改名驹泽大学，忽滑谷快天出任校长。他自幼受曹洞宗的传统教育，通晓汉语、英语，一生着重于禅的研究，曾用日文和英文撰写了不少佛教著作，有《禅学新论》《禅学批判论》《禅学讲话》《禅之妙用》《参禅道话》《达磨和阳明》《清新禅话》《和汉名士参禅集》《乐天生活之妙味》《禅家龟鉴讲话》《养气炼心之实验》《禅的理想和人生的曙光》《信仰和民力》《禅学提纲》《禅的信仰》《普劝坐禅仪讲话》《禅学思想史》等。他于1934年逝世。

忽滑谷快天在日本佛学研究中属于旧时期的代表人物之一。他的研究方法表现了日本学术界的特点，即以搜集丰富资料和细致校勘整理为特长。他的著作一直被治佛教的学者学习、引用，现在许多中国出版的禅学著作中所列的参考书目里都有他的代表作之一《禅学思想史》。不少中国的读者常常知道的外国禅学大师铃木大拙和弗洛姆等人，实际上他们的著作也都参考或引用了忽滑谷快天的著作。就此而言，忽滑谷快天在学术界的地位是不可忽视的。

《韩国禅教史》于1930年出版，全书32万余字，共四编，中心内容是叙述禅宗和教宗两家在朝鲜半岛的演变和发展过程。纵观全书，有以下几个特点。

一是资料丰富。本书主要以资料性见长，作者搜罗了当时所能见到的各种材料，有原始的佛教资料、碑刻铭文、学者的研究成果等，其中有相当一部分是用汉文撰写的佛教资料，包括中国的史书。

二是历史时限长。全书讲述佛教在朝鲜半岛的传入和发展，始于从佛教传入的高句丽一直到日本侵入韩国，吞并韩国时为止，上下时限共1500余年，是一本通史性的著作。

三是重点突出，脉络清楚。此书以历史为经，人物为纬，突出各个不同时期的佛教事件和重点人物。每一编之前都有一个简单的内容提要，揭示本编的主题。书前的总目录里详列了各节的重点，便于读者阅读和查找、引用。

四是内容广泛。本书虽以讲述朝鲜半岛禅宗的历史为主，但也涉及了其他佛教的情况，对教宗的情况也多有述及。因此，它实为一本韩国佛教史的专著。本书侧重地介绍了朝鲜半岛历代帝王与佛教的关系，对重要的佛学著作也辟有专节，加以评说。对日本侵略朝鲜的史实，没有回避，比较客观地做了介绍，公开宣称这是一种侵略行为，对在抗倭斗争中朝鲜僧侣爱国斗争的英勇事迹，给予肯定和赞扬。此外，对朝鲜儒、释、道三教的关系亦有涉及。

作者在介绍禅教时，对重要的事件和人物都发表了自己的见解，有的还做了缜密的考证，具有一定的意义。但是此书也有不足之处，主要表现在作者的评判标准方面。由于作者是佛教禅宗门人，他执囿于用传统的判教方式来评定各派的是非得失，凡是符合禅宗本意的即加肯定，不合的则加以拒斥。对有关历史事件，也是站在佛教的立场上加以阐述。这样，使读者不能对朝鲜半岛佛教的发展有全面的了解，抹杀了朝鲜佛教自身发展中所形成的民族化和地方化的特征，这是我们在阅读本书时所应注意的地方。

本书的译者是我国当代著名的历史学家、哲学家和东方学家朱谦之先生。朱先生，字情牵，福建省福州人，1899年出生于一个医生家庭，毕业于北京大学哲学系，曾留学日本研究哲学、宗教。先后担任过厦门大学讲师，中山大学、北京大学教授，中国社会科学院世界宗教研究所研究员等职，1972年辞世。朱先生研究范围极广，涉及多个领域，一生著述等身，据不完全统计，有专著42部，译著2部，论文百余篇留世。

　　朱谦之先生早年曾接触过佛教，有深厚的佛学功底。他通晓英、法、德、日等多国文字，善于尽快吸收和消化国外的研究成果，步趋世界学术研究的潮流和开拓国内研究的新领域。在20世纪60年代世界佛学界掀起研究和宣传禅宗的热潮时，朱先生以敏锐的眼光注意到了这个热点，开始着手翻译有关禅宗的书籍，他先后翻译了忽滑谷快天的《中国禅学思想史》（《禅学思想史》中国部分）和《朝鲜禅教史》二书。前者已由上海古籍出版社于1994年出版。朱先生在他的自传《七十自述》中曾谈到他翻译这些书的目的："在这期间（指在世界宗教研究所工作期间）我开始特别注意中国禅学。当我知道由中国传到朝鲜和日本，而现在欧洲、美洲居然风靡一时之中国禅宗……因此我着手翻译了忽滑谷快天所著的《禅学思想史》和《朝鲜禅教史》（中文版名为《中国禅学思想史》和《韩国禅教史》）二书。"过去我们认为朱先生翻译禅宗书籍除了他对佛教的爱好和学术兴趣外，也和他想要总结自己一生的思想历程有关。现在看来并非如此。在本书的底稿首页上，朱先生曾写有如下一段按语："本书译出仅供个人将来写《禅学史》时参考之用。以本书所搜集资料，均为汉文中难见之书，可藉此窥见朝鲜佛教史之一斑。"从中可以说明，朱先生之所以要翻译禅宗著作，其目的是要为写《禅学史》做准备，但是他的心愿终未能实现，在他离开人间时，只留下了这两本禅学译著。

　　20世纪60年代正是中国大地极左思潮泛滥时期，有关宗教的书籍根本不可能出版。朱先生潜心翻译，倾注了全部精力，这在当时学术界是难能可贵的。朱先生的翻译十分严谨，原书中许多错误的地方，朱先生都加以考订并改正。此书的翻译速度也使人惊奇，原稿上所标示的时间，从1965年8月7日到10月4日近2个月的时间，全书就译毕，平均每天至少5000字。朱先生译著的质量是十分可靠的：一方面他对佛教有精深的研究；另一方面他本人又在日本留过学，对日文有很高的修养，没有语言障碍。《中国禅学思想史》在出版过程中，出版社曾委托有高级校对职称的专业人员进行校对，看完清样的编辑曾提出此书是否是译稿的疑问，因为整个书中看不到翻译的痕迹。这次本书在正式出版前，我们又根据原著做了校对，发现完全是忠于原著的。

　　本书是朱先生尚未出版的一部手稿。从1965年译出后到现在已近30年的时间。我们曾经联系了一些出版社，终因经济效益等问题而被搁置。现在中国和韩国建立了外交关系，中韩两国的文化交流正在蓬勃开展，也给此书的正式出版提供了机会。中国社会科学院汝信同志，世界宗教研究所戴康生、张新鹰、曹中建、何劲松，亚洲太平洋研究所苏军，中国社会科学出版社宋立道、黄燕生，北京图书馆吕小燕、黎明以及中国佛教文化研究所吴立民等同志和台湾"中研院民族学研究所"卢蕙馨等人都对本书的出版提供了不少帮助。宗教所黄夏年同志重新整理了译稿全文，根据原著，重新作了校订。由于朱先生的翻译只为他写作《禅学史》积累资料而不拟公开发表的，因此在校订中翻阅了不少所引的原著、译著，付出大量的辛勤劳动。另外，他还为本书的出版做了具体的组织工作。此书能够出版，如果没有上面提到的几位同志的协助是不可能的，在此谨代表朱先生和夫人何绛云女士向所有帮助此书出版的人士表示诚挚的谢意。

（原载《韩国禅教史》，中国社会科学出版社1995年版）

民国佛教刊物所见当代韩国
佛教史料摭议

中韩两国是一衣带水的友好国家，佛教是两国文化交流的黄金纽带。从西晋起两国的佛教就开始有了交往，到隋唐达到了鼎盛，当时来唐学习和巡礼的新罗僧达 117 人，此事已经在笔者所撰写的《隋唐时期中国与朝鲜半岛佛教的交流——新罗来华佛教僧侣考》一文中揭载。① 宋代以后，中韩两国的佛教文化交流一直没有停止，义湘与义天都是两国佛教文化交流史上的重要人物，宋朝廷还派人去高丽取回天台佚经。到了元代，高丽的工匠入中国进行写经。明清以后，两国之间的佛教交往仍然不绝，中国当时流行的儒释道三教思想已经在高丽产生了重要的影响。

自 1895 年中日《马关条约》签订以后，朝鲜半岛成为日本帝国主义的殖民地，朝鲜人民掀起了前赴后继的反对日本帝国主义侵略的斗争。1919 年发动了一场声势浩大，波及全土的要求独立的运动，即著名的"三一"运动。这场运动与我国五四运动相呼应，运动的新阶段标志是通过道教、佛教、基督教等各种宗教团体来协调韩国全体国民，其代表在韩国《独立宣言》书上签字的核心人物有天道教的孙秉熙、佛教的韩龙云等 33 人。这个运动的直接影响是 1919 年 4 月朝鲜的革命党在中国人民帮助下，在上海建立了第一个独立的大韩民国临时政府，并于韩国国王葬礼的前两天正式公布《独立宣言》，宣布从《独立宣言》发布之日始，韩国成为"独立国"。"三一"运动开展后，朝鲜民族独立的斗争如火如荼地在

---

① 载笔者《东方佛教论》，中国社会科学出版社 2003 年版。收入三秦出版社出版的《隋唐佛教研究论文集》，1990 年；韩文稿发表在圆光大学编《韩国宗教》第 16 辑上，1991 年；英译者为班固志，发表在印度出版的《东亚之光》上。

中国东北和当时的商业中心上海开展。日本占领韩国，两国佛教界的来往渐次减少，甚至在中国有的偏远地区的佛教徒认为韩国的佛教像印度佛教一样已经灭亡，如当时有人在刊物上撰《藏人当以印韩为鉴》一文，要求藏族佛教徒勇敢地起来反对英国吞并西藏的妄想，呼吁"愿藏中青年勿被其愚守本有之佛教，求自立之方针，印韩覆辙可为殷鉴，幸步其后，尘当念亡，失国土之印韩民族，今尚热恼呼吁无门也"。但是，实际上中韩两国的佛教界仍然不断地有联系，特别是在 20 世纪上半叶，两国人民大众面对日本侵略者，共同要求民族独立和国土解放的目的，将两国人民的友谊更加紧密地联系在一起了。

一　近代韩国佛教史料目录

中国古代典籍中，记载了大量韩国佛教的史料，其中既有中国佛教徒撰写的记录，也有新罗与高丽佛教徒撰写的记载。但是到了近代，有关韩国佛教的史料在中国书刊中不易见到，其原因就是没有专门的记载，散见于一些书刊杂志之中。而且这些书刊杂志也不易找到，故研究近代中韩两国的佛教交流一直是两国学术界的一个空白。最近《民国佛教期刊文献集成》一书出版，使整理两国间的佛教交流的资料成为可能。现将笔者搜寻所见的民国佛教报刊中的资料目录整理如下，供同行参考。

表 1　　　　民国报刊所见韩国佛教资料目录①

序号	刊 名	刊 期	文 章 名	作 者	卷数	页码
1	《世界佛教居士林刊》	第二十七期	《朝鲜佛教会及会之成立》		143	70
2	《世界佛教居士林刊》	第十六期	《在沪朝鲜佛教徒欢迎词》	玉慧观	142	123
3	《新佛教》	一九二零年第一期	《朝鲜佛教徒之宣言》	N.S	7	368
4	《中国佛教会公报》	一九二八年第五、六期	《朝鲜佛教大会摄影》		20	79

---

① 表中的"卷数"和"页码"是指《民国佛教期刊文献集成》中所收的刊物的卷数与页码，特此说明。

续表

序号	刊名	刊期	文章名	作者	卷数	页码
5	《威音》	一九二九年五月第十期	《朝鲜京城之唯一佛教专门学校之设置》		31	475
6	《威音》	一九二九年七月第十四期	《朝鲜佛教普及会之成立》		32	130
7	《威音》	一九三〇年三月第二十七期	《朝鲜创立佛教普及会》		33	585
8	《佛学月刊》	一九四〇年第一卷第六期	《朝鲜佛教文化与美术年表绪引》	子规	95	178
9	《南瀛佛教》	第七卷第四号	《朝鲜高僧传》	林秋梧	110	318
10	《中道》	第四十六号	《朝鲜禅教小史》	李添春	124	104
11	《中道》	第四十七号	《朝鲜禅教小史》	李添春	124	120
12	《中道》	第六十九号	《支那及朝鲜佛教视察行程报告》		124	357
13	《四川佛教旬刊》	一九二四年六月第四号	《朝鲜古佛出现》	好惭愧生	128	17
14	《世界佛教居士林林刊》	第十六期	《西湖高丽寺中韩佛教纪念道场筹备启》		142	146
15	《佛化旬刊》	一九二六年第九十期	《藏人当以印韩为鉴》	仁云	17	350
16	《佛化随刊》	一九三〇年第十八期	《为日本侵华问题告台韩日四千万佛教民众书》	释太虚	28	309
17	《海潮音》	十周年纪念刊	《己巳十月由中国佛教会推派出席朝鲜佛教大会同日华佛教联络员水野梅晓先生及江苏金山仁山法师五日在沪启程沿途口占俚句数首录后》	圆瑛	174	325
18	《世界佛教居士林林刊》	第十六期	《在沪朝鲜佛教徒欢迎词》		142	123
19	《海潮音》	第八年第一期	《在沪韩国佛教徒欢迎太虚法师摄影》		16	76
20	《海潮音》	第七卷第十二期	《在沪韩国佛教徒欢迎太虚之盛况》		166	510
21	《海潮音》	十周年纪念刊	《恭祝朝鲜佛教大会词》	圆瑛	174	325
22	《海潮音》	第十二卷第十一期	《为沈阳事件告台湾朝鲜日本四千万佛教民众书》	太虚	179	265
23	《海潮音》	第八年第八期	《朝鲜道中》	前人	168	323
24	《海潮音》	第六年第十期	《朝鲜佛经刊行会上太虚法师书》	前人	163	364

续表

序号	刊名	刊期	文章名	作者	卷数	页码
25	《海潮音》	第八年第八期	《朝鲜京城书事》	前人	168	323
26	《海潮音》	第十年第三期	《朝鲜民族解放问题》	中央日报	172	271
27	《海潮音》	第八年第十期	《朝鲜平北妙香山普贤寺工作经验》		168	459
28	《海潮音》	第十六卷第六期	《朝鲜郑润海讲师来书》	郑润海	190	555
29	《海潮音》	十周年纪念刊	《圆瑛、仁山二法师参加朝鲜佛教大会》		174	311
30	《海潮音》	第七卷第十二期	《西湖高丽寺重建发愿文》	玉慧观	166	516
31	《海潮音》	第八年第一期	《在沪韩国佛教徒欢迎太虚法师摄影》		167	6
32	《海潮音》	第八年第九期	《韩日佛化汇报》	玉慧观	168	429
33	《海潮音》	第二十五卷第五、六期	《韩国外交部部长何素昂专程拜访太虚大师不遇题》	凤赵素昂	201	448
34	《海潮音》	第十三卷第十二期	《题王梧生户曹所藏韩人金醉堂诗卷二首》		182	366
35	《海潮音》	第八年第六期	《高丽版大藏经之沿革》	玉慧观	168	93
36	《佛学半月刊》	一九三二年第四十七期	《唐贤首国师致新罗义湘国师书跋》	寐叟	48	31
37	《微妙声》	第七期	《唯识新罗学》	蒙文通	85	97
38	《南瀛佛教》	第六卷第五号	《决开全鲜佛教大会》		109	409

以上是就《民国佛教期刊文献集成》152 种刊物中搜寻到的资料所列表格，应该说明，这 152 种刊物并不是完全齐备的，因为有的刊物只是收录了部分刊期，所以今后也许还会有新的资料发现。另外，据笔者所知，《民国佛教期刊文献集成》的续编工作仍然在进行，目前已经发现刊物达到 257 种，同时对没有收全的刊物正在进行补全，据说已使补全的刊物达到 88 种，续编再出版以后，应该还会有新的资料发现。

二 近代韩国佛教史料的初步归纳与分析

上面的资料可以分为几种类型：一是学术性的，如《朝鲜高僧传》《朝鲜禅教小史》《唯识新罗学》等；二是消息报道性的，如《朝鲜佛教会及会之成立》《朝鲜京城之唯一佛教专门学校之设置》《在沪韩国佛教徒欢迎太虚之盛况》等；三是一些僧人的政治性论说，如《为日本侵华问题告台韩日四千万佛教民众书》等；四是一些观感，如《题王梧生户曹所藏韩人金醉堂诗卷二首》《己巳十月由中国佛教会推派出席朝鲜佛教大会同日华佛教联络员水野梅晓先生及江苏金山仁山法师五日在沪启程沿途口占俚句数首录后》；五是募捐一类，如《西湖高丽寺重建发愿文》等；最后还有一批珍贵的照片，如《在沪韩国佛教徒欢迎太虚法师摄影》等。

民国刊物上发表的有关韩国佛教学术性资料，主要是从韩国佛教的历史上去进行挖掘与介绍。韩国与中国一样，传统佛教主要是曹溪一宗流传，此外还有日本殖民统治以后传去的一些日本佛教的派别。曹溪宗是中国的禅宗在韩国的命名，《朝鲜禅教小史》主要是从日本学者忽滑谷快天的《禅宗史》里的"朝鲜禅教史"中摘录出来的片断组合；《朝鲜高僧传》是韩国奎南开元禅寺林秋梧撰写的专文，介绍了韩国太古普愚禅师的事迹。唯识宗是中国唐玄奘创立的宗派，传到韩国的主要是玄奘的弟子新罗僧圆测，但是韩国的唯识宗后来也没有传下来。《唯识新罗学》是中国学者撰写的文章，主要还是介绍圆测的唯识观点，由于这篇文章对新罗唯识学介绍很有特点，故成为中国学者研究韩国唯识学的经典，被张曼涛收入在《民国佛教学术丛刊》里面。

关于民国刊物刊出的报道消息性的文章，虽然字数少，但是反映了韩国佛教的现状，对当时国人了解韩国佛教的情况有重要意义。韩国的佛教自进入李朝末期之后，出现了衰微的情况，中国的佛教则更是在清末民初已经没有多少生气，两国佛教界都处在要求改革，振兴佛教的阶段。《朝鲜佛教普及会之成立》云："朝鲜全国佛教界名流李允用等，慨于该国佛教现状之衰微。于是力谋振兴，网罗全国佛教界名士，而成立一'朝鲜佛教普及会'。群推男爵李允用氏为会长，李元锡氏为副会长，并聘请德川家达、清浦奎吾、木边孝慈、山下现有、加藤精神、北野元峰、秋野孝道等氏为顾问。实行着手施行普及之方法，先之力谋于一般家庭安置佛坛之运动，并印行观音经百万部，遍寄赠于该国十三之笃志信仰者。目下副会长李元锡氏，因备办一切，正在东京奔走中。又该会在进行前项运动以外，并努力进行于讲演，映画、文述等佛教精神之宣传，及思想之弘扬等云。"《朝鲜佛教大会》则说:"十月十一日起三日间,在京城博览会开幕中,由朝鲜佛教徒倡起开'朝鲜佛教大会'于勤政殿。其目的是为国内朝鲜佛教徒交情亲睦,促进朝鲜佛教普及,藉以发展半岛文化,增进民众的福祉。其研究事项以'朝鲜佛教兴隆之方法'为中心点,第一、二两日间有各管长及三十一本山住持讲演云。"

此外,面对佛教不兴,中韩双方都缺少的人才,中国佛教界一直致力于办佛教教育,韩国佛教界也在这方面做出了努力。《朝鲜京城之唯一佛教专门学校之设置》云:"朝鲜京城之佛教专修学校,今依法定规制,升格为专门学校,因改名为朝鲜佛教中央教务院所设立。所有财团为六十万元,今复增加四十万元,共成百万元之财团。以养成朝鲜佛教复兴之人才,充实佛教之教育目的。此次之升格,实达其素志也。校长为白羊寺宋宗宪氏,为朝鲜佛教界有数之大德。教务主任为江山俊雄氏,其他教授讲师三十余人。内中有三分之二为朝鲜人,余者多为日本人云。"韩国的佛教徒甚至认为韩国的袈裟不合制式,要求改穿中国的袈裟。《韩僧采用华袈裟》介绍:"佛教中央教务院,近设中央禅学院于京城,敦请白鹤鸣禅师为导师,集学禅志愿者数百人。于今夏拟安居坐禅,而朝鲜佛教杂志主笔权相老法师以为朝鲜原有袈裟太短,于形式上不多雅观,拟决采用中国式袈裟,以庄严观瞻,近已致书上海法苑办事处,嘱代定购云。"由此可见,韩国的佛教仍然以中国为准式,振兴佛教成为中韩两国佛教徒的共同心愿。这些愿望都可以透过这些短消息见到,说明两国的佛教友谊深长,两国佛教徒相互依存,共同发展。

当时朝鲜正处于日本的殖民统治之下,中国也处在西方列强与日本帝国主义的压迫之下,有关朝鲜的消息有很多都与两国人民要求国家独立与民族解放有密切的联系。韩国的佛教徒在中国佛教刊物上发表《朝鲜佛教徒宣言》,"恳切宣誓:我们绝对排斥在韩国的日本统治;我们绝对主张大韩民国的独立"。中国的太虚大师在"九一八"事件以后,专门发表告中国台湾省、朝鲜和日本佛教徒的民众书,号召这几个地区的信佛群众,"应迅速成为一大联合,以菩萨大悲大无畏之神力,晓喻日本军阀政客因果之正法,制止其一切非法行动"。

韩国的佛教徒更加关心自己的祖国与民族的命运。《朝鲜民族解放问题——佛教团之大计划不幸为日人发觉》又说:"三韩民族受人压迫,奄奄如待毙之囚。国中有识之士为世界潮流冲动,纷纷运动独立。不幸日人防范严密,以致屡起屡扑,不期朝鲜佛教团亦竟有民族解放之举。缘全鲜三十一本山,僧侣七千人,积存财产千余万。该团教务院,定于一月三日开全鲜僧侣大会,反对总督府所颁之宗教法案,决议此后不受日人监督,并宣传民族解放。引中国革命运动,及印度不合作运动等为根据。事为日探发觉,即将大会委员权相老、干部都定镐、白性郁、金法麟、金梅子等拘捕。朝鲜总督惊慌非常,认为重大阴谋,除将主谋者严重处罚外,并对于全鲜七千僧侣严行检查,一场风波始归寂然。此事之缘起,系因佛教团中有新智识者,鉴于日本在中国地位渐次失坠,中国民众运动之成绩渐次显著,认为朝鲜民族解放之好机会,遂利用宣传佛教为名,鼓吹独立运动。一方面暗中组织护法团、纠察队、实行团等,开始工作。不幸事机外泻,为日人发觉,一场计划付之流水,惜哉。"《韩僧当选政党首领》曰:"朝鲜江阳道襄阳郡洛山寺,有一禅僧姓韩号龙云,为现代朝鲜佛教界新僧运动之第一人。夙著佛教维新论,博天下法侣之欢迎。己未三月一日,朝鲜民众宣言独立,时龙云挺身参加指导,以朝鲜民族代表名义,发表朝鲜独立宣言书,被日警逮捕,受铁窗缧拽之苦二年。嗣后七八年安居洛山寺,默想潜索。近忽出山入京,组织新干会,被举为会长。盖新干会为朝鲜唯一之民族独立主义之政党,以孑孑出家之一个贫僧,俨然作二千万韩人代表政党之领袖,可云伟哉。"民国佛教刊物发布的这些看似短小的消息,其影响力始终存在,表明了中国佛教徒对韩国佛教徒与韩国未来命运的关切,因之不可小视。

　　抗日战争期间,韩国有一批侨民滞留在上海,并在上海成立了流亡政府,以后流亡政府又迁到重庆。留在中国的韩国侨民在上海仍然坚持自己的佛教信仰,并且与中国佛教徒密切往来,建立了友好的联系。太虚大师一直受到侨居上海的韩国佛教徒尊敬,他的改革佛教的理想也得到了这些韩国佛教徒的认可与支持。1930年太虚大师在上海功德林参加接受侨居上海的韩国佛教徒玉慧观的皈依仪式,玉慧观在《在沪朝鲜佛教徒欢迎词》中动情地说:

佛纪一二九九年，顺道大师自秦来韩，始传佛法。如是西域无为之道，入我东方有缘之土。三韩十二宗派之沿革，源自中华。丛林九百刹之由绪，根出神州。授法乳之慈母，传心印之导师，盖是中国历代之高僧大德。然真境希夷，玄津渺杳，澄如沧海，漠如穹苍。智舟何以达其涯，慧驾莫寻其际，况复去圣愈远，滞凡既深，弱肉强食，进化之学说，优胜劣败。侵略之主义，横行宇内。正法晦冥，若非哲人出世，开士乘时，高演真宗，广种善根，何以救末法时代之众生，安得拯二十世纪之蒸民。惟我太虚上人提倡世界佛教联合会于庐山，组织佛化教育盛于申江。亲游东瀛，宣扬仁风，巡锡南洋，重光佛日。东方文化，从此中兴。佛教正派，由是维新，翘足可待，期日可曙。鄙人诚蒙上人之不弃，收为门稼，何幸如之，何荣如之。今日谨代表在沪韩国佛教徒敬表欢迎。

太虚上人及中国诸大居士之微衷，今后中韩佛教可续旧缘，将结新果，此即区区馨香而祝祷者也。

佛纪一九五三年十一月二十四日在沪佛教代表

玉慧观合掌敬白

在韩国本土的佛教徒也慕太虚大师的名声，纷纷致书给太虚大师，要求在中韩两国进行文化合作交流。《朝鲜佛经刊行会上太虚法师书》云："肃启：饱闻馨华已久，云山各异，一未奉话，怅切何极。惟愿贵师，为法忘躯，弘扬大法如何？小生数十年来，（蒐）集三韩秘传佛典数千种，将欲刊弘，立此誓愿。兹将愿文送呈，幸赐载志，并指教方便，是太虚大和尚猊下，佛纪二千九百五十二年六月十四日，朝鲜京城府乐园洞五十番地朝鲜佛经刊行会主务兼编纂员郑晃震和南。"《朝鲜郑润海讲师来书》曰："肃启：饱闻贵大法师学德声华已久，天涯地角相居，海陆万里，一未奉话，徒望云山，浩叹而已。贵国与我半岛，一苇带水，文化同轨，而我佛法自西东济，我古高僧硕德，多渡海游学，归国弘教度生，一感佛恩，一感贵古高僧德化弘恩者也。今兹五年前拙衲在任鄙邦平安北道宁边郡佛教布教堂布教师时，仍刊机关杂志大法雷，偶因贵国上海我侨居玉观彬居士之介绍，贵大法师以无缘慈悲为我杂志社特赐大法雷三祝颂，今尚感佩，而何感敢忘却乎。拙衲秘藏高丽白云和尚语录，实为千古珍书。京城帝国大学请许影印本，共解颂二珍本，伏呈贵大法眼，中鲜古佛史研究参考上一览仰望耳。佛死二九六二年四月五朝鲜平安北过大本山妙香山普贤寺、本末寺佛教专门讲院讲师郑润海上，中华民国高僧太虚大法师猊下和南。"

太虚大师与圆瑛等佛门高僧十分关心韩国的佛教，支持韩国佛教的发展。1930 年，朝鲜佛教大会召开，中国佛教会专门照会朝鲜佛教大会，表示"贵会在高丽韩京开会，敝国自应循例推派代表前来出席，兹推圆瑛、仁山二大法师代表出席，为此照会"。圆瑛在大会发言说：

> 娑婆世界，三千年来，谁称大觉，惟我释迦牟尼一人。破本末无明，得权实智慧。朗然大觉，超九界以独尊，旷矣真慈。演五乘而普益，迨机薪既尽，应火潜辉。结集流通，分为三藏，作迷津之宝筏，实巨夜之明灯。溯自汉代，圣教西来，迄于晋朝，慈光东照。朝日学者，乍被玄风，精研奥旨，信解修证，代不乏人。僧传辉煌，国史备载。今则国家崇奉，日进昌明，嘉会宏开，昙花瑞现。圆瑛、仁山等，谨代中国全体佛教徒，同申颂祝曰：

> 我佛垂教，近三千年，汉传中国，晋入朝鲜。灯灯续焰，法祚绵延。宏宗演教，代有高贤。为如来使，作天人师。会通性相，广运智悲。不舍方便，俯就机宜。振聋启（瞶），拭瞖指迷。禅教律净，真言诸宗，各出手眼，丕振家风。归元无二，施化不同。扶世导俗，举国景从。岁在己巳，嘉会宏开。一堂龙象，共展长才。政教协进，漪屿休哉。圆明佛日，永耀当来。

圆瑛与仁山参加朝鲜佛教大会，还参观了釜山等地，这次出使韩国给圆瑛留下了深刻的印象，使他诗兴大发，对韩国的风景、日出等景观吟诗口占俚句，"扶桑涌出一轮红，佛日升腾朗太空。先哲遗言当记取，曹溪一脉水朝东。"他不仅讴歌了韩国如画的风景，还表达了两国佛教友谊长存的心愿。

三　沟通中韩两国佛教的重要人物——玉慧观

查看近代中韩两国佛教交流的资料，玉慧观这个人是不能不被注意的。当时发表的许多与韩国有关的佛教消息与文章，都与玉慧观的名字有关。此外，中国与韩国佛教有关的活动，也有他的参与，可以说，玉慧观是联络与推动近代中韩两国佛教关系的最重要的人物之一。

冯明政撰写的《玉慧观先生略历》，介绍了玉慧观的情况，[①] 全文如下：

> 公讳观彬，号慧观，其先世为中国云南昆明籍。祖宗瑞，侨居高丽平壤府，从事于政。公生于一八九一年一月十八日，生而聪明颖悟，

---

① 玉慧观的材料还有一些，如下表：

表2　　　　　　　　　　　　玉慧观材料目录

序号	杂志名	刊期	文章名	作者	卷数	页码
1	《海潮音》	第八年第四、五期	《大梦与大觉》	玉慧观	167	336
2	《海潮音》	第八年第十一、十二期	《中国佛教振兴策》	玉慧观	169	151
3	《海潮音》	第十四卷第九期	《玉慧观居士遗像》		185	7
4	《海潮音》	第十四卷第九期	《武汉佛教同门追悼玉慧观居士》		185	7
5	《海潮音》	第十四卷第九期	《玉慧观先生略历》	冯明政	185	8
6	《海潮音》	第八年第七期	《本社经理玉慧观先生玉照　四川成都草堂寺》		168	126
7	《海潮音》	第十二卷第十一期	《社董玉慧观居士》		177	18
8	《海潮音》	第十四卷第九期	《附上海报纸载玉慧观居士遭害及后事详情》		185	143
9	《海潮音》	浙东名山雪窦寺记游（宁波通讯）	《玉慧观》		183	242
10	《海潮音》	第八年第十期	《致玉慧观居士函》	张宗载	168	555
11	《正信》	一九三二年第二卷第十四期	《追悼玉慧观居士大会纪事》		60	364
12	《海潮音》	第十四卷第九期	《追悼玉慧观居士大会纪事守志》		185	137

注：表中"卷数"和"页码"是指《民国佛教期刊文献集成》中所收的刊物的卷数与页码，特此说明。

时有神童之誉。及长，好学不倦，且承庭训，早岁即蜚声社会。当韩末政乱，强邻日迫，公时年十六岁，义愤填膺，慨然投入革命党，义勇奋发，巡回各地宣传演讲，口若悬河，听众多为惊服。十九岁时，与英人斐说经营报馆，鼓吹革命，以故日人视为眼中钉。二十岁时，竟以革命党事件，案发被逮入狱。缧绁五年，手不释卷，研究文学、宗教、政治等学，甚有心得。特赦出狱后，从事经济，设立银行，充副经理职。继续设立林木公司，当总经理。一九一九年，韩民因美总统威尔逊宣言，起大规模之独立运动。公即航渡中国，至广州东，与孙中山总理谈论时政，欲指导回教徒，成一有力的团体，使助力中国革命。旋因回教社会，泥古不化，绝无政治思想，不得已到上海，拟联系韩侨革命党。终以政见不合，中途易辙，乃与美人经营三德洋行。民国十六年，与太虚大师协议，在上海设立佛法僧苑，改良佛教。民国十七年，呈请国民政府回复国籍，为云南同乡会会员，及华侨联合会会员。遂决心为祖国努力，设国民公论社，发刊政治杂志，一方与佛教居士过从，被举为中国佛教会常务委员。因仰慕孙中山先生之三民主义，加入中国国民党，被选任上海特别市第二区第二十一分部常务委员。民国十九年，与陈玉璋、李醒华、杨文咏、冯明政、白纯燕、王中林，诸君组织佛慈药厂，应用科学，改良国药，新扩充门市部于西藏三路三十九号，且附诊察所，以惠病者。一方努力于社会事业，任上海第二特区市民联合会执行委员、提倡国货委员会委员、闸北保卫团董事、国医公会会员等职。公天性爽直，急公好义，视有不幸如己疾。勤勉好学，东西书史，莫不潜心研究。敏于交际，敬贤好士，出于生性，凡与知莫不交口称誉。此公之略历也。不幸于民国二十二年八月一日遭暴徒狙击殒命，时年四十有二。呜呼，公为热心爱国之一人，其死也，不死于国难，而死于盗贼，可不悲乎。

从上可知，玉慧观实为一名出生在朝鲜的中国人。因为他从小在朝鲜长大，所以以韩侨自居。他目睹了朝鲜在日本帝国主义统治下的残忍情况，朝鲜人民过着非人的生活，因此激起了他的反日活动。他早年积极参与了当时韩国独立党领袖安昌浩领导的革命活动，力图恢复民族自决，恢复朝鲜人民的自由。回到中国以后，他仍然积极参加中国民族的解放运动，反对日本帝国主义侵略是他一生的理想与行动，所以当他不幸遇难以后，上海法租界警方调查，狙毙玉慧观的手枪是日本人持有的手枪，上海报界有人曾说他的死亡是出自政治上的原因。

　　玉慧观自皈依太虚大师之后，就致力于中韩两国佛教间的友好与交流，他长期在上海生活，目睹了大批韩国抗日义士在沪的爱国革命运动。又活动在中国佛教会的上层，曾经担任了中国佛教会会刊《海潮音》的社董，故有关韩国佛教界的消息与活动主要都在上海发布举行，特别是发表韩国佛教消息的刊物《海潮音》《世界佛教居士林》等刊物，都是当时中国佛教界的主流刊物，因此发表在这些刊物上的文章，影响很大。玉慧观还撰写了不少介绍韩国佛教的消息与文章，他提倡佛法的真实目的，是出于政治上的原因，如他在《在沪朝鲜佛教徒欢迎词》中说："侵略之主义，横行宇内，正法晦冥，若非哲人出世，开士乘时，高演真宗，广种善根，何以救末法时代之众生，安得拯二十世纪之蒸民。"同时他又在力促恢复高丽义天在杭州建立的道场——高丽，担任了高丽寺重建筹备委员会委员，亲自撰写《中韩佛教纪念道场：西湖高丽寺中韩佛教纪念道场筹备启》，表示"现今韩国佛教徒，谨承大觉先师报恩弘法之遗绪，拟重建高丽寺。藉中韩佛教传授源流之纪念道场起见，特派慧观在沪筹备，一俟有绪，着手起工。伏愿中韩两国诸大善士信女，时赐惠教，是所馨祷"。① 实际上他仍然把自己看作一名韩国人，即便在他恢复中国国籍之后，心中的韩国情结仍然没有放下，韩国佛教在他的努力宣传与推动下，在中国佛教界里产生了一定的影响，除了太虚大师之外，上海的著名居士领袖王一亭等人，都与玉慧观来往甚密。他遇害以后，上海、武汉等地的佛教界都为他召开了追悼会，对他的评价很高，认为中国佛教界失去了一位正信的佛教徒。但是，他的去世，对韩国的佛教打击更大，在他离世后，中国的佛教刊物从此再也没有韩国佛教的重要消息，仅此一点，就足以说明他在沟通韩中两国佛教的事业中所起的重要作用。

---

　　① 玉慧观所做的努力恢复杭州市高丽寺的想法，已在 2005 年实现。现在高丽寺已由杭州市政府重新修复。

四 结语

　　以上是笔者对近代中华民国时期佛教刊物出现的有关韩国的佛教资料与某些人物的情况，做了粗浅的分析。由于过去我国学术界从来没有这方面的介绍与研究，甚至连有关的资料也没有被整理过，所以本文的研究更多的是着重于介绍资料，供后来者进一步研究时做参考。中韩两国有悠久的长期交往历史，文化交流一直到现在还没有中断过，中文资料一直是研究韩国佛教的最重要的来源，我们不可小看。随着我国更多的资料被整理出来，近现代中韩两国的佛教交流应该成为一个新的研究热点，让我们再次赓续以往古代中韩两国的佛教文化交流历史，展望灿烂的明天。

（原载《世界宗教研究》2007 年第 2 期）

中国宗教

中国宗教与中国传统文化

中国是一个多民族的国家，宗教的产生和发展有着长远的历史。从考古发掘所知，在旧石器时代就有关于鬼魂崇拜的丧葬礼仪以及自然崇拜的种种表现，在距今18000年以前，山顶洞人已存在着灵魂不死的观念和对鬼魂、自然等的崇拜，他们的崇拜对象有日月雷电、山川风雨和动植物等等。在新石器时代，人们的灵魂观念逐渐深化，仪式也渐趋复杂。秦汉之际，形成了一个以祖先崇拜为主要特征的宗法性宗教，这个宗教对氏族始祖或历史上对本族有功勋的人物作为崇拜的对象。《礼记》说："法施于民则祀之，以死勤事则祀之，以劳定国祀之……"稍晚，在东汉时，张陵在四川奉老子为教主，以《道德经》为主要经典，同时吸收巴蜀地区少数民族的原始宗教信仰、巫术和神仙方术等创立了道教，这是至今在我国仍有影响和地位的土生土长的传统宗教。在公元前后，外来的印度佛教开始传入我国汉地，当时人们只把它当作一种神仙方术，在三国时期由于大批印度和西域僧人来华，从事译经、传教工作，这为以后佛教在魏晋南北朝的广泛传播起了重要推动作用。在南北朝时，由于佛教受到帝王的信仰和重视，印度佛教经过改造后适应中国社会的需要，逐渐在民间扎下根来，并取得重要的发展，至隋唐达到了鼎盛时期，形成了许多具有民族特点的中国佛教的宗派和学派，并传播到了与我国毗邻的朝鲜、日本、越南等地。与此同时，佛教与儒、道两派进行了喋喋不休的争论，形成了鼎足之势。

唐朝是我国历史上一个极为强盛的时代，随着与外国商业和文化交流的频繁发展，基督教的一支——景教在7世纪时开始传入我国，景教曾受到唐太宗、高宗和玄宗等五位皇帝的优渥礼待，因之在中国得到了传播和发展，达到了所谓"法流十道""寺满百城"的兴旺阶段，但是由于种种原因在内地传播了两百年后至会昌武宗灭佛时也遭到了禁绝，直至元朝时（11—12 世纪）又卷土重来。伊斯兰教在唐初（永徽二年，公元 651 年）开始传入中国内地，起初只在阿拉伯商人和移民中活动，以后逐渐出现了中国的穆斯林。与此同时，摩尼教、犹太教和印度教也传入我国。摩尼教大约在 6—7 世纪从陆路传入新疆，后由新疆传入漠北的回纥，回纥可汗尊为国教，在武则天执政时又传入汉地，安史之乱后得到广泛的传播，唐武宗时与景教一起被禁止，但民间影响一直很大。五代以后，该教常常被农民起义当作旗帜，一直至清代才不见于记载。犹太教在我国古代被称为一赐乐业教。在唐初开始有一批教徒来我国活动，迄宋时逐渐增多，聚居开封，发展为"教人七十有三姓，五百余家"，但至明末只剩七姓，嗣后至道光年间日见衰落，终至消失。祆教（拜火教）早在北魏时就已传入汉族地区，唐时东西两京都设有祆祠，极一时之盛，该教在会昌毁佛时期也受到严重打击，在五代、两宋犹存。至南宋后中国史籍不再提及。印度教在很早时期就传入新疆、云南等一些边陲地区，在唐时传入汉地，开始在广州建庙，至北宋时泉州一带有印度教徒活动，直至元代还有记载。印度教密乘一支在唐时传入云南大理等地区，称阿阇黎教，该教与民间信仰相结合，一直到中华人民共和国成立前还在公开活动。佛教在唐末由于战乱频仍、社会动荡，日益呈现衰颓的情状，在宋初又一度复苏。北宋初期，朝廷对佛教采取保护政策，普度大批僧人，重编大藏经，恢复了中断 170 年的译经工作。南宋偏安一隅，江南佛教虽然保持了一定的繁荣，但佛教总的趋势已趋衰落。在此期间，佛教与儒、道进一步结合，而道教则进入全盛时期，北宋几位统治者（真宗、徽宗）都自称为教主道君皇帝，采取一系列崇道措施，因此道众倍增，宫观规模日益扩大，神仙系统也更为庞杂。由于道教的经、论日益增加，开始编纂了《道藏》。南宋后，出现了不少新的道派，这些教派都主张"三教合一"。至元朝时，道教正式分为正一、全真两个大宗派，盛极一时。元代藏传佛教（喇嘛教）崛起，无论在藏、蒙和汉族地区都成为极有势力的宗教。与此同时，基督教（也里可温）再次传入内地流行，伊斯兰教也在全国广为传播。明清时代汉地的佛道二教虽有几次中兴，但已呈现出衰颓的趋向，而藏传佛教则一直保持着上升的势头，最终在藏族地区建立了政教合一的行政体制。上座部佛教传入云南地区可能为时很早，但在明清时期已在傣族等少数民族地区广泛流行。随着佛道二教的衰颓和融合，在汉地出现了大量由传统宗教衍变而生的各种民间宗教，它们吸收了各大教的神祇和民间崇拜的对象，仪式简单，有的还采取秘密活动方式。1840年鸦片战争以后，帝国主义用枪炮打开了中国的大门，大量的传教士涌入我国各地传教，基督教、天主教和东正教的各种教派先后在中国立足，建立教堂，发展教徒，成为中国宗教的重要势力。自古代迄现代，原始宗教在我国少数民族中一直拥有广泛影响，很多少数民族都不同程度地信奉原始宗教，崇拜本民族或本部落尊神，保持着朴素的、原始的信仰。例如满族等很多少数民族都信奉萨满教，彝族信仰毕摩教，纳西族尊奉东巴教，瑶族相信万物有灵等。清以后中国宗教的结构与分布基本定型，沿袭至今。

目前佛教、道教、伊斯兰教、天主教、基督教是我国现存的主要宗教，这些宗教徒分布在我国各个地区，但明显地可以看出具有地域性和民族性的特点。如西藏地区主要流行藏传佛教，新疆地区主要信仰伊斯兰教；沿海或重要城市地区则大都多种宗教并存。有的民族几乎全民信教，如蒙古族、藏族信仰藏传佛教，傣族信仰云南上座部佛教，维吾尔族信仰伊斯兰教；有的民族各种宗教徒都有，最典型的是莫若汉族。原始宗教仍在一些少数民族中残留着。各种宗教组成了一幅斑斓多彩的奇异景象，呈现了我国宗教和文化多元的特点。据统计，目前伊斯兰教徒约有1700多万人，天主教徒约有350万人，基督教徒约有450万人，全国性宗教团体8个，省级宗教团体164个，县级宗教团体2000余个，宗教活动场所4万多处，宗教神职人员约有20万人。此外，全国设有47所宗教院校，为各教派培养神职人员。以上各种宗教团体同世界上70多个国家和地区的宗教组织建立、发展了友好联系。

从上面的历史概述中可以看出：中国是一个多民族和多宗教的国家。在中国历史上没有一个宗教像西方或东方其他地区那样曾经占有"国教"的地位，历代统治阶级对于各种宗教大多采取支持、保护的宽容态度。就宗教徒的人数而言，在全国范围的总人口数中，历来居少数，在西南、西北的少数民族聚居地区，宗教徒至今仍占绝大多数。

占中国人口大多数的汉族，以天命崇拜和祖先崇拜为民族宗教观念的主要传统，因而佛、道的信仰从未占据过统治地位。夏、商、周三代，华夏民族由于主要从事农业生产，中国的宗教观念从一开始就把上天的风调雨顺和下民的勤苦耕耘置于同等重要的地位，把天或神的意志和人的意见放在同一地位上。周代以后儒家主张以德政治天下，敬天而不尽信天。"敬鬼神而远之"的"神道设教"思想，在中国一直作为正统的统治思想。中国历代统治者均视政权神授，受命于天，自居天子之位，王权高于神权。因此，既利用宗教教化的作用，又与宗教保持一定距离，对于各宗教采取兼容并蓄的政策。华夏民族在周代就形成了一套以血缘为基础的宗法社会制度和"孝为德本"的道德规范。体现宗法制度的祖先崇拜，数千年来渗透到汉族的每个家庭之中，成为牢固的民间习俗。另外，儒家的重视人的现实关系和利益的伦理观念使汉族形成了务实的特点，而且直接影响着中国宗教徒的面貌：有时信，有时不信；有事就信，无事就不信。为了求得庇佑，不论是儒释道，还是鬼神上帝，或是菩萨圣母，都可以信仰。由于宗法社会制度和儒家重视道德伦理的思想同崇拜超人力量的宗教观念存在一定程度的对立，因此，正统的儒家文化必然对于宗教的社会作用起抑制作用。[1]

宗教不仅是一种信仰，也是具有一定内容的文化现象。在中国，不管是土生土长的道教、原始宗教，还是从外面传入的佛教、基督教、天主教、伊斯兰教等，都和中国传统文化有着密不可分的联系，成为中国传统文化的一个重要组成部分。另外，各种宗教文化也保持着自己鲜明的民族或地域的特色，在不同信教群众和不同领域中起着重要的作用。就高层次的理论思想意识形态而言，佛教和道教的教义再加上传统固有的儒家学说，形成了中国传统精神的三大支柱，而基督教、伊斯兰教则给传统文化增加了新的成分，丰富了传统文化的内容，最后也成了传统文化不可分割的一个部分。就低层次的民间信仰而论，各种宗教的神祇并立，不同的信仰和仪礼杂处，以此满足了一般群众的宗教需求，这些民间信仰活动和习俗，是传统的民间文化的一部分内容，它在整个中国

---

[1] 参见罗竹风、黄心川撰《中国大百科全书·宗教卷》"宗教"条。

传统文化中占有突出的地位，发挥着特有的作用，没有它，就谈不上中国传统文化的整体性，自然也体现不出中国传统文化的丰富内涵。当然，也应看到宗教文化中也包含着某些迷信落后的糟粕内容，它们起着阻碍社会发展的作用。

中国宗教在传统文化里表现了广泛的内容，覆盖了大部分领域。不论是哲学、美学、伦理学、心理学、逻辑学等意识形态，抑或是文学、戏剧、小说、诗歌、音乐、绘画、舞蹈、雕刻、建筑等领域，都可以见到宗教的影响。许多宗教题材的作品长期流传，经久不衰，而那些宗教艺术品和宗教建筑则是传统文化的瑰宝，例如敦煌的壁画，龙门、云冈和大足的石刻，布达拉宫和塔尔寺的建筑，赵城金藏等。它们影响了广大群众的心理，流传极广，其作用不可低估。中国的宗教促使了中国传统文化的区域化、民族化的发展。一般说来，在正常的情况下，对信徒来讲，组成一个社团，实行同一的风俗习惯和生活方式，因之宗教成为团结同一民族或某部分群众的感情纽带。寺观庙堂是宗教徒聚会的场所和活动中心，也是宗教文化集中表现的地方，以这个中心向四周辐射，形成了具有特色的地方文化系统。每个宗教都存在这种情况。例如，佛教的名山胜迹，道教的洞天福地，基督教的礼拜堂和灵物，伊斯兰教的清真寺、朝拜圣地和原始宗教的灵物崇拜等等，对教徒的精神文化起过重要的熏陶作用。这些大到全国、小至一街的文化系统，把宗教礼仪节日活动等融汇，逐渐形成了当地的民俗，有些民俗甚至后来和宗教脱离了关系，变成了全民的习俗和节日，宗教文化的功能在这里得到了充分的表现，也使中国传统文化呈现了多样化、复杂化的特点。

宗教对科学的发展无疑地起过破坏和抑制的作用，但在中国古代的科学和历史条件下，也在某些范围内发生过积极的影响。道教徒为寻求"道法自然"，在探索方术中，客观上对医学、化学和天文学等的发展做出了贡献。《参同契》是炼丹史上最古老的著作。至于儒、释、道对传统中医理论的发展，对养生治病的功效则是众所周知的。伊斯兰教传入中国后对于医药学（"回回方"）、天文历法、数学等均有影响。藏族的佛教文化是藏族民族文化中最基本的部分，它对西藏的医学、历法、农学、建筑科学等都有过直接的影响。基督教在传播西方先进的科学技术文化方面也都起过重要的作用。例如，西方传教士利玛窦编著的《坤舆万国全图》《几何原本》，汤若望编写的《崇祯历书》，龙华民著的《地震解》，邓玉函口授的《奇器图说》等最先介绍了西方的科学技术和工艺，开阔了中国人的眼界。

中国传统文化是一个总体概念和一个集合系统。在这个系统中儒家文化在汉族地区居于主导地位，释、道及其他各种宗教的文化都居于辅助地位，由此组成了一个严密的整体，缺一不可。历史上中国传统文化里各种不同系统的文化一直存在着相互斗争、相互融合的情况，并贯彻在整个历史发展过程中。其结果是促使外来的宗教最终认同中华传统文化并使儒、释、道合流。佛教玄学化、道教援佛儒、基督教儒化、伊斯兰教儒道化等就是这种相互摄取、融会贯通的结果。这种斗争和融合推动了中国传统文化向前发展，为文化的繁荣提供了更多的途径。

值得指出的是，释、道等文化在向传统的儒家文化认同和融和的过程中，仍然保持着自己的个性，体现了各自的鲜明特点，不管是佛教摄取儒、道，或是道教融会佛、儒，乃至基督教、伊斯兰教附会儒家都有着各种各样的原因和目的，但都是要更好地适应中国社会之需要，扩大本宗教的影响。此外，由于地理环境、经济文化发展水平、民族风尚和历史等不同因素，各种宗教及其文化的融和汇通方式、速度也不尽相同，存在着明显的差异性。宗教利用文化现象来表现自己的内容，扩大自己的影响，而文化的影响则反过来又促进宗教影响的增大和发展，中国宗教和中国传统文化两者紧密相连，但中国传统文化并不完全等同于中国宗教文化。

如上所述，中国宗教文化是摄取了外来要素而得以发扬光大的，但中国文化既经定型之后又影响了我国周边国家文化的建立和发展，这种影响不单表现于与我国文字类同的"汉文字圈"的日本、朝鲜和越南等国，而且也及于使用梵文的"印度文化圈"的印度次大陆和东南亚的一些国家和地区。佛教起源于印度，但是东传到日本、朝鲜和越南的实在是中国化后的佛教，经典语录用汉文，偈赞诗文读华音，附庸于佛寺的建筑、工艺、绘画、音乐、医药等大都是中国化或受到中国影响的产物。中国宗教文化传入朝鲜大概在汉代设置四郡，即公元前2世纪以后。据朝鲜学者的研究，儒家对朝鲜的影响主要表现在政治体制、实践伦理方面，佛教在宗教、社会生活方面，道教则在民众生活习俗方面。佛、道是高丽时期朝鲜文化的主流，儒学则是近世朝鲜文化的主流[①]。印度的佛教文化和婆罗门教—印度教文化是中国佛教文化的渊源，但中国佛教文化和传统文化定型以后，反过来也对次大陆一些地区和东南亚的柬埔寨、马来西亚和印度尼西亚等国有过影响。中国的大乘佛学思想曾通过鸠摩罗什、玄奘等人传至印度，受到印度佛学界的重视。印度乾陀罗的佛教艺术传入中国后，经过中国佛教艺术家的摄取、加工和改装又返回至乾陀罗，对乾陀罗的雕塑、绘画的发展施加影响。我国的道教在印度也有长久传播的历史。7世纪时玄奘曾应东印度王尸鸠摩的请求将《道德经》译成梵文，在印度传播。印度教的密教与中国道教有过因缘。道教和密教在修行的理论和实践方面有着很多共同之处。印度密教经典《度母秘义经》《摩诃支那功修法》《风神咒坦多罗》都说密教修行方法之一的"支那功"是向中国学习的。《度母秘义经》等还传说印度密教著名的大师殊胜（Vasistha）曾来我国游学。又据泰米尔印度教经典记录，南印度湿婆圣典派的十八位"成就者"（"修行完成了的人"）中有两位是来自中国的道教徒。他们的泰米尔文音译名字叫博迦尔和普里巴尼。这两位"成就者"在公元3世纪去印度伽耶等地传播道教的医学和化学思想，写过关于禁咒、医术和炼丹术的著作，在印度化学史和密教史中都有卓越的地位。

　　文化是一种社会现象，它一直处于运动、发展和变化的过程中，一切文化，无不体现时代的要求和呼唤，中国传统文化在自身的发展中，始终经历了继承、批判、融和、扬弃等过程。中国宗教文化也遵循这一规律，不断地对自身进行修改、调整和扬弃，使之更加适合社会的需要，参与现实的生活。宗教是一种长期的社会现象，与之相存的宗教文化必然会伴随着长期存在，历史上形成的宗教文化的影响，仍会起着一定的作用。但是随着产生宗教的社会物质条件的改变，科学的发展以及

[①] 参见韩国诚信女子大学校人文科学研究所编《韩国文化与宗教》，1987年，第47—48页。

人们对客观世界认识能力的提高，宗教的文化也会随着宗教的改变而改变，一部分宗教文化将逐渐失去其自身的功能，或者改变其自身成为世俗的文化。

（原载《世界宗教研究》1992年第1期）

现代中国佛教

佛教传入中国距今已有近2000年的历史。它对中国宗教和文化的发展曾起过重要的促进作用,对朝鲜、日本等国也产生过重要影响。中国佛教把中国传统思想与印度佛教理论、仪礼融合后,形成了自己特有的佛教思想和体系。同时它又囊括了世界佛教流行的几大派别,有属于北传佛教的汉地佛教和藏传佛教,属于南传佛教的云南上座部佛教,三者又为一体,构成了完整的中国佛教体系。它们在传播过程中平行发展(有时亦有交叉融合或冲突的现象),地位平等,缺一不可。

按现今中国史学界的观点,1840年以前为中国古代时期,之后至1919年为中国近代时期,1919年至今是中国现代时期。在中国佛教史中,学术界一般把两汉称为佛教传入期,魏晋南北朝是佛教发展期,隋唐是佛教确立与鼎盛期,宋元明清是佛教形式上衰落或释、儒、道三教融汇的时期,清末民初佛教一度复兴,但已不能与昔日的光彩相比,但对现代佛教曾产生过重要影响。本文所述的现代中国佛教主要是指中华人民共和国成立以来的佛教,即1949年后至今大约40年的佛教,其流行区域除中国内地以外,还应包括香港、台湾和澳门等地,教派应包括汉地佛教、藏传佛教、云南上座部三大派,信仰佛教的民族有汉、藏、蒙古、傣、满等22个民族,佛教徒的人数在中国大陆还没有一个确切的统计数字。在边疆地区的少数民族中几乎全部信仰佛教。据最近对西藏地区佛教统计,有喇嘛3万人,平均每200名藏族人中有一名喇嘛。香港皈依的佛教徒约60万人,其中僧人约400人,女尼近3000人。台湾佛教徒约331万人,僧尼7000人左右。澳门现有僧尼近百人,居士3000多人。由于香港、台湾、澳门和中国大陆社会制度不同,佛教的情况也有差异。本文主要述及现代中国大陆近几十年的佛教情况,分为佛教活动和佛学研究两部分加以介绍。

现代中国大陆佛教的发展过程大致可以划分为两个时期。1949年至1966年为前期，1972年至现在为后期。两个时期既有一些共同的特征，亦有一些相异之处，前者表现在佛教的实质性内涵没有变化，后者反映了不同的外在形式和内容。当然两个时期亦存在着明显的连续性。

1949年10月1日中华人民共和国成立，中国佛教进入了一个新的时期。同年9月21日中国人民政治协商会议第一届全体会议在北京召开，佛教界民主人士巨赞法师和赵朴初居士当选为代表，出席会议。赵朴初还当选为全国政协委员。这次会议所通过的《共同纲领》和《约法八章》的文件，规定了宗教信仰自由的政策。翌年5月全国政协宗教事务组召开第二次座谈会，周恩来总理指出，政府与宗教的合作在于政治上一致，而不求思想上的一致，各宗教应在教言教。翌年，毛泽东主席在接见西藏致敬团时亦谈道："共产党对宗教采取保护政策，信教和不信教的，信这种教的和别种教的，一律加以保护，尊重其信仰。"以后这些精神都体现到1954年颁布的《中华人民共和国宪法》的有关专条中，宗教信仰自由在新中国受到法律上的保障。与此同时，一些佛教界人士巨赞、李济深、陈铭枢、赵朴初、喜饶嘉措、周叔迦等亦在北京发起成立现代佛学社，推陈铭枢为社长，吕澂为名誉社长，发行《现代佛学》月刊，巨赞任主编。

1952年11月15日，佛教僧俗两界著名人士虚云、喜饶嘉措、噶喇藏、圆瑛、柳霞、土登塔巴·丹巴日杰、罗桑巴桑、多吉占东、能海、法尊、巨赞、陈铭枢、吕澂、赵朴初、董鲁安、叶恭绰、林宰平、向达、周叔迦和郭朋等为发起人，召开了中国佛教协会发起人会议，通过《中国佛教协会发起书》，推举赵朴初等人负责具体筹备工作。

1953年5月30日中国佛教协会成立大会暨中国佛教协会第一次全国代表大会在北京广济寺召开，来自汉、藏、蒙古、傣、满、苗、撒里维吾尔等七个民族的活佛、喇嘛、法师和居士等120名代表（应出席代表144名）参加了会议。经过详细的研究和讨论，代表们确定中国佛教协会是"中国佛教徒组织"，其宗旨是：团结全国佛教徒，在人民政府的领导下，参加爱护祖国及保卫世界和平运动，协助人民政府贯彻宗教信仰自由政策，并联系各地佛教徒，发扬佛教优良传统。会议推举班禅额尔德尼·确吉坚赞、达赖喇嘛、虚云、查干葛根为名誉会长，圆瑛为会长，喜饶嘉措、公德林、晋美吉村、能海、赵朴初、噶喇嘛、祜巴、阿旺嘉措等为副会长，赵朴初兼任秘书长，巨赞、周叔迦、郭朋等为副秘书长。会议还产生了中国佛教协会理事和常务理事会，号召全国佛教徒为"庄严国土、利乐有情"做出贡献。这次会议是"中国历史上第一次由全国各民族、各地区、各宗派共同组织的，具有最广泛代表性的佛教团体"，"像这种名副其实的真正的全国性的佛教组织，在中国历史上是从来不曾有过的"，"它表示着新中国佛教徒的大团结，表示着新中国佛教徒弘法利生的信心和热忱，表示着新中国佛教徒致力于爱护国家、保卫和平的共同志愿"。从此，大陆各族的佛教徒在中国佛教协会的统一领导下走上了新的发展道路。

1957年3月26日至31日中国佛教协会召开了第二届全国代表会议。这是在中国佛教取得了一些成绩进展和存在一些不足的形势下召开的。会议总结了3年来佛协的工作。这次会议出席代表213人（应出席人数为265人），包括北京、天津、上海和华北、华东、华中、中南、西南等25个省市及内蒙古、新疆两个自治区和西藏地区，有汉、藏、蒙古、傣、满、土、裕固、崩龙、布朗、摩西、佤等11个民族，他们来自汉、藏、上座部三大系的各个宗派。喜饶嘉措被选为会长，新选理事会理事220人。会议根据形势的发展和工作的要求，对佛教协会的章程作了一些较小的修改。在新章程上增加了"本会得根据实际情况在若干省（市）自治区设立分会"的规定，使各地佛教协会工作纳入了正轨，便于开展工作。但对于一般县市，会议一致认为："因限于人力和物力，不设立佛协的分支机构。"第二届会议与第一届会议相比，规模更大，更广泛地吸收了全国各民族、各地区、各教派的佛教界人士，使中国佛协具有了更广泛的代表性。到1962年前，全国许多城市建立了佛教协会分会的地方佛教组织，西藏、内蒙古、云南等少数民族聚居地区都有了自己的佛教协会分会，佛教活动在全国各地有不同程度的展开。

1962年2月12日至27日中国佛教协会第三届全国代表会议在北京举行。出席代表244人（应出席为275人），分属于12个民族和不同的宗派。这是一个总结会议、学习会议，又是一个团结会议和动员会议。会议确认今后中国佛教协会和各地分会及地方佛教协会应当进一步增进与佛教徒的联系，协助政府更好地贯彻宗教信仰自由政策。号召全国各地区、各宗派的佛教徒，要报国土恩，报众生恩，要为祖国、为人类、为佛教事业而勇猛精进。代表选举了班禅额尔德尼·确吉坚赞和应慈为名誉会长，喜饶嘉措为会长。

然而，1957年以后中国大陆社会政治发生了一些偏差，"左"的思想渐渐开始发展膨胀，佛教受到了一些不公正的待遇，到"文化大革命"时，佛教被列为"封、资、修"，寺院被关闭，佛像遭破坏，僧侣挨批斗。1966年8月26日中国佛教协会所在地——广济寺受到冲击，协会工作陷于停顿，以后正常、公开的佛事活动亦暂时停止。

1972年在周恩来总理的关心下，中国佛教协会开始恢复部分工作，接待了一些外国来访的佛教代表团和某些佛教国家的领导人。1976年10月，中国粉碎了"四人帮"反党集团，实行"拨乱反正"的政策，佛教活动开始恢复，佛教协会工作重新开展，现代中国佛教进入另一个新的时期。

1980年12月16日至23日，中国佛教协会在北京隆重举行了第四届全国代表会议。这是继上届会议之后的18年零9个月，再一次召开的新的会议。出席会议代表254名（应出席人数271人），代表了全国29个省、市、自治区的佛教徒，包括汉、藏、蒙古、傣、满、土、裕固、纳西等8个民族和全国显密各宗不同教派的许多四众大德。代表们选举班禅额尔德尼·确吉坚赞为名誉会长，赵朴初居士为会长。帕巴拉·格列朗杰等8人为副会长，秘书长赵朴初兼任，巨赞等5人为副秘书长。新选理事会由218人组成，常务理事54人。这次会议修改了部分佛教协会的章程，新章程规定"本会是中国各民族佛教徒的联合组织"，强调了佛教的民族性，进一步明确了佛教协会的性质。又规定佛教协会的任务是：

（1）团结和倡导广大佛教徒参加各项为人民服务的工作，"庄严国土，利乐有情"。

（2）在爱国爱教的立场上，维护教徒信仰自由的权利，推动教徒学习宗教政策和其他有关政策法令，做到爱国爱教，支持教徒管好宗教活动场所，开展正常的宗教活动。

（3）积极开展佛教教育和学术研究，出版佛教书刊，协助政府保护佛教文物古迹。

（4）发展与各国佛教徒的友好联系，增进中外佛教文化交流。

以上各条比过去更加强调宗教信仰自由是宪法规定的公民权利，特别应该重视支持教徒管好宗教活动场所，使佛教活动成为有组织、有措施、管理得当的正当宗教活动。

新章程对佛教协会的宗旨也作了新的补充规定：

协助人民政府贯彻宗教信仰自由政策，团结全国各民族佛教徒发扬佛教优良传统，积极参加社会主义建设和促进祖国统一，维护世界和平的事业。

1983年中国佛教协会第四届理事会第二次会议庆祝中国佛教协会成立三十周年，赵朴初会长在《中国佛教协会三十年》的报告中，进一步对佛协的宗旨做了说明。他说，宗教信仰自由政策是党和政府实现同宗教徒团结的重要纽带。"宗教信仰自由政策，是团结宗教徒积极参加社会主义建设的一个重要的政策前提，因此我们要把协助政府贯彻宗教信仰自由政策作为一项经常性的重要工作来做。"全国和地方佛教协会"是党和政府联系各民族各地区佛教徒的桥梁，同时又是宗教专业性很强的团体"。它具有对内经常教育佛教徒遵守国家的政策法令，维护国家的根本利益；对外代表佛教徒的合法权益，以高度负责的精神，主动向党和政府反映情况，提出建议，并以实际工作协助党和政府落实好宗教政策，处理好有关佛教方面的事务，以利于各民族更加紧密地团结在党和政府的周围，发挥参加四化建设的积极性。

"积极参加社会主义现代化建设和促进祖国统一，维护世界和平事业"是发扬佛教优良传统的主要目的，也是中国社会主义新时期的80年代的三大任务，反映了中国佛教事业和中国共产党、社会主义国家息息相关的历史命运和"肝胆相照、荣辱与共"的政治联盟。

赵会长进一步阐述了现代中国佛教徒应具备的"人间佛教思想"。他说："我们提倡人间佛教的思想，就要奉行五戒、十善以净化自己，广修四摄、六度以利益人群，就会自觉地以实现人间净土为己任，为社会主义现代化建设这一庄严国土、利乐有情的崇高事业贡献自己的光和热。"这种积极进取的"人间佛教精神"是中国社会主义经济时期广大教徒的人间使命，它又和"庄严国土，利乐有情"一起构成了现代中国佛教的基本模式。

第四届中国佛教协会代表大会在中国现代佛教史上产生了深远影响，给中国各族佛教徒指明了新的道路和奋斗方向，为开创中国佛教事业的新局面奠定了基础，从此"佛教这叶扁舟，在大风大浪中行进，经历了不少急流险滩，终于迎来了扬帆顺水的美好时刻"。

1987年2月23日至3月1日中国佛教协会第五届全国代表大会在北京举行。到会代表270人（应到人数329人），在众多的各族代表中出现了从台湾回大陆定居的法师，这是以往从未出现过的现象。这次会议是继6年前召开的代表大会以后，大陆宗教信仰自由政策逐步落实，全国各族佛教徒共同努力，佛教事业在指导思想上和实际工作中取得了拨乱反正、继往开来的重大成就，各民族佛教徒如法学修的条件已经具备的形势下召开的。赵会长在《团结起来，发扬佛教优良传统，为庄严国土、利乐有情作贡献》的大会报告中指出：新中国佛教史上的一次历史性转折已经实现，中国佛教开始走上与具有中国特色的社会主义相协调的道路。他进一步说，佛教与社会主义相协调的基本条件包含两个方面：一方面是党和国家从政策上、法律上尊重和保护佛教徒宗教信仰自由的权利；另一方面是佛教徒爱国守法，拥护党和政府的领导，积极为社会主义物质文明和精神文明建设服务。佛教与两个"文明"的关系，"对于佛教徒自觉为两个'文明'建设服务，对于佛教自身的发展方向乃至使社会正确理解佛教都具有重大意义"。

报告从理论上论述了佛教理论和实践相统一的问题，提出了佛教的积极思想和精神能够为社会主义物质文明和精神文明建设服务这一具有指导意义的观点，是社会主义时期中国佛教理论上的突破，亦是这次会议最重要的成果，具有极其重要的现实意义。这部"新中国佛教史上的一个重要文献"，对佛教徒认清佛教事业的方向，明确自身肩负的使命，促进相互间的团结，更好地发扬佛教优良传统，献身于庄严国土、利乐有情的事业，无疑将起重大的推动作用。

根据新时期的特点，《中国佛教协会章程》也做了一些修改，如在宗旨里增加了"提倡人间佛教积极进取的思想"和"积极参加社会主义物质文明和精神文明建设"的内容，更加明确佛法在世间，紧扣社会主义社会性质，在现实中取得觉悟的现代中国佛教之特点。对佛教协会的任务，新章程增加了"维护教徒信仰自由的权利"，"制订寺庙管理、收徒传戒等具体办法"，"兴办和赞助社会福利事业"，"积极开展同港、澳、台同胞和海外侨胞中佛教徒的联谊工作"等内容，强调了佛教徒的权益，加强了对寺庙、佛事活动的管理，反映了佛教协会工作的新气象和蓬勃向上的新兴活力。

现代中国佛教经受了曲折痛苦的考验，走上了一条全新的道路，稳步向前发展。经过诸山大德、长者居士和广大佛教徒坚韧不拔的努力，四十年来的中国大陆佛教所取得的重要成果，大致可以从以下几个方面表现出来。

（1）佛教界人士的政治地位明显提高。1949年佛教界人士应邀参加政治协商会议，表明了中国共产党和人民政府对宗教界人士的敬重和信任。以后上至中央，下至地方历次各届人民代表大会和政治协商会议都有佛教界的代表参加。中国佛教协会名誉会长班禅额尔德尼·确吉坚赞大师生前担任全国人民代表大会的副委员长。赵朴初会长担任全国政治协商会议副主席。他们位居高职，是国家的领导人，参与国家大事的决策。1989年班禅大师不幸因病逝世后，党和政府给予他很高的评价，称他是"我国伟大的爱国主义者、著名的国务活动家、中国共产党的忠诚朋友、中国藏传佛教的杰出领袖"。他的逝世"是中国共产党和国家的重大损失，是包括藏族人民在内的全国各族人民的重大损失"。对一些曾在"文化大革命"中受到迫害，含冤去世的佛教僧侣，如喜饶嘉措、阿旺嘉措、能海、噶喇嘛、周叔迦等人近年来也先后平反昭雪，恢复了名誉，体现了党和政府与宗教界合作的诚意。

（2）佛教组织系统化。中国佛教协会在北京成立以后，到1964年以前，大陆主要省、直辖市、自治区等都成立了省市一级的佛教协会分会。1976年以后，各地区原有的佛教协会重新开始恢复活动，并扩展到一般的市县亦成立了佛教协会地方分会组织。现在已经形成了中央、省、市、县（含自治区、自治县）的纵向体制和遍布全国各地的横向组织网络。佛协组织的体系健全，有利于佛教徒的管理和佛事活动的正常化、规范化，还促进了中央和地方的联系，使下情上达，上情下传，增加了反馈，加强了佛教界自身的改造机能和适应调整能力，从组织上保证了佛教徒的权利和宗教信仰自由政策的实施。

（3）进行了僧制体制的改革。中华人民共和国成立后，佛教协会一直倡导"一日不做，一日不食"的优良传统，僧尼们通过劳动自建自养，成为自食其力的劳动者，寺庙亦实现了经济自给。福建宁涢寺的僧众开垦荒地，广育茶苗，种植茶树420万株，所得的收入除了保证僧尼的日常所需生活费用，还略有节余。上海玉佛寺现在已经完全不需要国家拨款补助，寺院依靠自己的收入除供养近40名僧侣生活外，还可用于寺庙的整修。1984年4月20日佛教协会发布了第四届理事会第一次会议通过的《关于汉族佛教寺庙制度传戒问题的决议》，明文规定了剃度师、出家人的条件，以及传戒授法的具体规定，要求出家人必须持有省级佛教协会印发的戒牒，同时还废除了自唐以后形成的授菩萨戒时头顶烫香疤的沿习。1989年12月30日中国佛教协会又颁布了《汉传佛教寺庙管理试行办法》和《汉传佛教寺庙共住规约通则》两个文件，对汉传佛教寺庙管理体制与寺庙组织、僧众修持与佛事活动、收徒传戒与僧团管理、培育僧才与学术研究、生产自养事业与布施佛事收入、接待外宾与海外联谊、文物保护与园林管理、财务制度与物资管理、做好治安与加强消防，以及住持僧人日常起居生活等都做了详细的规定，从法律上保证了寺庙的合法权益，使之成为清净庄严、具足三宝的道场，成为佛教界庄严国土、利乐有情，走与社会主义相协调的道路的立足点。

（4）促进了各民族之间的团结。中国共有56个民族，有22个民族不同程度地信仰佛教。佛教除在汉族地区拥有广泛影响，有大量信徒之外，在少数民族里亦具有重要的地位。在藏族、傣族、蒙古族、土族等少数民族中，佛教已成为全民信仰的民族宗教，佛教对这些民族的社会、文化等曾产生过重要影响和发挥了较大作用，人民的思想、文化、伦理道德、价值标准、社会经济受到全面影响。各族群众的日常生活、风俗习惯、言谈举止几乎都和佛教有关，其天文、地理、法律、建筑、文学、教育、绘画、音乐、舞蹈等亦无一不和佛教相连，佛教色彩十分浓厚。然而在很长的一个历史时期内，中国的佛教界始终处于一个松散的状态。具体地说，汉传佛教徒、藏传佛教徒、云南上座部佛教徒三派处于分割或隔绝的情形，历史上三个派别的僧人从没有在一起聚会讨论过教务。1953年中国佛教协会成立，三派佛教领袖相聚北京，共商弘展佛教事业之大计，参加协会领导工作，分别担任了名誉会长、会长、副会长等职，开辟了中国佛教史上第一次三派真正合作的新里程。同时内地佛教徒到西藏、云南傣族地区交流取经，少数民族佛教代表团到内地参观礼佛，各族佛教徒和睦相处，绍隆三宝，充满了团结气氛。经过几十年的互相了解交流，现在各族佛教徒团结互助，关系融洽，建立了现代中国佛教历史的新模式。

（5）发展僧伽教育，培养佛教人才。1956年9月，中国佛学院在北京法源寺成立。这是中国大陆目前规模最大的佛学教育与研究机构，喜饶嘉措会长任首任院长。该院以培养"具有较高佛学知识，能开展佛学研究和寺庙管理人才"为目标，设有专修班、本科班、研究班等各种形式，至1966年10月停办前，其毕业、结业学员384人。1980年9月中国佛学院重新恢复，法尊任院长。该院的《招生简章》规定："具有高中毕业或同等程度以上，已有相当时间的出家经历、信仰坚定、律仪端正、品学兼优、爱国爱教的青年僧人，年龄限于20到28周岁"，经考试合格后录取，即可入学。学院本科学制四年，其中佛教专业课占总授课量的70%，内容有基础佛学、中印佛教史和诸宗学（戒律、中观、唯识、禅、净、台、贤等），其他有古文、史学、中西哲学、外语、课颂、坐禅和时政等科目。10年来，已先后培养学僧100多名，其中包括2名研究生，还有十多名师生被派往日本、斯里兰卡等国深造。佛学院的毕业生，积极协助党和政府贯彻宗教信仰自由政策，到各地参加地方佛教协会的工作，管理名山大寺。他们有的当选为当地人大代表，有的担任了各级政协委员，有的长期从事佛学研究，教学活动，如今已成为中国佛教界继往开来的中坚，为中国佛教事业做出积极的贡献。

1987年9月1日中国藏语系高级佛学院成立。学院主要培养蒙藏地区的活佛以及格西等级佛学人才，弘扬佛的法慧大宝，维护世界和平，为物质文明和精神文明建设做出贡献。学院的办学方针是"维护祖国统一，加强民族团结，发展藏传佛教，培养懂国家法律和政策，精通佛学的爱国爱教的高级宗教人才"。走一条以佛学专业为主体，藏传佛教为特色，教学和研究相结合的高规格、多层次的藏语系佛教综合院校路径。培养的学员除了"能讲能辩、能阐扬广博似海的显密二宗理论，能闻、思、修深远广大的三藏经典，能依三乘道次修持的贤正善良的藏传佛教的弘法音"外，还应成为"懂得现代科学文化知识，适应20世纪80年代突飞猛进的知识潮流的藏传佛教研究人才的骨干力量，国际佛学交流人才和寺庙高级管理人才"。现在学院已毕业学僧近百名。中国藏语系佛学院的成立，被认为是"佛教界的一件大喜事，而且亦是中国佛教史上的一个创举"。已故的班禅大师说："将活佛们组织在一起学习宗教、政治等广泛知识是前所没有的，它是藏传佛教在培养高级人才方面的一个历史性改革。我国藏传佛教培养活佛的教育将由经院式教学改变为新式的课堂集体教学，这是一项具有深远意义的工作。"

除了上述高级佛学院外，10年来中国佛教协会还成立了中国佛学院苏州灵岩山分院、南京栖霞山分院和地方佛教协会主办的福建佛学院、上海佛学院、四川尼众佛学院、黑龙江佛学院、西藏、四川、甘肃和青海藏语系佛学院，以及恢复已停办48年的久负盛名的闽南佛学院。至于僧伽培训班等，经常在各重点寺庙举行，中国佛教协会为支持僧伽教育已拨款数十万元。佛教教育事业的恢复和发展，不仅为中国佛教界培养了大量人才和新生力量，亦净化了佛教徒的灵魂，提高了佛教徒的素质。现在中国佛教协会已有佛学院校10所，其中大学本科2所，专科8所，在校学生数百人。南传上座部巴利佛学院也正在筹办之中，已初步形成了初、中、高全方位的立体教育体系，成为社会主义国家教育体系的一个组成部分，出现了中华人民共和国成立以来前所未有的兴旺景象。

（6）寺塔修造逐步得到重视。中华人民共和国成立以前，由于连年战争兵乱，佛寺多有毁于兵燹炮火。中华人民共和国成立后，佛教界出现了新的气象，政府修缮和翻新了一些损坏的寺庙，先后对雍和宫、五台山、福州鼓山涌泉寺、厦门市郊南普陀寺、常熟虞山兴福寺、敦煌莫高窟、炳灵寺石窟、九华山、峨眉山等寺窟进行全面整修。"文化大革命"期间，寺庙被关闭，文物经像被毁坏。1976年宗教活动逐渐恢复，修建寺塔的活动重新开始。国家拨出大量专款用于增修和新建寺庙，房山云居寺、镇江金山寺、陕西扶风法门寺塔、黄檗山万福寺、西藏甘丹寺、云南耿马总佛寺小白塔等一大批寺庙得到不同程度的修复。1988年政府决定对藏传佛教圣地布达拉宫进行全面维修，确定"精心设计、精细施工、加强领导、万无一失"的指导思想和保护维修的重大原则，拨款3500万元，分三期进行。现在第一期工程已经完工，第二期工程正在进行，整个工程预计在1993年以前完成。随着改革开放和宗教信仰自由政策的贯彻深入，中国大陆已恢复开放寺院3000多处，汉族佛教地区寺庙1200多处，蒙藏地区1000余处，上座部佛教寺院1300多处，还有经堂1000余处，其中已有几百所寺院被列为国家重点寺院和文物保护单位。近年来旅游活动在中国兴起，会有更多的寺院得到修复。

（7）佛事活动走上正轨。中国佛教协会成立，加强了对自身的改造和适应调整，对佛事仪礼活动也做了整顿。继承了受到人们喜爱、情调高雅、对人身心有净化作用的传统佛事，革除了掺杂在佛事活动中的算卦、抽签、看风水等不健康的迷信活动。在汉族佛教地区，主要举行佛诞日、观音诞日、超度亡灵和正常念经、诵课、打坐、参禅等各种佛事活动；在藏传佛教地区，举行祈愿法会、传大小召法会、朝山节、雪顿节、藏历新年等传统庆祝活动；在云南上座部佛教地区举行浴佛节（俗称泼水节）等活动。各派佛教徒现在每年还要举行祈祷世界和平、反对侵略战争的法会。1990年7月中国佛教协会决定按照世佛联规定，把5月中旬月圆日（农历四月十五）列为世界佛诞节，这也是中国佛教徒的"佛吉祥日"节日；纪念佛陀诞生、成道、涅槃三期同庆之辰。为筹措佛教活动资金，还成立了"佛教弘化基金会"。近年来中国佛教僧人还将佛事活动推向国外，曾组织大型的弘法团到美国举办水陆法会，轰动异邦。佛事活动的正常开展，既体现了佛法的庄严性和一致性，也有利于增强各地佛教徒之间的友谊和团结，贯彻了宗教信仰自由政策的实施，保障了佛教徒的合法权益。

（8）佛教文化事业得到继承和光大。佛教文化是中国传统文化的一个重要组成部分。中国佛教协会一直把继承和弘扬佛教文化事业作为一件主要工作纳入议程。协会着手恢复了金陵刻经处，集中整理、补刻经版 10 多万块，印刷流通佛教各宗重要经论著述和玄奘法师译著全集等大批佛教经籍、图像数十种，为藏传佛教徒制作烧瓷涂金佛像、宗喀巴大师等 5 种藏式佛画像，还为云南上座部佛教徒制作了佛牙舍利图片等物。

1965 年前中国佛教协会出版 144 期《现代佛学》，该刊物曾对宣传宗教自由政策，提高佛教徒的政治思想觉悟和佛学水平，促进佛教学术研究，增进中外佛教徒的相互了解和友谊起过积极作用。1980 年佛教协会会刊《法音》创刊。该刊本着爱国爱教的宗旨和在教言教的办刊方针，刊登有关佛学文章，报道会务活动和全国佛教动态，宣传和体现宗教自由政策。发行 10 年取得丰硕成果。从季刊、双月刊发展到月刊，印数亦从每期 4000 份上升到 15000 份，读者普及海内外，在日本、美国、英国、法国、印度、斯里兰卡、泰国、匈牙利、苏联等 20 余国均有影响。1987 年还出版了《法音》学术版，现改名为《佛教文化》。此外，从 1956 年起，中国佛教协会还组织力量对房山石经进行了大量调查、发掘、整理工作，拓印经版 14270 块，出版《房山石经影印集》33 册（现已出版 12 册）。又为斯里兰卡英文佛教百科全书撰写文稿 400 余篇，200 余万字，出版《中国佛教》四册，并参加撰写了《中国大百科全书·宗教卷》，以及翻译藏文佛经、巴利文藏经名著等。佛教界人士还将传统的佛教音乐继承整理，由佛教僧侣组成的弘化音乐团在国内外演出，出访东南亚国家，受到热烈欢迎及好评。

（9）加强与各国佛教界的友好来往，为世界和平做贡献。1952 年 9 月 8 日圆瑛法师、喜饶嘉措大师和赵朴初居士等组团参加了在北京举行的"亚洲及太平洋区域和平会议"，这是新中国佛教徒首次与国际佛教界的来往。会后发表的《参加亚洲及太平洋区域和平会议的佛教徒的声明》指出："制止侵略，保卫和平，是当前每一个人的迫切任务，亦是我们佛教徒的任务。"翌年，日本佛教界人士代表团来中国送还中国在日殉难烈士的遗骨，刚成立的中国佛教协会赠予日本佛教界观音像，开创了中日两国佛教界友好往来的新篇章。此后，中国佛教界与国外佛教界的联系增多，先后接待了缅甸、斯里兰卡、印度、尼泊尔、柬埔寨、越南、老挝、印度尼西亚等国的佛教代表团。中国佛教代表团也多次访问这些国家。在中国珍藏的佛牙舍利也于1956年和1961年两次被迎请到缅甸、斯里兰卡，供佛教徒瞻仰，受到各国人民和政府的热情欢迎。

1956年中国佛教代表团参加了缅甸、印度、尼泊尔等国的庆祝佛陀涅槃2500周年活动和"世界佛教徒联谊会"第四届大会。以后由于世佛联的少数人采取敌视的态度，使中国佛教协会和世佛联的联系中断达18年之久，直到1984年才重新恢复合法地位，表明中国佛教已经受到世界佛教界的重视，日益发挥着重要的作用。

20世纪60年代中国还举行了一系列纪念和爱好和平的活动。与日本佛教界、文化界共同发起纪念鉴真大师圆寂1800周年活动，玄奘圆寂1300周年活动和召开亚洲十一个国家和地区佛教徒会议等。70年代和日本佛教界的关系得到加强。1980年奉迎鉴真大师像回国巡展，把中日佛教关系推向一个新高潮，成为现代中日佛教史上的一件大事，中日佛教界的联系已经推广到各宗各派。80年代中外佛教的交流全面恢复正常。中国佛教代表团出访各国已是常事，除和日本佛教界的友好联系进一步加强外，与南亚、东南亚佛教国家的关系也有了恢复和发展，还与澳大利亚、美国等欧美国家的佛教界建立友好联系，与香港、台湾的佛教界交流合作，表现了两岸佛教徒的深厚情意。

中国佛教协会致力于世界和平事业，反对侵略战争。现每年举行祈祷世界和平法会，又与其他宗教界共同组团参加"世界宗教徒和平会议""亚洲宗教徒和平会议"，以及参与发起了"中国人民争取和平与裁军协会"组织等等。赵朴初会长因致力于世界和平事业，曾获得日本庭野和平财团颁发的"庭野和平奖"。所有这些活动加深了中外佛教徒之间的了解和友谊，对维护世界和平和社会主义中国建设事业都起了积极和良好的作用。

40年来的中国大陆佛教，既有它的痛苦过去，亦有新生的喜悦和美好的未来。面对现实，毕竟有了良好的开端，进入了全新的发展时期。佛教徒已成为中国社会主义建设的一个重要力量，尽管它仍会碰到困难或挫折，但是依靠中国共产党的领导和人民政府的支持，通过中国佛教协会和广大佛教徒的努力，一切将会变得更好，佛教当会沿着自己的道路继续向前。

（原载《五台山研究》1991 年第 3 期）

百科全书式的学者朱谦之先生

一

朱谦之（1899—1972 年），字情牵，福建省福州市人。我国当代著名的历史学家、哲学家和东方学家。生于一个数代从事医生职业的家庭，幼时父母双亡，由姑姑抚养成人。民初入福建省立第一中学学习，在中学时熟读我国的经史，曾自编《中国上古史》，并发表《英雄崇拜记》等小册子。17 岁时以福建省第一名考取北京高等师范学校（北京师范大学前身），后改入北京大学法预科，毕业于北京大学哲学系。在校期间，亲聆学界名师的教诲，饱读中外哲学文化书籍，先后发表了《周秦诸子学统述》和《太极新图说》等文。

1919 年中国大地掀起"打倒孔家店"的五四运动，朱谦之满怀革命激情投入这一轰轰烈烈的斗争，参加了学生示威游行，编辑杂志，撰文抨击时弊，宣传无政府主义，提出种种改革社会和教育的主张。他在北大第一次贴出大字报，要求废除考试制度等。翌年又首次在国内报刊上提出"劳动人民神圣"等口号。毛泽东在北大工作期间曾与朱谦之讨论过无政府主义等问题。同年 10 月朱谦之因散发革命传单遭军阀当局逮捕，入狱百余日，经北京学生集会营救和全国各地声援方获得释放。

1921 年朱谦之离京南下至杭州兜率寺从太虚大师出家，以后又去南京支那内学院向著名佛学家欧阳竟无求教，因不满意佛门的腐化、偷安生活，复断绝关系，往返于京、沪、杭各地，遁迹江湖之间，过着"飘零身世托轻帆、浪漫生涯亦自豪"的生活。越 3 年，应厦门大学之邀，出任教职。1924 年辞职再度隐居西湖葛岭山下，门对宋代诗人林逋（和靖）故居，悉心从事著述。1929年获中央研究院资助东渡日本潜心历史哲学的研究。两年后归国，任暨南大学教授。从1932年起任中山大学教授，兼历史系主任、哲学系主任、文学院院长、研究院文科研究所主任和历史学部主任等职。抗日战争时期，他历尽艰险，始终勤于职守，为适应抗战需要，曾大力提倡"南方文化运动"和"现代史学运动"，出资筹办《现代史学》，对历史研究中的"考今"工作起过一定的推动作用。在他的努力下，把中山大学历史系办成一个著名学系和研究机构，为抗日战争培养了大批理论干部。1949年广州解放，朱谦之以无比欢欣的心情，迎接新时代的到来，积极参加校内外的各种政治和教学活动，做了大量的工作。

1952年全国院系调整，朱谦之回到了久别的母校——北大哲学系任教，从事中国哲学史的教学和研究。1958年后又转入东方哲学的研究工作，培养研究生和青年学者，对我国1949年以后的东方哲学研究工作，起了重要的推动作用。1964年北京大学东方哲学史教研组全体人员并入中国科学院哲学社会科学部，组建世界宗教研究所，朱谦之担任研究员。尽管此时他已重病缠身，有时卧床不起，但仍著述不止，致力于宗教学的研究。1972年因脑溢血逝世，享年73岁。

二

朱谦之在学术界被人称为"百科全书式的学者"，这是因为他的教学研究工作十分广泛，涉及了历史、哲学、文学、音乐、戏剧、考古、政治、经济、宗教和中外交通文化关系等各种领域，有些领域在我国还属于开拓性的研究。著名学者王亚南曾称誉："朱先生时代感非常强烈，而且搜集之富，钻研之精，涉猎之广，读其书，知其生平者，均交口称道。"早在大学读书时，朱谦之就以善读书闻名。当时曾担任北大图书馆主任的李大钊先生因朱谦之借书特多，而担忧图书馆内所藏的社科书籍会被他全部读完。他的治学态度极为严谨，善于用脑和手，每读一书，必不停地用朱笔圈点和摘录。在着手课题研究时，必先列出阅读和参考的书目。他通晓英、法、德、日等多种外国文字，对国外的学术动态十分注意，所以能够尽快地吸收和消化国外的研究成果，步趋世界学术研究的潮流和开拓国内研究的新领域，充分体现了时代感。他的国学底子深厚，对我国的经史子集都有一定的了解或研究。他的工作态度十分认真，早上4点闻鸡声而起，埋头写作，至晚饭后始辍笔。下笔极快，一两万字的文章经常一气呵成。有人说他用笔千言，如江河倾泻，素不注意辞章修饰，这是一种误解。试看他所写的《老子校释》序言，其辞藻之华丽，章句之对仗，用典之殷切，虽辞章学家犹不能过也。

朱谦之一生著述等身，桃李满天下，给后人留下了庞大的、珍贵的文化遗产。据不完全统计，有专著42部，译著2部，论文百余篇。他的学术研究成果，表现在以下几个方面。

哲学研究是朱谦之一生成果最丰富的内容之一。其研究著述既有中国传统哲学，又有西方古典哲学和马克思主义哲学，还有东方哲学和中外比较哲学等，学贯中西，博通今古，蔚为大观。他早年发表的《革命哲学》充满了怀疑主义、虚无主义的青年人理想，主张"政治革命不如社会革命，社会革命是从社会主义革命进至无政府革命，再进至宇宙革命"。这种主张，中华人民共和国成立后他自己批判说："名为'革命哲学'而实际所谓宇宙革命，不过证明了宇宙究竟为寂灭，所谓用革命的方法，也不过一种寂灭论罢了。"[①] 以后又发表了《无元哲学》和《周易哲学》等著述，在这些著作中，他批判和摒弃了过去的虚无主义主张，宣称宇宙人生都是浑一的"真情之流"，真生命在人世间上即可实现，从此转向了信仰主义为特征的真情或唯情主义哲学。1929年朱谦之东渡日本后，历史哲学开始成为他的主要研究课题，以后几十年一直未断。特别是对黑格尔、孔德等人的历史哲学做了大量的和深入的研究，撰写了《历史哲学大纲》《黑格尔的历史哲学》和《孔德的历史哲学》等著作。他在日本期间首次接触了辩证唯物主义和历史唯物主义，并把它们作为一种社会学说不加歧视地进行研究。与此同时，他还写作了《文化哲学》，强调："文化哲学不但有他独特的在哲学中最高的地位，而且更为其它历史学、社会学、教育学所凭依，而为研究文化历史学、文化社会学、文化教育学者所必经的

---

① 朱谦之：《七十自述》，载《中国哲学》第三辑，生活·读书·新知三联书店1980年版，第389页。

路径。"① 甚至认为"将来的哲学，应该是文化史的哲学，换言之，即为文化哲学"。② 他反对当时世界学术界以西方为中心的观点，重视我国传统文化思想的价值，讴歌中国人民的智慧和发明，并在这一指导思想下，撰写了《中国思想对于欧洲文化之影响》一书，明确指出中国传统思想对欧洲的近现代思想家产生过深刻影响。此书一出版，即引起国内外学术界的高度重视，给予了极高的评价。

中华人民共和国成立以后，朱谦之的哲学研究工作更上一层楼，取得丰硕成果。50年代初期，他凭着已有的马克思主义哲学功底，很快就写出了《辩证唯物论与历史唯物论教学大纲》，满足了当时大学教学的需要。尔后，又转为对中国哲学史的研究，在早期发表《周秦诸子学统述》《庄子哲学》等著述的基础上，新撰了《老子哲学》《中国哲学史史料学》《中国哲学史提纲（汉—清）》《中国哲学史简编》（约200万字）等一大批著作，对中国哲学发展史的各个阶段都有系统的阐明，尤其对先秦诸子和近代启蒙思想家有深入的研究。其中《中国哲学史简编》最早注意到少数民族的哲学宝藏，列有专章研究，在很多中国哲学的传统问题上，他有很多新颖的、独特的见解。他整理的《老子校释》搜集之丰在已有各种版本中是最多和最好的一个，因之在莫斯科召开的全球汉学家会议上被一致推荐为最佳的研究，获得特殊的荣誉。到2017年为止，此书已经重印了近20次。另一本《李贽》也得到国内学术界的好评。

1958年后朱谦之带领一批青年研究人员和朝鲜、捷克斯洛伐克的研究生从事东方哲学的研究和教学工作，先后发表了《日本哲学史》《日本的朱子学》《日本古学及阳明学》《日本哲学历史资料选》（古代之部和德川之部），另外指导朝鲜留学生完成了《程朱学对朝鲜的影响》的研究。朱先生发掘了不少在日本、朝鲜已散失，但仍保留在我国的珍贵文献和资料，阐明了中国哲学和宗教与我国周边国家朝鲜、日本和越南等等的相互关系。这些开拓性研究引起了国内外学术界的重视，苏联和日本研究机构都曾提出要与我国共同合编日本哲学史的资料等。越南科学院提出要派人来中国

---

① 朱谦之：《文化哲学》，商务印书馆1990年版，第11页。
② 同上书，第3页。

跟随朱先生学习、整理越南哲学史的资料。与此同时，他还将过去发表的《中国思想对于欧洲文化之影响》进一步作了修订，扩大了篇幅，改名为《中国哲学对欧洲的影响》。此书是朱先生用毕生的心血写成的，前后搜集资料和写作达三四十年之久。例如在"中国哲学与法国革命"一章中就有190处引文和注释，可见搜集之多和用力之勤。该书连同早期的版本，在日本，英国、美国、苏联学界引起重要反响，苏联的一些学者虽然不同意该书的某些观点，提出了批评，但也承认它是一本有科学价值的著作。

政治学的研究是朱谦之早年关心的问题。在轰轰烈烈的五四运动和大革命时期，朱谦之以年轻人所具有的思想活跃，饱含激情的情绪，曾经探讨过未来中国的前途和命运。他除了宣传无政府主张和提出"劳动人民神圣"的口号外，还撰写过《大同共产主义》《到大同之路》等著作，提出："宣传中国政治之传统精神，以人性为基础，以大同为门户，以美的社会组织为框廓，以礼乐为妙用，以游艺为依归，意在拨乱反正，以跻斯于永远太平而止。"① 以托古改制的方式，宣扬儒家乌托邦式的政治和社会理想。

朱谦之兴趣广泛，对音乐和文学也有较深入的爱好和研究。1927年他撰写了《凌廷堪燕乐考原跋》。在厦大工作期间又撰写了《音乐的文学小史》，以后又扩大为《中国音乐文学史》，这种把音乐和文学联合起来研究，在我国还是首创，因此获得了国内外的好评。该书出版后，日本中村嗣次就把它译成日文。1989年北京大学出版社又重印了此书。另一本著作《中国古代乐律对于希腊之影响》也有重要价值，已由音乐出版社出版。中华人民共和国成立后，朱谦之先生曾受著名剧作家洪深先生之托，整理中国古代各种戏剧、戏曲等古籍，他搜集到的剧种和数量要比过去已知的多好几倍。

历史研究是朱谦之先生的主要研究领域，曾先后发表过《中国史学之阶级发展》《现代史学概论》《历史科学论》《历史论理学》《历史统计学》和《太平天国史料及其研究方法》《五四运动史略》等数十篇著文。他对中外关系史的研究做出了特殊的贡献，除了上述的《中国哲学对欧洲

---

① 朱谦之：《七十自述》，载《中国哲学》第三辑，生活·读书·新知三联书店1980年版，第480—481页。

的影响》和《中国古代乐律对于希腊之影响》外，代表作还有《扶桑国考》和《哥伦布前一千年中国僧人发现美洲考》等文。《哥伦布前一千年中国僧人发现美洲考》一文在国内外学术界曾引起强烈争论。美国、墨西哥、古巴等国的学者都强烈赞同他的结论。例如墨西哥的柏尔曼（M. Palmer）教授来信说，他掌握了192个考古学区域的记录，证明美洲原住民是和中国人有密切关联的。当然这个问题在国内和苏联也有着强烈的反对意见。鉴于他在国际上所取得的学术成果，郭沫若同志在一次会议上曾说朱谦之和向达教授是我国研究中外交通史方面两个最重要的学者。

此外，朱谦之对文化问题也有过精湛的研究，撰写过《文化类型学十讲》《中国文化之命运》《世界史上之文化区域》《文化哲学》等著作；对经济方面的问题也有所涉及，发表过《历史学派经济学》《经济史序说》《中国经济学说纲领》等著作。总之，无论对中国与西方的文化关系，抑或中国对周邻国家的文化关系，他都有精湛的研究。

下面专门谈谈与本书有关的朱谦之与宗教研究的关系。

朱谦之出身于世代行医的家庭，在旧中国科学技术比较落后的情况下，这样的家庭是一个具有较多的科学知识和文化气氛浓厚的世家。朱先生受教于旧式的传统教育，儒家的"修、齐、治、平"入世思想和老庄的淡泊无为，以及佛家的禅逸出世思想在他身上都得到了体现。五四时期他和其他热血青年一样，积极投身于革命救国的斗争，提出种种社会改革的主张，但是这时"中国的思想界，可以说是世界虚无主义的集中地……佛教的空观和老子学说……在青年思想界，有日趋发达的趋势"。[1] 因此他的革命哲学追求"虚空粉碎，大地平沉"的虚无主义理想，实受禅宗《高峰语录》的影响。他被军阀逮捕后，经历了不少艰苦磨难，思想又转向佛教，企图用佛教改变人心乃至人生、社会。他离京出家时发表的一通宣言中表达了这种思想：

（一）用批评的精神，对现行的佛法，佛法的各派教宗，以及佛教的本身加以批评。

---

[1] 陈独秀：《虚无主义》，载《独秀文存》卷2，上海亚东图书馆1923年版，第92页。

（二）提倡梵文，以为提倡真正佛学之助力。

（三）翻译东西洋关于宗教革命的书籍，以为实行佛教革命准备。①

朱谦之不仅主张对佛教进行改革，而且还计划组织一种以实践佛教原则的宗教新村。但是他通过在西湖出家生活一段时间的体验，发现当时某些寺院实行的僧伽制是一种变形的家长制度，有些佛教僧徒过着苟且偷安的生活，这种情况是不能实现他的改革初衷的。为此，他在愤慨、失望之余写下了《反教》一诗②：

> 黑魆魆！……黑魆魆……
> 把教门的黑雾窟揭穿，看那一簇簇的
> 寄生虫，何处立足！
> 那皈依三宝的叩头虫呢？
> 更不容他不生生饿毙！
> 我那时再焚烧七宝伽篮，
> 打倒罗汉，扫荡妖气，大踏步到那：
> 佛顶上，宝塔上，
> 高唱我大虚无的歌儿。

尔后，他又经好友介绍，向欧阳竟无求教，但终觉唯识学说不合他的旨趣。流离的生活使他接触了现实社会的底蕴和大自然生活，逐渐对过去的虚无主义思想进行了反思清理，认识到：③

> 因妄求解脱的缘故而欲毁弃宇宙乃至断灭人生，那更是我一向的愚痴颠倒，对这深重的解脱只好是一种邪见罢了！

---

① 朱谦之：《七十自述》，载《中国哲学》第三辑，生活·读书·新知三联书店1980年版，第390页。

② 同上。

③ 同上书，第392页。

> 我的兄弟们呀！我恳求你。不要相信那超人间的希望的涅槃，让你真诚恻怛的大悲心就实现这真生命在人间的人。

朱先生思想的"回归"，在表面上看有了巨大的转变，但实际上还在佛教轨道上运转。他摒弃了空观，但又接受了大乘"三界唯一心""慈悲利他"等思想。以后他经过多年的摸索和实际生活的体验，终于接近并最后接受了辩证唯物主义的思想，与佛教在信仰上割断了联系。朱先生晚年在回忆过去经历的自叙诗中写道："少年破旧好空言，敢把乾坤一口吞。粉碎虚空沉大地，推翻世界从无元。唯情哲学身为累，主义虚无首似昏。妄论奇谈真应叹，归根不出老禅门。"

朱谦之最终没有接受佛教，他通过对佛教的了解，做了不少研究工作。他早年撰写了《印度佛教对于原始基督教之影响》等文，几本阐述他的世界观和未来理想的著作中都渗透着佛教禅观和空观的思想。"文化大革命"前夕，朱先生调到宗教所工作后，即着手翻译日本著名佛学家忽滑谷快天所著的《禅学思想史》和《朝鲜禅教史》。从他的译稿题笺来看，朱先生想写一部禅宗史，但是因种种条件限制，他最终没有完成这个心愿，只是留下了这两部译著。

朱谦之与基督教的因缘始于中学时期。他 17 岁时，在基督教会办的格致书院专修英文，常常批评基督教教义，著《宗教废绝论》。以后他在做哲学研究，特别是西方哲学文化的研究时，对基督教及其神学有了更多的认识，意识到神学在历史文化阶段里的重要性和对哲学史及科学史的作用。其所著的《文化哲学》一书中指出，西洋的宗教"是从世界大宗教发生地的东方来的"。（第 203 页）在《中国哲学对欧洲的影响》中对耶稣会的历史性质和传教士来华的动机、经过及其作用等做了详尽的分析。调入宗教所后，朱先生开始从事中国基督教史的研究，搜集了许多景教史资料，撰成《中国景教》一书。

三

《中国景教》是朱谦之晚年写作的最后一部著作。景教是我国唐朝时传入的基督教的一支，曾受到唐太宗、高宗和玄宗等5位皇帝的优渥礼待，因之在中国得到了传播和发展，达到了所谓"法流十道""寺满百城"的兴旺阶段。但是由于种种原因在内地传播了200年后至会昌武宗灭佛时也遭到了禁绝，直至元朝时（11—12世纪）又卷土重来。17世纪《大秦景教碑》在西安出土，对景教的研究随即展开。国内外学界有不少人参与了此项工作，所发表的研究报告和文献达数十种。[①] 朱先生的著作就是在前人研究的成果基础上，所做的进一步工作。我们翻开此书，不难发现，所有的重要研究成果都被朱先生借鉴，在许多重要的关键问题上，他都进行了鉴定、评论，并提出了自己的见解，因此，为进一步厘清研究障碍和发扬前人研究成果，汇集众人的智慧起了重要作用。笔者认为，此书最重要的价值就在于它是20世纪中国大陆研究景教，著述最新、资料最丰、研究最深、篇幅最多的一部重要的中国基督教史的学术著作。朱先生凭借深厚的文史功底，全面地、完整地论述了景教的起源、发展和在中国的传入及传播情况。所援引的材料极为丰富，既有国内外保存的原始文献，特别是敦煌新出土的资料，又包括了近百年来诸家的研究成果和种种的甚至是矛盾的观点，因之有着十分重要的学术价值。全书共11章，约20万字。目录中每章和各节的标题提示了全文的内容，使读者可以一目了然。书后附录的景教碑文和参考书目有利于读者和学者做进一步的学习和研究。

"文化大革命"以前，我国大陆的基督教研究非常薄弱，从1949年到1978年近30年的时间内没有发表一本专著，文章仅48篇。有关景教的研究主要在吴文良著的《泉州宗教石刻》一书中述及，该书第2部分介绍了景教在泉州的传播历史。这时由于受到极左思潮的影响，对宗教尤其是基督教方面的文章，多持批判和一概否定的态度，所以朱先生的书中也不免受到这种影响。由于朱先生已作古，我们无法对他的著作内容进行删改或者用今天的学术标准去要求他。1978年以后，我国政府实行了"改革开放"的方针，学术界也呈现了"百家争鸣"的局面，宗教研究逐渐走上正轨，出现了欣欣向荣的气象。有关景教的研究论著也陆续问世。江文汉

[①] 参见《中国景教》书附录二，朱先生搜集的参考书目，人民出版社1998年版。

著的《中国古代基督教及开封犹太人》是近十年来较早出现的一本涉及景教的论著。作者在所附的中国文献资料中，对一些资料做了今译，例如对景教碑文，做了注释和今译，弥补了朱书的不足。张力和刘鉴唐著的《中国教案史》一书，对景教做了概略的介绍。著名中外交通史学者方豪生前所著的《中国天主教史人物传》分三册出版，其中第一册主要叙述了景教、也里可温教人物，有重要的参考价值。除上述几部书之外，近年来大陆还发表了一些有关景教的论文，总数约20余篇。这些文章主要是对一些文献和考古发现的探讨，尤其是对在新疆一些地区和福建泉州新近发现的一些景教徒的十字架墓碑的探讨，这些发现对景教在中国的活动提出了新的证明。十年来我国学术界共发表基督教研究的论文近400篇，其中关于景教的论文是极少的，成为基督教研究中的一个薄弱环节。而国外对这方面的研究无论在数量上还是质量上都超过我们。此外，国内学术界还翻译出版了与景教有关的《一五五〇年前的中国基督教史》一书。香港和台湾的学者近年来也撰写了不少有关景教的专文。为了保持学术资料的连续性，我们在朱先生已搜集的有关景教资料参考书目的基础上，将国内外发表的一些书目论文赓续整理发表于后，供读者和学人参考。同时为纪念朱先生逝世20周年，我们将朱谦之的全部著述目录附于书后，这是迄今为止首次公布的最全书目，对了解朱先生的生平和学术成就有着重要的意义。

《中国景教》一书是朱谦之先生在1966年时完成的。当时正值"文革"时期，此书根本没有机会出版。1972年朱先生逝世，书稿一直由朱先生夫人何绛云女士保存。1982年为满足学术界使用的需要，世界宗教研究所曾出资铅印数百本在学术圈内散发；付印之前，宗教所图书馆的张新鹰同志曾对原稿做了文字校订工作。陈海英同志联系了印刷，校对了清样。这次本书公开出版前，张新鹰同志再次做了校订工作。黄夏年同志通读了全稿，并补做了《香港、台湾和日本有关研究景教的论著目录（1950—1980）》和《大陆景教研究论著目录》两部分资料，还整理了《朱谦之著述目录》。

为了能给读者更多的直观感性认识，我们还配置一些景教遗物照片附于书内。过去曾有一些景教照片在国内外发表过，例如佐伯好郎的《中国基督教史之研究》、吴文良的《泉州宗教石刻》等都曾刊出过这类照片。但是，由于书的出版年代已久，早已纸张发黄，书内照片漫漶不清，不能再用。还有一些景教遗址已经毁灭，无法重新取得照片，造成了不可挽回的损失。近年来随着景教文物的不断发现，国内已经有相当一批照片、实物，仅泉州就有景教照片40余幅。这次刊出的照片主要以重照为主，加以精选后而采用的，其中有的照片系近年来新出土的遗物，为首次发表，价值重要，意义很大，保持了资料的连续性。内蒙古社会科学院乌兰察夫同志，北京中国文物研究所张羽新同志，福建泉州海外交通史博物馆李玉昆同志、杨欣章同志，江苏扬州市委宣传部孙晓风同志，陕西社会科学院王亚荣同志，新疆社会科学院唐世民同志、陈世良同志，新疆维吾尔自治区文化厅博物馆祁小山同志和北京图书馆方广锠同志，尚林同志和林世田同志等都帮助查找资料和提供了大量照片。黄夏年同志除了出面向全国各地征集照片外，还负责了照片的甄选和排版工作。中国社会科学院外国文学研究所元文琪同志描摹了景教碑的叙利亚文。世界宗教研究所戴康生副所长、曹中建主任自始至终地关心本书的出版工作，基督教室唐逸同志解读了扬州景教碑的拉丁文。本书的公开出版还得到了人民出版社的领导和哲学编辑室同志的支持。编辑王粤对此书的出版作了很多努力，并提出了不少宝贵意见。最后谨代表何绛云女士向上述有关同志表示最诚挚的谢意。

（原载《世界宗教研究》1993年第1期）

论玄奘精神

玄奘是举世闻名的佛学家、思想家、翻译家、旅行家和中外文化交流的杰出使者。今天我们集合在这里共庆玄奘三藏院的落成、玄奘顶骨舍利安奉、增勤法师方丈升座仪式暨"玄奘精神与西部文化学术研讨会"的召开，感到无比的兴奋。在此祝贺大会成功，并向到会的高僧大德、专家教授致以衷心的敬礼！

玄奘毕生追求的事业和奉献的精神随着时间的推移，愈来愈为我国各族人民和亚洲各地的民众所珍视，显现出万丈的光芒。近年来很多国家的学术界、出版界和新闻媒体都发表了不少有关玄奘生平事迹的著作、影视作品。印度和中国召开了一系列纪念玄奘的学术讨论会，日本的电视台还开展了关于玄奘西行路线的热烈讨论，种种现象说明玄奘还活在我们的心中，他的精神正在激励着我们前进。

玄奘及其业绩无疑是初唐时期国内外社会环境的产物。他是时代的弄潮儿，也是历史的推动者。玄奘所处的时代正是我国封建社会的鼎盛时期，被历史学家称为"贞观之治"的黄金时代。唐太宗在平定隋末群雄割据的局面后，很注意社会的改革，首先是改善了农民的处境，在很多地区把小块农耕地分配给农民，从而使社会生产迅速得到恢复和发展。随着农业的发展，商业、手工业也都活跃起来，商品经济日益繁荣，因而为著名的租、庸、调的税收制度奠定了基础。初唐时期社会经济的繁荣，为佛教及其文化事业的大规模开展提供了物质保证。

"贞观之治"所以取得重大成就的另一个原因，是唐初的统治者采取了对外开放的政策和鼓励多民族宽容、平等相处的精神。9世纪是我国外交和疆域拓展的时期，位于我国东北地区的高丽、百济和日本，东部地区的渤海国，西北蒙古高原上的突厥诸族和西域三十六国乃至波斯、大食等国都和唐朝有着政治、外交、商业和文化的关系。当时来华的外国人主要是外交使节、僧侣和商人，他们大多集中居住在广州、洛阳和长安等地。外国人不仅带来了异国的精神文明，也带来了奇珍异宝，因而激励了中国某些居民崇尚和学习外国的风气和心理。在对外交流中值得注意的是，6世纪是印度文化大量涌入汉地的时期，伴随着印度天文学、数学、医学、语言文字和手工艺等知识的传入，印度的佛教哲学及其相关文化也日益渗透到唐朝的上流社会之中。

唐代佛教也是我国佛教史上的"黄金时代"。佛教自两汉传入中国后，最初只是翻译了一些经典，在宫廷贵族之间流传；南北朝时期逐渐在民众中间扎根，开始繁荣起来。隋唐时期由于受到唐代帝室和贵族的尊重，玄奘、义净等人从印度传来很多新的佛教经典，为佛教注入了新的活力。当时南北佛教各自特色鲜明，正处于一个汇合时期——南学重文字，但取玄理，清通简要；北学蕴含深芜，穷其枝叶。当时不少佛学家都著书立说，以述为作，用注释、疏解、文句等形式解释佛教经典，发挥其意蕴，从而形成了许多学派和宗派，百家争鸣，各擅其胜，形成了唐代佛教的新局面。玄奘在没有去印度以前，虽然向中国和印度来华的僧侣学习了不少佛教经典，但由于佛教流行已有数百年，典籍较多、译本互异，年久学殊而繁，常常发现理论之异。据《慈恩传》说，他所遇到的"先贤之所不决，今哲之所共疑"的问题，就有一百多条。这也是玄奘之所以要去印度"求取真经"的原因。另外，在这个时期，佛教信仰和佛教文化已深深渗透到人民大众之中，终于达到了和中国人的精神生活休戚与共的地步。另外，佛教已传播到了与我国毗邻的亚洲各国，形成了"东亚佛教文化圈"。当然，"佛教文化圈"的形成，也与玄奘等先贤的译经、注经、领众学修、创宗立派等活动是分不开的。

由于玄奘在行解上是一个完美无瑕的典范，具备常人罕见的素质，因此不少评论家常常从"超凡"的角度去赞誉他。然而玄奘是一个什么样的伟人、玄奘精神究竟是什么，迄今仍众说纷纭。佛教徒常常是从他的智证上去赞美他，如印度大乘佛教徒尊称他为"大乘天"，小乘佛教徒尊称他为"解脱天"。有人是从他的佛教学术成果来赞美他，如说"千部论主"或"三藏法师"等。印度的僧人和学者不仅赞美他的修持，而且也赞美他对印度佛教和历史所做的贡献，如印度孟加拉僧伽大会秘书长达摩帕尔说："玄奘依然活在每一个印度人的心灵深处，倘若没有他字字珠玑般的著作，我们印度的历史就不会完整。"我国伟大的文学家和思想家鲁迅称赞他为中华民族的"脊梁"，梁启超说他是"千古之一人"。笔者认为，在我国历史上对玄奘的评论莫过于他的同时代弟子道宣律师所作的概括："听言观行，名实相守；精厉晨昏，计时分业；虔虔不懈，专思法务；言无名利，行绝虚浮；曲识机缘，善通物性；不倨不谄，行藏适时；吐味幽深，辩开疑议。实季代之英贤，乃佛宗之法将矣。"寥寥数语已将玄奘的高尚人格、学业成就和务实精神跃然纸上。笔者认为玄奘的精神大致可以概括为下面六个方面。

（1）真诚向外国学习、勇于开拓的精神。上面已谈到玄奘所处的时代特点，在玄奘活动的年代，印度的佛教、文化科技知识已大量涌入中国，玄奘是把它们作为先进的知识加以热忱地学习的。玄奘早年曾辗转各地，参访各种不同学派的名师，向他们请益受教。从他学习的经典情况看，无疑他已掌握了当时佛教义理、语言文化各个方面的知识，但他从不满足于他所得的成就，常常对"先贤之所不决，今哲之所共疑"的问题进行寻根问底，渴望了解佛教的全面正确的知识。因此，当他从印度来华学者波颇密多罗那里知道了戒贤法师讲《瑜伽师地论》的消息后，便"杖策孤征，乘危远迈"，去印度寻求新的知识、开辟佛学研究的新途径。他到达印度后不辞艰难地几乎访问了当时印度所有的著名佛教学者和婆罗门教有识之士，虚心向他们请教，即使是佛教的论敌或者外道，也如实地把他们的论点介绍给中国知识界。另外，他在学习和研究瑜伽行派的过程中，糅合了印度当时流传的唯识十家之说，借以贯通新旧唯识的鸿沟，独辟蹊径，奠定了唯识新学的理论基础，从而建立了中国的法相宗。笔者认为玄奘这种虚心向外国学习、富于创造的精神，对于我国当前西部的精神文化建设也有着借鉴意义。

（2）历尽千难万险、百折不挠的奋斗精神。玄奘在去印度的路途中历尽了人类所能遇到的种种自然和人为的灾难。他跋涉过世界上最荒凉的塔克拉玛干炎热沙漠（塔里木），在流沙八百里内，上无飞鸟，下无走兽，磷火飘忽，烂若繁星，但他孑然一身，望着聚骨马粪前进；翻越了终年积雪的帕米尔高原、白雪坚冰的喀喇昆仑山脉（凌山）和热海（今吉尔吉斯伊塞克湖）。在印度境内还遇到了难近母（嗜血女神）教派的掠劫。此外他还克服了在学习和研究过程中的"三难"——即学梵文难、得经本难和文化交流难。如果没有坚忍不拔的精神，玄奘是无法克服这些难关的。

（3）不慕荣利、造福人民的爱国主义和国际主义精神。玄奘西行后由于自己的努力和勤奋，在印度学术界获得了至高的荣誉，成为佛教最高学府那烂陀寺四大名师之一。戒日王优渥礼待，给予丰厚的供养，但他一直未忘出国的素志——"弘法利民"。当鸠摩罗王——戒日王上号"大乘天"和"解脱天"并坚留他在印度时，他答称："今果愿者，皆由本土诸贤思渴诚深之所致也，以是不敢须臾而忘。"（《大慈恩寺三藏法师传》卷五）在他回国后，唐太宗曾两次希望他能"还俗从政，辅佐朝廷"，但他矢志译经事业，婉言加以拒绝。玄奘这种精神正如汤用彤先生评说："襟抱平恕，器量虚融——耽于道术，澹于名利，不欲高衒——玄奘人格极高，为人所敬顺。"

（4）虔虔不懈寻求真理、攀登学术高峰的精神。玄奘毕生翻译了印度佛教经律论75部1335卷，1300余万字，占唐代译经的一半以上。另外，他还写下了不朽的《大唐西域记》一书。他在佛教哲学、因明学、梵文翻译、历史、地理、民俗和中外交通等方面都给我们留下了极其珍贵的文化遗产。他将印度的佛教知识介绍给中国，并在中国发展了唯识学的理论和因明的理论，创立了法相宗；与此同时，他还把中国的文化知识介绍给印度，翻译《道德经》《大乘起信论》为梵本。就当时的学术情况看，他确是攀登了学术高峰，表现了一个知识分子敢于追求真理的勇气和对待学术研究毫不含糊的科学态度。

（5）融会教内外各派的宽容认同精神。这种精神集中表现在他的译经和与外道交流之中。众所周知，玄奘是一个大乘瑜伽行派学者，但他选择翻译的经论中，大小乘并举，对佛教各主要学派的基本经典如《大毗婆沙论》《阿毗达摩》五个足论，都没有从他所持的立场加以排斥。玄奘并不专门弘传中观理论，但他翻译了中观派般若学的根本经典《大般若经》《广百论》等。大乘中观派的清辨论师是瑜伽行派护法论师的论敌，但他将清辨的《掌珍论》译出了。另外，他对教外的一些经典，如婆罗门教正统派哲学——胜论的根本经典《胜宗十句义论》也如实地译出了。我国道教的根本经典——《道德经》，玄奘应印度童子王之请把它译成了梵文。据《集古今佛道论衡》记载：在翻译《道德经》时，道士蔡晃、成英等出于宗派的偏见，力图将《道德经》的思想融会佛教的《中论》《百论》的思想，但遭到了玄奘的拒绝，玄奘说："佛道两教其致大殊，安用佛言用通道义？"又说："观老治身治国之文，文词具矣。"他在印度戒日王主持的辩论大会上取得胜利后，马上取消和宽恕了外道顺世论者在辩论前所做的卖身等种种誓言。在玄奘生活的唐初和印度戒日王统治的时期，正是儒释道三教斗争和印度婆罗门教与佛教等沙门思潮斗争最为激烈的时期，玄奘在激烈的斗争中能够保持不偏不倚、宽容认同的精神，这是难能可贵的。

（6）工作作风踏实、计时分业的精神。玄奘一生始终把他的精神全力贯注到工作中去。《慈恩传》对他回国后每天译经的情况有所描述。他每天对当天需要完成的任务都有详细的安排，做到"计时分业"。如果白天不能完成，晚上也要补足。由于他的勤奋，使他取得了丰硕的成果。据奘传资料统计，玄奘从贞观十九年（645年）五月至龙朔二年（663年）十月，在17年6个月中共译出佛经1335卷，每年平均为75卷，每月约6.25卷，即5日1卷。玄奘晚年驻锡玉华宫时（659—663年），5年中共完成14部680卷，平均每年完成136卷，每月完成10余卷，这较过去增加了将近一倍。玄奘所译的最重要经典如《大般若经》《成唯识论》《唯识二十论》都是在这段时期完成的。玄奘这种精厉晨昏、专思法务、虔虔不懈、死而后已的精神令我们感动。

玄奘一生大半是在祖国西部度过的，他对祖国人民和土地有着无限眷恋，即使身处异国时，也"本土思渴，不敢留须臾"。在当前全国人民大力开发西部地区的进程中，我们也要学习和发扬玄奘的精神，把祖国建设成为一个繁荣富强的社会主义国家。

玄奘精神照耀着千秋万代！

（原载《法音》2000年第12期）

玄奘及唯识学研究的回顾与展望

一 玄奘的历史贡献、评价与地位

玄奘是举世闻名的佛学家、哲学家、旅行家、翻译家、中外文化交流和中外交通的杰出使者。他的事迹在中国、东亚乃至世界各地都有传诵。玄奘的重要贡献和价值随着时间的推移越来越为人们所认识和敬重。玄奘精研佛理，把印度佛教的经典和印度文化系统地介绍给中国，并且在我国发展了唯识和因明学的理论，创立了法相宗。这些宗派和理论还通过他的弟子，传播到东亚乃至世界各地，在那里得到了发扬光大。与此同时，玄奘还努力把中国和中国文化介绍给印度人民，他应印度童子王之请，把《老子》译为梵文。他所著的《大唐西域记》一书是学习、研究南亚次大陆和中亚地区各国历史地理的经典著作，也是印度和中亚一些主要遗迹考古发掘的依据。玄奘所处的唐代正是中国历史上的盛世，是大规模向国外开放的时代。玄奘那种真诚向外国学习、勇于开拓的精神，那种历尽千难万险、百折不挠的奋斗精神，那种不慕名利、造福人民的爱国主义和国际主义精神，那种虔诚不懈、寻求真理、攀登学术高峰的精神，那种融汇教内外各派的宽容精神以及工作作风踏实、计时分业的精神，都值得我们学习。这是我国珍贵的精神遗产，也是当前我国开拓西部地区的指导精神和行为准则。因之，我国伟大的文学家鲁迅曾称他为民族的"脊梁"，梁启超称誉他为"千古一人"。

二 玄奘及唯识学研究在中国

玄奘是一个伟大的佛教理论家，他在佛教理论、哲学、因明学、梵文翻译、历史、地理、民俗、文化交流和中外交通等方面都给我们留下了大量极其珍贵的精神和文化遗产，因此长期以来一直被中国和世界学术界所重视，得到了深入宣传和研究。但是我们的宣传和研究与玄奘的历史功绩和作为世界文化名人的地位是不相称的。对玄奘记述的中外历史地理特别是中亚方面的研究也是不够的。

众所周知，玄奘及其所传唯识学的研究在我国历史上曾有过曲折的过程。唯识学开始流布在中国，先由南朝真谛开始。真谛翻译了唯识旧学的不少经典，但它的传播受到了当时权贵及京僧的抵制，被批评为"言乖治术，有蔽国风"。唯识学的真正展开是从玄奘及其弟子们开始的。玄奘比较全面地翻译并融会了当时印度十家的唯识学著作，唯识学因之得到了广泛的流传，并在这些学说的基础上形成了慈恩法相宗。玄奘的弟子对玄奘唯识学著作做了不少的注疏，建构了中国唯识学的基本模式。但是这个宗派的理论架构过于烦琐，一般僧侣教徒不易深入理解，另外，理论缺乏社会基础，因此流传几十年以后，就被僧侣和学者们束之高阁。自唐以后的八九百年间，法相宗在社会上一直备受冷落，但有史料可证的是，这个派别在佛教僧侣或寺庙中仍在流传，并在明朝中期或后期骤然活跃。当时在吴地出现了大批僧侣和著作，其中著名的有鲁庵普泰的《八识规矩补注》（1511年）和《百法明门论解》（1511年）、紫柏真可的《八识规矩颂解》（约万历年间）、憨山德清的《八识规矩通说》（1622年）、蕅益智旭的《成唯识论观心法要》《真唯识量真解》（1647年）等所谓"相宗八要直解"[①]。此外，在儒家中也有修习者，如王夫之在1681年曾著有《相宗络索》一卷。

唯识学在近现代蔚然成风，成为显学，是在辛亥革命时期。当时研究、宣传唯识学的团体，南京有欧阳竟无领导的支那内学院，北京有韩清净领导的三时学会，学术界有所谓"南欧北韩"的说法。欧阳竟无曾说："法相、唯识应分两门，法相糅古，唯识刱今；法相广大，唯识精纯。"而太虚法师则认为，"法相示唯识之所现，而唯识所现，即一切法

---

① 周齐：《明代中后期唯识学的流行及其特点与分析》，载《玄奘精神与西部文化学术研讨会论文集》，三秦出版社2002年版，第190—197页。

相；唯识立法相之所宗，故法相必宗唯识，所现一切法甚广，然所变现一切法之所归，则在唯识；故示宗旨所在，曰法相唯识"。① 法相宗在近代骤然兴起，除了社会根源外，与当时西方蜂拥而来的学术思想也有重要的关系。张曼涛在《现代佛学丛刊·唯识学概论（二）》之"编辑旨趣"中曾说："影响思想界最深的，则又可说，只有唯识最为出色。在现代中国几个可数的思想家中，无不跟唯识学发生关系，主要者如熊十力、梁漱溟、梁启超、章太炎等莫不如是，即使是深受西洋哲学的影响，而不以东方哲学为意的，如金岳霖、张东荪等，亦对唯识学深表崇意，此原因何在？就在唯识学跟近代西方传来的学术思想，有相似的关联；如科学观念、哲学系统，都是有体系、有组织的学问，在整个东方各家学说中就唯识最具此种精神，因此西学传来的结果，竟不料掀起一阵唯识研究的高潮，几乎所有研究佛学的，莫不以唯识为第一研究步骤。"当然，唯识学在中国的复苏，有着认识论和方法论的原因，但更重要的是社会原因，在当时民族主义高涨的时期，在洋枪洋炮的直接威胁下，软弱的资产阶级只能求助于古代的传统，给他们披上现代的服装，在历史的舞台上重复演出。

中国近百年来，对玄奘和法相唯识学的研究大致与国外是同步的，也是相互响应的。国外由于东方学的推动，对玄奘研究很重视，从而也推动了我国对玄奘及其佛学思想的研究。在"南欧北韩"的影响下，1919 年我国学者丁谦最先在《方志月刊》第六卷第二期上发表了《西域记考证》一文。到 20 世纪 50 年代前，我国学术界相继发表了约五十多篇与《西域记》有关的文章，其中有陈寅恪、陈垣和冯承钧等著名学者的文章。与此同时，国内学者还翻译了一大批国外学者的著作和文章。南京金陵刻经处在《东方杂志》上发表了《支那内学院精校本玄奘传之后——关于玄奘年谱之研究》，这篇文章对玄奘的生卒年月的研究，首先提出了自己的观点，到现在还有影响。玄奘研究和唯识学的研究在"南欧北韩"的引导下开始扎下根来，从玄奘生平开始，到对唯识学的考证，唯识研究逐渐成为当时佛学研究的主流。当时有一大批思想家，

---

① 太虚：《法相唯识学概论》，载《法相唯识学》（上），商务印书馆 2002 年版。

如章太炎、梁启超、梁漱溟、熊十力等,还借助于唯识理论建构他们自己的思想体系。

三 玄奘及唯识学研究在国外

在19世纪上半叶,西方殖民主义把矛头指向东方以后,欧美各国的所谓东方学骤然而起。他们尤为注意的是作为东西方商道和文化道的"丝绸之路"的研究,因之对玄奘《大唐西域记》的研究就成为他们关注的重要的课题。欧洲的东方学家从历史、地理、民族、宗教、法律、艺术、生活习性、商贾等各个方面对玄奘当年亲历的重要场所、交通要道进行了实地勘探、考古研究和社会调查等,并写成了大量的报告或译著。在西方殖民主义国家中最先进行这项研究的是英国、德国和法国学者,嗣后,日本、俄国、印度、斯里兰卡等国专家亦步其后尘。据法国考尔(Cordiar)图书目录所列中国书目中,直接涉及玄奘研究的有59本,近年来也有大量新的有关玄奘或唯识学著作问世,现列如下:

1834年德国学者克拉泊罗斯(J. Klaproth),在柏林最先发表《玄奘在中亚与印度的旅行》一书,这是玄奘传记的撮要著作。

1847年,英国安特孙少校发表了《玄奘行记》,做了若干地名考证的尝试。

1848年,英国克宁上尉发表了《七世纪上半期玄奘旅行阿富汗、印度日记考证》。

1851—1853年,法国学士院学士儒莲翻译出版了《慧立、彦宗的玄奘传及其在629—645年的旅行》,即《慈恩传》。

1862年,俄国克拉索夫斯基根据儒莲所译的《慈恩传》,出版了《玄奘传》。

1857—1858年儒莲翻译了《玄奘大唐西域记》第一至第十二卷。

1871年,克宁汗少将在伦敦出版了《印度古代地图、佛教时代(包括亚历山大战争与玄奘旅行)》。

1873 年，英国玉尔著《玄奘所记的吐鲁番各国中古地名新证》，又出版了发表于《大英百科全书》第 12 版上的"玄奘"条。

1883—1884 年，S. 皮尔发表了《〈玄奘西域记〉第十卷两个地名考》及《西域记中其它考证》。

1884—1906 年，S. 皮尔发表了《玄奘西域记英译》及新版。

1888 年，S. 皮尔出版了《慧立·彦宗传英译》。

1889 年，英国戴勒著《玄奘年谱》。

1899 年，法国斯坦因著《印度西北省与俾路支考古工作报告》。

1901 年，德国福查（Fecha）著《玄奘游记中乾陀罗古地名注释》。

1904—1905 年，华特著《大唐西域记译义商榷》。

1909 年，英国史密司著《玄奘所记阿育王石柱考》。

1910 年，日本京都帝国大学文科出版了《关于大唐西域记》。

1911—1914 年，英国桑姆·皮尔译《慧立玄奘传》。

1917—1920 年，斯坦因著《唐太宗圣教序》及《玄奘跋涉沙漠》。

1920 年，费诺著《玄奘与远东》。

1923 年，斯坦霍尔、斯坦因著《玄奘与现代研究》。

1938 年，哈密尔顿译《唯识二十颂》。

2005 年，来西·萨兰著《追踪高僧脚印》。

日本现代学者对玄奘的研究稍晚于欧洲，其中比较重要和有影响的有：

1894 年，《佛教史林》刊出《三藏年谱》。

1910 年，东京大学出版了《大唐西域记考异》。

1912 年，堀谦德出版了《解说西域记》。

1942 年，足立喜六出版了《大唐西域记之研究》。

1972 年，水谷真成出版了《大唐西域记》。

1983 年，野村耀昌重译了《大唐西域记》并作了缜密的考证。

从以上大量的译作和著作中可以看出，玄奘研究一直被国外学者所重视。外国学者普遍重视和赞美玄奘的伟大人格和学术成就。尤其重视玄奘对印度次大陆和中亚地区所作的记载，一般用以作为研究印度次大陆和中亚地区历史、地理、交通、宗教、政治、军事布置等的重要依据，也常常作为考古、交通发掘的根据，其影响是十分深远的。例如，现存的印度和尼泊尔等国的释迦牟尼佛出生、成道、初转法轮和涅槃的四大圣地的发掘与定位，与玄奘所撰的《大唐西域记》有重要的关系。另外，印度佛教史上的王舍城、灵鹫山等佛教圣迹的发现，也是依靠了玄奘的记载。当然，在西方学者中，其中的一部分人本身就是英法殖民主义的将领或在任的外交使节，他们在翻译和研究中不可避免地带有帝国主义、殖民主义的倾向，但是他们最先提出了东方学，为东方学的研究画出了蓝图，找出了方向，从而为以后东方学的研究奠定了初步的基础，其功绩也是不可磨灭的。

四　当代中国玄奘与唯识学研究的兴起

在1949年中华人民共和国成立后，我国的佛学研究进入了一个新的历史时期。迄1957年反右派运动前，佛教界和历史学界对玄奘有一个比较正确的评价。在1960年以前，中国大陆出现了有关玄奘问题和研究的著作共26种，这些著作包含了对玄奘生平、历史、远征求法、归国译经、唯识理论、创立相宗、因明研究、玄奘精神等的评述，有的还以唯物辩证法为指导，对玄奘的哲学和社会影响作了比较实事求是的评价。例如，田光烈先生写了《玄奘哲学思想中之辩证法因素》（1950年），力图从缘起论、中道观、因明学等三个方面入手，挖掘并深入佛教哲学思想中的辩证法因素。北京三时学会重印了韩清净的《瑜伽师地论·披寻记汇编》共180卷。另外，金陵刻经处重订和出版了《玄奘译撰全集》。这些大书为僧俗两家学者研究玄奘的思路源头，打下了资料的基础，有着十分重要的意义。此外，在中国佛教协会的机关刊物——《现代佛学》和中国科学院发行的《历史研究》上，经常有纪念或评论玄奘的文章。但是，到1966

年"文化大革命"开始后,有关佛教与玄奘的研究就基本上停止了,直到1978年才有所改变。

1978年党中央实行拨乱反正,学术界开始百家争鸣、百花齐放,佛教的研究逐渐繁荣起来,于是有关玄奘的研究才被提到议事日程上来,逐渐成为学者们研究的重点和热点课题。但是这个时期的研究还是分散的、小心翼翼的。1992年,河南玄奘故里的同志为了加强对玄奘生平事迹的宣传和佛学思想的研究,提议成立玄奘研究中心。这个建议得到了国内大批著名人士和学者的赞同,特别是由于已故的中国佛教协会会长赵朴初居士竭力相助,该中心终于在1992年7月30日在北京成立。从此,玄奘研究开始有计划、有组织地进行。

玄奘研究中心成立后,先于1994年在玄奘故里洛阳和西安两地召开了第一次国际会议,又于1994年在陕西铜川召开了第二次国际会议。这两次会议都得到了国内外同行的热烈响应和当地政府的全力支持。两次会上,国内外同行先后发表了几百篇学术文章,从玄奘的生平、历史、时代背景、孤征印度、回国译经、建立宗派等各个方面给予了评价。这两次大会对宣传玄奘精神确实起了不小的作用,也引起了国内外佛教界、学术界的重视。2000年11月,玄奘研究中心协助中国佛教协会、陕西省佛教协会等单位召开了全国性的"玄奘精神与西部文化学术研讨会"。与此同时,还协助洛阳玄奘故里召开了"玄奘思想讨论会",在陕西户县召开了"玄奘遗骨鉴定会"。这些会议和活动都在国内引起了反响,对玄奘的宣传和研究工作,在人民群众中树立玄奘的光辉形象,起了一定的作用。

近年来,出版界出版了大量的有关玄奘的生平历史和唯识学理论的著作,其中值得注意的有:由季羡林主编的《大唐西域记校注》,韩镜清编撰的《成唯识论疏翼》,王恩洋撰写的《中国佛教与唯识学》,惟贤法师撰写的《唯识札记》,杨廷福编写的《玄奘年谱》,马佩主编的《玄奘研究》,黄心川主编的《玄奘研究文集》,黄心川、王亚荣、增勤主编的《玄奘精神与西部文化学术研讨会论文集》,周贵华的《唯识与了别》等。台湾出版了张曼涛主编的《玄奘论文集》,光中法师编辑的《唐玄奘三藏传文汇编》等。此外,孙宝纲先生还将《大唐西域记》译成了印度语,在印度出版。薛克翘先生等创作了玄奘的电影剧本,等等。

五　深化学术研究，为中国现代化建设服务

　　当前玄奘及唯识学的研究已经在我国升温，正在产生重要的影响。近年来，以玄奘为题材的文艺作品层出不穷，已经成为新闻媒体与电影电视艺术界的一个热点。仅玄奘研究中心就曾经协助或接待了至少五个以上的玄奘电视剧组，修改了好几个剧本。去年是"中印友好年"，作为中印文化交流的使者——玄奘大师再度引起了人们的注意，除了原有拍摄的玄奘电视剧和纪录片之外，中央电视台还策划与组织了"重走玄奘之路"的重大活动，在北京与广州等地召开了新闻发布会，现在这项活动正在紧张地进行之中，电视媒体、纸质媒体和网上媒体都作了连续的报道，玄奘的影响正在深入。

　　我们召开的第三次玄奘国际学会讨论会，就是在这个背景下进行的一个重大的学术活动。这个活动引起有关方面的注意，许多媒体都给予了报道，世界各国的著名学者集中在锦城——玄奘出家的地方，召开高质量的学术研讨会，无疑有着重要的现实意义。它的召开，不仅深化了世界各国的玄奘研究的水平，而且也促进了中国的玄奘及其唯识学的宣传与研究，直接推动了中印两国的友好交往，赓续了两国源远流长的文化交流的历史。

　　当代研究玄奘及其唯识宗，正在朝着精细化、广泛化和现代化的方向发展，这些都是好的现象。但是我们除了要继续深入研究与历史有关的考古、中外交通、地理、翻译、佛学理论等传统学问外，笔者认为充分挖掘出玄奘精神和唯识学在现代社会的现实意义，将其用在当代社会的学术研究和治理国家，以及人心改善等等，也是一个主要的方面。而在这个方面，学术界将会拥有广阔的天地，大有作为。作为佛教高僧、对世界文化做出贡献的大家，玄奘不辞万难远征求学的坚强意志，努力学习、虚心钻研的好学传统，坚持真理、谦虚礼让的道德品格，不慕虚名、潜心学问的严谨学风，以及报效国家、信仰坚定的爱国爱教的信念等等，这些都是当代社会仍然要继承与强调的重要内容。现代社会离不开对古代社会思想文化与理论传统的继承与发扬，玄奘精神与他的一生行迹，就是我们现代社

会继承传统，推陈出新的切入口，也是佛教界理论创新的契理契机的一个重要的思想来源。玄奘所弘传的唯识学，虽然在理论架构上过于烦琐，但是它强调了心的作用，突出了修心的重要性，在心理学方面有重要的创建，这些为当今社会重建道德、改善人心、调整心理、构建和谐社会提供了重要的资粮，其现实意义也是非常显明的。所以玄奘和唯识学的研究，在现代社会不是要退化，而是要进一步加强，把玄奘的精神推广到当代社会，为社会服务，已经成为学者们不可推卸的历史责任。

（原载《西南民族大学学报》（人文社科版）2007年3月）

关于玄奘与紫阁寺的几个问题

玄奘遗骸在紫阁寺的问题提出后，我心仪已久，要参加这个论证会，今天如愿以偿，感到十分欣喜。紫阁寺玄奘遗骸问题的取证和研究，户县党政领导一直十分重视，做了大量的组织和研究工作，使这个问题大白于天下。这种对祖国文化遗产和群众宗教信仰负责的精神，让我十分钦佩。

首先，让我谈谈当前国内外对玄奘的研究和宣传情况。玄奘是一位著名的佛学家、旅行家、翻译家和中外文化交流的使者。他的业绩一直在中国、东亚、南亚广泛流传，随着时间的推移，愈来愈得到广大人民的崇仰，形成了一股崇拜的热潮。

印度对玄奘的纪念和宣传是一直在有组织进行的，早在1948年独立以后，就开展了玄奘的宣传和研究工作，他们在那烂陀寺建立了规模较大的玄奘纪念堂，在巴特纳（华氏城）树立了玄奘的塑像。另外，1975年在中央一级成立了玄奘专家委员会（The Expert Committee of Xuanzang），这个委员会的主任就是印度前任总理瓦杰帕伊。在孟加拉地区有玄奘研究中心，中心主任是现任的印度僧王，2002年他们召开学术讨论会，我从他们发出的请柬中看到，担任这次会议的主席是印度前文化部部长，可见其对玄奘研究的重视。玄奘在印度是家喻户晓的人物，这是因为在小学教科书中有玄奘的故事，因此印度凡是受过国民义务教育的人都知道 Hong Zhan（印度人对玄奘的发音）。

日本、韩国因为有法相宗的存在，因此崇仰玄奘的专门寺庙和信徒仍然很多、很活跃，他们中间不少人还曾来过我国朝拜或参加过我国召开的纪念玄奘或学术的讨论会。玄奘的遗骨迄今供奉在岩槻的慈恩寺和奈良的药师寺。

我国自1994年以后先后在偃师、铜川、西安分别召开三次规模巨大的国际和全国性会议后，玄奘研究已引起国人的重视，出版了不少有重要价值的著作和论文。

由于国内外掀起了学习和崇拜玄奘的热潮，因此出现了对玄奘出生地、生平、事迹等的热烈争论。据我所知，关于玄奘出生地或玄奘故里就有几处之争。有人认为，现在河南偃师境内的缑氏镇是玄奘的故里；也有人认为在偃师的滑城河一带；还有人说是河南贡县境内。此外，还有人提出：河北顺平县的陈侯村是玄奘祖先的故里，玄奘曾寄母骨于陈侯村并建寺，因此玄奘祖籍可能是河北人，等等。另外，还有很多说法，例如江苏无锡市扩建的祥符寺（亚洲最大佛像的陈立地），据说是玄奘嘱其弟子窥基在那里建立起来的，等等。

为了澄清以上提出的各种问题，我想对玄奘的生平和历史提出下面一些不成熟的看法。

一　关于玄奘的家世和迁播情况

玄奘的祖先陈寔是河南省大丘的"大丘长"（见《后汉书》九二卷、列传二）。陈寔生活于公元104年至187年之间，原籍颍川郡许县，谥"文范先生"。据《史记》卷三十六、世家第六载，玄奘祖陈杞居于河南省，陈朝建国者陈霸先、天台宗创立者陈德安（即法名智顗），皆是玄奘的同族，陈霸先是陈寔的后裔，陈寔四代孙陈达在永嘉南迁后曾为长城县令（长城县系晋朝所置，即今浙江长兴县）。玄奘的祖系陈康、陈英、陈弱、陈鼎、陈高、陈咏、陈猛、陈道巨、陈文赞、陈霸先等历代长年居住在浙江长城县。玄奘另一祖先，天台大师出生于荆州。这一系（智顗）传十数代，皆居住于颍川地区。玄奘的祖父陈康、父陈慧开始南迁，居于河南陈留。根据以上的谱系，玄奘的祖父没有在河北居住过，也没有史料说明他母亲也去过河北，并葬在那里。

二　玄奘圆寂后是土葬还是火化的

2002年日本广播电视系统组织对"丝绸之路"问题的讨论中，提出了玄奘圆寂后是土葬还是火化的问题，这个问题与我们这次听证会也有密切的关系。玄奘大师于唐高宗麟德元年（664年）圆寂于玉华寺，在圆寂前他曾嘱弟子"葬事宜从俭省，可以蘧蒢裹送，择山涧处安葬"。玄奘弟子遵其遗命，以蘧蒢为舆，奉神躯回长安。唐高宗特赐命厚葬于白鹿原，后徙葬于樊州北原兴教寺，在迁葬兴教寺时，据《宋高僧传》载，玄奘的法体还未腐烂，面色红润，以上史料说明玄奘的葬礼都是以中国传统方式土葬的。广明元年即公元880年，兴教寺毁于黄巢起义，寺僧护遗骸至终南山紫阁寺，上建五重塔。嗣后，金陵僧可政把玄奘头骨移至南京长干寺，后来南京发现的遗骸有头骨及其散片，这可证明紫阁寺的迁葬也是土葬的。南京的头骨中的一片后来移送北京法源寺中国佛学院保存，惜在"文革"中散佚，这块头骨1958年我在佛学院执教时曾亲眼见过，头骨后面填有金框闪闪发亮，也可能有人觊觎这些金子，像黄巢起义时的盗墓贼蓄意取去。从以上种种史实可以证实，玄奘圆寂后确是土葬的。

三 玄奘遗骸迁存紫阁寺的问题

关于玄奘遗骸迁存紫阁寺的问题，户县政协遗骸调研组经过多次的调查和发掘，查遍了有关玄奘遗骸迁移的资料，另外，还访问了大批学者和专家，最后从七个方面论证了玄奘遗骸在黄巢起义后确实迁葬至紫阁寺。我觉得这个结论是十分慎重的，也是可信的。其中有三条可以说是铁证如山。

一是南宋景定年间（1260—1264年）所修的《建康志》卷四，与元至正年间（1341—1368年）所修的《金陵志》所记载的遗骸的来龙去脉。根据我国修志的经验，后志常常是对前志的修订，如果前志有错误或有遗漏，后志常常会加以修正，而且两志都记得很翔实，使人无懈可击。

二是在1942年日本侵略军高森部队所发现玄奘顶骨石函两侧的文字记载也是可以使人证信的。

三是我想谈谈终南山紫阁寺与我国佛教史上多位高僧的关系问题。第一位是长期生活和行化在终南山的法藏。中国佛教史上有五位同名的法藏，其中最著名的当然要推唐朝由康居国来的法藏，他为武则天译《华严经》,华严宗尊为三祖;另一位盛名于世的就是终南山紫盖峰修禅法的隋唐时期的著名僧人法藏,他经历了北周、隋、唐三个朝代。此人博学能文,通朝鲜语,周武帝灭佛时,他一直隐居在深山丛林中,越四年他才知悉。公元579年他向周宣帝提出恢复佛法的要求,宣帝不许,几被杀害,后回终南山,度僧百二十余人,立大兴善寺,他对隋唐佛教的复兴做出了贡献。

第二位最著名的僧人是道宣。道宣是佛教南山律宗的创始人。此人三十多岁以前"周游晋魏,顾步嵩淮"。从624年以后,一直住在终南山白泉寺,他的著作有南山宗义及五部疏抄,阐发了他为律学开宗的见解。玄奘回国后,他被高宗召至长安弘福寺译场任缀文大德,参与译事,他还编写过很多佛教重要著作,如《续高僧传》《释迦方志》《集古今佛道论衡》《大唐内典录》《广弘明集》等。这是记载佛教在我国发展的历程,儒、释、道三教交流的最重要的名著。他的律学思想受到了玄奘唯识论思想的影响很深,他以心识为戒体的根据,在此基础上演出了整套戒律的理论。[1]另外,他朝夕与玄奘相处,对玄奘观察入微,因此他对玄奘的评论最为中肯。现摘引如下:"余以暗昧,滥沾斯帝,与之对晤,屡展炎凉。听言观行,名实相守。精厉晨昏,计时分业。虔虔不懈,专思法务。言无名利,行施虚浮。曲识机缘,善通物性。不倨不谄,行藏适时。吐味幽深,辩用疑议。实季代之英贤,乃佛宗之法将矣。"我想,这些话迄今还有重要的现实意义。

第三位高僧是新罗僧圆测。关于他的身世,朝鲜和中国有着不同的记载。中国说他是"新罗王孙",朝鲜说他是"牟梁里人",也就是"贱民"。按朝鲜半岛佛教的规定,贱民是不能授僧职的。关于对他的评价,中朝史料褒贬不一,或谓"不德之徒",或谓"高沾之士"。按朝鲜的资料,他在80岁时曾回国传播唯识思想,但中国则否认此说。他的坟墓大家都知道在兴教寺内。玄奘回到长安后,他开始从玄奘受学,玄奘住西明寺,他也同去,玄奘去世后,他就在西明寺继续传唯识,因此称为"西明",圆测于668年在终南山云陆寺,又在离寺三十里的地方,静修了八

---

[1] 参见黄心川《略述南山律宗唯识观》,载《东方佛教论》,中国社会科学出版社2002年版。

年。他于 696 年在洛阳圆寂。后来他的弟子把他的遗骨一部分葬在终南山丰德寺东岭上。

圆测和窥基承传的唯识论不同,他承袭了印度安慧—真谛一系的唯识理论,因此有人说,玄奘宣传的唯识论是印度版的,窥基是中国版的,圆测是朝鲜版的。圆测的唯识理论传到朝鲜,逐渐奠定了朝鲜唯识论的基础。朝鲜的唯识论反过来又影响了中国的唯识论。另外,圆测写的《解深密经》第三十九卷在中国内地已遗失,但在藏文《丹珠尔》中还保存着完整的译本。圆测的思想对西藏宗喀巴的佛教改革思想也有一定影响,因此圆测也为藏密佛教徒所景仰。

以上略述了几位名僧在紫峰山的活动和影响,我想远远不止于这些,希望长安的佛教学者能够被进一步发掘出来,让紫峰山的佛教在中国佛教史上发出光芒。

(原载《玄奘与南京玄奘寺》,河海大学出版社 2004 年版)

法显《佛国记》所载印度超日王时期佛教盛衰情况考析

法显是我国佛教史上向印度求法的先行者，是向我国系统地介绍佛教戒律的始作俑者。他所写的《佛国记》是研究印度笈多王朝特别是超日王时期最重要的、可信的记录，也是中印文化交流史上的一个里程碑。法显的著译在我国古代就引起佛教内外的重视，在亚洲相毗邻的国家中一直广为流传，迄今已成为国内外佛教界、学术界研究中国、南亚及东南亚的古代历史、社会情况以及中外佛教交流史的准绳，对历史学和佛教学的研究做出了不可磨灭的贡献。

一 法显的生平和去印度巡礼的途径

法显所处的时代是我国历史上战乱频仍、南北分崩的时代，黄河流域的北方当时有16个国家先后在战争中兴起，致使山河破落，民不聊生。偏安南方的东晋朝廷也因内部残杀，岌岌可危，因而人民颠沛流离，苦不堪言。佛教在晋宋时期已由宫廷佛教逐渐转向民间佛教。佛法的传布日益广泛，中国僧人对佛教的研究开始走向深入，一些僧人对西域高僧传来的佛教深感不足，抱着怀疑的态度，纷纷要求亲自去印度了解佛教的真实情况，因此掀起了一场声势浩大的求法运动。据不完全统计，在南北朝时期，印度僧人来中国传教的有70多人，而我国赴印度次大陆求法取经的却有80余人。这个求法运动的意义不仅在于去佛国圣地寻得几本完整的经典和仪律，而且也担负起改造和发扬中国传统文化和佛教文化的重要使命。

关于法显的生平，在佛教的僧传和史传中都有大量的记载，但对他的生卒年月迄今还有一些不同的说法。一般认为，法显是山西平阳县（今临汾）人，生于公元342年，卒于423年，行年82岁（或86岁）。从现有的资料来看，他于后秦弘始元年（399年）去印度时已达58岁高龄。法显去印度朝圣的目的主要是为了寻求经律，传播毗昙，推动大乘般若佛性学说的研究和发扬。他从长安出发，路过陇右、张掖、敦煌、乌夷、龟兹，从河西走廊穿越西北大沙漠，他在描述这段经历时曾说："沙河中多有恶鬼热风，遇则皆死，无一余者。上无飞鸟，下无走兽，遍望极目，欲求度处，则莫知所拟，唯以死人枯骨为标识耳。"① 继又逾葱岭，"葱岭山冬夏有雪，又有毒龙，若失其意，则吐毒风、雨雪、飞沙、砾石，遇此难者万无一全"。② 他越过葱岭进入北印度境内以后，取道印度河流域的陀历国（今克什米尔的达地斯坦）、乌苌（即乌仗那国，今孟伽路尔）、犍陀卫国（今巴基斯坦白沙瓦之东北）、竺刹尸罗（今巴首府拉瓦品地西北）、弗楼沙国（今巴基斯坦白沙瓦），又从印度河流域进入恒河流域，中经那竭国（今印度贾拉拉巴德城南）和十分艰险的小雪山（塞费德科山脉），由巴基斯坦境内进入阿富汗的罗夷国（阿富汗斯坦地区）；复由罗夷国返回巴基斯坦境内的毗荼国（即旁遮普，其主要部分在巴基斯坦东部，一部分在印度）。法显在巡游北印后，再折东进入东印度和中印度，历经摩头罗国（今印度的马土腊）、僧伽施国、厨饶夷城（今卡瑙季，即玄奘所说的曲女城，佛教圣王戒日王建都处）、沙抵大国（即阿约底）、拘舍罗国舍卫城（今仍沿旧名）；在游历舍卫城后又穿行访问了阿富汗的迦维罗卫城（今提劳木勒科脱）、芝莫国（今尼泊尔之揭尸那揭罗，佛陀涅槃的地方）。嗣后，由迦维罗卫到达恒河下游，进入当年佛陀行化的中心地带毗舍离（今印度比哈尔邦的木刲法普尔）、五河合口（恒河渡口）、巴连弗邑（华氏城）、小孤山和那罗聚落（今印度的伽耶附近）、王舍新城（腊季吉尔）、迦尸国波罗奈城（今贝纳勒斯）、均睒弥国（今阿拉哈巴德西南）、达偼国（即侨萨罗国，今哥达瓦里），嗣后他为了收集佛教的戒律、经典，又折回巴弗连邑、瞻波（巴格尔波尔）、多摩梨帝国（加尔各答之坦姆拉克），出海去师子国（斯里兰卡）。最后经漫长海道，由我国青牢山（崂

---

① 章巽：《法显传校注》（其传为法显自记游天竺事），上海古籍出版社1985年版，第6—7页。
② 同上书，第24页。

山）登陆回国。历时十三年四个月。

二 印度笈多超日王时期印度教、佛教文艺复兴情况

自公元300年起迄467年止在印度历史上是笈多王朝统治时期，史家称这一时期为印度历史上的黄金时期。笈多王朝的巅峰时期是由第三代皇帝旃陀罗笈多亦即超日王执政时期，法显就是在这一时期去的印度。法显在他的《佛国记》中没有提到超日王的名字，但对超日王统治下的政治、社会和宗教情况特别是佛教繁荣和开始凋零的情况作了十分真实的记录。笈多王朝是继孔雀王朝以后在南亚次大陆出现的最大的帝国，其始祖已不可考，但奠定这个王朝基础的是旃陀罗笈多一世（Chandragupta I），他于公元320年自称为"摩诃罗阇（大王）"和"最高世尊"，也就是神在地上的代表。旃陀罗笈多一世把他的领土从摩揭陀的华氏城扩张至恒河流域的比哈尔、阿拉哈巴德诸地。旃陀罗笈多一世死后，由他的儿子沙摩陀罗笈多继位，这是一位具有雄才大略的皇帝，他削平了在案达罗与贵霜王朝分立时期即印度历史上南北分立时期所出现的诸多小国，征服了东北隅的尼泊尔等国，是继孔雀王朝以后印度出现的又一个幅员辽阔的帝国。沙姆陀罗笈多是一位伟大的军事家、政治家，也是一位音乐家、诗人和学者。印度阿拉哈巴德石柱铭文上说："他以各种各样的诗篇树立了他的'卡维罗阇'（'诗人国王'）的称号。"他提倡文学艺术、保护宗教。在他的宫廷中经常有一批文人出入，据说大乘佛学理论奠基人世亲曾是他的大臣，他和世亲及其兄弟无著讨论过佛教哲理的问题。他允许斯里兰卡国王美伽伐尔那在印度菩提伽耶创建佛教寺庙。沙姆陀罗笈多的继承者是旃陀罗笈多二世，梵文文献中也称他为超日王或勇健王（Vikramaditya）。笈多王朝同时代的诗人迦梨陀娑曾写过关于他的"传奇"，因此是一位民间家喻户晓的英雄人物，据说在他的宫廷中有"九宝"（navaratna）[①]。但这"九

[①] 九宝，即诗人迦梨陀娑、天文学家彘日、名医禅文多里、耆那教圣人克沙柏纳卡、字典学家阿姆罗·新格、数学家桑库、诗人搭拉·巴塔和伽塔·卡尔帕拉与文法学家瓦拉鲁奇。

宝"，据有人研究，其中很多名人不是与超日王同时代的人。在超日王统治时期，印度的宗教、文学、美术、建筑、雕刻、绘画、音乐、科学、商业都达到了印度古代的最高水准。超日王是一个印度教徒，但对佛教抱着十分宽容和尊重的态度。据说他重用的将军阿姆罗伽达维（Amrakadave）是一位拥护佛教的信徒，另一位重臣毗罗孙那是虔诚的佛教徒，但同时代著名的印度佛教逻辑学家陈那却是他的反对者。他对佛教寺庙和佛教僧人做了大量的赏施和供养，建立了伽耶等地的著名寺塔。法显在超日王的首都华氏城驻足三年，他对超日王治下的政治、社会、经济情况，人民的安居乐业和道德伦理的风尚、社会救济和医疗保障制度等都有深切了解和具体记录。他对当时中印度的社会情况曾作过如下概括："中国（指中印度地区——引者注）① 寒暑调和、无霜雪，人民殷乐，无户籍官法，惟耕王地者乃输地利②，欲去便去，欲住便住，王治不用刑罔。有罪者但罚其钱，随事轻重，虽复谋为恶逆，不过截右手而已，王之侍卫，左右皆有供禄，举国人民悉不杀生，不饮酒，不食葱蒜，唯除旃荼罗。旃荼罗名为恶人，与人别居，若入城市则击木以自异，人则识而避之，不相唐突。国中不养猪鸡，不卖生口，市无屠、酤及估酒者，货易则贝齿，唯旃荼罗、猎师卖肉耳。"③ 从这个记载可以看出，作为印度古代封建制的社会结构基石——种姓分立制度还在流行。

关于印度笈多王朝的史乘，除了大量的梵文文献、以阿拉哈巴德为代表的石柱碑刻和文物等以外，还有一些外国人的记录。我国同时代的史籍如《梁书》《宋书》等也有一些零星的记录可资参考。例如宋文帝元嘉五年（428 年），距法显回国还有十年，印度超日王曾派遣使者贵族尼陁达出使中国，他在给宋文帝的国书（表文）中曾描绘超日王统治的情况。

    臣之所住名迦毗河（即佛陀出生地迦毗罗卫国），东际于海，其城四边，悉紫绀石，首罗天（婆罗门大神名——引者注）护，令国安

---

① 中国，指中印度地区，后同。
② 约为收入的六分之一。
③ 章巽：《法显传校注》，上海古籍出版社 1985 年版，第 54 页。

隐，国王相承，未尝断绝，国中人民，率皆修善，诸国来集，共遵道法，诸寺舍子，皆七宝形象，众妙供具，如先王法……臣名月爱（即"Chandragupta"的意译——引者注）。①

在《梁书》中也有记载，在梁武帝天监初（约公元502年左右），鸠摩罗笈多三世曾派遣他的从臣竺罗达访问梁都建康。又《梁书》卷五四《中天竺国》曾记载吴孙权曾派遣中郎康郎、朱应出使柬埔寨，他们记录了当时在柬所听到的笈多王朝早期的情况：中天竺国"佛道所兴国也，人民敦庬，土地饶沃，其王号茂伦。所都城市，水泉分流，绕于渠堑，下注大江，其宫殿皆雕文镂刻，街曲市里，屋舍楼观，钟鼓音乐，服饰香华，水陆通流，百货交会，奇玩珍玮，恣心所欲。左右嘉维、舍卫、叶波等十六大国……以为在天地之中也"。②

根据印度阿拉哈巴德石柱铭文记载，笈多王朝始于旃陀罗笈多一世，笈多纪元开始于公元320年，其离我国黄武五年（226年）还有一段较长的时间，但是这个资料记录了印度笈多王朝开创时期国土广袤、贸易兴盛、人民富裕等情况是值得参考的。

关于印度笈多王朝文艺复兴的情况，在国外学者中有着两种不同的说法。以麦克斯·缪勒为代表的一些人认为：在笈多诸王的领导下印度人民驱走了长期统治或短期入侵的塞种人、贵霜人和匈奴人等，激发了印度民族主义精神，恢复了婆罗门教以及后来转变为印度教的"教法统治"，在政治、社会、宗教、文艺各个领域都取得了划时代的胜利，并使之传播到了希腊、罗马、东南亚、中亚和东亚等国家，这种文明与希腊历史上的伯利克里黄金时期的文明相比也毫不逊色，因之可以称为印度教或婆罗门教文艺复兴时期；但也有一些学者认为印度笈多文艺的复兴无论从它的内容或形式上看都与前一个时期，即吠陀、《奥义书》时期有所不同，因此不能称为婆罗门教或印度教的复苏，而是印度文化的繁荣或黄金时期，笔者苟同这种说法。前一节中笔者已谈到了笈多王朝文艺复兴的概况，现在着

---

① 《宋书》卷九十七，列传第五十七夷蛮。
② 《宋书》卷五十四，列传第四十八诸夷。

重谈一下印度教特别是佛教的情况，这对我们了解法显的历史地位及中印文化交流中的作用有着相当重要的意义。

三　印度笈多初期佛教盛衰情况辨析

众所周知，笈多王朝的统治者都是婆罗门教—印度教多神崇拜的虔信者，他们常常利用宗教作为他们对内统治人民的思想精神武器，对外发动宗教战争、驱除异教的旗帜。旃陀罗笈多一世、沙摩陀罗笈多和超日王都是毗湿奴派的虔诚信奉者，他们在位期间都曾举行过规模宏大的象征国家权力的马祭等重大祭祀仪式，有的还在自己头上冠以"最高的世尊"，即"神在地上的代表"的称号。他们在全国重要地区建筑了巨大、奢华的神祠、祭台、石柱等，还挖凿了大量的石窟、洞穴等，例如，超日王的一个下属为了满足他朝拜湿婆神的需要在邬陀衍那怯利山岩中专门构筑了一个洞穴。但是这种个人或官方的信仰并没有影响到他们对其他宗教的态度。笈多早期诸王继承了孔雀王朝的开明宗教政策，对印度教以外的其他宗教采取十分宽容和放任的态度，甚至像超日王那样还能对佛教采取竭力支持的态度，因此法显注意到了这种情况并把它记入了他的《佛国记》中。法显写道：

> 此中国有九十六种外道，皆知今世、后世，各有徒众，亦皆乞食，但不持钵，亦复求福，于旷路侧立福德舍、屋宇、床卧、饮食，供给行路人及出家人、来去客，但所期异耳。①

他甚至对佛教当时的异端或剧烈反对派的调达——释迦牟尼的堂兄也有所记录："调达亦有众，供养过去三佛，唯不供养释迦文佛。"② 在法显滞留印度的时候，可以看出：印度的发展是极不平衡的。在次大陆西北，特别是克什米尔地区、旁遮普河流域及毗邻的阿富汗地区，佛教正在繁荣

---

① 章巽：《法显传校注》，上海古籍出版社1985年版，第74页。
② 同上。

发展。佛教在孔雀王朝、贵霜王朝等大力提倡和荫庇下，在广大人民中间特别是在富裕的市民或吠舍种姓中间有着持久的影响。法显在西北印度路经的斯瓦脱河、印度河和旁遮普河流域都见到佛教寺院林立，佛像装饰华丽，僧尼众多，持戒谨严，特别是在佛教节日期间更是热闹非凡。法显说，在斯瓦脱河中流东岸的乌苌国（玄奘记为乌仗那）"佛法甚盛……有五百僧伽，皆小乘学"①。根据佛教古代的传说，此地佛教最盛时曾有佛寺1400余所，僧人18000余人，玄奘在7世纪去访问时哀叹佛寺有成千所被毁，其中一部分寺院已改成印度教寺或为"外道"所据有。在斯瓦脱河与印度河之间的宿呵多国"佛法亦盛"②。他记载斯瓦脱河下游之犍陀卫国"其处亦起大塔，金银铰（另写本作'饰'字——引者注）。此国人多小乘学"③。竺刹尸罗国的四大塔"诸国王臣民，竞兴供养，散华然灯，相继不绝"④。在弗楼沙国（今巴基斯坦白沙瓦）见"塔上起塔，高四十余丈，众宝校饰。凡所经见塔庙，壮丽威严都无此比"⑤。在那竭国（今贾拉拉巴德）有佛顶骨精舍，见"寺中有七百余僧。……塔乃千数"⑥，当地国王每天都要去供养礼拜，然后听国政⑦。在印度河间的罗夷国、跋那国都各见大小乘僧人三千。旁遮普河流域的毗荼国也是"佛法兴盛，兼大小乘学"⑧。从以上记载中可以说明印度次大陆西北的斯瓦脱河、印度河和旁遮普河流域从公元前后大乘兴起以后，一直是佛教兴旺地区，在法显巡礼的时代犹不减当年的盛况。

在笈多王朝鼎盛时期，恒河流域、比哈尔、孟加拉一带一直是印度经济文化最发达的地区，也是宗教密集的地区，像摩头罗（马土腊）、迦尸（贝纳勒斯）、华氏城、曲女城等城市都是印度教、佛教、耆那教、邪命外道等崇拜的中心。印度正统派的婆罗门教及其"六派哲学"，非正统派的

---

① 章巽：《法显传校注》，上海古籍出版社1985年版，第33页。
② 同上书，第35页。
③ 同上书，第36页。
④ 同上书，第38页。
⑤ 同上书，第39页。
⑥ 同上书，第47页。
⑦ 同上书，第46页。
⑧ 同上书，第52页。

沙门思潮包括耆那教、邪命外道等都云集在这里。他们在这些地区建立寺塔，游行礼拜，拜师问道，进行各种辩论，等等。法显在这些地区巡礼时正是婆罗门教向印度教转向并逐渐繁荣时期，但佛教在这里仍然继续发展，有的地区还很繁荣。法显在"摩头罗国"条中记载了朱木那河至恒河流域佛教的情况：朱木那河"河边左右有二十僧伽蓝，可有三千僧，佛法转盛。凡沙河以西，天竺诸国，国王皆笃信佛法，供养众僧时，则脱天冠，共诸宗亲……佛在世时诸王供养法式，相传至今"①。法显在谈到恒河东南流域的僧伽施国（今阿拉哈巴德）时说："此外僧及尼可有千人，皆同众食，杂大小乘学。"② 在舍卫城访问祇洹精舍时说："绕祇洹精舍有九十八僧伽蓝，尽有僧住处，唯一处空。"③

在法显屡述西北印度和中印度佛教繁荣的同时，我们也可以看到他对某些地区特别是佛陀早年成道和传法的故地喟然长叹。他写道，阿阇世王所造的新城——王舍城东北的庵婆罗园虽在，但"其城中空荒，无人住"④。佛出生的迦毗罗国"城中都无王民，甚如垢荒，只有众僧民户数十家而已"⑤。佛陀涅槃地拘尸那伽罗"其城中人民亦稀旷，止有众僧民户"⑥。佛陀最早说法又临终寂灭所行处，以后又在此举行七百结集的毗舍利故塔犹存，但已衰落不堪。释迦成道的伽耶城"佛得道处有僧伽蓝，皆有僧住……佛在世时圣众所行，以至于今"，但又喟然长叹"城内亦空荒"⑦。迦叶佛成道说法的鸡足山已成为狮子、虎、狼出没之地。人们已"不可妄行"⑧。曲女城是佛教的圣地，是后来佛教圣王戒日王的首都，但法显去游锡时，仅有"二僧伽蓝，尽小乘学"。⑨

以上谈了佛教行事的方面，现在谈谈佛教理论交替的情况。法显去印

---

① 章巽：《法显传校注》，上海古籍出版社1985年版，第54页。
② 同上书，第62页。
③ 同上书，第74页。
④ 同上书，第113页。
⑤ 同上书，第81页。
⑥ 同上书，第89页。
⑦ 同上书，第122、121页。
⑧ 同上书，第132页。
⑨ 同上书，第68页。

度的时候，正值佛教由小乘向大乘过渡时期。从法显的记录看，在转向时期，大小乘的理论都有所发展，当时佛教在迦湿弥罗和犍陀罗最流行的是小乘部派佛教，特别是一切有部和经量部的学说。有部的学说在世亲所作的《阿毗达摩俱舍论》的注解下得到了新的解释，从而为小乘向大乘的发展提供了理论前提。与此同时，还与世亲交锋的有僧伽跋陀罗，他撰写了有影响的《善见律毗婆沙》；摩揭陀国的帝师诃黎跋摩撰写了《成实论》，并在公元3世纪建立了成实宗，这是有影响的学派。

大乘方面，在公元3—4世纪交替之际由龙树创立的中观派已经得到了进一步的发展，龙树著名的弟子提婆著有《百论》《百字论》《四百论》，继提婆之后有罗睺罗跋陀罗（约公元3—4世纪），迨六世纪佛护（470—540年）作《根本中论注》，清辨（500—570年）作《般若灯论释》后，中观派就分成了应成派和自续派。

大乘佛教中的另一派别是瑜伽行派，这个派别蔚为主流的时代大概在公元3—4世纪，也就是沙摩陀罗笈多和超日王执政时期。创立这个学派的是弥勒论师。他大概是与超日王同时期的人，有人认为弥勒是当时在恒河一带活动的一个学派的名称，弥勒论师是这个学派总的称呼。弥勒创作了《瑜伽师地论》等七部著作。瑜伽行派理论的系统阐述者是无著以及他的兄弟世亲。他们都出生于犍陀罗，早期主要在西北印度活动，无著主要的著作是《摄大乘论》《大乘阿毗达摩集论》等。世亲原是小乘派学僧，著《俱舍论》后改宗大乘，他的哲学思想深得超日王的共鸣并深深地影响了笈多王朝初期佛学思想的发展。

另外，值得注意的是，随着大乘佛教的兴起和发展，为佛教理论和逻辑作论证的因明学说在这个时期得到了空前的发展，其著名的代表是陈那（481—540年）。他活动在5世纪末叶，在发挥瑜伽的理论时，他把注意力集中于对因明和认识论的研究，把瑜伽和小乘经量部的学说结合起来，成为瑜伽行派"有相唯识论"的先驱者。他在印度被认为是印度佛教因明理论的奠基人。

笈多诸王在奖掖婆罗门教的同时，对佛教也采取了十分宽容的态度，因此这两个宗教在民间都得到自由的发展，在崇拜形式、对象等方面开始混同起来，在笈多王朝早期官作的《古史谭》（普罗那）中佛陀常常被认作印度教神像的化身之一。大概在公元 4 世纪，据《大乘庄严经论》最早的记录，在大乘佛教中出现了一种对本初佛（宇宙本原之佛，Adibuddha）的崇拜。大乘佛教中的文殊师利佛、阿弥陀佛、观音和波罗蜜多尤占有显著的地位，从此对阿弥陀佛及其净土世界等的偶像或形象崇拜成了大小乘共有的信仰形式和佛教徒修行的共同行事，这样也就使佛教和印度教的密教接近起来，并为大乘佛教的一些派别后来转变成为密宗创造了前提。这些变化我们在法显的记录中也可找到印证。例如，在"摩头罗国"条中曾记"众僧大会说法。说法已，供养舍利佛塔……诸比丘尼多供养阿难塔……诸沙弥多供养罗云（罗睺罗——佛陀之子，引者注）、阿毗昙师供养阿毗昙。律师者供养戒律……摩诃衍人（大乘佛教徒——引者注）供养般若婆罗蜜、文殊师利、观音等"①。在"巴连弗邑"条中说："婆罗门子亦名文殊师利，国内大德沙门诸大乘比丘皆宗仰焉。"② 在"鸡足山"条中说："彼方诸国道人年年往供迦叶。"③ 从这些记录中可以看出：在法显时代，佛教的多种信仰形式已经形成，后来慢慢成为轨式并传到了世界各地。

在笈多王朝印度文艺兴隆时期，佛教文艺也达到了一个高峰。笈多佛教艺术常常被称为印度古典的代表，并形成了艺术的传统和典型的派别。在笈多王朝的统治中，笈多诸王在佛教圣地建立了大量的寺庙、石窟，并铸造了无数精密美丽的佛像，等等。其中最著名的有阿旃陀石窟，它是印度古典雕塑和绘画的总汇，阿旃陀艺术宝库虽然是绵延几个世纪在不同朝代帝王的支持之下才建成的，但其中主要的艺术洞窟则无疑是在笈多时代完成的，它的佛本生故事的内容和艺术表现形式对我国也有着重要的影响。另外，在南印度构筑的摩怙尔罗贾普鲁姆石窟、案达罗邦的阿摩罗婆伐底佛教艺术宝库等也都是在笈多王朝时期构筑或完成的。在这个时期中，佛教教育的体制和形式也已逐步建立并完备起来。印度著名的那烂陀佛教大学是由超日王的儿子鸠摩罗笈多一世·摩哂陀迭亚（活动年代为

---

① 章巽：《法显传校注》，上海古籍出版社 1985 年版，第 55 页。
② 同上书，第 103 页。
③ 同上书，第 132 页。

414—455年）建立起来的，该寺的很多建筑都是由笈多诸王捐资建筑的。到7世纪玄奘去访问时已达到僧员万人的规模。另外，佛教雕塑、铸造也达到很大的规模。法显和玄奘在苏尔坦甘都见到的一尊佛像高达20米，重80吨。可见当时铸造的规模和技艺。

从以上的陈述中我们可以看出：法显去印度巡礼时，适逢印度大一统的帝国——笈多王朝进入鼎盛时期，也是印度婆罗门教——印度教和佛教文艺进入繁荣的黄金时期。法显的《佛国记》最先为我们提供了与我国毗邻的诸国和南亚、东南亚等国的信息和情况。法显对佛教在印度盛衰情况的记录，使我们对佛教由小乘向大乘过渡无论在理论上或实践上都有了比较完整的认识。他带回来的佛教著作和百余万字的译作丰富了我国佛教的宝藏，也为我国佛教文化和传统文化的发展提供了新的内容，特别是法显那种不畏艰险、克服困难的精神，好学深思、寻求知识、攀登高峰的决心更值得我们学习。

（原载《戒幢佛学》第3卷，岳麓书社2005年版）

佛教节日与中国文化

佛教与中国文化有着不解之缘，这种不解之缘来自于两千年来中印文化相互交流与影响，其发生的层面可以归纳为两个进度。一个是向上进度，主要表现在佛教的教义与理论思想对中国哲学以及伦理的影响。另一个是向下进度，主要表现在佛教的观念与仪礼对一般百姓信众中的影响。以往的佛教研究著作，主要考察的是向上进度，对中国佛教的思想以及理论做过很多精辟研究，取得了很大成绩。但是对向下进度的民俗佛教研究，似乎远不及向上进度，不过近年来一些从事社会学的学者开始注意到这个问题，许多考察报告与研究专著也不断出现，可以预计以后还会有一些有影响的成果出现。

北京佛教文化研究所成立十年，当初成立时我就参加过成立大会。十年间，佛教文化研究所主要关注于居士的培训，曾经办过多期居士学习班，这个工作很重要，因为在现代中国佛教，仅是提高僧人的素质是远不够的。佛教有两翼，一翼是僧伽，一翼是居士，两翼齐飞，才能飞得高、飞得远。只有一翼，无异于是一只跛子，飞不上天的，飞了也飞不高、飞不远的。

十年后的今天，我们又聚会在广化寺里，在研究所的感召下讨论佛教的民俗化现象，我以为很有意思。民俗的佛教是多角度与多层次的，也是对社会发生全面影响的一种现象。佛教传入中国，如果仅仅是对士大夫的头脑发生过深刻的影响，那么中国的佛教也只能是一种学术佛教或学问型佛教，其影响力是很有限的。但是，佛教恰恰是超越了这一层，它向下进度对其自身发展显得更加重要，为什么这样说呢？因为信众主要是来自于下层广大人民，有学问的士大夫与僧伽只是一小批精英而已，重要的还是要依靠广大信众才能推动佛教向前发展，这些信众也许文化水平不高，但是他们事佛虔诚，众人拾柴火焰高，佛教的大火就是经他们的手燃烧燃旺的，于是佛教才有了今天的黄金局面。

我们之所以说民俗佛教是全面的，就是想说明中国的佛教在社会中的影响既深刻又广泛。说它深刻，是因为佛教的观念非常契合社会，符合大众的想法，可以对信众人生起到指导作用，所以人们才会接受它，才会顶礼膜拜。说它广泛，就是因为它渗透到人们生活的方方面面，不仅有思想的，还有生活的，更有文化的，我们今天讨论的佛教节日只是其中之一方面而已。

佛教节日是佛教在人们社会生活中的一种表现，它来自于佛教，但是也超越了佛教，更多的成为社会大众行为，在各种人身上都可以表现出来。现在的佛教节日，以佛诞日最为隆重，但就其影响，还是要以佛教观念影响下的一些节日最大。明天我们就要参加的施腊八粥活动，这是佛门里最重视的一个有广泛社会影响的节日。这个节日的重要性是它体现了佛教的理念，其广泛性又表现在社会人群都在积极参与，并且已经成为人们生活中离不开的一个世俗活动。

研究者认为，腊八粥的产生是因为纪念佛陀成道苦行中，每日仅食一麻一米。后人不忘他所受的苦难，于每年腊月初八在他的成道日吃粥以做纪念。这是《百丈清规》的说法，但是唐代的《百丈清规》已经不见了，现在能见到的也是元代的清规。所以宋代的赞宁就怀疑这种说法，他说："今东京以腊月八日浴佛言佛生日者。案《祇洹图经》，寺中有坡黎师子，形如拳许大，口出妙音，菩萨闻之，皆超地位。每至腊月八日，舍卫城中士女竞持香花，来听法音。详彼，不言佛生日。疑天竺以腊八为节日耳。又疑是用多论二月八日，腊月乃周之二月也。东西夐复故，多差异焉。"（《大宋僧史略》）道世编纂的《法苑珠林·洗僧部》第八说："如《譬喻经》云，佛以腊月八日神通降伏六师。六师不如投水而死，仍广说法，度诸外道。外道伏化，白佛言：佛以法水洗我心垢，我今请僧洗浴，以除身秽，仍为常缘也（今腊月八日洗僧，唯出此经文）。"道世是唐代人，他所编纂的《法苑珠林》搜集了众多的资料，按他所说腊八节是僧人洗身去垢的节日，此说也是一说是也。不过，从赞宁的说法中，我们可知腊八节在北宋就已有之，但是那时是浴佛日。到了南宋时，喝腊八粥即"佛粥"

已经出现了，诗人陆游就说过"今朝佛粥更相馈，反觉江村节物新"。如果按照南宋就出现了腊八粥的历史，那么到现在为止，在中国已经有近千年的历史了。而现在的腊八粥的意义，对寺庙来说是一种慈善的活动，对信众而言是获得佛的庇护，所以腊八粥也叫"佛粥"，增福增寿是最主要目的。用今天养生专家的解释，严冬季节时喝腊八粥是一种保健食品，有利于人的养生。因为腊八粥里有营养丰富的各种杂粮，这些天然的食物对人体是有益的。

总之，从浴佛节到施粥善行的腊八节，就是佛教民俗节日中国化的一个历程，而且它还是一个结合了诸多说法之后，最后定型为一个理由而成立的民众的节日。一旦成为民俗节日的宗教活动，就比较固定了，也成为后代效仿的行为，其影响也会不断增大。宗教的因素固然重要，但是更多的是文化自觉行为，并且掺杂了经济市场的内容。例如，由于腊八节的举行，腊八节成为民俗文化的代表，这一时期不仅有宗教意义的施粥活动，而且还会伴有庙会等市场贸易的行为，以及演出内容的文化节目，大众参与性明显，中国文化的元素日益增多，乃至最后变成了完全的中国化行为，最终走完自身演变之路，腊八节就充分体现了这一点。

佛教节日与中国文化的范围很广，题目很大。中国文化是一个由诸多的子系统组成的大文化，每个地方都有自己的文化特点，也会形成地方节日的传统。北京佛教文化研究所关注这个题目，从具有全国性意义的佛教节日——腊八节做起，我觉得这是一项很有意义的工作，今后可以此为契机，多做一些这方面的研究工作，召开一些像这样的小规模学术研讨会，把这方面的学术研究搞上去，光大中国文化，光大佛教。

（原载《弘法》第 31 期，2011 年 3 月）

严佛调与中国佛教文化

严佛调是汉代人士，也是中国最早的出家人之一。汉代是中国最早的盛世之一，曾经对中国文化的发展起到过重要的推动作用。汉武帝开西域，中国的版图扩大了，外来的文化也开始输入进来，其中以佛教为最大的特色。佛教产生于古印度，经过两千年的传播，印度没有佛教了，但在中国得到发扬光大。汉代是佛教的初传期，当时人们对佛教的理解并不准确。当时统治徐州的楚王刘英是最早的信奉佛教的统治者，他把佛教理解为黄老方术之一种，虽然今天看来有一定的差距，但是我们也要看到，汉代的佛教初传是开天辟地的大事。由于有了佛教，中国的传统文化发生根本性改变，文化结构也开始发生变化，其范围与维度也扩大了，徐州作为中国佛教初传之地，其开天下之风气的历史作用是不可抹杀的，也是值得大书特书的。

严佛调生活在汉代的晚期，这时汉代已经开始分崩离析，黄巾起义的战火动摇了汉代的基础，但是佛教仍然保持着旺盛生命力。作为初传期佛教，这时期的主要工作是注重引进外来文化，译经工作是最重要的活动。佛经是由梵文书写的，中国人理解佛教义理，读懂佛教，既要读懂梵文，也要理解佛教，楚王刘英因为不懂梵文，所以才把佛教看作黄老方术之一。但是在他之后，人们已经开始接触更多的佛教义理，并且翻译了更多经典，佛教义理也正为人们广知，严佛调则是众多译经家之一，他参与了中国历史上最大规模的译经活动，并且作为译经先驱，为中国文化建设和佛教的传播做出巨大贡献。

历经两千年的发展，佛教在中国已经生根开花，并且成为中国文化的重要组成部分。佛教在中国不仅只是增加了一种新宗教，而是丰富了中国文化的内容。从现在的史料看来，严佛调本人可能没有去过西域和印度，但是由于他的聪敏和深厚的传统文化素养，使他能够在译经事业中发挥应有的作用。他的译经"理得音正，尽经微旨"，这个评价非常难得，不懂梵文能够理解梵音，消化义理能够发挥大义，就是在今天也是少有人能做的工作。现在研究梵文与佛教的人不少，能够利用的工具也很多，与印度以及国外学者和宗教界的交流已呈常态，但是有多少人能像严佛调这样准确理解与把握佛教义理呢？特别是在佛教初传，交通不便，工具书不够的情况下，严佛调依靠自己的努力，把译经工作做到极致，他的精神与努力仍是我们现在人的榜样，也是我们后人研究佛教的一个楷模与学习的对象。

严佛调生活的时代，佛教还未定型，人们正在摸索佛教发展规律。出家人以"释"为姓是后来东晋时代才开始的，至于冠以法号则是更晚的时期，是与中国宗法社会的性质发生联系的结果。在此之前出家人很可能沿用了俗姓，因此严佛调本人仍然使用俗姓，佛调可能是他的志向显露，保持佛教的调子，终事侍佛被他看作一生的责任。严佛调的历史记载不多，基本史料只有三条，汉代的佛教资料也屈指可数，需要我们去进一步挖掘与研究。汉代佛教很重要，严佛调能被后人记录下来，与他对佛教的贡献有重要关系。

（本文节选自《在首届中国古邳羊山佛教文化学术研讨会上的发言》）

（原载《人民政协报》2015年1月15日）

长安佛教与长安文化

今天我们有幸在这里召开长安佛教会议，是一种特别的机缘。西安是我国古代的首都，古称长安，是我国十三个王朝的政治、经济、文化中心，有着三千年的历史。"丝绸之路"从这里开始，又在这里结束。长安也是世界上最古老的陆上商道必经之路，以长安为起点，经陕、甘、宁、新疆等地，跨越帕米尔高原，途经中亚各地到达地中海东岸，横跨占世界陆地面积三分之一的亚欧大陆。这条古老的丝绸之路，是中西关系史上的最光辉的一页，它促进了中西方在经济文化方面频繁交流和共同发展，把黄河流域文化、恒河流域文化、希腊文化、波斯文化连接起来，促进了古代中西文明的交流。

长安是中国宗教文化的重要发源地和传播发展地，被称为"佛教的第二故乡"。它是印度佛教传入中国后开花结实的地方，也是中国佛教宗派向日本、朝鲜、越南、柬埔寨，乃至欧美各国传播的发源地，以及与这些国家进行文化交流的中心。这里曾是寺庙最多的城市之一，按《唐西东城坊考》记载，当时有名可考的寺庙有122座，尼寺31座。我国十大宗派的祖庭，存有中国古代驰名的四大派中的三个。从汉末至北宋末年（2—12世纪）的一千年来参与译经的有中外僧人者150余人。我国著名的僧人的译经、传道，都是主要在长安的佛教寺院中进行的，其中驰名的有法显、玄奘、慧日等。外国著名僧人来华寻经问道驻足长安的代有其人，其中驰名的有中国四大佛教译经家的不空大师、鸠摩罗什，印度译师金刚智、善无畏，菩提流支，日本僧人道昭、道严、智通、空海、最澄、圆仁、圆珍，新罗僧人义湘、智凤、智鸾等人，他们不仅在长安从师学习中国、印度佛教，而且也学习除佛教之外的其他中国文化的内容。我们在这里召开这个会议，除了缅怀大批中外佛教僧人对发展中国佛教所做的贡献外，也是回顾总结中外宗教文化交流方面的经验，使之在新历史条件下，推动中国新文化的发展。

中国文化是一个开放型的文化。几千年来中国人一直以开放的心态，认真努力地接受与消化外来的文化。在中国这片热土上，我们先后接受过西方传来的印度文化、波斯文化、罗马文化、伊斯兰文化和现在的西方科学技术文化，以及包括给中国人民带来真理与希望的马克思主义。但是从古代中国文化与中外文化交流的情况来看，我们应该承认，宗教文化一直是中外文化交流的主线，我们的祖先通过丝绸之路这条重要的商业通道，先后引进过佛教、摩尼教、伊斯兰教、景教（基督教）等世界著名的宗教，但是在这些宗教中，最成功的还应属于佛教。佛教之所以能够被中国朝野人士所接受，除了其义理的特殊性之外，更重要的是它契合了中国文化的要求，对中国人有用，于是才能够被中国人所了解并加以研究，否则就不可能在中国扎根，更谈不上发展了。

长安作为中国当时的政治、经济、文化的中心，对佛教的发展无疑是起过重要的推动作用。中国文化的发展，要得益于国家的扶持与政府的保护，在任何时候都离不开这一原则。南北朝时期中国人已经意识到皇帝对宗教阐扬的重要性，当时有人就说过："汉初长安乃有浮图而经像眇昧，张骞虽将命大夏，甘英远届安息，犹弗能宣译风教阐扬斯法，必其发梦帝庭，乃稍就兴显。此则似如时致通阂，非关运有起伏也。"① 佛教初传，与汉明帝有重要关系。明帝夜梦金人并不重要，也许这只是后人制造的一个神话，但是佛教确实就是在明帝时期传入的，而且还是在明帝的特别照顾下，竺法兰与摄摩腾二人才住进了鸿卢馆，于是中国有了白马寺。东晋著名僧人道安也说过："不依国主，则法事难立矣。"这是道安经过兵燹炮火的打击和流浪生活经历之后总结出来的经验教训。千余年来，道安阐述的这一道理已经成为中国佛教与中国社会相结合的基本原则。而正是这一原则，使佛教作为原来边缘化的情形，最终融入中国传统文化的主流，变成了中国传统文化的组成部分，与儒道两教鼎立。这一原则在长安佛教的身上明显地表现出来，是长安佛教对中国文化的最重要贡献。

---

① 山民陶隐居仰谘《华阳先生难镇军均圣论》，《广弘明集》卷第五。

佛教成为中国传统文化的组成部分，或者说是佛教的中国化，其最重要的一点是：佛教一定要进入中心地区。这个中心地区，就是权力集中的地方，也是中国经济和文化的中心与精英集中的地方。东汉的首都在洛阳，佛教最早就是从洛阳开始发端的。明帝为印度来的竺法兰与摄摩腾二人建立了白马寺，代表了中国朝廷官方对外来印度佛教的态度，使佛教有了在中国传播的合法性。南北朝以后，长安成为中国权力核心地区，佛教也在这一地区开始将事业做大。南朝重义理，北朝重实践，这是南北两地佛教发展的一般规律。但是回顾历史，我们还应看到，北朝的佛教对中国佛教产生的影响是绝不可忽视的。就译经事业来看，北朝长安的佛教对中国佛教的义理发展，同样起到过重要的作用。中国四大译经家之首的鸠摩罗什大师在长安逍遥园主持译事，将般若经典系统地全数译出，对中国哲学思想的提升起到了重要影响，弟子僧肇撰就了《肇论》，中国佛教哲学在这时达到了中国哲学的领先高度。般若学讲空，以空为理论特点的佛教义理，一直到现在仍然在社会上有着重要的影响。现在中国佛教最有影响的禅宗，其基本理论和宗经就是来自于般若经典——《金刚经》。因此《高僧传》作者僧祐在僧传中特意赞扬鸠摩罗什及其弟子一系对中国佛教文化所做的贡献。僧祐说："后鸠摩罗什，硕学钩深，神鉴奥远。历游中土，备悉方言。复恨支竺所译文制古质未尽善美，乃更临梵本，重为宣译，故致今古二经言殊义一。时有生、融、影、叡、严、观、恒、肇，皆领悟言前，词润珠玉，执笔承旨，任在伊人，故长安所译，郁为称首。是时姚兴窃号跨有皇畿，崇爱三宝城堑遗法，使夫慕道来仪遐迩烟萃，三藏法门有缘必睹。自像运东迁，在兹为盛。"① 僧祐是生活在南朝的僧人，他所在的时候是梁朝，此时正是南朝佛教最兴隆的时期，但是他仍然夸赞长安的佛教，"故长安所译，郁为称首"，这是对长安的佛教给予很高的评价，决不是溢美之言，而是发自肺腑之言。长安作为丝绸之路的终点，是大部分来华佛教徒的最后一站，然后再从此地分流到全国各地，这就说明长安佛教在当时中国佛教中的地位，虽然这时仍是战火连天的时代，但是没有长安作为佛教驿站的作用，佛教传到全国各地至少是要打折扣的。南

---

① 《高僧传》卷第三。

北朝的长安佛教所发挥的作用是不可替代的。

　　唐代是中国盛世，大唐的佛教给了我们诸多的启示。唐代盛世的长安佛教，为佛教在中国传统文化中找到位置，奠定了基础，更重要的是长安佛教引领了中国佛教的发展潮流，成为世界佛教文化的中心。在中国，不管是佛教宗派，还是佛教高僧，甚至佛教法事与文化活动，都离不开长安佛教这个平台。唐代的佛教译经是中国佛教文化活动里面最重要的内容，玄奘法师在长安译场主持译经事业，唯识学说在中国大地发生重要而广泛的影响，成为当时中国佛教最出彩的一派学说。《华严经》的译传，也是主要在长安完成的，促使了华严宗的成立，中国佛教以圆融为特点的理论模式至此建立。以戒律为特点的律宗，源渊于长安附近的终南山，中国历史上的戒律注疏，重要的都是在长安地区写作的，将以戒为师的法幢继承下来。显密两教的密宗一系，也是在长安创立的，这一宗的僧人得到了皇室的支持，其基本经典都是在长安城内译出，印度佛教晚期的密教形式得以传入我国。就是那些不是在长安建立的宗派，自创立以后也要依靠长安佛教这个平台。禅宗北宗的神秀号称"两京法主""三帝国师"，曾经得到了武则天的尊重，南宗的六祖慧能也受到了皇室的敕封，下诏前来京城长安。天台宗的僧人也来到京城活动。盛世时代的长安佛教也于此时大规模开始外传，东瀛日本和朝鲜的佛教都是受到唐风佛教的影响。长安佛教传过去之后，改变了各国的宗教文化的局面。总之，长安佛教作为中国佛教的中心，领导佛教的发展潮流，佛教僧人在长安度化朝野人士，促使佛教的影响在中国达到了顶峰，为盛唐的社会增添了一道亮丽的风景线。强大的唐代国力，是长安佛教发展的最大支柱，中国佛教背靠国家的强大经济与政治力量，把佛教推向了一个又一个高潮。由此可以说明，只有国家强大了，佛教才能有发展，国家政治开明了，佛教才有了更大的活动空间。

　　中国佛教的发展顶峰得益于长安佛教，其衰落也与长安佛教有关。因为长安不再成为中国的政治、经济、文化中心，大唐盛世不再有了，所以处于高峰期的佛教也就结束了。由此可见，长安的佛教与中国佛教的命运是相连的，没有长安佛教，就没有中国佛教的辉煌时代。长安佛教对中国佛教的影响是全面的，除了佛教界内部利用长安佛教的平台把佛教的事业做大之外，长安佛教还对中国传统文化的儒道两家文化的发展、对士大夫的人格，对老百姓的日常生活，对中外文化交流，对文化艺术的创作，以及语言文字的使用，等等，都发生过深刻的影响。我们甚至可以这样说，如果没有长安佛教，就没有长安高度的文明，也不会有大唐的发达文化，所以我们对长安佛教不能轻视，应该好好研究长安佛教，以说清楚长安文化与长安佛教之间的关系。

众所周知，从唐代以后，中国的经济、文化与重心开始北移或南迁，佛教也随着政权的交替与移动，而走上了另一条道路。北宋的开封与南宋的杭州，偏安一隅，朝廷虽然对佛教的发展仍然倾其心力，但是其气势早就不能和唐代的庞大气势相比了。特别是宋以后的儒家文化强势影响与儒学的正宗地位，佛教只能向儒学靠拢，走上了三教合一或三教合流的道路，佛教的自身不再显示出其旺盛的生命力，但在民间的影响则进一步增大。这种衰落的趋势到了明清时代仍然没有得到根本扭转，长安的佛教也在这种衰落的形势下最终湮灭了，昔日的香火旺燃的寺院已经不再，佛教的发源地只是徒有其名，剩下的是一些残缺不堪的遗迹。民国期间高僧倓虚大师曾经感慨"晚唐以后，佛法渐趋没落，直到现在，这个古代长安名城中，除看到一些受自然的蚀剥和人为的摧残的佛教遗迹外，其他在西安附近一带，已竟看不到佛法的存在了"。[①]

长安佛教的盛势与衰落，其实正是中国佛教史的一个缩影。它代表了与国家权力结合在一起的中国佛教的盛衰兴涨过程，也表现了随着政治、经济、文化中心而转移的中心佛教外化的情形。如今我们又躬逢盛世，中国文化将重新焕发出昔日的光辉，中国佛教已经走上黄金的时代，未来中国佛教将会有一个美好的愿景。如何利用这个大好的时机去把佛教的事业做得更好，让佛教保持健康的、可持续的发展，特别是让长安佛教再次为陕西的文化与经济服务，为西安人民提供更好的精神资粮，继往开来，总结经验教训是必不可少的。

事实上，长安佛教已经在中国佛教界开始崛起，以法门寺合十塔为中心的舍利崇拜和以大雁塔与慈恩寺玄奘法师为中心的西安佛教文化研究，

---

① 《影尘回忆录》。

已经成为当代陕西佛教复兴的两大根本支柱,也是当代长安佛教最重要的气象。未来的陕西佛教与长安佛教将围绕着这两大中心而进一步拓展,最终将长安佛教的气势再现人间。

  今天,我们讨论研究长安佛教,是要用历史来说明佛教的曲折发展过程,把长安佛教的特点给总结出来,为中国文化与中国佛教的发展找到一条更好的道路,为党中央提出的建设社会主义社会的马克思主义大文化提供一个有益的借鉴。这次会议参会学者达到了历年之最,说明长安佛教从来就没有离开过学者的视野,盛世与高峰期的长安佛教一直被中国学术界引以为自豪而加以重视。"《汉书》云,长安本名咸阳,汉祖定天下将都雒邑。因娄敬之谏,乃叹曰:朕当长安于此,因尔名之。"① 借用汉代皇帝的心愿,佛教亦当在西安之长安也!

(原载《首届长安佛教国际学术研讨会论文集》,
陕西师范大学出版社 2010 年版)

---

① 《佛祖统纪》。

临济宗的复兴与前瞻

河北佛教界和学术界于 5 月 14 日组织学术界召开了首届河北"赵州禅·临济禅·生活禅"学术论坛,这是一件很有意义的事情。河北过去是一个佛教气氛浓厚的地方,也是对中国佛教发展贡献很大的省份,像高僧佛图澄、释道安、慧光、僧稠、慧可等人,都是中国佛教史上的一代人物,他们对中国佛教所做的贡献,已经载入史册。还有河北籍高僧如慧能、昙迁、彦琮、法励、一行等人,虽然成就不在河北,但他们在入佛门之前都与河北的文化有密切的联系(慧能除外)。但是在清代以后,河北佛教衰落了,特别是经过民国庙产兴学的打击之后,河北佛教的寺庵庙堂急剧减少,以致很多有名的寺院被毁灭,从此一蹶不振。

今天在河北召开的"赵州禅·临济禅·生活禅"三个主题的会议,中心还在于临济禅,赵州禅是古代,生活禅是现代,临济禅是中心,临济禅连接了赵州禅与生活禅两端,所以临济禅在中国佛教史,特别是在禅宗史上非常重要,我们接触到的现实中的禅宗,仍然以临济为最有影响,所谓天下禅宗三分曹洞,七分临济就是最有名的写照。作为河北佛教而言,临济义玄于石家庄附近的正定创立临济宗,河北佛教界和学术界选择"临济禅"作为主题之一,真的就是抓住了河北禅宗的正脉,也表现出河北佛教在中国佛教的地位。

临济禅至今虽然在中国佛教禅宗界占了大半江山,但是严格意义来说,现在的临济禅更多的是从禅宗的宗门传承上来说的。过去那种临济禅逼拶顿悟功行的功夫,在禅门里面虽然仍然不断有人修行,但是能够指导的禅师却越来越少了。当代禅门为了生存,与社会的结合加强了,然而宗门的功夫却淡薄了。近年来在佛教的禅堂里面推广的看话禅,以教观"我是谁"而获得体悟得证。这是虚云老和尚的家风,但是追踪溯源还是临济的宗风。看话禅的创立者是大慧宗杲,他是圆悟克勤的弟子,临济宗杨岐派僧人。河北是临济禅的家乡,义玄生前提倡的直指人心的顿悟功夫,教人随缘任运,迥然独脱的峻峭机锋,现在仍然应是河北佛教的特色所在,因此,临济宗复兴,还需有宗风的复兴,唯有宗风的复兴,才能体现出真正的临济正宗的特色。这次会议有很多关于临济宗研究的文章,我相信通过学者的研究,会促进当代临济宗更上一层楼的。

净慧长老在河北恢复了赵县柏林寺,赵州古佛的家风得以发扬。赵州从谂与临济义玄为同时代人,但是他早于义玄圆寂。赵州的家风是以教人"吃茶去"而为其特色,虽然与临济的棒喝风格有别,但是在启发人思考方面还是与临济相通的。净慧长老是一位勇于实践的宗匠,他融汇古今中外提出了生活禅的理论,把禅与当下的生活结合起来,提倡觉悟人生,奉献人生的理念,这也是一种禅法的创新,是当代佛教契理契机的表现。佛教常说根机,现代社会人们的根机可能生活禅更容易被人领会与掌握,久而久之,影响愈增,是不是会形成中国禅宗史上的又一禅派,我看还是可能的。

中国佛教史证明,佛教里面要有派别,唯有派别才能前进,才能创新理论。现在宗门里面的宗派界限很不明显,临济禅应该将宗门之风大树特树。生活禅是不是临济禅之一种,现在还没有人去论证,但是在禅宗的传承上,净慧长老的身上有临济禅的宗统,其师虚云老和尚就传承了临济的法门。河北是临济禅的创始地,净慧长老是当代禅门高僧,又是河北佛教的领袖人物,临济禅的未来发展,再次振兴是极可能的事情,而这个振兴,当然不是复古,而是在继承前人成就的基础上,结合当前社会现实所做出的一种新的契机的表现形式。

(编者注:该文为中国社会科学院荣誉学部委员、著名学者黄心川先生为首届河北"赵川禅·临济禅·生活禅"学术论坛而作。本刊将之刊于封二,旨在为本期"区域教育文化纵横"栏目文章起统率、导读作用)

(原载《教育文化论坛》2011年第4期)

略述南山律宗唯识观

在秋高气爽的时节,少林寺佛教研究所在古都洛阳召开具有创举的佛教律宗会议。我感到无比的兴奋。我想这次会议不仅有着重要的现实意义,也有着怀念历史文化的意义。

众所周知,我国由印度传来的第一个佛教戒本——《僧祇戒心》于魏嘉平二年(250 年)是由昙摩迦罗(法时)在洛阳白马寺译出的。最初的羯摩教本《昙无德羯摩》也是在嘉平五年(253 年)在洛阳译出的,当时还有十人受了戒,中国汉地的僧人最早是在洛阳见到的,《梁高僧传》认为:"中华戒律由此始"。我国僧人授戒的祭坛最早是由求那跋摩在元嘉十一年(434 年)在关中南林寺创建的,而少林寺的戒坛创立也很早,为唐长安四年(704 年),我国著名的高僧义净曾在此重结①。公元 713 年我国另一个著名高僧一行也在嵩山会善寺结"五佛正思维戒坛"②,公元 724 年密宗高僧金刚智、不空在洛阳广福寺建"一切有部古石戒坛"③,726 年僧乘如重建嵩山会善寺戒坛,795 年又复兴嵩山会善寺戒坛,每季建方等道场④,796 年建嵩山永泰寺戒坛⑤,828 年建嵩山瑠璃戒坛⑥。嗣后,佛教

---

① 义净:《少林寺戒坛铭并序》,载《中国佛寺史志汇刊》第 2 辑第 23—24 册 225 嵩山少林寺辑志一、二,第 743 页。
② 陆长源:《嵩山会善寺戒坛记》,载《中国佛寺史志汇刊》第 2 辑第 23—24 册 225 嵩山少林寺辑志一、二,第 602 页。
③ 圆照撰:《贞元新定释教目录》卷十五,《大正藏》55 册,No. 2157,第 881 页;圆照集:《代宗朝赠司空大辨正广智三藏和上表制集》(即《不空三藏表制集》)卷三,《大正藏》52 册,No. 2120,第 881 页。
④ 陆长源:《嵩山会善寺戒坛记》,《中国佛寺史志汇刊》第 2 辑第 23—24 册 225 嵩山少林寺辑志一、二,第 602 页。
⑤ 赞宁撰:《大宋僧史略》卷下,《大正藏》54 册,No. 2126,第 252 页。
⑥ 圆仁:《入唐求法巡礼行记》卷一,《大藏经补编》18 册,No. 95,第 14 页。

戒坛在全国各地铺开，但都是以洛阳为准绳。从以上的史料中可以看出，洛阳是我国律宗的发源地，距今已有1500余年历史。今天，我们在这里召开律宗讨论会，追踪佛教大德们的足迹，缅怀他们所做的贡献，有重要的历史、文化意义。

佛教是创导戒定慧三学的，戒律是三学之首，入道之本，无上的菩提，因之，戒律不仅是佛教修行的解脱道路，也是僧团生活规范的依据，佛教僧团如无戒律作为统摄教化的纲领，那是不可想象的。

释迦在创建佛教僧团时，对佛教行事已有所规定，他在寂灭时曾对他的弟子示意说，要以戒为师。佛教在第一次结集时，为了避免后人对释迦的戒律有不同的理解，优波离尊者在大会上诵出戒事，由大会印证通过后，便形成了最初的律部，佛教由原始佛教向部派佛教过渡时，最初形成两个根本派别——上座部和大众部，以后又由这两个派别分别出了十八部乃至更多的派别。据说这些派别的分立主要原因之一是对佛戒不同的认识，例如上座部和大众部的分立主要是由于两派部众对戒行"十事"不同的认识。印度这个时期的戒律，据我国翻译保存下来的有如下几部：

根本有部——《根本说一切有部毗奈耶》，义净（635—722年）译；

有部——《十诵律》，姚秦（404—406年）鸠摩罗什译；

化地部——《五分律》，刘宋（428年）由佛陀什共智胜译；

法藏部——《四分律》，姚秦（410—413年）佛陀耶舍共竺佛念译；

饮光部——《解脱根本经》，元魏（538—544年）般若流支译；

大众部——《摩诃僧祇律》，东晋（416年）佛陀跋陀罗共法显译。

从上述几种流行的时间和地点看，《十诵律》虽则是姚秦时在关中译出，但在六朝时盛行于长江下游地区，《四分律》译出的地点也在关中，但在隋朝时才有人弘扬，至唐初时才由道宣律师弘传，成为律宗的唯一法灯。《摩诃僧祇律》也是在建康译出，但很少有人弘扬。《解脱根本经》出现较晚，由于它的内容与《十诵律》戒本相似，当时四分律已广泛流行，因此在中国没有得到发展。

四分律在中国的弘扬起源于元魏孝文帝时期的北台法聪法师，中经慧光、道云、道晖、洪遵、道洪、智首、道宣等十余辈，到道宣法师时达到空前的地步。我国对律藏的翻译虽然肇始于东晋，但律学的弘扬主要是在南北朝时，因此在南北朝以前只有律部的学者，而无"宗师"。道宣建宗以后，我国才有律宗的存在，同时也有了律宗的宗师。

以道宣为代表的律宗南山派的理论主要表现在以《四分律》回归大乘的戒律论。由于道宣于公元642年前后曾在长安弘福寺和西明寺两度参加玄奘大师的译经工作，担任缀文，因此在他的核心理论中明显地可以看出融摄了唯识论的观点，特别是《成唯识论》的基本思想。律宗在教判中，把他们的理论分为化教和制教或行教两个方面。化教指教化众生，摄化道俗，使之符合佛教要求的教法，也就是经论所诠的定慧法门，包括四阿含经等等。制教或行教，即律宗所诠的戒学法门包括四分律等等，全部律藏都属制教。他这种分类方法其实是分别了佛教的定学和慧学，从而突出了律藏在佛教中的地位。

道宣在上述判教的基础上提出了他的"三观三宗说"，三观是性空观、相空观和唯识观。性空观是指泯绝人、法之性，显见空理，它是四阿含、俱舍、成实等之小乘经典所摄；相空观是泯绝人法之相，亦即外道凡夫所执的体相，此为大乘般若经等所摄；唯识观主张性相圆融，一切诸法，外尘本无，实是唯识。与此同时，他又分制教为实法宗、假名宗和圆教宗三宗。实法宗即有宗，主张诸法实有，以色法为戒体；假名宗即空宗，主张诸法唯有假名而非实有，以非色、非心为戒体，如同《成实论》等所摄；圆教宗即圆宗，指唯识宗，主张一切唯识，以心法种子为戒体。道宣认为，律宗在上述三宗中属于唯识圆教，也就是圆融无碍的无上之教，道宣提出这种教判把自己置于空、有两宗之上，把原本属于小乘范围的《四分律》等与大乘唯识圆教混为一谈，其目的是要调和、打破大小乘之间的界限，提高律宗在全部佛教中的地位。因此，他的说法受到律宗其他派别的非议，认为"教门既其杂乱，事指屡有乖违"。

南山律宗理论最核心的部分是它的戒体观。佛教徒在受戒时常常称"发得戒体"，戒体这个词我们在印度梵文佛经中没有找到对应的词汇，意思比较接近它的是律仪。中国佛教各个派别对戒体的含义有着不同的解释，并且还展开了喋喋不休的争论。一般认为，戒体是佛教徒在接受戒法后所引起的一种心理作用，是奉持佛教戒法的理念和意志。我国流行的戒体说有大乘教和小乘教的分别，大乘教认为"戒体是心""以善心为戒体"。例如《菩萨璎珞本业经》说："菩萨之戒以心为体"，又说"心尽戒亦尽，心无尽戒亦无尽"，"菩萨的戒体相似相续，直至成佛"。大众部也认为戒体是心，与此相对，小乘佛教认为戒体是无作或无表（这两个词的梵文都为 Avijnpati，原意为"不可知"），对于无作，各派还有不同的解释和翻译。有部将无作看成"无表色"（外相不显的物质），法藏部和我国天台宗的智𫖮，都将无作解释为"非色非心之不相应行"，也就是皆把戒体看成是非精神非物质的存在或者说既非肉体之力，亦非精神之力而处于中间的生命力。鸠摩罗什在《成实论》中曾举例加以说明。他说：人在河上架桥，以便行人或布施行善（福）或杀人越货（罪），这是无作生，即使在睡眠、闷绝等无意识时，这些无作也存续于身体之内，这种力量在行善时昼夜使福增加，反之，行恶时，罪孽增加，直至报应出现为止，作为外在原因的善恶行为（罪福）与报应之间起着纽带作用的，即为无作，无作视不可见，所以称作"无作"。"无作"在睡眠、气绝等无心之时也存续于体内，因此不是心理之存在，但其果报是安乐或痛苦，所以它也不是物质的，乃是"非色非心之不相应"①。

道宣在其判教中提出了"三观三宗说"，他竭力坚持大乘瑜伽宗所宣传的唯识观及其相应的圆教论，道宣对真谛等所译的各种大乘经典为代表的唯识旧论很熟悉，同时他又多年在玄奘门下工作，对玄奘所译印度唯识十家注疏为代表的成唯识论，即新唯识论也有深入的了解，因此，他把新旧唯识论的很多甚至不同的观点都摄入了他律宗体系中去，特别是戒体学说中去。道宣所宣传的唯识论戒体观无疑是属于心法的，他对他的戒体观曾作过如下概括：

> 智知境缘，本是心作，不妄缘境，但唯一识，随缘转变，有彼有此，欲了忘情，须知妄业，故作法受，还熏妄心，于本藏识，成善种子，此戒体也。②

---

① 诃梨跋摩造，鸠摩罗什译：《成实论》卷七无作品第九十六，《大正藏》32 册，第 290 页。参阅平川彰在《佛教戒律的现代意义》中的日译。
② 道宣：《四分律删补随机羯摩疏》卷三，《卍续藏》41 册，第 257 页。

律宗将心的随属现象或作用的"思种子"看作戒体，又将思看作"业之自性"或者是身业、口业、意业之体。《成唯识论》为了论证业与思的关系，把思进一步分为审虑思、决定思、动身思、发语思，动身思与发语思合称为"动发胜思"。其中，审虑思与决定思系指心中想、下决心，所以是心内的作用，因此，合审虑思与决定思作为意业，由决定思在心中所下决心表露于外的是其次的"动发胜思"，表露于身体促身动之思为"动身思"，此为身业。这样，唯识佛教将身业、口业、意业之体看成是思的心所，即心的随属现象或作用，由此三业都成了心法。

道宣进一步又把戒体看作"受戒"时熏习（致发之意）于阿赖耶识而留下来的思种子。思种子是摄持和保存能够生起宇宙万有的一切潜在力，也就是宇宙的最终存在。根据唯识论"种子生现行""现行熏种子"的法则，种子在阿赖耶中成长，相似相续，循环往复，这种势如瀑流、永恒不断的因果循环，作为"防非止恶"的业力在起作用。

以上就是道宣把唯识论引进律宗的经过。

佛教戒律学说是佛教庞大的佛教教义的一个组成成分。佛教的戒律无疑地受到佛教教义的指导，但更重要的是，由一定的社会经济历史条件所制约，在不同时期连同佛教本身起着不同的社会作用。本文只谈了道宣律宗理论的思想根源，我将要在另一篇文章中阐述律宗理论的社会根源，这是评价律宗价值标准的一个重要方面。

（原为2001年10月19日在洛阳召开的"少林寺与中国律宗"研讨会论文，曾收录于《东方佛教论——黄心川佛教文集》，中国社会科学出版社2002年版；亦载《少林寺与中国律宗论文集》，少林书局2003年版）

密教的中国化

密教传入中国后，我国学术界一直把公元3世纪前叶就开始传入中国的各种经咒散说、仪规等称为杂密；在8世纪上叶《大日经》《金刚顶经》等传译后出现的体系化的密教称为密宗或纯密；把7世纪后叶由印度直接传入西藏的密教称为藏密或西密；把7世纪初由印度传入缅甸复由缅甸传入云南大理一带的密教称为阿阇梨教或滇密。

一 汉地密教

汉地密教传播的历史大致可分为三个时期：（1）杂密经咒传播时期；（2）纯密或有组织的经典传播时期；（3）印度坦多罗密教或晚期密教输入时期。

《大正藏》卷第18—21密教部共收录经轨1420部，其中属于密部的经轨计573部，这些经轨据一些学者的研究，大部分是属于杂密的性质，而且在藏外还有不少留存①。我国早期传入的密咒大部分是属于印度小乘部派佛教，特别是犊子部和法藏部以及大乘佛教初期的经咒，也有少数是属于婆罗门教的咒文或赞歌。这些密咒和仪规一般用于祈愿、降福、驱魔、除害等。由于佛教最早是从陆路途经中亚传入我国的，而中亚一带又是萨满教诞生和流行的地区，因此在佛教中或多或少地混杂了一些萨满教的咒术和信仰。我国最早译出的密咒是后汉失译的《佛说安宅神咒经》。公元230年吴竺律炎译出了录有密咒的《摩登伽经》。与此同时，支谦

---

① 日本长部和雄授苦心搜求、发现藏外的密教经典60部，详见所著《唐宋密教史论考》第213页，永畋昌堂。

（223—253年在中国）译出了《华积陀罗尼神咒经》，这是最早所见的、独立的密教经典。东晋帛尸梨密陀罗翻译了《大灌顶神咒经》12卷，这是我国最早译出的陀罗尼的汇集。

最早参与密教典籍的翻译并宣传、推行咒术的极大部分是来自印度或中亚康居、月支的僧人。据不完全统计，自公元2世纪上叶至8世纪中叶，即我国翻译印度有组织的密教经典或形成独立的我国密教宗派以前，印度次大陆及中亚地区来华（双地）的僧侣中熟黯密教法术的共计39人，约占来华僧侣总数的一半。

在唐中叶，密教进入了黄金时期。开元三大士（善无畏、金刚智、不空）来华后，直接翻译、弘传以《大日经》和《金刚顶经》为中心的印度金刚乘体系的密教。这类密教称为纯密，纯密一方面由于适应了唐帝国中兴君王玄宗等人复兴王室权力的需要；另一方面迎合了当时儒、释、道三教正在融合的趋势，因而得到了急剧的发展，并且形成了一个以维持密法为主的中国佛教新宗派。印度—中国密教的僧侣们不但宣传《仁王经》的正法护国思想，而且在修行实践上力图攀附、融合中国传统的阴阳五行及道教的成仙、咒术、房中术等。

据公元800年编出的《贞元录》与公元730年编出的《开元录》相比，前者在后者的基础上增补了332部密教经典。在增加的经典中有很大一部分是解释、补充《大日经》《金刚顶经》的教义、经轨、密咒等。

西藏传统把印度密教发展的历史和经典分为四个阶段：（1）所作坦多罗，相当于大小乘经典中所散述的陀罗尼、仪轨等，即我国早期所传的杂密；（2）行坦多罗，相当于以《大日经》为中心的密教；（3）瑜伽坦多罗，相当于以《金刚顶经》为中心的密教；（4）无上瑜伽坦多罗，以《神秘集会》为中心的左道密教。我国开元时期汉地所传的密教大概是属于第二、第三阶段的密教，也就是印度密教史上初期和中期的密教，它所宣传的是以《大日经》和《金刚顶经》为中心的思想和实践，即"六大为体""四曼为相""三密为用""金胎两部""五佛五智"及"因、根、究竟"（"三句法门"）等。

密宗在会昌法难时期曾受到打击。会昌之后，由于战乱频繁，社会动荡，不少寺院被毁，经典散失，一直处于十分萧条的状态之中。迄北宋初期，印度沙门法天、天息灾、施护等相继来华，在宋太宗的支持下，重设译经院（982年）翻译和弘传印度后期密教，才稍有复苏。

法天、天息灾等人在北宋初年传播的密教主要是流行在印度孟加拉、奥利萨地区波罗王朝时期所兴起的无上瑜伽一系。印度后期密教最为重要的四部经典中的两部（《一切如来金刚三业最上秘密大教王经》《大悲空智金刚王仪轨经》）被译成了汉文。由于左道密教吸收了印度教性力派的"大乐"思想和实践，推行灌顶、双修、轮座等密法，这与中国传统封建伦理思想不合，因而统治阶级不得不公开出面干预密教经典的翻译和传布，使密教的活动只限于一部分封建上层之间，随着佛教在印度的灭亡，印度僧人来华被隔绝，我国汉地的密教也就衰亡了。元明以后随着藏传佛教输入内地，密教的思想和实践又以新的形式在一部分汉族地区流传。

密教传入中国后，为了适应我国的社会情况，迎合一部分封建上层的需要和民众的习尚，也作了不少相应的改变，摄取了儒家、道教和民间信仰的一些内容。佛教的密咒、方术在汉初传入中国后首先依附于中国的阴阳五行、谶纬、神仙、鬼神信仰等，并与儒、道等相交融。这种印度与中国混杂的情况在最早杂密经典中就见其端倪。例如后汉失译的《安宅神咒经》中写道：

> 佛告，日月五星，二十八宿，天神龙鬼皆来受听……青龙白虎，朱雀玄武，岁月却杀。六甲禁忌……百子千孙，父慈子孝，男女志贞，兄弟良顺，崇义仁贤，所愿如意。

在这则咒文中可以看出，既有道教的鬼神，也有儒家的道德说教。咒中所说的日月五星、二十八宿是我国古代的天文知识，也是占星术占卜的对象，青龙白虎、朱雀玄武是道教之神，六甲是利用天干地支相配，始于后汉时期的一种流行方术。这种相互摄取的现象到我国僧侣对密教有了比较系统的知识，即纯密的经典被介绍到中国、密教经轨逐渐定型以后，还是表现突出。在不空和善无畏译的经咒中到处可以看到道教的神仙和中国民间崇拜的神祇、精灵。在这个时期中，在密教的万神殿中既有着印度的神，也有着中国的神；既有着佛教的神祇，也有着道教的神仙。在印度和西藏的密教中流行着对女神（明妃、女尊）的崇拜，而在汉地的密教中并不见得突出，这大概和中国封建伦理主张男尊女卑有关。

密教在赵宋时期由于受到了当时三教合流的时代思潮影响，与儒、道结合得更为紧密，在当时翻译的一些密教经典中，儒、释、道三教的用语几乎难以区别。密教无上瑜伽的一些思想和实践虽则不为中国一部分人所接受，但在密教的实践中明显摄取了道教的一些咒术、符箓和房中术等。例如宋天息灾所译的《文殊仪轨经》不单公开鼓吹儒教的伦常思想，也大谈中国传统的占星术、图谶和道教的阴阳术等。

二 藏地密教

密教在传入藏地后获得了巨大的发展。印度密教的几个主要教派（金刚乘、易行乘、时轮乘等）几乎都在西藏得到了广泛的传布，它们的经典大部分被译成藏文。在西藏传播的印度密教不是属于一个统一的宗派，也不是属于同一的学说，但大致可以看出：印度密教与西藏密教发展的过程是平行的，在某一个时期还是同步的。在印度佛教被消灭之后，西藏密教还在继续发展，成为印度佛教的延伸部分。

印度坦多罗佛教传入西藏有确切史料证明的大概是在赞普墀松德赞（742—797年）时期，墀松德赞曾派他的重臣巴塞囊去尼泊尔礼请中观瑜伽派的寂护入藏传教，寂护入藏后遇到不少从本教方面来的阻力，因此建议延请密教大师莲花生入藏弘法。莲花生入藏后，以初建的桑耶寺为中心，翻译了一部分显密的经典，传播印度因陀罗菩萨底一系的金刚乘密法。他利用密教法术与本教巫师进行斗争的同时，还摄取了不少合乎自己需要的本教成分。例如以莲花生为祖师的宁玛派寺庙里供奉八尊神像，其中"世间三部"即"差遣非人""猛咒咒诅""世间供赞"都是从本教那里汲取来的"非水"（玛摩），属于本教中的一尊凶神。

841年藏王朗达玛灭佛之后，迄978年才得到复苏，史家称这以后的佛教为"后弘期佛教"。西藏后弘期正值印度波罗王朝无上瑜伽流行时期，因此，无上瑜伽各部通过"上路"（阿里地区）蜂拥而入，蔚为主流。公元10世纪阿里地区的统治者阁惹后（法名智光）曾迎请印僧达摩波罗和慧护两法师去藏地传戒，并派遣宝贤、善慧等 21 名青年去克什米尔学习《集密》《时轮经》等经轨，宝贤、善慧学成四藏后在阿里地区传播金刚乘密法，翻译密教经典，对发展金刚乘密教起过重要作用。11 世纪著名的中印度僧人阿底峡（982—1054 年）应古格王朝绛曲沃尊之请入藏。他在藏 17 年，致力于调整显密两宗和修习次第的关系，把般若的学说和密宗的实践结合起来。阿底峡所推行的正是印度波罗和斯那王朝以那烂陀寺和超戒寺为中心所发起的瑜伽行中观学说。阿底峡的直传弟子仲敦巴（1004—1054 年），根据西藏的特点提倡遵奉"四尊"（释迦、观音、救度母、不动明王），分别"四密"次序，而以上乐、集密为最胜。仲敦巴受达木（当雄）封建主的迎请，建热振寺，逐渐形成了西藏最早的宗派。至 14 世纪，宗喀巴（1357—1419 年）根据阿底峡学说建立了显密思想的完整体系。我国西藏后期佛教与前期相比有着两个特点：（1）前期佛教集中力量翻译、宣传印度大小乘的显教理论，传播印度佛教各派学说，佛教流传的范围只在王族贵胄之间。后期开始进入民间，密教逐渐流行并取得主导地位。（2）密教传入西藏后与土著宗教——本教和民间信仰相结合，形成了众多的、具有民族特点的宗派及其分支，这些宗派与地方势力结成巩固的政治—宗教联盟，在社会文化生活中起着重要的作用，在 14—17 世纪黄教取得统治地位后，西藏形成了"政教合一"的制度。

三　云南大理地区的密教

印度密教传入中国的另一支是云南的阿阇梨教（阿叱力教），也有人称为滇密。阿阇梨是梵文 acarya 的音译，意为教师、轨范师等。阿阇梨教拥有自己的经藏，目前在云南省图书馆保存有大理"国师府"唐、宋、元、明四代手抄或未刻的阿阇梨经书约 3000 册。

阿阇梨教一般认为是由印度的阿萨姆通过上缅甸传入云南大理地区的。滇缅古道在我国古代就已开拓，唐初有不少印度僧人路经此道进入云南大理地区和其他地区。据邓川大阿拶哩（阿阇梨）段公墓志载："唐贞观己丑年（629 年）观音（人名——引者注）自乾竺来，率领段道超、扬法律等五十姓之僧伦，开化北方，流传密印……迨致南诏奇王之朝，大兴密教。"墓志中提到的杨法律，据《大密法师杨公墓志铭》碑录记述，是印度人，并为阿阇梨教的始祖。与此同时，《大阿拶哩段公墓志》及《古滇说》还提到从印度去大理的密教僧人有杨珠觉、珠觉（与前者不是同一人）及菩提巴波[①]等。嗣后，南诏的密教得到了重要的发展，公元840年（南诏劝丰祐保和十六年，唐文宗开成五年）[②] 中印度（另说西域）阿阇梨赞陀崛多（又作室利达多，梵文对音不准确）自印度摩揭陀至南诏鹤庆元化寺，又腾越州住峰山、长洞山两处传阿阇梨教。赞陀崛多受到南诏王细奴逻的崇敬，南诏王还把自己的妹妹越莫嫁给他。[③] 赞陀崛多在大理创建五密道场，弘传瑜伽。他的弟子张子辰、罗逻倚等也由印度到达南诏，相继传播密教。此外，还有梵僧李成眉和他的弟子禅和子于9世纪由中印度至大理地区游化，[④] 南诏王世隆于872年曾建立铁柱于弥陀（地名），并在铁柱周围建庙，崇拜大黑天神。在北京故宫博物院中迄今还保存《大理张胜温画佛长卷》（1172年绘制），其中绘官大圣大黑天、摩诃首罗（大自在天）和印度16个国王肖像。

继南诏之后，阿阇梨教在大理地区继续发展。大理国王自思平起到兴智共22主，其中7主禅位为僧，1主被废为僧，这个国家的上下官员都是从阿阇梨教徒中遴选的[⑤]，可见该教与国家权力关系之深。

元朝统一大理后，阿阇梨教在白族上层中间势力虽然受到削弱，但其后几百年间一直在农村中发展。该教的平等教义和简单易行的祭祀仪式，吸引了广大农民参加，成为最有势力的教派，在元明两个王朝时，阿阇梨教徒曾多次起事，反对异族的统治。例如元初时舍利畏僧和释多罗分别在滇池、洱海地区集结，抵扰蒙古人的征掠[⑥]。明初洱源县佛光寨寺僧与普颜笃联合抵抗明军[⑦]。明太祖在扫平了大理段氏势力后曾命令不准传授密

---

① 《古滇说》云："有菩提巴波自天竺至，以秘咒丹书神位"。
② 另说唐穆宗时（821—824年）。
③ 《云南史料丛刊》第1集，第167页。
④ 参见《万历云南通志》卷十三"滇释记"：《南诏野史》。
⑤ 参阅张旭《佛教密宗在大理白族地区的兴起与衰落》，见南诏史研究会编《南诏集论丛》，1986年，第179页。
⑥ 参见上书第186页注八。
⑦ 同上。

教，但由于该教深入民间，无法执行，后不得不改变初衷，设阿阇梨纲司严加管理。明成祖曾敕令北汤天阿阇梨董贤到北京为他驱邪降福，并赐"国师府"匾加以褒奖。至清初时，政府对阿阇梨教迭加禁止，嗣后由于西藏喇嘛教在大理地区的广为传播，佛教显、密两宗的融和，禅宗的流传，阿阇梨教失去了自己的特点，从此一蹶不振，沦为显教的附庸。解放前阿阇梨教在白族农村中仍然有活动。

　　阿阇梨教传入云南后，虽然保持了印度佛教密教，甚至印度教的一些祭祀仪礼，但一开始就和白族、彝族、怒族、傈僳族的民间宗教融合，并汲取了它们的一些神祇、礼仪、巫术等。例如在阿阇梨教的神坛中，人们可以看到密教的神祇与巫教的本主（本地的鬼主）并列，甚至还和印度教的神灵大黑天、大自在天等相与为伍。至于密教的仪式和巫教更是难解难分。另外，阿阇梨教也和儒教的思想汇合，不但设坛宣讲佛经，同时也讲授儒学，把密教的"空乐双运"和儒家的三纲五常思想结合起来。

（原载《世界宗教研究》1990年第2期）

浅论近现代密宗在汉地的流行

　　1925年，太虚大师在庐山东林寺曾经谈到中国佛教密宗流传的问题。他说："近数年来，中国——指本部而言——大乘八宗，渐次流行而耀光彩，密宗亦应时崛然兴起。先则京也、粤也、鄂也、蜀也，密风密雨，栉沐已久，今则江浙亦莫不披靡其风化焉。自表面，不得谓非佛法前途之大好瑞兆矣、盖密宗之绝迹中华于今千余年矣、而今得复兴，正如久失之宝，今且发现而复得之也，宜乎举国缁林及诸精进学佛居士，群起而趋之若骛矣。然按之心理，虽不无夹杂好奇心，或其余卑劣之成分，殆亦时势使然欤！"① 民国佛教是近现代中国佛教的一个转折点，经过沉寂的中国佛教在西学东渐的背景下，不得不走上自新的道路，于是佛教不仅在要求进行自身的改革，进行革命，而且还试图作出一些创新或复兴的方式，在这一时期，除了传统的禅宗与净土宗在仍然流传之外，佛教界一些有识之士对推动华严宗、律宗，尤其是唯识宗的弘扬与复兴可谓竭尽全力，使得这一时期的佛教八宗之学一时呈现了"而耀光彩"的情况，密宗亦为其一。

　　密宗是印度佛教晚期出现的一种大乘佛教的新形式，其在初创不久，就传入了中国，并在中国陆续传播开来，特别是受到了皇室人员的崇拜，增强了传播的范围与能力。但是，由于密宗的教义与修行中的一些思想实践与中国传统文化不合，致使传入之后，最后没有流传下来，最终入灭而终。历史上任何一种宗教能够流行，必要有一定的环境与土壤，密教的基本理论是身语意三密相应，即手结印契（身密）、口诵真言（语密）和心作观想（意密）。三密相应，即身成佛。其核心是宣扬大乘佛教的即身成佛的思想。这种思想是大乘佛教理论的根本标志，其理论基础是来自大乘

---

　　① 释太虚：《中国现时密宗复兴之趋势》，《海潮音》第六卷第八期。

佛教的不二学说，成佛与非佛是一体不二的，只有体味了佛教的存在，也就达到与佛相接，这时就是即身成佛了，也是"即事而真"，意谓与佛相接即是成佛，所以修行者要去追求与佛一如的境界，乃至最后成佛。密宗继承了这种思想，《金刚顶菩提心论略记》说："论云诸佛菩萨昔在因地发是心已，胜义行愿三摩地为戒，乃至成佛，无时暂忘。惟真言法中即身成佛故者，明诸佛菩萨因果位中常发菩提心之行愿，无有休息。言惟真言法中即身成佛故者，若依内证智境界修行者，不过三祇之道现生成佛。"此经说出了两点根本道理，一是要有成佛的心愿，亦即要在因地中发心，以愿与定力而努力修行，就会成佛。二是密宗（即真言宗）成佛要亲自去证得和体验，仅依靠自己的内证之境来成佛，这不过是从过去佛到现在的佛而已，亦即"现生成佛"。所以在密宗看来，成佛在"三祇之道"① 还不够，因为内在证悟，只是种下成佛的种子，要彻底成佛还要有一个超越，这个超越是什么呢，就是密教中所说的大乐思想，即所谓的"大萨埵大印，等持佛作业。一切佛为身，萨埵常益觉。大根本大黑，大染欲大乐。大方便大胜，诸胜宫自在"。② 取得大乐是在方便中证得，"大乐大随，爱乐适悦，皆得如意坚固"。③ 修佛之人只有在经历了爱乐的欲望之后，才能真正体会人生的大乐之最高境界。密宗的方便大乐思想给双修提供了一个方便法门，使本应去欲的佛教蒙上了一层神秘，显然这样的思想是不为中国传统儒家反对淫乱的思想所接受的。例如中国僧人就认为，"存爱修习，遇诸教门熏成差别种性，说令知者，意在莫随多种，须契自心，但以菩提心为本，莫以爱为本也"。④ 因此密宗在中国受到抑止，与这样的"秘密教"有很重要的关系。

---

① 姑苏景德寺普润大师法云编《翻译名义集》一云："《大论》云，初阿僧祇中心不自知我当作佛不作佛。二阿僧祇中心虽能知我必作佛，而口不称我当作佛。三阿僧祇中了知得佛。口自发言，无所畏难，我于来世，当得作佛。从过去释迦文佛，到剌那尸弃佛，为初阿僧祇，是中菩萨，永离女人身。从剌那尸弃佛，至燃灯佛。为二阿僧祇，是时菩萨，七枝青莲华，供养燃灯佛，敷鹿皮衣，布发掩泥，便授其记。汝当作佛，名释迦牟尼，从燃灯佛，至毘婆尸，为三僧祇。过三僧祇，种三十二相业。"
② 《金刚顶一切如来真实摄大乘现证大教王经》卷上。
③ 《大乐金刚萨埵修行成就仪轨》。
④ 《圆觉经大疏释义钞》卷第九。

然而，密宗虽然有双修染欲为乐的思想，但是它也有其合理的另一面，密宗的世界观中主张地水火风"四大"的内涵，密宗主张"菩提心为因，悲为根本，方便为究竟"。① 菩提心是修行成佛的基础，也是追求成佛目标的发心所在。"悲"即是"慈悲"，这是修行学佛的理念，"方便"则是不必拘于形式，以成佛为最高目标而努力践行之的法门。由于密宗在学习修行中强调次递而行，因此，它的修行是有据可依的，而且也可以堪可验证，从这一点来看，密宗的修行与禅宗所强调的以根性或悟性来取得觉悟的修行方式是有区别的，对那些初入佛门，尚没有过多的修行经验的人来说，这种形式是有用的。另外，值得注意的是，密宗有一套修身养心的方法，锻炼治疗疾病的技术，它在绘画艺术方面也一直自成系统，或有特点的广为人民喜欢乐颂的内容。

太虚所说的民国初期密宗在中国传入，继而广泛流行开来，这是与当时的佛教界情况分不开的。众所周知，佛教自清中叶以后，已经非常衰弱，被人们形容成为"死人服务"和为"鬼"服务的宗教。虽然禅宗这时成为佛教的主流，但是佛门没有人才，理论鲜出，衰落也是必然趋势。民国以后，佛教复兴，然而这种复兴更多的是一种文化上的复兴，例如对唯识与华严的重视，就是一种纯然的理论探讨，这固然提高佛教的文化品位与思辨程度，但是对普及佛法还是乏善可陈。佛教的理论与实践方面没有什么大的突破，特别是学佛的人日益增多，人们对佛教知识的把握也没有更多更好的方法，禅宗对机的学习方式不易掌握，棒喝机锋开悟的人则少之又少，大多数人还是走念佛的方式。在这种情况下，有人就认为佛教的复兴要走唐朝的道路，而唐朝模式就是宗派的佛教，所以很多寺院和僧人都在研究其他宗派的学说，一时竞秀，各出其彩。

密宗是唐代八宗之一，它在当代复兴还有其他的原因。从时代思潮来讲，藏传佛教此时已经在汉地佛教深有影响，当时教内外都有人要求沟通汉藏两地的佛教文化，一些僧人纷纷前去西藏等地学习密法，例如汉僧大勇就到藏地学习，最后客死该地。所以在汉藏佛教的目标下，密宗开始再度影响到汉地的佛教。以后，在汉地开办了藏传佛教的佛学院，例如汉藏

---

① 《大毘卢遮那成佛神变加持经》卷第一。

教理院即是其一，该院即以沟通汉藏两地的佛教而得名。从国际情况来看，日本佛教密宗自唐代传入之后，就没有中断过，一直传承下来。中国自从接受了西学的影响之后，一直把东邻日本作为学习西方的榜样，并将日本的佛教与中国佛教进行了对比之后，认为日本佛教比中国佛教在实践方面要强，所以很多人都到日本真言宗本山——高野山去学习佛教，如汉僧显荫法师在高野山学习，乃至圆寂东瀛。日本密宗真言宗也有打算进入中国，故而支持密宗在中国的发展。此正如太虚法师所说："兹且一言其动机：日本为密宗中心之佛教，其宗义亦异开元之旧，杂于国俗私见，而我国清季留日人士，往往传其说。李证刚既译日文之《西藏佛教史》，侈谈密教，桂伯华且留学焉。民国四年，欧战方酣，泰西各邦无暇东顾之时，日人乘机暴发其素蓄谋我之野心，以二十一条胁迫我政府，其第五条即要求日人在华有传教自由权；藉传教之名而行其帝国主义之实，其含有政治色彩，路人皆知也。故当时华人无分缁俗，莫不痛斥其非。诚以日本佛法，实取诸中土，云何复来传？是不异子哺母乳，理何可通？而日人则借口谓：日本佛法虽传承支那，而今日本之密教，极为发达，中土则早成绝学。职是之故，我华缁俗虽明知其为政治利用文化侵略之计策，然以中土密教诚绝，固亦未如之何也！以故，尔时缁素受此重大刺激，对于密教问题，渐渐注意：有陈某着中国之阿弥陀佛，历言日本密宗之宗义；予于是年着整理僧伽制度论，亦主派人留日、留藏习密，以重兴我国之密宗。至民国七年，王弘愿将日文之《密宗纲要》议华传布，余时在沪主纂《觉社丛书》，得之广为流播，极力提倡，冀中国密教早日恢复。未久，而密教之声，竟遍中国矣！"①

太虚开始赞成复兴密宗，后来又变成了批评密宗，究其原因，还是在于密宗传入后扰乱了已经构成的佛教格局。由于王弘愿等人接受了日本密僧权田雷斧的灌顶，王等人自立道场，公开讲法，在佛教界引起"白衣说法"是否具有合法性的争论。另一方面，藏传佛教活佛进入内地，由于活佛要吃荤喝酒，在太虚看来这是"形服同俗，酒肉公开，于我国素视为僧

---

① 释太虚：《中国现时密宗复兴之趋势》，《海潮音》第六卷第八期。

宝之行仪，弃若弁髦！提倡者迷着既深，先丧其辨别真伪是非之心"。① 中国佛教吃素的传统将被破坏殆尽。更重要的是中国佛教原来已经形成的禅净一致的朴素风格，在密宗的冲击下，将面临再次重新洗牌，"今者非法之密风侵入，与夫国人迷着之提倡及盲从之附和，于是学者瞀惑乎新奇，黠者剽窃以裨贩，涣汗纷拿，漫无轨道，至使我国禅、讲、律、净调和一致之教风，顿陷于极混乱之状态，渐有弁髦戒行，土苴净业之危险！向称佛刹精华、祖规森严之江浙，今亦染斯颓风，方兴未艾！"② 因此在这个背景下，太虚提出了"当学日密、藏密纳于律仪教理建中密"和"密宗寺当为一道区一寺之限制"的主张，要求撷取日密和藏密的精华，将其纳入"律仪教理"，建立中国密宗，而中国密宗的寺院不宜过多，每一地区只能有一所而已。

由此可见，太虚所指出的密宗复兴或"复传"对中国佛教的打击是很大的，它不仅是对中国佛教传统的一些观念，如僧人地位的颠覆，还扰乱了中国佛教的传统格局，所以太虚才对此担忧，提出限制密宗发展的主张。但是笔者认为，密宗在民国的复兴或重新立宗，不仅仅是改变中国佛教的根本形象问题，而是关系到中国佛教的命运问题，正因为这个问题十分重要，因此才引起太虚的议论和批评。但是太虚的批评并没有阻挡密宗的发展，以融合汉藏二传佛教为特点的清海法师的一系具有藏密特点的密宗在汉地佛教最终传播开来，成为中国佛教中又一支特色宗派，在西藏学习的学问僧法尊法师也成为学界的著名学者。而受日本影响的真言宗一派，则没有在中国传开，像留学日本高野山的持松法师，以及和他主持的上海静安寺等，在中国佛教中最后也融入了禅宗的洪流。

民国佛教发展一直曲曲折折，不断地受到纷争时势影响，密宗即使在民国"崛然兴起"，也因后来的形势而最终湮灭。到了20世纪80年代以后，中国佛教再次走上复兴道路，密宗也在这一复兴背景下，重新开始崛兴。当前密宗复兴一方面反映了民国时期的特点，这就是以清海法师为代表的一派密宗在整个中国佛教界里占有一定的地位，他的几个弟子都是佛

---

① 释太虚：《中国现时密宗复兴之趋势》，《海潮音》六卷八期。
② 同上。

教的高僧，其中以四川成都昭觉寺清定上师和浙江三门惠明法师影响最大。这一派僧人虽然传承的是藏传佛教，但是他们又坚持了汉传佛教茹素的传统，而在教义理论与实践方面坚持了藏密的修行，特别是他们在修行方面的成就，赢得了一大批信众的敬仰，使密宗的影响进一步增大。另一方面，随着藏传佛教的影响在汉地增大，在汉地佛教徒中，特别是在一批居士里面，学习密宗显教的《菩提道次弟论》的人日益增多，很多寺院的法师和居士都在讲解和学习此论。与此同时，来到汉地弘法的藏传佛教僧人也络绎不绝，可以说现在藏传佛教与汉传佛教之间的交流与融合的趋势正在增强。

现在密宗在汉地的流行，使太虚当年主张的"当学日密、藏密纳于律仪教理建中密"已经有了一定基础，但是要想真正在两者基础上建立"中密"，现在看来还为时尚远。太虚以为"欲密宗复兴而无害有利者，当由有力比丘分子，以出家戒律为基础，以性相教理为轨范，而后饱参日密及藏密，同化而成一种中密"。① 清海与清定等人虽然经过努力在一定程度上推进了密宗在汉地的发展，但是他们更多的是以清净修行的人格感召而名闻佛教界，反映的是戒律方面的持行，而在"性相教理"这一方面，汉藏两地理论互摄同化现在还缺少推进。如何在理论方面互为里表，共同提升，现在是很值得研究的课题。密宗注重行持，讲究次弟，这是值得肯定的，也正由于此，宗喀巴的《广论》与《略论》引起一部分汉族佛教徒的学习兴趣。中国汉地佛教本来是以圆融而为特点的，如何借鉴密宗的理论与实践，充实汉地佛教的理论，或者说圆融汉藏，我以为这也是可以考虑的一条道路。今特以书出，供各位方家参考。

（原载《弘法》第 27 期，2010 年第 1 期）

---

① 释太虚：《中国现时密宗复兴之趋势》，《海潮音》六卷八期。

九华山与地藏精神

一 明代佛教九华名山确立

中国佛教有四大名山,九华山则是其一,因以尊奉地藏菩萨而闻名于世,故成为独具特色的地藏菩萨道场。九华山佛教在唐代已经知名,《高僧传》里专门记载了开山祖师金地藏的事迹。金地藏以"和尚如斯苦行"①,赢得了众人"莫不宗仰"。② 唐朝廷对它也敕赐有加,唐肃宗至德元年,在成都大慈寺"敕新罗全禅师为立规制,凡九十六院,八千五百区"。③ 不过,九华山和地藏菩萨成为佛教徒尊奉的道场,是以后的事情了。

古人记载传说远在西域的僧人遥望内地四大名山,发现山西五台山充满金气,四川峨眉山充满银气,浙江普陀山充满铜气,安徽九华山充满铁气,此不可信。学术界一般认为,四大名山的形成与历代高僧大德的超行和统治者的支持是分不开的,但是大概在宋代,四大名山的地位最终还没有定下来。宋代名士晁说之曾撰文曰:今东有五台山之文殊,西而峨眉山之普贤,南而雁荡山之罗汉,北而鼓山之罗汉。④ 说明在宋代,四大名山尚没有形成定局。又明陈耀文撰的《天中记》卷三十五亦云:宋元丰三年,内殿王舜封使三韩,至此有大龟负舟不得去,望山作礼,忽龟没而舟

---

① 《唐池州九华山化城寺地藏传》,《宋高僧传》卷第二十。
② 同上。
③ 《佛祖统纪》卷第四十。此处"全禅师"应为"金禅师",因为紧接上引文后面还有"金禅师后往池州九华山坐逝,全身不坏骨如金锁。寿九十九"可以证明。成都大慈寺位于城内,曾经毁灭,2004年农历四月初八,重新修复开放,但是占地面积已经锐减,原有的气势至今荡无。
④ 《成州新修大梵寺记》,《景迂生集》卷十六。

行，还以其事上之，赐额宝陀寺。帷大士以三十二应身入诸国土，现八万四千手臂接引众生，与五台之文殊、峨眉之普贤为天下三大道场。(《宁波府志》）陈耀文，字晦伯，确山人，万历庚戌进士，官至按察司副使。后人认为明代博学者首推杨慎，耀文是后起与杨慎唯一争者。清人议论明人编类书无可证信，但对耀文编的书评价尚还能公允。① 《天中记》是一部类书，里面皆是各种引文。陈耀文所谈的是宋代普陀山的事情，但是里面提到了普陀、五台、峨眉之三大道场，是为宋代四大名山尚未定局的又一证据。由此可见，到了明代以后，四大名山的地位才基本确立。

二 地藏精神的特点

中国社会流传着一句名言"自古名山僧占多"，已故的中国佛教协会赵朴初会长，将此话改为"自古名山僧建多"。九华山的佛教历史就验证了这两句话，从地藏开山以后，经过历代僧人的努力，将全山装扮得更加美好，最终成为佛教的天下。

九华山的僧人在开发是山的建设中，依靠的是地藏精神。什么是地藏精神？概括地说，这就是佛教所说的"众生度尽，方证菩提；地狱未空，誓不成佛"之四句话！也就是"我不入地狱，谁入地狱"的慈悲精神。地藏精神内容广泛，在玄奘所译的《地藏菩萨十轮经》中有详尽的典型说明。佛经说地藏有显行，所谓显行者，是说地藏看到地狱苦难积载，众生

---

① 《钦定四库全书·子部十一·天中记·类书类》："明人类书所列旧籍大都没其出处，至于凭臆增损，无可征信。此书援引繁富，而皆能一一著所由来，于体裁较善，惟所著书名或在条首，或在条末，为例未免不纯。又如恧阳伏阴语出《春秋左氏传》而引《汉书五行志》为据，则事始不的。又第一卷内篇目已毕，而复缀以《张衡大象赋》一篇，则编次失伦。此类亦往往疏于检点，然其自九流谶纬，以逮僻典遗闻，广事搜罗，实可为博闻多识之助，且每条下间附案语，如《玉篇广韵》之解，诞字为生，《水经注》之以苗茨堂为茅茨堂，《世说注》以钱唐为钱塘，《唐逸史》之纪孙思邈年代舛错，《新唐书》之载安禄山死日乖互，皆为抉摘其失。其向来类家之相沿讹谬者，如《合璧事类》以狄兼謩为魏謩，《锦绣万花谷》以浮图为一行，《事文类聚》以刘溉为到溉，《万卷菁华》以晋建元元年为汉武帝，《孔氏六帖》以三阳宫为道暑宫，凡若此者于留事之中，兼资考据，其典核尤诸家所未及。范守已著曲洧新闻以是书，鹤门无浮丘翁、王子晋、丁令威、徐亚卿四事，浦门无青浦、黄浦等水，颇讥其漏。不知卷帙既富，征事偶疏，原所不保，至于川名泽号，更仆难穷。又安可以一二小水失于登载，遽訾其采撷之不广乎，其称'天中记'者，以耀文所居近天中山故也。"

难返，因此他发愿要将所有的众生全部度脱，以自己的命运来解救广大众生之苦，让众生都可以取得解脱。佛教所讲的众生，不仅仅是指的我们居住在地球的人类和动物，还包括了一切有生命的植物以及有情识的物种，甚至还包括了在常人眼里似看起来没有什么反应的石头之类的物种。就此而言，佛教对自然界生命的态度是何等的开明，它所包含的内容是何等的广泛，已经超出了我们一般常人的认识和思维，正是有了这种对待生命的态度，地藏菩萨才能够善待众生，常发大愿，让众生得度，"能令大地一切草木花果，皆加生长，药苗果实成熟润泽，香洁软美"，① 企盼整个世界变得愈加美好，人们的生活质量达到最高。

地藏精神境界高远。佛经说地藏有喻德，所谓喻德者，是说地藏肩负着释迦佛的重托，具有凡人所无的能够开发众生心识的功用，教化众生，令其道力增长，同时他本人又有众生所具，但是却不容易发现的宝藏功德，令众生心性开发，除却烦恼六贼，自己则可出可纳，进退自如，全体大用，互摄无遗，达到了菩萨所具的高远境界。这种境界是一种常人所不容易达到的境界，就像地藏菩萨之化身金地藏自己既能够洁身自好，以修苦行而自励，同时又教化百姓，让九华山的信众"仰藏之高风"，自度容易，度他则难，地藏菩萨能做到常人所不能达到的一种自如的自他两度的精神境界，是何其高远，因此获得了"和尚如斯苦行，我曹山下列居之答耳，相与同构禅宇，不累载而成大伽蓝"② 之结果，被后人祭祀，激励人们永远效仿。

地藏精神是无私的奉献。佛教是主张"无我"精神的宗教，所谓"无我"就是不要执着于我，而应该放弃自我，因为有了我执就会产生烦恼，从而不能得到解脱。地藏菩萨的精神涵盖了两个方面，一个是要奉行"无我"，放弃我执，转为一心利他，这就是"众生度尽，方证菩提"；另一个是要有"我"，这就"地狱未空，誓不成佛"，或者说是"我不入地狱，谁入地狱"，把"我"突出出来，强调"我"之不能成佛的重要性，正因有了"我"执，才能从事利他的事业。由于两者角度不一样，所强调的主

---

① 《九华山志》。
② 《唐池州九华山化城寺地藏传》，《宋高僧传》卷第二十。

体要求也不尽相同。例如前者表明正因为放弃了"我"的要求,才能将他人的利益铭记在心,在这里他人的利益是主体。后者则因为有了"我",常常变现为无数的化身,济度众生,才能让他人得到更大的利益。我在这里是居于主体。但是不管是有"我"还是"无我",地藏菩萨的目标始终是如一的,最终都是要以度人于厄,解救他人的疾苦为目的,所以以利他为地藏最终的目标,将我的利益放在最后,这就是一种无私的奉献精神。虽则,这种精神是一种出于宗教的虔诚。

地藏精神的功德无量无边。佛教的目的是予人解脱,解脱有多种途径?印度佛教一般强调的是通过既定的一些程序的修行步骤而达到解脱,中国大乘佛教禅宗则强调修行在日常生活之中,劈柴担水皆是妙道。佛教讲做功德,做功德是一件无量无边的善事,按照佛教主张的因果报应的定律,善有善报,恶有恶报,行善必有善报,行大善必有大报。有修行就有功德,修行越大功德越大。地藏菩萨予人解脱,实行的是一个拯救人心的高尚工作,他度众生,就是要将人们心中的苦痛给予化解,他发大愿,就是要让所有人之人心快乐,所有的众生生活舒畅,让众生原有那颗能够成佛的、宝贵的无尽宝藏——清净心或菩提种子全力开发出来,解放众生以致全人类,这是一种大善业,它得到的也是一种大善报,也是一种大修行,回报也是无量无边的功德。

地藏精神是全世界、全人类的精神财富。举凡世界任何宗教,都是地域文化的产物,它必然带有当地民族文化与民族精神的特征。佛教在印度创生,释迦牟尼经过多年的探索,在批判和借鉴印度婆罗门教文化的基础上,有选择地创造了佛教。印度佛教传入中国,经过中国佛教徒的改造,与固有的中国传统文化相结合最终形成了中国化的佛教。但是,不管在印度还是在中国,佛教除了它的地域文化特点之外,还有宗派的特征。在释迦牟尼逝世不久,印度佛教就分裂成十八部或二十部,进入了部派佛教时期,以后又通过佛教徒的改革,大乘佛教现世。大乘佛教有空宗与有宗两大根本派别,传到中国以后,中国佛教徒建立了唯识、华严、禅、密、天台、律、净土、三论等八宗,各宗并举,促使中国佛教蓬勃发展,影响日增。但是,在中国最有影响的佛教四大名山——普陀、峨眉、五台和九华,却不单纯属于任何宗派,具有开放的性格,它得到了全体佛教徒的承认，而加以尊奉。地藏以它独具的特色和出色的愿行，激励了广大佛教徒不断地从事弘法利生的伟业，用地藏的大智慧，给佛教徒指出了一条如何践行佛法的道路。"我不入地狱，谁入地狱"这不是一句空话，而是需要人们具体地努力去实践的事情，需要大无畏的精神和坚忍不拔的毅力才能实现，地藏精神已经超出了佛教的本身，具有普遍性的世界意义，对我们整个民族来说，也是值得重视和去努力践行的。

三 地藏精神与当代社会

地藏精神在古代印度和中国社会曾经激励了佛教徒去努力践行弘法利生的伟大事业，这种精神在今天看来，仍然为我们的社会所需要。当前我们将整个人类文明划分为物质文明和精神文明两个组成部分，地藏精神属于精神文明之一，发扬地藏精神就是继承优秀佛教的宝贵的文化遗产，并将之用于我们今天建设四个现代化和精神文明建设活动当中。

我们现在生活的社会，处在一个转型时期，在社会生活急剧变化的时候，人们物质文明的程度得到提高了，生活变得富裕了，但是人们精神生活却并没有得到提升，甚至出现了不少混乱，精神文明的建设成为当前亟须加强的重点工作之一。究其原因，伦理的缺位、道德的失范是重要的因素，正由于人们缺少了精神的追求，于是有一些人在社会生活中碰到了矛盾，或种种不如意的地方时，就会产生这样或那样的过激行为，其结果是造成了对社会与他人的伤害。我们经常在报纸上看到触目惊心的事例，个人主义膨胀、拜金主义盛行、贪污腐化不穷、腐败难除，已经成为社会的瘤疾与毒瘤，严重地威胁到国家和政府的正常工作秩序以及人们的正常生活，并且正在成为当前社会的热点问题之一。社会发展需要健全的法制，只有在"达摩克利斯之剑"下，才能给那些欲要犯罪的人起到一个震慑和教育的作用，但是法律并不是万能的，而且法律只是在事后才发生惩罚的作用。欲要根本杜绝人类精神家园的迷失，关键还是在教育，救治人心，教育人民是一条不可忽视的有效教育方法。教育是多渠道和多层次的工作，传统的和现代的文明思想都是我们可以采纳的资粮。地藏精神就是属于我们可以采纳的资粮之一。

现代社会的特点之一是人与人之间，各个工作部门之间，国家与国家之间，社会家庭内外充满了非常紧密的联系，最终形成了你中有我，我中有你的局面。由于快节奏的生活，各种利益的竞争，人们的精神压力增大，人与人之间的关系变得紧张起来，如何舒张人们之间的紧张关系，让大家都生活在一个和谐的社会之中，这是摆在人们面前的一个现实问题。地藏度尽众生，让所有的人都得到觉悟和成佛，这本身就充满了菩萨的慈悲怜悯，以慈悲心态来对待诸事诸物，也就是世俗社会所说的充满爱心，为他人着想，给他人方便，不仅是地藏精神的具体表现，也是社会伦理的基本要求之一，更符合当今社会提出的"全心全意为人民服务"的道德要求。多年来，我们的社会一直提倡的是"解放全人类"的目标，地藏则主张要度尽众生，众生包括了有生命和无生命的有情，其内涵与外延也十分宽广。由于科学技术的进步，社会生产力有了飞跃的发展，但是与此同时也带来了环境的破坏，整个人类的生存环境日益破坏，物种的锐减，生态的恶化已经严重威胁到人类的生存，如果我们用地藏精神来作如是观，把度尽众生落实到环境保护事业中来，以慈悲怜悯认真对待各个物种，善待各种生物，善待环境，整个人类的生存环境就能有一个根本的改观，正在不断恶化的环境也会重新恢复，生态平衡将会再次保持，人类就会重新生活在一个美好的环境里。当前，我们社会里的个人主义在一些人的心目中极度膨胀，不谈奉献，只讲索取成为一些人的人生座右铭，特别是在一些年轻人的身上，以我为中心运转，对他人冷漠，缺少慈悲爱心。相比之下，与地藏以"无我"的精神从事着解救人类的伟大事业，和无私的奉献的精神形成了一个巨大的反差，有鉴于此，借鉴地藏精神，强调破除我执，消解个人主义，树立为众生服务，讲奉献精神，对改变人心，树立正确的人生观，无疑也是一个有利的思路。

四 结语

"众生度尽，方证菩提；地狱未空，誓不成佛"是地藏精神的精髓，千余年来，它一直在指导着中国佛教徒从事弘法利生的伟业。九华山是地藏菩萨的道场，到了明代以后正式成为中国四大名山之一。地藏精神内容广泛，境界高远，它的无私奉献精神，不仅为别人也为自己带来无量的功德。今天，我们处在转型期的社会，面对着各种矛盾和变化，更加需要加强精神文明的建设。如果我们把地藏精神适当地加以批判的改造，吸收其合理的内核，使之与时代需要相结合，我想它对我国社会主义精神文明建设、民族精神的发扬和人心向上，一定能够起到某些推动或补充作用。所以我们应该重视地藏精神的弘扬工作，以"我不入地狱，谁入地狱"的大无畏精神积极参与社会活动，为社会主义精神文明建设贡献一份智慧和力量。

（原载《佛教文化》2008年第4期）

辽兴宗耶律宗真与重熙佛教

辽宁朝阳，古称龙城、黄龙、营州、霸州等，是我国北方辽西历史文化名城，亦是我国北方佛教的发源地之一。公元345年，前燕国王慕容皝曾于国都龙城东面龙山创建了东北地区第一座佛教寺庙——龙翔佛寺。北魏冯太后笃信佛法，弘扬释教，在燕都龙城和龙宫殿旧址上建造了思燕佛图，为先祖祈祷冥福。隋文帝于仁寿二年（602年）正月二十三日颁舍利于天下五十三州，营州即为其中之一。进入唐朝，佛教已在营州普及，居住在这里的契丹、库莫奚、靺鞨、突厥、高句丽、西域胡人有不少是佛教徒。辽代是霸州佛教的发展高潮，全州境内塔寺林立。辽代统治者信奉佛教，重修梵幢寺塔，安葬佛舍利。金元两朝沿袭辽风，佛教依然香火鼎旺。明清时代朝阳佛教渐渐衰落，藏传佛教成为这一地区最主要的宗教。1987年，朝阳市重修北塔，1988年在塔上天宫发现一批重要文物。2007年，笔者前往当地考察，见到这批精美的藏品。北塔博物馆把这些流传千年的佛教文物保存下来，这是很不容易的，付出了艰苦的努力。这对于开展佛教文化的研究，发挥佛教文化的作用，是很有意义的。但是，北塔的文物也给我们留下了很多的谜，至今对这批文物的来历还不是十分清楚，笔者不揣孤陋，试做一些尝试。

一

朝阳北塔的1600多件文物是在1988年11月14日发现的，至今已有近20年的时间，学者研究指出，这批文物是当时辽代皇家用来供奉佛的祭品，不仅等级很高，也是中国佛教艺术中的精品。但是由于宣传不够，故知道的人不多，大家知道的更多的是在1986年陕西扶风法门寺出土的各种佛教文物与佛指骨舍利。

朝阳北塔虽然发现文物众多，但是有文字的资料不多。根据有关介绍，发现有题记的资料，归纳起来，共有以下四条。①

（1）天宫题记砖、石称："大契丹重熙十二年四月八日再葬。"

（2）地宫石经幢上题写："大契丹国重熙十三年岁次甲申四月壬辰朔八日己亥午时再葬讫。"

（3）地宫一块题记砖上刻写："霸州邑众诸官，同共齐心结缘，弟三度重修。所有宝安法师，奉随文帝敕葬舍利。"

（4）鎏金银舍利塔内藏题记铜板、银经卷：写有"重熙十二年四月八日与舍利同时葬此银塔，并擢碎小佛顶陀罗尼各一本"。

由此可见，上面的文字资料所揭示的年代，主要集中在辽代重熙十二年（1043年）和十三年（1044年）。辽代一共218年，重熙年间（1032—1055年）是辽代中期，也是辽兴宗耶律宗真统治时期。这就为我们研究这批文物的历史与文化提供了最直接的思路，我们不妨试从兴宗与重熙年间开始入手。

先说辽兴宗耶律宗真。关于兴宗的资料在《辽史》中有他的"本纪"，此外，像《契丹国志》《辽史拾遗》《文献通考》《续文献通考》里面都有这方面的记载。与兴宗有关的重熙年间的情况，也在上述的一些史料中出现过，可以说，关于兴宗与重熙年间的情况，宋以后的大型史书中都不同程度地谈到了。

根据史料，我们大致可以知道兴宗的情况如下：兴宗（1031—1055年），名耶律宗真，讳宗真，字夷不堇，小字只骨，辽代第七代国王，圣宗耶律隆绪长子。辽朝先祖原为契丹，属于北魏拓跋氏后裔，一直生活在东北地区，过着游牧生活，唐末时期崛起。辽朝建基者太祖耶律阿保机（907—926年）和太宗耶律德光（927—947年）是有文治武功之人，但是后来的世宗、穆宗、景宗没有什么大的作为，到了圣宗耶律隆绪，在国内进行改革，实行科举，重视人才，辽代开始有了大的变化。圣宗善于用兵，他和母亲萧太后联手，逼迫北宋订立澶渊之盟，从此奠定了百余年的

---

① 参见《朝阳佛教历史和重要文物简介》，朝阳宗教局提供。

宋辽分治的格局。圣宗创下的基业，给他的儿子兴宗奠定了基础。圣宗太平十一年（1031年），圣宗去世，兴宗登基，改元景福。翌年（1032年），再改元重熙。

兴宗的生母是钦哀皇后萧氏，但是他从小由嫡母齐天皇后抚养大。圣宗去世之前，曾有遗命，指定齐天皇后为正室，萧氏为太妃。兴宗登基，尊生母为太后，治国大权由太后掌管。重熙元年，太后逼齐天皇后自缢，还杀戮功臣，重用其兄弟委先参与朝政，引起满朝的不满。重熙三年，在朝臣的帮助下，兴宗夺回了权力，并将太后送往父亲的坟旁居住，不久又接回京城，但是仍将母亲相隔于十里之外。①

后人评价"兴宗即位年十有六矣，不能先尊母后而尊其母，以致临朝专政，贼杀不辜。又不能以礼几谏，使齐天死于弑逆，有亏王者之孝，惜哉。若夫大行在殡，饮酒博鞠，迭见简书，及其谒遗像而哀恸，受宋吊而衰绖，所为若出二人。何为其然欤？至于感富弼之言而申南宋之好，许谅祚之盟而罢西夏之兵，边鄙不耸，政治内修，亲策进士，大修条制，下至士庶，得陈便宜，则求治之志切矣。于时左右大臣，曾不闻一贤之进，一事之谏，欲庶几古帝王之风，其可得乎？虽然，圣宗而下，可谓贤君矣"②。这段评价，基本符合事实。前面是说兴宗对生母与养母的关系，由于权力的争夺，兴宗没有能够做到既孝生母，又孝养母，并使养母含恨自缢，因此被后人诟病。后面是说兴宗在位时做的几件大事，一是他在重熙年间，曾经给宋主写信，送去自己的画像，同时又索要宋主的画像，要求与宋朝和好，但是他没有等到这一天，先行而逝，留下了终身遗憾。二是重熙十三年四月，"党项等部叛附夏国，命军西征。十月元昊上表谢罪，亲率党项三部来，诏许以自新而遣之"。③铸成了"许谅祚之盟"的错误。总之，虽然兴宗"求治之志切"，但与他的祖辈相比，他的确没有做出什么惊天动地的大事，只是在前辈的福荫之下，守成而已。在政治方面，他

---

① 《辽史拾遗》卷九曰："《契丹国志》曰：先是帝于重熙三年幽法天太后于庆州，既改葬齐天后，群僚劝帝复迎之，且以觊宋朝岁赐之利皆不从，因命僧建佛事，听讲《报恩经》感悟，即遣使迎法天太后，馆置中京门外。筮曰：以见母子如初。"

② 《辽史》卷二〇本纪第二〇。

③ 《钦定续文献通考》卷二百四十九。

也只是做了一些小小的改革，如"重熙十三年，复王子班郎君及诸宫杂役，从契丹行宫都部署"①，"重熙十三年改中书省定置官"②，以及重新规划行政区，等等。

兴宗在政治军事上没有什么大贡献，但是他在文化上的贡献超过了他在政治和军事上的贡献。史载兴宗有很高的文化素养，"咸通音律，声气、歌辞、舞节，征诸太常、仪凤、教坊不可得"。③ 兴宗的诗做得很好，曾经于重熙五年，以诗"试进士于廷"，辽代"御试进士自此始"。④ 南院大王耶律古云，冲澹有礼，法工文章，"兴宗命为诗友，数问治要，多所匡建"。⑤ 重熙十三年六月，"诏编集国朝上世以来事迹等书，命罕嘉努与耶律庶成录约尼汗至重熙以来事迹集为二十卷，进之。十五年，复命罕嘉努曰：古之治天下者，明礼义正法，度我朝之兴。世有明德，虽中外向化，然礼书未作，无以示后，世卿可与庶成酌古准今，制为礼典。罕嘉努既被诏，博考经籍，自天子达于庶人，情文制度可行于世者，撰成三卷，进之"。⑥

总之，辽代的文化到了兴宗朝以后，正在朝着纵深发展。明礼仪、制礼典正在成为辽代文化建设的一个重要组成部分。辽代已经认识到"世有明德，虽中外向化，然礼书未作，无以示后"的重要性，这也是辽代的国力与政治经济发展的必然结果，是一种文化的自觉。兴宗之父圣宗战胜了宋朝，辽朝的大国地位和经济收入也在增长，在这个背景下，辽代的文化也随之发展。特别是中国文化一直有华夏正统之说，辽代被汉人视为异族。当辽代取得了中国北方地区后，成为汉族的统治者，就是出于统治的需要，也要淡化自己的民族身份，尽可能取得汉族的认可。重熙七年，兴宗"以有传国玺者为正统，赋试进士"。⑦ 为了一块玉玺，兴宗兴师动众，看得如此重要，很明显，其目的无非就是要表明拥有了这块传国的玉玺就

---

① 《钦定续文献通考》卷十七。
② 《钦定续文献通考》卷五十二。
③ 《辽史》卷五十四志第二三。
④ 《辽史》卷一八本纪第一八。
⑤ 《辽史》卷一百四。
⑥ 《钦定续文献通考》卷一百四一。
⑦ 《辽史拾遗》卷十五。

获得了华夏正统。尽管这块玉玺有人认为是假的，① 不是秦玺，只是唐玺，但是这并不重要，因为它所蕴含的意义重大，能够帮助辽朝的统治，证明辽朝政权的合法性。

辽代为了改变非正统的情况，尽快结束夷夏之争，加紧建设文化工作，特别是在吸收汉文化方面，做了不少的事情。早在圣宗时，辽代的文化建设就已经开始，汉文化受到了重视。到了兴宗时，强调汉文化的重要性更是成为朝廷的共识。兴宗以前，每次朝廷的活动，"北面臣僚并国服，皇帝南面臣僚并汉服。乾亨五年，圣宗册承天太后，给三品以上法服，自是大礼，虽北面三品以上亦汉服"。② 到了兴宗以后，大礼穿衣的制度进一步被强化。重熙五年，"册礼皇帝服龙衮，北南面臣僚并朝服。自是以后，大礼并从汉服矣。今先列国服，而以汉服次于后焉"。可见穿汉服亦成为辽代上层的一个重要制度。

除了穿衣之外，兴宗在位时，还促成了给前代诸帝封号的活动。这个活动的目的，就是要改变辽代是"暴发户"形象，从历史和理论上给辽代的统治找一个依据。重熙十三年，罕嘉努上疏言："先世约尼斡汗之后，国祚中绝，自额尔奇木雅里立苏尔威，大位始定。然上世俗朴，未有尊称。臣以为，三皇礼文未备，正与约尼氏同。后世之君，以礼乐治天下而崇本，追远之义兴焉。近者唐高祖创立先庙，尊四世为帝。昔我太祖代约尼即位，乃制文字、备礼法，建天皇帝名号，制宫室，以示威服，兴利除害，混一海内。厥后累圣相承，自额尔奇木呼哩以下，大号未加，天皇帝之考，额尔奇木达鲁犹以名呼，宜依唐典，追崇四祖为皇帝，则鸿业有光，坠典复举矣。"③ 兴宗接受了这个建议。重熙二十一年七月，"追尊太祖之祖考妣为帝后，九月追上诸帝后谥"。④ 兴宗同意罕嘉努的建议，采用唐典的做法，追封契丹四祖，实际上就是强调正统，在文化上要与宋朝看齐。

---

① 《辽史拾遗》卷十五云："唐太宗贞观十六年刻受命玺，文曰'皇帝景命有德者昌'。后归朱全忠。及从珂自焚，玺亦随失。德光入汴，重贵以玺。上之云：'先帝所刻，盖指敬瑭也。'盖在唐时，皆误以为秦玺。而秦玺之亡则久矣。鹗案：秦玺之说非一玺已，焚于后唐。辽所得者，乃晋玺耳。"
② 《钦定续通典》卷五十九。
③ 《钦定续文献通考》卷八十。
④ 同上。

二

　　契丹民族在建国之前，一直崇奉的是原始宗教，以奉拜山川植物神为重要神祇。契丹传说，"赤娘子者，番语谓之掠胡奥偕，传是阴山七骑所得潢河中流下一妇人。因生其族，类其形木雕彩装，常时于木叶山庙内安置。每一新主行柴册礼时，取来作仪注，第三日送归本庙"。① 木叶山是契丹宗教的圣地，民族精神的象征，位于契丹族人的发源地中京（今内蒙古赤峰地区），也是契丹族的族庙，辽代皇室的家庙。每位契丹族人都要将这里作为朝拜的中心。辽代诸祖也要来到这里参拜祭祀。辽代习惯将死去的人画成画像供奉，诸帝去世之后，他们的遗像都挂在木叶山的神庙里，眷属则做成木人，穿红锦衣。在木叶山庙内，有取柴龙之制，"高三十二尺，用带皮榆柴迭成，上安黑漆木坛三层坛，安御帐。当日，辽主坐其中，下有契丹臣僚二百余人"。② 兴宗本人曾于"重熙十四年冬十月甲子望祀木叶山"。③ 此外，据记载，辽代其他地方也有祖庙，如传说太祖平定渤海后，"于所居大部落置寺，名曰天雄寺。今寺内有契丹太祖遗像"。④ 太宗取得北方十六州后，为感神恩，"在幽州大悲阁，迁白衣观音像，建庙木叶山，尊为家神"。⑤ 这里的"建庙"，就是指的后来在木叶山建的菩萨堂。

　　兴宗以前，各朝皇帝要按祖制祭木叶山与菩萨堂，祭祀礼制十分复杂。《五礼通考》卷十七对此曾有过详细的描述，曰：

　　　　礼志祭山仪，设天神地祇位。于木叶山东，向中立君树。前植群树，以像朝班。又偶植二树，以为神门。皇帝皇后至额尔奇木，具礼

---

① 《辽史拾遗》卷十五。
② 同上。
③ 《辽史补遗》卷一。
④ 《重订契丹国志》卷一。
⑤ 《五礼通考》卷十七。《辽史》卷三十七《地理志一》载，辽都"兴王寺，有白衣观音像。太宗援石晋主中国，自潞州回，入幽州，幸大悲阁，指此像曰：'我梦神人令送石郎为中国帝，即此也。'因移木叶山，建庙，春秋告赛，尊为家神。兴军必告之，乃合符传箭于诸部"。

仪牲，用赭白马元牛，赤白羊皆牡。仆臣曰：旗鼓，伊剌杀，牲体割，悬之君树。太巫以酒酹牲。礼官曰：多啰伦穆腾奏仪办皇帝服，金文金冠白绫袍，绛带悬鱼三山绛，垂饰犀玉刀错络，缝乌靴；皇后御绛帨，络缝红袍，悬玉佩，双结帕络，缝乌靴；皇帝皇后御鞍马，群臣在南，命妇在北服从，各部旗帜之色以从。皇帝皇后至君树前下马，升南坛，御榻坐。群臣命妇分班，以次入就位。合班拜讫，复位。皇帝皇后诣天神地祇位，致奠合门，使读祝讫，复位。坐北府宰相及特哩衮以次致奠于君树，遍及群树。乐作，群臣命妇退，皇帝率孟父、仲父、季父之族三匝神门树，余族七匝。皇帝皇后再拜，在位者皆再拜，上香再拜如初。皇帝皇后升坛，御龙文，方茵坐，再声警，诣祭东所。群臣命妇从班列如初。巫衣白衣特哩衮以素巾拜而冠之。巫三致辞。每致辞，皇帝皇后一拜，在位者皆一拜。皇帝皇后各举酒二爵、肉二器再奠，大臣命妇右持酒，左持肉各一器，少后立一奠。命特哩衮东向掷之，皇帝皇后六拜，在位者皆六拜。皇帝皇后复位坐，命中丞奉茶果、饼饵各二器，奠于天神地祇。位执事郎君二十人持福酒胙肉诣皇帝皇后前。太巫奠酹讫，皇帝皇后再拜，在位者皆再拜。皇帝皇后一拜，饮福受胙，复位坐。在位者以次饮。皇帝皇后率群臣复班位再拜，声跸，一拜，退。太祖幸幽州大悲阁，迁白衣观音像，建庙木叶山，尊为家神。于拜山仪过树之后，增诣菩萨堂仪一节，然后拜神，非和抡罕之故也。

先朝树木，拜山神，然后再祭天地神祇，这是契丹民族在与大自然做艰苦斗争中而形成的观念。因为树木与山峦是契丹民族赖以生存之本，所以要首先满足祭祀这些与人基本生活有关的神祇，然后再祭拜抽象之中的天地之神。但是到了兴宗朝以后，他改变了这种祭祀程序，以先拜菩萨堂及木叶山、辽河神，然后再拜山与树神，并在"仪冠服节文多所变更"。[①] 兴宗的这种改变祭祀顺序的做法，对契丹民族的宗教观念来说是有重大意义的，表明契丹民族关于神的抽象思维已经得到提升，神学的思想开始发

---

① 《五礼通考》卷十七。

达，这无疑是契丹民族宗教观念的一个进步，也是契丹宗教宽容的新迹象。兴宗这种改"制"的做法，被后人记之于史，人们认为这种做法没有什么大错，"因以为常神主树木，悬牲告办，班位奠祝，致嘏饮福，往往暗合于礼。天理人情，放诸四海，而准信矣"。① 所以"兴宗更制，不能正以经术，无以大过于昔"。②

辽代的契丹族原无佛教信仰，太祖天显二年（927年），辽军攻陷信奉佛教的女真族渤海部，迁徙当地的僧人崇文等50人到当时都城西楼（后称上京临潢府，今内蒙古自治区赤峰地区），将他们供养在天雄寺帝室，皇帝贵胄前往佛寺礼拜，并举行祈愿、追荐、饭僧等佛事，佛教最终被契丹族接受，经过圣宗、兴宗、道宗三朝（983—1100年）中间，辽代佛教发展到了顶峰。

圣宗是一名虔诚的佛教徒，在任时编修《大藏经》，是为佛教史上著名的"契丹藏"之始。圣宗还增建佛寺，施给寺院土地和民户，但又严格学理佛教，禁止私度僧尼、燃指供佛的陋俗，辽地佛教保持了健康的发展。兴宗继位，皈依受戒，铸造银佛像，继续编刻大藏经，并常召名僧到宫廷说法，优遇他们，位以高官。史载兴宗"好名，又溺浮屠法，务行小惠，数降赦宥，以故释死囚及犯罪应加，而特赦其罪者甚众"。③ 兴宗除"尤重浮图法"之外，④ 还"敬佛教僧正，拜三公三师"⑤。"《续资治通鉴·长编》曰：宗真性佻，尝与教坊使王税轻等数十人约为兄弟，出入其家，至拜其父母，数变服入酒肆、佛寺、道观，王纲、姚景熙、冯立辈遇之于微行，后皆任显官。尤重浮图法，僧有正，拜三公三师，兼政事令者，凡二十人。"⑥ 历史上著名的山西大同的华严寺，就是在重熙七年开始建造的。史载兴宗曾于重熙八年，"诏僧论佛法"。⑦ 十一年，在京城"与

---

① 《五礼通考》卷十七。
② 《辽史》卷四十九志第一八。
③ 《钦定续文献通考》卷一百四。
④ 《辽史拾遗》卷九。
⑤ 《隆平集》卷二十。
⑥ 《辽史拾遗》卷九。
⑦ 《辽史》卷一八本纪第一八。

皇太后素服，饭僧于延寿、悯忠、三学①于三寺。禁丧葬杀牛马及藏珍宝"。②史载"《契丹国志》曰：先是（宗真）帝于重熙三年幽法天太后于庆州，既改葬齐天后，群僚劝帝复迎之。且以觊宋朝岁赋之利，皆不从，因命僧建佛事，听讲《报恩经》感悟，即遣使迎法天太后，馆置中京门外。筮曰：以见母子如初"。③兴宗还礼遇僧人非浊。非浊，"字贞照，俗姓张氏，其先范阳人。重熙初，礼故守太师兼侍中圆融国师为师。居无何，婴脚疾，乃遁迁盘山，敷课于白伞。盖每宴坐诵持，常有山神敬侍，寻克痊。八年冬，有诏赴阙，兴宗皇帝赐以紫衣。十八年，敕授上京管内都僧录，秩满，授燕京管内左街僧录，属鼎。驾上仙驿征赴，阙。今上以师受眷先朝，乃恩加崇禄大夫检校太保。次年加检校太傅太尉。师搜访阙章聿，修睿典，撰《往生集》二十卷进呈。上嘉叹。久之，亲为帙引，寻龛次入藏"。④兴宗虽然信佛，但是他对下属还是比较宽容的，史载"马哥，字讹特懒。兴宗时，以散职入见，上问：'卿奉佛乎？'对曰：'臣每旦诵太祖、太宗及先臣遗训，未暇奉佛。'帝悦"。⑤马哥不信佛，但他回答兴宗奉佛的问题非常巧妙，搬出先祖遗训来做挡箭牌，兴宗听了以后，非但不生气，反而感到很高兴。这说明，在辽代，还是有不少人是不信佛的，而且整个社会在思想上还是较为宽容的。

朝阳北塔天宫供奉佛舍利就是在这个背景下出现的。辽代奉佛风气很

---

① "三学"，即指戒、定、慧三学，又称经、律、论三学。辽代为了促进佛学的研究与人才，因此在全境各地修建三学寺。兴宗重熙十一年建三学寺僧，系指京城的寺院。《辽史拾遗》卷十七转引元耶律楚材《湛然居士集》曾曰："三学寺，改名圆明，请予为功德主，因作疏曰：'粤三学之巨刹，冠四海之名蓝。今改僧而舍尼，遂从禅而革律。邀印公为粥饭头，请湛然作功德主。'"《张耆蜕庵集·游城南三学寺》诗曰："城南多佛刹，结构自辽金。旁舍遗民在，残碑好事口。雨苔尘壁暗，风叶石幢深。一饭蒲团了，萧萧钟磬音。"《辽史拾遗》卷十七又指出，"兴宗纪重熙十一年十二月，以宣献皇后忌辰上与皇太后素服饭僧于延寿、悯忠、三学三寺，则寺在南京城南无疑。……又案《兵卫志》云圣宗统和二十三年，城七金山建大定府，号中京，则七金山在中京，岂另有三学寺耶？抑二事并书耶"。这是在古人不了解契丹贵佛教的情况，而产生了疑问。据金大定七年（1167年）韩长嗣《兴中府尹改建三学寺碑》记载："……追及有辽，建三学寺于府西，择一境僧行清高者为纲首，举连郡经、律、论学优者为三法师，递开教门，指引学者。兵兴以来，殿堂廊庑，埽地而无。圣（金）朝既获辽土，设三学如效法。"（参见《朝阳佛教历史和重要文物简介》，朝阳宗教局提供。）

② 《辽史》卷一一九本纪第一九。

③ 《辽史拾遗》卷九。

④ 同上。

⑤ 《辽史卷》八三列传第一三。

浓，境内寺塔林立，而且有许多都在佛教史上享誉盛名。但是为什么兴宗选择了朝阳地区的北塔，并将诸多等级很高的供物放在寺塔的天宫里？关于这个问题，还要从朝阳的地望谈起。

现在的朝阳地区，古来变动很大。在辽之前，先后有柳城、龙城、营州等名。其建置也有变化，① 北魏属辽西郡，唐属幽州，后又属渔阳等等。到了辽代太祖时，正式定为霸州，隶属积庆宫、兴圣宫等。兴宗重熙十年，霸州升格为兴中府，"统州二县四"。② 所以在兴宗时代，霸州的地位提升，与兴宗有重要的关系，说明它在兴宗心中的重要地位。

霸州成为兴中府，也是有原因的。其中最重要的原因，就是这里有"驻龙峪神射泉"和"天授皇帝刻石"两个遗址。辽代本是北方地区的一个游牧民族，后来趁唐朝之乱，统一了北方少数民族地区，崛起成为国家，与宋朝平分天下。虽然辽朝是靠机会与实力而建立了自己的王朝的，但是民族神话始终在契丹族中存在，并且成为契丹人深信不疑的故事，给了后人坚定的信心与动力。"驻龙峪神射泉"和"天授皇帝刻石"就是关于辽代太祖耶律阿保机和太宗耶律德光建国的神话。传说太祖耶律阿保机"居西楼毡帐中，晨起见黑龙长十余丈蜿蜒其上，引弓射之，即腾空夭矫

---

① 朝阳县除伪满时期改称吐默特右旗外，其名近二百年来一直沿用，源于凤凰山上的朝阳洞。朝阳县境春秋时期为东胡地。战国时属辽西郡，秦时不变。西汉时属柳城、孤苏县地。东汉时属辽西郡柳城县地，东汉末为鲜卑族慕容氏占据。西晋时属平州昌黎郡柳城县地。东晋咸康八年（342年）鲜卑慕容廆以柳城之北，龙山（今凤凰山）之西为福地。北燕时设昌黎尹。北魏时属营州昌黎郡。北齐时为龙城县。隋开皇元年（581年）设龙城县，后又改为柳城郡柳城县。唐武德初年（618年）为营州总管府柳城县。唐天宝元年（742年）改为营州柳城县。五代十国时期为契丹人占据，设霸州彰武军，治霸城县。辽重熙十年（1041年）升霸州为兴中府、改霸城县为兴中县均属中京道。辽保大三年（1123年）兴中府归降于金，兴中府、建州仍沿用旧称，属北京路。元代属大宁路兴中州地。明朝时辟辽西地区为兀良哈三卫蒙古牧场，属营州前、后屯卫地。清乾隆五年（1740年）属塔子沟厅。乾隆三十九年（1774年）改属三座塔厅，隶属热河省辖。乾隆四十三年（1778年）启置为朝阳县。光绪三十年（1904年）为朝阳府地。民国三年（1914年）改为朝阳县。日本帝国主义者占领期间（1940年）改朝阳县为"卓索图盟"吐默特右旗，属锦州省管辖。1947年10月朝阳解放，仍设朝阳县，隶属热河省。1948年划为朝南、朝北两县。朝北县治朝阳。朝南又称羊山县，治所羊山。1955年撤热河省，划归辽宁省。1958年属朝阳市。1964年朝阳市改朝阳行政公署，朝阳县隶属朝阳行署。现为朝阳市辖县。（以上摘自"辽宁地名信息网"）

② 《辽史》卷三十九。

而逝，坠于黄龙府①之西，相去已千五百里，才长数尺"。② 这是"驻龙峪神射泉"的神话。另一个"天授皇帝刻石"的神话是，传说太宗耶律德光夜里做梦，有神人告诉他："石郎已使人来唤汝。"第二天请人占卜，巫筮告诉他："太祖从西楼来，言中国将立天王，要尔为助尔。"③ 后来事实证明，太祖收归了石敬瑭，得到了北方天下。这两个传说的意义很大，它们表明契丹的民族英雄有超人的力量和胆识，契丹取得的政权来自天的神授，并成为民族精神和后人的寄托。为此，辽代诸帝每年都要到为应石郎之梦而立的家祠木叶山菩萨堂举行祭祀。《辽史》卷三十九专门指出霸州是这两个传说的发源地，④ 其意义就在于说明辽代王朝的发源与建立与霸州有重要的关系，所以这里也成了辽代王朝的圣地，从这个意义上来说，兴宗选择霸州的北塔作为供佛的最好地点，是有深意的，至少说明他寄希望于得到列祖列宗的庇护，从此国运亨通。

随着辽代国势增强，疆域不断扩张，其行政区域亦先后分为上京临潢府（赤峰市林东镇），东京辽阳府（位于今辽宁省辽阳市），南京析津府（北京市），中京大定府（内蒙古宁城县），西京大同府（山西省大同市）之五京地区。霸州属于中京府地区。这里也是契丹民族的发源地之一，契丹的祖庙就建在这里，因此这一地区得到了朝廷的重视。兴宗的母亲萧太后被削权以后，曾被流放到中京。兴宗本人也先后于重熙元年十月幸中京，游幸表；十三年十月驻跸中京，幸新建秘书监有事于祖庙；重熙十六年十月幸中京谒祖庙，十一月幸中京朝皇太后。⑤ 这些事实都说明，兴宗是看重这个地区的，所以他才会不断地经过长途跋涉，不辞辛苦地来到这里。此外，在朝阳境内，重熙年间也修造了不少的寺庙，如"灵岩寺，在

---

① 这里的"黄龙府"系指渤海国的扶余地区。《辽史》卷三十八曰："龙州黄龙府，本渤海扶余府，太祖平渤海还至此崩，有黄龙，见更名。保宁七年，军将燕颇叛，府废。开泰九年迁城于东北，以宗州、檀州汉户一千复置。统州五县三。黄龙县，本渤海长平县并富利，佐慕肃慎置。"
② 《重订契丹国志》卷一。正史中则说是黄龙，不是黑龙。
③ 《重订契丹国志》卷一。
④ 《重订契丹国志》卷一曰："柳城号霸州，彰武军节度统和中制，置建霸、宜、锦、白、川等五州，寻落制置隶积庆宫，后属兴圣宫。重熙十年升兴中府，有大华山、小华山、香高山、麝香崖，天授皇帝刻石在焉，驻龙峪神射泉，小灵河……"
⑤ 参见《钦定热河志》卷一百一。

三座塔①东南柏山上,辽统和中僧可观始卜地结庵。太平五年邑人赵廷贞等施四面隙地。重熙初,郡人雄武军节度使王育与邑人尹节高等重建。二十二年僧潜奥悟开等购经一藏。二十四年增建九圣殿。清宁四年赐名净觉寺"。②

在辽代,霸州是辽朝流放汉人的地区。唐时这里曾被奚国侵占,太祖灭奚,将被俘的燕民迁到柳城。北人粗犷易反,唐代安史之变的主角——安禄山,就是柳城人,所以当时霸州实为一个多民族杂居的地区。辽朝的统治一直不稳,兴宗曾在重熙十三年起兵亲征西夏李元昊,但因"以大风起,诏班师"。③面对这样一个环境复杂的地区,兴宗将中京霸州北塔选为朝廷供佛的地方,应该有联络感情,维护统治,利于社会稳定的考虑。

现在发现的北塔文物的几个题记,都把日子定在了"四月八日"。所谓的"四月初八",就是指的佛教教祖释迦牟尼的诞生日,亦称为佛诞节。这一天佛教徒要举行盛大的活动,纪念这位伟大的人物。中国举行佛诞活动在何时开始,还不是十分清楚,但是至少在北朝时已经有了。史载洛阳城内"四月初八日,京师士女多至河间寺,观其廊庑绮丽,无不叹息,以为蓬莱仙室亦不是过。入沟洫园,见沟洫塞产石磴礁峣,朱荷出池,绿萍浮水,飞梁跨阁,高树出云,咸皆唧唧。虽梁王兔苑,想之不如也"。④到了宋代,举办佛诞日的活动已经成为佛教界的一件重要的事情,"四月初八日,(杭州)六和塔寺集童男童女善信人建朝塔会"。⑤北宋著名僧人、文学家居简(1164—1246年)曾经专门写过《四月初八疏》,曰:"优昙一花,五浊离垢。景纬孤朗,八纮无云。藐粟散王,受命之符。恢觉皇子,联芳之应。驾紫金毕,逦之驭梦。兆殊常满白玉,蟾蜍之轮,相无不

---

① 《钦定热河志》卷四十九曰:"朝阳县,旧三座塔厅境也。在承德府西北隅,东接九关台。门界锦州府、义州诸境,西界平泉州,南界建昌县,北界科尔沁县属。东北境为土默特左翼地,西北境为土默特右翼地,又北境为奈曼旗地,又东北境兼辖喀尔喀库伦两旗地。水则大凌河经流,其南金英河,会入老河经流,其北图尔根河,南北二水同名,均入大凌河。凡诸河发源之山,暨槐栢云蒙著名。诸山咸列图内,而凤凰山之为古龙山,尤足与龙城、狼水诸遗迹相发明,并汇列之。为建置沿革,山水诸门考证之缘起焉。"

② 《钦定热河志》卷八十二。
③ 《钦定续文献通考》卷二百二十四。
④ 《洛阳伽蓝记》卷四。
⑤ 《梦梁录》卷九十。

足。蕒飑风于八叶，龙翻水于九渊。祥应初分，洁表新沐。负克长克，君之岐嶷。岂载生载，育之劬劳。嗟珍御之梏身，弃金轮于脱屣，逆旅绛阙故家。雪山扬鞭，逾城拔剑，斩发苦形，四相云泥。坚密之身，乐止一生。衲凿妙严之福，阅六年于弹指，集万善而匪躬，方掉鞅于三空，遂捐躯于半偈。非真精进，即大阐提，与其徐行。后长者于慈氏如来，逮如实际，曷若善价而沽。诸于城东老姥，忒老婆心叵测叵量，是则是效伏。愿愍末运迷津者众，以尽为期。俾未来补处之尊，仰成而已。"① 辽朝崇佛，举办佛诞节的活动也是必不可少的。史载契丹国"佛诞日四月八日，京府及诸州各用木雕悉达太子一尊，城上舁行，放僧尼道士庶民行城一日为乐"。② 有的书认为"《辽史》内并不见有释道，其可见者，惟《契丹国志》四月初八为佛诞日，僧尼道士行城为乐而已"。③ 其实并非如此，《辽史》兴宗奉佛一事即可作为明证。就"兴宗好名，喜变更，又溺浮屠法"④ 的性格与爱好，选择"四月初八"佛诞日举行盛大的庆祝活动，肯定是必然的举措。因此，这一天北塔举行盛大的奉佛活动，以皇家的行为来做这件事，更是有可能的。

兴宗一生在位一共二十六年，除了刚登基第一年使用国号"景福"之外，从第二年起就改元"重熙"，并且一共使用了二十四年，直到他离世时为止。兴宗一共活了41岁，在位二十六年，占了他的大半生。因此，重熙年间成为兴宗执政以来最重要的时代，也是他一生中的辉煌时期。翻阅史书，他在重熙十三年前后，亦即1043年前后，处理国事活动达到了高潮。这时从年龄来讲，他正是30岁左右的青年有为、年富力强的时期，也是他经历了复杂的朝廷党争、相互倾轧的艰苦斗争之后，而根基日稳，权力日定，并积累了丰富的行政经验和具有清醒的政治头脑阶段。为了实现抱负，上对得起列祖列宗，下对得起黎民百姓，他在此时开始了许多重大的活动，像平西夏、改制度、兴文化，包括崇奉佛教的活动，都是在这

---

① 《北碙集》卷八。
② 《重订契丹国志》卷二十八。又云："按隆礼书载此事作四月八日，而《辽史》作二月八日，然佛诞日本在四月八日，《辽史》二月盖四月之讹。"
③ 《钦定续文献通考》卷六十一。
④ 《辽史》卷六二志第三一。

一时期开始的，所以重熙十三年左右，是兴宗朝的一个重要的转折点。朝阳北塔的题记出现在这一时期，绝不是偶然的，它应是兴宗朝政治、经济、宗教与文化活动高峰时期的一个必然结果。

三

四库全书本《辽史·目录》云："考《东都事略》载，辽太宗建国号大辽。圣宗即位改大辽为大契丹国。道宗咸雍二年复改国号大辽。考重熙十六年释迦佛舍利铁塔记石刻今尚在。'古尔板苏巴尔汉'，其文称维大契丹国。兴中府重熙十五年丙戌岁十一月丁丑朔云云，与王偁（称）所记合。"这里提到的兴中府重熙年间的"释迦佛舍利铁塔"及其石刻到了清代尚在，就是指的朝阳地区在重熙年间铸造的灵感寺锭光佛的事情。此事载于辽代张嗣初和僧人慧材的记载。张嗣初《灵感寺释迦佛舍利塔碑铭》[①]如下：

> 夫塔古无有也。本出于浮图氏，自佛教东被始有之，是谓佛庙。盖闻不迁者性也，恒动者情也，缘情而能有者生也。生不可常，必至于灭，灭不可已，复转于生，于此流转中能解生死之缚。而得不生不灭者，惟释迦而已。故超然特立于群圣之上，可谓天人师者也。然大耄既至，终显有为，故金身示灭。当此之际，六种震动，如须弥倾摧使，诸天无所依也。呜呼，去圣镇远，灵迹不无，故所有舍利为八国以宝塔分之，其数凡八万四千尔。后历载弥久，隤废者甚众，人心特恐亡坠，益复兴起之，或发诸宝函，或擘以玉粒，或葺其旧制，或建以新作，故塔庙之多迹于此也。虽殚其筋力，尝不为劳，然竭以资财，亦不为费，至若累宝，檐络珠网，接云汉而起，尝不为高并间阎，夷井灶，有郭郭之半，亦不为广。其人心勤厚，有如此者。皇朝定天下，以武守天下，以文太平。既久，而人心向善，故此教所以盛宏，凡民间建立佛寺靡弗如意。今此塔自太平九年柳城人梁氏之所建也。氏兄弟二人，长曰守

---

① 《钦定热河志》卷一百十七。

奇，夙植善根。次曰道邻，素宏愿力，自童子时有聚沙之戏，后果志于出家。既受具已，大通宋乘先隐于龙岫之一兰若，后为城中人请居此土。一日于钵中忽出异光不散者，久之，既而乃得舍利二粒，玉彩晶燦，不可正视，人争传戴之。由此，乃舍衣盂，特兴塔像，复求化官长，暨贵戚并豪族之家，各助以金帛车服，或诸珍玩，计获数百万钱，共为成办之。于是火其砖，广若山，积募其工，翕如云合，负土于阶者，若蚁之累垤；汲坭于檐者，如燕之巢房，凡一十三级，通百有余尺，珠函之灵瑞，在乎其中。观夫有金撑以锐，其上有广陛以丰，其下岂徒然哉。我所贵踊出三界，而为解脱之场也。有千岁灯以然于内，有百炼镜以悬于外，亦岂徒然哉。我所贵遍照十方，而破黑暗之域也。且如风鸣宝铎，尽宣妙法音，蚁践崇阶，亦成无上道，故一尘所沾，一影所覆，其利乐信不虚矣。噫，彼土木有穹隆，而崔嵬者勿谓我小。我小有可观彼金碧有灿烂；而陆离者勿谓我俭，我俭能中礼愚弗克备述，徒止于此焉。复常有光数见，或五色气以覆之，因上闻之，以精诚有感，故灵应必通，乃敕其寺曰灵感寺。至大安中，有先师之弟子通教师赐紫沙门思整重修以润色之。二先师者，盖愚之祖母故，河南太君之伯父也，塔初成日，我先人尝欲亲志之，而不意早没，故弗克逮言。今通教师素与我先人有甥舅之爱，每一见必以此事为记。师既诱我，以先人之志，能弗继之。我复感师念先师之德，可弗述之此者。盖为其肯构也，故不敢让，乃强为记，云其颂曰：既生必灭，唯性不迁。不生不灭，惟佛能然。金身虽往，灵迹可传。舍利所至，塔庙兴焉。在西所建，八万四千。益远益敬，至于无边。凡厥愿力，非小因缘。有僧梁氏，获此舍利。千佛共与，一日自至。钵中有光，玉粒者二。苟非精诚，格兹灵瑞。乃舍衣盂，愿作佛事。以清净心，置琉璃器。藏于塔中，以福万世。后有门人，以增以新。长令净白，不生埃尘。叙我以旧，托我以文。乃强为述，昔我先君。

慧材《释迦、定光二佛舍利塔记》[①] 文如下：

---

① 《钦定热河志》卷一百十七。

窃闻三千化主，百亿雄尊，往复之迹，以无垠方便之门而莫限应。愿荣辞于天界，权仪降诞于王宫，孜孜而示倦龙庭，默默而优游凤苑，颦眉阙返，严驾惨回，老病死苦以因观，法报化身而是慕。奢华涕厌，午夜逾城，苦行石坚，六年修道，浴泥洹河，已赴菩提树，来断障降魔，既登于佛果。垂慈应请，乃转于法轮，始从鹿苑，终至鹤林，时经四十九年，教演一十二分。所应度者，皆以随宜方便度讫。其未度者，亦已与作得度因缘。顾此土之缘周，念他方之化益，于是就力士生地之内，诣坚固树林之间，足南首北，背东面西。迭足枕肱，现四仪之究竟；收心住定，示八相之穷终。金口缄以绝言，玉毫掩而（阙）彩，四生乏主，悲摧凡圣之心；三界无依，哀变乾坤之色；坚劳之寿既已云亡，金刚之身故亦是坏，阇维讫于宝树，舍利分以金罂，爰兴窣堵波，以利萨达嚩。育王西出，（阙二字）八万四千随帝东临，并造三十六所。于凝固之道体，虽（阙）然不然，而转变之化身，亦法尔窅尔。是以（阙二字）之刹土，咸建多（阙）之塔婆，垂青荫而广大，施慧灯以逴延，凡兴一供之因，定克千生之果，粤有（阙四字）重和十五年，陶冶甄、铸铁塔一所，历十三檐，亘二百尺，往往夜晦，屡放虹光。福常住以丰肥，佑上下而和睦，迩后展讨殿宇，津置堂廊，每嗟佛垄闪于南陬，大众佥议，欲移中央，即有惠行大德，潜资义仓，提点云毂，共舍净资一千缗。其诸释侣量力施钱，共四百千。周充功费，寻择良辰，亦得吉卦，坼至十檐，获定光佛舍利六百余颗，至地宫内获释迦佛舍利一千三百余颗，再选定四月八日午时，依旧如法安葬。窃以慧材狼山冗学，龙苑庸夫，报扣琐材，聊编盛事，伏愿三乘五性，承兹乃共舍臧轩，七趣十生，仗此乃同登犧驾，更愿陵迁谷变，懿范不凋，地久天长，徽猷永固云尔。

上面两篇文章的作者张嗣初和慧材法师的生平事迹已不清楚。"慧材《舍利塔记》中自称狼山冗学，知亦即兴中府境内人。碑称讲经律论师慧材撰，辽时以经律论为三学考试境内之僧，取经律论优者为三法师，慧材盖即三学之师也。"① 在北塔天宫的舍利没有发现之前，在朝阳地区影响很大的就是这颗灵感寺的锭光佛舍利了。《辽史·目录》又云："今兴中故城（即古尔板苏巴尔，汉译言三塔也。故土人亦称三座塔云。）东南七十里柏山有安德州灵岩寺碑，称寿昌初元岁次乙亥。又有玉石观音像唱和诗碑，称寿昌五年九月。又易州有兴国寺太子诞圣邑碑，称寿昌四年七月，均与洪遵所引合。又《老学庵笔记》载，圣宗改号重熙，后避天祚嫌名，追称重熙，曰重和。考兴中故城铁塔记旁有天庆二年释迦定光二佛舍利塔记，称重和十五年铸铁塔，与陆游所记亦合。而此书均不载，是其于改元之典章多舛漏也。""寿昌"是兴宗之子道宗的时代，"天祚"兴宗之孙的名字，此处不予讨论。"重和"，辽代没有这个年号，只有"重熙"，《辽史·目录》的作者认为重熙是圣宗改号，皆误也。有人已经指出了这一点，曰：

> 在朝阳县南，辽时建灵感寺，重熙中铸铁塔，以藏佛舍利。后以定光佛舍利六百粒，释迦佛舍利一千三百余粒，改藏塔下地宫，今塔已无存。土人尝于其处掘土丈余，见地宫一所，高八尺，广六尺五寸，八面相等，周遭嵌碑文。中有一碑，字大径二寸余，云：维大契丹国兴中府重熙十五年丙戌岁十一月丁丑朔十六日壬辰起手铸。次年四月乙巳朔八日壬子午时葬。《释迦佛舍利记》末载辨塔主僧则觉花岛海云寺业律沙门志全也。又有二片为天庆二年讲经律论师慧材所撰释迦、定光二佛的身舍利塔记，文称重和十五年铸铁塔一所，历十三檐，亘二百尺，往往夜晦，屡放虹光，迩后展讨殿宇，津置堂廊，每嗟佛垄闭于南隩，大众佥议，欲移中央，即有惠行大德潜资义仓提默云敷，共舍净资一千缗，其诸释侣量力施钱共四百千，用充功费，寻择良辰，亦得吉卦，折至十檐，获定光佛舍利六百余颗，至地官内获释迦佛舍利一千三百余颗，再选定四月八日午时，依旧如法安葬。考辽诸帝，无纪元重和者，书写之讹，以重熙为重和耳。②

---

① 《钦定热河志》卷九十。
② 《钦定热河志》卷一百十七。

朝阳天宫发现的题记有"大契丹国重熙十三年岁次甲申四月壬辰朔八日己亥午时再葬讫","大契丹重熙十二年四月八日再葬"和"重熙十二年四月八日与舍利同时葬此银塔,并擢碎小佛顶陀罗尼各一本"等,与铁塔所记的"维大契丹国兴中府重熙十五年丙戌岁十一月丁丑朔十六日壬辰起手铸。次年四月乙巳朔八日壬子午时葬"时间不同,说明重熙十三年朝阳天宫之后的佛舍利活动之后,在重熙十五年及翌年的佛诞日,朝阳还举行过盛大的供养佛舍利的活动。文中专门提到了"兴中府"三字,兴中府"统州二县四",其地盘亦不小,《辽史·目录》说"兴中故城",契丹言"古尔板苏巴尔",汉译言"三塔"。清代曾建立"三座塔厅",隶属古朝阳县,在朝阳的南面,以当地有三座塔而得名。史料记载非常明确指为地宫的铁塔所得,而且是释迦与锭光二圣的舍利,那么就表明了当时朝阳供佛舍利之风非常流行,特别是兴宗重熙年间的佛事是很多的,由是说明了朝阳的佛教高潮,当在兴宗执政的重熙年间是其最盛的时代,这也对朝阳天宫的佛舍利崇奉情况有了更深入的了解,朝阳天宫的佛舍利崇拜,就不是偶然的现象了,它是整个契丹王朝兴佛活动的一个重要的组成部分。

四

辽代自太祖耶律阿保机建立,经过了百余年的历史之后,到了兴宗时已经开始走下坡路了。史载"盖自兴宗时,遽起大狱,仁德皇后戕于幽所,辽政始衰"。[①] 因此,自兴宗开始,辽代就国运多舛。兴宗虽是一位有抱负之人,在位时曾经做过一些改革,如改祭祀,做文化,规定穿汉服,愿与宋朝和好等事情,然而他的命运却不济,无力挽回正在衰落的辽代国运。他登基伊始,治国大权在太后手里,太后与母后为争权而相互杀戮。虽然后来兴宗取得王位,然而又碰到边境多事,西夏反叛,等等,所以他在位二十六年,更多的还是处于不顺的时期。加上他执政以后,年岁太轻,缺少成熟的政治经验,看不清未来的发展趋势,犯下了许多不可挽回的重大错误,特别是在对待西夏反叛的事情,心慈手软,给后来的西夏崛

① 《辽史》卷六二志第三一。

起创造了机会。兴宗信佛虔诚，做了很多佛教文化方面的事情，这只是表达了他的宗教信仰，并不能帮他解决国家的危机，但他留下了具有工艺和美术价值无与伦比的朝阳北塔之众多高等级文物，同时也给后人留下了众多的不解之谜。

（原载《禅学研究》第七辑，江苏人民出版社 2008 年版）

船山为什么要注《老子》去"禅"化小议

2003年我参加了湖南佛教协会举办的"王船山学术研讨会"。在会上我发表了《王夫之所著〈相宗络索〉的社会背景和历史意义》，文中认为"船山虽然立足于正统的理学之林，但是他对儒学以外的释、道都有清醒的看法，正确的评论。船山经常出入佛教，既入佛、辟佛又尊佛、传佛，他无情地抨击受到了佛教影响的所谓'阳儒阴佛'的陆王致良知之说，也批评了当时流行的所谓狂禅的作为和虚无主义的态度"。这是我对船山的辟佛入佛的一个看法。

最近又读船山著作，在其《老子衍》自序中说："昔之注《老子》者，代有殊宗，家传异说，迄王辅嗣、何平叔合之于乾坤易简，鸠摩罗什、梁武帝滥之于事理因果，则支补牵会，其诬久矣。迄陆希声、苏子繇、董思靖及近代焦竑、李贽之流益引禅宗，互为缀合，取彼所谓教外别传者以相糅杂，是犹闽人见霜而疑雪，雒人间食蟹而剥须蜞也。"《老子》是中国哲学的道家思想的代表作，以"道可道"之"道"的思想而为代表，以"无为"而为其主张。船山注《老子》特地掂出释家来做靶子，将鸠摩罗什与梁武帝等人而作为批评对象。滥用因果，就是将佛教的因果报应说提出，以此来证明老子亦为佛家之人。《老子》曰："道可道，非常道。名可名，非常名。无名天地之始；有名万物之母；故恒无欲，以观其妙；恒有欲，以观其徼。此两者，同出而异名，同谓之玄。玄之又玄，众妙之门。"早期佛教传入汉地，比附老庄，因此将佛理的空义喻为"本无"，此"本无"即为道家之"道"，为天地之始，万物之母。东晋释道安就说过"无在元化之先，空为众形之始，故称本无"，是故"如来兴世，以本无弘教"。

船山把陆希声等人的注《老子》视为"益引禅宗"，可知在注《老子》的思想方面，船山自有其主张，他的目的就是要去"禅"化，要将《老子》的本来面目恢复，故把历代各家注《老子》喻为"闽人见霜而疑雪"，"雒人间食蟹而剥须蜞也。""见霜而疑雪"，这是无知，因为闽地从来就没有下过雪，何来见雪，所以才显得无知。"食蟹而剥须蜞"是画蛇添足，螃蟹本来就没有"须蜞"，何要剥也？故这也是多此一举。船山用此比喻，无非就是说历来注《老子》者，不识老子本意，妄增深意，套用禅宗的话说，则是"头上安头"。

夫之之所以要对《老子》去"禅"化，其意用深矣。"自序"云："夫子察其悖者久之，乃废诸家，以衍其意；盖入其垒，袭其辎，暴其恃，而见其瑕矣，见其瑕而后道可使复也。""察其悖者"就是对《老子》的不同注释与说法的相悖之论，具体地说就是将《老子》禅学化。"见其瑕者"就是为《老子》"头上安头"，"其垒、其辎、其恃"皆是"其瑕"的具体表现，致使《老子》失其本来面目，故夫之说："夫其所谓瑕者何也？天下之言道者，激俗而故反之，则不公，偶见而乐持之，则不经，凿慧而数扬之，则不祥。三者之失，《老子》兼之矣。故于圣道所谓文之以权乐以建中和之极者，未足以与其深也。"由此可见，前人注《老子》之失，就失在了将老子的"道"之圣意给私意化，背离经典化，带来了危害化这三种倾向，船山将注《老子》提到了这个高度，就不难理解他为何要去大力抨击《老子》的注家了。

理解船山为什么要将《老子》去禅化还要从时代思潮说起。自宋代以后，谈禅论禅不仅在禅宗内部风起，而且已经扩展到了整个社会的层面。北宋宰相张商英曾经到寺院参观，看见寺庙整齐划一，规矩完整，不由地感叹："三代礼乐尽在其中，选官不如选佛矣！"这是禅宗初起时的现象，但是越往后，禅门之风被滥用，由是狂禅之风猛起，特别是成为一些人的口头禅之后，宗门之禅受到了教内外人士的批评。明代朱元璋颁布的《榜册》所要求禅僧："会众以成丛林，清规以安禅。其禅者，务遵本宗公案，观心目形，以证善果。"晚明士人顾起元在其《遁园漫稿》中也指出："其付嘱承嗣，即国典之传珪袭组，支联跗接，未有喻其密者。彼岂徒以世代之久近，算法乘之短长，儿孙之盛衰，计门祚之厚薄，云尔哉？人存则法存，人亡则法亡，爱其法，不得不严其存法之人，人不可知，法亡不可知也。"教内著名的禅僧湛然"常慨末世佛法陵夷,因为《慨古录》一卷"。他针砭教门,感慨僧伽的坠落,列出当时佛教的若干种不如法现象,指出如此之辈,既不经于学问,则礼义廉耻,皆不之顾,惟于人前,装假善知识,说大妄语。或言我已成佛;或言我知过去未来,反指学问之师,谓是口头三昧,杜撰谓是真实修行。正如元贤(1578—1657年)所称"宗风之衰,实莫过于今日"。《博山古航舟禅师塔铭》载:"佛祖之道,至今日而敝极矣。其敝也以多言,言多则道愈晦,道愈晦则行愈乖,至于行愈乖,而尚何言哉?"难怪顺治皇帝指责佛门僧徒:"末法比丘,少奉戒律。其口谈无而行在有者,又如麻栗也。"连皇帝也看不过去了,禅宗已经"盖冰霜之际矣"。虽然这时也有僧人在努力挽救禅宗,致力于与禅相对的教门的推广,像明代四大高僧之一的蕅益智旭就实践了"教演天台,行在净土"的主张,试图用天台理论来融入禅宗,但是禅学的泛滥已经不可逆转,而在整个社会上,三教合一的思潮也已蔚然成风,"为学有三要,所谓不知《春秋》不能涉世,不精《老》、《庄》不能忘世,不参禅不能出世。此三者,经世出世之学备矣。"由是说明了在中国文化的背景下,三教一家,同佐世间法与出世间法。

  船山刻意要把《老子》去禅化,其实是对时代思潮的一种反动。他是一位骨子里受儒家思想影响很深的人,修齐治平始终是他的终身理想。他"慨明统之坠也,自正嘉以降,世教早衰落,因以发明正学为己事,效设难做析,尤其于二氏之书,入其藏而探之。……"(《老子衍》编校后记)在他的心里,还是有儒释道三家高下区别的,对《老子》的禅化,他是取儒家正统与儒家的入世参政的角度来看待的,他认为:"虽然,世移道丧,覆败接武,守文而流为伪窃,昧几而为祸先,治天下者生事,扰民以自弊;取天下者力竭智尽而敝为民,使测老子之几以俟,其自刚愎,则有差也。文、景踵起而迄升平,张子房、孙仲和异尚而远危殆,用是物也。较之释氏之荒远苛酷,究于离披缠棘,轻物理于一掷,而仅取欢于光怪者,岂不贤乎?司马迁曰:'老聃无为自化,清净自正。'近之矣。若'犹龙'之叹,云出仲尼之徒者,吾何取焉!"(自序)船山在这里已经说得很明白了,不管是"治天下者",还是"取天下者",都要以民为本,"扰民自敝"而失天下,"而敝为民"而得天下,《老子》的功用则在于"无为自化，清净自正"，而禅化《老子》的危险则改变了《老子》的性质，使社会"无为自化"与"清净自正"的社会责任被改变为只关心自己而"自刚愎"的功效了，与老子提倡的原则有了距离，故船山批评佛教"荒远苛酷"，注重于山林，弃物弃理，取于怪象，此为"不贤"，要求《老子》远离禅门，重回道家。

（原载《船山思想与文化创新》，岳麓书社 2010 年版）

道源长老与云泉寺

中国佛教界一直有"法赖人弘"的传统，高僧辈出是中国佛教得以续佛慧命的最重要的原因之一。历史上我们曾经有过道安、玄奘、慧能、太虚等一代高僧，同时还有一批为法捐躯的知名与不知名的僧人。民国是中国佛教的转型期，这时也出现了一批法门龙象，道源长老即为其一。他在民国期间致力于中国佛教的教育与弘法活动，曾经参与过多所佛教学校的教学工作，在北方地区有着重要的影响，时人称他是"京之人士，无不知师名"。[①] 道源长老除了办教育之外，还亲自参加重建寺庙的活动，张家口云泉寺就是道源长老在民国期间重建的一座北方地区的重要寺院。笔者参考有关材料，试对道源长老与云泉寺的关系做一简略的论述。

古代史书记载的云泉寺，主要分布在长江以南的地区，云南大理、南京金陵、江苏溧阳、四川夹江等地皆有此寺，北方地区则有天津蓟县的云泉寺，道源长老重兴云泉寺在张家口赐儿山，但是历史上没有记载。据与道源长老曾经关系甚密的广觉法师代撰的《重修云泉寺募缘启》[②] 云：

> 盖闻布金买地，天上之宫殿先成。舍宅为庵，宇内之声名不泯。考象教之恢宏，实人心之维系。是以太平坐致，非十善无以绾其枢。大道现前，歇狂心自然扼其要。然而不肯精蓝，难修梵业。欲敷法化，须仗檀那。因缘生法，虽无性而事赖之成。水月道场，必不忒而机由之感。福有攸归，理原不爽者也。赐儿山云泉寺，张家口之古刹也。荆榛满院。昔日金碧之区，钟磬绝声，谁识修持之地？慨龙象之退避，痛鬼域

[①] 广觉：《道源法师事略》，《佛学半月刊》1943年第305第13卷。
[②] 《弘化月刊》1945年第47期。

之纵横，三宝蒙羞，一心如割，且也殿梁摧朽，金像倾颓，若不重修，终成荒废。道源入道，未契心源，十年虽钻故纸，一生惟爱名山。家业应担，难辞重任，实乃佛祖垂慈，敢云龙天推出。然一木撑天，古人所叹，而捐资建刹，为法无艰。敢请宰官居士、诸上善人、发护持心，行布施行，涓流为渤，拳石成山，庶几古寺增光，缁门蒙德。行见化劫火而为祥云，返迷途而登觉岸，乃所望也，岂不懿欤！是为启。

由上可知，云泉寺是张家口地区的一座古刹，到了1945年时，已经坍塌，亟待恢复。但是云泉寺过去的历史及初建情况，在《重修云泉寺募缘启》中没有提到。道源法师去了以后，将此寺院的香火再次旺燃，达因撰写的《张家口云泉寺重兴消息》①曰：

张家口为中国北方要塞，商业兴盛之区，近年益增繁荣。赐儿山地处张垣郊外，有云泉寺在焉。青山古刹，香火畅旺。惜佛法教理向缺高人宣扬，尚未普及。今幸北京道源法师、悲心深切，驻锡燕都，历有年所，化导缁素，成绩斐然。兹受公聘，接主是山，发愿重兴大殿，改为十方丛林，并拟举办佛学院，培植僧材，近于正月十五日莅张，先举办佛七，并讲演《仁王护国般若经》，回向大地众生，早脱苦难，共睹升平云。

达因的"消息"指出了这座寺院曾经处在"张垣郊外"，是一座香火旺燃的地方，道源法师自接手以后，有过很多想法，想把这座寺院办成中国北方佛教最有影响的寺院之一。《道源老法师自述年谱》曾云："民国三十二年（1943年）四四岁'张家口赐儿山云泉寺越尘老和尚，将自己主持之子孙庙，改为十方道场，聘师为第一任住持'。是年被推选为中国佛教会察哈尔分会理事长。"② 在道源去云泉寺之前，该寺由越尘老和尚住持。民国出版的《现

---

① 《弘化月刊》1945年第48期。
② 仁光法师记录初稿，晴虚、宏玄、施旺坤修订，《道源老法师自述年谱》，台湾电子版。

代佛教》中曾有越尘撰写的《开元释教录译经表》① 一文，但此越尘不知是不是云泉寺的越尘，待考。道源出家于河南周口普静堂，礼隆品上人座下剃度出家，后在武汉归元寺受戒。云泉寺原为子孙庙，大概由于越尘老和尚无法经营下去，慕道源长老的声望，乃将子孙庙改变成十方丛林，礼请道源长老前来主持。广觉撰《道源法师住持云泉寺序》云：

> 世有真僧，方弘圣教，然真僧岂易见哉。遁数于空门者无论矣，即所称为自好者，亦多囿于习俗，拯群伦之已溺哉。今乃于道源法师见之。师少脱白，即以圣教自任，既荧戒珠，复穷法苑。演圆音，耀智眼，而一出之以诚，燕都人士，受其泽者，弗可以数计。而师施卑以自牧，若不足所养者，大从可知矣。远方仰慕，请主赐儿山云泉寺，从此杆刹高登，教网宏张，造就甄陶，宁可量耶。余惟剪劣，无以自见。既忻师之行，复内自愧。因书数语，用志相得，师其以余为饶舌乎？②

广觉法师和越尘老和尚一样，都对道源长老寄予了厚望，认为他去主持云泉寺之后，将会改变云泉寺的现状，使该寺香火重新鼎盛，"教网宏张，造就甄陶"。但是当时正值抗战末期，八年的战火，已经将整个中国大地陷入火海之中，中国人民饱受了战争带来的灾难，佛教也不能避免。1945年，日本投降，中国人民迎来了新的时代，但是不久又陷于第三次国内战争之中，北方要塞张家口重新成为国共两党军队的主战场，道源长老欲重兴云泉寺的计划成为泡影，他自我感叹云："'八一五'和平之信传来，方幸喜此后可以任意宏法矣。（八年来埋头苦干，虽居日人势力之下，俱用逃避方法从未与日人作一次之联络。）讵知张家口竟变成第二延安，源之计划悉成泡影矣。"③ 最后他只能离开云泉寺到上海静安寺，跟随白圣长老，再随白圣长老到了台湾。

道源长老中兴张家口云泉寺，在宣传工作中无不得益于广觉法师的努

---

① 《现代佛教》1932年第5卷第7期。
② 《弘化月刊》1945年第48期。
③ 《道源法师来书》，《海潮音》第27卷第12期。

力与他的精彩文笔。广觉法师的生平现在不清楚,只知道他是一位出家的福建籍僧人,曾经长期生活在北方地区,擅长作诗,颇有文采。后来到了上海,解放以后曾任上海佛教协会理事。

广觉法师与道源长老的关系甚笃,曾经为长老写过几篇诗文,他撰写的《道源长老事略》是我们了解道源长老在大陆生活与弘法事业的最重要的资料。此外,他围绕云泉寺写了几篇短文与诗,他代撰的《重修云泉寺募缘启》和撰写的《道源法师住持云泉寺序》两文对道源长老主持云泉寺寄予了厚望。抗战胜利后,广觉法师到上海,专门写了一首《道源法师主云泉诗以志别》① 云:

> 圣道既凌夷,真僧复难见。毁辙有波旬,传灯无硕彦。瞻彼灵鹫山,如何心不恋。匡救赖大师,烛理自如电。为法而忘躯,循循劳调练。内鉴朗戒珠,止作无不善。所蓄既精纯,其心越虚研。难必出水珠,龙天力推选。卓锡刚儿山,景物快睇眄。一震圆妙音,兔狐当色变。法海泛慈舟,饥虚饱王膳。独我执京华,北望徒自睎。

文虽不长,但情意亦深,"独我执京华,北望徒自睎"。不仅寄托了广觉法师对道源长老的深深期望,也足见两人之间的友谊。

总之,作为北方名僧——道源长老,他的名望虽然不能与当时北方高僧倓虚、现明等一代宗师所比,但是他对北方佛教的发展,特别是张家口地区佛教的重兴起到过重要的作用,因此他赢得了张家口地区广大佛教徒的尊重与怀念,也为张家口与云泉寺佛教的历史留下了重重的一笔。由于当时时局艰难,佛教发展受到了诸多的限制,道源寄希望的佛教复兴最终成为泡影。直到 21 世纪初,在中国政府的改革开放与全面贯彻落实宗教信仰自由政策的指引下,云泉寺才真正获得了新生,道源长老生前未竟的事业,最终由后人果岚大和尚完成。今天举行"纪念云泉禅寺开山 616 年及道源长老中兴云泉祖庭 66 周年"的盛大活动,让我们有诸多的感慨,而即将举办的"海峡两岸道源长老佛学思想文化论坛",是我们对道源长老的最好纪念。

---

① 《弘化月刊》1945 年第 49 期。

"法赖人弘",道源长老在民国佛教转型期间践行了中国佛教的优良传统,推动了佛教事业的进一步发展。一代名僧道源长老虽然离我们而去,但是他对佛教所做出的贡献,一直受到了后人的怀念。最后,附录有关道源长老在民国期间的史料目录,为后来者研究提供一点基本线索。

附录:

《民国佛教期刊文献集成》"正编"所收入

刊名	刊期	文章目录	作者	卷数	页码
《佛学半月刊》	一九四三年第三百零五期第十三卷	《道源法师事略》	广觉	55	452
《佛学月刊》	一九四一年第一卷第八期	《道源法师为宗月和尚茶毗法语》	镜波	95	246
《莲池会闻》	一九四〇年创刊号	《戒杀放生以救劫运》	释道源	97	2
《莲池会闻》	一九四二年第十一期	《道源法师为鹫峯老人宗月老和尚灵骨入塔说法偈颂》		97	195
《妙法轮》	第一年第十二期	《吴离尘居士往生记》	道源	97	525
《觉群周报》	一九四五年第一卷第一期	《高唱民主之际,佛教亟应组织政党》	道源	101	9
《觉群周报》	一九四五年第一卷第十期	《我的意见(长春通讯)》	道源	101	165
《觉群周报》	一九四五年第一卷第二十二期	《道源法师访问记》	演济	101	348
《弘化月刊》	一九四二年第二十五期	《亟应修学观音妙法》	道源	136	493
《海潮音》	第二年第七期	《道源》		151	207
《海潮音》	第二十七卷第十二期	《道源法师来书》		203	195

《民国佛教期刊文献集成》"续编"所收入

刊名	刊期	文章目录	作者	卷数	页码
《同愿》	1940年第1卷第5期	《(四)广济寺道源法师讲经》		59	497
《觉有情半月刊》	1942年第54、55期合刊	《道源法师为宗月和尚茶毗法语》	镜波记录	61	318
《佛学半月刊》	1943年第277期	《道源老法师为宗月老和尚灵骨入塔说法偈颂》		66	294
《弘化月刊》	1945年第48期	《道源法师住持云泉寺序》	广觉	69	441
《弘化月刊》	1945年第49期	《道源法师主云泉诗以志别》	广觉	69	453
《弘化月刊》	1945年第47期	《重修云泉寺募缘启》	广觉	69	427
《弘化月刊》	1945年第48期	《张家口云泉寺重兴消息》	达因	69	444

(原载《纪念云泉禅寺开山616年暨道源长老中兴云泉祖庙66周年》论文集,台湾海会寺,2011年)

巨赞法师文集序

我国近代社会制度的变动是中国历史上空前的大变革，中国人民经过辛亥革命和新民主主义革命，推翻了几千年的封建专制的统治，缔造了人民的国家。在这场翻天覆地的革命中，也涉及社会革命和文化改造等诸多问题。佛教是中国传统文化不可分割的组成部分，对佛教的如何重新认识与改造不仅是我国革命民主主义者和社会改良主义者，而且也是爱国的佛教徒、僧侣等共同关切的问题。他们力图使佛教改革与社会政治革命相适应，提出种种改革的理论主张和行动纲领。例如康有为在其所著的《大同书》中曾吸收佛教思想中的平等、自由和非暴力等观念。谭嗣同以佛学作为其构建"仁学体系"的基石。蔡元培在他的《佛教护国论》中公开号召民众爱国护教。太虚法师在1913年提出了对佛教进行"三大革命"，即"教理、教制与教育革命"。在太虚、宗仰等一批先驱者的奔走号召和组织下，与社会革命相响应，出现了近代佛教改革的浪潮。巨赞法师是改革浪潮的浪尖儿——太虚路线的继承者，他在新民主主义革命和社会主义革命过程中为了佛教的复兴和改革，殚思竭虑，勇猛直前，做出了不懈的努力，奉献了一生。

巨赞法师对佛教的贡献主要表现在推动佛学研究和佛教改革两个方面。首先，他是当代佛学界的大师，精研三藏，博通二乘，熟读儒道经典，工于诗词歌赋，于气功和中医也有很深的造诣，据不完全的统计，他熟读的佛教经典有7000余部，写下的笔记有300多万字，学术论著147篇，诗词61首。从他撰写的庞大的学术论著和读经笔记，特别是他为《中国大百科全书·佛教卷》所架构的佛教体系中可以看出，他对佛教有一套完整的看法，他把佛教分为理论、历史、经籍、史传、宗派、人物、制度仪轨、文化艺术、圣地等。他对印度佛教特别是大乘两个主要派别——中观和瑜伽行派有系统和深入的研究，认为空有两宗既有它们的共同性，也有它们的差异性，"空有之诤"根本的矛盾在于对作为哲学主体"自性"的不同回答。他对大乘著名哲学家和因明学家如龙树、提婆、无著、世亲与我国的翻译家道安、鸠摩罗什、法显、玄奘等都有专题的研究，很多评论十分中肯，使人受到启迪。当然法师尤注意中国佛教的问题，他对中国佛教史上重要经籍、宗派、思想、人物、儒释的关系等都做过很深入的学习和研究，在各个宗派中尤注意禅宗与华严宗的影响。他撰写了《禅宗史略》《华严宗的传承及其它》《天台与嘉祥》《关于玄奘法师的会宗论》《曹溪南华寺沿革考》等，他的中国研究对于阐扬汉地佛教的民族特点，佛教与儒道、民间气功的关系，佛教各派的宗风及其影响，佛教与文化艺术关系等都有重要的发掘和指导意义，散发着智慧的光芒，迄今为学术界所推崇。作为中国佛教改革家的一位领袖，他十分关心当代佛教的实践，在这方面发表了百余篇评论，涉及改革重点、僧伽制度、僧人修持和人才的培养、佛教教学和宣传、寺庙的整顿和管理、僧人的劳动生产自救等诸问题。并为此创办了在1949年前后有重要影响的《狮子吼》《现代佛教》《现代佛学》《法音》等刊物。

　　巨赞法师是一位解行相应的佛教改革家，他把毕生的精力奉献给了佛教的改革和复兴事业。在大学读书时他就参加了共产党领导的民主革命活动，即使他遁入空门后也丝毫没有改变他的初衷。1931年他经太虚法师的介绍在杭州灵隐寺出家，以后一直追随着太虚的改革运动，寻求中国佛教现代的航向和途径。为此，他在1949年前发表了系统论述他的改革主张的《新佛教概论》一书，认为我国过去的佛教和封建主义血肉相连，佛教徒的思想行为在不同程度上受到封建主义的影响，表现得十分迷信落后，因此要排除佛教中的迷信毒素，剔除其糟粕，吸收其精华，必须用科学的历史观点，在理论方面研究大乘教理，才能弃伪扬真，澄清思想，发扬菩萨的积极精神，无我除执；对于僧伽制度、僧伽教育的改革、人才的培养，经典文物的整理，佛教界的因循守旧观念等都有所阐述，另外，他提倡佛教徒要参加劳动，自食其力。[①] 之后，他

---

① 参见朱哲《法门龙象、改革先驱》，《世界宗教研究》1997年第2期。

把他的上述改革主张概括为"学术化"和"生产化"两个口号。指出："学术化在于提高僧众的知识水准，博学慎思，研求入世、出世一切学问，恢复僧众在学术界原有的地位；生产化则求生活之自给自足，根本铲除替人家念经拜忏化缘求乞的陋习，如此则佛教本身可以健全，然后才能适应时代，谈得上对国家社会做出贡献。"① 巨赞法师这些改革主张在旧中国封建官僚资产阶级的统治下，当然不可能实现，而且他自己还受到了人身迫害。

抗日战争爆发后，1938 年 5 月巨赞法师在南岳组织了"南岳佛道救难协会"，他在组织纲领中宣称："要以大乘救世的精神，尽国民应尽天职，集中僧道力量，参加战时工作以挽救国难为宗旨。"以后又组织了"佛教青年服务团"和"流动工作团"，这几个团体在抗日战争进入紧要的关头，做了大量的抗日宣传、组织和救难活动，受到了僧俗两界的爱戴，这也表达了法师救世济人的志愿。抗日战争胜利后法师重返杭州灵隐寺，继续从事佛教的学术研究和改革活动。在解放战争时期，他数度来往于台湾、香港、澳门之间，参与新民主主义革命活动，历尽艰难险阻。1949 年 4 月法师由香港到达北京后即与佛教的同人上书毛主席和各民主党派，提出了对佛教改革的建议，嗣后又和赵朴初同志等一起筹建了中国佛教协会，历任副秘书长、副会长和政协常委等职，在反右和"文化大革命"中他受到了极不公正的对待，身心受到摧残，但他拳拳爱国爱教之心一直未变，表现了一个僧人纯正的气度。他长期参与佛协领导工作，积极协助党和政府贯彻宗教信仰自由的政策，为增进各民族佛教徒的团结，开展佛学研究和培养佛教人才等等方面做出了不可磨灭的贡献。他为佛教的改革和复兴事业贡献了毕生的精力。

巨赞法师心地磊落，言信行直，待人以宽，律己以严，计时分业，兀兀穷年，奖掖后进，不遗余力，不愧是我国当代佛学界的泰斗，爱国爱教的楷模，他为我国佛教徒留下的大批佛教精神遗产，必将照耀着佛学研究和佛教改革道路。笔者是他在中国佛学院的忘年之交，在佛学研究方面曾受过他的指导，终生难忘。在他圆寂后，勉为继续他未完成的

---

① 巨赞：《桂平的西山》，《旅行杂志》1943 年，香港。

事业——《中国大百科全书·佛教卷》的编辑工作。在《巨赞法师全集》出版之际,引起了我对他无限的哀思和敬意,乐为之序。

(原载《巨赞法师文集》,团结出版社 2001 年版)

法舫法师的藏经观

佛教有佛法僧三宝，佛是释迦牟尼佛，法是包括经典在内的法宝，僧是出家人。释迦牟尼所说的法宝，经后人不断丰富增衍，最终形成了不同文字的藏经，其中以汉文、藏文和巴利文三藏最为著名。此三藏也是世界佛教藏经的渊薮，是研究佛教最基本的资料。进入 20 世纪，日本佛教界与学术界整理翻译了汉、藏、巴几种文字的藏经，此事对中国佛教界和学术界震动很大，法舫法师为此专门翻译与撰写文章，给予了高度评价。

法舫法师说："但我对于历代佛教目录学之观察觉是随时代进化的，而且是科学的。及至现在，日本《大正新修藏》之编目，与过去之佛教目录学比较观之，全然不同，其《大正藏》之编目方法似偏于历史的实质的科学化，与古代之偏于教义之编目不同，依此编纂专门佛教目录，固属完全；……现在所能做到之范围中，大部分为中国文之佛典研究，并兼西藏日本文。其他巴利文欧西文等各种佛典，尚待同人将来之努力。"① 佛教是世界性质的，经典虽然有不同文字，但是它的超越性使之成为全人类的精神财富。法舫法师说："研究世界佛学，在准备的工作方面，必须通达与各佛教学有关系的各种文字语言，这是研究上的根本基础，也就是一种工具，否则，就不能说研究世界佛学。因为非通达了与各佛教学有关系的各种文字，我们不能明白佛教在某地方某时代里的情况，同时我们也就不能明白全世界的佛学的本质是怎样。研究世界佛学的方法，在今日与昔日是绝对不同地了。"②

基于对经典的深度把握，法舫法师对佛教经典的整理与翻译，始终给

---

① 《世界佛学苑图书馆二年来之馆务概况》，原载《海潮音》第十五卷第七号，《法舫文集》第四卷。
② 《走上世界佛学之路》，载《海潮音》第十八卷第四号，《法舫文集》第五卷。

予深切关注。他说:"佛教圣典,为世界文化之巨宝,在其文化史上,是最古的文化,最高深的文化,是适合于人类生活进化的文化。因此,佛教文化,在全世界文化史上看,它——佛教圣典——是具有最大的价值的。如果说佛教是宗教,那么,佛教圣典,在全世界宗教界里,是占着首屈一指的地位的。这样说,不是夸大,不是高慢,佛教经过二千数百年之历史,事实演变,真实不虚。世界上有名的历史家和哲学家,都能明白佛教这种文化的宗教的价值和地位。"① 法舫法师尤其对日本学者整理藏传佛典和南传佛典的作为给予高评:"最近接到日本通讯和看到日本佛教杂志,知道日本佛教出版界,因大正藏经全百卷出版成功,为纪念总监高楠顺次郎博士之勋绩之故,他们要翻译全部南传之巴利文大藏经,这是东亚佛教的一件最大事业,祝其成功。因此中日之西藏文与巴利文圣典之翻译,瞻前顾后,无量欢喜!就此一述吾人之感想,而唤起世界佛教徒之注意。"②

日本佛教界编纂出《大正藏》《南传大藏经》《西藏大藏经》等重要法宝后,法舫法师立即译出了日本杂志介绍这些经典的文章的消息,并且撰写评论,指出:"最近日本佛教徒,对于佛教文化的研究,看见上述的一点事实,他们埋头苦干,实足惊人!同时也很佩服很敬仰日本佛教同人的能干。我们以同一佛教信仰的缘故,对于他们——日本佛教徒——这样地精进于佛教文化法宝的宏扬,运用现代科学方法,随顺现代环境潮流,使佛教在日本,能现代化,能成为日本国民的文化思想的重心,能使日本人兴奋起来,都是日本佛教徒努力的收获。我们既是同一释迦牟尼佛的信徒,实在不能不表示同情。"③ 例如对《大正藏》而言,"此大正新修大藏者,乃遍通东西典之高楠博士所蒐集也。集世界文化之大成,而供之于天下学者,泽遗后昆,确为世界文化之一结集。若将来更加以补修,则为中坚之典据,亦世界万世之纪念也。盖大正有国,仅十五年,而其向世界贡

---

① 《日人编译西藏文大藏经总目录》,载《海潮音》第十六卷第二号,《法舫文集》第五卷。
② 《西藏文圣典与巴利文圣典之中日翻译》,原载《海潮音》第十五卷第十一号,《法舫文集》第四卷。
③ 《日人编译西藏文大藏经总目录》,载《海潮音》第十六卷第二号,《法舫文集》第五卷。

献之一大产物,除大正新修大藏经以外,求之不可多得矣"。① 对南传大藏经来说:"今兹复全译所谓如来之根本法轮南传大藏经,以贻我教学界。此之前次之汉译一切经,于深广无涯之摄受,燎乱百花之化仪,虽曰无有阙如,而观迦毗罗城出生之大圣世尊之真面目者,宁曰由于南传大藏经,现前跃如,发其法光。自历史的佛陀之金口流出甘露之法门,语一语,悉为人生生活之指导原理,平明而叙述其真理。故不问其洋之东西,不择其年之老幼,不别其智愚贤不肖,而为万人服膺最胜之阿竭陀药,足以医心病者也,尽天尽地,燃四谛之法灯,踏八正之直路,芟除所有人间之荆棘与黑暗,方能体得人生之明朗与平安,敢荐道友诸贤之一灿。"② 对中国藏文大藏经:"西藏大藏经总目录及索引出版。这是东京帝国大学教授多田等所编著。多田氏经过前后十力,才完成这部西藏大藏经总目录。书为一千页之厚册,诚研究西藏佛教不可缺之宝典也;亦一大便宜也。"③

法舫对经典的整理非常重视,因为这是研究佛教的基础。"(如果)中国佛教,有了西藏圣典翻译,再加上间接接受巴利圣典的日本翻译,那么,中国佛教,可以说是集全世界的佛教圣典者。这从佛教输入史上说是新的输入,从佛教的世界发展和活动说是新的发展与新的活动。我们很庆幸地祷祈着这全部西藏圣典和全部巴利圣典之翻译成功,那是最近将来的世界佛教的一个之大华果哩!"④ 说到底,世界佛教离不开中国佛教文化,特别是中国的各种文字的大藏经不仅是世界佛教文化的瑰宝,还是中国佛教的骄傲。故法舫法师强调:"故近世谈中国最高文化者,舍佛教将莫与焉。由此观之,佛教法典之保存与流传,为急不可缓之事业。试观东邻对于佛教之保存与流传为何如也。近二十年来,中国虽有注意传流者,如哈同花园出版之频伽藏经与商务印书馆出版之续藏经。然原本皆取于日本,且一为外人之资所成,一为营业机关之发行。一切皆仰济于人,可谓耻

---

① 法舫译《世界文化之大贡献东方文化之总汇——大藏经》,载《海潮音》第九年第十二期,《法舫文集》第一卷。
② 《日译南传大藏经之发刊辞及其总目录》,载《海潮音》第十六卷第五号,《法舫文集》第一卷。
③ 《日人编译西藏文大藏经总目录》,载《海潮音》第十六卷第二号,《法舫文集》第五卷。
④ 《西藏文圣典与巴利文圣典之中日翻译》,原载《海潮音》第十五卷第十一号,《法舫文集》第四卷。

矣。今宋版藏经之影印，乃由信佛国民之发起，又为吾国所存佛典之唯一无二之版本。故此书成后，开近世宏法之新纪录，而为吾国近世佛教史上唯一之最光荣事业也。"①

　　法舫法师所说的日本翻译藏文大藏经的学者"多田"，是日本西本愿寺的僧人。法舫法师说："西藏大藏经，为世界人类文化史上最古最巨之经典，实系代表东方古代文化之珍宝。原版在西藏，西藏达赖认为至宝，秘密藏匿于一僻地古寺中。研究东方古代文献之英德法比等各国学者专家，欲一睹其原版，均未成功。有日人多田博士者，于距今二十年前，变装乞丐，潜入西藏，探查藏匿原版地点，恳求已死达赖喇嘛予以抄录之特权。多田费十余年之时日，已抄出原版。于去岁回日，现闻即将出版。"②

---

① 《二十一年度全国佛教之总成绩》，载《海潮音》第十三卷第十二号，《法舫文集》第五卷。
② 《海潮音》第九年第十二期，《法舫文集》第一卷。学者研究多田履历如下："西本愿寺的另一位留学生多田等观，基本上与青木文教同时进藏。为了不引起英印警察的怀疑，多田决定从没有英国人驻扎的不丹边境进藏。1913年8月，多田先从大吉岭抵达加尔各答，再从这里乘火车向不丹边境进发，于1913年9月28日抵达目的地拉萨。他拜访了擦珠活佛，并在罗布林卡谒见了达赖喇嘛。1913年11月受达赖喇嘛的安排，他进入拉萨色拉寺开始了长达十年的佛教修行生活。多田等观被安排在色拉寺的罕东康村住了十年，基本上如同西藏喇嘛一样过着严格的修行生活。不过多田是一位来自日本的特殊'喇嘛'，他在色拉寺受到了很好的待遇，住所宽敞。寺院上下对他都相当尊敬，享受相当于活佛的待遇。进寺三年以后，多田通过答辩，获得了低于格西学位的'却杰'（相当于助手）称号。临回国的前一年，即1922年正式获得格西学位。多田等观不同于同时期入藏的青木文教，他对政治以及西藏与日本的关系等方面关心较少，而是将更多的精力投入到对藏传佛教的理解上。多田等观在提交给西本愿寺的留学总结报告《入藏学法始末书》中，详细记载了在色拉寺学习过的教材及任课老师等。他学习了一年多的论辩以后，又学习了般若、中观、律学。1919年9月，达赖喇嘛在罗布林卡为28岁的多田等观授予具足戒。此后学习密宗，接受了灌顶。由于长年在昏暗的酥油灯下诵读佛经，多田离开色拉寺时，患上了严重的眼病，右眼几乎失明。多田等观与达赖喇嘛建立了密切的友谊，得到达赖恩惠超过了其他进藏者。入藏第二年，达赖喇嘛给拉萨的高级僧侣们讲授宗喀巴的《菩提道次第广论》时，破例让当时尚无资格的多田等观也来听讲，以后还亲自给他授了比丘戒；当他把日本报纸上的相关新闻翻译成藏文呈上时，达赖喇嘛详细过目后，总是给予评点，指出文章的不足，使多田了解到了达赖喇嘛深厚的修辞学造诣。达赖还把自己亲手绘制的宗喀巴画像送给多田，并经常赐给他宫廷中的藏式点心'莫顿'；十三世达赖喇嘛非常喜欢花草，多田曾按照达赖的要求，将日本的荷花运到拉萨。在多田离开拉萨回国时，达赖向他赠送了许多珍贵的西藏经典和其它文献，还力排众议，赠送了一套尚未传到国外的德格版《大藏经》。多田还说，他临离开拉萨的前一天，还与达赖躺在床上，交谈至深夜，等等。（多田等观著《入藏纪行》，钟美珠译，第35—45页）1923年2月，多田等观向达赖喇嘛提出了回国的愿望。达赖允准了多田的请求，给他颁发了盖有达赖喇嘛金印的特殊通行证，还给他授予了说明在西藏修行了十年的"毕业证书"，现收藏在日本岩手县花卷市的'藏侑馆'，多田等观当初从西藏携归的许多东西都存放在这里。当年3月，多田等观回到了阔别11年之久的日本。此后他投入到了对西藏佛教文献的整理以及藏语教学之中，取得了卓越的学术成就。1967年2月18日去世，享年76岁。"（秦永章、李丽：《近代日本佛教净土真宗东、西本愿寺派与中国西藏及藏传佛教的接触》，《世界宗教研究》2008年第3期）。

但是按照中国学者的研究，这个时候正是英国、日本、俄国争夺西藏，拉拢西藏上层，妄图分裂中国国土之际。"从19世纪末开始，在日本佛教各宗'清国开教'的过程中，净土真宗东西本愿寺派开始接触藏传佛教，随后以'求经'、'探险'等为名，开始派遣僧人涉足我国西藏，他们与我国西藏及藏传佛教之间的接触变得逐渐频繁起来，如双方佛教高层之间举行会晤、相互派遣留学生等。他们的这些活动看似是一种宗教活动，其中也有中日文化交流方面的内容。但是，从其目的宗旨、行为来看，无不围绕着日本的国策与对华侵略目标而行事，为日本帝国主义的侵略体制服务，发挥了配合与协助侵略的作用，因此，其活动的实质是对中国的一种侵略行为。"① 可惜法舫法师当时并没有看到这一点，他受到日本佛教学者的影响，以为日本佛教的兴盛是因为西方文化的没落，促使东方学的兴起，如日本佛教学者说："当大正时期，经世界之大战争，而西洋文化，每自觉其糟粕缺陷，始有反省之机运，亦为东方文化诱发之时期。然从来一般盲目学者，谓西洋文化广，而东方文化狭。所谓西洋文化之广者，如百科全书之广，诚亦广而浅者矣。其浅者，贵皮相之经验，缺甚之思索，迷溺于物质之表面，闲却其内部之精神。故彼之所谓广者，是列举的类集的广。"②

近代佛教在西方受到西方学者的重视的根本原因是西方欲加强殖民政府统治所为，日本批判西方文化，强调东方文化，除了出于对东方文化褒扬的东方意识之外，更重要的是要为称霸世界造舆论。法舫法师书生意气，未能看清此形势此真相，在日本侵略我国事实下，还天真地认为："西洋人利用宗教作帝国主义的侵略工具，敢说不是耶稣的真意，不是'新旧约'的条规；日本人利用佛教来作恶，横行东亚，当然也不是释尊的意思，更不是佛经所说！然而人家真心诚意地发展大乘佛教思想，积极救世，力除过去佛教腐点，把原有的佛教建立成适合于救济现代人类的新佛教，又有什么不可？如果硬说：佛教为日本人利用作侵略工具，佛教就

---

① 秦永章、李丽：《近代日本佛教净土真宗东、西本愿寺派与中国西藏及藏传佛教的接触》，《世界宗教研究》2008年第3期。
② 法舫译：《世界文化之大贡献东方文化之总汇——大藏经》，载《海潮音》第九年第十二期，《法舫文集》第一卷。

不适于今日的中国，好咧！科学为西洋人利用作侵略的工具，科学也应不适于今日的中国？"① "陈君"是陈高庸，曾在《申报月刊》第三卷第七号发表《中国今日文化上的佛化问题》的文章，认为"佛化问题是宗教问题，宗教问题则不仅是中国问题，而是世界的文化问题"，② 法舫法师认为这个说法有问题，因为世界文化本来就是从宗教里产生的，佛教"不是假借政治的势力而带有侵略性危险性的宗教发展。……佛教不能被人利用作恶，如果利用佛教作恶，所造作的恶与佛教本身无关"。③ 佛教是和平的宗教，"（所以）今后世界文化的整个建立，是必有适合于科学的现实的世界的文化为基本的融铸。而适合于这今后世界的人类思潮，且与现代世界文化不相背者，唯有佛教文化！陈君之流的人们，莫以为帝国主义利用宗教，利用佛教，就是宗教的不是，其实那是帝国主义的不是！这是陈君看错世界上的宗教作用！"④

日本学者对佛经的整理与翻译，是近代世界佛学研究的一件大事。"佛教需要世界化，佛学的研究尤要世界化。准备了各种文字语言的工具，总括着历史的教理的实行的三方面去作统盘的整个的研究，从这里发挥我们佛教的精神，开布我们佛教的文化。"⑤ 经典的整理与研究，无疑会推动世界佛学发展，对中国佛学界与佛教界来说，也是一个大的触动，让中国人认为"日本佛教徒近几年来，对于佛教文化作急进运动，我们在同一佛教立场上，在同一佛教宏扬的责任上，有很大的感想"⑥。法舫法师因此而联想到："我们常是静静地这样想：我们老大的中国佛教，就是这样颓唐下去吗？毕竟是听它——中国佛教——自生自灭吗？负担中国佛教的人到那里去了？住持中国佛教的出家僧，忍心使中国佛教消灭吗？人家的佛教是那样，我们的佛教是这样，能无惭愧之心吗？人家的出家僧是这样劳苦去创造佛教文化事业，研究圣典；我们的出家僧是专为俗人念经，送死

---

① 《评申报月刊论〈中国今日文化上的佛化问题〉》，载《海潮音》第十五卷第八号，《法舫文集》第四卷。
② 同上。
③ 同上。
④ 同上。
⑤ 《走上世界佛学之路》，载《海潮音》第十八卷第四号，《法舫文集》第五卷。
⑥ 《日人编译西藏文大藏经总目录》，载《海潮音》第十六卷第二号，《法舫文集》第五卷。

人，度鬼。人家的寺产，利用去办佛教学校，发展佛教的正当事业；我们的寺产，是专供少数人的挥霍。这样的中国佛教徒，能振兴佛教吗？所谓各寺庙的住持方丈，以及于全国的佛教弟子，看看日本佛教徒的精神，能不发一点惭愧心吗？我很希望并且虔诚地祝祷着：我们现代的中国佛教青年僧伽，要共同发心，振兴佛教，矢勤矢勇，劳怨弗辞！"①

中国佛教文化内容广泛，底蕴深厚，"西藏文圣典与巴利文圣典之中日翻译中国向来有第二佛化国之尊称，中国接受印度的佛教文化，是由于翻译。佛教过去的翻译，在中国与外国文化关系上，是占着很重要的地位的"②。但是作为中国佛教的子孙，比起古人来差之太远，比起东邻的日本，也做得很不够。法舫指出："我觉得中国佛教之大，佛教徒之多，只有这几种刊物，而且以现代眼光观，各刊编印都还不能现代化，比起日本的佛教宣传，实在是可怜得很！惭愧得很！"③ 通过日本学者的藏经的翻译与出版，让中国佛教界有了反思，看到了差距，"现在我国的佛学者，在各种不同的文字言语方面，已经正在努力地准备了，有些已经是得到了少数的作用，不久的将来，这准备的研究工具是会完成的，同时整个的研究是会猛进的。至于研究的计划和方法，在国内已经是有了一种确定的"④。中国佛教界最根本的原因是缺少研究人才，因为"中国现前没有通达巴利文的人才，是一最大的缺憾，在最近将来，培养不出研究和翻译巴利圣典的人才，或者可以从日本译成的圣典中，接受巴利圣典"⑤。

日本学者对藏经的整理与出版，也促使中国佛教掀起研究新趋势，因为中国佛教界已经意识到，佛学研究必须要与时代相符，一定要走向世界。法舫法师指出："中国佛学界，近年已渐渐地走上研究世界佛学的途径了。原来在这样文明文化发达的现时代里，是不许我们陈腐地抱残守缺

---

① 《日人编译西藏文大藏经总目录》，载《海潮音》第十六卷第二号，《法舫文集》第五卷。
② 《西藏文圣典与巴利文圣典之中日翻译》，原载《海潮音》第十五卷第十一号，《法舫文集》第四卷。
③ 《一九三〇年代中国佛教的现状》，载《中国佛教史论集》，《海潮音》第十五卷第十号以《中国佛教的现状》刊发，《法舫文集》第五卷。
④ 《走上世界佛学之路》，载《海潮音》第十八卷第四号，《法舫文集》第五卷。
⑤ 《西藏文圣典与巴利文圣典之中日翻译》，原载《海潮音》第十五卷第十一号，《法舫文集》第四卷。

的，而且就人类的要求上或是各方面的环境发达上看，单单地某一部分或某一时期的佛学已不足应供需求了，这是时代环境和人类要求使我们走上这世界佛学之路的。"① 就佛经的翻译来说，"现在中国佛教界又有一种翻译的胜举，就是最近汉藏教理院法尊法师之开始从事翻译各种西藏圣典；同时上海菩提学会也在进行翻译，这不能说不是佛教的新的活动现象"②。在法舫看来，因为日本藏经的整理与出版，促成"这里所谓新趋势者，就是指今日研究藏文、巴利文与英、日文的趋势。藏文佛学之研究先有吕澂、汤住心。民国十三年太虚大师命其弟子大勇，在北京设佛教藏文学校，十四年组赴藏学法团之后，佛学界对西藏文之研究甚有兴趣。十年后法尊、严定、汤住心、吕澂等译藏文经论数十种，汉藏佛学之研究始行沟通。此外墨禅、谈玄、芝峰、吕澂等对日文佛学之研究，芝峰且主持翻译日译之《南传大藏经》（即日译之巴利文三藏）。梵文、巴利文、英文佛学之研究，有法舫、巴宙（法周）、白慧等。法舫、巴宙且从事巴利文佛学之翻译。从这方面看，中国佛学界之努力，已趋向于世界佛学之研究"③。

整理法舫法师的藏经观，可以看出日本学术界对佛经的整理，影响了中国佛教界与学术界。世界三大语系藏经，中国占有两系，足以表现了中国藏经在世界佛教界与佛学界的重要性。日本学术界早就看到这一点，为此投入了大量精力与人力来进行藏经的整理工作，而中国佛教界与学术界，囿于各种原因却落后于日本。法舫法师寄希望于"中国佛学界之努力"，到现在仍然是中国学术界需要担负的重任。现在我国学术繁荣，希望法舫法师的遗愿能够早日实现。

（原载《纪念法舫大师诞辰110周年座谈会暨学术研讨会论文集》，2014年5月）

---

① 《走上世界佛学之路》，载《海潮音》第十八卷第四号，《法舫文集》第五卷。
② 《西藏文圣典与巴利文圣典之中日翻译》，原载《海潮音》第十五卷第十一号，《法舫文集》第四卷。
③ 《唯识论谈》，《法舫文集》第二卷。

后　记

这本自选集是我一生学术生涯的最后整理，虽然不能代表我的全部学术成果，但是至少也具有一定代表性，从事学术研究已经六十多年，既有艰辛，也有甘甜，苦乐参半，浮想联翩。

六十年前我进入北大哲学系，开始跟从任华（1911—1998年）教授学习希腊哲学，任华老师是著名哲学家金岳霖的弟子，通晓希腊、拉丁、英、德、法、俄等多国语言，尤其谙练希腊语，后赴美哈佛大学获博士学位，受过完整的素质和知识训练，对古希腊罗马哲学、十八世纪法国哲学、现代西方实用主义哲学和现象学等都有研究，有人曾经评论说，"任华先生真正的哲学功底很少有人能比得上"。但是在当时大环境下，任先生空有满腹经纶，终无用武之地，非常可惜。我从任华老师那里主攻"实在论"，后来在商务印书馆出版的美国霍尔特等人著的《新实在论》一书，就是我与其他几人合译的成果，此书冠名作者为"伍仁益"，实为"五人译"的谐音。

由于教学需要，哲学系安排我去讲印度哲学，使我有机会在汤用彤（1893—1964年）先生的门下学习。汤先生是现代中国学术史上少数几位能会通中西、接通华梵、熔铸古今的一代国学大师，1917年，清华学堂毕业后留学美国，入汉姆林大学、哈佛大学深造，获哲学硕士学位，回国后历任国立东南大学、南开大学、北京大学、西南联大教授。汤先生每周给我上二次课，后来他生病了，就改为一周一次，先生让我进入印度宗教与哲学的堂奥，使我对佛教和玄学有深入了解，后来我撰写出版的《印度哲学史》一书，无不得益于先生教诲。

此外，朱谦之（1899—1972年）先生在学问上也给我很深的影响。朱先生是百科全书式学者，先后在中山大学、厦门大学、北京大学、中国社会科学院世界宗教研究所等单位从事教学和研究的工作。他撰写的《中国哲学对欧洲之影响》《文化哲学》《日本古学及阳明学》《日本的朱子学》《中国古代乐律对于希腊之影响》《中国音乐文学史》《中国景教》等书，至今仍然在我国学术界占有重要地位。我与朱先生同在东方哲学教研室工作，经常向先生请教各种问题，先生的广博知识让我受益良多。

我的一生能从名师那里学到真谛，而且亲受东西哲学几位大师的熏陶，对我来说真是人生不可求的机遇。北大哲学系是当时国内力量最强的学府，聚集了当时国内最顶尖的学者，中国哲学有冯友兰，西方哲学有贺麟、金岳霖，东方哲学有朱谦之，佛学有汤用彤和熊十力等人，这些老师辈的学者都是学识渊博的大家，他们既了解外国的知识，也懂中国传统的文化，在哲学系里开课的老师什么课都能讲，而且讲得非常生动，让大家佩服。不知道现在的老师还能不能像这些前辈那样通晓东西、学贯古今呢？

"人过七十古来稀"，我正在朝着"珍寿"生活，几十年的学术生涯，让我经历了各种各样的磨难，懂得了做人的道理。对人生的名利，正如《金刚经》所说的"如梦幻泡影，如露亦如电"，但是对学术的追求，唯有真实存在。几位恩师所处的学术环境并不好，但是他们并没有放弃，而是不断地努力，在逆境中取得了传世的成果，给后人留下了思想的丰碑。今天，我们正在进入一个大好时期，学术研究也在上了新的台阶，我已老矣，心却常新，虽然不能再做更多更好的研究，但还愿把此生的学识奉献给诸位，博得诸生的一谅焉！

黄心川
2018 年元月